U0576615

本書爲二零零七年度高校古委會直接資助項目

中國思想史資料叢刊

莊子義集校

〔宋〕呂惠卿 撰

湯君 集校

中華書局

圖書在版編目(CIP)數據

莊子義集校/(宋)吕惠卿撰;湯君集校.—北京:中華書局,2009.2(2020.7重印)
(中國思想史資料叢刊)
ISBN 978-7-101-06265-6

Ⅰ.莊… Ⅱ.①吕…②湯… Ⅲ.①莊子-注釋②吕惠卿(1032~1111)-政治思想 Ⅳ.B223.52 D092.44

中國版本圖書館CIP數據核字(2008)第119632號

責任編輯:朱立峰

中國思想史資料叢刊

莊子義集校

〔宋〕吕惠卿 撰

湯 君 集校

*

中 華 書 局 出 版 發 行

(北京市豐臺區太平橋西里38號 100073)

http://www.zhbc.com.cn

E-mail:zhbc@zhbc.com.cn

北京瑞古冠中印刷廠印刷

*

850×1168毫米 1/32 · 21¾印張 · 2插頁 · 380千字

2009年2月第1版 2020年7月北京第3次印刷

印數:5001-6500册 定價:66.00元

ISBN 978-7-101-06265-6

目録

莊子義集校卷第七

莊子義集校卷第八

莊子義集校卷第九

莊子義集校卷第十

附録

序

萬光治

一九九七年六月，碩士研究生的招生工作已近尾聲，謝桃坊教授給我打來電話，告訴我今年報考他所在單位研究生的學生中，有一位成績雖名列前茅卻未能被録取。他希望我幫助這位學生，將她調劑録取到我所在學校的古代文學專業。我知道，謝教授之所以會找到我，是因爲他的求學與治學和我一樣，都有一段艱辛的歷史；我們都會爲一位有學術前途的青年失去學習的機會而感到遺憾。

我和鍾仕倫教授很快爲她安排了正式的面試。在北方女孩的樸實之中，別有一種玲瓏剔透的内秀，是湯君給我們的最初印象。面試的結果毫無爭議，湯君順利地成爲我校正式録取的碩士研究生。此後她也以自己的表現，證明了我們沒有判斷失誤。在短短的三年裏，她發表了六篇有質量的學術論文。獲得碩士學位後，她又到項楚先生門下攻讀博士學位，研究敦煌曲子詞。在名師的悉心指導下，她的博士論文敦煌曲子詞地域文化研究順利通過答辯，出版後得到學術界的認同。之後，她回到母校工作，同時進入四川大學歷史學院博士後流動站師從劉復生先生，完成了莊子義集校。在旁人看來，湯君的學術道路是平坦而順利的。但我作爲她的導師和同事，知道在她的成績背後，有着難以想像的艱難付出。她來自河南信陽農村，貧困給她的求學道路佈滿坎坷，以致至今她還獨自背負着荊棘，艱難地面對生活。正是因爲她的堅韌努力，以及自外於世俗的浮躁而甘於自我放逐，纔會換來學術上的如此創獲。「天道酬勤」，「艱難困苦，玉汝於成」，這些話放在湯君身上，應是再恰切不過的。

據我所知，湯君接觸金刻本莊子義，是因爲一個偶然的機會。雖然如此，如果沒有高度的學術敏感性，則不可能發現它的文獻價值和潛在的研究價值。她很興奮地告訴我這個發現大約是在二〇〇三年的春夏之交，之後她兩次去了北京。雖然我當時在文學院擔負着行政的職務，她又曾經是我的學生，但我無法破例給她創造更好的條件。由於缺乏資金拍照，無論是隆冬還是盛暑，她都蹜縮在國家圖書館裏，逐字逐句地抄寫，生怕出錯。三年過去了，以金刻本爲底本，參校以黑水城本、褚伯秀本、焦竑本、陳任中本的莊子義集校終於付梓。我相信湯君所希望的爲學術界提供一部「足本」、「精本」的目的是基本達到了的，同時我更相信這對她只是又一個起點，因爲還有很多關於呂惠卿及莊子義的問題值得她繼續深入地研究下去。

首先值得繼續作深入研究的是呂惠卿本人。呂惠卿之受到攻擊，是因爲他曾經積極參與了王安石的改革。司馬光說：「惠卿憸巧非佳士，使安石負謗於中外者皆其所爲。安石賢而愎，不閑世務，惠卿爲之謀主，而安石力行之，故天下並指爲姦邪。」〔一〕但呂惠卿最爲人津津樂道的，也是最爲人所詬病

〔一〕宋史呂惠卿傳。

的，卻是他和王氏父子、兄弟間的一段恩怨。宋史呂惠卿傳說：「鄭俠疏惠卿朋姦壅蔽，惠卿怒，又惡馮京異己，而安石弟安國惡惠卿姦諂，面辱之。於是乘勢並陷三人，皆獲罪。安石以安國之故，始有隙。惠卿既叛安石，凡可以害王氏者無不爲。」其中所言鄭俠、馮京，嘗借熙寧七年天旱之機攻擊王安石變法，稱「旱由安石所致，去安石，天必雨」，安石因之罷相。王安國雖爲安石之弟，但於改革持反對態度。他「屢以新法力諫安石，又質責曾布誤其兄，深惡呂惠卿之姦。先是，安國教授西京，頗溺於聲色，安石在相位，以書戒之曰：『宜放鄭聲。』安國復書曰：『亦願兄遠佞人。』惠卿銜之」〔一〕。可見呂惠卿的「並陷三人」，非爲出於私怨，而是一種政治的清算。這樣的猜測是否近於事實，可作進一步探討。

宋史呂惠卿傳又說：「會惠卿以父喪去，服除，召爲天章閣侍講。……安石求去，惠卿使其黨變姓名，日投匭上書留之。安石力薦惠卿爲參知政事，惠卿懼安石去，新法必搖，作書偏遺監司、郡守，使陳利害。又從容白帝下詔，言終不以吏違法之故，爲之廢法。故安石之政，守之益堅。」但宋史王安石傳卻說，呂惠卿服滿後，安石薦爲參知政事，「而惠卿實欲自得政，忌安石復來，因鄭俠獄陷其弟安國，又起李士寧獄以傾安石」。呂惠卿對王安石去留所持的態度，兩傳所載如此不同，孰是孰非，也很值得研究。

〔一〕宋史王安石傳。

宋史王安石傳又載，三經新義成，安石之子王雱因有參與之功，被授龍圖閣直學士，「雱辭，惠卿勸帝允其請」，由是得罪王雱。「惠卿爲蔡承禧所擊，居家俟命。雱風御史中丞鄧綰，復彈惠卿與知華亭縣張若濟爲姦利事，置獄鞫之，惠卿出守陳。」「華亭獄久不成，雱以屬門下客呂嘉問、練亨甫共議，取鄧綰所列惠卿事，雜他書下制獄，安石不知也。省吏告惠卿於陳，惠卿以狀聞，且訟安石曰：『安石盡棄所學，隆尚縱横之末數，方命矯令，罔上要君。』又發安石私書曰『無使上知』者。帝以示安石，安石謝無有，歸以問雱，雱言其情，安石咎之。雱憤恚，疽發背死。安石暴綰罪，云『爲臣子弟求官及薦臣婿蔡卞』，遂與亨甫皆得罪。」呂惠卿與王氏結怨，因王雱而起。呂惠卿因此怨及王安石，是不明是非之舉。王安石察知事情原委後，責王雱，罪鄧綰，對呂惠卿卻未有微辭。可見二人的品行，的確有高下之分。但就王安石的不咎呂惠卿看，史書所載王、呂交惡的是是非非，應有深入辨析的必要。

因爲參與改革，也因爲與王氏兄弟父子的恩怨，呂惠卿被蘇轍斥爲辨詐姦邪、詭變多端、敢行無度，當「投畀四裔，以禦魑魅」〔一〕；元人修宋史，列呂惠卿於姦臣傳，其人之姦惡，自此成爲定論。在中國古代社會，國與家、君與臣、父與子、政治秩序與倫理秩序處於同一宗法結構之中。在此基礎上構建起的政治與道德一體化的評價體系，往往使個人的道德缺失乃至個人的生活習性都可能成爲政敵攻

〔一〕見宋史呂惠卿傳。

擊的對象。而敢於在體制内企圖實施變革的人，他們在政治攻擊之外所受到的人身攻擊，尤其甚於他人。其中，呂惠卿的遭遇最爲典型。呂惠卿現象也是整個封建社會中的普遍現象，因而是可以作爲一個歷史標本來加以研究的。

其次值得研究的是呂惠卿作莊子義的背景和動機。宋代是中國古代文化高度發達和成熟的時期，也是中國古代文化集大成的時期。宋代之治莊學者有蘇轍、蘇軾、王安石、王雱、王應麟、王曙、褚伯秀等。褚伯秀輯十三家莊子注撰爲南華真經義海纂微一百零六卷，其中郭象而外，含呂惠卿在内的十二家均爲宋代學者。莊子是主張出世的，歷代的改革派都是積極用世的。作爲改革的宣導者和實踐者，注莊而外，王安石父子尚有老子注，呂惠卿也有道德真經傳，這不能不是一個值得研究的問題。湯君注意到呂惠卿作道德真經傳和莊子義的時間分别在元豐元年和元豐五年，「此二者皆作於惠卿貶謫困頓之際、北宋國力漸委之時，因此可以説是作者對人生、國家、社會的一次全面思考和總結。尤其是莊子義，更是其經受了政治風雨歷練後的社會、人生哲理的全面體認」〔一〕。此説甚是。王氏父子和呂惠卿對莊子的興趣和關注，還不免使人聯想起司馬遷以老子、莊子與申不害、韓非同傳。老莊超然出世的自然精神與申韓干預現實的用世精神似乎水火不容，司馬遷將他們合爲一傳，有無特别的考

〔一〕見本書北宋呂惠卿莊子義版本源流考。

慮？老子說：「天地不仁，以萬物爲芻狗。」〔一〕其所言「不仁」，乃是自人情觀之。倘以天道論，天道無情，視萬物無差别，本無所謂「仁」與「不仁」，故包括人在内的萬物與芻狗無别。莊子齊物論所云「大仁不仁」，庚桑楚所云「至仁無親」，皆與之同義。司馬遷論韓非，以爲「引繩墨，切事情，明是非，其極慘礉少恩，皆原于道德之意，而老子深遠矣」〔二〕。「慘礉少恩」與老子所謂「不仁」，皆無情之意。可見申韓之行改革，有老莊的天道觀爲背景。天道無情，不以人的意志爲轉移；行改革之事，尤應「因時乘理」〔三〕，「唯變所適」〔四〕，而不能被人的意志和感情所左右。王安石曾召集一批學者作三經新義，是在體制内的思想傳統中爲改革尋找依據，即所謂「托古改制」。這樣的方法畢竟比較另類。王氏父子和吕惠卿爲莊子作注，是否也有在體制外的思想傳統中爲改革尋找依據的意圖，我以爲是值得深究的。司馬光與王介甫書説：「介甫於諸書無不觀，而特好孟子、老子之言。今君得位而行其道，是宜先其所美，必不先其所不美也。」「老子曰：『天下神器不可爲也，爲者敗之，執者失之。』又曰：『我無爲而民自化，我好静而民自正，我無事而民自富，我無欲而民自樸。』又曰：『治大國若烹小鮮。』今介甫爲政，盡變祖宗舊法，先者後之，上者下之，右者左之，成者毁之，矻矻焉窮日力，繼之以夜而不得息。使上自朝廷，下及四野，内

〔一〕老子第五章。
〔二〕史記老子韓非列傳，中華書局一九五九年。
〔三〕王雱老子注，見太守張氏道德真經集注卷二，道藏第十三册，頁十三。
〔四〕同上，頁十二。

起京師，外周四海，士吏兵農工商僧道，無一人得襲故而守常者，紛紛擾擾，莫安其居，此豈老氏之志乎？」王安石答司馬諫議書以二人「所操之術多異」，「不復一一自辯」外，卻在注老子第五十七章「以無事取天下」時説：「然而湯放武伐，亦可以無事乎？曰：然則湯、武者，順乎天，應乎人，其放伐也，猶放伐一夫爾，未聞有事也。」安石此説，雖非專爲司馬光而發，卻可視作對司馬光所釋「無爲」的辯駁。王安石又有莊周，其上篇有云：「然則莊子豈非有意於天下之弊而存聖人之道乎？伯夷之清，柳下惠之和，皆有矯於天下者也，莊子用其心亦二聖人之徒矣。然而莊子之言不得不爲邪説比者，蓋其矯之過矣。夫矯枉者欲其直也，矯之過則歸於枉矣。莊子亦曰：墨子之心則是也，墨子之行則非也。推莊子之心以求其行，則獨何異於墨子哉？後之讀莊子者，善其爲書之心，非其爲書之説，則可謂善讀矣。此亦莊子之所願於後世之讀其書者也。」〔一〕此文似乎是在説讀莊的方法問題，實則是説莊子其心可哀，其行不可施。這就爲「以莊注我」開了方便之門，也爲王安石等人在體制外的思想傳統中尋求改革的理論依據找到了有效的方法和途徑。

再次，值得研究的是呂惠卿的莊子義本身。在呂惠卿之前，莊子研究已成顯學，爲莊子作注者甚多。其中最有影響的，自然是郭象的注和成玄英的疏。呂惠卿顯然應該有更新的見解，否則莊子義便無存在的理由。我没有逐篇地讀過呂注，僅翻閲過其中的一些章節，呂惠卿的一些觀點卻引起了我的

〔一〕王安石臨川文集卷六八，文淵閣四庫全書本。

注意。下面，試以莊子原文、郭象注、成玄英疏與呂惠卿注作一比較：

莊子駢拇：「夫適人之適，而不自適其適，雖盜跖與伯夷，是同爲淫僻也。余愧夫道德，是以上不敢爲仁義之操，而下不敢爲淫僻之行也！」

郭象注：苟以失性爲淫僻，則雖所失之異，其於失之一也。

成玄英疏：雖伯夷之善，盜蹠之惡，亦同爲邪僻也。

莊子義金刻本：夫伯夷，聖人也。安有不自得而得人之得，適人之適而不自適，而可以爲聖人哉？蓋其制行，方且使頑夫廉，懦夫有立志，則其跡不免於爲名而已。故莊子方言性命之情，以兩忘名利，則以伯夷、盜跖同爲淫僻也。及其論高節戾行，足以矯世，則伯夷、叔齊二士之節，與許由、善卷、孔子、顔闔同列與讓王也。

莊子認爲，人與道同構，人性與道德同構，人之自然與道之自然同構。不順應自己的自然本性而妄行仁義，纔會生出伯夷和盜跖的區别。故相對大道而論，伯夷與盜跖無異。郭象與成玄英所注與莊子之義不悖。呂惠卿則首先肯定伯夷是聖人，必須按聖人的本性行事。那麼聖人的本性是什麼呢？呂惠卿舉「廉頑立懦」爲例，以見聖人所行在於令貪頑者廉，懦弱者立，故其行跡，不免於有爲。如果以莊子名利兩忘爲標準，伯夷與盜跖的確沒有區别；但以其「高節戾行，足以矯世」，則伯夷又足可與許由、善卷、孔子等聖人並肩媲美了。可見在呂惠卿看來，人性是有層次性的：一是與自然相契合的先天之性，一是以仁義爲旨歸的社會之性。在自然的層面上，盜跖與伯夷皆非「天下之至正」，在社會的層面上，伯夷與盜跖卻有善惡之分。呂惠卿注莊，本應探源泝流，務求探明原旨，即有發揮，也應不離根本。但他卻偷換了概念，只將「適性」與否，看作爲一種人生境界。「廉頑立懦」既然合乎聖人的本性，也是「自適其適」，故聖人之行，並不悖離莊旨。呂惠卿如此注莊，顯然不符莊子原義，但卻與其積極用世的精神有很大的關係。

莊子馬蹄：「毁道德以爲仁義，聖人之過也。」

> 成玄英疏：夫工匠以犧尊之器殘淳樸之本，聖人以仁義之跡毁無爲之道。爲弊既一，獲罪宜均。
>
> 南華真經義海纂微呂注：除仁義而任道德，則聖人之過免矣。
>
> 莊子義金刻本：廢道德以爲仁義，聖人之過也。絶仁棄義，而反乎道德，則聖人之過去矣。無他，反乎其常性而已矣。

乍看此注，並無不妥。聞過則改，善莫大焉，此聖人之所以爲聖人也。其實不然。莊子只説「毁道德以爲仁義，聖人之過也」，並沒有逆推説聖人只要棄絶仁義，則可以返乎常性，去其錯謬。在莊子的思想體系中，大朴虧損的根本原因，在於人類由自然而社會，走的是一條不歸之路。應帝王説混沌日鑿一竅，七日而後死，象徵的正是人類這一不可逆轉的命運。所以，同樣具有象徵意義的「聖人」在割裂自然之後，又能「廢仁義」而重新回到「任道德」的境界中去，在莊子看來是完全不可能的。但依呂惠卿的注解，莊子的「適性」不但有層次上的區別，其所適層面的孰先孰後，也是可以通融的。這就不能不令人懷疑呂惠卿借注莊有夫子自道的意味：先適聖人之性，後適至人之性；先兼濟天下，後獨善其身。一方面是「我不入地獄，誰入地獄」的救世情懷，另一方面是對名利兩忘、返樸歸真的憧憬，這樣的微妙心態，或爲當時改革者在屢遭挫折後之所共有？

莊子胠篋：「魚不可脱于淵，國之利器不可以示人。彼聖人（褚伯秀以爲「聖人」當作「聖知」）者，天下之利器也，非所以明天下也。故棄聖絶智，大盜乃止。擿玉毁珠，小盜不起。燒符破璽，而民樸鄙。掊斗折衡，而民不爭。殫殘天下之聖法，而民始可與論議。」

郭象注：夫聖人者，誠能絶聖棄知而反冥物極。物極各冥，則其跡利物之跡也。

成玄英疏：聖法，謂五德也。既殘三王，又毁五帝，蘧廬咸盡，芻狗不陳，忘筌忘蹄，物我冥極，然後始可與論重妙之境，議道德之遐也。

莊子義金刻本：則所謂利器也，猶魚之藏於淵，而不可獲也。而離其真以爲聖，以明天下，而使人得而見之，則魚之脱於淵而獲，而以國之利器示人，而使大盜之得以窺而竊之。……然所謂絶聖棄智者，非滅其典籍，棄其政教之謂也，不以生於心而已。所謂擿玉毁珠者，非出之府庫而棄之山川之謂也，不以貴之心而已。所謂焚符破璽者，非焚而破之也，以信信之，則民樸鄙，而符璽非所恃也。所謂掊斗折衡者，非掊而折之也，以平平之，則民不爭，而斗衡非所恃也。殫殘天下之聖法，反以此而已夫！然則民復其性命之情，而始可與論議矣。

莊子認爲權勢禁令、仁義聖智乃國之利器，並不能帶給人真正的智慧，卻能引發人的貪欲而導致爭鬥，故其「絶聖棄智」的態度十分激進。按莊子的意願，要拯救人類，首要的任務是將人所創造的包括制度文化在内的一切物質文化與精神文化統統廢棄，從而使人進入一種物與物、物與我皆無差別的自然狀態。在此狀態中，民因無差別，故不爭；不爭，則無是非善惡；無是非善惡，則無仁義禮智之辨；無仁義禮智之辨，則無伯夷盜蹠之别。似此，「始可與論重妙之境，議道德之遐」。郭象、成玄英的注、疏自然是符合莊子原意的。但莊子純邏輯的推演雖然無懈可擊，其極端的主張卻是無法實現的。相比之下，呂惠卿的態度則實際得多。他説莊子所謂的「棄聖絶智」，並非「滅其典籍，棄其政教」，而是叫人不要背離大道而溺於主觀；「擿玉毁珠」並非爲出之府庫，棄之山川，而是叫人不要心存貴賤而有所取捨；「焚符破璽」、「掊斗折衡」，也並非要天下不要印信，不要度量衡，而是叫人心懷誠信，處事公平。可以説，呂惠卿正是以這樣折衷的態度，對莊子實行了委婉的批判。

莊子胠篋：「彼曾、史、楊、墨、師曠、工倕、離朱，皆外立其德而以爚亂天下者也，法之無所用也。」

郭象注：此數人者，所稟多方，故使天下躍而效之。效之則失我，我失由彼，則彼爲亂主矣。

夫天下之大患者，失我也。

成玄英疏：夫率性而動，動必由性。此法之妙也。而曾、史之徒，以己引物，既無益於當世，翻有損於將來，雖設此法，終無所用也。

莊子義金刻本：夫水之可以爲法者，內葆之而外不蕩也。法亦若是而已。外立其德而蕩其性，固法之所無用也。然則莊子之意可知已。而揚雄氏曰：「周乖寡人，而漸諸篇，雖鄰不覿也。」韓愈氏曰：「古之無聖人，人之類滅久矣。」「今其言曰：『聖人不死，大盜不止』；『掊斗折衡，而民不爭』。嗚呼！是亦不思而已矣。」皆以莊子爲真欲掊擊聖知，縱舍盜賊，殫殘法度者也，是豈可與微言者乎！

揚雄、韓愈語對莊子是持否定態度的，呂惠卿因此說他們不可與言莊子的微言大義。其實呂惠卿首先是歪曲了韓愈的原意，因爲韓愈並沒有說過莊子「掊擊聖知」而「縱舍盜賊」的話。其次呂惠卿也歪曲了莊子的思想。莊子以大道爲參照，只是說過聖人與盜賊無異，「聖人不死，大盜不止」，絕無「縱舍盜賊」的意思。至於呂惠卿說水「內葆之而外不蕩，法若是矣」，則無悖於莊旨。水之性、水之德與水同在；若水「外立其德而蕩其性，固法之無所用矣」，人因此應當「率性而動，動必由性」，凡事不可強求。此與莊子所說曾、史之徒以己之所長爲天下立極，導致衆人不顧自己的條件爭相仿效而「爚亂天下」的觀點是相同的。但莊子更重要的思想卻是他在胠篋中所主張的：「擢亂六律，鑠絕竽瑟，塞師曠之耳，而天下人始含其聰矣；滅文章，散五采，膠離朱之目，而天下人始含其明矣；毀絕鉤繩而棄規矩，攦工倕之指，而天下人始含其巧矣；削曾、史之行，鉗楊、墨之口，攘棄仁義，而天下之德始玄同矣。彼人含其明，則天下不鑠矣；人含其聰，則天下不累矣；人含其知，則天下不惑矣；人含其德，則天下不僻。」莊子主張從根源上解決大朴虧損、大道破碎的問題，有理論的價值，卻無實踐的意義。知其不可爲的呂惠卿不能在注莊時予以反駁，只能借批評揚雄和韓愈，説自己纔深得莊子微言大義，莊子其實並非真正要「掊擊聖知」。這樣的解釋，顯然不同於郭象、成玄英，更與莊子無涉。

作爲學者，呂惠卿莊子義本應注莊言莊，緊守中國古代「注不破經，疏不破注」的傳統學術規範。但對於作爲政治家和改革家的呂惠卿來講，儘管莊子的天道觀可爲其因勢變革的主張張目，但其人生觀亦可以被利用爲對改革者實施攻擊的武器，因而他不得不以折衷的態度對待莊子。由此可見，在中國古代學術中的「我注六經」而外，還有「六經注我」的另一種傳統。中國古代學術傳統的二重性恰好表明了這樣一個不爭的事實：作爲一個極其成熟的民族，其學術與政治的關係已經到了彼此難分的地步。呂惠卿的莊子義不僅可以作爲古代學術傳統的標本，也是可以作爲一個政治文化現象的標本來加以研究的。

以上是筆者對呂惠卿注莊的粗略看法，不敢自謂爲研究。湯君近來告訴我説，她有計劃對呂惠卿其人其文，尤其是對他的莊子義作進一步的研究。她在完成莊子義集校之後，未曾稍懈，緊接着寫出數萬字的論文呂惠卿經營西北史實考。我相信有上述成果作基礎，加上湯君的勤奮和能力，其有關呂惠卿研究著作的完成和出版是指日可待的。

二〇〇八年十一月十二日

前言

呂惠卿（一〇三二——一一一一）字吉甫，福建晉江人。嘉祐二年（一〇五七）進士。宋神宗年間，積極參與變法，爲王安石變法的第二號人物，官至參知政事。變法失敗後，貶謫地方多年。曾鎮守邊陲，抵禦西夏進犯，卓有建樹。政和元年（一一一一）去世，享年八十歲，謚文敏。

惠卿一生博學敏識，著述甚豐。據宋孫覿鴻慶居士集、宋馬端臨文獻通考、宋陳振孫直齋書録解題、宋趙希弁郡齋讀書後志、宋史藝文志等載，呂惠卿一生曾著有文集一百卷、奏議一百七十卷、東平公集五十卷、縣法十卷、莊子義十卷、論語義十卷、目録四卷、老子道德經傳四卷、新史吏部式二卷、建安茶用記二卷、弓式一部、三略素書解一卷、孝經傳一卷等，共約四百一十四卷，並周易大傳、尚書義、周禮義、毛詩集傳注等等，皆不知卷數者。但由於歷史的原因，這些洋洋大著卻一一散佚。至今我們所能見到的唯有道藏本老子道德經傳四卷、金刻本和黑水城殘本莊子義十卷、西夏文譯本孝經傳一卷以及建寧軍節度使謝表、答彭原詩等零星作品；而莊子義是其目前最大也是最爲重要的一部作品。

莊子義付雕以來，其實有諸多傳本。南宋孫覿鴻慶居士集卷三十東平集序稱：「注莊子方盛行於世。」僅就書名的著録看，宋史藝文志作莊子解、直齋書録解題作莊子義、郡齋讀書後志作呂吉甫注莊子、明代楊士奇編文淵閣書目卷二宇字號第一廚書目作莊子呂惠卿解，並注明是「一部五冊」。及至一九三〇年，傅增湘又專門詳細介紹了當時民間流傳的莊子義的情況，所記實有題爲呂太尉經筵進莊子全解十卷的南宋刻本、明邢氏來禽館鈔本、昆山徐健庵藏本三種版本。但這些現在均已不可獲見，因此長期以來，我們對莊子義的面貌僅能通過兩種採注本來實現：北宋末年褚伯秀的南華真經義海纂微和明焦竑的莊子翼。前者採晉郭象以下宋以前解莊子之名家十三家之説，並斷以己意，而呂注僅次於郭注之後，所錄約有呂氏原注的五分之一。後者成於萬曆戊子（一五八八），採錄郭象以下注莊子者四十九家，而唯以郭象、呂惠卿、褚伯秀、羅勉秀、陸西星五家爲主，所採呂注，或照錄、或壓縮、或減棄褚氏所採，所存原注較褚氏更少二分之一以上。可能是由於兩家均是採注本的緣故，呂氏的莊子義長期以來並沒有引起宋史研究者及莊子研究者的重視。

俄羅斯科學院東方研究所聖彼德堡分所所藏的我國黑水城出土文獻，是一九〇八年至一九〇九年間兩次被俄國探險家彼·庫·科茲洛夫（一八六三——一九三五）率隊從我國今內蒙古自治區額濟納旗政府所在地達蘭庫布鎮東南二十五公里的黑水城遺址中發掘出來，並運回彼得堡的。這批文獻卷帙浩繁，內容珍貴，極富學術價值，題爲呂觀文進莊子內（外）篇義的刻本即爲其中的一種。早在一九三〇年，俄國亞細亞博物院就向北平圖書館贈送了此本的影印件，時共五十五頁，但比今天的上海古籍本（下文有述）多出卷五的第二十八頁天運篇殘文，此影印本現收藏於中國國家圖書館，編號爲哲

131/545。據考證，黑水城本的莊子義當在紹聖二年至元符二年之間刻成。二十世紀三十年代，國學大家傅增湘、陳任中對此版本一度重視並給予研究或整理。一九三三年，時任北平圖書館館長的陳任中先生即着手整理、集校此殘本，但由於當時僅殘存五十一頁，故陳任中主要利用了褚伯秀的南華真經義海纂微進行補輯，一九三四年由北平大北書局以莊子義为題予以排印出版，一九七二年由臺北藝文印書館據以影印在無求備齋莊子集成初編中。這是近代第一部呂惠卿莊子義的輯校本，但由於時處亂世，且爲輯本，故其出版後並沒有引起太多重視。

呂惠卿是王安石變法期間最活躍、最有建樹的人物之一，是變法集團的第二大核心人物，被時人稱爲「護法善神」。可是由於歷史上的諸多原因，他不僅在生前經受了幾乎所有反對派的集中火力的攻擊，而且在身後被列入宋史奸臣傳。二十世紀以來，我國的宋史研究空前發展了起來，對王安石變法的千秋功過的論定正在一步步推向縱深。然而，其中對呂惠卿的重視其實還遠遠不够，即使有些許相關的提及，卻似乎都沒有超越出宋人及宋史的窠臼。二〇〇一年十二月，福建省歷史名人研究會成立「呂惠卿研究分會」，並舉行了大型學術研討會，會後結集出版了呂惠卿研究。但總體看來，這種研究僅僅處於起步階段，無論是對呂惠卿的政治活動還是學術成就，都尚待深入研究。莊子義爲呂惠卿中晚年時期對當時社會、人生哲學的重要觀照和總結。宋人注莊子的三大家王雱、林希逸、呂惠卿之中，四庫館臣曾經特意舉出呂在林上的意見。今覽三家之義，可能當是呂著最高。故而，關於莊子義的整理和研究，不僅關乎呂惠卿的學術、思想，亦關乎莊子的新研究。非常幸運的是，時至今日，我們終於有機會第一次整理出足本的呂惠卿莊子義了。

按今國家圖書館所藏金刻本莊子義，全名爲壬辰重考證呂太尉經進莊子全解十卷，據考證，此應是金世宗大定十二年（一一七二）刻本，全六册，線裝，合計一百九十二頁，除卷二略殘缺數十字且第十二頁和十三頁相互錯簡外，餘皆幾乎完存。此本後輾轉为海源閣藏，傳聞瑞安孫氏、嘉興沈氏、滿州盛昱氏、萍鄉文氏尚各有轉抄之本。但舉凡這些版本、抄本，均尚不能獲見，故此部壬辰重考證呂太尉經進莊子全解十卷之價值不難想見。本部莊子義集校即以此版本爲底本。

黑水城出土呂觀文進莊子内（外）篇義刻本，已由上海古籍出版社於一九九六年列入俄藏黑水城文獻第一册出版，編號爲俄 TK6，題爲呂觀文進莊子義，全本共存一百零九頁，此本較陳任中先生輯本分量多一倍餘，故爲本部莊子義集校的第一參校本。

褚伯秀的南華真經義海纂微和焦竑的莊子翼，也是本部莊子義集校之重要參校本。前者距離莊子義的形成時代較近，後者雖或照録，或壓縮、或減棄褚氏所採，然亦有與褚氏纂微、黑水城本、金刻本互爲參證的價值。兩者均便於研究者總覽莊子義付雕以來罕存世間的流變全貌，故本部莊子義集校將於呂惠卿原注旁，次列南華真經義海纂微呂注、莊子翼呂注。

由於陳任中的莊子義所録的個別殘頁如今已經湮滅，故仍據一九七二年臺北藝文印書館影印的無求備齋莊子集成初編本參校。

總之，這部莊子義集校立足於整理出第一部精校足本的莊子義，這也是第一次對呂惠卿學術著述的全面整理，集校者希望它的面世有助於推動呂惠卿及熙豐變法的新研究，有助於彌補宋史和莊子研究的某些薄弱環節。

湯君

集校説明

一、本書以金刻本爲底本，以上海古籍出版社俄藏黑水城文獻影印一百零九頁黑水城殘本（簡稱黑水城本）、中國國家圖書館藏俄國亞細亞博物院影印黑水城本（哲131/545）、道藏本南華真經義海纂微（簡稱纂微）、文淵閣四庫全書本莊子翼爲參校本。一九三四年北平大北書局出版的陳任中集校的莊子義排印本，一九七二年由臺北藝文印書館據以影印在無求備齋莊子集成初編中，亦據以參校，並簡稱陳氏排印影本。凡能對底本形成校證的，一律出以校記。底本正確，他本缺誤衍者，原則上不出校記，確有必要者予以説明。

二、本書按金刻本原來體例分全書爲十卷，每卷先列莊子文本，次列底本呂惠卿原注文，再次列纂微摘録呂惠卿注文、莊子翼摘録呂惠卿注文（凡莊子翼呂注與纂微呂注全同或略有字句差異者，不再全録莊子翼原文，僅出校予以説明），最後出以校勘記。

三、底本和黑水城本避宋諱而缺筆的字如「匡」、「恒」、「敬」、「玄」、「眗」諸字，逕爲還原，不復一一説明。

四、常見俗字（包括筆劃與通行體微異者），原則上保持原貌，个别难以描述的情况從通行體。必要之處，在校記中説明。

五、底本和各个校本中，所用字體經常兩可，如「無」和「无」，「於」和「于」，「辭」和「詞」等，原則上保持原貌，个别需要處，出以適當校記。

進莊子義表

臣惠卿言：臣聞丘陵積卑而爲高，江河積水而爲大；而聖人之所以成其高大者，亦以合并天下之智能而已。臣惠卿誠惶誠懼，頓首頓首。伏惟皇帝陛下，以聰明睿知之才，勃興於去聖千有餘載之後。凡有所建，獨追其意而配之，迄用有立，若合符節。當此之時，士之有猷有爲者，宜各羞其所知，以裨一二，此固天地海岳之所以並包而不辭也。臣之曩者亦有意於此矣。而侍側日淺，未有云補；兩以罪戾，黜守方州。離去左右，於兹十年矣！而朝廷法完令具，職當奉承，雖欲自竭，無可言者。退竊自度，惟是不腆之學，尚可黽免以報平昔寵遇之萬一。是以冒昧殊死，輙有所獻。

伏惟留神財幸，臣竊以不離於宗，謂之天人；不離於精，謂之神人；不離於真，謂之至人；以天爲宗，以德爲本，以道爲門，兆於變化，謂之聖人。凡兹四名，同出一體，唯其絶聖而守真，則入乎神天之本宗；出真而兆聖，則應夫帝王之興起。道之大全，本無不備；三代之末，隱於小成。天下失其性命之情，而搢紳先生之所傳者，獨得其迹，遂以爲聖人之所以爲聖者爲止於此。於是老聃氏絶學反樸而示之以其真，使知所謂聖者有不在是矣。於是莊周氏又示之以神與天焉，故其序聃則曰：「古之博大真人哉！」不離於真，則所謂至人之事也。而自序則曰：「寂寞無形，變化無常。」其於本也，深閎而肆；其於宗也，調適而上遂，則所謂神人天人之事也。所以然者，民之迷也，爲日滋久，不推而極之，則無以反其性情而復其初，而導之無漸，又將駭而不信，故明發其緒，而周則成之，非有不同也。夫唯用之學，既反乎本宗而入乎神天，則其道變化而不測。故方其滌除而未嘗有物也，雖聖知仁義猶皆絶之，而況其粗乎！方其建立而未嘗無物也，雖事法形名，猶皆存之，而況其精乎！此無它，凡以窮神知化，則其言不得不若此也。而學者不知其指之所在，見其掊擊聖人，則以爲真非之也；見其殫殘其法，則以爲真毁之也。故荀卿氏則曰：「莊子蔽於天而不知人。」揚雄氏則曰：「乖寡聖人而漸諸篇。」韓愈氏則曰：「是亦不思而已矣。」非特然也。司馬遷猶尊道家之學者也，至於論周則曰：「剽剝儒墨，詆訿孔氏。」而郭象親爲解釋，乃以周爲未能體之者。則其固陋謏聞與不知周者，固不足道也。

臣去冬陛對，妄及性命之理，而陛下首以莊子爲言。時以它議，未遑請所以稱道者。竊惟陛下於典學則窮探經藝之精微，以旁通則貫穿子史之浩博，固以其所聞成天下之務矣，則其好周之書，非若世儒之玩其文而已。臣有以知陛下出乎神天之原，以應帝王之迹，固有天成而心得之者也。然向之所謂巨儒碩學者，既以不知周而非之，如郭氏之學，固不見道，則已不知其宗矣；而又不得其立文之體，往往於其章句訓詁，誤有解析，使其書之本末不相貫通，此妙道至言所以晦而未明也。臣往者嘗以其心之所得，爲道德經作傳，既以上薦矣。竊以爲周與老子，實相始終發明，而其書之綱領，尤見於内篇，臣是以先爲解釋，以備乙夜之觀焉。夫以周之言内聖外王之道，深根固蒂之理，無不備矣。自周之歿，未有能知之者。今陛下獨知而好之，所謂萬世之後，一遇大聖，而知其解者也。而臣之不肖，雖好其學矣，然以之爲人，則其術不足以補世；以之自爲，則其經未能以衛生；則病而市藥，非所以信之也。然臣聞之也，明堂構於梓匠，而黼扆御之以朝萬方；玉輅刱於輪輿，而衮冕乘之以祀上帝。今臣雖非踐其言者，然以黄帝、唐堯神明資材體而服之，安知空同之廣成、姑射之四子有不資於此而見之邪！此臣所以不揆偍陋，而欲以螢爝之微，助光日月，而冀其不以人廢也。所有撰到莊子内篇七卷義，離爲七册，謹繕寫奉表投進以聞，塵瀆天聰。臣惠卿誠惶誠懼，頓首頓首，謹言。

元豐七年十一月　日資政殿學士通議大夫定州路安撫使馬步軍都總管兼知定州軍州事及管内勸農使上輕車都尉東平縣開國伯食邑八百户臣吕惠卿上表。

莊子義集校卷第一

逍遙遊第一〔一〕

北冥有魚，其名爲鯤。鯤之大，不知其幾千里也；化而爲鳥，其名爲鵬。鵬之背，不知其幾千里也；怒而飛，其翼若垂天之雲。是鳥也，海運則將徙於南冥。南冥者，天池也。

呂注：通天下一氣也，陽極而生陰，陰極而生陽，陰與陽，其本未始有異也。一進一退，一北一南，如環之無端；内之一身，外之萬物，隨之以消息盈虛者，莫非是也。則北冥之鯤，化而爲南冥之鵬，若彼其大，惡得以耳目之所不及而以爲無哉！四方上下，不可窮者也，是以謂之冥。然此以南冥爲天池，而棘之告湯，則以窮髮之北，冥海爲天池，蓋陰陽之極，皆冥於天而已矣。

纂微 呂注：通天下一氣也，陽極生陰，陰極生陽，如環之無端；萬物隨之以消息盈虛者，莫非是也。北冥之鯤，化爲南冥之鵬，由陰而入陽也。陰陽之極，皆冥於天而已。

〔一〕本篇底本完存，黑水城本全佚，陳氏排印影本於題下注云：「按此篇呂注全據南華義海纂微本補輯。」

齊諧者，志怪者也。諧之言曰：「鵬之徙於南冥也，水擊三千里，摶扶搖而上者九萬里，去以六月息者也。」野馬也，塵埃也，生物之以息相吹也。天之蒼蒼，其正色邪？其遠而無所至極邪？其視下也，亦若是則已矣。

呂注：聖人之以人道教天下者，則怪在所不語也。齊萬物而和同之，則未始有天〔一〕，未始有人，恢詭譎怪，道通爲一，此齊諧所以志怪而不以爲異也。陽數奇，陰數耦。陽生於子而終於巳，陰生於午而訖於亥。鵬，陽物也，故其將徙於南冥也，水擊三千里，摶扶搖而上者九萬里，而去以六月息者也，三與九皆數之奇，六月則子與巳、午與亥之相距也。言鵬之數奇，而去以六月息，則鯤之爲耦，而來以六月消可知也。通天下一氣而息者，氣之所爲也。則物之有息雖異，而其所以爲息，未始不同也。故野馬也，塵埃也，皆生物之以息相吹，而息則氣之所爲也。生物之以息相吹無窮，則野馬塵埃之蔽塞於天地之間無間也。則人於其間，自下而視天，見其蒼蒼，然果其正色與？其遠而無所至極，爲不可知也。夫唯不可知而不求知之，而未嘗以所居爲下，則鵬之摶扶搖而上九萬里，其視下也，亦若是則已矣，夫豈知以爲高哉？

纂微　呂注：三千九萬，皆數之奇，六月則子與巳、午與亥之相距也。言鵬之數奇而去以六月

〔一〕「天」，原作「大」，疑爲上半部殘脱，據文意當作「天」。

息，則鯤之數耦而去以六月消可知也。野馬塵埃，皆生物之以息相吹。息者，氣之所爲，充塞天地而無間。人於其間，自下視天，見其蒼蒼，果正色邪？遠而無所至極，不可知也。唯不可知，故未嘗以所居爲下，則鵬之自上視下，亦豈知所以爲高哉？

莊子翼 呂注：野馬塵埃，皆生物之以息相吹。息者，氣之所爲，充塞天地而無間。人於其間，自下視天，見其蒼蒼，果正色邪？遠而無所至極邪？不可知也。唯不可知，故未嘗以所居爲下，則鵬之自上視下，亦豈知所以爲高哉？

且夫水之積也不厚，則其負大舟也無力。覆杯水於坳堂之上，則芥爲之舟；置杯焉則膠，水淺而舟大也。風之積也不厚，則其負大翼也無力，故九萬里，則風斯在下矣，而後乃今培風；背負青天而莫之夭閼之者，而後乃今將圖南。

呂注：坳堂之杯水可以浮芥，而不可以置杯者，以大小、深淺之不相稱也。則如垂天之雲之翼，必有九萬里之風。厚薄得，而力足以負之，則風斯在下，而後乃今培風。背負青天而莫之夭閼也，唯其培風，背負青天而莫之夭閼，而後乃今可以圖南也。青天者，言絶乎雲氣之外也。夭則中隕，閼則上壅。有是翼，非是風，力不足以負之而在下，鵬雖欲培風，背負青天而圖南，亦將夭閼於雲氣，中隕上壅，而不能達於天池也。言此者，以明鵬之出於不得已，而蜩與鷽鳩之不諭而笑之也。夫鵬之爲物若此，則宜以有身爲累者也。然彼知遊之於不可窮之冥海，則不知其幾千里之背、如垂天之雲之翼，不足以爲大；乘陰陽之變化，會其數之所極，則三千里之水擊，不足以爲遠；九萬里之風摶，不足以爲高；六月之去息，不足以爲久；凡以因其性之自然無爲而已，此其所以爲逍遥也。今有七尺之軀，顧以爲患，而無所寄於天地之間，獨安在哉！是亦不求而已矣。

蜩與鷽鳩笑之曰：「我決起而飛，搶榆枋，時則不至，而控於地而已矣。奚以之九萬里而南爲？」適莽蒼者，三飡而反，腹猶果然；適百里者，宿舂糧；適千里者，三月聚糧。之二蟲又何知！

呂注：夫鵬之所以然者，非以爲大，固出於不得已也。誠知其出於不得已，則決起而飛，搶榆枋，時則不至，控於地而已，則亦出於不得已而已也，奚以笑彼爲哉！而之二蟲以己爲是，以彼爲非，彼是既分，愛惡交起，此其所以累於小，而不知有大也。適莽蒼者，三飡而反，腹猶果然；適百里者，宿舂糧；適千里者，三月聚糧。遠近之適異，故多少之費殊。今以榆枋之適而笑九萬里之南，則奚以異以果然之腹而多三月之聚糧也！故曰「之二蟲又何知！」廣成子之告黃帝曰：「我與汝遂於大明之上矣，至彼至陽之原也；爲汝入於窈冥之門矣，至彼至陰之原也。」則夫收視反聽，滌除玄覽，絶出乎思慮智照之雲氣，以冥乎本原之遊，而動静同其德。彼者此，亦人之將海運而徙於南冥者也。而小夫之智，斷於決起之卑飛，畢於榆枋之所搶，困於其地之所控，方自以爲適，所謂蜩與鷽鳩之同於罔者也，安足以語天池之高遠哉！

小知不及大知，小年不及大年。奚以知其然也？朝菌不知晦朔，蟪蛄不知春秋，此小年也。楚之南，有冥靈者，以五百歲爲春，五百歲爲秋；上古有大椿者，以八千歲爲春，八千歲爲秋。而彭祖乃今以久特聞，衆人匹之，不亦悲乎？

呂注：小知不及大知，則蜩與鷽鳩之於大鵬是也；小年不及大年，則朝菌、蟪蛄之於冥靈大椿是也。奚以知其然也？以朝菌之不知晦朔，蟪蛄之不知春秋而知之也。夫朝菌蟪蛄不知有晦朔春秋之近，則安知有冥靈大椿五百歲八千歲之爲春秋之久乎！則小年不及大年可知也。以小年之不及大年，則小知不及大知又可知也。小知不及大知，小年不及大年，而二蟲之笑大鵬，衆人之匹彭祖，則亦失其性而已矣，此乃至人之所以深悲也。何則？天地爲橐籥，人物爲芻狗，鵬蜩之於椿菌，情與無情，芸芸歸根，其體一也。則二蟲安用知大鵬之爲大而笑之，衆人安用知彭祖之爲久而匹之乎？故知大鵬之爲大而笑之，則拘於方者也；知彭祖之爲久而匹之，則累於時者也。人心其神，操存捨亡，出入無時，莫知其鄉。誠能盡心而窮神，知其存亡在於操捨之間而未始有物，則見其出入無時而莫知其鄉矣。莫知其鄉，則方之所不能拘也；出入無時，則時之所不能累也，則安往而非逍遥遊哉？

湯之問棘也是已。窮髮之北有冥海者，天池也。有魚焉，其廣數千里，未有知其修者，其名爲鯤。有鳥焉，其名爲鵬，背若太山，翼若垂天之雲，摶扶搖羊角而上者九萬里，絶雲氣，負青天，然後圖南，且適南冥也。斥鴳笑之曰：「彼且奚適也？我騰躍而上，不过數仞而下，翱翔蓬蒿之間，此亦飛之至也。而彼且奚適也？」此小大之辯也。

呂注：齊諧之所志，世雖不知有此物，而以理推之，復何疑哉？然引湯、棘之問答者，以其説古固有之，非我有之，此所謂重言也。棘之言鯤鵬，則今所引者，其見於列子，蓋其略也。凡向之所論與棘之言，皆小大之辯而已。由其所辯，是以愛惡生，而不能逍遥於無爲之域也。

纂微　呂注：此引湯之問棘者，以其言自古有之，所謂重言也。棘之言鯤鵬，即今所引者，見於列子，蓋其略也。

故夫知效一官，行比一鄉，德合一君，而徵一國者，其自視也亦若此矣。而宋榮子猶然笑之。且舉世而譽之而不加勸，舉世而非之而不加沮，定乎内外之分，辯乎榮辱之境，斯已矣。彼其於世，未數數然也。雖然，猶有未樹也。夫列子御風而行，泠然善也，旬有五日而後反。彼於致福者，未數數然也。此雖免乎行，猶有所待者也。若夫乘天地之正，而御六氣之辯，以遊無窮者，彼且惡乎待哉？故曰，至人無己，神人無功，聖人無名。

呂注：小知不及大知而笑之，小年不及大年而匹之，則過矣。而知效一官，行此一鄉，德合一君，而徵一國者，其自視也，猶鷽蜩之榆枋，而斥鴳之蓬蒿也。誠知其出於不得已，而無小大之辯，則一枝滿腹，奚爲而不逍遥哉！則古之聖人亦有不卑小官、不羞汙君而居之者也，而宋榮子猶然笑之，則與彼二蟲奚辯哉！概亦異乎大鵬之不卑蜩鴳，而靈椿之不短菌蛄矣。猶者，可以已之辭也，言宋榮子可以無笑而笑之也。且舉世譽之而不加勸，舉世非之而不加沮，此無他，知譽非之爲外而不爲内；知榮辱之在我而不在彼，定乎内外之分，辯乎榮辱之境，則勸沮無所加損於其間，宋榮子之行已此矣，此其於世爲未數數然，則爲可貴者也。雖然，小大有辯，内外有分，榮辱有境，而不知植其本於無何有之鄉者也，則是猶有未樹也。列子心疑形釋，骨肉都融，不覺形之所倚，足之所踦，致虚之極，至於御風而行，則泠然善者也。泠然善，則出於守形之濁惡者也。月之爲物，三五而盈，三五而闕。其爲晦望，以日而已矣。古之交坎離、合神氣者，未嘗不以是爲法。則旬有五日而後反者，蓋列子之所以合其體心神氣之道也。世之所謂善者，常在於致福。而列子之所善者在此，則於致福爲未數數然也。蓋御風而行則免乎行，而轍迹之不可見者也。然以是而往反於旬有五日之間，則不能無所待者也。若夫乘天地之正，御六氣之辯，以遊無窮者，彼且惡乎待哉！蓋天無爲以之清，地無爲以之寧；則無爲者，天地之所以爲正也。人之動，亦常出於無爲，則是乘天地之正也。六龍御天，潛升以時，而非我也，則是御六氣之辯也。六通四闢而無乎不在，則是遊無窮也，無窮則出乎宇宙之外者也。若然者，奚獨風之乘，而以反於旬有五日之間爲哉！夫何故無已而已？無已則無功，無功則無名，内不累於己，外不累於功名，是乃逍遥遊之極也。故曰，至人無己，神人無功，聖人無名。不離於真，謂之至人，有己則不真矣，則至人者，固無己也。不離於精，謂之神人，有功則粗矣，則神人者，固無功也。以天爲宗，以德爲本，以道爲門，兆於變化，謂之聖人。變化則無體，無體則名不足以定之，則聖人者，固無名也。是則無所待者也。列子之論乘風曰：「不知我乘風邪？風乘我邪？」則宜若無所待者也，則旬有五日而後反者，殆本其所由入而言之邪？

堯讓天下於許由曰：「日月出矣，而爝火不息，其於光也，不亦難乎！時雨降矣，而猶浸灌，其於澤也，不亦勞乎！夫子立而天下治，而我猶尸之，吾自視缺然，請致天下。」

呂注：日月時雨，天之所爲也，天之所爲則無爲者也；爝火浸灌，人之所爲也，人之所爲則有爲者也。堯以有爲自處，而以無爲待由，故比由於日月時雨，而自況於爝火浸灌也。取天下常以無事，及其有事，不足以取天下。以無爲待由，故曰，夫子立而天下治，以明取天下常以無事也。以有爲自處，故曰，吾自視缺然，請致天下也。

許由曰：「子治天下，天下既已治也。而我猶代子，吾將爲名乎？名者，實之賓也。吾將爲賓乎？鷦鷯巢於深林，不過一枝；偃鼠飲河，不過滿腹。歸休乎君，予無所用天下爲！庖人雖不治庖，尸祝不越樽俎而代之矣。」

呂注：自堯言之，則由雖無爲，未嘗不可以有爲，故致天下而不疑。自由言之，則堯雖有爲，而未嘗不出於無爲也。故曰，子治天下，天下固已治，而不肯受也。自言以其迹，言人以其心故也。夫以無事取天下而天下治，是乃無爲之實也。天下既治而吾猶代之，則是取天下而爲之，將見其不得也，則吾將爲無爲之名而已乎？夫名者，實之賓也。大丈夫居其實，不居其華；而無名者，乃所以賓萬物，而非賓於萬物者也。則吾將爲賓乎？是故方其有爲也，則四海九州樂推而不爲有餘；方其無爲也，則一枝滿腹歸休而不爲不足。此吾所以無以天下爲也，斯乃唐許之所以爲逍遥遊也歟？庖人雖不治庖，尸祝不越樽俎而代之矣，況天下已治而代之乎！庖人以宰割烹和爲事，則任天下者之譬也；尸無爲而飲食於樽俎之間，而祝後之，則無事於天下者之譬也。

纂微 吕注：自堯言之，由雖無爲而未嘗不可以有爲，故請致天下而不疑。自由言之，堯雖有爲而未嘗不出於無爲，故以天下既治而不肯受。自言以其迹，言人以其心故也。夫以無事取天下而天下治，此無爲之實也。天下既治而吾猶代之，則是取天下而爲之，將見其不得也，是取其無爲之名而已。名者實之賓，吾肯爲之乎？是故方其有爲也，四海九州樂推而不爲有餘；及其無爲也，一枝滿腹歸休而不爲不足。此所以無用天下爲，而堯、許之所以逍遥也。

莊子翼 吕注：全同纂微，唯少「自言以其迹，言人以其心故也」句。

肩吾問於連叔曰：「吾聞言於接輿，大而無當，往而不反。吾驚怖其言，猶河漢而無極也。大有逕庭，不近人情焉。」連叔曰：「其言謂何哉？」曰：「『藐姑射之山，有神人居焉。肌膚若冰雪，淖約若處子。不食五穀，吸風飲露。乘雲氣，御飛龍，而遊乎四海之外。其神凝，使物不疵癘而年穀熟。』吾以是狂而不信也。」

呂注：肩吾得之以遊大川，則得道而神者也。以名制義，則肩吾者，任我者也；連則屬物之殊，而連之以爲一體者也。伯長而叔少也，以接輿言爲是而和之，則不以長自居者也；接輿則其德知聖，而人以爲狂者也。大而無當，則其底不可窮；往而不反，則於今不可驗。百川之在地，其源委可推而知其極也。河漢之在天，則無極而已。接輿之言，固不遠也，苟爲有我，則求諸其心而不得，雖肩吾猶聞之驚怖，而以爲大有逕庭，不近人情也。藐姑射之山，唯體道者爲能登之。有神人居焉，神人則人心之所同有也，唯窮神者爲能是之。藐則「説大人藐之」之藐；姑，且也；射，厭也。登此山者之視天下事，無足大者，亦無足思者，故藐且射之也。非神人其孰能居於此乎！肌膚若冰雪，以言其絜白而不爲物之累也；淖約若處子，以言其柔弱而不爲物之匹也；不食五穀，吸風飲露，以言其味於人之所不味也；乘雲氣，御飛龍，而遊乎四海之外，以言其體合於無，運動變化，而不制於宇宙之間也；其神凝〔一〕，使物不疵癘而年穀熟，以言其夢想銷亡，其和足以療氣之沴而相天之成也。肩吾則未嘗登此山、見此人，是以接輿之言爲狂而不信也。

纂微　呂注：藐姑射山，唯有道者能登之。神人即人心之所同有，唯窮神者能見之。藐，猶眇視；姑，且也；射，厭也。言登此山者，視天下事舉無足爲，故藐且射之，非神人孰能與於此！

連叔曰：「然。瞽者無以與乎文章之觀，聾者無以與乎鐘鼓之聲。豈唯形骸有聾盲

〔一〕「凝」，原作「疑」，據莊子原文改。

哉？夫知亦有之。是其言也，猶時女也。之人也，之德也，將旁礴萬物以爲一，世蘄乎亂，孰弊弊焉以天下爲事！之人也，物莫之傷，大浸稽天而不溺，大旱金石流土山焦而不熱。是其塵垢粃糠，將猶陶鑄堯舜者也，孰肯以物爲事！」

呂注：目以不與文章之觀爲瞽，耳以不與鐘鼓之聲爲聾，則知而不見，心不聞道，宜其爲智之聾、盲也。接與之以神人，人心而已矣。人而得之，則孰有不當於其心者乎？故曰，是其言也，猶時女也。女而時，則當乎人之心者也，而謂之曰不近人情，此所以爲智之聾盲也。神也者，妙萬物而爲言者也，體神則萬物莫非我也，則之人也，之德也，是將旁礴之以爲一也。昆侖旁礴者，天地之所以爲大也，其德如此，則世以亂而蘄我，我非求於世也，孰弊弊然用其心以天下爲事乎！之人也，物無非我，則我之與我奚所迕哉！是以莫之傷也。唯其物莫之傷，是以大浸稽天而不溺，大旱金石流土山焦而不熱也。然則神明者，吾之粹精也。神降明出則聖之所生，而王之所成也。是其塵垢粃糠將猶陶鑄堯舜，豈虛言哉！夫聖王之生成，獨〔一〕以爲粗，則不肯以物爲事可知矣。

宋人資章甫而適諸越，越人斷髮文身，無所用之。堯治天下之民，平海內之政，往見四子藐姑射之山，汾水之陽，窅然喪其天下焉。

〔一〕「獨」，據文意當作「猶」。

呂注：章甫，所以爲首飾也，斷髮文身則無所用於章甫矣。所以有天下而與有之者，以有我也。堯治天下之民，平海内之政，往見四子於藐姑射之山，汾水之陽，是見神人也，見神人是見吾心也。見吾心則無我，無我則雖有天下，吾何以天下爲哉？是以窅然喪其天下也。夫天下大矣，不足以爲累，此堯之所以爲逍遥遊也。是説也，非特莊子之語堯爲然也，巍巍乎舜禹之有天下，而不與有也，湯之非富天下也，武王之不淫商也，古之聖人，未有不如此也。而莊子則言其所以然者也，則謂其塵垢粃糠將猶陶鑄堯舜者，非卑堯舜之言也，乃所以致尊於堯舜之言也。蓋堯舜之所以爲堯舜者，其至貴有在於此，而史之所記有不足以譽之者也。堯之師曰許由，許由之師曰齧缺，齧缺之師曰王倪，王倪之師曰被衣。四子者，蓋皆窮神，而堯因之以入，則是見之也。汾水之陽，堯所都也，往見四子藐姑射之山，而不離汾水之陽，是以知其不遠也。

惠子謂莊子曰：「魏王貽我大瓠之種，我樹之成而實五石，以盛水漿，其堅不能自舉也。剖之以爲瓢，則瓠落無所容。非不呺然大也，吾爲其無用而掊之。」莊子曰：「夫子固拙於用大矣。宋人有善爲不龜手之藥者，世世以洴澼絖爲事。客聞之，請買其方百金。聚族而謀曰：『我世世爲洴澼絖，不過數金。今一朝而鬻技百金，請與之。』客得之，以説吴王。越有難，吴王使之將。冬，與越人水戰，大敗越人，裂地而封之。能不龜手一也，或以封，或不免於洴澼絖，則所用之異也。今子有五石之瓠，何不慮以爲大樽而浮乎江湖，而憂其瓠落無所容？則夫子猶有蓬之心也夫！」

呂注：逍遥之遊，唯無爲者爲足以預之，而惠子求之於形器之内，以故累於有身；而其用之，則域於宇宙，而不能自出也，故以莊子之言爲大而無用，而以大瓠況之也。自其種而樹之成，明我與其言，始終察之也；而實五石以盛水漿，其堅不能自舉，則求之於形器之間而累於有身者也；剖以爲瓠，則瓠落而無所容，則用之而域於宇宙，而不能自出者也。夫用大物，必於大處。今惠子聞垂天之翼，而無不可窮之天池，宜其局促於榆枋之間，蓬蒿之下，而不願傳之也，此莊子所以知其拙於用大，而喻之以不龜手之藥也。夫藥之不龜手一也，而用之洴澼絖，不獨不足以濟衆，亦不足以周其一身，則拙於用大之甚者也。而用之以水戰而有功水戰，則非特洴澼絖而已，又以周其身，非特周其身，而師衆所賴而濟也，則所用豈不異哉！大道之爲言亦一也。不善用之則不足周於四體，而所利者寡，則世世洴澼絖不過數金之譬也；善用之則非特周吾身而已，則雖天下淪溺於陰陽之大寇，猶將推而勝之，以成其所欲爲，則以説吴王，使之將，與越人水戰，大敗之，而以封之譬也。夫酌之而不竭，注之而不滿，此亦人之江湖也。今子有至大之器，而不知浮之於至大之處，憂其瓠落無所容，則其謂之有蓬之心也，宜矣！蓬非直達者也，則其有心而不能直達，而求之它者，皆蓬而已矣。

纂微 呂注：惠子拘於形器，謂莊子之言，大而無用，故以大瓠況之。自其種而樹之成，明我於其言始終察之也。而實五石，至不能自舉，則求之於形器而累於有身者也。剖之以爲瓢，瓠落無所容，則用之而域於宇宙不能出者也。夫用大物必於大處，今惠子累於有身，是以疑而有問，故莊子答以拙於用大，遂引不龜手之藥爲喻。道之爲言一也，不善用之，不足以周四體，則世世洴澼絖不過數金之謂也；善用之，非特周吾身而已，雖天下淪溺，猶將拯之，則用之水戰，裂地而封之謂也。夫注焉不滿，酌焉不竭，此亦人之江湖也。今子有大器，不能浮之於大處，而患其無所容，則謂之有蓬之心也，宜矣！

莊子翼 呂注：道之爲言一也。不善用之，不足以周四體，則世世洴澼絖，不過數金之謂也；善用之，非特周吾身而已，雖天下淪溺，猶將拯之，則用之水戰，裂地而封之謂也。夫注焉不滿，酌焉不竭，此亦人之江湖也。今子有大器，不能浮之於大處，而患其無所容，則謂之有蓬之心也，宜矣。

惠子謂莊子曰：「吾有大樹，人謂之樗。其大本擁腫而不中繩墨；其小枝卷曲而不中規矩，立之塗，匠者不顧。今子之言，大而無用，衆所同去也。」莊子曰：「子獨不見狸狌乎？卑身而伏，以候敖者；東西跳梁，不避高下；中於機辟，死於罔罟。今夫斄牛，其大若垂天之雲，此能爲大矣，而不能執鼠。今子有大樹，患其無用，何不樹之於無何有之鄉，廣莫之野。彷徨乎無爲其側，逍遙乎寢臥其下。不夭斤斧，物無害者。無所可用，安所困苦哉？」

呂注：莊子之言，盡神而已矣，神者不測，而惠子求之於法度之内，是以見其本末擁腫卷曲，而不中繩墨規矩，而以爲無用也。向之瓠大而無用，則我之所獨也；今之樗，立之塗，而匠者不顧，則以爲大而無用者，非特我而已，乃衆之所同去也。夫物固有以有用爲用者，有以無用爲用者。以有用爲用，用之小者也，則今夫狸狌，卑身而伏，以候敖者；東西跳梁，不避高下；中於機辟，死於網罟者是也，以譬則不能無爲，而役其智巧，足以殺其身之人也。以無用爲用，用之大者也，則今夫斄牛，其大若垂天之雲，此能爲大而不能執鼠者是也，以譬則逍遥無爲，而不用智巧以全其形生之人也。夫神者，聖人體之以深根固蒂者也，則其爲樹也，大矣，則欲樹之，莫若反吾心而已矣。心之爲物，莫知其鄉，得其莫知之處而安之，則是樹之於無何有之鄉也。充之而彌滿六虛，則廣而不狹矣；靜之而萬物莫足以鐃，則莫而不亂矣；廣而不狹，莫而不亂，則是廣莫之野也。彷徨乎無爲其側，逍遥乎寢卧其下，則未始須臾離也。内以不材而不夭於中道之斧斤，外以不爭而物無害者，則所謂大而無用者，安所困苦，而子獨患之乎？莊子論逍遥遊至於神，足矣，而卒之以惠子之問答，何也？蓋雖至聰明，而不能刳心去智，以至於未始有物，則其於是道不能無疑，常若惠子而已矣，故每至於無用無情之説而致其辭焉，則後之疑者，可思而得之矣。

纂微　呂注：惠子未悟，又以大樗爲問。夫物以有用爲用，用之小；以無用爲用，用之大。狸狌跳梁，死於網罟，不能無爲而以知巧殺身之譬也。斄牛至大，不能執鼠，逍遥無爲全其形生之譬也。聖人之於道，體之以深根固蔕，則其爲樹也大矣。欲樹之者，莫若反求吾心。心之爲物，莫知其鄉。得其莫知之處而安之，是樹之於無何有之鄉也。充之而彌廣六虛，靜之而萬物莫撓。逍遥其側，寢卧其下，未始須臾離也。則所謂大而無用者，安所困苦而子患之乎？蓋惠子雖至聰明，未能刳心去知，以至於未始有物，則於道不能無疑，故莊子於無用無情之説而致其辭焉。後之疑者，可思而得之矣。

莊子翼　呂注：物以有用爲用，用之小；以無用爲用，用之大。狸狌跳梁，死於網罟，不能無爲而以知巧殺身之譬也；斄牛至大，不能執鼠，逍遥無爲全其形生之譬也。聖人之於道，體之以深根固蔕，則其爲樹也大矣。欲樹之者，莫若反求吾心。心之爲物，莫知其鄉，得其莫知之處而安之，是樹之於無何有之鄉也。充之而彌廣六虛，靜之而萬物莫撓，逍遥其側，寢卧其下，未始須臾離也，則所謂大而無用者，安所困苦而子患之乎？

齊物論第二〔一〕

南郭子綦隱几而坐，仰天而噓，嗒焉似喪其耦。顏成子游立侍乎前，曰：「何居乎？形固可使如槁木，而心固可使如死灰乎？今之隱几者，非昔之隱几者也。」子綦曰：「偃，不亦善乎，而問之也！今者吾喪我，汝知之乎？汝聞人籟而未聞地籟，汝聞地籟而不聞天籟夫！」

呂注：人心之神，與道合體。用之彌滿六虛，廢之莫知其所。子綦隱几，心廢形釋，天下之物，莫與對者，故嗒焉似喪其耦，而子游所以驚而問也。夫形之所以有其形者，何邪？以有我而已。苟爲無我，則如槁木，不足異也。心之所以有其心者，何邪？以有我而已。苟爲無我，則如死灰，不足異也。子游不知我之所自起，常爲形心之所役而不得息，是以不知其何居而可使至於此也。雖然，得子綦於嗒焉之間，而知今之隱几者，非昔之隱几者而問之，則其觀之亦察矣，此子綦所以善之也。蓋昔之隱几者，我之應物之時也，應物則我存。今之隱几者，我之遺物之時也，遺

〔一〕本篇底本完存。黑水城本全佚。陳氏排印影本於題下注云：「按此篇呂注全據纂微本輯補。」

物則我喪。苟知我之所以自起，存與喪未始不在於我也。子游不知此，是徒聞人籟而不聞地籟，聞地籟而不聞天籟也。蓋比竹之爲物，人皆聞之而知其空虚無有也。然不知我之所以爲我者，猶是而已。則是聞人籟而不知天地之籟，亦猶是也。我之所以爲我，則天籟而已矣。

纂微　呂注：人之所以有其形心者，以其有我而已。苟爲無我，則如死灰槁木，不足異也。子游不知我之所自起，爲形心所役而不得息，不知何居而可使至此也。然於嗒然之間，知今昔隱几之不同，則其觀之亦察矣。蓋昔之隱几，應物時也。今之隱几，遺物時也。苟知我之所自起，則存與喪未始不在我也。比竹之爲物，人皆聞之，知其空虚無有也。我之所以爲我者，亦然。

莊子翼　呂注：全同纂微。

子游曰：「敢問其方。」子綦曰：「夫大塊噫氣，其名爲風。是唯無作，作則萬竅怒呺。而獨不聞之翏翏乎？山林之畏佳，大木百圍之竅穴，似鼻，似口，似耳，似枅，似圈，似臼，似注者，似污者；激者，謞者，叱者，吸者，叫者，譹者，宎者，咬者，前者唱于，而隨者唱喁。泠風則小和，飄風則大和，厲風濟則衆竅爲虚。而獨不見之調調，之刁刁乎？」

呂注：生而有知則有我矣，而欲喪之以返於無，不亦難乎！此子游所以問其方也。風之爲物，非有主張而披拂之者也，大塊噫氣，名之爲風而已矣，是唯無作，作則萬竅怒呺。汝獨不聞之廖廖然飛揚而不止有乎？山林之畏佳，大木百圍之竅穴，其形有似鼻，似口，似耳之在身者，有似枅，似圈，似臼之在器者，有似洼，似污之在地者，各不同矣，則其聲有激者，謞者，叱者，吸者，叫者，譹者，宎者，咬者，前者唱于，而隨者唱喁。泠風則小和，飄風則大和，亦不同也；此何以異於人之有我，以役其心形之時邪！及其濟也，衆竅爲虚。汝獨不見之調調而刁刁而闃寂乎？則向之怒呺，廖廖然飛揚而不止者安在也？此何以異於人之喪我而若槁木死灰之時乎？每日而獨不聞〔一〕，獨不見者，蓋地籟之作止，汝之所嘗聞見也；而心之起滅，汝之所未嘗聞見也。使以其所嘗聞見，知其所未嘗聞見也。廖廖，聲之飛揚也。故曰聞調調刁刁，形之恬息而闃寂也。故曰見刁斗之行夜，蓋施於闃寂之時，因以取名也。

纂微 呂注：萬竅怒號，何異有我而役其心形之時邪？衆竅爲虚，何異喪我而若槁木死灰之時邪？曰，而獨不聞，獨不見者，言地籟之作止，汝之所嘗聞見；而心之起滅，汝之所未嘗聞見也。以其所嘗聞見，而究其所未嘗聞見，則天籟可知矣。

莊子翼 呂注：全同纂微。

子游曰：「地籟則衆竅是已，人籟則比竹是已，敢問天籟。」子綦曰：「夫吹萬不同，而使其自已也。咸其自取，怒者其誰邪！」大知閑閑，小知閒閒；大言炎炎，小言詹詹。其寐

〔一〕「聞」，原作「間」，據文意從纂微、莊子翼改。

也魂交，其覺也形開，與接爲構，日以心鬭。縵者，窖者，密者。小恐惴惴，大恐縵縵。其發若機栝，其司是非之謂也；其留如詛盟，其守勝之謂也；其殺如秋冬，以言其日消也；其溺之所爲之，不可使復之也；其厭也如緘，以言其老溢〔一〕也。近死之心，莫使復陽也。喜怒哀樂，慮嘆變慹，姚佚啓態；樂出虚，蒸成菌。日夜相代乎前，而莫知其所萌。已乎！已乎！旦暮得此，其所由以生乎？

呂注：人籟則比竹是已，比竹未始有物也，鼓之而和鳴者，人而已矣。地籟則衆竅是已，衆竅未始有物也，作之而怒呺者，風而已矣。以三隅反之，則天籟者形心是已。形心未始有物也，吹萬不同而使其自已者，天而已矣。何謂吹萬不同而使其自已也？人莫不有形而運動，形莫不有心而思慮。各正性命，以爲我有之，是謂萬不同而自已也，夫豈知吹而使之者，天邪？天者，無爲而爲之者也。若吹而使之者，非物之自取而我與之，豈所謂無爲邪？猶之地籟也。作則萬竅怒呺，怒呺者亦其自取也。漠然大塊，噫氣而已矣，豈有心於其間而怒之邪？唯盡心者爲能知其性，知其性則知天，知天則知其吹而使之者，咸其自取，非有怒之者也。大知閑閑，則不待役思而得之者也；小知閒閒，則自爲門房而不見大方之盡者也；大言炎炎，則熏然而四達者也；小言詹詹，則隨

〔一〕「溢」，據文意當從纂微、莊子翼作「洫」。

其所見而出者也；則其器之大小有不同也。其寐也，魂交而爲夢；其覺也，形開而爲事；覺寐之間，與接爲構，日以鬭心，而未始須臾息也。而有縵者，有窖者，有密者。縵之爲言漫，漫則疏矣，窖者，密者，反縵者也，則其才之疏密有不同也。得失勝負戰於胸中，則不能無恐，小恐則惴惴，大恐則縵縵，則其度之廣隘有不同也。好惡藏於中而物觸之，則其發若機栝而不可止，則其司是非之謂也；名節臨於外而物引之，則其留如詛盟而不敢渝，則其守勝之謂也；則其趣之向背有不同也。有其殺如秋冬，有退而無進，則以言其日消也；有其溺之所爲之，不可使復之也，而其厭也如緘而不可解，則以言其老溢也。而近死之心，莫使復陽也，則欲之深淺有不同也；喜怒哀樂，慮嘆變慹，姚佚啓態，則其情狀發見之不同也。凡此，皆吹萬不同而使其自己也。其怒之者果誰邪？如樂之出虚，不鼓則寂，究其終未嘗有藏也。如蒸之成菌，忽然而出，原其始未嘗有種也。未嘗有種，則始無所自；未嘗有藏，則終無所歸；此日夜所以相代乎前，而莫知其所萌也，莫知其所萌則知之所不知也，知之所不知是乃天籟之所以無爲而爲也。夫其器之大小，才之疏密，度之廣隘，趣之向背，欲之深淺之不同，不乃似畏佳，竅穴之異形乎？閑閑閒閒言言詹詹縵縵惴惴，與夫喜怒哀樂，慮嘆變慹，姚佚啓態情狀之不同，不乃以怒呺于喁之異聲乎！然樂出虚，蒸成菌，求其所萌而不可得，不乃似厲風止則衆竅爲虚，調調刁刁而不知所歸乎！由此觀之，則我之爲我者安在？而形安有不如槁木，心安有不如死灰者乎？古之人知止其所不知，則至矣，無以復加矣。已乎，已乎！則至矣，而無以復加之謂也。旦暮得此其所由以生乎？所謂此者，則吹萬不同而使其自己者之謂也。易曰，通乎晝夜之道而知。誠知日夜相代乎前，而莫知其所萌，而旦暮得此其所由以生，則通乎晝夜之道而知矣，通乎晝夜之道而知則窮神者也。則今之隱几〔一〕者，胡爲而不得邪！

纂微　吕注：閑閑閒閒，明量小大之不同也；寐覺接構，有縵窖密之不同也；好惡藏於中而物觸之，則其發若機栝，名節臨於外而物引之，則其留如詛盟，是其趣之向背不同也；「殺如秋冬」至「莫使復陽」，則欲之深淺不同也。「喜怒哀樂」至「姚佚啓態」，則其情狀發見之不同。凡此皆吹萬不同，而使其自己也。如樂之出虛，蒸之成菌，日夜相代，莫知所萌，乃天籟無爲之爲也。夫器之小大趣欲向背淺深之不同，不乃似畏佳竅穴之異形乎！閑閒縵惴，喜怒哀樂情狀之不同，不乃似怒號于喁之異聲乎！樂之出虛，蒸之成菌，求其所萌而不可得，不乃似風濟竅虛，調調刁刁而不知所歸乎！由此觀之，則我之爲我者安在？形安有不如槁木，心安有不如死灰者乎？

莊子翼　吕注：全同纂微，唯「則其情狀發見之不同」句下多「也」字，「淺深之不同」句少「淺深」二字。

非彼無我，非我無所取。是亦近矣，而不知其所爲使。若有真宰，而特不得其眹。可行已信，而不見其形。有情而無形。百骸、九竅、六藏，賅而存焉，吾誰與爲親？汝皆悅

〔一〕「几」，原作「凡」，據文意改。

之乎？其有私焉？如是皆有爲臣妾乎？其臣妾不足以相治乎？其遞相爲君臣乎？其有真君存焉？如求得其情與不得，無益損乎其真。

呂注：天籟之難知，真君之難見，唯默然喪我，以心契之爲可以至。苟不以心契，徒以意求之，雖得其理，不過近之而已，終不可至也。日夜相代乎前，莫知其所萌，已乎已乎！旦暮得此其所由以生乎？此知其莫知其所萌，而以心契之者也，故曰得此，此者内之之辭也。非彼無我，非我無所取，是亦近已，而不知其所爲使，此以意求之者也，故曰非彼，彼者外之之辭也。夫彼與此，皆知吹而使之之物也。謂之此則見其不離乎吾心，故曰内之之辭也。謂之彼則見其離吾心，而有所謂使之者，故曰外之之辭也。由其外之，是以雖近而終不得其所爲使也。若有真宰而特不得其眹，可行已信而不見其形。有情而無形，則不得其所爲使而使之，遍索於形體之内，知其未嘗有在也。人之於身無不愛，則百骸、九竅、六藏，該而在焉，吾誰與爲親乎？苟無所獨親，則汝皆悦之乎？抑其有私也？苟爲無所獨親，無所獨私，則皆爲臣妾而已，而莫有君之者也。苟皆爲臣妾，則臣妾不足以相治，則遞相爲君臣而已，非真君也。由此觀之，則形體之内，求其所爲使，皆不可得也，不可得則其有真君存焉可知已。人莫不有真君焉，不爲求得其情而加益，不爲求不得其情而加損。何則？彼非無心之所得近，非有心之所得遠故也。或謂之真宰，或謂之真君，何也？真宰者，以其宰制役使而爲言也。真君者，以其無爲而物莫不臣之而爲言也。

纂微　呂注：夫天籟之難知，真君之難見，唯嗒然喪我，以心契之，斯可得。旦暮得此所由以生，是知其莫知所萌，而以心契之者也。不得其眹，不見其形，則不得其所爲使，而遍索於形骸之内，知其未嘗有在也。人之一身無不愛，則百骸、九竅，吾誰與親？無所獨親，則皆爲臣妾，莫有君之者。臣妾不足以相治，則遞相爲君臣，非真君也。於形骸之内求其所爲使者不可得，則有真君存焉可知矣。人莫不有真君，不爲求得其情而加益，不得其情而加損，何則？彼非無心之所得近，非有心之所得遠故也。

莊子翼　呂注：同纂微，唯少「人之一身無不愛，則百骸、九竅，吾誰與親？無所獨親，則皆爲臣妾，莫有君之者。臣妾不足以相治，則遞相爲君臣，非真君也」句。

一受其成形，不亡以待盡。與物相刃相靡，其行盡如馳，而莫之能止，不亦悲乎！終身役役而不見其成功，薾然疲役而不知其所歸，可不哀邪！人謂之不死，奚益！其形化，其心與之然，可不謂大哀乎！

呂注：夫人莫不有真君，唯無心而喪我者，爲可以得之。今一受其成形，不亡以待盡，遂仞而有之。與接爲構，日以心鬭，至於與物相刃相靡，其形盡如馳，而莫之能止，不亦悲乎！孔子之毋我而謂之絶，四絶者，不容有一毫留之之辭也，則亡之以待盡而後已，乃所以絶之也。今仞而有之，則與物爲敵，而相刃相靡，宜矣。相刃者，我與物交相傷也；相靡者，我與物交相潰也。靡讀如「吾與汝靡之」之「靡」。其行盡如馳，言其心未始須臾息，此至人之所以深悲也。人之於事也，其勢必有成功，其倦憊必有休歸，至於失性則雖終身役役，而不見其成功，雖薾然疲役，而不知其所歸，此其可爲哀也。哀莫大於心死，而人死次之，今心不得其所生而死矣，則人謂之不死，奚益！夫形者不能不日化者也，心者寂然不動而已，其形化而其心與之然，至於昏耗澌盡，沉淪於萬物之間，此又可謂哀之大者也。

人之生也，固若是芒乎！其我獨芒，而人亦有不芒者乎？夫隨其成心而師之，誰獨且無師乎？奚必知代而心自取者有之？愚者與有焉。未成乎心而有是非，是今日適越而昔至也。是以無有爲有。無有爲有，雖有神禹，且不能知，吾獨且奈何哉！

呂注：夫我與物敵，形與心化，而不自知者，芒昧之甚者也。人之生也固若是，芒乎其我獨芒，而人亦有不芒者乎？至人之心，其靜如鑑，非有待於外而然也，得其成心而已矣。則人之生也，固不皆若是芒也，我不得其成心，所以獨芒，若彼至人者，固不芒也。則人誠能隨其成心而師之，誰獨且無師乎！奚必知代其故習！而心自取者有之，雖愚者預〔一〕有，所謂不芒而可以師者

〔一〕「預」字疑誤，纂微作「與」。

也，不知求之耳。成心者，吾所受於天而無所虧者也，唯得其成心，然後足以爲真是非，則所謂莫若以明者也。心爲物之所虧而未成，則所謂是非者，未可定也，而遂以爲有是非，是今日適越而昔至也。蓋是非之體，本無有也。未成乎心而有是非，則不知其本無有，而以無有爲有也，以無有爲有則迷而不知返之甚者也。禹者能因物之性而導之使通者也。迷而不知反之人，雖禹之神，且不知所以爲之之方，吾獨且奈何哉！言其難悟之甚也。

纂微　呂注：我與物敵，形與心化，而不自知，芒昧之甚者。至人之心，其靜如鑑。非有待而然，得其成心而已，我不得其成心，所以獨芒，彼至人者，固不芒也。人誠能隨其成心而師之，誰獨無師乎？奚必知代其故習？而心自取者有之，愚者與有，不芒而可師者，不知求之耳！成心吾所受於天而無虧者，故足以明真是非。苟爲物所虧，則所謂是非者未定也。是非本無，而以爲有，雖禹之神，猶不能爲之方，吾將奈何哉！

夫言非吹也，言者有言，其所言者特未定也。果有言邪？其未嘗有言邪？其以爲異於鷇音，亦有辯乎，其無辯乎？

呂注：夫吹萬不同而使其自已者，天籟之所以爲妙也。苟知言之所以言者，則閑閑閒閒，莫非吹也；言而不知其所以言者，則言非吹也，言者，有言而已矣。言者有言，是爲物之所吹而使之，非能吹物而使之者也。夫吹物而使之者，其體未嘗不定也。爲物之所吹而使之，其所言者固特未定也。唯其未定，則有言之與未嘗有言，其異於鷇音，亦有辯乎？其無辯乎？言其無辨也，奈何以此而欲定是非之正乎？

纂微 呂注：言非吹也，言者有言，是爲物之所吹，非吹物而使之者。故所言未定，則有言之與未嘗有言，其異於鷇音，不可得而辯也。

道惡乎隱而有真僞？言惡乎隱而有是非？道惡乎往而不存？言惡乎存而不可？道隱於小成，言隱於榮華。故有儒、墨之是非，以是其所非而非其所是。欲是其所非而非其所是，則莫若以明。物無非彼，物無非是。自彼則不見，自知則知之。故曰彼出於是，是亦因彼。彼是方生之説也，雖然，方生方死，方死方生；方可方不可，方不可方可；因是因非，因非因是。是以聖人不由，而照之於天，亦因是也。是亦彼也，彼亦是也。彼亦一是非，此亦一是非。果且有彼是乎哉？果且無彼是乎哉？彼是莫得其偶，謂之道樞。樞始得其環中，以應無窮。是亦一無窮，非亦一無窮也。故曰莫若以明。

呂注：道無乎不在，則天下之物，莫非道也，則道惡乎隱而有真僞；物無非道，則言亦道也，則言惡乎隱而有是非。何則？知道之無不在，則真僞一體也，則道惡乎往而不存；知言之莫非道，則是非一體也，則言惡乎存而不可；此則自道之大全與言之本實而言之也。然而道所以有往而不存，言所以有存而不可者，以道隱於小成而不知大全，言隱於榮華而不知本實故也。夫唯如此，故有儒墨之是非，以是其所非，而非其所是，此道之所以有不存，而言之所以有不可也，夫豈是非是正乎？　夫欲是其所非，而非其所是，則莫若以明。　何謂明？　萬物芸芸，各復歸其根，歸根曰靜，靜曰復命，復命曰常，知常曰明，則明者復命知常而爲言也。　故曰知人者智，自知者明，則明者智之所自出也。　又曰用其光，復歸其明，則明者光之所自出也。　今儒墨之是非，不離乎智識光耀之内，而未嘗以明，是以不足爲是非之正也。　若夫釋智回光，自明以觀之，則物之所謂彼者，果有定體邪？　無定體則物無非彼矣；物之所謂是者，果有定體邪？　無定體則物無非是矣。　蓋自彼則不見，自知則知之，物之情也。　自彼則不見，故謂之彼；自知則知之，故謂之是；而在彼者亦然。　則彼出於是，是亦因彼，彼與是皆無定體也，而謂之有彼是，則猶方生之説而已。　蓋方生者，以我爲有生，則以死者爲有死，是以有死生也。　雖然，自道觀之，物之方生者，求其所以生者，自何而來乎？　其方死也，求其所以死者，自何而去乎？　知夫死生之一體者，則其方生也，乃其所以方死也；其方死也，乃其所以方生也。　通乎死生之説，則其方可也，乃所以方不可也；其方不可也，乃所以方可也。　生也，死也，可也，不可也，皆吾心之所造也，盡心窮神，反乎無我，則其體未嘗異也。　由是言之，則是非豈有定體哉！　因是因非，因非因是，更相爲因而已矣，是以聖人不由而照之於天，照之於天則以明之謂也。　所以然者，知是之無定體，亦因之而已。　是無定體，則非亦無定體；而彼亦是也，是亦彼也，可知已。　知彼亦是而是亦彼，則能是其所非，而非其所是者也。蓋謂之彼，則彼亦一是非；謂之此，則此亦一是非；而相與爲偶矣。而求之吾心，則有彼是者固不可得也；而無彼是者，亦不可得也。則彼是莫得其偶，而謂之道樞也。樞之爲物，得之則運轉在我，而不在物者也。物之運轉於我者，循環而無窮，非得其環中者也。樞者始得其環中，不動以應之而已。所謂無窮者，是亦一無窮，非亦一無窮，唯不動者所以應之也，非知常者，不足以預此，故曰莫若以明。

纂微 呂注：道無不在，則言莫非道，道惡乎隱而有真僞。物無非道，則言亦道也，言惡乎隱而有是非。知道無不在，則何往而不存？知言莫非道，則何存而不可？然有不存不可者，以道隱於小成而不知大全，言隱於榮華而不知本實。由是有儒墨之是非，欲是其所非而非其所是，則莫若以明，明者，復命知常之驗也。今儒墨之是非不離乎知識，而未嘗以明，故不足爲是非之正。若釋知回光，以明觀之，則物所謂彼是者果無定體，無定體則無非彼，無非是矣。自彼則不見，故以彼爲彼；自知則知之，故以己爲是。在彼之論亦然。則是本無定體也，而世以爲有彼是，猶方生者以生爲生，而方死者以死爲生，是以無有爲有也。自道觀之，物之方生也，求其所以生自何來；其方死也，求其所以死自何去；知死生之一體，則方生乃所以爲方死，方死乃所以爲方生。可不可也亦然。此皆吾心之所造，盡心窮神，復乎無我，則其體未嘗有異也。因是因非，因非因是，更相爲用而已。聖人不由，而照之於天，則以明之謂也。

莊子翼　呂注：同纂微，唯「由是有儒墨之是非」句下有「矣」字，「復命知常之驗也」句中「驗也」作「謂」，「若釋知回光」句「知」作「智」，「自彼則不見，故以彼爲彼。自知則知之，故以己爲是。在彼之論亦然，則是本無定體也。而世以爲有彼」句作「無定體則世以爲有彼是」，「求其所以生自何來」句和「求其所以死自何去」均脱「求其所以」四字，脱末句「聖人不由，而照之於天，則以明之謂也」。

以指喻指之非指，不若以非指喻指之非指也；以馬喻馬之非馬，不若以非馬喻馬之非馬也。天地一指也，萬物一馬也。可乎可，不可乎不可。道行之而成，物謂之而然。惡乎然？然於然。惡乎不然？不然於不然。物固有所然，物固有所可。無物不然，無物不可。故爲是舉莛與楹，厲與西施，恢恑憰怪，道通爲一。其分也，成也；其成也，毁也。凡物無成與毁，復通爲一。唯達者知通爲一，爲是不用而寓諸庸。庸也者，用也；用也者，通也；通也者，得也；適得而幾矣。因是已，已而不知其然，謂之道。

呂注：夫此亦一是非，彼亦一是非。而欲是其所非，非其所是，則雖有可否，皆出於彼是之域而已，猶之以指喻指之非指，雖有名實〔一〕大小之辯，而不出於同體也，曷足以爲非指乎！以馬喻

〔一〕「實」，原作「食」，據文意從纂微、莊子翼改。

馬之非馬，雖有毛物駑良之辯，而不離於同類也，曷足以爲非馬乎！ 唯夫以日月，則不由是非而照之於天，則出乎同體，離乎同類，然後足以爲真是非，而能是其所非，而非其所是也。 是猶以非指喻指之非指，乃真非指也；以非馬喻馬之非馬，乃真非馬也。 是故天地雖大，無異一指，以其與我並坐而同體也，無我則莫知其爲天地矣；萬物雖衆，無異一馬，以其與我爲一而同類也。 無我則莫知其爲萬物矣。 天地萬物猶待有我而後有，則物之可乎可，而不可乎不可，其孰自哉？ 道行之而成，物謂之而然也，道行之而成，非爲之而成也；物謂之而然，非本有而然也。 何則？ 所謂然者，惡乎然哉？ 然於然而已；所謂不然者，惡乎不然哉？ 不然於不然而已。 其所於者，則然不然之所自起也，而求其爲之者不可得，則知其本無有也。 物固有所然，物固有所可。 而求其所然所可者不可得，則無物不然，無物不可矣，無物不然無物不可，則物之所以齊也，胡爲趣舍於其間哉！ 故爲是舉莛與楹，厲與西施，恢恑憰怪，道通爲一矣。 莛小而楹大，厲惡而施美，恢之言恢，恑之言詭，憰之言譎，恢則不莊，恑則不範，憰則不正，怪則不常，大之與小，美之與惡，固常相反，恑恢憰怪，則庸言庸行之所不由也。 知然不然之所自起，而無物不然，無物不可，則其所不同與所不由者，皆通而爲一也。 通而爲一，則其分也，乃其所以成也；其成也，乃其所以毀也；而凡物無成與毀矣，而無成與毀者，復通而爲一也。 唯達者知通爲一，故我則不用寓諸萬物之用而已，故曰爲是不用，而寓諸庸，庸也者，用萬物之自功也。 蓋帝王無爲而天下功，真君亦無爲而萬物功，故曰庸也者，用也。夫不知物之所以通爲一者，則必絶而外之，而後能不用，則窒而不通〔一〕，不通則無往而得矣。知通爲一，則雖不用而寓之萬；物之用則通，通則無入而不自得矣，故曰用也者，通也；通也者，得也；適得而幾矣。毁則近之，猶未可以爲道也，以其猶知其然也，知是之無體而因之，則因是已，已而不知其然，而後謂之道也。

纂微　呂注：以指喻指之非指，雖有名實小大之辯，不出於同體，曷足爲非指乎！以馬喻馬之非馬，雖有毛色駑良之辯，不離於同類，曷足爲非馬乎！唯能不由是非而照之於天，則出乎同體，離乎同類，然後足以定天下之真是非。故天地雖大，無異一指，以其與我並生而同體也。萬物雖衆，無異一馬，以其與我爲一而同類也。則物之可不可，其孰自哉！道行之而成，非無爲而成也。物謂之而然，非本有而然也，其所然所可，乃不然不可之所自起。而求其爲之者不可得，則知其本無有，此物之所齊也，胡爲趨舍與其間哉！小大美惡，固常相反。今以道通而一之，則其分也，乃所以成；其成也，乃所以毁；而萬物無成與毁，復通爲一，唯達者知通爲一。故我則不用寄萬物之自用，寄物則通，通則無入而不自得，適得而近道，未可以爲道，以其猶知其然也。知是之無體而因之，已而不知其然，而後謂之道。

莊子翼　呂注：同纂微，唯「雖有名實」作「欲有名食」，「不可得」上有「卒」字，「本無有」下增

〔一〕本句似與上下文失貫。疑「則」字以上脱「不用」二字，「不用則窒而不通」，則上下文庶幾貫通。

「矣」字，「不自得」下增「矣」字，又少「適得而近道」以下至段末數句。

勞神明爲一而不知其同也，謂之朝三。何謂朝三？狙公賦芧，曰：「朝三而暮四。」衆狙皆怒。曰：「然則朝四而暮三。」衆狙皆悦。名實未虧，而喜怒爲用，亦因是也。是以聖人和之以是非，而休乎天均，是之謂兩行。

|呂注：夫道之所以通爲一者，以大小美惡之所自起者，未嘗不同，是以通爲一也。若夫不知其同，勞神明而爲之，則所謂一者，乃不一也。何則？勞神明而爲之者，誰邪？我而已矣。有我則與物對，夫惡能爲一邪？今欲爲一而不免於不一，則猶朝三而暮四，與朝四而暮三，皆不離乎七而已。而皆怒皆悦，則群狙之見畜於狙公，而非狙公之所以籠群狙也。狙公則知其同而以用其喜怒者也，則亦因是而已。是以聖人知夫是非之同也，和之以是非而不別也，而休乎天均，則與勞神明爲一而不知其同者異矣。天者，無爲者也。天均者，無爲而彼是是非無所偏係之謂也。夫唯無爲而無所偏係，故不捨彼而取是，亦不捨是而取彼，故曰是之謂兩行。

纂微 |呂注：道所以通爲一者，以其小大美惡之所自起有在於是。若不知其然，勞神明而爲之，乃所以爲不一也。猶朝三暮四、朝四暮三，不離乎七而皆怒皆悦，此群狙所以見畜於公，而公所以籠群狙也，亦因是而已。

莊子翼 |呂注：若不知其然，勞神明而爲之，乃所以爲不一也。

古之人，其知有所至矣。惡乎至？有以爲未始有物者，至矣，盡矣，不可以有加矣。其次以爲有物矣，而未始有封也。其次以爲有封焉，而未始有是非也。是非之彰也，道之所以虧也。道之所以虧，愛之所以成，果且有成與虧乎哉？果且無成與虧乎哉？有成與虧，故昭氏之鼓琴也；無成與虧，故昭氏之不鼓琴也。昭文之鼓琴也，師曠之枝策也，惠子之據梧也，三子之知幾乎，皆其盛者也，故載之末年。唯其好之也，以異於彼，其好之也，欲以明之。彼非所明而明之，故以堅白之昧終。而其子又以文之綸終，終身無成。若是而可謂成乎？雖我亦成也。若是而不可謂成乎？物與我無成也。是故滑疑之耀，聖人之所圖也。爲是不用而寓諸庸，此之謂以明。

呂注：道無乎不在，則天下之物莫非道也；物無非道，則道外無物。此古之人所以爲未始有物也。此能即物以爲道者也，知至於此則至矣，盡矣，無以加矣！其次以爲有物而其體則同，未始有封域之異也，此未能即物以爲道，而能以道通物者也；其次以爲有封焉，而未嘗有是非，此未能以道通物，而能遺物以合道，二者之所知，雖未至未盡，其於道猶爲未虧也。至是非之彰，則道之所以虧也，道虧而情生，情生則愛之所以成也。此大道廢，有仁義；智慧出，有大僞也。然自達者觀之，未始有物，果且有成與虧乎哉？果且無成與虧乎哉？蓋道非有也，故不可以言有成與虧；非無也，故亦不可以言無成與虧也。而昭氏之鼓琴，以明有成與虧；其不鼓琴也，以明無成與虧。與師曠之枝策，惠子之據梧，蓋亦若是而已矣。三子之知，其明有無成虧之意，亦幾矣！就其人之所知，皆其盛者也，故載之末年而不倦，唯其好之也，以異於彼矣。彼則古之人未始有物，未始有封，未始有是非者也。何則？其好之也，欲以明之。彼其物非有也，故不可言有成與虧；非無也，故不可言無成與虧；所以默而識之，而非所明者也。而三子者欲以明之，故以堅白之昧終，而不能復歸於明也，則既其文而不既其實者也。而其子又終之以文之綸緒，是以終身役役而無成也，子則其學子，所謂爲其後世者是也。夫不知其未始有物有封，有是非而明之，若是而可謂之成，則凡有我者，皆可謂之成也；若是不可謂成，則是物與我，卒乎無有，本固無成也；奈何役其心於有無成虧之間，而欲以爲成哉！是故滑疑之耀，聖人之所圖也。所謂滑疑之耀者，光耀未盡，以滑吾心而疑於有無者也。若是者，猶圖而去之，復歸於明而後止，況容有物哉！此所以爲是不用而寓諸萬物之自功也，故曰此之謂以明。

纂微 呂注：道無不在，則物無非道。物無非道，則道外無物。此古之人所以爲未始有物，能即物而爲道者也，知止於此則至矣。其次以爲有物而未有封域，未能即物爲道而能以道通物。其次以爲有封而未有是非，未能以道通物，而能遺物以合道。二者所知，雖未盡善於道，猶未虧也。至於是非之彰，道所以虧。道虧而情生，愛之所以成也。然自達者觀之，未始有物，果且有無成虧乎哉？昭氏之鼓琴，師曠之枝策，惠子之據梧，明有無成虧之意，亦幾矣！若是而可謂成，則無成者亦成也。若是而不可謂成，則物與我卒無成也，奈何役心於有無成虧之間而欲以爲成哉！凡光耀未盡，以滑吾心，而疑於有無者，猶圖而去之，復歸于明而後止，況容有物乎！所以爲是不用，而寄諸萬物之自功，此之謂以明。

莊子翼　呂注：同纂微，唯少末尾「凡光耀未盡」以下數句。

今且有言於此，不知其與是類乎？其與是不類乎？類與不類，相與爲類，則與彼無以異矣。雖然，請嘗言之。有始也者，有未始有始也者，有未始有夫未始有始也者。有有也者，有無也者，有未始有無也者，有未始有夫未始有無也者。俄而有無矣，而未知有無之果孰有孰無也？今我則已有謂矣，而未知吾所謂之其果有謂乎，其果無謂乎？

呂注：彼是莫得其偶，謂之道樞。言而類則與不類爲偶，言而不類則與類爲偶。類與不類，俱不免相與爲類，則非莫得其偶者也，與彼三子何以異哉？莊子方且言之，而恐學者之滯於其言也，故先爲此說，使之忘言以求之也。夫人之所以不能遺彼我，忘是非，以至於未嘗有物者，以不知彼我是非之心之所自始也。故欲達此理者，必於其所自始觀之。故曰有始也者，而始則無所自者也。而有此始，則有所自矣，故曰有未始有始也者，所以遺其所自也。遺之〔一〕而所遺者不去，亦不免爲有所自

〔一〕「也遺之」，三字原無，據文意從纂微、莊子翼補。

而已矣，故曰有未始有夫未始有始也者，所以遣其所遣也。既無所遣，又無所自，則我心之所自起，豁然得之。而知凡今之有者，舉出於此也，故曰有有也者。夫唯知其心之所自起，則存亡在我，我欲無之則不起而已矣，故曰有無也者。謂之無則無亦無矣，而有此無焉，則未免於有也，故曰有夫未始有無也者，所以遣其無也。遣之而所遣者不去，亦不免於有而已矣，故曰有未始有夫未始有無也者，所以遣其所遣者也。夫得其始之所自者不可得，又得其有之所無者亦不可得，則其悟在於俛仰之間，脗然而合矣。故曰俄而有無矣，未知有無之果孰有孰無也。俄而有無矣，則其悟在於俛仰之間者也。未知有無之果孰有孰無，則脗然而合者也。夫道之體如此，而今我之言則已有謂矣。其能合乎此，又使學者忘言，而以心契之也。雖然，吾今之所言，其所自亦未始有物也。則有謂無謂，吾安得而知之乎？此又使學者知夫言之未嘗有言也。嗚呼！至人之於世，其諄諄亦已至矣。

纂微 呂注：夫人之所以不能遣彼我，忘是非，以至於未始有物者，以不知彼我是非之心所自始也。欲達此理，必於其始觀之。故曰有始也者，始本無自，有此始則有自矣。又曰未始有始也者，所以遣其所自也。遣之而所遣者不去，亦不免爲有所自而已。又曰未始有夫未始有始也者，所以遣其所遣也。既無所自，又無所遣，則我心之所自起豁然得之。知今之所有者，舉出於無也。唯能知此，則存亡在我，我欲無之，不起而已。故曰有無也者，然有此無，亦未免爲有。曰未始有無也者，所以遣其無也。曰未始有夫未始有無也者，遣其所遣也。夫求其所始者不可得，又求其所無者亦不可得。則其悟在俛仰之間，𣆶然自合，故曰俄而有無矣。未知有無之果孰有孰無也？使學者忘言而以心契之。雖然，吾今所言，亦未始有物也。則有謂無謂，吾安得而知之？又使學者知夫言之未嘗有言也。

莊子翼 呂注：同纂微，唯脱「故曰有無也者，然有此無，亦未免爲有。曰未始有無也者，所以遣其無也。曰未始有夫未始有無也者，遣其所遣也」句。

天下莫大於秋毫之末，而太山爲小；莫壽乎殤子，而彭祖爲夭。天地與我並生，而萬物與我爲一。既已爲一矣，且得有言乎？既已謂之一矣，且得無言乎？一與言爲二，二與一爲三，自此以往，巧歷不能得，而況其凡乎？故自無適有，以至於三，而況自有適有乎！無適焉，因是已。

呂注：夫唯知吾心之所自起，則小之爲豪末，大之爲太山，夭之爲殤子，壽之爲彭祖，以至大地之大，萬物之衆，莫不起於此而已矣。則小大久近，豈有常體哉？在我而已。夫唯秋毫之末所起爲在此也，而此之爲物，充滿大虚，體備萬物，無有窮極，則天下孰大於秋毫之末？豈直太山之足言乎！故曰，天下莫大於秋毫之末，而太山爲小。夫唯殤子所起爲在此也，而此之爲物，長於上古，無有敝壞，則天下孰有壽於殤子，豈直彭祖之足言乎？嗟乎！不盡心，不窮神，則孰知此言之可信！宜其爲萬物大小、久近之所役而不得休也。無名天地之始，苟爲知此，則我亦始於無名也。有我則有天地，故天地與我並生矣。有名萬物之母，苟爲知此，則我亦生於有名也。無我則無萬物，故萬物與我爲一矣。夫唯爲一則無我，無我則無有言之者也。故曰既已爲一矣，且得有言乎？既謂之一，則謂之者誰乎？是有言則有我也，故曰既已謂之一矣，且得無言乎？古之制名者，謂言爲我，蓋取於此也。夫唯謂之一而不得無言，則一者一物也。言之爲一者，又一物也。是一與言爲二，有一有二則有三矣。是二與一爲三，則萬物自此，生而巧歷，不能得矣。夫自一至三，至約矣。推之而往，巧歷不能得，而況其凡乎？數多則有凡，凡者求之於凡月衆多之處也。夫一則無矣，而謂之一，則是自無適有，不免以至於三，而況自有適有者乎？宜其芒然而不知所歸也。夫唯心不動則無適，無適則因是之義也。蓋是本無體因之則無是，無是則無非矣。此莊子所以數言因是也。

纂微　呂注：夫唯知吾心之所自起，則毫末太山，殤子彭祖，以至天地萬物，莫不起於此也。則小大久近，豈有常體哉？無名天地之始，苟知此則我亦始於無名也。有我則有天地，故天地與我並生。有名萬物之母，苟知此則我亦生於有名也。無我則無萬物，故萬物與我爲一也。

莊子翼　呂注：全同纂微，唯少「無名天地之始，苟知此，則我亦始於無名也。」和「有名萬物之母，苟知此，則我亦生於有名也」兩句。

夫道未始有封，言未始有常，爲是而有畛也。請言其畛：有左，有右，有倫，有義，有分，有辯，有競，有爭，此之謂八德。六合之外，聖人存而不論；六合之內，聖人論而不議。春秋經世先王之志，聖人議而不辯。故分也者，有不分也；辯也者，有不辯也。曰：何也？聖人懷之，衆人辯之以相示也。故曰辯也者，有不見也。夫大道不稱，大辯不言，大仁不仁，大廉不嗛，大勇不忮。道昭而不道，言辯而不及，仁常而不成，廉清而不信，勇忮而不成。五者圓而幾向方矣，故知止其所不知，至矣。孰知不言之辯，不道之道？若有能知，此之謂天府。注焉而不滿，酌焉而不竭，而不知其所由來，此之謂葆光。故昔者堯問於舜曰：「我欲伐宗、膾、胥敖，南面而不釋然。其何故也？」舜曰：「夫三子者，猶存乎蓬艾之間。若不釋然，何哉？昔者十日並出，萬物皆照，而況德之進乎日者乎！」

呂注：夫道無所往而不存，則未始有封也；夫言無所存而不可，則未始有常也；則何畛域之有哉！由其自無適有，於是乎有畛矣，夫唯有畛，故有左有右；有左有右，故有倫有義；有倫有義，故有分有辯；有分有辯，故有競有爭。此之謂八德，德者，言其不能不德，遂至於此也。是故六合之外，聖人存而不論，以爲無畛則非論之所及也，是以詩書禮樂春秋皆不道也。六合之內，聖人論而不議；春秋經世先王之志，聖人議而不辯，以爲有畛。則有左，有右，有倫，有義，可以論且議也，論則言其倫也，議則言其義也。倫義本也，分辯末也，觀六經之言，則聖人之所以論不論，議不議，與夫不辯者可知也。蓋理之至極，則分之而有不分也，辯之而有不辯也，而欲事分而辯之，其卒至於有競有爭矣，此聖人所以雖或論或議，而以有辯爲不得已也。聖人知至理之不可以分辯也，故懷之而已，所謂知者不言是也，衆人則辯之以相示也，辯也者，有不見也，則所謂言者不知是也。夫大道無名，故不稱名，而稱之則昭而不道矣。昭者明之散，非道之體也。大辯若訥，故不言，言而辯之則有所不及也，則所謂辯者，有不辯也。天地不仁，以萬物爲芻狗；聖人不仁，以百姓爲芻狗；則無常心者也。仁而常之則不成，不成則虧矣。故曰雲行雨施，天下平也。大廉者至足，至足則不嗛，嗛而以爲清則不信，嗛則不足，信則有言者已之謂也。大勇者，不以死生利害動其心，非忮也；勇而忮，非能不動其心者也，亦不成而已矣。夫唯道至大，則非名之所能盡。故於道則不稱，於辯則不言，於仁則不仁，於廉則不嗛，於勇則不忮。凡此五者，皆圓而挫其鋭，則趣於道矣。心之出爲鋭，圓而挫其鋭，則不以生其心者也。幾向方則趣於道之謂也。夫唯挫其鋭而不以生其心，則豈容有志於其間哉！知止其所不知，則知之至者也。此所以明白四達而無知也。夫唯無知，是謂不言之辯，不道之道。若有能知，此之謂天府，天府者，有萬不同而至富者也。非盈也，故注焉而不滿。非虚也，故酌焉而不竭。非有所自也，故不知其所由來。夫唯不知其所由來，則光而不耀者也，故謂之葆光。葆光者，覆蔽而歸之於明之謂也。夫唯道之體如此，則不容有介然之有藏於其間，此至人之心所以若鏡，不將不迎，應而不藏也。故堯欲伐宗膾胥敖，而未免有不釋然者，此所以問於舜也。蓋三子者，猶存乎蓬艾之間，則是未伐之也。未伐而有不釋然者，則先事而迎之，非所謂應而不藏，與有物採之而後出也。昔者十日並出，萬物皆照，而況德之進乎日，則其有不釋然者乎！不釋然者，蓋其智日之所未照也。堯，大聖人也，其德至矣。宗膾胥敖之事，所未聞也。言此者，以明聖人之所圖者，常若此而已矣，則所謂滑疑之耀者是也。

纂微　呂注：道無往而不存，未始有封也。言惡存而不可，未始有常也。由其自無適有，於是有畛域矣。夫惟有畛，故有左右，以至於有競爭。言其不能不德，遂至於此。是以或存而不論，或論而不議，或議而不辯。觀六經之言，則聖人之所以論不論，議不議，辯不辯者，可知矣。蓋理極則分有不分，辯有不辯。若欲事事物物分而辯之，卒至於有競有爭。聖人知理不可辯，懷之而已。衆人則辯以相示，而有不見也。故道言仁廉勇五者，皆圓而刓其鋭，則趨於道矣。心之出爲鋭，圓而刓其鋭，則不以生其心，豈容有知於其間哉？此不言之辯，不道之道也。天府者，有萬不同而至富，故注不滿，酌不竭，而不知所由來，此光而不耀者也。堯欲伐宗、膾胥敖而不釋然，三子猶存乎蓬艾之間，是未伐之也。未伐而不釋然，非應物而不藏物，採而後出者也。德進於日，其有不釋然者乎？言智日之所未照，故猶有是論也。宗膾胥敖之事，史所未聞。

齧缺問乎王倪曰：「子知物之所同是乎？」曰：「吾惡乎知之！」「子知子之所不知邪？」曰：「吾惡乎知之！」「然則物無知邪？」曰：「吾惡乎知之之！雖然，嘗試言之。庸詎知吾所謂知之非不知邪？庸詎知吾所謂不知之非知邪？且吾嘗試問乎汝：民溼寢則腰疾偏死，鰌然乎哉？木處則惴慄恂懼，猨猴然乎哉？三者孰知正處？民食芻豢，麋鹿食薦，蝍蛆甘帶，鴟鴉耆鼠，四者孰知正味？猨猵狙以爲雌，麋與鹿交，鰌與魚游。毛嬙、麗姬，人之所美也；魚見之深入，鳥見之高飛，麋鹿見之決驟。四者孰知天下之正色哉？自我觀之，仁義之端，是非之塗，樊然殽亂，吾惡能知其辯！」齧缺曰：「子不知利害，則至人固不知利害乎？」王倪曰：「至人神矣！大澤焚而不能熱，河漢沍而不能寒，疾雷破山風振海而不能驚。若然者，乘雲氣，騎日月，而游乎四海之外。死生無變於己，而況利害之端乎？」

呂注：夫知止[一]所不知，至矣，則物之所同是也。而知物之所同是，則非不知也。故曰：「吾惡乎知之！」謂之不知而知，其不知亦非不知也。故曰：「子知子之所不知乎？」曰：「吾惡乎知之！」夫不知者，非固不知也，物本無知也。而知其本無知，則非本無知也。故曰：「然則物無知邪？」曰：「吾惡乎知之！」夫唯道不可以知知，而知之乃所以不知也，不知之乃所以知之也。試言其如此而已，則亦其以知知之邪？故曰：「雖然，嘗試言之。」庸詎知吾所謂知之非不知也？所謂不知之非知邪？」然則道之爲體可見矣，其容有介然之知存於其間哉？蓋有吾有知，有誰而道隱

〔一〕「止」，原作「上」，據文意從纂微改。

矣。吾不知誰，則亦不知吾也。則吾不知誰者，真道之所自而出也。故曰：「吾不知誰之子，象帝之先。」夫唯不識不知，是乃帝之則，而王之所自出也。故唯王倪爲能及此，而齧缺之所以問也。蓋知者非道之體，非心之盡也。何以知之？今夫民，以體之安佚爲正處，口知芻豢爲正味，目知好色爲正色。至夫鰌猨猴之所安，麋鹿蝍蛆鴟鴉之所甘耆，與夫猨猵狙麋鹿鰌魚之相與爲偶者如彼，各以其知爲知之正也。則知之在物者如彼，在民者如此，則民與萬物之所知，豈有正處正味正色哉！誠不得正處正味正色而知之，則其所能知者，亦非正知可知矣。夫唯體之知安佚爲不知正處，口之知芻豢爲不知正味，目之知好色爲不知正色，而其所能知者爲不得正知，則自我觀之，仁義之端，是非之塗，樊然殽亂，固非正知矣。則吾安能知其辯乎！此所以四問而四不知也。夫世人以體不得安佚，口不得芻豢，目不得好色爲害，而得之爲利。今至人以其知之爲非正，則爲不知利害矣，此齧缺之所以問也。夫至人神矣，神則妙萬物而爲言者也。神所以能妙萬物者，以萬物之莫非我也。我則妙矣，則萬物孰有不妙者乎？則大澤焚之所以熱，河漢沍之所以寒。疾雷破山風振海之所以驚，皆出於有我，有我則有物。今物則我也，而我則無我也，則物孰能寒熱而驚我？而我亦何物而爲之寒熱而驚哉！若然，則與造物者同體，則雲氣者，得我以出者也。故我可以乘而動。日月者，得我以運者也，故我可以騎而行。宇宙之闔闢在我者也，故遊乎四海之外，而不制於其內。死乎而我不沒，生乎而我不出，則死生無變於己，而況利害之端乎？

纂微 呂注：知止乎不知，物之所同是也。知物所同是，則非不知也。唯道不可知，知之所以不知，不知所以知之，則道之爲體可見矣。今夫民以體知安佚爲正處，口知芻豢爲正味，目知好色爲正色。至於鰌猿之所安，蛆鴉之所甘，魚鳥麋鹿之相與爲偶者，如彼是各以其知爲知之正，則民與萬物之所知，豈有正處正味正色哉！誠不得正處正味正色而知之，則其所知者非正可知矣。故自我觀之，仁義是非，樊然殽亂，吾安能知其辯？所以四問四不知也。至人神矣，神則妙萬物而爲言。萬物莫非我，而我則無矣，孰能寒熱而驚懼之哉！

莊子翼 呂注：同纂微，唯少「知止乎不知，物之所同是也。知物所同是，則非不知也」句，又「唯道不可知」句脱「唯」字，「至於鰌猿」句作「正如鰌猿」，「四問」下有「而」字。

瞿鵲子問乎長梧子曰：「吾聞諸夫子，聖人不從事於務，不就利，不違害，不喜求，不緣道；無謂有謂，有謂無謂，而遊乎塵垢之外。夫子以爲孟浪之言，而我以爲妙道之行也。吾子以爲奚若？」長梧子曰：「是黃帝之所聽熒也，而丘也，何足以知之！且汝亦大早計，見卵而〔一〕求時夜，見彈而求鴞炙。予嘗爲汝妄言之，汝以妄聽之，奚旁日月，挾宇宙？爲其脗合，置其滑涽，以隸相尊。衆人役役，聖人愚芚，參萬歲而一成純。萬物盡然，而以是

〔一〕「卵而」，原作「而卵」，據文意從纂微、莊子翼改。

相蘊。予惡乎之説生之非惑邪！予惡乎知惡死之非弱喪而不知歸者邪！麗之姬，艾封人之子也。晉國之始得之，涕泣沾襟；及其至於王所，與王同匡牀，食芻豢，而後悔其泣也。予惡乎知夫死者不悔其始之蘄生乎！夢飲酒者，旦而哭泣；夢哭泣者，旦而田獵。方其夢也，不知其夢也，夢之中又占其夢焉，覺而後知其夢也。且有大覺而後知此其大夢也，而愚者自以爲覺，竊竊然知之。君乎，牧乎，固哉！丘也與汝，皆夢也；予謂汝夢，亦夢也。是其言也，其名爲弔詭。萬世之後，而一遇大聖，知其解者，是旦暮遇之也。

呂注：鵲之爲物工於爲巢，而知歲之所在，則鳥之智者也。瞿則視而趣之也，長梧則鳳之所棲也。鵲而集之，爲非其所然。瞿鵲知擇長梧而集之，則以知而入道者之譬也。長梧不知擇瞿鵲，則體道而無心者之譬也。夫子能廢心而用形，其於聖智則謝之矣。而未之嘗言，故學者所聞，特其文章而已。性與天道，非所得聞也。未之嘗言，則藏其妙理，以爲孟浪之言。而學者之所聞，特其文章而已。苟用其言以求之，則未免於爲夢也，故其寓如此。聖人者，感而後應，迫而後動，不得已而後起，故不從事於務。務者，先事而務之謂也。不知利害，故不就利，不違害。無不足也，故不喜求；無非道也，故不緣道。方其無謂，乃所以有謂也；方其有謂，乃所以無謂也。唯無心爲足以與此，故雖處乎人間，而常遊乎塵垢之外也。瞿鵲子未足以與此，是以夫子雖嘗言之而藏之，以爲孟浪之言也。雖然，自長梧子之不知所擇觀之，則以爲妙道之行者，固非也；以爲孟浪而不與之言者，亦非也。所謂道者，非言默之所得載也。故曰，是黄帝之所聽瑩也。而丘也，何足以知之？黄帝則嘗斎心服形，聽而瑩之者也。孔子則未之嘗言，未之嘗言則雖謂之何足以知之可也。時夜生於卵，而卵未可以爲時夜也。鴞炙得於彈，而彈未可以爲鴞炙也。妙道因於所聞，而所聞非妙道。則聞道者必勤行之，至於脗合而後止。今以所聞爲妙道之行，是見卵以爲時夜，見彈以爲鴞炙，則太早計者也。今之聞道者，自以爲悟，而不知日損以至於無爲者，皆瞿鵲子之徒也。夫道，不可以言傳，不可以耳聽者也。則子言之，而汝聽之，皆妄而已矣。然試嘗妄言而妄聽之，不知其奚若也，欲其忘言而以心契之也。知日月之所以爲日月而合其明，則日月可旁矣。知宇宙之所以爲宇宙而在乎手，則宇宙可挾矣。非苟知之，其心之於其所知，如脗之合而已。脗之合，不期合而自合也。爲其脗合，此所以爲妙道之行，而非特聞之而已。道之尊，非可以知知，而識識也。識知之心，滑而不定，涽而不明，遂以其所聞爲尊，則不免於滑涽，而以隸相尊者也。爲其脗合則所謂〔一〕滑涽，而以隸相尊者，固置而不取矣。衆人之所以役役，而聖人之所以愚芚者，其辯以此也。衆人以智爲道，散而不芚，故終身役役，而不見其成功。聖人則愚而不知，芚而不散，是以參萬歲而一成純也。歲之爲物，萬不足以盡其數。而期之以萬者，以其多者號而讀之也。追之既往，其上無初；求之未來，其下無終；觀之當今，其處無在。則雖萬歲之

〔一〕原作「以」，據文意依黑水城本改。

久，我參其三而一之，則成純矣。成則無終始之虧，純則無一多之雜〔一〕，非特我然也，萬物盡然，而以是相藴也。所以相藴者，以其參萬歲而一成純，故與我爲一也。我之體，萬物莫不備於我，則我藴萬物矣。萬物之體，亦萬物莫不備於我，則萬物藴我矣。則是相藴也，參萬歲而一成純，則殤子可以壽於彭祖而不爲久。近之所移，萬物盡然。而以是相藴，則豪末可以大於太山，而不爲小大之所閡。則夫何生之可悦，而死之可惡乎？故夫世之滑滑，而以生爲悦者，似惑矣，而吾惡知其爲惑乎？以死爲惡者，似弱喪而不知歸矣，而吾亦惡知其爲弱喪而不知歸乎？以夫生之勞而死之息者，似悔其始之蘄生矣，然吾惡知其悔其始之蘄生乎？夢飲酒者，旦而哭泣，則夢之樂也，旦或以爲憂也。夢哭泣者，旦而田獵，則夢之憂也，旦或以爲樂也。方其夢也，不知其夢也，以爲真有憂樂也。夢之中又占其夢焉，而不知其猶爲夢也。覺而後知向之占其夢者，皆夢也。人之生也，悦生而惡死，猶夢者之飲酒哭泣，以爲真有憂樂也。必有大覺，忘物我，遺死生，而後知此其大夢也。而愚者於方夢之中，乃自以爲覺，竊竊然知之，以爲君乎？牧乎？而不免於以隸相尊也，非得其真貴賤者也。自達者觀之，其固陋甚矣。則丘也，藏其言以爲孟浪，而汝言之以爲妙道，皆夢也。則方其夢也，不知其夢之類也。今子謂汝夢者，亦夢也。則夢之中又占其夢之類也。何則？以其皆言悦知識，而非道之真也。是其言也，其名爲弔詭。弔言其弔當，

〔一〕原作「維」，據文意從黑水城本改。

而理之不可移也。詭，言其詭異，而俗之所驚也。雖然，萬世之後，一遇大聖，知其解者，是旦暮遇之也，以其參萬歲而一成純而已矣。

纂微 呂注：聖人不知利害，故無就違；無不足，故不喜求；無非道，故不緣道。有謂乃所以無謂，無謂乃所以有謂，唯無心者足以與此。瞿鵲子嘗聞夫子言之，以爲孟浪而已。則以爲妙道，然二者皆非。夫道非言默所載，故黃帝之所聽瑩，夫子何足以知之？時夜生於卵，而卵非時夜。鴞炙得於彈，而彈非鴞炙。妙道因於所聞，而所聞非妙道也。今之聞道者，自以爲悟，而不知日損以至於無爲，皆瞿鵲之徒也。道不可以言傳耳聽，予言之而汝聽之，皆妄而已。欲其忘言而以心契之也。知日月之所以爲日月，而與之合其明，則可旁矣。知宇宙之所以爲宇宙，而其機在乎手，則可挾矣。爲其脗合，此所以爲妙道之行，非特聞之而已。滑涽而以隸相尊者，固置而不取矣。衆人役役，不見成功。聖人則愚而無知，芚而不散。雖萬歲之久，參而一之，則成純矣。萬物盡然，而以是相蘊。我體備萬物，萬物即吾體之謂也。參萬歲而一成純，則殤子可以壽於彭祖矣。萬物盡然，以是相蘊，則秋毫可以大於太山矣。以麗姬觀之，則安知死者不悔其向之蘄生，又何生之可悅，死之可惡乎？

莊子翼 呂注：同纂微，唯少「黃帝之所瑩，夫子何足以知之」句，「萬歲」作「萬世」。

「既使我與若辯矣，若勝我，我不若勝，若果是也，我果非也邪？我勝若，若不吾勝，我果是也，而果非也邪？其或是也，其或非也邪？其俱是也，其俱非也邪？我與若不能相知也，則人固受其黮闇。吾誰使正之？使同乎若者正之？既與若同矣，惡能正之！使同乎我者正之？既同乎我矣，惡能正〔一〕之！使異乎我與若者正之？既異乎我與若矣，惡能正之！使同乎我與若者正之？既同乎我與若矣，惡能正之！然則我與若與人俱不能相知也，而待彼也邪？何謂和之以天倪？曰：是不是，然不然。是若果是也，則是之異乎不是也，亦無辯；然若果然也，則然之異乎不然也，亦無辯。化聲之相待，若不相待。和之以天倪，因之以曼衍，所以窮年也。忘年忘義，振於無竟，故寓諸無竟。」

呂注：天下之所謂是非者，不過我是若非，若是我非，或是或非，俱是俱非四者而已矣。而四者皆出於我與若，而我與若俱不能相知如此，則所謂是非者卒不明，人固受其黮闇而已，誰使正之邪？必正於人也。而人者，非同乎己則同乎若，非異乎己則異乎若，非同乎我與若，則異乎我與若，亦不過四者而已。而四者皆不能正之，則是我與若與人俱不能相知也。不能相知則其待彼也邪？言其不相待也。是以聖人知其然也，雖化聲之相待，與其不相待，和之以天倪，因之以曼衍，

〔一〕「正」，原誤作「止」，據文意從纂微、莊子翼改。

所以窮年也。則彼是莫得其偶，而休乎天均矣。何則？言之有是非，非有實也，聲之出於化而已矣。而我之與彼與人，相待與不相待，又出於識心之妄計也。我則和之以天倪而不爲之分辯，因之以曼衍，觸類而長之，則萬物不能累乎心而能窮年矣，窮年則參萬歲而一成純之謂也。何謂和之以天倪？蓋是則不是，而然則不然，以其同體也。故是若果是，則是之異乎不是也，亦無辯；然若果然，則然之異乎不然也，亦無辯。所以無辯者，以其同體而已。知其同體，而和之以天倪，則物物皆然矣。此其因之以曼衍，所以窮年也。窮年則忘年，無是非則忘義。其始起於無竟，故其終亦寓於無竟而已，此齊物之至也。「化聲之相待，若其不相待，和之以天倪，因之以曼衍，所以窮年也」，其文當在「何謂和之以天倪」之上，簡編差互，誤次於此，觀其意可知也。

纂微 呂注：天下之所謂是非者，不過我是若非，若是我非，或是或非，俱是俱非。四者皆出於我與若，而我與若俱不能相知，則所謂是非者卒不明。人固受其黮闇，誰與正之？必正於人也。而人者，非同乎己則同乎若，非異乎己則異乎若，非同乎我與若必異乎我與若，亦不過四者，而皆不能正之，則是我與若與人俱不能相知也。其待彼也邪？言不相待也，唯聖人知其然。故雖化聲之相待，若其不相待，則彼是莫得其耦，而休乎天均矣。何則？言之是非，非有實也，聲之出於化而已。我之與人相待與不相待，又出於識心之妄計也。我則和之以天倪，而不爲之分辯。因之以曼衍，觸類而長之，則萬物不累乎心矣。窮年則參萬歲而一成純之謂也。是不是，然不然

之無辯者，知其同體而物物皆然也。窮年則忘年，無是非則忘義，始起於無竟，故終亦寓於無竟也。〔一〕

莊子翼　呂注：同纂微，唯「卒不明」下增「矣」字，又末尾增「『化聲之相待』至『所以窮年也』合在『何謂和之以天倪』之上。簡編脱誤在此，觀其意可知」句。

罔兩問景曰：「曩子行，今子止；曩子坐，今子起；何其無特操與？」景曰：「吾有待而然者邪？吾所待又有待而然者邪？吾待蛇蚹蜩翼邪？惡識所以然！惡識所以不然！」

呂注：罔兩之於景，則同類也，而不知景之無待於形。猶我之與若與人亦同類也，而不知其無待於彼也，故以況焉。蓋景之爲物，行止坐起，唯形之隨，則無特操者也。然景無情者也，豈知有待哉？苟以爲有待，則景之所待者形也，彼形者又何待而然邪？則景之待形，非若蛇之待蚹而行，蜩之待翼〔二〕而飛也。惡識所以然，惡識所以不然哉？雖然，此以人情而況之也。苟通乎物之無知，則蛇之蚹，蜩之翼，亦無待而已。故言邪，以疑之也。言此者，以明萬物之不相待，不相

〔一〕纂微於輯錄末作者按語處有説明文字云：「呂氏注後附説云，『「化聲之相待」至「所以窮年也」合在「何謂和之以天倪」之上，簡編脱略，誤次於此，觀意可知』。」

〔二〕原作「異」，據文意依黑水城本改。

待則彼是莫得其偶矣。

纂微 呂注：罔兩之於景同類也，而不知景之無待於形，猶我與若與人，亦同類也，而不知其無待於彼。蓋景之行止坐起，唯形是隨，則無特操者也。然本無情，豈知有待？若謂景待於形，形又何待而然邪？景之待形，非若蛇之待蚹而行，蜩之待翼而飛也。惡識所以然不然哉？人能通乎物之無知，則蛇蚹蜩翼亦無待而已。

莊子翼 呂注：全同纂微。

昔者莊周夢爲胡蝶，栩栩然胡蝶也，自喻適志與！不知周也。俄然覺，則蘧蘧然周也。不知周之夢爲胡蝶與？胡蝶之夢爲周與？周與胡蝶，則必有分矣。此之謂物化。

呂注：方其爲蝶也，栩栩然而不知有周也，栩則羽之翔於木也。方其爲周也，則蘧蘧然不見有蝶也。蘧蓋傳蘧而草上者也，其有廬則謂之遽廬也。至人之視，出入其身，猶蘧而已矣。一身之變易，且猶不自知，則物之化而異形而能相知乎？言此者，以明物物之不相知，不相知則各歸其根矣。凡物之所不齊者，以其有我也。由其有我，分辯是非，則大小美惡恢詭憰〔一〕怪，不能通而爲一矣，此其所以萬殊而不齊也。唯其喪我而反是，則物物不相待，而莫得其偶。物物不相知，

〔一〕「憰」，原作「橘」，據文意從纂微、莊子翼改。

而各歸其根，則其有不齊者乎！

纂微　呂注：故方其爲蝶也，栩栩然不知有周。及其爲周也，蘧蘧然不知有蝶。一身之變，猶不自知，則物之化而異形，其能相知乎？物物不相知，則各歸其根。物物不相待，則莫得其偶，其有不齊者邪！

莊子翼　呂注：全同纂微。

莊子義集校卷第二

養生主第三〔一〕

吾生也有涯，而知也無涯。以有涯隨無涯，殆已；已而爲知者，殆而已矣。爲善無近名，爲惡無近刑。緣督以爲經，可以保身，可以全生，可以養親，可以盡年。

呂注：生之爲物，隨形而有盡，是有涯也；知之爲物，逐物而無窮，是無涯也。以有涯之生，隨無涯之知，則有殆而後已，非所以安且久也。知其必已於有殆，而止乎其所不知，則歿生不殆者也。已而繼之以知，則豈能救之哉！卒於殆而已矣。天下皆知美之爲美，斯惡已。皆知善之爲善，斯不善已。善之與惡，皆生於知，其相去何若也？夫唯上不爲仁義之行以近名，下不爲淫僻之俗以近刑，善惡兩遺，而緣於不得已以爲經，是乃刳心去智而止其所不知之道也。緣督者，緣於不得已之謂也。則保身全身，養親盡年，何以加於此乎！此養生之道也。

〔一〕本篇底本、黑水城本完存。陳氏排印影本題下注云：「按此篇呂注全據纂微本輯補。」

纂微　呂注：生隨形而有盡，知逐物而無窮。以生隨知，則有殆而已。已而繼之以知，卒於殆而已矣。天下皆知美之爲美，斯惡已；皆知善之爲善，斯不善已。善惡皆生於知，其相去何若？唯上不爲仁義之操以近名，下不爲淫僻之行以近刑，善惡兩遺而緣於不得已以爲常，是乃刳心去知，而止乎不知之道也。保身全生，養親盡年，何以加此！

莊子翼　呂注：同纂微，唯「而已矣」句「矣」字作「夫」屬下句。

庖丁爲文惠君解牛，手之所觸，肩之所倚，足之所履，膝之所踦，砉然嚮然，奏刀騞然，莫不中音。合於桑林之舞，乃中經首之會。文惠君曰：「譆，善哉！技蓋至此乎？」庖丁釋刀對曰：「臣之所好者道也，進乎技矣。始臣之解牛之時，所見無非牛者。三年之後，未嘗見全牛也。方今之時，臣以神遇而不以目視，官知止而神欲行。依乎天理，批大郤，導大窾，因其固然。技經肯綮之未嘗，而況大軱乎！良庖歲更刀，割也；族庖月更刀，折也。今臣之刀，十九年矣，所解數千牛矣，而刀刃若新發於硎。彼節者有閒，而刀刃者無厚；以無厚入有閒，恢恢乎其於遊刃必有餘地矣，是以十九年而刀刃若新發於硎。雖然，每至於族，吾見其難爲，怵然爲戒，視爲止，行爲遲。動刀甚微，謋然已解，如土委地。提刀而立，爲之四顧，爲之躊躇滿志，善刀而藏之。」文惠君曰：「善哉！吾聞庖丁之言，得養生焉。」

呂注：「手之所觸，肩之所倚，足之所履，膝之所踦」，則舉手動足，无非道之譬也。「砉然嚮然，奏刀騞然，莫不中音。合於桑林之舞，乃中經首之會」，則從容而中道之譬也。物以有而閡，道以虛而通。人之未聞道，則所見无非物也。猶其始解牛，所見无非牛也。人之既聞道，則所見无非道也。猶其三年之後，未嘗見全牛也。方今之時，以神遇不以目視，猶聞道者之以心契，而不以知知而識識也。不以目視也故官知止，官知則目官之知也；以神遇也故神欲行，神遇則非有知之欲也。「依乎天理，批大郤，道大窾，技經肯綮之未嘗，而況大軱乎！」是乃未嘗見全牛也。道之在天下，無物非道，無物非道則無所適而不通，亦若是而已矣。「良庖歲更刀，割也；族庖月更刀，折也」，則所見無非牛者，故不免割折而更刀也，更刀則傷其生之譬也。「臣之刀，十有九年，所解數千牛，而刀刃若新發於硎」，則視天下之事，無適而不通，不以傷其生之譬也。十有九，則陰陽之極數也。凡物之有形質者，不能無閡也。而其爲形質者，未始有物，則不乃如其節之有閒乎？生之爲生也，其本未始有生也，不乃如其刀刃之無厚乎？「以無厚入有閒，固其於遊刃必有餘地矣」，不乃如體道而遊於萬物之閒，逍遙而無閡乎？「雖然，每至於族，吾見其難爲」，則人之所畏，不可不畏者也。「怵然爲戒，視爲止，行爲遲，動刀甚微」，則「豫兮若冬涉川」者也，豫則圖之於事之始也。「謋然已解，如土委地。提刀而立，爲之四顧，爲之躊躇滿志，善刀而藏之」，則「猶兮若畏四鄰」者也，猶則慎之於事之終也。夫唯聖人爲能通天下之志，故慎終如始，則无敗事，而由難之故，終无難。是故當其難爲也，豫而慎乎其始；及其已成也，猶而畏乎其終，故能始終如一，豈若冥行而直前，與夫幾成而敗之者同日而語邪？

纂微　呂注：物以有而礙，道以虚而通。人未聞道，則所見無非物。既聞道，則所見無非道。神遇不目視，喻聞道者能以心契，而不以知知識識也。目官知止，神欲自行，依乎天理，至大軱乎，是乃未嘗見全牛也。天下無物非道，而無適不通，亦若是而已矣。所見無非牛，更刀傷生之譬。十九年而刃若新發硎，不以傷其生之譬也。其爲形也，未始有物。不乃似其節之有間乎？其爲生也，未始有生，不乃似其刃之無厚乎？其於遊刃，恢有餘地。不乃似其體道而遊萬物之間乎？「雖然，每至於族，吾見其難爲」，則人之所畏，不可不畏也。怵然爲戒，視止行遲，以至善刀而藏，則慎終如始，無敗事矣。

莊子翼　呂注：同纂微，唯「能以心契」句少「能」字，「更刀」作「更刃」。

公文軒見右師而驚曰：「是何人也？惡乎介也？天與，其人與？」曰：「天也，非人也。天之生是使獨也，人之貌有與也。以是知其天也，非人也。澤雉十步一啄，百步一飲。不蘄蓄乎樊中。神雖王，不善也。」

呂注：右師蓋人貌而天者也。介則「介如石焉」之「介」，言其遺物離知而立於獨，故公文軒見而驚之，疑其爲天爲人也。「天之生是使獨也」，言所得於性命之理，本如此也。若夫與物接而其貌有與者，則人而已矣。「澤雉十步一啄，百步一飲」，則天遊而適其性命之譬也。「不蘄蓄乎樊中，神雖王，不善也」，則制乎人閒，而不得逍遥之譬也。樊中之養，雖至於神王，非其所善，不若澤中飲啄之希而自得也。

纂微　呂注：右師盖人貌而天者也。介然獨立，故公文軒見而疑其非人。「天之生是使獨也」，言所得於性命之理本如此。若夫與物接而其貌有與者，則人而已矣。澤雉飲啄自如，心與天遊，而適其性命之譬也。不蘄畜樊，神王不善，制乎人間，而不得逍遥之譬也。樊中之養，雖至於神王，非其所善，不若澤中飲啄之希而自得也。

莊子翼　呂注：全同纂微。

老耼死，秦失弔之，三號而出。弟子曰：「非夫子之友邪？」曰：「然。」「然則弔焉若此，可乎？」曰：「然。始也，吾以爲其人也，而今非也。向吾入而弔焉，有老者哭之，如哭其子；少者哭之，如哭其母。彼其所以會之，必有不蘄言而言，不蘄哭而哭者。是遁天倍情，忘其所受。古者謂之遁天之刑。適來，夫子時也；適去，夫子順也。安時而處順，哀樂不能入也，古者謂是帝之縣解。」指窮於爲薪，火傳也，不知其盡也。

呂注：弔之爲禮，哭死而弔生也。三號則哭死爲不哀，無所言而出則弔生爲不足，此弟子所以疑其非友，而弔焉若此爲不可也。「始吾以爲其人」，意其從老耼者，旨得耼之道也。而今非也，蓋向吾入而弔焉，有老者哭之，如哭其子；少者哭之，如哭其母。此所以知非其人也。蓋安時處順，哀樂不能入也。不能安時處順，必有不蘄言而言，不蘄哭而哭者。内外之相成，不得不如此，是所以會之也。人之所受於天，其性命之情，未始有物。而爲之哀樂，是遁天倍情，忘其所受也。倍讀如「人死矣，斯倍」之「倍」。若然者，古者謂之遁天之刑。天，真君也。無適而非君而遁之，則不免刑而已矣。陰陽之患，内傷其身。其爲刑也，莫慘焉。生之來不能却，則適來而已矣；其去不能止，則適去而已矣。知其適來而安之，知其適去而順之，則哀樂不能入矣。若然者，古者謂之帝之縣解。刑者，天之所縣解，則天釋之矣。夫古之人所以能縣解者，以其知未嘗有死也。蓋火之所依而見者薪也，而火非薪也。其爲薪也，雖窮於指，而火之傳不知其盡也。何則？火之在此薪猶彼薪也，其傳豈有盡也哉！火譬則生也，薪譬則形也。達此則知生之所以爲生者，未嘗有死也，奚哀樂之入哉！蓋養生者，必知止其所不知，而不以有涯隨無涯，則知去於内，而物通於外，而無全牛矣。内無知，外無物，則獨而無與。獨而無與則死生哀樂不能入，而未嘗有死也，此養生之主也。而世之人徒以養形爲足以全生，豈知其主也哉！

纂微　呂注：弔之爲禮，哭死而弔生。三號則哭死爲不哀，無言而出則弔生爲不足。此弟子所以疑其爲非友，弔焉若此爲不可也。「始吾以爲其人」，意從老聃者，皆得聃之道。今見其老者少者，愛慕而哭泣之，不能安時處順，所以知非其人也。蓋必有不蘄言而言，不蘄哭而哭者，内外相成，此所以會之也。人之所受於天，其性命之情，未始有物。而爲之哀樂，是遁天倍情，忘其所受。無適非天，而欲遁之，不免於刑而已矣。知其適來而安之，適去而順之，古者謂是帝之縣解，以其未嘗有死也。火之所託者薪，而火非薪。其爲薪也，雖窮於指，而火傳不知其盡。何則？火之在此薪猶彼薪也，其傳豈有盡哉！火以喻生，薪以喻形。達此則知生之所以爲生者，未嘗有死也，何哀樂之能入哉！

莊子翼 呂注：同纂微，唯「疑其爲非友」句末多「也」字，又脱「弔焉若此爲不可也」句，「未嘗有死」作「未嘗有始」。

人間世第四〔一〕

顔回見仲尼，請行。曰：「奚之？」曰：「將之衛。」曰：「奚爲焉？」曰：「回聞衛君，其年壯，其行獨；輕用其國，而不見其過；輕用民死，死者以國量乎澤若蕉，民其無如矣。回嘗聞之夫子曰：『治國去之，亂國就之，醫門多疾。』願以所聞思其則，庶幾其國有瘳乎！」

呂注：其年壯，故輕用其國，而不見其過；其行獨，故輕用民死，死者以國量乎澤若蕉，則無衣之所刺是也。死者以國謂以國事死也，以國事死則報之宜湛厚。注濊而量乎澤，至於若蕉，則屯膏之甚，此民之所以无如也。危邦不入，亂邦不居。有道則見，無道則隱，君子之所自爲也。治國去之，亂國就之，君子之所以爲人也。

纂微　呂注：年壯故輕用其國，行獨故輕用民死。死者以國，國事死也，則報之亦湛厚。汪濊而量乎澤，至於若蕉，屯膏之甚，民之所以無如也。

仲尼曰：「譆！若殆往而刑耳！夫道不欲雜，雜則多，多則擾，擾則憂，憂而不救。

〔一〕本篇底本、黑水城本完存。陳氏排印影本題下注云：「按此篇呂注全據纂微本輯補。」

古之至人，先存諸己，而後存諸人。所存於己者未定，何暇至於暴人之所行！」

呂注：夫道不欲雜，雜則多，多則擾，擾則憂，憂而不救矣。蓋少則得，多則惑故也。知其雜多之爲擾而復之，猶爲不遠。至於憂而後圖之，則無及矣。古之至人，先存諸己，而後存諸人，則无所適而不可。今回之道雜且多，則存諸己者未定，何暇至於暴人之所行乎？蓋道未至於得一而无心者，皆爲未定。而以涉人閒之世，則於禍患不爲无以取之，此以知其殆往而刑也。

纂微 呂注：顔回欲屈己伸道，夫子不許，惡雜多之爲擾而不救也。先存諸己而後存諸人，則無適不可。今回存諸己者未定，何暇至於暴人之所行？

莊子翼 呂注：全同纂微。

「且若亦知夫德之所蕩而知之所爲出乎哉？德蕩乎名，知出乎爭。名也者，相軋也。知也者，爭之器也。二者凶器，非所以盡行也。且德厚信矼，未達人氣。名聞不爭，未達人心。而彊以仁義繩墨之言術暴人之前者，是以人惡有其美也，命之曰菑人。菑人者，人必反菑之，若殆爲人菑夫！」

呂注：德者，内保之而外不蕩者也，不蕩則無所事名。溢而爲名，則德之所蕩也。无我則不爭，不爭則无所事。智不能无我而爭，則智之所爲出也。德蕩乎名，則彼亦以名勝我矣。則是名也者，相軋也。智出乎爭，則彼亦以智與我爭矣。則是智也者，爭之器也。幾者，動之微，吉之先，見則行之盡也。至於蕩而爲名，出而爲智，以相軋而爭，則是器之凶，而非所以盡行也。蓋德厚信矼，足以遠人氣，而使之不至於鄙倍。名聞不爭，足以達人心，而使之不至於忌疑，則彼氣和而心説，而後可與有言也。今回未足以及此，而彊以仁義繩墨之言，開導於暴人之前者，則是有其美而人惡之也。夫彼固好名矣，而己軋之以名；彼固好智矣，而己出之以爭；使之由乎凶器，是菑之也。觀其所出，以知其所反，則回之往，殆有爲人菑之道也。

纂微　呂注：德蕩知出，爭之器也。且德厚信矼，足以達人氣，而使不至於鄙倍。名分不爭，足以達人心，而使不至於忌疑，而後可與有言也。今回未及此，而強以仁義繩墨之言，開導於暴人之前者，有其美而人惡之也。彼好名而已，軋之以名；彼好知而已，出之以知。使之由乎凶器，是菑之也。觀其所出，知其所反，則回之往，殆爲菑耳！

莊子翼　呂注：全同纂微。

「且苟爲悦賢而惡不肖，惡用而求有以異？若唯無詔，王公必將乘人而鬬其捷。而目將熒之，而色將平之，口將營之，容將形之，心且成之。是以火救火，以水救水，名之曰益多。順始無窮，若殆以不信厚言，必死於暴人之前矣！」

呂注：夫人君誠悦賢而惡不肖，則與汝同矣，則汝惡用而求有以異哉！今汝不與之同而求異者，則彼其志或在於名高，或在於厚利，而未有悦賢惡不肖之實，故求有以異而救之也。

唯者，所以聽也；詔者，所以告也。今汝與之言，徒唯而無詔，則王公必乘人而鬭其捷，辭辯百出，氣色怫厲。而目將熒之，而色將平之，口將營之，容將形之，心且成之，以求解免順從之不暇，奚能有以異哉！是以火救火，以水救水，非特無損而又益多之，則順始無窮矣。此則唯而無詔之患也。不然者，殆將以不信厚言，必死於暴人之前矣。以不信厚言者，謂彼不以信厚期我，而我與之言，則向所謂德厚信矼，未達人氣；名聞不爭，未達人心，而以仁義繩墨之言術暴人之前是也。

纂微 呂注：苟人君悅賢惡不肖，則與汝同矣，汝惡用求異哉！汝與之言，徒唯諾而無詔告，彼必乘而鬭其捷辯，氣色拂厲，而目熒心成，求解免順從之不暇，是猶以水救水，以火救火，則順始無窮矣。彼不以信厚期我而與之言，必死於暴人之前矣。

莊子翼 呂注：全同纂微。

「且昔者，桀殺關龍逢，紂殺王子比干，是皆修其身以下傴拊人之民，以下拂其上者也，故其君因其修以擠之。是好名者也。昔者堯攻叢枝胥敖，禹攻有扈，國爲虛厲，身爲刑戮，其用兵不止，其求實無已。是皆求名實者也，而獨不聞之乎？名實者，聖人之所不能勝也，而況若乎！」

呂注：桀殺關龍逢，紂殺王子比干，是皆修其身以下傴拊人之民，以下拂其上者也。修其身則有民之望矣；以下而傴拊人之民，則疑於斂恩矣；以下而拂其上，則疑於賈直矣。蓋未信而爲此，則其迹不免於爲名也。故其君因其修而擠之，亦好名而已矣。堯攻叢枝胥敖，禹攻有扈，國爲虚厲，身爲刑戮，其用兵不止，其求實無已，是以必至於滅之而後止也。則二君三國者，是皆求名實者也。龍逢比干不能格其非，而終之於見擠；堯禹不能化其惡，而必至於誅滅。則名實者，是聖人之所不能勝也。衛君固好名而求實者也，而若有龍逢比干修身傴拊，拂上之疑，而无堯禹之勢，則何以勝之乎？實則實利，以利爲實，則名爲虚矣。

纂微　吕注：昔龍逢比干，修身拊民，疑於斂恩，故其君擠之，亦好名而已。堯禹之於蕃國，猶不能化，必至於滅之。是名實者，聖人不能勝，而況若乎！

莊子翼　吕注：全同纂微。

「雖然，若必有以也，嘗以語我來！」顔回曰：「端而虚，勉而一，則可乎？」曰：「惡！惡可！夫以陽爲充孔揚，采色不定，常人之所不違，因案人之所感，以求容與其心。名之曰日漸之德不成，而況大德乎！將執而不化，外合而内不訾，其庸詎可乎！」

吕注：端而虚，非至虚也，至虚無所事端矣。勉而一，非至一也，至一無所事勉矣。夫以陽爲充孔揚，則亢滿於中而發見於外者也。采色不定，常人之所不違，則非而康而色，受者如流者也。因人之所感而抑案之，以求容與其心，則非屈己以從人者也。若比者，名之曰日漸之德猶且不成，而況大德乎？大德則自明而日新，而日漸漬〔一〕之以成者，小德而已。夫唯日漸之而不成，而曰端而虛，勉而一，以是而往，固將執而不化矣。蓋端而虛，勉而一，則制於虛一而不見之於通變之事者也。而以之格其君，不過外合而内不訾而已，夫何所加損而可以化之乎？

纂微 呂注：端而虛，非至虛也。勉而一，非至一也。驕滿於中，發見於外。抑人所感，求快其心。小德猶不成，況大德乎？以之格其君，不過外合内不訾而已，又何足以化彼？

莊子翼 呂注：全同纂微。

「然則我内直而外曲，成而上比。内直者，與天爲徒。與天爲徒者，知天子之與己，皆天之所子。而獨以己言蘄乎而人善之，蘄乎而人不善之邪？若然者，人謂之童子，是之謂與天爲徒。外曲者，與人爲徒也。擎跽曲拳，人臣之禮也，人皆爲之，吾敢不爲邪！爲人之所爲者，人亦無疵焉，是之謂與人爲徒。成而上比者，與古爲徒。其言雖教，讁之實也。古之有也，非吾有也。若然者，雖直不爲病，是之謂與古爲徒。若是則可乎？」仲尼曰：「惡！惡可！太多政，法而不諜，雖固亦無罪。雖然，止是耳矣，夫胡可以及化！猶師心者也。」

呂注：夫以己之言而蘄乎而人善之，蘄乎而人不善之者，以己賤而人貴故也。自道觀之，則

〔一〕「漬」，原作「清」，據文意從黑水城本改。

知天子之與己，皆天之所子，莫不有所謂良貴者，則奚爲獨以〔一〕己言蘄乎人善之與不善之，而憂喜於其間哉？若然者，人謂之童子。童子者，未有與而無知者也。庚桑楚曰：「有恒者，人舍之，天助之。人之所舍，謂之天民。天之所助，謂之天子。」則天子之與己，皆天子所子之意也。内直與天爲徒，外曲與人爲徒，成〔二〕而上比與古爲徒。回以謂以此三者趣〔三〕變，庶其不至於執而不化也。内直則非内不訾者也，外曲上比則非直外合而已。雖然，有内有外，有古有今。以此應物，則非得一而無心者也。聖人抱一以爲天下式，故可以曲，可以枉，可以窪，可以弊，無所往而不得。以所守者約，而所應者博故也。今回不知其患在於不能無心，而徒爲三者之變，此所以爲太多也。夫外則寓直於古，而非我之有，則是政人以法者也。政者，正也。知天子之與己，皆天之所子而不蘄人之善之、不善之而易乎其所知，則是不諜也。諜者，密覘人之意而得之之謂也。夫不知求之於心術之閒，而唯政法之恃，則固矣。然由夫正道，而不覘人之意而得之，則亦無罪也。雖然，止於无罪而已，胡足以及化？以所師者心，而不能无心者也。則夫足以及化〔四〕者，其唯致虚得一而無心者邪？

〔一〕「以」，原殘滅不辨，從黑水城本補。
〔二〕「成」，原作「哉」，據文意從黑水城本改。
〔三〕「趣」，原從「走」從「耳」，據文意從黑水城本改。
〔四〕「化」，原作「止」，據文意從黑水城本改。

纂微 呂注：夫以己之言而蘄人之善不善，以己賤而人貴故也。自道觀之，天子之與己皆天之所子，何分別於其間？與天、與人、與古爲徒，回謂以三者趨變，庶乎其可。然以此應物，非得一而無心，此所以爲太多也。外則寓直於古，則是政人以法，不以人而易其所知，是不諜也。諜者，密覘人意而得之。則固矣，雖亦無罪，惡可以及化！以其師心而未能無心故也。

莊子翼 呂注：全同纂微。

顔回曰：「吾無以進矣，敢聞其方。」仲尼曰：「齋，吾將語若！有而爲之，其易邪？易之者，皞天不宜。」顔回曰：「回之家貧，唯不飲酒不茹葷者數月矣。若此，則可以爲齋乎？」曰：「是祭祀之齋，非心齋也。」回曰：「敢問心齋。」仲尼曰：「若一志，無聽之以耳而聽之以心，無聽之以心而聽之以氣！聽止於耳，心止於符。氣也者，虛而待物者也。唯道集虛，虛者，心齋也。」

呂注：「吾所以有大患者，爲吾有身。」則以有而爲之，未有易而無難者也。蓋天之所以爲易者，以无爲爲之耳。若有爲而易之，則皞天不宜，而況於人乎？夏曰皞天，其著見者也。言雖著見，亦以無爲爲之也。祭祀之齋，則不飲酒，不茹葷，致其思以見其所祭者而已。心齋則无思无慮，而復乎无心者也。然而不可以告此者，以其志之不一，而不知聽之者何自，而心者何物也。一汝志，則无思慮之營營，則可以告此矣。无聽之以耳，而聽之以心，則知聽者无聞矣。无聽之以心，而聽之以氣，則知心者无知矣。聽者无聞而止於耳，心者无知而止於符。止於耳則非聞彼者也，止於符則不動而脗合者也。則虛以待物，唯氣而已矣。夫氣豈知吾所以爲氣哉？則虛之至者也。唯道集虛，此心齋之所以復乎无心也。嘗聞孔子鑄顏淵矣，其於心齋之説而見之乎？

纂微　呂注：仲尼謂顏回，凡事有爲而爲之，未有易而無難者。心齋者，無思無爲而復乎無心也，非一志不足以告此。無聽以耳而以心，則聽無聞矣。無聽以心而以氣，則心無知矣。聽無聞而止於耳，心無知而止於符，虛以待物，唯氣而已。唯道集虛，此所以復乎無心也。

顏回曰：「回之未始得使，實自回也；得使之也，未始有回也；可謂虛乎？」夫子曰：「盡矣。吾語若！若能入遊其樊而無感其名，入則鳴，不入則止。無門無毒，一宅而寓於不得已，則幾矣。

呂注：人之於其心，未有得其所爲使者也。不得其所爲使，則不能無我。故回之未始得使，實自回也。自回者，自有其身而不能無我之謂也。得使之也，未始有回[一]也。未始有回[二]，則能无我矣。夫知虛其心，而不忘其所謂虛者，則是猶感其名也，感其名則遊乎其外而未能入遊其樊者也。今回聞虛心之説，而未始有回，則豈知所謂虛者乎？此則无感其名而能

[一][二]「回」，原作「冋」，據文意從黑水城本改。

入遊其樊者也。鴻〔一〕蒙曰：「無問其名，無窺其情。」亦若是而已矣。夫既得其樊而遊之，則其心之出，有物採之，不採則不出也。故入則鳴，不入則止，猶之金石，不考則不鳴也。方其止也，无門之可由，而群動不能踰。無毒之可施，而衆邪不能病。古之醫者，聚毒藥以供醫事，則毒所以治病也。一宅而寓於不得已，不得已者乃其所以動也。則人間之事雖難，然以此涉之，則幾矣。

纂微 呂注：人之於其心，未有得其所爲使者，所以不能無我。故回之未得使，實自有其身得使之也，則能無我矣。無感其名，忘其虚也。入遊其樊，則其心之出，有物採之。入則鳴，不入則止，金石有聲，不考不鳴也。方其止也，無門可由，而群動不能踰。無毒可施，而衆邪不能病。一宅而寓於不得已而動，以此涉人間世，亦幾矣！

絶迹易，無行地難。爲人使易以僞，爲天使難以僞。聞以有翼飛者矣，未聞以無翼飛者也；聞以有知知者矣，未聞以無知知者也。瞻彼闋〔二〕者，虚室生白，吉祥止止。夫且不止，是之謂坐馳。夫徇耳目内通，而外於心知，鬼神將來舍，而況人乎！是万物之化也，禹舜之所紐也，伏羲几蘧之所行終，而況散焉者乎？」

〔一〕「鴻」，原作「鳴」，據文意從黑水城本改。
〔二〕「闋」，原作「閲」，據文意從黑水城本改。

呂注：行之不能无行地，猶我之不能无累於物也。絶迹易，不能絶迹而无〔一〕行地則難；忘我易，不能忘我而无累於物則難。凡回向之所言者，皆不能忘我，而欲无累於物之謂也。故欲无行地，則莫若絶迹；欲免累，則莫若忘身。忘身不真，則不免於僞而已矣。人則有知而有所不知者也，故爲人使者易以僞。天則无知而无所不知者也，故爲天使者難以僞。存吾心所以事天而爲天使者也，人而爲天使則使物而非使於物者也，介然之有萌乎其中則見矣，其可以僞邪？性之動謂之爲，爲之僞謂之失誠。欲不動而无僞，則莫若去智而无知。聞以有翼飛者矣，未聞以無翼飛者也。聞以有知知者矣，未聞以無知知者也。則有知者固知之，所以有翼而飛也。拔其有知之翼，則知鳥止而不飛矣。夫唯若此，則天下之變，吾於是乎閱之，則所謂以閱衆甫者是也。瞻彼闋〔二〕者，其室虛而生白，則吉事有祥，止於所止，安有所謂凶咎悔吝哉！夫且不止，是之謂坐馳，此吉凶悔吝之所以生乎動也。夫唯止止者，耳如目，目如耳，心凝神〔三〕釋，骨肉都融，則從耳目内通而外於心智者也。若然者，鬼神不能見，鬼神不能見則來舍而無閑，而以遊人間之世，其不見忌害，宜矣！斯道也，萬物之化也，禹舜止所紐〔四〕而不縱也。伏羲几蘧之所行終而不已也，

〔一〕「無」，原作「元」，據意從黑水城本、纂微改。
〔二〕「闋」，原和黑水城本均作「閲」，據文意從纂微改。
〔三〕「神」，黑水城本、纂微作「形」，存疑。
〔四〕「紐」，原作「細」，據文意從黑水城本改。

而況散焉者可以不紐〔一〕而終之乎？散焉者，放其心而未嘗知收之者也。

纂微 呂注：夫子又告以絕迹易，無形地難；欲無行地，則莫若絕迹；欲免物累，則莫若忘身，忘身不真，不免於僞而已。人則有知，而有所不知，故爲人使易以僞。天則無知而無所不知，故爲天使難以僞。存吾心之所以事天，爲天使者也，其可容僞邪？人之有知者，以知爲翼。拔其翼，則止而不飛矣。瞻彼闋者，虛室生白，則吉事有祥，止於所止。夫且不止，是之謂坐馳。此吉凶悔吝之所以生乎動也。夫止止者，耳如目，目如耳，心凝形釋，骨肉都融。耳目內通，外於心知，鬼神將來舍，而況於人乎！此萬物之化，古聖之所行終者也。

葉公子高將使於齊，問於仲尼曰：「王使諸梁也甚重，齊之待使者，蓋將甚敬而不急。匹夫猶未可動也，而況諸侯乎！吾甚慄之。子嘗語諸梁也，曰：『凡事若小若大，寡不道以懽成。事若不成，則必有人道之患；事若成，則必有陰陽之患。若成若不成而後無患者，唯有德者能之。』吾食也執粗而不臧，爨無欲清之人。今吾朝受命而夕飲冰，我其內熱與！吾未至乎事之情，而既有陰陽之患矣。事若不成，必有人道之患。是兩也，爲人臣者不足以任之，子其有以語我來！」

〔一〕「紐」，原作「細」，據文意從黑水城本改。

呂注：王之使我也甚重，則所以責我者不輕。齊之待使者甚敬而不急，則所求者不可必得。以匹夫之不可動，則諸侯可知矣。此吾所以憂其靡及而慄之也。外物不可必，而事無大小，以成爲悦，是必之也。衆人以不必必，故多兵。事若不成，則必有人道之患；事若成，則必有陰陽之患，是多兵也。唯有德者爲能无我，无我則无必，則若成若不成，而後無患矣。陰陽之患，常生乎事之情，以見其得喪之實，而憂樂動其心故也。今使未行，而其憂至於内熱，則是未至乎事之情。而既有陰陽之患，則未能忘其身之甚者也。

纂微　呂注：外物不可必，而事無小大，以成爲歡，是必之也。若成若不成，而有人道陰陽之患，是多兵也。唯有德者則能無我，無我則無必，無必則無患矣。今使未行而其憂至於内熱，則未至乎事之情而有陰陽之患，不能忘身之甚也。

仲尼曰：「天下有大戒二：其一，命也；其一，義也。子之愛親，命也，不可解於心；臣之事君，義也，無適而非君也，無所逃於天地之間。是之謂大戒。是以夫事其親者，不擇地而安之，孝之至也；夫事其君者，不擇事而安之，忠之盛也；自事其心者，哀樂不易施乎前，知其不可奈何而安之若命，德之至也。爲人臣子者，固有所不得已。行事之情而忘其身，何暇至於悦生而惡死！夫子其可行矣！

呂注：子之愛親，命也。命則天使之固有者也，故不可解於心。臣之事君，義也。義則人理之不可易者也，故無適而非君。夫唯不可解於心，無適而非君，故無所逃於天地之間。則所以處之者，不可不盡，此所以爲天下之大戒也。是以事親則不擇地之夷險，事君則不擇事之難易而皆安之，則所以處之者盡矣。此所以爲孝之至忠之盛也。則自事其心者，豈有他哉！寂然不動，唯心之順而已矣。哀亦猶是也，樂亦猶是也，豈以哀樂之來而易施乎前哉！苟以哀樂而易施乎前，是有所擇而不能安之，則非所謂事之者也。故哀樂之來，雖出於故也，我知其无可奈何而安之若命而已矣。非至德其能若是乎？故則使然，命則自然者也。故曰，彼特以天爲父，而身猶愛之，而況其卓乎？人特以有君爲愈於己，而身猶死之，而況其真乎？則心者乃所謂卓且真者也。能事其心則以之事其君親而有不安之者乎？誠能無所擇而安之，則爲人臣子者，固有所不得已也。誠有所不得已，則行事之情，以忘其身而已。若身且忘之，奚暇至於悦生而惡死乎！爲人臣子而通於此說，則爲利回爲禍疚者，未之有也。

纂微 呂注：故仲尼告以愛親，命也；事君，義也；不可解於心。事親不擇地之夷險，事君不擇事之艱易，而一皆安之，所以爲忠孝之盛。則事其心者，哀樂之來，豈易施乎前哉？哀樂易施乎前，是有所擇而不能安。能事其心，則以之事親事君未有不安者。誠能無所擇而安，則行事之情而忘其身，何暇至於悦生而惡死乎！

丘請復以聞：凡交近則必相靡以信，遠則必忠之以言，言必或傳之。夫傳兩喜兩怒之言，天下之難者也。夫兩喜必多溢美之言，兩怒必多溢惡之言。凡溢之類妄，妄則其信之也莫，莫則傳言者殃。故法言曰：『傳其常情，無傳其溢言，則幾乎全。』且以巧鬭力者，始乎陽，常卒乎陰，泰至則多奇巧；以禮飲酒者，始乎治，常卒乎亂，泰至則多奇樂。凡事亦然。始乎諒，常卒乎鄙。其作始也簡，其將畢也必巨。言者，風波也；行者，實喪也。風波易以動，實喪易以危。故忿設無由，巧言偏辭。獸死不擇音，氣息茀然，於是並生心厲。剋核太至，則必有不肖之心應之，而不知其然也。苟爲不知其然也，孰知其所終！故法言曰：『無遷令，無勸成。過度益也。』遷令，勸成殆事，美成在久，惡成不及改，可不慎與！且夫乘物以遊心，託不得已以養中，至矣。何作爲報也？莫若爲致命。此其難者。」

呂注：蓋知自事其心而忘其身，而後可以論事之情也。不能自事其心而忘其身，則爲禍福利害之所動，雖欲論事之情，豈可得乎！凡請復以所聞者，乃所以論事之情也。人之心寂則善淵而靜，則言者乃所以爲風波而易動也。止則居實而安，則行者乃所以爲實喪而易危也。於易動易危之際，尤不可以不慎也。蓋自事其心而忘其身，則無陰陽之患；無遷令，無勸成，而行事之情，則无人道之患也。其心之出，有物採之。非物採之，則心不出矣。易乘物以遊心也，有爲也而欲當，則緣於不得已。非不得已，則無爲而已，是託不得已以養中也。則今之使於齊也，莫若爲致命而已。致命則不以死生禍福動其心，而事之情得矣，夫何作爲以報哉？唯致命盡情，此其難而已矣。

纂微　呂注：人心善淵而靜，則言者所以爲風波而易動。止則居實而安，則行者所以爲實喪而易危。然於易動易危之際，不可不謹。夫事其心，忘其身，則無陰陽之患；無遷令，無勸成，則無人道之患。其心之出，有物採之，是乘物以遊心也。有爲也，緣於不得已，託不得已以養中也。今使於齊，莫若爲致命而已，致命則不以死生禍福動其心，而事之情得矣。夫何作爲以報哉？唯致命盡情，此爲難而已矣。

顏闔將傅衛靈公太子，而問於蘧伯玉曰：「有人於此，其德天殺。與之爲無方則危吾國，與之爲有方則危吾身。其知適足以知人之過，而不知其所以過。若然者，吾奈之何？」

呂注：其德天殺，則人之所不能育而生之也。故與之爲无方則危吾國，而與之爲有方則危吾身，无所施而可也。君子小人不能无過，而其所以過則不同。其知足以知人之過，而不知其所以過，則尤難事者也。

纂微　呂注：其德天殺，則人所不能生。與之無方則危吾國，與之有方則危吾身，無所施而可也。知人之過而不知其所以過，則尤難事者也。

蘧伯玉曰：「善哉問乎！戒之，慎之，正汝身也哉！形莫若就，心莫若和。雖然，之二者有患。就不欲入，和不欲出。行就而入，且爲顛爲滅，爲崩爲蹶。心和而出，且爲聲爲名，爲妖爲孽。彼且爲嬰兒，亦與之爲嬰兒；彼且爲無町畦，亦與之爲無町畦；彼且爲無崖，亦與之爲無崖。達之，入於無疵。

呂注：人患不能正其身，能正其身而後可以言曲直屈伸也。不能正其身而言曲直屈伸，則入於邪而已。形莫若就，則外曲而屈也；心莫若和，則内直而伸也。君子之所就，有雖未行其言而迎之致敬，以有禮者或就之，以是知就之有曲而屈也。君所謂可而有否焉，臣獻其否以成其可；君所謂否而有可焉，臣獻其可以替其否。此之謂和，是以知和之有直而伸也。雖然，之二者有患。就之失在入，故不欲入，入者言其入而與之同也；和之失在出，故不欲出，出者言其出而與之異也。形就而入，且爲顛爲滅，爲崩爲蹶。顛滅則喪其德，崩蹶則失其位，則其患在彼者也。凡以與之同，而不知所以扶持之也。心和而出，且爲聲爲名，爲妖爲孽。聲名則德之蕩，妖孽則禍之兆，則其患在我者也。凡以與之異，而不知所以將順之也。「彼且爲嬰兒，亦與之爲嬰兒；彼且爲無町畦，亦與之爲无町畦；彼且爲无崖，亦與之爲无涯。」則雖與之爲无方，而不至乎危吾國也。「達之，入於無疵。」則雖與之爲有方，而不至乎危吾身也。蓋嬰兒，无町畦，无崖，雖心之童者，所患在此。而含德之厚，專氣致柔，有此比赤子嬰兒，而其寬大有至不爲町畦崖異者，亦人性之所有也。誠因其性之所有，而達之入於無疵，則雖无方而不爲无方也。此因機點化之妙。〔一〕宣王好勇好色好

〔一〕「此因機點化之妙」一句，底本、黑水城本、纂微皆無，據莊子翼補。觀其文意亦與原注文貫通，故暫存。

貨，孟子因導之以王道，亦若是而已矣。

纂微　呂注：就之失在入，入則與之同；和之失在出，出則與之異。故爲顛滅崩蹶，爲聲名妖孽者，以其與之同，而不知所以扶持；與之異，而不知所以將順故也。「與之爲嬰兒」，以至於「與之爲無涯」，則雖與之無方，不至於危國。雖與之有方，不至於危身。蓋因其性之所有而達之，如宣王好勇好貨，而孟子導之以王道是也。（後文螳螂、愛馬皆引喻之言，大意明白，不復全解）〔一〕。

莊子翼　呂注：就之失在入，入則與之同；和之失在出，出則與之異。故爲顛滅崩蹶，爲聲名妖孽者，以其與之同，而不知所以扶持；與之異，而不知所以將順故也。「與之爲嬰兒」，以至於「達之，入於無疵」，則雖與之無方，不至於危國；雖與之有方，不至於危身。蓋因其性之所有而通之，此因機點化之妙。如宣王好勇、好貨，而孟子導之以王道是也。

汝不知夫螳螂乎？怒其臂以當車轍，不知其不勝任也，是其才之美者也。戒之，慎之！積伐而美者以犯之，幾矣。汝不知夫養虎者乎？不敢以生物與之，爲其殺之之怒也；不敢以全物與之，爲其決之之怒也；時其飢飽，達其怒心。虎之與人異類而媚養己者，順也；故其殺者，逆也。夫愛馬者，以筐盛矢，以蜄盛溺。適有蚊虻僕緣，而拊之不時，

〔一〕「後文」以下至此，當褚伯秀語，而非呂惠卿注文，觀下段注文可知。

則缺銜毁首碎胸。意有所至而愛有所亡，可不慎邪！」

呂注：螳螂怒其臂以當車轍，不知其不勝任也，是其才之美者也。苟爲不知形心就和之理，而直情徑行，則是積伐其美以犯之而已，此危之道也。猶之養虎也，不敢以生物與之，爲其殺之之怒也，生物則與之以所无有之譬也。不敢以全物與之，爲其決之之怒也。全物則與之以所不見之譬也。則因其爲嬰兒无町畦无崖，而與之爲之達之，以入於無疵，則時其飢飽，達其怒心，而非子之以所无有與所不見也。虎之與人異類，而媚養己者，順也；其殺者，逆也。則其德天殺者，形就而心和，乃所以順之之道也。形就而入，心和而出，則逆而已矣。猶之養馬者，以筐盛矢，以蜄盛溺，則其意之有所至止也。適有蚊虻僕緣，而拊之不時，而至於缺銜毁首碎胸，則愛之有所亡也，則其可以不慎邪？夫君臣也，父子也，夫婦也，兄弟也，朋友之交也，皆人間世之所同有也，而獨言顔回之適衛，葉公之使齊，顔闔之傅太子，何也？此蓋人臣之於暴君亂國之間，與其使而有求於他人，且傳不義之世子，則尤其難者也，通乎此，則其他優爲之矣。

匠石之齊，至乎曲轅，見櫟社樹。其大蔽牛，絜之百圍，其高臨山十仞而後有枝，其可以爲舟者旁十數。觀者如市，匠伯不顧，遂行不輟。弟子厭觀之，走及匠石，曰：「自吾執斧斤以隨夫子，未嘗見材如此其美也。先生不肯視，行不輟，何邪？」曰：「已矣，勿言之矣！散木也，以爲舟則沈，以爲棺槨則速腐，以爲器則速毁，以爲門户則液樠，以爲柱則蠹。是不材之木也，無所可用，故能若是之壽。」

呂注：櫟木之不材也，社所以神地道也。樹之木以名其社與？其野古之禮也。櫟社則不材而神者也。神无知也，无能也，則其所以爲不材也，而无不知也，无不能也，則其所以爲神也。其大蔽牛，絜之百圍，其高臨山十仞而後有枝，則其幹之高且大也。其可以爲舟者旁十數，則其枝之繁且盛也。有是幹，有是枝，則其本根之深固可知也。神之在人，則本根之深固者也。彼以不材爲用，而觀者如市，以爲未嘗見材如此其美，則不知己者也。知其爲散木不材，故能如是之壽，此所以爲匠伯也。匠伯則器群材而用之，而能成器長者也。則知其所以不材矣，以爲舟則速沈，則無涉難之憂；以爲棺槨則速腐，則無藏穢之累；以爲器則速毁，則不苦於瑑削；以爲門户則液樠，則不役於運轉；以爲柱則蠹，則不困於任重。此其爲不材而無所可用也。大德不官，大道不器，亦若是而已矣。

纂微 呂注：櫟社，不材而神者也。其大蔽牛，則其本根深固可知。彼以不材爲用，而觀者以爲美，是不知己也。知其散木故壽，此所以爲匠伯器羣材而用之之道也。自「爲舟則沈」至「爲柱則蠹」，此所以爲不材也。

匠石歸，櫟社見夢曰：「汝將惡乎比予哉？若將比予於文木邪？夫柤梨橘柚，果蓏之屬，實熟則剝則辱，大枝折，小枝泄，此以其能苦其生者也，故不終其天年而中道夭，自掊擊於世俗者也。物莫不若是。且予求无所可用久矣，幾死，乃今得之，爲予大用。使予也而有用，且得有此大也邪？且也，若與予也皆物也，奈何哉其相物也？而幾死之散人，又惡知散木！」

呂注：櫟之不材，而其美不發於華實之間，是木之質者也。則柤梨橘柚，果蓏之屬，乃所以爲文木也。「實孰則剝則辱，大枝折，小枝泄，此以其能苦其生，故不終其天年而中道夭，自掊擊於世俗。」則以文滅其質之患也。操斧斤而觀之如市，卒以爲不材而捨之，則幾死，乃今得之爲予大用者也，大用則其所以爲神也。使其可以爲舟，爲棺槨，爲器，爲門户，爲柱，則散而爲器矣，且得有以此大邪？夫唯不物，乃能物物，而物與物奈何哉其相物也？

纂微　呂注：櫟之不材，是木之質，則樝梨橘柚乃所以爲文。折泄掊擊，以文滅質也。先操斧斤而觀，後舍之而去，則幾死而乃得之爲予大用。使可以爲舟楫棺槨，且得有此大也邪？唯不物乃能物物，而物與物奈何相物也？

匠石覺而診其夢。弟子曰：「趣取無用，則爲社何邪？」曰：「密！若無言！彼亦直寄焉，以爲不知己者詬厲也。不爲社者，且幾有翦乎！且也彼其所保與眾異，而以義譽之，不亦遠乎！」

呂注：夫无用者，固不知其爲无用而趣取之也。則其以爲社者，固非彼所知也。而曰求无所可用者，蓋向之不知己者，以己材爲美，而不知其不材之所以爲大，是詬厲也，是以直寄之无用而已。不然，彼安知其无用而趣取之乎？夫彼之所以不翦者，在於不材。則雖不爲社，豈有翦乎！則爲社者，非彼之所保也。衆之所保，以有保爲保。而彼之保與衆異，非可以義譽之者也。則今吾以義譽之，亦遠矣。言此者，欲學者忘義以求之也。

纂微 呂注：夫無用者，固不知其無用而趣取之，則爲社者，固非彼所知。而曰求無所可用者，向之不知己者，以己材爲美，是詬厲也，直寄之無用而已，彼安知其無用而趣取之乎？彼所以不翦者，在於不材。雖不爲社，豈有翦乎！則爲社者，非彼所保也。衆以有保爲保，而彼之所保與衆異，非可以義譽之，欲學者忘義而求之也。

南伯子綦遊乎商之丘，見大木焉，有異。結駟千乘，將隱芘其所藾。子綦曰：「此何木也哉？此必有異材夫！」仰而視其細枝，則拳曲而不可以爲棟梁；俯而見其大根，則軸解而不可以爲棺槨；咶其葉，則口爛而爲傷；嗅之，則使人狂酲，三日而不已。子綦曰：「此果不材之木也，以至於此其大也。嗟乎神人，以此不材！」

呂注：櫟社言不材之所以神，可以爲人之福。此言神人之所以不材，可以爲人之芘〔一〕也。小

〔一〕「芘」，原作「芷」，據文意從黑水城本改。

枝不可以爲棟梁，則其出不近於榮華。大根不可以爲棺槨，則其歸不入於臭腐。咶其葉，則口爛而爲傷，則味之不可耆；嗅之使人狂酲三日而不已，則臭之不可聞。此其所以不材也。向之櫟社已明此義，而申言之者，明子綦亦以神人爲不材也，是亦所謂重言也。

「宋有荆氏者，宜楸柏桑。其拱把而上者，求狙猴之杙〔一〕者斬之；三圍四圍，求高名之麗者斬之；七圍八圍，貴人富商之家求樿傍者斬之。故未終其天年，而中道之夭於斧斤，此材之患也。故解之以牛之白顙者，與豚之亢鼻者，與人有痔病者不可以適河。此皆巫祝以知之矣，所以爲不祥也。此乃神人之所以爲大祥也。」

呂注：櫟社、商丘之木，皆以无用不材而終其天年，而以成其大。而荆氏之楸柏桑，未終其天年而中道夭於斧斤，以材爲之患也。求狙猴之杙者斬之，則異乎不可以爲器也。求高名之麗者斬之，則異乎不可以爲棟梁也。求貴人富商之家樿旁者斬之，則異乎不可以爲棺槨也。蓋道之體，有之以爲利，無之以爲用。是以聖人神人之於用，致之爲尤深，藏之爲尤密。智雖落天地而不自慮，能雖窮海内而不自爲，辯雖雕萬物而不自悦。無用而用，以之通不材而材，爲之使則遊人間之世。吉凶與民同患，尤不可以不知此者也。

〔一〕「杙」，底本、黑水城本均作是。纂微、莊子翼、陳氏排印影本均作「杙」。

纂微　呂注：前論大木以不材終天年，次論荆氏楸柏夭於斧斤，以材爲之患。是以聖人神人之於用，致之爲尤深，藏之爲尤密。故無用而用，以之通不材而材，爲之使則遊人世間。而吉凶與民同患者，尤不可不知此。

莊子翼　呂注：全同纂微。

支離疏者，頤隱於臍，肩高於頂，會撮指天，五管在上，兩髀爲脅〔一〕。挫鍼治繲，足以餬口；鼓筴播精，足以食十人。上徵武士，則支離攘臂而游於其間；上有大役，則支離以有常疾不受功；上與病者粟，則受三鍾與十束薪。夫支離其形者，猶足以養其身，終其天年，又況支離其德者乎！

呂注：支非體之全，則分而已矣；離非物之合，則散而已矣；疏則所以通而明者也。「吾有大患，爲吾有身。」支分而離散之，則疏通而無有身之患矣。故支離其形者，征役之所不能加；支離其德者，事爲之所不能累也。

纂微　呂注：支非體之全，離非物之合，則疏通而明。支分而離散之，則疏通而無有身之患。故支離其形者，征役所不能加；支離其德者，事爲所不能累也。

〔一〕「脅」字下半作「貝」，從黑水城本改。

孔子適楚，楚狂接輿遊其門曰：「鳳兮鳳兮，何如德之衰也！來世不可待，往世不可追也。天下有道，聖人成焉；天下無道，聖人生焉。方今之時，僅免刑焉。福輕乎羽，莫之知載；禍重乎地，莫之知避。已乎已乎，臨人以德！殆乎殆乎，畫地而趨！迷陽迷陽，無傷吾行！吾行郤曲，無傷〔一〕吾足！」山木自寇也，膏火自煎也。桂可食，故伐之；漆可用，故割之。人皆知有用之用，而莫知無用之用也。

呂注：君子以成德爲行，日可見之行也。鳳德而遇亂，屈身巽言，則隱而未見，行而未成者也。故曰：「鳳兮鳳兮，何如德之衰也！來世不可待，往世不可追。」則當趣方今之變而已矣。「天下有道，則聖人成焉。」成也者，所以成己而成物也。「天下無道，聖人生焉。」生則以全其生而已矣。「方今之時，僅免刑焉。」乃所以趣變也。天下之至美至善，宜莫如道也，則福莫大於是。而其爲物也，視之不可見，聽之不可聞，搏之不可得，而載之則奚翅輕於羽也？而世莫之知載也。天下之至惡至不善，宜莫如非道也，則禍莫大於是。而其爲物也，自無以爲有，自小以爲大，而載之則奚翅重於地也？而人莫之知避也。「已乎已乎，臨人以德！」則有己而已矣，非以賢下人者也。「殆乎殆乎，畫地而趍。」則不免於殆而已矣，孰將從之乎？「迷陽迷陽，無傷吾行。」迷則不之所如

〔一〕「傷」，原作「復」，據文意從黑水城本改。

往，陽則若繆爲之，皆無心而行者也。則異夫「已乎已乎，臨人以德」矣。「吾行郤曲，無傷吾足。」唯曲乃所以全也，則異夫「殆乎殆乎，畫地而趨」矣。「山木自寇也，膏火自煎也。桂可食，故伐之；漆可用，故割之。」皆吾有以取之也。「人皆知有用之用，而莫知無用之用也。」迷陽郤曲，皆所以爲無用之用也。遊乎人間者，則不免有世，有世則有治亂，而其尤難在於遭難之時，遭難而免之則於治無難矣。凡若此者，乃所以免於亂世之道也。作易者，其有憂患乎？亦若是而已。

纂微 呂注：聖人成焉，成己而成物。聖人生焉，則全其生而已。天下之至善莫如道，則福莫大於是。其爲物也，視聽莫及，輕如羽而世莫之載也。天下之至惡，莫如非道，則禍莫大於是。其爲物也，自無爲有，重如地而人莫之避也。臨人以德則有已，畫地而趨，不免殆而已。迷陽則不知所如往，唯曲乃所以全也。山木桂漆之見伐，皆自有以取之。是知有用之用，而不知無用之用也。人之處世，有治有亂。遭亂而能曲全，斯爲善處人間矣。

德充符第五〔一〕

魯有兀者王駘，從之遊者，與仲尼相若。常季問於仲尼曰：「王駘，兀者也。從之遊者，與夫子中分魯。立不教，坐不議，虚而往，實而歸。固有不言之教，無形而心成者邪？是何人也？」仲尼曰：「夫子，聖人也。丘也，直後而未往耳！丘將以爲師，而況不若丘者乎？奚假魯國！丘將引天下而與從之。」

呂注：兀，廢其一足，則獨立而不以能行爲事者也；王駘則王德而駘者也，駘則馬之駑而不能行者也。學之所能學，言之所能辯，則行之所能行也。道則學之所不能學，言之所不能辯，而行之所不能行者也。魯人之從仲尼之遊者，知從其所能行，而不知從其所不能行者也。則雖全魯歸之於王駘，猶爲中分也。從其所能行者，則立有教，坐有議，而後有所得。而其教不得無言，其成不

〔一〕本篇底本完存，唯其首頁與上篇人間世第四之末頁裝訂錯位而已。呂注全文基本完整，而其中底本脱剝者較他卷篇均多，然均可從黑水城本補足。黑水城本本篇基本完整，唯缺第二十二頁，即從「不知務而輕用吾身吾是以亡足」至「無趾曰天刑之安可解」莊子文本部分及呂注自「山之爲物」至「言仲尼之學亦出於無爲是」部分。今重依底本、黑水城本等具校。

能無形也。從其不能行，則立不教，坐不議，虛而往，實而歸，固有不言之教，無形而心成者也，則仲尼王駘，相爲表裏而已矣。復命曰常，季則人之稚也，常季則爲道之日淺者也，是以知而問之也。靜而聖，動而王；內而聖，外而王。王德而駘，則靜而內之者也，是以知其爲聖人也。仲尼方且以文行忠信爲學者師，故後而未往。而以其爲師者，故在是也。則奚假國魯而已，將引天下而從之。譬道之在天下，猶川谷之於江海，無不歸之者也。

纂微 呂注：學道者學其所不能學，行其所不能行，故寓言於王駘。從仲尼遊者，知從其所能行，而不知從其所不能行。則雖全魯歸之於王駘，犹中分也。從其能行者，則立有教，坐有議，其教不得無言，其成不得無形也。從其不能行者，則立不教，坐不議，虛而往，實而歸，仲尼王駘相爲表裏而已。

莊子翼 呂注：同纂微，唯「寓言於王駘」句下增「也」字。

常季曰：「彼兀者也，而王先生，其與庸亦遠矣。若然者，其用心也，獨若之何？」仲尼曰：「死生亦大矣，而不得與之變；雖天地覆墜，亦將不與之遺。審乎無假，而不與物遷，命物之化而守其宗也。」

呂注：「彼兀者也，而王先生。」王則王德，先生則將以爲師也。引天下而從之，則君師之任也。庸者，用也，不以其所能而當君師之任，則無用之用也，其與庸亦遠矣。則其用心，固有以異乎人也。爲道而至於行其所不能行，則未始有物者也。夫死生爲大而與之變，天地覆墜而與之遺者，以有物〔一〕而已矣。苟〔二〕爲未始有物，則孰將爲死生而與之變？孰將爲天地覆墜而與之遺〔三〕乎？若然者，無他，審乎無假而不與物遷，命物之化而守其宗也而已矣。審乎無〔四〕假而不〔五〕與物遷，則察知其所德者無〔六〕假而真矣。則彼死生覆墜皆物而已〔七〕。是以〔八〕不與〔九〕之〔一〇〕變，與之遺而遷也。命物之化則化化而不化，是以能守其宗而不離也。天者，聖人之所以爲宗也。

纂微　呂注：不以其所能而當君師之任，則無用之用與庸亦遠矣，孰爲死生而與之變？孰爲覆墜而與之遺乎？審乎無假，知其所得者真。不與物遷，則死生覆墜而不變，命物化而已不

〔一〕「有物」，原殘，從黑水城本補。
〔二〕「苟」，原殘，從黑水城本補。
〔三〕「與之遺」，原殘，從黑水城本補。
〔四〕「審乎無」，原殘，從黑水城本補。
〔五〕「不」，原殘，從黑水城本補。
〔六〕「無」，原殘，從黑水城本補。
〔七〕「已」，原殘，從黑水城本補。
〔八〕「是以」，原殘，從黑水城本補。
〔九〕「與」，原作「處」，或爲形誤，從黑水城本改。
〔一〇〕「之」，原殘，從黑水城本補。

化，守其宗本不離也。

莊子翼　呂注：全同纂微。

常季曰：「何謂也？」仲尼曰：「自其異者視之，肝膽楚越也；自其同者視之，萬物皆一也。夫若然者，且不知耳目之所宜，而遊心乎德之和；物視其所一而不見其所喪，視喪其足猶遺土也。」

呂注：天下之物，異於所辯而〔一〕同於所宜〔二〕。自其異者視之，雖肝膽相屬，而藏與府異，則不〔三〕得不爲楚越也。自其同者視之，雖萬物散殊，而各復歸其根，則不得不爲，皆一也〔四〕。彼審乎無假而守其宗者，自其同者視之故也。人唯不知自其同者而視之，則〔五〕官事果乎衆宜，而耳目不能以内通。知自其同者視之，則耳如目，目如耳，不知其所宜，而遊心乎德之和矣。和者大同於物者也，則物視其所一，物視其所一則無往而非我，而不見其所喪矣。此所以視喪其足猶遺土，而形骸之所不能累也。

〔一〕「辯而」，原殘，從黑水城本補。

〔二〕「宜」，原作「冥」，據上下文意從黑水城本改。

〔三〕「不」，原殘，從黑水城本補。

〔四〕「一也」，原殘，從黑水城本補。

〔五〕「之則」，原殘，從黑水城本補。

纂微　呂注：人唯不能自其同者視之，則耳目不内通。能自其同者視之，則耳目不知其所宜。故物視其所同，不見其所喪也。

莊子翼　呂注：全同纂微。

常季曰：「彼爲己以其知，得其心以其心。得其常心，物何爲最之哉？」

呂注：王德而駘，則内聖者也，内聖則爲己而已。以其知而得其心，以其心而得其常心，皆爲己者也。爲己而非爲物，則物何爲最之哉？最之者，以爲君師而上之之謂也。自其同者視之，而萬物皆一，則以其知得其心者也。物視其所一而不見其所喪，則以其心得其常心者也，得其常心則不見其所喪矣。

纂微　呂注：常季謂駘懷内聖之道，則爲己而已。以其知得其心，以其心得其常心，物何爲最之而推爲君師邪？

莊子翼　呂注：全同纂微。

仲尼曰：「人莫鑑於流水而鑑於止水，唯止能止衆止。受命於地，唯松柏獨也在冬夏青青；受命於天，唯舜獨也正，幸能正生，以正衆生。夫保始之徵，不懼之實。勇士一人，雄入於九軍。將求名而能自要者，而猶若此，而況官天地，府萬物，直寓六骸，象耳目，一知之所知，而心未嘗死者乎！彼且則日而登假，人則從是也。彼且何肯以物爲事乎！」

呂注：人莫鑑於流水而鑑於止水，聖人之所以動而王者，則流水也。其静而聖者，則止水也。王德而駘，則其止水也。唯止能止衆止，此人之所以從王駘而鑑之也。蓋虚静無爲者，天地〔一〕之鑑，而萬物之鏡，而有爲非所以爲鑑也。草木莫不受命於地，而唯松柏獨也〔二〕在冬夏青青。人莫不受命於天，而唯舜獨也正，則人之有舜於造化之間，人和〔三〕其幾何而一遇也。則舜豈不以其能正生爲幸，而不以其正而正衆生哉！王駘〔四〕則亦獨正者也，此所以爲衆止之所止而不辭也。今夫士之以勇自名而欲見〔五〕其保始之驗，成其不懼之實者，此特將求名而自要者也。而以一身之寡，雄入〔六〕於九軍，則先登而人之所從者也。而況官天地，府萬物，直寓六骸，象耳目，一知〔七〕之所知，而心未嘗死〔八〕者，則其死生不得與之變，殆非求名自要之比也。彼且擇〔九〕日而等假，去而

〔一〕「天地」，原殘，據黑水城本補。
〔二〕「獨也」，原殘，據黑水城本補。
〔三〕「人和」，原殘，據黑水城本補。
〔四〕「王駘」，原殘，據黑水城本補。
〔五〕「欲見」，原殘，據黑水城本補。
〔六〕「熊入」，原殘，據黑水城本補。
〔七〕「知」，原殘，據黑水城本補。
〔八〕「嘗死」，原殘，據黑水城本補。
〔九〕「且擇」，原殘，據黑水城本補。

上仙〔一〕，則其於往來容與如此其至也，則人安得不從之乎！　此則〔二〕物之所以最之〔三〕也。保始者〔四〕，始以此自名，欲保之而弗傷也。　古之制陣者，方以八包，一而爲九；圓〔五〕以六包，一而爲七。九軍則方以八包一而爲九者也。　或謂之九軍，或謂之八陣〔六〕，其實一也。　九軍則九其深厚堅緻而難入者也。　天地雖大，宜定而不出〔七〕所位，自其〔八〕生者視之，則可官〔九〕矣。　萬物雖衆，皆備乎我者也。　自其同者視之，則可〔一〇〕府矣。　若然〔一一〕，六骸非有也，寓之而已。　耳目無知也，象之而已。　象則象人之象也。　物〔一二〕視其所一〔一三〕，不見其所喪，則一知之所知，而心未嘗死者也。　則

〔一〕「去而上仙」，原殘，據黑水城本補。
〔二〕「此則」，原殘，據黑水城本補。
〔三〕「以最之」，原殘，據黑水城本補。
〔四〕「始者」，原殘，據黑水城本補。
〔五〕「方以八包一而爲九圓」，原殘，據黑水城本補。
〔六〕「謂之九軍或謂之八陣」，原殘，據黑水城本補。
〔七〕「大宜定而不出」，原殘，據黑水城本補。
〔八〕「自其」，原殘，據黑水城本補。
〔九〕「官」，原殘，據黑水城本補。
〔一〇〕「其同者視之則可」，原殘，據黑水城本補。
〔一一〕「若然」，原殘，據黑水城本補。
〔一二〕「則象人之象也物」，原殘，據黑水城本補。
〔一三〕「所」，原殘，據黑水城本補。

物雖最之，彼且何肯以爲事〔一〕乎？

纂微 呂注：唯止能止衆止，此人之所以從之求鑑也。夫木莫不受命於地，唯松柏獨全；人莫不受命於天，唯舜也獨正。則舜豈不以正生爲幸而正衆生哉！今夫士之以勇自名者，猶能雄入九軍，而況官天地，府萬物，死生不得與之變者，非求名自要之比也。彼且擇日而登假，其去來容與如此，人安得不從而最之？

莊子翼 呂注：全同纂微。

申徒嘉，兀者也，而與鄭子産同師與伯昏無人。子産謂申徒嘉曰：「我先出則子止，子先出則我止。」其明日，又與合堂同席而坐。子産謂申徒嘉曰：「我先出則子止，子先出則我止。今我將出，子可以止乎，其未邪？且子見執政而不違，子齊執政乎？」申徒嘉曰：「先生之門，固有執政焉如此哉？子而悦子之執政而後人〔二〕者也？聞之曰：『鑑明則塵垢不止，止則不明也。久與賢人處則無過。』今子之所取大〔三〕者，先生也，而猶出言若是，不亦過乎！」

〔一〕「事」，原殘，據文意當作「事」字。黑水城本作「士」，當係音誤。
〔二〕「人」字之右下，原挖補有「旮」字，疑爲「見」之形誤。黑水城本、纂微、莊子翼、陳氏排印影本及一般版本均無錄，存疑。
〔三〕「大」，原作「之」，從黑水城本改。

呂注：道，吾不知誰之子。象帝之先則長於上古，物無以長者也。伯則長者也，昏則吾不知誰之所自出也，吾不知誰則無人也，伯昏無人則道之彊名也。申徒嘉子產俱師於伯昏無人，而申徒嘉能外其形以忘人之勢，則從其師者也。子產以執政爲悦，而不能忘己之勢，則背其師矣。此嘉所以責之也。以道觀之，物無貴賤，則先生之門固有執政焉若此哉！凡爲道者，所以洗其心而磨去其塵垢，以歸之明者也，猶之鑑而已。今出言若是，則是不明，而塵垢之所止而不去也。

纂微　呂注：申徒能外形骸以忘人之勢，子產悦執政而不能忘己之勢。凡爲道者，所以洗心去垢而歸之明，猶鑑而已。今猶出言若是，則是不明，而塵垢所以止也。

子產曰：「子既若是矣，猶與堯爭善，計子之德不足以自反邪？」

呂注：與其與堯而非桀，不如兩忘而化其道。子產以執政爲悦，則不能忘利者也。由嘉之言，則以道爲尊而忘其勢，則疑於與堯爭善而不能忘善也。夫唯兩忘而化其道，則足以反本而忘形，疑於不能忘善，是以計子之德不足以自反也，計則億度之辭也。

申徒嘉曰：「自狀其過以不當亡者衆，不狀其過以不當存者寡。知不可奈何而安之若命，唯有德者能之。遊於羿之彀中。中央者，中地也；然而不中者，命也。人以其全足笑吾不全足者，衆矣。我怫然而怒，而適先王之所，則廢然而反。不知先生之洗我以善邪？吾與夫子游十九年矣，而未嘗知吾兀者也。今子與我遊於形骸之内，而子索我於形骸之外，不亦過乎！」子産蹵然改容更貌曰：「子無乃稱。」

呂注：自狀其過，以不當王者衆。不狀其過〔一〕，以不當存者寡。我則非自狀其過以不當王者也，狀謂文飾之也。知其不可柰〔二〕何而安之若命，唯有德者能之，則人閒世所謂「自事其心，而哀樂不易施乎前〔三〕」者也。遊於羿之彀中〔四〕。中央者，中地也。然而不中者，命也。知其不可柰何而安之〔五〕若命，亦若是而已。遊〔六〕於羿之彀中。中央者，中地也，則行至於無憾而可以免焉之〔七〕譬也。而不中者，命也。則不〔八〕幸而不免焉之譬也。人以其全足，笑吾不全足者，衆矣，我怫然而怒〔九〕，則我初非能知其無可柰何而安之者也。而適先生之所，則廢然〔一〇〕而反，則免於〔一一〕

〔一〕「過」，原殘，據黑水城本補。

〔二〕「可柰」，原殘，據黑水城本補。

〔三〕「乎前」，原殘，據黑水城本補。

〔四〕「彀中」，原殘，據黑水城本補。

〔五〕「安之」，原殘，據黑水城本補。

〔六〕「若是而已遊」，原殘，據黑水城本補。

〔七〕「焉之」，原殘，據黑水城本補。

〔八〕「不中者命也則不」，原殘，據黑水城本補。

〔九〕「者衆矣我怫然而怒」，原殘，據黑水城本補。

〔一〇〕「則廢然」，原殘，據黑水城本補。

〔一一〕「則免於」，原殘，據黑水城本補。

道而忘之者也。不知先生之洗我以善邪？道之化物，則不知其所以〔一〕然而然者〔二〕也。十九者，陰陽之極數也。爲道者，極陰陽之數而造其原，所以能忘〔三〕其形也。子產與嘉俱從伯昏無人遊〔四〕，則相與遊於形骸之内者也。伯昏無人則〔五〕不離吾心而已。而子以兀觀我，而謂我之德不足以自反，則索我於形骸之外也。

纂微　呂注：我則非自狀其過，以不當亡者，故知其不可柰何而安之。遊羿之彀中。中央者，中地，則行至於無憾而可以免焉之譬。不中者，命也，則不幸而不免焉之譬。人笑吾不全，不免怫然而怒。適先生之所，則化於道而忘之，不知洗我以善邪？吾之自悟邪？十九年，則極陰陽之數。遊於形骸之内，未嘗知吾兀也，而今索我於形骸之外，不亦過乎！

魯有兀者叔山無趾，踵見仲尼。仲尼曰：「子不謹，前既犯患若是矣。雖今來，何及矣！」無趾曰：「吾唯不知務而輕用吾身，吾是以亡足。今吾來也，猶有尊足者存，吾是以務全之也。夫天無不覆、地無不載，吾以夫子爲天地，安知夫子之猶若是也！」孔子曰：

〔一〕「不知其所以」，原殘，據黑水城本補。
〔二〕「者」，據黑水城本補。
〔三〕「所以能忘」，原殘，據黑水城本補。
〔四〕「人遊」，原殘，據黑水城本補。
〔五〕「無人則」，原殘，據黑水城本補。

「丘則陋矣。夫子胡不入乎，請講以所聞！」無趾出。孔子曰：「弟子勉之！夫無趾，兀者也，猶務學以復補前行之惡，而況全德之人乎！」〔一〕

呂注：山之爲物，安〔二〕而不動者也。伯〔三〕爲長，則叔爲少矣。唯道爲能成器，長叔山則不以長自居，而其道則安而不動者也。無趾則忘行者也，易以滅趾爲不行，意其意也。仲尼以文行設教，則其迹不免於有行也，故以無趾之來爲無及也。無趾〔四〕則亡其足，而其所行未嘗忘也。所以行者，則尊足之謂也。由其言觀之，彼固全矣。而踵見仲尼而務全之，則不以長自居可知矣。夫子之德固如天地矣，而方以文行設教，則其言不得不如此也。聞無趾之言而辭以陋，則不以其言爲非也。欲其入而講以所聞，則性與天道非所以語人於外者也。無趾不問而出，則所以相與者，其間不容於聲也。夫無趾之德固全也，全則無所事補矣。而曰「無趾，兀者也。猶務學以補前行之惡，而況全德之人乎」者，方以文行設教，而性與天道非所以告其弟子者，則其始終不可以不如此也。

纂微 呂注：無趾亡足，而所以行者未嘗忘。所以行者，尊足之謂也。仲尼欲入而講所聞，性

〔一〕「不知務」，以下至本段末「而況全德之人乎」及呂氏注文，黑水城本殘缺。

〔二〕「安」，原殘，據文意及下文「其道則安而不動者也」句，則似當補爲「安」字。

〔三〕「伯」，原殘，據文意似當補作「伯」字，以與「叔」字相對。

〔四〕「趾」，原作「耻」，據前后文意改。

與天道非所以汎語學者也。無趾不言而出，則所以相與有不容聲者矣。

無趾語老聃曰：「孔丘之於至人，其未邪？彼何賓賓以學子爲？彼且蘄以諔詭幻怪之名聞，不知至人之以是爲己桎梏邪？」老聃曰：「胡不直使彼以死生爲一條，以可不可爲一貫者，解其桎梏，其可乎？」無趾曰：「天刑之，安可解！」

呂注：至則不學，學則不至，而賓賓然以學於子，則疑於至人爲猶未也。名者實之賓，賓賓然則不居其實之辭也。諔蓋言之淑，詭則言之異，幻則非真，怪則不常。道以絶學爲至，而有學焉則雖世之所謂信言庸行而以爲實者，於至人觀之，猶不免爲諔詭幻怪之名，聞而以爲己桎梏而脱之者也。夫唯以死生爲一條而不見其分，以可不可爲一貫而不見其散，則桎梏解矣。則曷爲不使之如此而解之乎？蓋人刑之則可解，天刑之則不可解者也。天則無爲而爲之之謂也。言仲尼之學，亦出於無爲，是〔一〕以不可解也。若夫遁天倍情，忘其所受，古者謂之遁天之刑。人而遁乎天，則其所自取而人刑之，是以可解也。則仲尼非不知無趾，無趾非不知仲尼。而〔二〕其言之或異者，以内外之不相及故也，而其歸未始不同也。夫王駘之兀已足〔三〕，明其立獨而忘其所以行矣，而又

〔一〕本段自莊文首「無趾語老聃曰」至此處「是」字，黑水城本殘缺。
〔二〕「而」，原殘，據黑水城本補。
〔三〕「足」，原殘，據黑水城本補。

重之〔一〕以申徒嘉叔山無趾者，嘉則明所以立獨而忘行，當於形骸之内而索之。而無趾則明雖亡其足矣，而其尊足未嘗〔二〕亡也。蓋德之充者，其符常在形骸之所不能累，故寓之兀焉。

纂微　呂注：賓賓以學，疑至人其猶未邪？道以絶學爲至，則世之所學者，至人觀之，皆諔詭幻怪而爲己桎梏。夫唯以死生爲一條，可不可爲一貫，則桎梏解矣，胡爲不使之然哉！蓋可解者人刑，天刑則不可解也。

魯哀公問於仲尼曰：「衛有惡人焉，曰哀駘它。丈夫與之處者，思而不能去也。婦人見之，請於父母曰『與爲人妻，寧爲夫子妾』者，十數而未止也。未嘗有聞其唱者也，常和人而已矣。無君人之位以濟乎人之死，無聚祿以望人之腹。又以惡駭天下，和而不唱，知不出乎四域，且而雌雄合乎前。是必有異乎人者也。寡人召而觀之，果以惡駭天下。與寡人處，不至以月數，而寡人有意乎其爲人也；不至乎期年，而寡人信之。國無宰，而寡人傳國焉。悶然而後應，氾而若辭。寡人醜乎，卒授之國。無幾何也，去寡人而行，寡人卹焉若有亡也，若無與樂是國也。是何人者也？」

〔一〕「又重之」，原殘，據黑水城本補。
〔二〕「未嘗」，原殘，據黑水城本補。

呂注：魯與衛，宗國也。惡人，人之所見而惡之也。哀者，情之無[一]累也；駘者，形之不移也；它者，物是[二]非己也。衛有惡人曰哀駘它，則体神者也。不離於宗，謂之天人；不離於情，謂之神人；天則神矣，則求神人者不離其宗而有之也。天下之所謂美者，皆聰明智慮之所及而已，然皆不出於[三]思爲之内。神則無思無爲，而非聰明智慮之所及也。是天下之至賾，而人情之所惡也。人徒知美其所美，而不知其所惡者，益所以爲神也。喜怒哀樂愛惡，莫非情之累。而哀之於生死之際，尤爲綢繆而難解，則情之尤累也。馬之奔踶者，或可以御之而致遠，至於駘而不能行，則定於形而非駈策之可移也。而所謂神者，雖哀而不知其所以哀，則哀不足以累其情；雖駘而不亡其所以行，則駘不足以定其形。則哀也，駘也，非己有也，猶它而已矣。是以寓之衛之惡人，而名之爲哀駘它也。神者，人之心也。神無方也，則心亦莫知其鄉也。神通乎晝夜之道而無時也，則心亦出入無時也。然既得之以爲人矣，則所謂神者，與心固未嘗相離也。神非陰陽也，而心陽也。無思無慮，而思慮之所自出也。故丈夫與之處者，思而不能去也。精則位於腎，而配[四]之者也。而精神皆生於道，由乎道，則精與神合而爲一矣。雖合也，而非所與爲敵也，以神

〔一〕「之無」，兩字殘滅，據黑水城本補。
〔二〕「是」，據黑水城本當作「之」。
〔三〕「於」，原無，據黑水城本補。
〔四〕「配」，原殘，據黑水城本補。

之無匹也。腎〔一〕，陰也。則婦人見之，請於父母，「與爲人妻，寧爲夫子妾，十數而未止也」。請於父母，則由乎道之譬也。寧爲夫子妾，則合而不與爲敵之譬也。十則陰陽〔二〕之極數也。神者，寂然不動，感而遂通天下之故者也，是以未有聞其唱者也，常和人而已矣。「無君人之位以濟乎人之死」，則至貴之德不足以名之也。「無聚祿以望人之腹」，則至富之業不足以名之也。而德業之所由出也，天下皆以情求之而不得，則以爲至賾而惡之，是以惡駭天下也。向之未有聞其唱者，則聞其如此也。和而不唱，則其體如此也。神雖無方，而無乎不在也。則知不出乎四域者也，且然而已矣，而無定體者也。萬物負陰而抱陽，則分矣；而雌雄合乎前，則妙乎陰陽而不測者也。唯其神之所爲，是以意其有以異乎人也。「寡人召而觀之，果以惡駭天下。」則其始見也，不能不以其至賾而惡之也。「與寡人處，不至乎以月數，而寡人有意乎其爲人也。」則操而存之，日知其所亡也。「不至乎朞年，而寡人信之。」則存之滋久，而知其有諸己也，信則有諸己之謂也。「國〔三〕無宰，寡人傳國焉。」則莫知其極，而可以有國者也。「悶然而應，氾然而辭。」則彼〔四〕非肯以物爲事也。「寡人醜乎？卒授之國。」則有國而不寓之於此，非出

〔一〕「腎」，原作「賢」，據文意依黑水城本改。

〔二〕「陽」，黑水城本無，或衍。

〔三〕「國」，原殘，據黑水城本補。

〔四〕「彼」，原殘，據黑水城本補。

於長且〔一〕久，而可醜焉者也。「無幾何也，去寡人而行。」則窅然喪之者。「寡人卹然，若有亡〔二〕。」則不知其所以然而然也。「若無與樂是國」，則無樂無知，是真樂真知者也。人〔三〕而至於神，則人不足以名之也，是以不知其爲〔四〕何人也。

纂微　吕注：無君位，則至貴之德不足名；無聚禄，則至富之業不足比。天下皆以情求之而不得，則以爲至頤而思之。神無方而無不在，則知不出乎四域也。萬物負陰而抱陽，則分矣。雌雄合前，妙乎陰陽而不測，是以意其異乎人。悶然汜若，則非肯以物爲事。足授之國，亦寓焉耳。無幾何而行，窅然喪之也。

仲尼曰：「丘也嘗使於楚矣，適見豚子食於其死母者，少焉眴若，皆棄之而走。不見己焉爾，不得類焉爾。所愛其母者，非愛其形也，愛使其形者也。戰而死者，其人之葬也不以翣資；刖者之屨，無爲愛之；皆無其本矣。爲天子之諸御，不爪翦，不穿耳；取妻者止於外，不得復使。形全猶足以爲爾，而況全德之人乎！今哀駘它未言而信，無功而親，使人

〔一〕「且」，原殘，據黑水城本補。
〔二〕「亡」，原殘，據黑水城本補。
〔三〕「人」，原殘，據黑水城本補。
〔四〕「其爲」，原殘，據黑水城本補。

授己國，唯恐其不受也，是必才全而德不形者也。」

呂注：楚在魯之南，南，明方也。神則不可見，由〔一〕明而〔二〕見之也。豚之爲豚，其爲子母則異。而其爲神者，子母則同也。豚子而食於〔三〕其死母，則固未知其爲死也。「少焉眴若，皆棄之而走。」則不見其神也。神之所〔四〕以在其母者，乃其所以在己者也。在己者，乃其所以在母者也，而相與爲類也。神之離其母則不見己，不得類，是以雖不知其爲死，而去之不待頃也。「所愛其母者，非愛其形也，愛使其形者也。」神則使其形者也。戰之有翣，蓋所以自衛也，故死則以翣資。戰而死，則無所事翣也。刖者之不愛其屨猶是也。皆無其本而已矣。神者物之所以爲本也。是以爲天子之諸御，不爪翦，不穿耳，取妻者止於外，不得復使形全，猶足以御至尊，成婚媾，則德全者則宜其爲人之所信也。執道者，德全；德全者，神全；神全則體神者也。今哀駘它未言而信，無功而親，神之信固無所事言，其親〔五〕固無所事功，所謂默而識之，不言而信，存乎德行，而神人無功

〔一〕「由」，原殘，據黑水城本補。
〔二〕「而」，原殘，據黑水城本補。
〔三〕「食於」，原殘，據黑水城本補。
〔四〕「所」，原殘，據黑水城本補。
〔五〕「親」，原作「新」，據文意依黑水城本改。

是也。使人授己國〔一〕，唯恐不受。神者受之，則於爲國乎何有？是必才全而德不形者也。才者，所得於天而不可加損者也。名之以神，則神乃其才也，是以謂之才也。

纂微　呂注：豚子死母之喻，言神之在母，乃所以在子，相與爲類也。神離其母，則不得類，所以去之。戰之有翣，所以自衛，戰死則無所事翣。刖者之不愛其屨，皆無其本矣。神使其形，所以爲本也。嬪御新婚，猶以形全而致重，況德全乎？未言而信，無功而親，是必才全而德不形者也。

哀公曰：「何謂才全？」仲尼曰：「死生存亡，窮達貧富，賢與不肖毀譽，飢渴寒暑，是事之變，命之行也。日夜相代乎前，而知不能規乎其始者也。故不足以滑和，不可入於靈府。使之和豫，通而不失於兑；使日夜無郤，而與物爲春，是接而生時乎心者也。是之謂才全。」

呂注：死生存亡，窮達貧富，賢與不肖毀譽，飢渴寒暑，在人則事之變，在天則命之行也。命之行也，日夜相代乎前，而莫知其所萌，則知不能規乎其始〔二〕也，則吾何容心於其間，而足以滑吾之和，而入吾之靈府哉！和者，陰陽之沖，而神之所好也。靈府則神之所宅也。唯其如此，故其神和且豫，雖通而不失於兑也，所謂塞其兑是也。不失於兑，則其神無郤而不見有晝夜之閒矣。

〔一〕「國」，原似作「固」字，據文意從黑水城本改。

〔二〕「始」，原作「死」，據文意從黑水城本改。

所謂塗郤，守神是也。而與物爲春，則與造物者同體而能生生者也。心之體，出入無時者也。與物爲春，則是與物接而生時乎心者也。不與物接，則不生而已矣。此所以爲全也。

纂微 呂注：死生存亡等目，在人則事之變，在天則命之行。日夜相代，知不能規，吾何容心哉！和者神之所好，靈府神之所宅。其神和豫，通而不失於兑，則其神無郤，而不見有晝夜之間。與物爲春，是與物接而生時乎心者也。

「何謂德不形？」曰：「平者，水停之盛也。其可以爲法也，内保之而外不蕩也。德者，成和之修也。德不形者，物不能離也。」

呂注：水停而至於平，則其盛而無以加焉者也。明照鬚眉，平中準，大匠取法焉，以是〔一〕而已。然水之所以平者，乃其性然也。内保之而外不蕩，則平矣。内保之者，勿失其性而已。外不蕩者，勿動之也。人之性，亦猶是也。其所受於天者，萬物皆備而未始有虧，則成也。萬物皆一而未始有乖，則和也。德者，無它也，和之修而已矣。所謂性修反德，德至同於初也。德不形而同於初，則物得〔二〕之以生也，夫物安能離其所自生哉？

纂微 呂注：水平而明，其性然也。内保外不蕩，勿撓之也。喻人之性亦然。萬物皆備則成，

〔一〕「是」，原殘，據黑水城本補。
〔二〕「得」，原殘，據黑水城本補。

萬物爲一則和。德者成和之修，德不形則同於初，物安得離其所自生哉？

哀公異日以告閔子曰：「始也吾以南面而君天下，執民之紀而憂其死，吾自以爲至通矣。今吾聞至人之言，恐吾無其實，輕用吾身而忘吾國，吾與孔丘，非君臣也，德友而已矣。」

呂注：哀公之於孔子，所謂以位則子君我臣，非敢與君友；以德則子事我而不可與我友者也。而言此者，蓋神者人之成心，非特聖人爲能體之，而愚〔一〕者與有焉。雖哀公之下才，誠能反而求之，則所知猶若是，而其德可與孔子〔二〕友而不爲過者也，而況卓然而一遇於萬世〔三〕之下者乎？

闉跂支離無脤説衛靈公，靈公悦之；而視全人，其脰肩肩。甕盎大癭説齊桓公，桓公悦之；而視全人，其脰肩肩。故德有所長而形有所忘，人不忘其所忘而忘其所不忘，此謂誠忘。

呂注：闉跂支離無脤甕盎大癭則天下之擁腫而極醜者也，衛靈齊桓則不可以爲有道者也。而德有所長，則雖非有道，視其全人，其脰肩肩。則擁腫之極醜，乃爲修頸之美，是形有所忘也；

〔一〕「愚」，原殘，據黑水城本補。
〔二〕「孔子」，原殘，據黑水城本補。
〔三〕「世」，原殘，據黑水城本補。

而況至德之相與，其有係於其形骸之外而不忘者乎！人常患不知存其神，則其所忘者也；而役於視聽思慮之內，則其所不忘者也。人不忘其所忘，而忘其所不忘，此謂誠忘，則非特形有所忘而已矣。

纂微 呂注：無脤大癭以德長而見美於二君，形有所忘也。人不知存其神，是所忘；役於視聽思慮，是所不忘。不忘其所忘而忘其所不忘，此謂誠忘，非特形有所忘而已。

莊子翼 呂注：全同纂微。

故聖人有所遊，而知爲孽，約爲膠，德爲接，工爲商。聖人不謀，惡用知？不斲，惡用膠？無喪，惡用德？不貨，惡用商？四者，天鬻也。天鬻者，天食也。既受食於天，又惡用人！有人之形，無人之情。有人之形，故群於人；無人之情，故是非不得於身。眇乎小哉，所以屬於人也！謷乎大哉，獨成其天！

呂注：人不忘其所忘，而忘其所不忘，此謂誠忘。誠忘則聖人之所遊也。得是而遊之，所謂物之不得遁而皆存者也，所謂遊乎六合四海之外者也。若然者，以知爲孽，孽則本幹之所生而非本〔一〕幹也。以約爲膠，膠則約散而固之者也。以德爲接，接則體異而續之者也。以工爲商，商則

〔一〕「本」，原作「不」，據文意依黑水城本改。

非所以爲器者也。所以然者，聖人不謀惡用智？以智，則本幹之餘也，反之則不生，惡用孽矣？身槁木之枝，則不生者也。不斲惡用膠？反之則不散，惡用約矣？其神無隙，則不散者也。無喪惡用德？反之則不殊，惡用接矣？物視其所一，則不殊者也。不貨〔一〕惡用商？反之則不器，惡用工矣？復歸於樸，則不器者也。四者，天鬻也。天鬻也者，天食也，天食之則無待於外而自足矣。既受食於天，又惡用人，是以有人之形而無人之情，以其所遊在於誠忘故也。有人之形故羣於人，羣於人則遊乎世俗之間而不使之驚者也。無人之情故是非不得於身，是非不得於身則休乎天均〔二〕者也。眇乎小哉！所以屬於人，則人之所畏，不可不畏也。謷乎大哉，獨成其天！則其未可制也。蓋德充之至，其符常若此也。

纂微　呂注：誠忘則聖人之所遊，物不得遯而皆存者也。若然者，以知爲孽，孽非本幹也。以約爲膠，所以約散也。以德爲接，所以續異體。以工爲商，非所以爲器也。聖人不謀惡用知？不斲惡用膠？無喪惡用德？不貨惡用商？四者，天鬻也，固無待於外。有人之形，無人之情，以其所遊在誠忘故也。羣於人則遊于世俗，是非不得於身，則休乎天均。得其小者，屬於人；大者，屬於天也。

〔一〕「貨」，原作「貴」，據黑水城本改。
〔二〕「均」，原作「約」，據黑水城本改。

莊子翼 呂注：同纂微，唯「遊于世俗」作「遊乎世俗」，「休」作「體」。

惠子謂莊子曰：「人故無情乎？」莊子曰：「然。」惠子曰：「人而無情，何以謂之人？」莊子曰：「道與之貌，天與之形，惡得不謂之人？」

呂注：惠子不能虚其心而無我，則不得其所爲使者也，故〔一〕至於無用無情之說，每致疑焉。貌則動作威儀是也，動作威儀無非道也，故曰道與〔二〕之貌。形則百骸九竅是也，百骸九竅天而生也，故曰天與之形。則所以爲人〔三〕者足矣，奚爲疑其不可以無情乎？

纂微 呂注：貌則動作威儀無非道，形則六骸九竅天而生，所以爲人者足矣，奚爲疑其不可以無情乎！

莊子翼 呂注：全同纂微。

惠子曰：「既謂之人，惡得無情？」莊子曰：「是非吾所謂情也。吾所謂無情者，言人之不以好惡内傷其身，常因自然而不益生也。」

呂注：惠子以爲，既謂之人，惡得無情？意其無情，則若木石而不可以爲人也。莊子以爲，

〔一〕「故」，原殘，據黑水城本補。
〔二〕「與」，原殘，據黑水城本補。
〔三〕「人」，原殘，據黑水城本補。

吾所謂情，是非之謂也。則向所謂無人之情，則是非不得於身是也。吾所謂無情者，言人之不以好惡内傷其身，常因自然而不益生而已。誠因其自然而不益生，則天所以與我，若是足矣，胡爲其不可〔一〕以謂之人哉！

纂微　呂注：惠子直謂無情若木石，不可以爲人。莊子謂吾所謂情，是非不得於身也。吾所謂無情，不以好惡内傷其身也。若是則足以有其身，何必益生哉！

莊子翼　呂注：全同纂微。

惠子曰：「不益生，何以有其身？」莊子曰：「道與之貌，天與之形，無以好惡内傷其身。今子外乎子之神，勞乎子之精，倚樹而吟，據槁梧而瞑。天選子之形，子以堅白鳴。」

呂注：惠子不知赤子之心〔二〕，其爲人者，固已具矣，是以疑其不益生，則無以有其身也。「道與之貌，天與之形，無以好惡内傷其身。」則足以有其身矣，奚必益生而後可以有其身哉！今不知人之所以爲人者，固無情也，是不知有所謂神也。不知有所謂神，是外乎子之神也。馳其精於事物之閒，是勞乎子之精也。故其憊至於倚樹而吟，據槁木而瞑也。齊物論稱惠子之據梧，欲以明之，則倚樹而吟，據梧而瞑，非無意也。蓋惠子不知卽動而靜，則萬物芸芸，各復歸其根。而謂

〔一〕「不可」，原殘，據黑水城本補。
〔二〕「心」，原殘，據黑水城本補。

據梧者，然後爲静，此則不知人之無情也。夫唯不知此，則是不得其所爲使，而其形爲天之所選，而以堅白鳴也。形有不同，其鳴亦異。猶風〔一〕之於衆竅而已，是以謂之鳴也。

纂微　呂注：惠子不知卽動而静，乃據梧以求静。唯不知此即是不得其所爲使，形爲天知所選，而以堅白鳴也。

莊子翼　呂注：全同纂微。

〔一〕「猶風」，原殘，據黑水城本補。

莊子義集校卷第三

大宗師第六〔一〕

知天之所爲，知人之所爲者，至矣。知天之所爲者，天而生也；知人之所爲者，以其知之所知以養其知之所不知，終其天年而不中道夭者，是知之盛也。雖然，有患。夫知有所待而後當，其所待者特未定也。庸詎知吾所謂天之非人乎？所謂人之非天乎？且有真人而後有真知。

呂注：天而生者，天之所爲也。知天之所爲，則知吾之所自而生者，天而生也。天而生也者，莫之爲而生也，而人無預也，人無預則知之所不得而知也。知之所知者，人之所爲也，知人之所爲則以其知之所知，以養其知之所不知。知之所不知者，則所謂天而生者也。以知養生，則非以生

〔一〕本篇底本完存。今黑水城本基本完整，唯缺第三頁，即自第五段呂注「喜怒通四時則同乎」以下至第七段呂注「始有物然而居其實者也」以前部分。據陳任中校輯呂注莊子義序云卷三存「大宗師篇第一頁」，故其於本篇題注云：「按此篇第一段注『天而生者』，次段注『天下是非之不一』至『無我而已矣夫唯』以上並依呂義殘本。『真人』以下及各段注，悉據纂微補。」今則除第三頁以外，均照黑水城本參校。凡陳氏所參之黑水城本及纂微，並以復校。

隨知者也，此所以能盡年而不中道夭也。世所謂知者，其盛無以過此也，然不免有患也。蓋所謂知天知人者，必待知而後當者也，則是有所待也。而知者非道之真也，非道之真而待以爲當，所謂未成乎心而有是非者也，則所待者固未定也。苟爲未定，則安知吾向之所謂天者非人乎？安知吾向之所謂人者非天乎？以人爲天，以天爲人，則不可以爲真知也，此其所以爲有患也。夫唯真人而後有真知，真知則以不知知之而無所待者也。

纂微　呂注：知天之所爲，則知吾之所自生者天也。莫之爲而人無與焉，知之所不能知也。知之所能知者人之所爲，則以其知之所知養其知之所不知。以知養生非以生隨知，所以能盡年而不中夭。世所謂知之盛者，無過於此，然不免有患。蓋所謂知天知人，必待知而後當。知非道之真，而待以爲當，所待固未定也。則安知吾向之所謂天者非人乎？所謂人者非天乎？唯真人有真知，則以不知知之而無所待也。

莊子翼　呂注：同纂微，唯「以其知之所知養其知之所不知」句作「則以其所知養其言所不知」，「言以知養生」句多「言」字，「所以能盡年而不中夭也」句多一「也」字。

何謂真人？古之真人，不逆寡，不雄成，不謨士。若然者，過而弗悔，當而不自得也。若然者，登高不慄，入水不濡，入火不熱。是知之能登假於道也若此。

呂注：天下是非之不一，則誰從哉？從衆而已矣，從衆則不免於逆寡也。地道無成而代有終剛，則不免於雄成也。詢謀僉同，則不免於謨士也。此聖人應世之迹，而非其所以爲真也。真人者，純而不虧，素而不雜，則自其所以爲真者言之也。自其所以爲真者言之則未嘗有是非，未嘗有是非則不逆寡矣。湛然守雌而不倡，不倡則不雄成矣。物至而應，未嘗預謀也，則不謨士矣。此無它，無我而已矣。夫唯無我，則雖過也，理之不得不過也，何悔之有？其當也，理之不得不當也，何自得之有？夫唯無我，則物視其所一而不見其所異。登我所爲也，高亦我所爲也，將誰慄？入我所爲也，水火亦我所爲也，將誰濡且熱？夫知固非道也，而真人之知能登假於道也。如此，是豈可不謂真知乎！嗚呼！人莫不有所謂真知者，不求焉耳矣。

纂微 呂注：天下是非不一，則從衆而已，從衆則不免於逆寡也。地道無成，而代有終剛，則不免於雄成也。詢謀僉同，則不免於謨士。此皆聖人應世之迹，而非其真。真人者，體純素而無我，則雖過也，不得不過，何悔之有？雖當也，不得不當，何自得之有？若然則登高我所爲也，將誰慄？水火亦我所爲也，將誰濡且熱？知固非道，而真人真知能登假於道也若此。

莊子翼 呂注：同纂微，唯「謨士」下增「也」字。

古之真人，其寢不夢，其覺無憂，其食不甘，其息深深。真人之息以踵，衆人之息以喉。屈服者，其嗌言若哇。其耆欲深者，其天机淺。

呂注：人心之盡，未始有物者也。真人者，得我心之盡者也，故不爲思慮嗜好之所役。無思慮則其寢不夢，其覺無憂矣，無嗜好則其食不甘矣。夢想消，嗜好薄，則其息深深而以踵〔一〕矣。夫唯踵者，氣之元而息之所自起也。身以足爲踵，息以其〔二〕所自起爲踵，皆以其最下者名之也。氣平而息深，則復乎其元矣。深深者，深之又深者也，深之又深則至於無息也。衆人之失守而屈服者，其嗌之言，猶若哇也。其息之以踵，不可得也。嗜慾深而天機淺，物觸則發〔三〕。求寢之無夢，覺之無憂，食之不甘，不可得也。

纂微　呂注：無思慮則寢不夢，無嗜欲則食不甘，然後其息深深而以踵矣。踵者氣之元，息之所自起。身以足爲踵，息以所自起爲踵，皆以其至下言之。深之又深，則至於無息矣。衆人失守而屈服者，其嗌言若哇，求息以踵，可得乎？其天機淺，物觸則發也。其息以踵，則去物遠矣。

莊子翼　呂注：同纂微。

古之真人，不知悦生，不知惡死；其出不訢，其入不距；翛然而往，翛然而來而已矣。不忘其所始，不求其所終；受而喜之，忘而復之，是之謂不以心捐道，不以人助天。是之謂真人。

〔一〕「踵」，原作「鍾」，據文意從黑水城本改。
〔二〕「其」，底本、纂微、莊子翼脱錄，據文意從黑水城本補。
〔三〕「物觸則發」，四字底本、黑水城本同。按纂微、莊子翼末一句「其息以踵則去物遠矣」於原注文中不見存，故疑纂微、莊子翼中的末二句：「其天機淺，物觸則發也。其息以踵，則去物遠矣。」似當作爲底本和黑水城本之佚文，而替補其「物觸則發」四字，則上下文意似更爲貫通。兹存疑於此。

呂注：儵然者，言其往來如羽之飛於空而無所礙〔一〕也。知有生而説之，死而惡之，出生則訢，入死則距，以棄其所謂儵然者，則是以心損道者也。受生而忘其生之所始，畏死而求其死之所終，不能受而喜之，忘而复之，每於自然而益生焉，則是以人助天也。

纂微 呂注：知生而悦，死而惡，出而訢，入而距，以棄其所謂儵然者，則是以心損道。愛生而忘其生之所始，畏死而求其死之所終，不能喜而受之，忘而復之，昧於自然而益生焉，是以人助天也。

莊子翼 呂注：同纂微，唯「忘其生之所始」作「求其生之所始」。

若然者，其心志，其容寂，其顙頯；凄然似秋，煖然似春，喜怒通四時，與物有宜而莫知其極。故聖人之用兵也，亡國而不失人心；利澤施乎萬世，不爲愛人。

呂注：夫唯不以心損道，不以人助天，則其心未嘗不在道，故其心志，志則志於道者也。故曰強行者有志，其心未嘗不在道。則見於外者，其容寂，其顙頯也。其容寂則神凝而無動容矣，其顙頯則反朴而無態色矣。凄然似秋，非有所惡也；煖然似春，非有所好也；喜怒通四時，則同乎天和者也。此所以與物有宜而莫知其極也。於物有宜則春生秋成，與物各有所宜也。莫知其極，則通乎四時而不知其盡也。故聖人之用兵，亡國而不失人心，以吾無心於惡之也。利澤施於萬

〔一〕「礙」字，殘半，據黑水城本補。

世而不爲愛人，以吾無心於愛之也，此則真人之見乎聖者也。

纂微　呂注：其心志者，志於道也。容寂則神凝不動，顙頯則反朴無態。淒然似秋，非有所惡；煖然似春，非有所愛；喜怒通四時，則同乎天和，所以與物宜也。亡國而不失人心，吾無心於惡之也。澤萬世不爲愛，吾無心於愛之也。

莊子翼　呂注：同纂微。

故樂通物，非聖人也；有親，非仁也；天時，非賢也；利害不通，非君子也；行名失己，非士也；亡身不真，非役人也。若狐不偕務光伯夷叔齊箕子胥餘紀他申徒狄，是役人之役，適人之適，而不自適其適者也。

呂注：聖人者，輔萬物之自然而不敢爲，因其自通而通之，非有意乎樂通之也。則樂通物者，豈聖人哉！大仁不仁，使天下兼忘我，則有親者豈仁哉！用之則行，舍之則藏，行藏在我而非天時之爲知也，則天時豈賢哉！困而不失其所守[一]者，其唯君子乎？故窮亦通，通亦通，而不知利害之所在者也。則利害不通，非君子也。所貴乎士者，以其所守異乎凡民也，則行名失己，非士也。胥靡登高而不懼，遺生死也，則亡生不真，非役人也。故自聖人仁賢君子士以至於役人，其大

[一]「守」，原似作「亨」，據下文「以其所守異乎凡民也」句意，從纂微、莊子翼改。

小貴賤雖有不同，要皆有所謂真者，然後足以充其名，況所謂真人者而容有人僞於其閒乎？若狐不偕務光伯夷叔齊箕子胥餘紀他申徒狄，是役人之役，適人之適，而不自適其適，則不可以言真矣。蓋自真人觀之，有意於爲人與名而爲之，則是役人之役，適人之適也。唯無所爲而爲之，乃所以自適其適也。

纂微 呂注：其於物也，因其自通；其於仁也，天下兼忘；其於時也，行藏在我。困而不失其所守者君子，所守異乎凡名者士也。忘高深，遺死生者，役人也。故自聖人仁賢以至役人，雖尊卑貴賤之不同，要皆有所謂真，然後足以充其名。若狐不偕、務光之徒，皆役人之役，而不自適其適者也。唯無所爲而爲之，乃所以自適其適也。

莊子翼 呂注：全同纂微。

古之真人，其狀義而不朋，若不足而不承；與乎其觚而不堅也，張乎其虛而不華也；邴邴乎其似喜乎！崔乎其不得已乎！滀乎進我色也，與乎止我德也；厲乎其似世乎！警乎其未可制也；連乎其似好閉也，悗乎忘其言也。

呂注：凡人之所爲不能無意，不能無意則不能無迹，不能無迹則不能無弊。以其狀觀之，則其情得矣。唯真人無心則無迹，無迹則無弊，故其狀有似之而非也。人未嘗不朋於義，真人之義，與物有宜，而非朋也。有餘則庸，不足則承。庸者上道也，承者下道也。真人之盛德，若不足而不承也。觚不觚？觚哉！觚哉！真人之觚觚矣！然與世推移，非堅而不能自舉者也，則與乎其觚而不堅也。盈爲實，虚爲華，真人彌滿六合而未始有物，然而居其實者也，則張乎其虚而不華也。邴邴乎其似喜乎！邴之言炳，受而喜之則其似喜固明也。崔乎其不得已乎！崔之言催，言其迫而動。緣督以爲經，而非喜也。滀乎進我色而容物也，與乎止我德而未嘗失己也。謷乎大哉，所以屬於人！人之所畏，不可不畏，則厲乎其似世也，危而似世則可制也。謷乎大哉，獨成其天！則非世也，而未可制也。連乎不見其隙，則不得其門而入也，則似好自閉而不與物通也。悗乎忘其言，則不見可言者，而非好閉也。凡此者皆其狀，有似之而非，則不可以狀求者也。

纂微　呂注：真人與物有義而非朋，盛德若不足而不承也。先聖嘗嘆觚不觚，真人之觚觚矣！與世推移，非堅而不能自舉者也。其道彌滿六合而未始有物，然而居其實者也。邴之言炳，受而喜之；崔亦猶催，迫而後動。滀乎進我色而容物也，與乎止我德不失己也。人之所畏，不可不畏，則厲乎似世猶可制也。謷乎大哉，則不可制也。連乎好閉，不與物通，故悗乎忘其言也。此皆言其似，而不可以狀求也。

以刑爲體，以禮爲翼，以知爲時，以德爲循。以刑爲體者，綽乎其殺也；以禮爲翼者，所以行於世也；以知爲時者，不得已於事也；以德爲循者，言其與有足者至於丘也；而人真以爲勤行者也。

呂注：君子者，以人道名之者也，故所體者人而已。真人者，以天道名之而以萬物百姓爲芻狗者也，則仁不足以言之也，孰見其所體哉！唯其於刑也，綽乎其殺，則見其所體矣。蓋仁者之於殺也，則慘惻而矜之，以其愛之也。不仁者之於殺也，則憤怒而快之，以其惡之也。真人者，非有愛惡者也，則其於殺也，豈不綽乎哉！此則見其所體也。雖然，古之聖人之於殺，未嘗不矜者，與人同之也。未能忘禮樂而克己復禮，則視聽言動，莫非禮也，則禮豈特爲翼而已哉！耳目不知其所宜，而言爲不知其所以然也，則禮豈吾所待哉！以之爲翼，以行於世而已矣。寂然不動，入於不古不今，則出入[一]豈有時哉！唯其心之出，有物採之而後知，則其所以爲時也，是其不得已於事也。非不得入[二]已則無知，無知則無時矣。上德不得，是以無德。而曰德者，以爲循而已，循者如軌轍之可循，則[三]苟有足者，皆可與之以至於丘也。中而不可不高者，德也。丘者，中高之地也。凡若此者，直用吾真而已矣，何勤行之有哉！而人真以爲勤行，則亦不可以狀求之者[四]也。

纂微　呂注：仁者於殺則矜之，以其愛之也。不仁者於殺則快之，以其惡之也。真人無所愛

〔一〕「入」，原作「人」，據文意從黑水城本改。

〔二〕「入」，黑水城本無，疑衍。

〔三〕「則」，原無，據黑水城本補。

〔四〕「者」，原無，據黑水城本補。

惡，則其殺也，豈不綽乎哉！此則見其所體矣。克己復禮則視聽言動，莫非禮也。用之爲翼，以行於世而已。入於不古不今，則豈有時哉！物採而後有知，是其不得已於事也。以德如軌轍之可循，則有足者皆可與之至於丘也。丘者，中高之地。中而不可不高者，德也。凡此，皆用吾真而已，何勤行之有哉！

故其好之也一，其弗好之也一。其一也一，其不一也一。其一與天爲徒，其不一與人爲徒。天與人不相勝也，是之謂真人。

呂注：夫物視其所一，則不見其所異。故其好之者，美與善也。而美與善出於此而已，吾不見其爲美與善也。其不好之者，惡與不善也，而惡與不善出於此而已，吾不見其爲惡與不善也。則好之與不好之，安得不一哉？一猶水也，其一也，猶水之湛然也，而不失其爲水也。故其一也一〔一〕，其不一也，猶水之波流〔二〕也，而亦不失其爲水也，故其不一也一。知此者，非獨止而後止，雖動亦止也。夫既皆一矣，而有一有不一，何也？以其一與天爲徒也，其不一與人爲徒也。與天爲徒，則退藏於密也。與人爲徒，則吉凶與民同患也。雖然，與天爲徒亦一也，與人爲徒亦一也，則天於人不相勝也。嗚呼，非真人何足以與此！

〔一〕「一」，原無，據黑水城本補。
〔二〕「流」，殘甚，據黑水城本補。

纂微　呂注：夫物視其所一，而不見其所異，故其好之者美與善也，而美善出於此。不好之者，惡與不善，而惡與不善亦出於此。則好與不好一也，一猶水之湛然者；其不一猶水之波流，亦水而已。知此，則非獨止而後止也。然有一有不一者，其一與天爲徒，退藏於密也。不一與人爲徒，吉凶與民同患也。

莊子翼　呂注：同纂微，唯「不一與人爲徒」句首增「其」字。

死生，命也，其有夜旦之常，天也。人之有所不得與，皆物之情也。彼特以天爲父，而身猶愛之，而況其卓乎！人特以有君爲愈乎己，而身猶死之，而況其真乎！泉涸，魚相與處於陸，相呴以溼，相濡以沫，不如相忘於江湖。與其譽堯而非桀也，不如兩忘而化其道。

呂注：莫之致而至者，命也；莫之爲而爲者，天也。死生之相爲夜旦，出於命與天，則人之有所不得與，此物之情也，則吾何爲哀樂於其閒哉！彼特以天爲父，天則吾所自而生者也。以吾所自生者爲父而身猶愛之，而況生之所自生乎？則其爲父也卓矣，而獨不愛之乎？卓者言其獨立，而非視聽思慮之所及也。苟爲知其卓者而愛之，則生之無足訴〔一〕明矣。人特以有君爲愈乎己，而身猶死〔二〕之，而況其真乎！則其真君存焉者是也。苟爲知其真者而聽之，則死之無足拒

〔一〕「訴」，底本、黑水城本同，據文意疑當從纂微、莊子翼作「忻」。
〔二〕「死」，原無，據黑水城本補。

明矣。泉涸，魚相與處於陸，相呴以濕，相濡以沫，不若相忘於江湖。則性命之泉涸，而處乎人僞之陸，相呴相濡以仁義之濕沫，不若相忘於道術之江湖，而不知有死生聚散也。蓋悦生惡死者，情也；未始有死生者，道也。譽堯而非桀，亦情而已矣。知兩忘譽非而化其道，則所以忘死生者，未始不同也。

纂微　呂注：莫之致而致者，命；莫之爲而爲者，天。死生之相爲夜旦，出於命與天，則人之有所不得與，此物之情也，吾何爲哀樂於其間哉！以天爲吾之所自生，身猶愛之，況生之所自生！其爲父也卓矣，獨不愛之乎？苟惟知其卓者而愛之，則生無足忻明矣。人特以有君爲愈乎已，身猶死之，而況其真乎！苟知其真者而聽之，則死無足距明矣。性命之源涸，處乎人僞之陸，而呴濡以仁義之濕沫，不若相忘於道術之江湖，而不知死生聚散也。蓋悦生惡死者，情；無死無生者，道。譽堯非桀，亦情而已。知兩忘非譽而化其道，則所以忘死生者，未始不同也。

莊子翼　呂注：同纂微，唯少「死生之相爲夜旦，出於命與天」句。

夫大塊載我以形，勞我以生，佚我以老，息我以死。故善吾生者，乃所以善吾死也。

呂注：死生者，未始不同也。大塊之於我，固無情於其間也。苟爲善吾生，則善吾死必矣，吾何爲悦惡於其間哉！死生之變，不見其所異，則禍福得喪之所介，不足以累其心矣。

纂微　呂注：大塊之於我，固無情也。苟爲善吾生，則善吾死必矣，吾何悦惡哉！

莊子翼 呂注：全同纂微。

夫藏舟於壑，藏山於澤，謂之固矣。然而夜半有力者負之而走，昧者不知也。藏小大有宜，猶有所遯。若夫藏天下於天下而不得所遯，是恒物之大情也。

呂注：物無大小，心存則存，心亡則亡。苟爲非道，未有存而不去也。故藏舟於壑，藏山於澤，謂之固矣。而吾心一遺之則忽〔一〕焉已失之，非夜半有力者負之而走，其安之乎？夜半者，玄極之時。有物於此，從天之物而藏之至玄極之處，非有力者其能若是乎？唯明者爲能知常，而見吾心之存亡，則足以知此，豈昧者之所知乎！夫舟之藏於壑，山之藏於澤，其藏小大爲得其宜者也，猶有所遯。以有涯之生而欲藏之無窮之宇宙，非所宜矣。而欲無所遯，豈恒〔二〕物之情哉！若夫天下者，萬物之所一也。吾得其所一而藏之於所一，則彼有力者，雖欲負之而走，其安之哉！此其所以不得所遯而爲恒物之大情也。然則藏天下於天下而不得乎所遯，有道乎？曰，天下之所以爲天下者，何自也？知天下之所以爲天下而藏之於所自之處，則彼不得遯矣。嗚呼！非真知者，何以預於此！

〔一〕「忽」，原似作「怒」，從黑水城本、纂微、莊子翼改。

〔二〕「恒」，此字多諱省末筆，但亦有不省筆者。此處本字黑水城本、纂微、莊子翼作「常」，諱故。其在下文「此其所以不得所遯而爲恒物之大情也」句中，「恒」字缺末筆。此段兩處均不諱。

纂微　呂注：物無大小，心存則存，心亡則亡。苟爲非道，未有存而不去者。故藏舟藏山於壑澤，可謂固矣。吾心一遺，則忽然失之。夜半玄極之時，有物於此，徙而藏之玄極之處，非有力者能若是乎？夫藏小大得宜，而猶有所遯。以有涯之生，藏無窮之宇宙，而欲其無遯，豈常物之情哉！天下者，萬物之所一。得所一而藏於所一，則彼有力者，雖欲負之而走，將安之哉！非真知不足以與此。

莊子翼　呂注：同纂微，唯「徙而藏之」作「從而藏之」。

特犯人之形而猶喜之。若人之形者，萬化而未始有極也，其爲樂可勝計邪！故聖人將遊於物之所不得遯而皆存。善夭善老，善始善終，人猶效之，又況萬物之所係，而一化之所待乎！

呂注：夫天下者，萬物之所一也。而人者，萬物之一耳。特犯人之形而猶喜之，苟得其所一，則若人之形者，固萬化而未始有極也，其爲喜固可勝計邪！故圣人將遊於物之所不得遯之處，則彼萬物者皆存而未嘗亡也。物之所不得遯者，是乃天下之所藏，而萬物之所係，一化之所待也。夫知夭老始終之無以異而皆善之者，人猶效之，而況遊於物之所不得遯而皆存者乎？

夫道，有情有信，無爲無形；可傳而不可受，可得而不可見；自本自根，未有天地，自古以固存；神鬼神帝，生天生地；在太極之先而不爲高，在六極之下而不爲深，先天地生而不爲久，長於上古而不爲老。

呂注：耳得之以聽，目得之以視，手得之以持，足得之以運，口得之以言，心得之以思慮，豈不有情乎哉！寒暑得之以往來，而未嘗忒其時；動植得之以生育，而未嘗差其類，豈不有信乎哉！然求其爲之者不可得，是無爲無形也。或不言而諭，或〔一〕目擊之而存。是可傳也，而莫得有之，故不可受也。以心契之，則脗然而合也，是可得也。而莫得其朕，是不可見也。萬物之生，未嘗無本根也，而此則無所本根而自本自根矣。萬物之存，有天地而後有也。而此則未有天地，自古以固存矣。鬼帝得我以神者也，我則不神，雖鬼帝猶無靈響也。天地得我以生者也，我則不生，雖今日猶爲太極也。凡高者，深者，以其形而名之也。久者，老者，以其時而名之也。而我則無形與時者也，故雖在太極之先，六極之下，先天地生，長於上古而不爲高深久老也。此所爲道隱無名也。

纂微 呂注：耳目得之而視聽，手足得之而運動，豈不有情乎！寒暑得之而往來，萬物得之而生育，豈不有信乎！然求其爲之者不可得，是無形也。或不言而喻，或目擊而存，是可傳也。而莫得而有之，不可受也。以心契之，脗然而合，是可得也。而莫得其朕，不可見也。萬物之生，未嘗無本根，而此則自本自根。萬物因天地而後有，此則未有天地，自古固存。鬼帝得我以神，我

〔一〕「或」，原作「成」，據文意從黑水城本改。

則不神，雖鬼帝猶無靈嚮也。天地得我以生，我則不生，雖今日猶爲太極也。高深言其形，久老言其時，我則無形無時，所以道隱無名也。

莊子翼　呂注：全同纂微。

狶韋氏得之，以挈天地；伏犧氏得之，以襲氣母；維斗得之，終古不忒；日月得之，終古不息；堪坏得之，以襲崑崙；馮夷得之，以遊大川；肩吾得之，以處太山；黄帝得之，以登雲天；顓頊得之，以處玄宮；禺強得之，立乎北極；西王母得之，坐乎少廣，莫知其始，莫知其終；彭祖得之，上及有虞，下及五伯；傳説得之，以相武丁，奄有天下，乘東維，騎箕尾，而比於列星。

呂注：古之聖人，或隱或顯，迹雖不同，未有不得道而可以爲聖者也。非特狶韋氏，以至於傳説而已。道爲天下母，則自天而下，未有不得道而能立者也，則非特維斗日月而已。然莊子獨舉此數人，與維斗日月者，蓋狶韋之挈天地，伏羲之襲氣母，堪坏之襲崑崙，馮夷之遊大川，肩吾之處太山，黄帝之登雲天，高辛之處玄宮，以至彭祖之自有虞而及五伯，傳説之相武丁而比列星，殆非人情之所測，然不過得道而已，則其餘可以類知也。斗隨月建，而未始有差，則終古不忒。日月相推，而往來無窮，則終古不息。此二者亦不過得道而已，則其餘可以類知也。此其所以爲大宗師也歟？

纂微 吕注：古之聖人，雖隱顯不同，未有不得道而爲聖者，非特豨韋氏至於傳説而已。道爲天下母，自天而下，未有不得道而立者，非特維斗日月而已。此非人情所能測，然亦不過得道者能之。此其所以爲大宗師歟？

莊子翼 吕注：同纂微，唯「雖隱顯不同」句脱「雖」字，又少「此非人情所能測，然亦不過得道者能之」句，「大宗師」作「太宗師」。

南伯子葵問乎女偊曰：「子之年長矣，而色若孺子，何也？」曰：「吾聞道矣。」南伯子葵曰：「道可得學邪？」曰：「惡！惡可！子非其人也。夫卜梁倚有聖人之才而無聖人之道，我有聖人之道而無聖人之才，吾欲以教之，庶幾其果爲聖人乎！不然，以聖人之道告聖人之才，亦易矣。吾猶守而告之，三日而後能外天下；已外天下矣，吾又守之，七日而後能外物；已外物矣，吾又守之，九日而後能外生；已外生矣，而後能朝徹；朝徹，而後能見獨；見獨，而後能無古今；無古今，而後能入於不死不生。殺生者不死，生生者不生。其爲物议無不將也，無不迎也；無不毁也，無不成也。其名爲攖寧。攖寧也者，攖而後成者也。」

吕注：南則明也，伯則爲物長者也，葵則向明者也。南伯子葵則其質之明而可以爲物長趣明而不已者也，是以知問道也。女則守雌而未有與者也，偊之言踽，則獨行者也。守雌無與而獨行，則有道而才不足以濟衆者也。卜所以前知也，梁所以任重也，倚則不能無所依也。知足以前知，而力足以任重，而不能無所依，則有才而無道者也。物壯則老，是謂非道。非道早已聞道，則憂患不能入，此所以年長而色穉也。所謂聖人之道者，得其大本大宗者是也。所謂聖人之才者，則能以是道推之天下國家者也。所以有聖人之才而無其道者，由其不知大本大宗未嘗有物，而爲死生古今之妄計，以至不能見獨朝徹，仞其生以爲我有也。其甚遂至於不知物，與天下之非己而内之，則自微積之，以至於著者也。故其守而告之也，則自其粗而遺之，而後至於精已。外天下而後能外物，已外物而後能外生，已外生而後能朝徹。朝徹者，言沉冥於有身之宵，至是徹而爲旦也。朝徹而後能見獨，見獨者知彼是之莫得其偶也。見獨而後能無古今，無古今者，參萬歲而一成純，不知有往來之異也。無古今而後入於不死不生。不死不生者是乃所謂大本大宗，唯其不死不生，故死者我殺之，而我未嘗死也。生者我生之，而我未嘗生也。其爲物無不將也，以其未嘗不在後也。無不迎也，以其未嘗不在前也。無不毁也，毁者非吾毁之而誰也？無不成也，成者非吾成之而誰也？將迎成毁，雖皆攖之，而我未嘗殆也，故名之曰攖寧。攖寧者，攖而後成也。若將迎成毁，有所不攖而離之，則道之所以虧，而非其成也。

纂微　呂注：人聞道則憂患不能入，所以年長而色穉。有聖人之道者，得其大本大宗。有聖人之才者，能以是道推之天下國家也。卜梁倚有其才而無其道，故守而告之，由粗以至精。已外天下而後外物，外物而後外生，外生而後朝徹。言沈冥於有身，自省至是，徹而爲旦也。見獨者，彼是莫得其偶，無古無今，參萬歲而一成純也。不死不生，則死者我殺之，而我未嘗死。生者我生之，而我未嘗生。將迎成毁，雖皆攖之，而我未嘗殆，故名曰攖寧。攖寧者，攖而後成者也。

莊子翼 呂注：同纂微，唯「由粗以至精」句末增「也」字。

南伯子葵曰：「子獨惡乎聞之？」曰：「聞諸副墨之子，副墨之子聞諸洛誦之孫，洛誦之孫聞之瞻明，瞻明聞之聶許，聶許聞之需役，需役聞之於謳，於謳聞之玄冥，玄冥聞之參寥，參寥聞之疑始。」

呂注：道以體之爲正，則文墨之所論者，乃副之而非其正也，故曰聞之副墨之子。然不能綿絡貫穿而誦之，則不能究其本末而至於通，故曰副墨之子聞之洛誦之孫。洛之言絡也，子孫云者言道之有生乎此也已。誦而通之則見之明矣，故曰洛誦之孫聞之瞻明。見之而明則聶而許之矣，故曰瞻明聞之聶許。聶之言躡也，蹈而行之之謂也；許則必以爲然之謂也。聶而許之，則可以需物而役之矣，故曰聶許聞之需役。能需物而役之，則樂之至也，故曰需役聞之於謳。於謳者，嗟〔一〕嘆之不足而詠歌之，乃所以爲樂之至也。自副墨以至於瞻明，則學而見之者也。自聶許以至於謳，則行而至於樂之者也。雖然，皆未足以爲道之體也。無見也，不知其爲樂也，而後足以

〔一〕「嗟」，原從「口」從「美」，據文意從黑水城本改。

爲道之體也，則玄冥參寥疑始是也。見出於無見，知出於無知，玄冥則無見無知之謂也，故曰於謳聞之玄冥。虽然，猶有所謂無者，則非入於寥天一者也，參寥而已矣，故曰玄冥聞之參寥。至乎無亦不可得，則疑其爲始，而莫知其爲始乃其所以始也，故曰參寥聞之疑始。疑始者，是萬物之宗之謂也。夫道或以目擊而存，或以一言而盡。而卜梁倚學之女偊，七變而後入於不死不生；女偊聞之副墨，九傳而後得之疑始。何也？蓋天下之爲道者，一聞其言即以爲妙道之行，則所謂見卵而求時夜，見彈而求鴞炙是也。故莊子論此，欲聞道者勤而行之，以至於心契之而後已也。則欲由其書以入道者，亦若此而已矣。

纂微　呂注：道以體之爲正，則文墨所論者，乃其副也。洛誦謂綿絡貫穿而誦之子孫者，言道之所生在乎此也。瞻明見理之明，聶許蹈而行之也。需役需物而使之，於謳詠歌以樂之也。自副墨至瞻明，學而有所見；自聶許至於謳，行而至於樂；然皆未足以爲道之體。玄冥則無見無知，參寥則無亦不立，疑其爲始而莫知其爲始，乃其所以始也。

莊子翼　呂注：同纂微，唯「絡」作「洛」，「自聶許至於謳」作「自攝許至於謳」。

子祀子輿子犁子來四人相與語曰：「孰能以無爲首，以生爲脊，以死爲尻，孰知死生存亡之一體者，吾與之友矣。」四人相視而笑，莫逆於心，遂相與爲友。

呂注：祀者，不忘其本始者也；輿者，所以載而行之也；犁者，所以深而樹之也；來者，來而集之也；所謂唯道集虛者是也。爲道者不忘其本始，載而行之於其身，深而樹之於其心，則道集而不去矣。此四人者，以死生存亡爲一體，而相與爲友，故其制名，亦一體而已。庚桑楚所謂：「其次以爲始無有，既而有生，生俄而死。以無有爲首，以生爲體，以死爲尻，孰知有無死生之一守者，吾與之爲友。」則此四人者是也。

俄而子輿有病，子祀往問之。曰：「偉哉夫造物者，將以予爲此拘拘也！曲僂發背，上有五管，頤隱於齊，肩高於頂，句贅指天。」陰陽之氣有沴，其心閒而無事，跰躃而鑑於井，曰：「嗟乎！夫造物者又將以予爲此拘拘也。」子祀曰：「女惡之乎？」曰：「亡，予何惡！浸假而化予之左臂以爲鷄，予因以求時夜；浸假而化予之右臂以爲彈，予因以求鴞炙；浸假而化予之尻以爲輪，以神爲馬，予因而乘之，豈更駕哉！且夫得者，時也，失者，順也；安時而處順，哀樂不能入也。此古之所謂縣解也，而不能自解者，物有結之。且夫物不勝天久矣，吾又何惡焉！」

呂注：輿載而行之，來集而不去，則體之者也；祀不忘其本初，犂深而樹之，則宜知其所體者也。爲道而至於疾病死生之際而不爲之變，此其難者，故寓之子輿子來之病，而子祀子犂往問之，以見其所體之安也。曲僂發背，上有五管，頤隱於齊，肩高於頂，句贅指天，則疾之拘攣而可惡者也。然此特陰陽之氣有沴耳，其心則閒而無事也。是以雖跰躃而不害鑑於井也。井源出而不窮，淵靜而能照，鑑于井則反照於性之譬也。言造物者又將以予爲此拘，則若厭其生而以發子祀之問也。曰：「汝惡之乎？」則所以考其所體之安也。其出不忻，其入不距，而惡其爲此拘拘，則是不能安之也。「浸假而化予之左〔一〕臂以爲雞，予因以求時夜；浸假而化予之右臂以爲彈，予因之求鴞炙；浸假而化予之尻以爲輪，以神爲馬，予因而乘之，豈更駕哉！」蓋予之所體者一也，故其形雖化爲雞爲彈爲輪，而其神爲馬，皆不失予之所體而已矣。此所謂萬化而未始有極也，則予何惡哉！蓋左，陽也。雞以知時夜，以聲則陽之所化也，凡若此也。右，陰也。彈以形，鴞炙以味，則陰之所化，凡若此也。以無有爲首，以生爲脊，以死爲尻，復歸乎無有，則輪轉而無窮者也。神則轉之者也〔二〕。故以尻爲輪，以神爲馬，予因而乘之，無所更駕也。謂之子輿，其言固宜如此也。生之來不能却，則得者時也。其去不能禦，則失者順也。知得之爲時而安之，知失之爲順而處之，而哀樂不能入者，則其心之無物，而無所懸者也，此所以爲解也。若夫非時而求之，當順而逆之，則是有結之，而不能自解者也。其來不能却，其去不能禦，則物之不勝天也，則吾何爲惡之哉！

纂微　呂注：「曲僂發背」至「句贅指天」，言病之拘攣而可惡。此特陰陽之氣有沴耳，其心閑

〔一〕「左」，原作「右」，據文意從黑水城本改。

〔二〕「神則轉之者也」句，據黑水城本、纂微、莊子翼補。

而無事，是以雖跰𨇤而不害於鑒井，鑒井者反照於性之譬。又將以予爲此拘拘，若厭其生而以發子祀之问。浸假而化者凡三，而予之所體者則一，此所謂萬化而未始有極也。予何惡哉！以無有爲首，以生爲脊，以死爲尻，神則轉之者也。故以尻爲輪，以神爲馬，予因而乘之，豈更駕哉！生之來不能知，則得者時也。其去不能禦，則失者順也。安時處順，哀樂不能入，則無所懸，此所以爲解也。若非時而求，當順而逆，則是物有結之，而不能自解者也。來不能却，去不可禦，則知物不勝天矣，吾何爲惡之哉！

莊子翼 呂注：「曲僂發背」至「句贅指天」，言病之拘攣而可惡。此特陰陽之氣有沴耳，其心閑而無事，是以雖跰𨇤而不害於鑒井，鑒井者反照於性之譬。浸假而化者凡三，而予之所體者則一，此所謂萬化而未始有極也。以無爲首，以生爲脊，以死爲尻，神則轉之者也。故以尻爲輪，以神爲馬，予因而乘之，豈更駕哉！生之來不能知，則得者時也。其去不能禦，則失者順也。安時處順，哀樂不能入，則無所懸，此所以爲解也。若非時而求，當順而逆，則是物有結之，而不能自解者也。來不能却，去不可禦，則知物不勝天矣，吾何惡之哉！

俄而子來有病，喘喘然將死，其妻子環而泣之。犁往問之，曰：「叱！避！無怛化！」倚其户與之語曰：「偉哉造化！又將奚以汝爲，將奚以汝適？以汝爲鼠肝乎？以汝爲蟲臂乎？」子來曰：「父母於子，東西南北，唯命之從。陰陽於人，不翅於父母；彼近吾死而我不聽，我則捍矣，彼何罪焉！　夫大塊載我以形，勞我以生，佚我以老，息我以死。故善吾生者，乃所以善吾死也。　今大冶鑄金，金踊躍曰：『我且必爲鏌鋣！』大冶必以爲不祥之金。今一犯人之形而曰『人耳人耳』，夫造化者必以爲不祥之人。今一以天地爲大鑪，以造化爲大冶，惡乎往而不可哉！」成然寐，蘧然覺。

呂注：「喘喘然將死，妻子環而泣之」，則常人之所昏迷而顧惜之時也。鼠與蟲，人之所甚賤也。而氣形之散爲其肝與臂，則又其所甚惡也。於斯時也，而以其所甚賤与所甚惡者問之，此子犂又以考子來之所安也。知陰陽於人不翅父母而聽之，知大塊之息我以死而善之，則安用問其奚以汝爲，奚以汝適也？「大冶鑄金，金踴躍曰：『我必爲鏌鋣！』」大冶必以爲不詳之金」，而鏌鋣不可必得矣。「一犯人之形則曰『人耳人耳』，則造化必以我爲不祥之人」，而人亦不可以必爲矣。「今一以天地爲大鑪，造化爲大冶」，則鼠肝蟲臂，無往而不可，吾何容心於其間哉！「成然寐，蘧然覺」，言雖死生之際，寤寐從容，不爲之變也。成言其無所虧，蘧言其覺，而形明視之猶蘧而已，則與「蘧蘧然周」同義也。易曰：「精氣爲物，遊魂爲變」，故知死生之説。於是之時，不能漠然無心以安之，而有介然之慮萌乎胸中，則遊魂之變，隨識而往，安知其所之乎！　而子輿則時夜鴞炙任之造化而無所惡，子來則鼠肝虫臂聽之爐冶而無所擇，其所以處之者盡矣。非知死生存亡之一體者，其能若是乎！

纂微 呂注：鼠蟲，人之所甚賤。而氣形之散爲肝與臂，又其所惡者也。於斯時也，問以所賤所惡，蓋以考子來之所安。知陰陽之於人不翅父母而聽之，知大塊之息我以死而善之，則安用問其息以汝爲，奚以汝適邪！夫躍冶之金，人必以爲不祥。人之願爲人也亦然。今一以天地造化爲爐冶，則鼠肝蟲臂無往而不可，吾何容心哉！成然寐，蘧然覺，言死生之際，若寤寐之從容，不爲之變也。

莊子翼 呂注：全同纂微，唯脱「吾何容心哉」句。

子桑户孟子反子琴張三人相與友，曰：「孰能相與於無相與，相爲於無相爲？孰能登天遊霧，撓挑無極；相忘以生，無所終窮？」三人相視而笑，莫逆於心，遂相與友。

呂注：易以苞桑爲固，桑則深根者也，户其所由也，孟則長也，子桑户孟則以深根爲門而莫之與長者也。而或謂之子桑户，或謂之桑户，或謂之子桑，從省文也。子反則以反本爲事者也。琴張，以琴爲氏，則樂此者也。孟子有琴張，以爲狂者，蓋亦接輿之流也。故子桑之死，或編曲，或鼓琴，而其辭則以死爲反其真，則亦子反琴張之事也。「孰能相與於無相與，相爲於無相爲？」无相與、无相爲，則歸根復命之處也。「孰能登天遊霧」，登天則遂於大明之上而至彼至陽之原也，遊霧則入於窈冥之門而至彼至陰之原也。歸根復命，而至夫至陰至陽之原，則撓挑無極，相忘以生，而無所終窮矣。此三人者，則庚桑楚所謂「其次以爲有物矣，將以生爲喪，以死爲反」者也。

觀其歌辭則可見矣。

纂微　呂注：相與於無相與，相爲於無相爲，歸根復命之處也。登天則遂於大明之上，遊霧則入於杳冥之門，故撓挑無極，無所終窮。

莊子翼　呂注：同纂微，唯「撓挑無極」作「撓挑無窮」。

莫然有間，而子桑户死，未葬。孔子聞之，使子貢往待事焉。或編曲，或鼓琴，相和而歌曰：「嗟來桑户乎！嗟來桑户乎！而已反其真，而我猶爲人猗！」子貢趨而進曰：「敢問臨尸而歌，禮乎？」二人相視而笑曰：「是惡知禮意！」子貢反，以告孔子，曰：「彼何人者邪？修行無有，而外其形骸，臨尸而歌，顔色不變，無以命之。彼何人者邪？」孔子曰：「彼，遊方之外者也；而丘，遊方之内者也。外内不相及，而丘使汝往吊之，丘則陋矣。彼方且與造物者爲人，而遊乎天地之一氣。彼以生爲附贅縣疣，以死爲决疣潰癰，夫若然者，又惡知死生先後之所在！假於異物，託於同體；忘其肝膽，遺其耳目；反覆終始，不知端倪；芒然彷徨乎塵垢之外，逍遥乎無爲之業。彼又惡能憒憒然爲世俗之禮，以觀衆人之耳目哉！」

呂注：夫子之文章，則子貢之可得而聞；性與天道，則不可得而聞。故使之待事而發其聞見之所怪，以見孔子之於三人者，相爲内外而已矣。子輿、子來則從容於將死之時，子反、琴張則絃歌於既死之後，而曰「而已反其真，我猶爲人猗」，則子桑不待子祀、子犁之考問，而所安可知矣。彼以死爲反真而樂之，則臨尸而歌，固其所也。先王制禮，使人平好惡，而反人道之正。人道之正，性命是也，則以反其真爲樂者，豈非禮意哉！子貢不聞性與天道，是以徒見其能外形骸，顔色不變，而無以命之也。遊方之外，則遊乎天合之外而與天爲徒者也，故以死爲樂而不足哀。遊方之内，則遊夫六合之内，而與人爲徒者也，故以死爲哀而無敢樂。何則？人之若三人者寡矣！與之爲徒而樂其死，則倍死忘生者衆矣。而無三人者，則亦綢繆於死生之間而不能解，亦至人之所哀也。則内外之志各不同，此所以不相及也。而使往吊者使子貢之徒知禮之意，不出乎性命之情，而天下之妙禮有不在禮法之間也。與造物者爲人，而遊乎天地之一氣，則非陰非陽者也。以生爲附贅懸疣，則以生爲喪而侈之也。以死爲決疣潰癰，則以死爲反而樂之也。若然者，惡知死生先后之所在！而曰死生先後者，假於異物而託於同體故也，假託則非以爲實也。肝膽耳目，忘而遺之，則反覆終始，不知端倪矣。芒然彷徨乎塵垢之外，則形器之所不能制也。逍遥乎無爲之業，則思爲之所不能累也。彼又惡能憒憒然爲世俗之禮，以觀衆人之耳目哉！此所以臨尸而歌也。

纂微　吕注：彼以反真爲樂，則臨尸而歌，乃所宜也。先王制禮，使人平好惡而復人道之正，則以反真爲樂者，豈非禮意哉！遊方之外，則與天爲徒，故以死爲樂而不足哀。遊方之内，則與人爲徒，故以死爲哀而無敢樂。若三人者，與之爲徒而樂其死，則倍死忘生者衆矣。無三人者，則綢繆於死生之間而不能解，亦至人之所哀也。内外之志不同，此所以不相及。孔子使子貢往吊，欲其知禮意不出乎性命之情，而天下之妙理有不在禮法之間也。遊乎天地之一氣，則非陰非陽。以生爲附贅懸疣，則以生爲喪而侈之；以死爲決疣潰癰，則以死爲反而樂之也。假於異物，託於同體，則非以爲實。肝膽耳目，忘而遺之，則反覆終始，不知端倪，又安能爲世俗之禮哉！

莊子翼　吕注：同纂微，唯「乃所宜也」句作「乃其所宜也」，「疣」作「疣」。

子貢曰：「然則夫子何方之依？」曰：「丘，天之戮民也。雖然，吾與汝共之。」子貢曰：「敢問其方。」孔子曰：「魚相造乎水，人相造乎道。相造乎水者，穿池而養給；相造乎道者，無事而生定。故曰，魚相忘乎江湖，人相忘於道術。」

吕注：孔子以彼爲遊方之外，而己則遊方之内者也。而盛稱方外之高，故子貢疑其雖遊方内，而所依者或不在於此也，是以問其何方之依也。蓋所遊則其迹，而所依則其心也。言天之戮民，則天刑之不可解也。若孔子則所謂體性抱神以遊世俗之間者也，安有所依而足以累其心哉！是以遊方内而不必出，安天刑而不必解也。雖然，若此者非吾所獨也，吾與汝共之而已。何則？魚相造乎水，人相造乎道，謂之相造則無内外之隔也。相造乎水者，穿池而養給，不必大水也。相造乎道者，無事而生定，不必方外也。魚相忘於江湖，江湖之大，則非特穿池〔一〕而已。人相忘於道術，道術之全則又非特無事而已。穿池而養給，而況相忘於江湖乎？無事而生定，而況相忘於道術乎？

纂微 呂注：孔子以爲已則遊方之内，而盛稱方外之高。子貢疑其雖遊方内，而所依者或不在此。蓋所遊者迹，而所依者心也。天之戮民言天刑之不可解，若孔子則體性抱神以遊世俗，安有所依足以累其心哉！是以遊方内而不必出，安天刑而不必解也。此非吾所獨，與汝共之。又引魚以喻人：穿池而養給，不必大水也。無事而生定，不必方外也。相忘江湖，則非特穿池而已。相忘道術，則非特無事而已。

莊子翼 呂注：同纂微，唯「而所依者心也」句脱「而」字，又脱「此非無所獨，與汝共之」句。

子貢曰：「敢問畸人。」曰：「畸人者，畸於人而侔於天。故曰，天之小人，人之君子；人之君子，天之小人也。」

呂注：夫苟相忘於道術，而彼三子者獨爲畸人，何也？蓋畸人者，畸於人而侔於天，此所以外而不内也。「故曰，天之小人，人之君子；人之君子，天之小人。」則謹於禮法而不知性命之情者是也。則三子者，天之君子而人之小人可知矣。若夫孟孫氏，則天人之君子，而君子有不足以名之也。

〔一〕「池」，原作「湖」，據文意從黑水城本、纂微、莊子翼改。

纂微　呂注：畸人侔天，所以外而不内也。天之小人，人之君子，則謹於禮法而不知性命之情者是也。

莊子翼　呂注：全同纂微。

顔回問仲尼曰：「孟孫才，其母死，哭泣無涕，中心不戚，居喪不哀。無是三者，以善處〔一〕喪蓋魯國。固有無其實而得其名者乎？回壹怪之。」仲尼曰：「夫孟孫氏盡之矣，進於知矣。唯簡之而不得，夫已有所簡矣。孟孫氏不知所以生，不知所以死；不知就先，不知就後；若化爲物，以待其所不知之化已乎！且方將化，惡知不化哉？方將不化，惡知已化哉？吾特與汝，其夢未始覺者邪！且彼有駭形而無損心，有旦宅而無情死。孟孫氏特覺，人哭亦哭，是自其所以乃。且也相與吾之耳矣，庸詎知吾所謂吾之乎？且汝夢爲鳥而厲乎天，夢爲魚而沒於淵。不識今日之言者，其覺者乎？其夢者乎？造適不及笑，獻笑不及排，安排而去化，乃入於寥天一。」

呂注：孟孫才，魯人，蓋與顔回皆仲尼遊者也，子祀子輿子犂子來則不及子桑户孟子反琴張者也，而三子者，又不及孟孫氏者也。雖然，其出於大宗師則一也。蓋孟孫氏則庚桑楚所謂「古

〔一〕「處」，原無，據黑水城本補。

之人以未始有物者，至矣，尽矣，不可以有加」者也。夫唯知其未始有物，則不見有内外之異，有死生之變，則奚必遊方之外而以死爲可樂，而至於臨尸而歌哉！是以居喪哭泣與人同，而獨不爲哀戚之所累，則與人異也。是以寓之孟孫氏，以明至至者，常不離乎世俗之閒也。故曰：「孟孫氏盡之矣，進於知矣。」則其知有所至矣，盡矣，而無以復加之謂也。爲知其未必〔一〕有物，則生猶是也，死猶是也，哭泣猶是也，雖欲簡之而不得也，胡爲而獨不與人同哉！彼〔二〕三子者，雖不知死生存亡之所在，而以生爲喪，以死爲反，則未爲不知所以生，不知所以死也。以反其真爲樂，而以猶爲人爲嘆，則未爲不知就先，不知就後也。孟孫氏不知所以生，不知所以死，則生無所喪，而死無所反也。不知就先，不知就後，則已反無足樂，猶生無足嘆也。非特如是也，凡化爲物者，固待其不知之化，而彼亦不知也。蓋方將化，惡知不化？方將不化，惡知已化哉？此爲周之與爲蝶俱不相知也。則吾今與汝知之，其夢未始覺者邪？彼有人之形，故有駭形。而心則不動，故無損心。死生爲夜旦，故有旦宅。而無人之情，故無情死。此孟孫氏之所以特覺也。夫唯如此，故人哭亦哭，而無涕不哀戚是自其所以乃，而不足怪也。乃者，有彼而繼以此之辭也。夫吾之爲吾者，未始有吾也，則吾與汝且相與吾之耳矣，庸詎知吾所謂吾之乎？蓋吾未始有

〔一〕「必」，疑當據黑水城本改作「始」。

〔二〕「彼」，原作「被」，據文意從黑水城本改。

吾，則不知其吾之者也。且汝夢爲鳥而厲乎天，夢爲魚而入於淵。方其夢也，不知其夢也，則今之言者，覺與夢不可知也，以明孟孫氏則忘吾而特覺者也。適所以笑也，適而造之，非自適也，故不及笑也。笑所以排也，笑而獻之，非樂笑也，故不及排也。排者，排去憂愁而遣之者也。則孟孫氏之忘死生，亦不可以造而獻也。安排而去化，而後入於寥天一也。安排則非有爲而排之也，去化則知其不可禦而順之也，寥則不礙，天則不人，一則不二也。爲道而不入乎寥天一，則未之盡也。

纂微　呂注：夫唯知其未始有物，則不見有内外死生之異，奚必遊方之外，以死爲樂，至於臨尸而歌邪！是以居喪哭泣與人同，而不爲哀戚所累則與人異。故寓之孟孫氏，以明至至者，不離乎世俗之間。生猶是，死猶是，哭泣猶是，雖欲簡之而不得。彼三子者，雖不知死生存亡之所在，而以生爲喪，以死爲反，則未爲不知所以生，所以死也。以反真爲樂，爲人爲歎，則未爲不就先，不就後也。孟孫氏不知所以生，所以死，則生無所喪，死無所反也。不就先，不就後，則死無足樂，生無足歎也。非特如是，而若化爲物者，固待其所不知之化，而彼亦不知也。蓋方將化，惡知不化？方將不化，惡知已化？則吾今與汝，其夢未始覺者邪？彼有人之形，故有駭形。而心不動，故無損心。死生犹夜旦，故有旦宅。無人之情，故無情死。此孟孫氏所以特覺也。夫唯知此，故人哭亦哭，無涕不哀，是自其所以乃而不足怪也。且汝方夢爲鳥爲魚，亦不知其夢，則今之所言，爲覺爲夢，殊未可知，以明孟孫氏則忘吾而特覺者也。適所以笑，適而造之，非自適也，故不及笑。笑所以排，笑而獻之，非樂笑也，故不及排。排者，排遣憂愁而去之。則孟孫之忘死生亦不可造而獻也。安排則非有爲而排之，去化則知其不可禦而順之，寥則不礙，天則不人，一則不二，道盡乎此矣。

莊子翼 呂注：同纂微，唯「邪」作「耶」，「爲人爲歎」句作「爲人所歎」。

意而子見許由。許由曰：「堯何以資汝？」意而子曰：「堯謂我：『汝必躬服仁義而明言是非。』」許由曰：「而奚來爲軹？夫堯既已黥汝以仁義，而劓汝以是非矣，汝將何以遊夫遙蕩恣睢轉徙之塗乎？」意而子曰：「雖然，吾願遊於其藩。」許由曰：「不然。夫盲者無以與乎眉目顏色之好，瞽者無以與乎青黄黼黻之觀。」意而子曰：「夫無莊之失其美，據梁之失其力，黄帝之亡其知，皆在鑪錘之閒耳。庸詎知夫造物者之不息我黥而補我劓，使我乘成以隨先生邪？」許由曰：「噫！未可知也。我爲汝言其大略。吾師乎！吾師乎！𩐈萬物而不爲義，澤及萬世而不爲仁，長於上古而不爲老，覆載天地刻彫衆形而不爲巧。此所遊已。」

呂注：烏莫知於鷾鴯。知者，出於意也；而者，相屬之辭；有意則知之所屬也；意而子，則人而知者也。自聖人之迹觀之，堯則有爲，許由則無爲也。知之爲物，常役於有爲而復於無爲，此意而子所以去堯而問由也。黥則〔一〕涅而緇之也，劓則割而虧之也。道以明白四達而無知，則仁義固所以涅而緇之也。是非之彰也，道之所以虧也，則是非固所以割而虧之也。黥於仁義，劓於是非，則不得遊乎道之大通矣。遊夫遙蕩恣睢轉徙之塗，則道之大通之謂也。無莊則自美而累於美者也，據梁則恃力而累於力者也，黄帝則嘗齋心服形，以復乎無知，則其始不能無用知也。以名制義，則黄爲土、睥爲意爲知也，鑪所以鎔鑄，錘所以鍛鍊也。言三人者之失，亡其所累，非天性無之，亦在於鎔鑄鍛鍊之間也。則安知造物者之不息我黥，而補我劓，使我乘其成心，以隨先生之無爲邪！蓋天刑之則不可解，而黥與劓則人刑之也。則其息而補之，未可知也。吾師乎！吾師乎！整萬物而不爲義，澤及萬世而不爲仁，長於上古而不爲老，覆載天地刻彫衆形而不爲巧，此吾之所遊而以爲師者也。則子之欲補黥而息劓，亦以是爲師而已矣。

纂微　呂注：道之大通，遙蕩恣睢轉徙之塗是也。無莊自美而累於美，據梁恃力而累於力，黄帝嘗齋心服形，以復乎無知，則其始不能無用知也。鑪所以鎔鑄，錘所以煆煉，言三人之亡其累，非天性無之，亦在於鎔鑄煆煉之間，則安知造物者之不息我黥，補我劓，使我乘其成心，以隨先生之無爲邪！夫整澤萬物，長於上古，刻彫衆形，此吾之所遊而以爲師者也。子欲息黥而補劓，亦以是爲師而已。

莊子翼　呂注：同纂微，唯「息我黥，補我劓」句中脱兩「我」字。

〔一〕「則」，原作「刖」，據黑水城本改。

顏回曰：「回益矣。」仲尼曰：「何謂也？」曰：「回忘仁義矣。」曰：「可矣，猶未也。」它日，復見，曰：「回益矣。」曰：「何謂也？」曰：「回忘禮樂矣。」曰：「可矣，猶未也。」它日，復見，曰：「回益矣。」曰：「何謂也？」曰：「回坐忘矣。」仲尼蹵然曰：「何謂坐忘？」顏回曰：「墮枝體，黜聰明，離形去知，同於大通，此謂坐忘。」仲尼曰：「同則無好也，化則無常也。而果其賢乎！丘也請從而後也。」

呂注：人之爲人也，久矣。則其悟道，雖在於一言之頃，而其復於無物，非一日之積也。回之聞心齋，未始有回也，則悟道於一言之頃也。其忘仁義禮樂，以至於坐忘，則其復於無物，非一日之積也。同則物視其所一，故無好。化則萬化而未始有極，故無常。同於通，則同而化也。

纂微 呂注：人之爲人也，久矣。其悟道，雖在一言之頃而復於無物，非一日之積也。回聞心齋，而未始有回，則悟道於一言；其忘仁義禮樂，以至於坐忘，則非一日之積也。同則物視其所一，故無好；化則未始有極也，故無常。同於大通，則同於化而已矣。

莊子翼 呂注：同纂微，唯「其忘仁義禮樂」句作「其于仁義禮樂」，「故無常」句作「以無常」。

子輿與子桑友，而霖雨十日。子輿曰：「子桑殆病矣！」裹[一]飯而往食之。至子桑之

〔一〕「裹」，原作「裏」，據文意從黑水城本改。

門，則若歌若哭，鼓琴曰：「父邪！ 母邪！ 天乎！ 人乎！」有不任其聲，而趨舉其詩焉。子輿入曰：「子之歌詩，何故若是？」曰：「吾思夫使我至此極者而弗得也。父母豈欲吾貧哉？ 天無私覆，地無私載，天地豈私貧我哉？ 求其爲之者而不得也。然而至此極者，命也夫！」

呂注：莊子論大宗師，而卒之以孟孫才顔回者，以爲如孔子之徒，能體性抱神而遊乎世俗之間，而後可以爲至也。然恐學者以子桑之徒爲不及孟孫氏，而子輿之徒爲不及子桑，遂以爲異趣，於是復合二人而論之，而其言則皆至於命而安之之辭也。以明子輿子桑與〔一〕孟孫氏顔氏之徒，其迹雖有不同，而其以道爲大宗師〔二〕而至於命，則一也。

纂微 呂注：莊子論大宗師，而卒之以孟孫才顔回，以爲如孔子之徒，體性抱神，以遊世俗，而後爲至也。然恐學者以子桑之徒爲不及孟孫氏，子輿之徒爲不及子桑，於是復合而論之，其言則皆至於命而安之之辭。諸子之迹雖不同，以道爲大宗師而至於命，則一也。

莊子翼 呂注：全同纂微。

〔一〕「與」，原作「典」，據文意從黑水城本改。
〔二〕「師」，據黑水城本補。

應帝王第七〔一〕

齧缺問於王倪，四問而四不知。齧缺因躍而大喜，行以告蒲衣子。蒲衣子曰：「而乃今知之乎？有虞氏不及泰氏。有虞氏其猶臧仁以要人；亦得人矣，而未始出於非人。泰氏，其臥徐徐，其覺於於；一以己爲馬，一以己爲牛；其知情信，其德甚真，而未始入於非人。」

呂注：齧缺問於王倪：「子知物之所同是邪？」「不知也。」「子知子之所不知邪？」「不知也。」「然則物無知邪？」「不知也。」「所謂知之非不知邪？」「而亦不知也。」夫物之所同是者，固止於所不知而已。而不知者，非固不知也，物本無知而已矣。則知之乃不知，不知之乃知，固其理也。然知其如此，而以知知之，則猶不免於有知，而非真不知者也。而王倪四問而四不知，則是真不知而體之者也。然則帝之所興，王知所起可知矣，其容有介然之知藏於其中邪？齧缺非道之全也，以其知之而問也。王倪則王之端所自起也，故其所體如此也。蒲衣則被衣也，衣被萬物而不爲主者，唯道爲然，而蒲又所以安之也。王乃天，天乃道，不識不知者，

〔一〕本篇底本完存。陳任中於題下記云：「按此篇各注均據纂微本補。」今黑水城本存此篇絶大部分，唯第四段呂注之末句「不以疏乎」，第五段、第六段正文及呂注、第七段正文「有寥矣，全然有生矣」及其以上部分缺。

王之所以體天而合道，而衣被萬物而安之者也。齧缺既得王倪之所體者如此，是因躍而大喜，行以告蒲衣子，而知有虞氏不及泰氏也。以告蒲衣子，則以其所得而合之乎道也。以名制義，則虞亦爲憂虞之虞，而泰爲泰定之泰。齧缺見王倪之所體如此，故知夫有知，而有虞不及無知而泰也，則其稱肩吾黄帝，亦有若此者也。而有虞氏之迹，則其猶藏仁以要人者也。夫唯王倪之不知，則無仁也，亦無不仁也。無人也，亦無非人也。今有虞氏以仁爲藏而是之，所以要人〔一〕也。要人者，率人〔二〕以仁，而人從之也。率人以仁而人從之，則所謂招仁義以撓天下也，固得人矣。然以仁爲臧而是之，則不免於以不仁爲否而非之，是未始出於非人也。未始出於非人，則有仁也，有不仁也；有人也，有非人也。若此，則仁義之端，是非之塗，樊然殽亂矣，而非王倪之不知也。泰氏其居閒而無事，故其卧不疾而徐徐；其寢安而不驚，故其覺不易而于于。一以爲己爲馬，一以己爲牛，莫之惡而不受也。故其知情信而不疑，其德甚真而不僞，則孰知不仁之爲否，而入於非人乎！不入於非人，則王倪之所以不知也。然則自王倪觀之，則有虞氏之不及泰氏可知矣。夫有虞氏之臧仁以要人，亦趣時而已，則奚爲泰氏之不及邪？蓋不及者，自其迹言之也。至其所以迹者，則泰氏者乃有虞氏之所以迹也，奚不及之有哉！則夫應帝王者，不以其迹，而以其所以迹，乃所以應之也。然則欲得其所以迹者無它，解心釋神，以深造乎王倪之

〔一〕〔二〕「人」，原作「仁」，據下文及黑水城本改。

所不知而已矣。或曰：「帝王之任，一日二日，萬幾而趣取無知，何也？」曰，無知乃所以無不知也。無知則無心，無心則神，神則無知而無不知，是乃所謂天地之鑒，萬物之鏡也。至其極也，雖有唯然之音，介然之有，遠在八荒之外，近在眉睫之間，來於我者，我必知之，況天下之務，而足以眩其聽乎！

纂微 呂注：齧缺問王倪即「子知物之所同是邪？」、「子知子之所不知邪？」、「然則物無知邪？」、「所謂知之非不知，不知之非知邪？」四問而王倪一答以「不知」。夫物之所同是者，止於所不知。王倪之不知，乃真不知而體之者也。有虞亦訓「憂虞」，泰氏亦「泰定」之義。謂有知而有虞，不若無知而泰定。有虞氏之迹，猶藏仁以要人，而人從之，固得人矣。然以仁爲藏而是之，不免以不仁爲否而非之，是未始出於非人。有人，有非人，樊然殽亂矣。泰氏其卧徐徐，其覺于于，以己爲馬，以己爲牛，莫之惡也。故其知信而不疑，其得真而不僞，惡知不仁之爲否，而入於非人乎？自王倪觀之，則有虞氏不及泰氏可知矣。不及者言其迹，泰氏則有虞氏之所以迹也。欲得其所以迹者，解心釋神，深造乎王倪之所不知而已。

莊子翼 呂注：同纂微，唯「齧缺問王倪」作「四問」兩字，「邪」作「耶」字。

肩吾見狂接輿。狂接輿曰：「日中始何以語汝？」肩吾曰：「告我君人者，以己出經式義度人，孰敢不聽而化諸！」狂接輿曰：「是欺德也；其於治天下也，猶涉海鑿河，而使蚉負山也。夫聖人之治也，治〔一〕外乎？正而後行，確乎能其事者而已矣。且鳥高飛以避矰弋之害，鼷鼠深穴乎神丘之下，以避熏鑿之患，而曾二蟲之無知！」

呂注：肩吾，任我者也。狂接輿，則其德足以知聖者也。日中則名極而非其始也，日中始則不知始乎窈冥之原也。君人者，聲爲律，身爲度，而用人惟己，則固有所謂以己出經者矣。以義制式，而它人有心，予忖度之，則固有所謂式義度人者矣。然此特其明之用，而非其明之所自始也，非其所自始則非所以命物而化之者也。非所以命物而化之，則非物所以聽而化之者也。而謂「如此則孰敢不聽而化諸？」則是以日中爲始者之所言，而任我者之所信也。夫求帝王之所興起，不自於窈冥之原，而自於明盛之際，則非盡性至命，而不見其誠己而發，每發不當者也。則所謂經者未必經，所謂義者未必義，而不免爲欺德而已矣。而以之治天下，則是猶涉海之不足以有〔二〕濟，鑿河之不足以有成，而使蚉負山之不足勝任也。何則？河之深且廣，必假舟航以濟之，而涉之則不足以有濟也。天下大物也，有大物者不可以物物，而不物故能物物。而以己出經式義度人以濟之，則海而涉之之〔三〕類也。河之爲物由乎地中，而行之於無所事也，而鑿之則不可以有成也。天

〔一〕「治」，原無，據文意從黑水城本補。
〔二〕「有」，原無，據文意從黑水城本補。
〔三〕兩「之」字，底本脱録其一，據文意從黑水城本補。

下神器不可[一]爲也，而以己出經式義度人以爲之，則河而鑿之之類也。夫以大物之至重，神器之不可爲，而以己出經式義度人，不免於有己也。以一己而在天下之無窮而任之，則是蚉而負山之類也。夫聖人之治也，治外乎？以己出經式義度人，則治外者也。正而後行，確乎能其事而已，則非治外之謂也。天下之動，貞夫一者也。而王侯得一以爲天下貞，是乃所謂正也，則所謂道德之正者是也。則所謂正正者，不失其性命之情者是也。若然者，必深造於窈冥之原，而求之於王倪之不知，則所謂正者得矣。若然者，無有偏陂，而人不見其所向也；無有反側，而人不見其所背也；無有作好，則人不可得而就也；無有作惡，則人不可得而避也。凡吾之所爲者，皆出於玄同。而天下皆莫得其向背而避就之，則天下之真情僞得矣。若然者，愚智不能易其宜[二]，仁賢不肖不能隱其情，則其官驗者，莫非確乎能其事者也，其敢操奇器而以探我頷珠於九重之淵哉！不然，彼得吾好惡向背而投之：我好文，則彼藻繪而爲華也；我好武，則彼雖跂而爲勇也；我好從，則彼屈服而爲柔也；我好佛，則彼激訐而爲直也。凡皆如此，則雖欲行之確乎能其事者不可得也。何以知其然也？今夫鳥，非知有矰弋也，而高飛以避其害；鼷鼠，非知有熏鑿也，而深穴乎神丘之下以避其患者，蓋機心生乎內，而機械作乎外，則彼有以得之故也。而曾謂二蟲之無知乎？則人之

[一]「可」，原無，據文意從黑水城本補。
[二]「宜」字，原作「且」字，據文意從黑水城本改。

知於二蟲甚矣，苟不能無己，而使彼有以窺之，求其不爲高飛深穴之匿，亦不可得也。

纂微　呂注：君人者，聲爲律，身爲度，而用人惟己，則固有所謂以己出經者矣。以意制事，而他人有心，予忖度之，則固有所謂式義度人者矣。此特其明之用，非命物而化之者，則所謂經者未必經，所謂義者未必義，不免爲欺德而已。是猶涉海鑿河，不足以有成；使蚉負山，不足以勝任也。夫大物之至重，神器之不可爲，而以己出經式義度人，則至外而已。正而後行，確乎能事，則非治外之謂也。若然者，無有偏陂，而人不見其所向；無有反側，而人不見其所背；無有好惡，人不可得而就避也。凡吾之所爲者，皆出於玄同，則天下之真情僞得矣，孰敢操奇器以探我頷珠於九重之淵哉？今夫鳥鼠之高飛深穴以避患也，曾謂二蟲之無知乎？人又知於二蟲，不能無己，而使彼有以窺之，則二蟲之不若也。

天根遊於殷陽，至蓼水之上，適遭無名人而問焉，曰：「請問爲天下？」無名人曰：「去！汝鄙人也，何問之不豫也！予方將與造物者爲人，厭，則又乘夫莽眇之鳥，以出六極之外，而游無何有之鄉，以處壙埌之野。汝又何帠以治天下感予之心爲？」又復問。無名人曰：「汝遊心於淡，合氣於漠，順物自然而無容私焉，而天下治矣。」

呂注：王乃天，天乃道，則王之倪者，天也；而天之根者，道也。蓋其才足以應帝王者，非天根王倪不可與有至也。殷陽則陽之盛而明者也。蓼水之上，則物之辛而濱于沉溺者也。有天之根而游乎殷陽則非立乎不測也，此其所以集於蓼而濱於沉溺也。道常無名，无名人則人之體道者也。取天下常以無事，及其有事不足以取天下。不知先造乎無事之地，而唯爲天下之問，此所以鄙其不豫也。今夫人之所以爲人，而物之所以造者誰歟？則所謂无名人者爲之也。故耳聽目視，手持足行，口言心思，莫非无名人之所爲也，顧人不知求之而已矣。夫唯體是者，无所忻厭。而〔一〕有所忻厭者，與人同也。故忻則與造物者爲人，厭則乘夫莽眇之鳥，以出六極之外，而遊無何有之鄉壙埌之野而不可見也。何則？彼其爲人，存亡在我！而出入無迹，其疾俛仰之間，再撫四海之外，莫知其所，而彌滿〔二〕六虛者也。存亡在我，而出入無迹，則是乘莽眇之鳥也；其疾俛仰之間，再撫四海之外，則是出六極之外也；莫知其所，而彌滿六虛，則是無何有之鄉而壙埌之野也，則莫肯以天下爲事者也，而汝又何帠以治天下，而感其心爲哉！蓋以爲天下而感其心者，是乃所謂帠而非道也。夫唯如此，則無事之可以取天下也。遊心於淡，合氣於漠，順物之自然，而無容私焉，而天下治，是乃無事而取天下之道也。蓋遊心於淡，則不與物交，而無所屬；合氣於漠，則氣合於神而不可亂；順物之自然而無容私焉，則無爲而無不爲者也，是乃所以爲無事也。

纂微 呂注：無名人則體道者也。體道者無所忻厭，此云忻厭與人同也。忻則與造物者爲

〔一〕「而」，原無，據文意從黑水城本補。
〔二〕「滿」，原作「蒲」，據文意從黑水城本改。

人，厭則乘莽眇之鳥，出六極之外。何則？彼其爲人，存亡在己，出入無迹，孰肯以天下爲事！汝又何帛以治天下感其心爲？遊心於淡，至無容私焉，是乃無事而取天下之道也。

莊子翼 呂注：全同纂微。

陽子居見老聃曰：「有人於此，嚮疾彊梁，物徹疏明，學道不勸。如是者，可比明王乎？」老聃曰：「是於聖人也，胥易技係，勞形怵心者也。且也虎豹之文來田，猿狙之便執斄之狗來藉。如是者，可比明王乎？」陽子居蹵然曰：「敢問明王之治？」老聃曰：「明王之治，功蓋天下而似不自己，化貸萬物而民弗恃；有莫舉名，使物自喜；立乎不測，而遊於無有者也。」

呂注：道以復命知常爲明，而明之出爲王，則所謂明王者其所體固如此也。則嚮疾彊梁，物徹疏明，學道不勸者，非復命而知常者也，惡足以比之乎！蓋感而後應，迫而後動，不得已而後起，則無所事於嚮疾矣。嚮疾者，言其趣之之疾也，非躊躇以興事，而動之徐生者也。柔之勝剛，弱之勝彊，則無所事於彊梁矣。物之彊者莫若梁，梁則其體，彊則其用也。王德之人，視乎冥冥，聽乎無聲，則物徹疏明非王德也。物徹則物而徹之也，非明白四達而能無知者也。疏之爲明，容光以爲明，而非明之所自出也。學不學，以復衆人之過，則學道不勸，非學不學者也。學道不勸，則未能絶學日損以爲道者也。内聖外王，其體一也。若是者之於聖人，是乃所謂胥易技係，勞形怵心，而非内聖也。蓋能有所技，以勞其形；累有所係，以怵其心，則百工以短長有無胥易，而非聖人之以用夫天下者也。虎豹之文來田，猨狙之便執斄之狗來籍〔一〕，以其有以取之也。則凡勞形怵心而爲天下用者，是亦嚮疾彊梁，物徹疏明，學道不勸者之所自取也。來田則勞形怵心而憂患之所集之譬也，來籍則不能用天下而爲天下用之譬也。籍者借也，言其以巧力爲人之所措〔二〕也。淮南子以「籍」爲「措」，言其爲人之所措，皆不得安逸之謂也。知所以爲明王者如此，而後可以語明王之治也。功蓋天下而以不自己，則我不居之而已。化貸萬物而民弗恃，則我不有之而已。則凡有者，皆莫得舉而名我，使物自喜而已，則帝力何有於我是也？所以然者，凡以立於不測〔三〕而遊於無有故也。則向之以比明王者，不以踈乎！

纂微 呂注：嚮疾者趨事之速，強梁則非以柔勝物，而徹之非能無知，疏之而明，非明之所自出。學道不勸，則未能日損以爲道者也。能有所技，則勞其形；思有所係，則怵其心。猶百工以短長有無胥易，非聖人所以用天下也。虎豹猿狗之來田藉，皆有以取之，則夫勞形怵心而爲天下用者，亦強梁疏明之所自取也。藉猶「借」，言巧力爲人所借也。有力弗居，化貸弗恃，則凡有者，不得舉而名我，

〔一〕「籍」，本段以下同字黑水城本、纂微、莊子翼均作「藉」。
〔二〕「措」，黑水城本、纂微、莊子翼均作「借」，存疑。
〔三〕「測」，原作「則」，據文意從黑水城本、纂微、莊子翼改。

使物自喜而已。所以然者，立於不測，遊於無有故也，則向之所以比明王者，不亦疎乎？

莊子翼　呂注：同纂微，唯「不得舉」作「不能举」，又脱末句「則向之所以比明王者，不亦踈乎？」

鄭有神巫曰季咸，知人之死生存亡，禍福壽夭，期以歲月旬日，若神。鄭人見之，皆棄而走。列子見之而心醉，歸，以告壺子，曰：「始吾以夫子之道爲至矣，則又有至焉者矣。」壺子曰：「吾與汝既其文，未既其實，而固得道與？衆雌而無雄，而又奚卵焉！而以道與世亢，必信，夫故使人得而相汝。嘗試與來，以予示之。」

呂注：古者，民之精爽不携二者，在男曰「巫」，在女曰「覡」，能知上下鬼神之居。則季咸知人之生死存亡，禍福壽夭，期以歲月旬日若神，不足異也。然季咸以其心相人之心者也。則無心者，彼固不得而相也。壺子之於列子，既其文而已，而未既其實也，實則所謂不識不知，而無心之處也，未既其實則未可以爲得道也。夫道未始有物，則物莫非道也，物莫非道則皆空虛無有而莫之與匹，猶衆雌而無雄而吾非應物也。居然獨有，藏於胸中，猶之無雄而卵也，是以道與世亢而必信者也，故使人得而相汝也。若夫立乎不測，遊乎無有者，豈人之所得相乎？

纂微　呂注：既其文，未既其實，實則不識不知之處是也。夫道未始有物，虛空無相，莫之與匹，猶衆雌無雄。吾非應物，居然有藏於胸中，猶無雄而卵。是以道與世亢而必信者，故使人得而相也。

莊子翼　呂注：同纂微，唯「實則」作「實者」。

明日，列子與之見壺子，出而謂列子曰：「嘻！子之先生死矣！弗活矣！不以旬數矣！吾見怪焉，見濕灰焉。」列子入，泣涕沾襟，以告壺子。壺子曰：「鄉吾示之以地文，萌乎不震不正。是殆見吾杜德機也。嘗又與來。」

呂注：至人之靜也，與陰同德；其動也，與陽同波；彼以其無心而已矣。地則與陰同德者也，然徒與陰同德則彼莫得而見之，故示之以地文，使彼得而見也。萌乎不震不正，則所謂示之以地文也。萌則所以示之也，不震則不動也，不正則不止也。文則二者雜之謂也，機者動之微也。至人杜而不接之時，其狀蓋如此也，則所謂心如死灰是也。濕灰則又其不然之甚也，故以爲死而弗活，而不以旬數也。

纂微　呂注：地與陰同德，則莫得而見。示以地文，使得而見也。不震則不動，不正即不止，機者動之微也。

莊子翼　呂注：全同纂微。

明日，又與之見壺子。出而謂列子曰：「幸矣子之先生遇我也！有瘳矣，全然有生矣！吾見杜權矣。」列子入，以告壺子。壺子曰：「鄉吾示之以天壤，名實不入，而機發於踵。是殆見吾善者機也。嘗又與來。」

呂注：季咸初見其濕灰，不知其爲杜也，故以爲死。及見其全然而有生，然後知向之死灰者，爲杜權也，而非其正也。天則與陽同波者也，若徒與陽同波則彼亦莫得而見也，故示之以天壤，使彼得而見也。名實不入，則天而已，天則無爲者也。機發於踵，則所以示之以其壤也。壤者，物之所自而生也；踵者，氣之所自而起也；所謂真人之息以踵是也。機發於踵，則所自生者存矣，是以知其有生也。天地之大德曰生，則元是也。元謂之善於無爲之天，而生氣發於其元，是所謂善者機也。

纂微　呂注：初見濕灰以爲死，不知其杜也。及其有生，然後知向之所見爲杜權，而非正也。天則與陽同波，莫得而見。示以天壤，使得而見也。名實不入則無爲，機發於踵所以示之也。壤者物所自生，踵者息所自起。是以知其有生，而爲善者機也。

莊子翼　呂注：全同纂微。

明日又與之見壺子，出而謂列子曰：「子之先生不齊，吾無得而相焉。試齊，且復相之。」列子入，以告壺子。壺子曰：「吾鄉示之以太沖莫勝。是殆見吾衡氣機也。鯢桓之審爲淵，止水之審爲淵，流水之審爲淵。淵有九名，此處三焉。嘗又與來。」

呂注：地文則陰勝陽，天壤則陽勝陰，至其太沖則莫之勝而不一矣，是以疑其不齊也。中者，一陰一陽之謂也，太沖而莫勝則平矣，是以謂之衡氣機也。鯢桓之審爲淵，止水之審爲淵，流水之審爲淵。心善淵者也。則雖鯢桓之與流止，未嘗不淵也。一陰一陽，沖而莫之勝，蓋亦若是而已矣。

纂微 呂注：地文則陰勝陽，天壤則陽勝陰，太沖則莫之勝而不一，是以疑其不齊。莫勝則平，故謂衡氣機也。三淵之義，以喻心善淵，雖流止之與鯢桓，蓋未嘗不淵也。太沖莫勝，亦若是而已矣。

莊子翼 呂注：全同纂微。

明日，又與之見壺子，立未定，自失而走。壺子曰：「追之！」列子追之不及。反，以報壺子曰：「已滅矣，已失矣，吾弗及已。」壺子曰：「鄉吾示之以未始出吾宗。吾與之虛而委蛇，不知其誰何，因以爲弟靡，因以爲波流，故逃也。」然後列子自以爲未始學而歸，三年不出。爲其妻爨，食豕如食人。於事無與親，雕琢復朴，塊然獨以其形立。紛而封哉，一以是終。

呂注：地文則杜德機也，天壤則善者機也，太沖莫勝則衡氣機也。機者動之微，彼猶得而見也，至夫示之以未始出吾宗師〔一〕，則藏於天而示之以無所示也，示之以無所示則彼莫得而見，是以自失而走也。何則？季咸以其心相人之心者也，我無心則彼所以相者，亦不能以獨立也，是以滅而不復起，失而不復得也。滅矣！失矣！皆其所以相我者也。夫無爲而未始出吾宗，則無心

〔一〕「師」，黑水城本、纂微、莊子翼均無録，疑當照應前大宗師篇之意，故存。

之謂也。無心矣，則與之虛而委蛇，不知其誰何也。其止也，因以爲茅靡，茅靡則莫知其爲靡，列子以弟爲茅是也。其動也，因以爲波流，波流則莫知其爲流也。求我於動止之間皆不可得，此其所以逃也。學者學其所不能學也，而列子未知此，故自以爲未始學，而歸以學之也。三年不出，爲其妻爨，食豕如食人。則忘我之至也。於事無於親，則致虛之至也，若此則雕琢復樸而反乎性也，塊然獨以其形立而不與物交也。紛而封哉，一以是終，則雖萬物擾擾，而吾之封自若，則終莫之變也。莊子方論應帝王而及此，何也？蓋爲天下而不至乎無心，使人可得而相，則得於天下而非所以得天下也，取於天下而非所以取天下也，用於天下而非所以用天下也。何則？人主至寡也；天下至衆也，不極乎無心而以有知爲之也，則我之視天下如立乎臺觀之上而臨闤闠之下，我高而彼隱也。天下之視我，如蔽乎帷幕之内而觀乎户庭之外，彼幽而我明也。顯而觀隱難，幽而視明易。所謂雖有至智，萬人謀之，則其情常得於天下，而非所以得天下也。得於天下則取於天下，而非所以取天下也。取於天下則用於天下，而非所以用天下也。若然者，其患非特不能行之於確乎能其事者而已。然則不可得而相者，故人主之所以致知以得天下，而取而用之之道也。

纂微　呂注：及乎未始出吾宗，則藏於天而示以無所示，彼莫得而見，故自失而走。蓋季咸以其心相人之心，我無心則彼所以相者亦不能獨立，是以失滅而不可復得也。虛而委蛇，不知其誰何？則無心無爲。其止也，因以爲茅靡，則莫知其爲靡也；其動也，因以爲波流，則莫知其爲流也。求我於動止之間皆不可得，此其所以逃也。食豕如食人，則忘我之至；於事無與親，致虛之極也。雕琢復朴，塊然獨立，紛而封哉，一以是終。雖萬物擾擾，而吾之封自若，終莫之變也。

莊子翼 呂注：同纂微，唯「茅」作「弟」。

無爲名尸，無爲謀府；無爲事任，無爲知主。體盡無窮，而遊無朕；盡其所受乎天，而無見得，亦虛而已。至人之用心若鏡，不將不迎，應而不藏，故能勝物而不傷。

呂注：帝王之道，至於無心，而使人不得而相，而後不爲名尸謀府事任智主之所累也。名者，實之賓也。名而爲之，尸則不能，受國之垢不祥，而以有餘奉天下，非所以宾之也。無爲名尸，則我無名而天下莫之能名矣。謀者作之聰，而稽之衆者也。府我所有也，謀而爲之府，則其出不博，而聽有所不盡也。無爲謀府則我不謀，而天下爲之謀矣。事者，下之所以事上，而非上之所以畜下也。事而任之則爲天下用，而非所以用天下也。無爲事任則我無爲而任事者責矣，智雖落天地不自慮也，智而主之則自慮矣，無爲智主則我無慮而天下爲之慮矣。外不爲名尸事任，內不爲謀府智主，則我固無己，而體盡無窮，而遊無朕也。體盡無穷則光大之至也，游乎无朕則鬼神之不能見也，而況於人乎！若然者無它，盡其所受於天而無見得，亦虛而已。盡其所受於天而無見得，則常因其自然而不益生者也。則夫所謂虛者，豈虛之而後虛哉！吾之心本虛故也。是以至人之用心若鏡，其去不將，則既往無所存；其來不迎，則未至不可見。應而不藏，則方今不可則〔一〕，以盡其所以受於天者如此故也。夫唯盡其所受於天者而全之，是以勝物而不傷也。

纂微　呂注：無爲名尸，則我無名，而天下莫之能名；無爲謀府，則我不謀，而天下爲之謀；無爲事任，則我無爲，而任事者責；無爲知主，則我無慮，而天下爲之慮。體盡無窮，則光大之至；遊乎無朕，則鬼神莫睹，況於人乎！若然者，盡其所受於天，而無見得，所謂常因自然，而不益生也。所謂虛者，豈虛之而後虛哉！吾心本虛故也。其心若鏡，不將則既往無所存，不迎則未來不可見，應而不藏則方今不可得。以盡其受於天者如此，是以勝物而不傷也。

莊子翼　呂注：全同纂微，唯「以盡其受於天者如此」句脱「以」字。

南海之帝爲儵，北海之帝爲忽，中央之帝爲渾沌。儵與忽時相與遇於渾沌之地，渾沌待之甚善。儵與忽謀報渾沌之德，曰：「人皆有七竅以視聽食息，此獨無有，嘗試鑿之。」日鑿一竅，七日而渾沌死。

呂注：南海之帝爲儵，南陽也；儵，言其儵然而有也。北海之帝爲忽，北陰也；忽，言其忽然而亡也；海，言其冥而不可窮也。中央之帝爲渾沌，渾沌，言其渾渾沌沌，而不相離也；帝則吾心，而所謂天君也。心之出入乎無窮，其疾常在俛仰之間，故以儵忽言之也。南海之帝爲儵，則心之

〔一〕「則」，黑水城本、纂微、莊子翼作「得」，亦通，存疑。

出，而麗乎有也；北海之帝爲忽，則心之入則麗乎無也。心麗乎有無，則道之分也。中央，則不有不無而合之者也。視之不見，聽之不聞，摶之不得，此三者不可致詰，故渾而爲一，是以謂之渾沌也。其分爲儵忽，其合爲渾沌，則儵忽雖異乎渾沌，而渾沌未嘗與之异也。故相與遇于渾沌之地，而渾沌遇之甚善也。夫唯無知而相忘於道術，此大樸之所以全也。知其爲善而謀報之，則是索之以知，而所以視聽食息者，日鑿而與物通矣，而欲樸之不喪不可得也。故夫世之爲道者，知道之爲善而以心復之，是謀報渾沌之德之類也。始於介然之知，卒至於耳目口鼻，逐物而不知反，以至喪其素樸，則日鑿一竅，七日而渾沌死之類也。然則所以應帝王者，其唯真修渾沌氏之術，而其心未嘗死者乎？

纂微　呂注：南，陽，喻儵然而有；北，陰，喻忽然而無；中央不有不無，所以會合之也。儵忽雖異乎渾沌，而渾沌未嘗與之異，故云待之甚善。知其爲善而謀報之，則所以視聽食息者，日鑿而與物通矣，欲其樸之不喪不可得也。

莊子翼　呂注：同纂微，唯末尾「也」字作「已」。

莊子義集校卷第四

駢拇第八〔一〕

駢拇枝指，出乎性哉！而侈於德。附贅縣疣，出乎形哉！而侈於性。多方乎仁義而用之者，列於五藏哉！而非道德之正也。是故駢於足者，連無用之肉也；枝於手者，樹無用之指也；多方駢枝於五藏之情者，淫僻於仁義之行，而多方於聰明之用也。

呂注：太初有無無，有無名。一之所起，有一而未形。物得以生，之謂德留。動而生物，物成生理，謂之形；形體保神，各有儀則，謂之性。駢拇枝指，非不出乎性也，而德則所無也；附贅縣疣，非不出乎形也，而性則所無也。於所無而有之，此所以爲侈也。其氣爲五行〔二〕，其德爲五常，

〔一〕本卷各篇，陳任中校輯呂注莊子義序云：「卷四存駢拇、馬蹄、胠篋、在宥四篇二十二頁。」黑水城本共存二十六頁，其具體存殘情況隨篇具注。陳任中篇題注云：「按此篇呂注第一頁『太初有無無』一段，據纂微補。其二、三、四、五、六、七各段注，全錄殘存原本。」黑水城本及底本均完存。

〔二〕「五行」，原作「無形」，據文意從黑水城本、纂微、莊子翼改。

其事爲五事，其形〔一〕爲五藏，則多方乎仁義而用之者，非不列於五藏也，而於道德之正，則亦所無而已。肝，木也，爲仁；肺，金也，爲義。推之其餘，則禮智信可知矣。心，火也，爲視爲明；腎，水也，爲聽爲聰。推之其餘，則爲貌之恭，爲言之從，爲思之睿可知矣。是故駢於足者，連無用之肉也；枝於手者，樹無用之指也；多方駢枝於五藏之情者，淫僻於仁義之行，而多方於聰明之用也。則於道德之正，亦爲無用而已。所謂道德之正者，無爲以反一而已，無爲以反一則尚何淫僻於仁義之行，而多方於聰明之用哉！

纂微　呂注：駢拇枝指，非不出乎性，而德則所無也；附贅縣疣，非不出乎形，而性則所無也。於所無而有之，此所以爲侈。其氣爲五行，其德爲五常，其事爲五事，其形爲五藏，則多方乎仁義而用之者，非不列於五藏也，而非道德之正，則亦所無而已。故駢於足，枝於手，皆爲無用。而所謂道德之正者，無爲以反一而已。

莊子翼　呂注：全同纂微。

是故駢於明者，亂五色，淫文章，青黄黼黻之煌煌非乎？而離朱是已。多於聰者，亂五聲，淫六律，金石絲竹黄鍾大呂之聲非乎？而師曠是已。枝於仁者，擢德塞性以收名

〔一〕「形」，原作「行」，據文意從黑水城本、纂微、莊子翼改。

聲，使天下簧鼓以奉不及之法非乎？而曾史是已。駢於辯者，纍瓦結繩竄句，遊心於堅白同異之間，而敝跬譽無用之言非乎？而楊墨是已。故此皆多駢旁枝之道，非天下之至正也。彼正正者，不失其性命之情。故合者不爲駢，而枝者不爲跂；長者不爲有餘，短者不爲不足。是故鳧脛雖短，續之則憂；鶴脛雖長，斷之則悲。故性長非所斷，性短非所續，無所去憂也。

呂注：明者，謂其自見也。五色文章，青黄黼黻之煌煌則所見者也，而以爲明則是以自見與所見者合而駢之也，此離朱之所以駢於明也。聰者謂其自聞也，而五聲六律金石絲竹黄鍾大呂之聲，則物之在外者也。而内之以爲聰，則是益而多之也，此師曠之所以多於聰也。知明之所以駢，則聰之所以駢可知矣。知聰之所以多，則明之所以多亦可知矣。考道之自出，率性之自通，則天下皆足於己而不爲有餘也。擢德則助長者也，塞性則厭其所生者也，簧鼓則聲之相和也。唯其爲之太過，以收名聲，則天下相與和之，以奉其不及之法，此曾史之所以枝於仁也。道以不言爲辯，則辯非道也。瓦貴鱗比而累之，繩貴條直而結之，皆物之有餘而無用者也。句所以通其讀，而心貴乎虚，而竄之遊之於堅白同異之間，而敝行跬立以譽無用之言；若累瓦結繩然者，則以辯爲道者也，此楊墨之所以駢於辯也。知辯之爲駢，則仁之爲駢可知矣。知仁之爲枝，則辯之爲枝亦可知矣。夫謂之多駢旁枝之道，則非天下之至正也。彼正正者，不失其性命之情，性命之情則無爲而自然者也。故合者不爲駢，枝者不爲跂，長者不爲有餘，短者不爲不足，以其出於自然而無所加損而已矣。故鳧脛雖短，續之則憂；鶴脛雖長，斷之則悲。然未嘗有續而斷之者也。凡以出於其性，而非所斷續，是以無所去之而憂也。

纂微　呂注：明者謂其自見，今以所見爲明，是以自見與所見合而駢之也。聰者謂其自聞，而聲律絲竹皆在外者，則是益而多之也。故道之所自出，率性之自通，則天下皆足於己，不爲有餘也。擢德則助長，塞性則厭其所生，唯其爲之太過，以牧名聲，則天下相鼓和之以奉不及之法，此曾史之所以枝於仁也。道在不言，則辯非道也。瓦貴鱗比而累之，繩貴條直而結之，句所以通其讀而竄藏之，心貴乎虛而遊於堅白同異之間，敝行跬立，以喻無用之言，如累瓦結繩然者，此楊墨之所以駢於辯也。凡此，皆非天下之至正，彼至正者不失其性命之情，則無爲自然而無所加損矣。

莊子翼　呂注：同纂微，唯「以牧名聲」句「牧」字作「收」，又「此曾史之所以」句中無「之」字。

意仁義其非人情乎！彼仁人何其多憂也？且夫駢於拇者，決之則泣；枝於手者，齕之則啼。二者，或有餘於數，或不足於數，其於憂一也。今世之仁人，蒿目而憂世之患；不仁之人，決性命之情而饕貴富。故意仁義其非人情乎！自三代以下者，天下何其囂囂也？且夫待鉤繩規矩而正者，是削其性也；待繩約膠漆而固者，是侵其德也；屈折禮樂，呴俞仁義，以慰天下之心者，此失其常然也。天下有常然。常然者，曲者不以鉤，直者不以繩，圓者不以規，方者不以矩，附離不以膠漆，約束不以纆索。故天下誘然皆生而不知其所以生，同焉皆得而不知其所以得。故古今不二，不可虧也。則仁義又奚連連如膠漆纆索，而遊乎道德之間爲哉，使天下惑也！夫小惑易方，大惑易性。何以知其然邪？自虞氏招仁義以撓天下也，天下莫不奔命於仁義，是非以仁義易其性與？

呂注：仁義列於五藏，而大仁不仁，至義〔一〕不物，奚爲而非人情乎？唯其爲之太過，而不由於道德之正，則意其非人情也，彼仁人何其多憂？則爲之太過者也。且夫駢於拇者，決之則泣；枝於手者，齕之則啼。二者或有於數，或不足於數，至於去之而憂則一也，則異乎長者不爲有餘，短者不爲不足，而非所斷續者也。今世之仁人，蒿目而憂世之患，則有餘於數之類也。不仁之人，決性命之情而饕貴富，則不足於數之類也。然莫知其爲非性命之情而守之，則決之而泣，齕之則啼之類也。蒿目視之，不明也。詩所謂「匪莪伊蒿」，則視之不明也。自三代以下，何其囂囂而不能安且靜也？待鉤繩規矩而正者，是削其性也，性則自正無所事削也。待繩約膠漆而固者，是侵其德也，德則自固無所事侵也，侵者以外物入之之謂也。性則自正，德則自固。而屈折禮樂，呴俞仁義，以慰天下之心，是削其性，侵其德，而失其常然者也。屈折則戕賊，則待鉤繩規矩而後正之

〔一〕「義」，原作「莪」，據文意從黑水城本、纂微改。

類也；呴俞則傴拊，則待繩約膠漆而後固之類也；皆非其常然也。夫所謂常然者，曲者不以鉤，直者不以繩，圓者不以規，方者不以矩，附離不以膠漆，約束不以纆索，因其自然而無所加損，則其常然者也。夫唯天下得其常然，故誘然皆生而不知其所以生，則非擢德者也；同焉皆得而不知其所以得，則非塞性者也。誘然者，猶草木之林相誘以生，而非助長者也。故古而不敝，今而不新，則古今不二，而不可虧矣，此所謂常然而道德之正也，則仁義又奚連連如膠漆纆索以遊乎其間而使天下惑也？夫唯復命知常，則明而不惑矣。而以仁義連連如膠漆纆索遊於其間，則使天下惑也。小惑易方，則以東爲西也；大惑易性，則以無爲有也。蓋虞氏其猶藏仁以要人，則是招仁義也。人生而静，而招之以仁義，則是以仁義撓天下，而天下莫不奔命於仁義也，天下莫不奔命於仁義是以仁義易其性也。

纂微　呂注：仁義列於五藏，而大仁不仁，至義不義，奚爲而非人情乎？惟其爲之太過，而不由道德之正，是以意其非人情。彼仁人多憂，則爲之太過者也。夫駢枝之於手足，或有餘於數，或不足於數，至於去之而憂，則一今世之仁人；蒿目而憂世，則有餘於數之類；決性命而饕富貴，則不足於數之類。然莫知則非性命之情而守之，則決之而泣，齕之而啼之類也。夫待規繩而正，膠漆而固者，則削性侵德，失其常然，常然者不事乎規繩膠漆而自然正固。不知所以生，不知所以得，古而不弊，今而不新，此所謂常然，而道德之正也，則仁義又奚連連如膠漆纆索而遊於其間而使天下惑耶？易方則以東爲西，性則以無爲有。人生而靜，招仁義以撓之，是以仁義易其性也。

莊子翼

呂注：夫仁義列於五藏，奚爲而非人情乎？惟其爲之太過，而不由道德之正，是以意非人情。彼仁人多憂，則爲之太過者也。夫駢枝之於手足，或有餘於數，或不足於數。至於去之而憂則一。今世之仁人，蒿目而憂世，則有餘於數之類；決性命而饕富貴，則不足於數之類。然莫知其非性命之情而守之，則決之而泣，齕之而啼之類也。夫待規繩而正，膠漆而固者，是削性侵德，失其常然，常然者不事乎規繩膠漆而自然正固，不知所以生，不知所以得，古而不弊，今而不新，此所謂常然而道德之正也。則仁義又奚連連如膠漆纆索而遊于其間，而使天下惑邪？易方則以東爲西，易性則以無爲有。人生而靜，招仁義以撓之，是以仁義易其性也。

故嘗試論之，自三代以下者，天下莫不以物易其性矣。小人則以身殉利，士則以身殉名，大夫則以身殉家，聖人則以身殉天下。故此數子者，事業不同，名聲異號，其於傷性以身爲殉，一也。

呂注：夫謂之聖人而有所殉，何也？神降而爲聖，而王則聖之外也。自三代以下，一見聖王之迹，而其所以爲神天者，隱而不見矣。故禹之胼胝，湯、武之征伐，雖出於不得已，則其迹不免於殉天下之弊也。而莊子方絶其迹，而反乎神天之本宗，則其論聖人，固宜如此，非小之也。則求莊子之意者，不可以不先知此也。

纂微　呂注：神降而爲聖，王則聖之外也。自三代以下，一見聖王之迹，而其所以爲神者，隱而不見矣。知禹之胼胝，湯武之征伐，雖出於不得已，而其迹則不免於徇天下之弊也。莊子欲絶其迹，而反於神天之本宗，則其論聖人，固宜如此，非小之也。

莊子翼　呂注：神降而爲聖，王則聖之外也。自三代以下，一見聖王之迹，而其所以爲神者隱矣。如禹之胼胝，湯武之征伐，雖出於不得已，而其迹則不免於徇天下之弊。莊子欲絶其弊，而反於神之本宗，則其論聖人宜爾，非小之也。

臧與穀，二人相與牧羊而俱亡其羊。問臧奚事，則挾筴讀書；問穀奚事，則博塞以遊。二人者，事業不同，其於亡羊均也。伯夷死名於首阳之下，盗跖死利於東陵之上，二人者，所死不同，其於殘生傷性均也，奚必伯夷之是而盗跖之非乎！

呂注：羊之辰未，未土之正位，則脾，意也，牧羊則守意者也。或言牧羊，或言牧馬，牧馬則養心者也。守意在〔一〕心，而欲正其心者，必先誠其意。則守意者，乃所以養心也。臧則男之婿婢者也，而穀則良家之子也。挾策〔二〕讀書，則嫌於無不善者也。然不免與不善匹也，故以臧言之。博塞以遊，則嫌於放逸而无良心者也。然其所出則良也，故以穀言之。挾策讀書，博塞以遊，皆害於

〔一〕「在」，原作「不」，據文意從黑水城本改。
〔二〕「策」，黑水城本作「筴」。

守意者也。則二人者，雖事業不同，其亡羊均也。伯夷死名於首陽之下，則挾策讀書而亡其羊之譬也。盜跖死利於東陵之上，則博塞以遊而亡其羊之譬也。二人者，所死雖不同，其於殘生傷性，均也。奚必伯夷之是，而盜跖之非乎？此爲道者所以兩忘而化其道也。

纂微 呂注：男婿婢爲臧，穀則良家子。牧羊以喻守意，守意乃所以養心也。挾筴讀書，則無不善，而不免與不善匹。博塞以遊，則放逸無良，而其所出則良也。二者皆害於守意，雖事業不同，亡羊均也。伯夷死名，則挾筴而亡羊之譬；盜跖死利，則博塞而亡羊之譬。所死不同，殘生傷性均也。此爲道者所以貴乎兩忘而化其道。

莊子翼 呂注：伯夷死名，則挾筴而亡羊之譬；盜跖死利，則博塞而亡羊之譬。所死不同，殘生傷性均也。此爲道者所以貴乎兩忘而化其道。

天下盡殉也。彼其所殉仁義也，則俗謂之君子；其所殉貨財也，則俗謂之小人。其殉一也，則有君子焉，有小人焉；若其殘生損性，則盜跖亦伯夷已，又惡取君子小人於其間哉！

呂注：名與身孰親？則身固親於名也。身與貨孰多？則身固多於貨也。得與亡孰[一]病？則亡固病於得也。天下盡殉也。彼其所徇仁義也，則不知身之親於名也，而俗謂之君子；其所徇

〔一〕「孰」，原作「敦」，據文意從黑水城本改。

貨財也，則不知身之多於貨也，而俗謂之小人。其徇一也，則有君子焉，有小人焉；而其殘生傷性，則盜跖亦伯夷已，則不知得之病於亡，則均也。

纂微 呂注：且天下盡徇也。所徇仁義，則不知身之親於名也。所徇貨財，則不知身之多於貨。其徇一也，而有君子，有小人焉。其殘生傷性，則盜跖亦伯夷，不知得之病於亡，則均也。

且夫屬其性乎仁義者，雖通如曾史，非吾所謂臧也；屬其性於五味，雖通如俞兒，非吾所謂臧也；屬其性乎五聲，雖通如師曠，非吾所謂聰也；屬其性乎五色，雖通如離朱，非吾所謂明也。吾所謂臧者，非仁義之謂也，臧於其德而已矣。吾所謂臧者，非所謂仁義之謂也，任其性命之情而已矣；吾所謂聰者，非謂其聞彼也，自聞而已矣；吾所謂明者，非謂其見彼也，自見而已矣。夫不自見而見彼，不自得而得彼者，是得人之得而不自得其得者也，適人之適而不自適其適者也。夫適人之適而不自適其適，雖盜跖與伯夷，是同爲淫僻也。余愧乎道德，是以上不敢爲仁義之操，而下不敢爲淫僻之行也。

呂注：爲道者，以爲文爲〔一〕不足，故令有所屬。見素抱樸，少私寡欲，乃其所以屬也，則性是也。性則物之所屬，而非屬於物者也。而曾史屬乎仁義，與夫俞兒屬於五味，師曠屬乎五聲，離朱

〔一〕「爲」，疑衍。黑水城本無錄。

屬乎五色，其以性屬乎物，則一也。則非吾所謂臧與聰明也。吾所謂臧，則言臧之體也。臧之體，非仁義之謂也，臧於其德乃臧之體也。吾所謂臧者，臧之者也，臧之也者非所謂仁義之謂能臧之也，任其性命之情乃其能臧之者也。蓋所謂仁義之謂，則已有謂矣。其所臧之者，特未定也。任其性命之情，則無謂而不可名者也。則其藏之者，乃真所謂臧也。吾所謂聰者，非謂其聞彼也，自聞而已矣。吾所謂明者，非謂其見彼也，自見而已矣。凡非在我者，皆彼也。見我之所見，則自見者也；聞我之所聞，則自聞者也；則所謂見見聞聞者是也。夫不自〔一〕見而見彼，則是不自得而得彼也。言見則知得之爲聞，言得則知見亦爲得矣。夫人莫不有所謂性命之情，苟其所見聞者，在彼而不在我，則是得人之得，適人之適，而未嘗自得其性命之情而適之者也。若然，則盜跖與伯夷豈有間哉！同爲淫僻而已，以皆非道德之正也。上不敢爲仁義之操，下不敢爲淫僻之行，則兩忘之者也。夫伯夷聖人也，安有不自得而得人之得，適人之適而不自適，而可以爲聖人哉！蓋其制行，方且使頑夫廉，懦夫有立志，則其迹不免於爲名而已。故莊子方言性命之情以兩忘名利，則以伯夷盜跖同爲淫僻也。及其論高節戾行，足以矯世，則伯夷叔齊二士之節〔二〕，與許由、善卷孔子顏闔同列於讓王也。

〔一〕「自」，據下文文意黑水城本補。
〔二〕「則伯夷叔齊二士之節」句，底本、黑水城本同。陳氏排印影本據纂微作「則夷齊之節」五字，而爲作交待。

纂微　呂注：性者，物之所屬，非屬於物者也。而曾史屬於仁，俞兒屬於味，師曠離朱屬於聲色，非吾所謂臧也。臧於其德，乃臧之體，非謂仁義能臧之，任其性命之情而已矣。謂仁義則以有謂，其所臧者，特未定也。任性命之情，則無謂而不可名，真所謂臧也。聰明者亦然。不聞彼而自聞，不見彼而自見，是謂見見聞聞者也。苟其見聞在彼而不在我，是得人之得，適人之適，而未能自得其性命而適之，則盜跖伯夷豈有間哉！以其皆非道德之正也。上不爲道德，下不爲淫僻，則兩忘矣。夫伯夷聖人也，安有不自得適而可爲聖人哉！蓋其制行，方且欲廉頑立懦，則其迹不免於有爲。莊子方言性命之情，以兩忘名利，故以夷、跖同爲淫僻。及其論高節戾行，足以矯世，則夷齊之節，與許由善卷孔子顏闔同列於讓王矣。

莊子翼　呂注：性者，物之所屬，非屬於物者也。而曾史屬於仁，俞兒屬於味，師曠、離朱屬於聲色，非吾所謂臧也。臧於其德，乃臧之體，非謂仁義能臧之，任其性命之情而已矣。謂仁義則已有謂，其所臧者特未定也。任性命之情，則無謂而不可名，真所謂臧也。聰明者亦然。不聞彼而自聞，不見彼而自見，是謂見見聞聞者也。苟其見聞在彼，而不在我，是得人之得，適人之適，而未能自得其性命而適之，則盜跖伯夷豈有間哉！上不爲仁義，下不爲淫僻，則兩忘矣。

馬蹄第九〔一〕

馬，蹄可以踐霜雪，毛可以禦風寒，齕草飲水，翹足而陸，此馬之真性也。雖有義臺路寢，無所用之。及至伯樂曰：「我善治馬。」燒之，剔之，刻之，雒之，連之以羈馽，編之以皁棧，馬之死者，十二三矣；飢之，渴之，馳之，驟之，齊之，前有橛飾之患，而後有鞭筴之威，而馬之死者已過半矣。陶者曰：「我善治埴，圓者中規，方者中矩。」匠人曰：「我善治木，曲者中鉤，直者應繩。」夫埴木之性，豈欲中規矩、鉤繩哉？然且世世稱之曰「伯樂善治馬而陶匠善治埴木」，此亦治天下者之過也。

呂注：「馬蹄可以踐霜雪，毛可以禦風寒，齕草飲水，翹足而陸，此馬之真性也。雖有義壹路寢，無所用之。」則民有常性，織而衣，耕而食，足以自給，而無所羡於高明之譬也。「伯樂曰：『我善治馬。』燒之，剔之，刻之，雒之，連之以羈馽，編之以皁棧，馬之死者，十二三矣。」則蹩躠爲仁，

〔一〕本篇底本、黑水城本全存。陳任中於題下注云：「按此篇呂注前段『馬之齕草飲水』、中段『民復常性』，並據纂微本輯補；中段『夫馬陸居』以下全文依殘存原本。」則現黑水城本中的本卷第七、八頁時尚未能得見可知。

踶跂爲義，而天下始疑之譬也。「飢之，渴之，馳之，驟之，整之，齊之，前有橛飾之患，後有鞭筴之威，而馬之死者，已過半矣。」則澶漫爲樂，摘僻爲禮，而天下始分之譬也。天下有常然：曲者不以鉤，直者不以繩，圓者不以規，方者不以矩，因其性之自然而已。今「陶者曰：『我善治埴，圓者中規，方者中矩。』匠人曰：『我善治木，曲者中鉤，直者應繩。』」夫待方圓曲直而後正者，則失其常然者也。爲天下而失其常然，是乃不知在宥，而治天下者之過也。

纂微　呂注：馬之齕草飲水，而無羨義臺路寢，則民耕織自給，無羨於高明之譬也。伯樂以燒剔刻雒治馬，而死者十二三，則強爲仁義，而天下始疑之譬也。飢渴馳驟而馬之死者過半，則屈折禮樂，而天下始分之譬也。天下有常然，因其性而爲之。今陶匠之善爲方圓曲直，皆失其常然者也。爲天下而失其常然，是乃不知在宥之道而治之之過也。

莊子翼　呂注：全同纂微。

吾意善治天下者不然。彼民有常性，織而衣，耕而食，是謂同德；一而不黨，命曰天放。故至德之世，其行填填，其視顛顛。當是時也，山無蹊隧，澤無舟梁；萬物羣生，連屬其鄉；禽獸成羣，草木遂長。是故禽獸可係羈而遊，烏鵲之巢可攀援而闚。夫至德之世，同與禽獸居，族與萬物並，惡乎知君子小人哉！同乎無知，其德不離；同乎無欲，是謂素樸；素樸而民性得矣。

呂注：善治天下者不然，因其常性而已矣。彼民有常性，織而衣，耕而食，是謂同德。德者性之所有，而無待於外，而民之所同也。唯其同也，故無所事比，而自養者已足，而非賴於人之牧之也。一而不黨，則同而無所事比之謂也；命曰天放，則非人之牧之之謂也。天下之民反乎其性，則至德之世也，無所追遂〔一〕，則其行填填，而不跨以跂也；無所飾〔二〕望，則其視顛顛，而不偏於外也；山無蹊隧，澤無舟梁，則至老死不相往來也；萬物群生，連屬其鄉，則無族類之分也；禽獸成群，草木遂長，則無殺伐之害也。唯其如此，故禽獸可係羈而遊，則非深居簡出而避害也；烏鵲之巢，可攀援而闚，則非深巢高飛而避患也。禽獸萬物，猶與之同居並族，則烏知君子小人之分哉！不知君子小人之分，則同乎無知也。填填顛顛而不相往來，則同乎無欲也。含德之厚，比於赤子，同乎無知，則其德不離矣。見素抱樸，少私寡欲，同乎無欲，則是謂素樸矣，素樸則民性得矣。素則不雜，樸則不散也。然則欲遊乎至德之世者無他，反其常性而已。

及至聖人，蹩躠爲仁，踶跂爲義，而天下始疑矣；澶漫爲樂，摘僻爲禮，而天下始分矣。故純樸不殘，孰爲犧樽！白玉不毁，孰爲珪璋！道德不廢，安取仁義！性情不離，安用禮樂！五色不亂，孰爲文采！五聲不亂，孰應六律！夫殘樸以爲器，工匠之罪也；毁道

〔一〕「遂」，疑形誤，據黑水城本似當作「逐」。

〔二〕「飾」，原存左半部而右半部模糊，黑水城本存右半部而左半部模糊，故校爲此字。

德以爲仁義，聖人之過也。

呂注：民反常性，而不離乎其真，則所謂聖者，不可得而見也。故同乎無欲，而見其素樸，則未始有疑也；同乎無知，而其德不離，則未始有分也。及離乎其真，有所謂聖人者出，蹩躠爲仁，踶跂爲義，不由乎自然，而亡其素樸，則天下始疑矣。蹩躠旋行，踶跂用力，則不由乎自然之謂也。澶漫爲樂，摘僻爲禮，不由乎至正而離乎常德，則天下始分矣；澶漫無節，摘僻不通，則不由乎至正之謂也。自強行仁義淫〔一〕樂歷禮者觀之，則聖人居仁由義，而無蹩躠踶跂矣；和樂中禮，而無澶漫摘僻矣。自道德之自然性命之至正觀之，則雖聖人之於仁義禮樂，猶不免於蹩躠踶跂澶漫摘僻而爲之也。故純樸不殘，孰爲犧樽！犧樽者，青黄而文之，以文滅質而不見其素樸者也，則以況夫毁道德以爲仁義而始疑者也。白玉不毁，孰爲珪璋！珪璋者，析一以爲二者也，則以況夫離性情以爲禮樂而始分者也。此二者皆多方駢枝於五藏之情，而淫僻於仁義之行，多方乎〔二〕聰明之用者也。五色不亂，孰爲文采！五聲不亂，孰應六律！則以況夫多乎聰明而用之者也。故殘樸以爲器，工匠之罪也；絶巧而反乎樸，則工匠之罪除矣。廢道德以爲仁義，聖人之過也；絶仁棄義而反乎道德，則聖人之過去矣。無他，反乎其常性而已矣。

〔一〕「淫」，原殘漫不識，據黑水城本補。
〔二〕「乎」，原殘缺下半，據黑水城本正之。

纂微　吕注：民復常性而不離其真，則所謂聖者不可得而見，故無欲而素樸，未始有疑也；同德而不離，未始有分也。及離乎其真，有所謂聖人者出，爲仁爲義，不由乎自然；爲禮爲樂，不由乎至正；而天下始疑始分矣。殘樸爲樽以況毁道德爲仁義，毁玉爲璋以況離情性爲礼樂，皆多駢旁枝之道也。絶巧而返乎朴，則工匠之罪；除棄仁義而任道德，則聖人之過免矣。

莊子翼　吕注：全同纂微。

夫馬，陸居則食草飲水，喜則交頸相靡，怒則分背相踶。馬知已此矣。夫加之以衡扼，齊之以月題，而馬知介倪、闉扼、鷙曼、詭銜、竊轡。故馬之知而能至盜者，伯樂之罪也。夫赫胥氏之時，民居不知所爲，行不知所之，含哺而熙，鼓腹而遊，民能以此矣。及至聖人，屈折禮樂以匡天下之形，縣跂仁義以慰天下之心，而民乃始踶跂好知，爭歸於利，不可止也。此亦聖人之過也。

吕注：夫馬，陸居則食草飲水，喜則交頸相靡，怒則分背相踶，馬知已此矣。則猶之赫胥氏之時，民居不知所爲，行不知所之，含哺而熙，鼓腹而遊也。加之以衡扼，齊之以月題，則猶之聖人屈折禮樂以匡天下之形；縣跂仁義，以慰天下之心也。而馬知介倪、闉扼、鷙曼、詭銜、竊轡，其知能至盜者，則猶之民踶跂好知爭歸於利不可止也。介則介間，倪則端倪，闉則闉曲，扼則控扼，鷙則馬之很，而曼蓋馬之謾。知夫衡扼銜轡介倪闉扼之所在，而施其鷙曼以詭銜竊轡，此馬之知所以至於盜也。然則欲馬之知不至於盜，而人之心不至於好知而爭歸於利，無他，反其真性而已矣。自容成氏以至神農氏，凡十二世，莫非至德。而獨言赫胥氏，何也？以名制義，則赫明也，胥相也，赫胥氏則明而萬物相見之時也。而居不知所爲，行不知所之，含哺而熙，鼓腹而遊，則豈必求之於玄冥之間哉！赫胥氏之行〔一〕固已然矣，此則反其真性以觀之故也。

纂微　呂注：馬之食草飲水，相靡相踶，知已此矣。猶赫胥氏之民，無知無爲，含哺鼓腹也。加之衡扼，齊以月題，猶屈折禮樂，縣跂仁義，以匡慰天下也。馬之介倪詭銜竊轡而至盜者，猶民踶跂好知爭歸於利不可止也。介閒、端倪、闉曲、控扼，鷙則馬之很，曼則馬之謾。知夫衡扼銜轡介倪闉扼之所在，而施其鷙曼以詭銜竊轡，此馬之知所以至盜也。然欲馬知不至於盜，人心不至於好知者，無他，反其真性而已矣。

莊子翼　呂注：同纂微，唯「知已此矣」句作「知止此矣」。

〔一〕「行」，據前文「赫胥氏則明而萬物相見之時」句，似當從黑水城本作「時」。

胠篋第十〔一〕

將爲胠篋探囊發匱之盜而爲守備，則必攝緘縢，固扃鐍，此世俗之所謂知也。然而巨盜至，則負匱揭篋擔囊而趨，唯恐緘縢扃鐍之不固也。然則向之所謂知者，不乃爲大盜積者也？故嘗試論之，世俗所謂知者，有不爲大盜積者乎？所謂聖者，有不爲大盜守者乎？何以知其然邪？昔者齊國鄰邑相望，鷄狗之音相聞，罔罟之所布，耒耨之所刺，方二千餘里。闔四境之内，所以立宗廟社稷，治邑屋州閭鄉曲者，曷嘗不法聖人哉！然而田成子一旦殺齊君而盜其國。所盜者豈獨其國邪？并與其聖知之法而盜之。故田成子有乎盜賊之名，而身處堯舜之安；小國不敢非，大國不敢誅，十二世有齊國，則是不乃竊齊國，並與其聖知之法以守其盜賊之身乎？

呂注：攝緘縢固扃鐍以防胠篋發匱之盜者，此世俗之所謂知也。然巨盜至，則負之而趨，唯

〔一〕本篇底本、黑水城本完存。陳氏排印影本於題下注云：「按此篇呂注全錄殘存原本。」則其時亦見完篇。然及其過錄則多不依據原文，而徑以纂微本代之，且不予説明；固不當也。其具體出入者，大體説明，不復一一隨文出校。

恐其不固，則世俗之所謂知者，有不爲大道積者乎？　立宗廟社稷邑屋州閭鄉曲之法，以守四境之内者，此世俗之所謂聖也。　然田成子一旦竊其國，並其聖知之法，以守其盜賊之身，則世俗之所謂聖者，有不爲大道守者乎？　世俗所謂聖知者如此，則真聖知者，固不然也。

纂微　呂注：攝緘縢固扃鐍以防胠篋發匱之盜，世俗所謂知也。　及巨盜至，則負之而趨，唯恐其不固。　然則世俗所謂知，有不爲大道積者乎？　立宗廟社稷屋邑州閭以守四境者，世俗所謂聖也。　田成子竊齊國，並其聖知之法以守盜賊之身，則世俗所謂聖，有不爲大道守者乎？　世俗所謂聖知者如此，真聖知者固不然也。

莊子翼　呂注：言世俗所謂聖知者如此，真聖知者固不然也。

嘗試論之，世俗之所謂至知者，有不爲大道積者乎？　所謂至聖者，有不爲大道守者乎？　何以知其然邪？　昔者，龍逢斬，比干〔一〕剖，長弘胣，子胥靡，故四子之賢而身不免乎戮。　故跖之徒問於跖曰：「盜亦有道乎？」跖曰：「何適而無有道邪！　夫妄意室中之藏，聖也；入先，勇也；出後，義也；知可否，知也；分均，仁也。　五者不備而能成大盜者，天下未之有也。」由是觀之，善人不得聖人之道不立，跖不得聖人之道不行；天下之善人少而不

〔一〕「干」，原作「于」，據文意從黑水城本改。

善人多，則聖人之利天下也少而害天下也多。

呂注：世俗之所謂知者，攝緘縢固扃鐍之類而已。而所謂聖者，立宗廟社稷治邑屋州閭鄉曲之類而已，皆以法爲聖知者也。所謂至知至聖者，則亦不出所謂聖勇義智仁之名而已，而不知知之所以知，與夫聖之所以聖者也。故四子者不能以全其身，而跖之徒反資以爲盜也。則世俗之所謂至知與至聖者，亦不免爲大盜以積且守而已。夫所謂至知者常止於所不知，而至聖者常在於無名。則世俗之所謂至知至聖者，如向之所言，而使跖之徒反資以爲盜，則其立天下也少而害天下也多，非虛言也。

纂微 呂注：世俗所謂知所謂聖者，皆以法爲之。所謂至知至聖，亦不出乎聖勇義知仁之名，而不知知之所以知聖之所以聖也。故四子者不能全其身，而跖之徒反資以爲盜，則世俗之所謂聖知者，不免爲大盜積守耳。至知在於不知，至聖在於無名。而世俗之聖知反所以資盜，則利天下少害天下多，非虛言也。

莊子翼 呂注：全同纂微。

故曰，脣竭則齒寒，魯酒薄而邯鄲圍，聖人生而大盜起。掊擊聖人，縱舍盜賊，而天下始治矣。

呂注：絶聖而含其德，而賊心不能起，則脣齒之全，而梁欲圍邯鄲，而難於楚之時也。聖隙一開，賊心乘之，則脣竭則齒寒，而楚有事魯，而梁得以圍邯鄲之時也。而曰魯酒薄而邯鄲圍者，以明魯酒薄，非以圍邯鄲而邯鄲圍，猶聖人生非以起大盜而大盜起也。脣齒則以況相因，魯酒、邯鄲則以況其非相因而因也。然則欲治天下，則莫若掊擊聖人，縱舍盜賊，而善惡者〔一〕兩忘而已矣。

纂微　呂注：脣齒以況相因，魯酒、邯鄲以況非相因而相因。然則欲治天下，莫若掊擊聖人，縱舍盜賊，善惡兩忘而已。

莊子翼　呂注：全同纂微。

夫川竭而谷虛，丘夷而淵實。聖人已死，則大盜不起，天下平而無故矣。聖人不死，大盜不止。雖重聖人而治天下，則是重利盜跖也。爲之斗斛以量之，則並與斗斛而竊之；爲之權衡以稱之，則並與權衡而竊之；爲之符璽以信之，則並與符璽而竊之；爲之仁義以矯之，則並與仁義而竊之。

呂注：心谷之所以不虛，而賊心得起於其間者，以聖爲之川而壅之也，竭其聖川而涸之，則谷虛而盜不生矣；心淵之所以不實，而賊心得入於其間者，以聖爲之丘而傾之也，夷其聖丘而填之，

〔一〕「者」，原無，據黑水城本補。

則淵實而盜不侵矣。則聖人已死，大盜不起，而天下所以平而無故也。平者，水停之盛也，其可以爲法也，内保之而外不蕩也。天下平而無故，亦若是而已。所謂死者，不生於其心也。苟不能絶聖棄智，而賊心生於其間，則聖人不死，大盜不止也，則雖重聖人，則是重利盜跖也。故爲之斗斛以量之，則並與斗斛而竊之；爲之權衡以稱之，則並於權衡而竊之；爲之符璽以信之，則並於符璽而竊之；爲之仁義以矯之，則並與仁義而竊之。何則？不能滅其賊心，雖有法度，莫之能禁，而反爲之資也。

纂微 呂注：夫心谷不虛，而賊心得以起其間者，以聖爲淵而壅之也。竭聖川而涸之，則谷虛而盜不生矣。淵不實而賊心得入於其間者，以聖爲丘而傾之也。夷聖丘而損之，則淵實而盜不侵矣。此聖人已死，大盜不起，天下所以無故也，所謂死者不生其心是已。賊心生而大盜起，雖重聖人以治天下，是重利盜也。詳見下文「並竊」之語〔一〕。

莊子翼 呂注：全同纂微。

何以知其然邪？彼竊鉤者誅，竊國者爲諸侯，諸侯之門而仁義存焉，則是非竊仁義聖知邪？故逐於大盜，揭諸侯，竊仁義並斗斛權衡符璽之利者，雖軒冕之賞弗能勸，斧鉞

〔一〕「詳見下文『並竊』之語」句，底本、黑水城本均無。據文意當爲褚伯秀之案語混入者，莊子翼全襲之。

之威弗能禁。此重利盜跖而使不可禁者，是乃〔一〕聖人之過也。故曰：「魚不可脱於淵，國之利器不可以示人。」彼聖人者，天下之利器也，非所以明天下也。

呂注：威賞之加，易於小盜，而難於大盜。故竊鉤者則誅，而竊國者則爲諸侯，而莫之能誅也。至諸侯之門仁義存焉，則是並聖知仁義而竊之也，況其尤大而揭諸侯者乎！則雖有軒冕之賞不能勸，斧鉞之威不能禁也。則重利盜跖，而使不可禁者，是乃離其真而爲聖之過也。天下之至柔，馳騁天下之至堅，無有入於無間，其柔弱之足以勝剛強，則所謂利器也，猶魚之藏於淵，而不可獲也。而離其真以爲聖，以明天下，而使人得而見之，則魚之脱於淵而獲，而以國之利器示人，而使大盜之得以窺而竊之也。

纂微　呂注：故竊之鉤者誅，竊國者爲諸侯，而莫之能禁也。諸侯之門仁義存焉，則是並聖知仁義而竊之也，況其尤大而揭諸侯者乎！雖軒冕斧鉞有所不能禁勸。凡此，皆離真爲聖之過。而猶以聖法明天下，是示人以利器，故大盜得以奪之也。

莊子翼　呂注：全同纂微。

故絶聖棄智，大盜乃止；擿玉毁珠，小盜不起；燒符破璽，而民朴鄙；掊斗折衡，而民

〔一〕「乃」，原作「及」，據文意從黑水城本改。

不爭；殫殘天下之聖法，而民始可與論議。

呂注：大盜竊聖知，小盜竊珠玉，故必絕棄擿毀其所竊，而後止而不起也。然所謂絕聖棄知者，非滅其典籍，棄其政教之謂也，不以生於心而已。所謂擿玉毀珠者，非出之府庫而棄之山川之謂也，不以貴之心而已。所謂焚符破璽者，非焚而破之也，以信信之，則民朴鄙，而符璽非所恃也。所謂掊斗折衡者，非掊而折之也，以平平之，則民不爭，而斗衡非所恃也。殫殘天下之聖法，凡以此而已夫！然則民復其性命之情，而始可與論議矣。

纂微 呂注：莊子所謂絕聖棄知者，非滅典籍棄政教也，不以生於心而已。擿玉毀珠者，非出府庫棄諸山也，不以貴之心而已。焚符破璽，非燒而碎之也，以信信之，則民朴鄙，而符璽非所恃也。掊斗折衡，非果掊折之也，以平平之，則民不爭，而斗衡非所恃也。然後民復其性命之情，而始可與論議矣。

莊子翼 呂注：全同纂微。

擢亂六律，鑠絕竽瑟，塞瞽曠之耳，而天下使人含其聰矣；滅文章，散五采，膠離朱之目，而天下始人含其明矣；毀絕鉤繩而棄規矩，攦工倕之指，而天下始人有其巧矣。故曰：「大巧若拙。」削曾史之行，鉗楊墨之口，攘棄仁義，而天下之德始玄同矣。彼人含其明，則天下不鑠矣；人含其聰，則天下不累矣；人含其知，則天下不惑矣；人含其德，則天下不僻矣。彼曾史楊墨師曠工倕離朱，皆外立其德而以爚亂天下者也，法之所無用也。

呂注：所謂擢亂六律，鑠絶竽瑟，塞瞽曠之耳者，反聽而已。我反聽則天下含其聰矣。所謂滅文章，散五采，膠離朱之目者，内視而已，我内視則天下含其明矣。則毁鉤繩，絶規矩，攦工倕之指，而天下人始有其巧。削曾史之行，鉗楊墨之口，攘棄仁義，而天下之德始玄同，則皆在我棄知絶巧不見可欲而已也。人含其明則天下不鑠，不鑠則襲明葆光而不鑠於外也。人含其聰則天下不累，不累則聽之無聲，而不多於聽也。人含其知則天下不惑，不惑則不以物易其性也。人含其德則天下不僻，不僻則同於大通也。彼外立其德以爚亂天下者，則非含其聰明知德，而反於性命之情者也。夫水之可以爲法者，内葆之而外不蕩也。法亦若是而已。外立其德而蕩其性，固法之所無用也。然則莊子之意可知已，而揚雄氏曰：「周乖寡聖人，而漸諸篇，雖鄰不覿也。」韓愈氏曰：「古之無聖人，人之類滅久矣。」今其言曰：「聖人不死，大盜不止；掊斗折衡，而民不爭。」是亦不思而已矣。皆以莊子爲真欲掊擊聖知，縱舍盜賊，殫殘法度者也，是豈可與微言者乎！

纂微　呂注：塞師曠耳，欲反聽也，我反聽則天下含其聰。膠離朱目，欲内視也，我内視則天下含其明。攦工倕之指，天下始有其巧。削曾史之行，鉗楊、墨之口，天下之德始玄同，則在我棄知絶巧，不見可欲而已。彼外立其德，而爚亂天下者，則非含其聰明。知德而反於性命之情者，法之所無用也。而或者謂莊子真欲掊擊聖人，縱舍盜賊，殫殘法度者，豈可與之微言乎！

莊子翼 呂注：全同纂微。

子獨不知至德之世乎？昔者容成氏、大庭氏、伯皇氏、中央氏、栗陸氏、驪畜氏、軒轅氏、赫胥氏、尊盧氏、祝融氏、伏犧氏、神農氏，當是時也，民結繩而用之，甘其食，美其服，樂其俗，安其居，鄰國相望，鷄狗之音相聞，民至老死而不相往來。若此之時，則至治已。今遂至使民延頸舉踵曰，「某所有賢者」，贏糧而趣之，則內棄其親，而外去其主之事，足跡接乎諸侯之境，車軌結乎千里之外。則是上好知之過也。

呂注：聖人之治，常使民無知無欲。無知也，故結繩而用之。無欲也，故甘其食，美其服，樂其俗，安其居，鄰國相望，鷄狗之音相聞，民至老死不相往來，而黄帝書所謂「高下不相慕」者也，則所謂至德之世也。而必以容成氏至神農氏爲言者，蓋墳典之書存其事，猶有傳焉。則若此者，固亦已試之驗也。

纂微 呂注：聖人之治，常使民無知無欲。無知也，故結繩而用之。無欲也，故甘食美服樂俗安居，民至老死不相往來，此至德之世也。

莊子翼 呂注：全同纂微。

上誠好知而無道，則天下大亂矣。何以知其然邪？夫弓弩畢弋機變之知多，則鳥亂於上矣；鉤餌罔罟罾笱之知多，則魚亂於水矣；削格羅落罝罘之知多，則獸亂於澤矣；知詐漸毒頡滑堅白解垢同異之變多，則俗惑於辯矣。故天下每每大亂，罪在於好知。故天下皆知求其所不知而莫知求其所已知者，皆知非其所不善而莫知非其所已善者，是以大亂。故上悖日月之明，下爍山川之精，中墮四時之施；惴耎之蟲，肖翹之物，莫不失其性。甚矣夫好知之亂天下也！自三代以下者是已，舍夫種種之民，而悅夫役役之佞，釋夫恬惔無爲而悅夫啍啍之意，啍啍已亂天下矣！

呂注：知以索之，詐以紿之；漸以入之，毒以攻之；頡而不可係，滑而不可持；堅之在白，白之在堅；解以釋之，垢以浼之；同以合之，異以散之；俗之所以惑於辨者，不過若是而已。道在迩而求之遠，事在易而求之難。天下皆知其所不知，則遠與難者也。而莫知求其所已知，則易與迩者也。天下皆知美之爲美，斯惡已；皆知善之爲善，斯不善已；皆知非其所不善，則惡與不善也；而莫知非其所已善者，則美與善也。復乎無爲，則雖美譽善，亦非性命之情也。山無蹊隧，澤無舟梁，民至老死不相往來，而自爲族，則所謂種種之民也。某所有賢者，則贏糧而趣之，則役役之佞也。恬淡無爲，則有問而應之，而無意於啍啍者也。其教我也，似父；其諫我也，似子；則啍啍之意也。此皆尚賢好知之過也，由有知而後有聖人，有聖人而後有大盜，聖人大盜皆知之所自出也，是以始終皆以去知爲言也。

纂微　呂注：天下皆知美之爲美，斯惡已；皆知善之爲善，斯不善已；皆知非其所不善，惡與不善也；莫知非其所已善，美与善也。復乎無爲，則雖美与善亦非性命之情也。民不往來，而自爲族，是謂種種之民；某所有賢，贏糧而趍，則役役之佞也。其教我也似父，其諫我也似子，則哼哼之意。此皆尚賢好知之過。由有知而後有聖人，有聖人而後有大盜，聖人大盜皆知之所自出，故是篇始終以去知爲言。

莊子翼 呂注：全同纂微，唯「趍」作「趨」。

在宥第十一〔一〕

聞在宥天下，不聞治天下也。在之也者，恐天下之淫其性也；宥之也者，恐天下之遷其德也。天下不淫其性，不遷其德，有治天下者哉！昔堯之治天下也，使天下欣欣焉人樂其性，是不恬也；桀之治天下也，使天下瘁瘁焉人其苦性，是不愉也。夫不恬不愉，非德也。非德也而可長久者，天下無之。

呂注：天下有常性，性有常德，在之使不淫，宥之使不遷，而天下自治矣，奚以治天下爲哉！蓋天下者，萬物之所一也，其性則我性是也，其德則我德是也。在宥天下則在宥我而已矣，在宥我則所以在宥天下也。何謂在之使不淫？在之爲言也，存之而不亡之謂也。性則其自然而不益生者也，益生則淫矣。存之而不亡，所以防其淫也。故曰在之也者，恐天下之淫其性也。何謂宥之使不遷？宥之爲言也，放之而不縱之謂也。囿之宥物，流之宥刑，皆放之而不縱之者也。

〔一〕本篇底本完存。黑水城本存十二頁（第十五至二十六頁），即唯缺末頁，即本卷第二十七頁。陳任中用黑水城本當更缺第十六、十七兩頁，故其於本篇題下按語云：「按此篇呂注第一段『天下有常性』依殘存原本；第二段『萬物負陰抱陽』及末段『夫道一而已』，並輯纂微本；第三段『天下不安其性命』，據兩本合輯；第四段至十三段，全錄殘存原本。」

德則其自足而無以爲者也，爲之則遷矣。放之而不縱，所以守其遷也。故曰宥之也者，恐天下之遷其德也。性則不淫，德則不遷，無爲而已矣。無爲則無我，無我則治天下者其誰哉！夫無爲而已矣，而不容有治天下者存乎其間，則所謂堯桀之是非不可得也。誠有所謂堯桀者，則均於有治天下者也，則不免淫其性遷其德而已矣。故堯則使天下欣欣焉人樂其性，是不恬也；桀則使天下瘁瘁焉人苦其性，是不愉也。人生而静，則性未始有樂苦也；而使之樂苦，則是淫其性，未有不遷其德者也；不恬不愉，是乃遷其德而非德也。恬則心之淡，而愉則心之俞。遊心於淡而俞順之，是乃所以爲德也。惟德爲可久，則非德而可長久，天下無之也。此所謂兩望而化其道者也。

纂微 呂注：天下者萬物之所一，其常性常德即我之性德是也。在宥天下，在宥我而已。在者，存之而不亡，任自然而不益；宥者，放之而不縱，如囿之宥物也；不淫不遷，無爲而已。無爲則無我，無我則治天下者誰哉！故兩忘堯桀之是非也。人生而静，何有樂苦？使之樂苦，是淫其性，淫其性未有不遷其德者也。

莊子翼 呂注：全同纂微。

人大喜邪？毗於陽；大怒邪？毗於陰。陰陽並毗，四時不至，寒暑之和不成，其反傷人之形乎！使人喜怒失位，居處無常，思慮不自得，中道不成章。於是乎天下始喬詰卓鷙，而後有盜跖曾史之行。故舉天下以賞其善者不足，舉天下以罰其惡者不給，故天下之大不足以賞罰。自三代以下者，匈匈焉終以賞罰爲事，彼何暇安其性命之情哉！

呂注：萬物負陰而抱陽，沖氣以爲和。人莫不有沖氣之和，以與天地通。而有堯焉，使之樂其性，至於大喜而毗於陽；有桀焉，使之苦其性，至於大怒而毗於陰；陰陽並毗，傷其沖氣，以墮四時之施，則四時不至，寒暑之和不成，而反傷人之形。至於使人喜怒失位，居處無常，思慮不自得，中道不成章，則所謂兩相傷者也。於是乎天下始喬詰卓鷙，而後有盜跖曾史之行，而非其常然者也。喬則上高，詰則窮深；卓則難及，鷙則不群；皆非平易中正之謂也，此賞罰之所以不足不給，而性命之情所以不得而安也。若夫化而欲作，吾將鎮之以無名之樸，無名之樸亦將不欲。不欲以靜，天下將自正，奚至於以賞罰爲事哉！

纂微　呂注：萬物負陰抱陽，沖氣爲和。人莫不有沖氣之和，以與天地通。而堯使民樂其性，至太喜而毗於陽；桀使民苦其性，至太怒而毗於陰。故傷其沖氣，而墮四時之施，寒暑之和不成，反傷人形矣。至於思慮不自得，中道不成章，所謂兩相傷也，於是天下始有喬詰卓鷙非常之行。喬則尚高，詰則窮盡；卓則難及，鷙則不群；皆非平易中正，此賞罰所以不給，性命之情所以不得而安也。

莊子翼　呂注：同纂微，唯「沖氣之和」作「沖和之氣」，又「太」皆作「大」字。

而且悦明邪？是淫於色也；悦聰邪？是淫於聲也；悦仁邪？是亂於德也；悦義

邪？是悖於理也；悦禮邪？是相於技也；悦樂邪？是相於淫也；悦聖邪？是相於藝也；悦知邪？是相於疵也。天下將安其性命之情，之八者，存可也，亡可也；天下將不安其性命之情，之八者，乃始臠卷傖囊而亂天下也。而天下乃始遵之惜之，甚矣天下之惑也！豈直過也而去之邪！乃齋戒以言之，跪坐以進之，鼓歌以儛之，吾若是何哉！

呂注：天下方不安其性命之情，則所謂明聰仁義禮樂聖知者，非其正也。而且悦之，則明非自見也，淫於色而已；聰非自聞也，淫於聲而已；仁非至仁，則不免亂於德也；義非至義，則不免悖於理也。禮非禮之意，則相於技而已；樂非樂之情，則相於淫而已；聖非其所以聖，則不免爲藝也；知非其所以知，則不免爲疵也。蓋以多能爲聖，則是藝而已；以有知爲知，則是疵而已，疵則滌除玄覽者之所欲無者也。天下方且病之，又悦而相之，是重病之也。故天下將安其性命之情，之八者，存可也，亡可也，以其無益損乎其真也；天下將不安其性命之情，之八者，乃始臠卷傖囊而亂天下，此莊子所以攘棄而掊擊之也。臠則割而不全，卷則收而不舒，傖則積而不善，囊則結而不解，皆所以亂天下者也。傖之言倉也，而天下乃始尊之惜之，則惑也。夫天下所謂明聰仁義禮樂聖知者，非其正也，則先王以爲芻狗蘧蘆者也；及其過也，則去之而已。今則不然，而乃齋〔一〕戒以

〔一〕「齋」，原作「齊」，據文意從黑水城本改。

言之，跪坐以進之，鼓歌以儛之，以爲天下之至正真在是也，則不知有性命之情，而迷之日久者也，吾若之何哉！

纂微　吕注：天下不安其性命之情，則所謂聰明仁義禮樂聖知，皆非其正，不免亂德悖理而已，八者存亡皆可言無益損乎其真。臠割而不全，卷束而不舒，傖積而不散，囊結而不解，皆所以亂天下。而乃尊之惜之，齋戒以言，鼓歌以儛，以爲天下之至真在是，世迷日久，吾若之何哉！

莊子翼　吕注：同纂微，唯「傖」作「愴」字。

故君子不得已而臨莅天下，莫若無爲。無爲也而後安其性命之情。故貴以身於爲天下，則可以託天下；愛以身於爲天下，則可以寄天下。

吕注：臨莅天下，誠出於不得已而無爲，則我奚爲不貴愛以身於爲天下而以徇之哉！斯則可以寄託天下者也。貴則不輕其身，愛則不危其身，則貴愈於愛也。託如託親，寄如寄物，則託重於寄也。

纂微　吕注：夫臨莅天下，誠出於不得已而無爲，則我奚爲不貴愛以身於爲天下而以徇之哉！斯則可以寄託天下者也。貴則不輕其身，愛則不危其身。託如託身，寄如寄物，則貴重於愛，託重於寄也。

莊子翼　吕注：全同纂微。

故君子苟能無解其五藏，無擢其聰明，尸居而龍見，淵默而雷聲，神動而天隨，從容無爲而萬物炊累焉。吾又何暇治天下哉！

呂注：無解其五藏，則不散而淫乎仁義也；無擢其聰明，則不引而屬乎聲色也；尸居而龍見，則其見出於無爲也；淵默而雷聲，則其聲出於不言也；神動則感而後應，而天隨則不召而自來也。夫唯如此，則從容無爲而萬物炊累焉。炊則生物之以息相吹者也，累則吹之積而爲累也，炊累則萬物之歸如塵之自集，顧以爲累而非所美也，則又何暇治天下哉！

纂微 呂注：無解五藏，則不散而淫乎仁義；無擢聰明，則不引而屬乎聲色；尸居龍見，其見出於無爲；淵默雷聲，其聲出於不言；神動則感而後應，天隨則不召自來。如此則從容無爲，而萬物炊累，即萬物之以息相吹，累則吹之積也。萬物歸之，如塵自集，又何暇治天下哉！

莊子翼 呂注：同纂微，唯「即萬物」句首增「炊累」兩字。

崔瞿問於老聃曰：「不治天下，安臧人心？」老聃曰：「汝慎無攖人心。人心排下而進上，上下囚殺，淖約柔乎剛彊。廉劌彫琢，其熱焦火，其寒凝冰。其疾俛仰之間而再撫四海之外，其居也淵而靜，其動也縣而天。僨驕而不可係者，其唯人心乎！

呂注：在宥天下而不治之，乃所以不攖人心也；欲治而臧之，則是攖之也。人心排之則下，進之則上，則莫知其鄉者也。上下囚殺，則淖約柔乎剛彊。廉劌彫琢，則其熱焦火，其寒凝冰〔一〕。若此，則非所宜攖者也。囚則不放，殺則不生，淖約則至弱。不放不生而囚殺之，則至弱而無有者也，故淖約而可以柔乎剛彊，而萬物莫之能勝也。廉劌以利其鋭，彫琢以喪其樸，則其熱焦火，其寒凝〔二〕冰，而陰陽之寇，無與爲大也。若此，則非所宜攖也。非特如是也，而其疾俛仰之間，再撫四海之外，則出入無時者也。其居也淵而静，其動也縣而天，則僨驕而不可係者也。淵而静，則其僨也；縣而天，則其驕也；則操存而舍亡者也。不可係則非所可攖也，而攖之適足以亂之而已矣。然則如何？無爲則無攖，無攖則彼無所攖矣。

纂微　呂注：在宥而不治，所以不攖人心；治而感之，則是攖之。排之則下，進之則上，莫知其鄉也。上下囚殺，至其寒凝冰，則非所宜攖者也。俛仰之間再撫四海，則出入無時也。居也淵静，動也懸天，僨驕而不可係，所謂操存而舍亡者也。

昔者，黄帝始以仁義攖人之心，堯舜於是乎股無胈，脛無毛，以養天下之形，愁其五藏以爲仁義，矜其血氣以規法度。然猶有不勝也，堯於是放讙兜於崇山，投三苗於三峗，流共工於幽都，此不勝天下也。夫施及三王而天下大駭矣。下有桀跖，上有曾史，而儒墨畢

〔一〕「凝冰」，原作「凝水」，黑水城本作「疑水」，據上下文意從纂微改。
〔二〕「凝」，原作「疑」，據上下文意從黑水城本改。

起。於是乎喜怒相疑，愚知相欺，善否相非，誕信相譏，而天下衰矣；大德不同，而性命爛漫矣；天下好知，而百姓求竭矣。於是乎釿鋸制焉，繩墨殺焉，椎鑿決焉。天下脊脊大亂，罪在攖人心。故賢者伏處乎大山嵁岩之下，而萬乘之君憂慄乎廟堂之上。

呂注：向言舜招仁義以撓天下，至三代遂以物易其性；又言堯治天下，使欣欣焉失其性。恐學者真以舜與堯爲有未至，故又言黄帝以仁義攖人心，以明其指在於絶聖棄智，而非於其人有間然者也。黄帝則所謂聖智也，爲之其未〔一〕有也，治之其未亂也。而有所謂聖智者不去，則不能無以仁義攖人之心矣，以我有心故也。有心則有身，則其迹之流不能不以身徇天下，以至於有所謂凶德而去之也。股無胈，脛無毛，以養天下之形；愁其五藏，以爲仁義；矜其血氣，以規法度；則所謂以身徇天下者也。猶有不勝，而放讙兜，投三苗，流共工，則有所謂凶德而去之也。凡以不能絶棄聖智而爲之，其未有治之，其未亂故也。施及三王而天下大駭。下有桀、跖之窮凶，上有曾史之過善，而儒墨畢起，相與爲敵矣。於是乎喜怒愚知善否誕信亦皆爲敵，而交相疑欺，交相非譏〔二〕，而未有得天下之至正者也。此所謂大德不同，而性命爛漫；天下好知，而百姓求竭也。不爲之其未有，治之其未亂，而至於此，則毫末之成乎合抱者也。於是乎釿鋸制焉，繩墨殺焉，椎鑿決焉，則

〔一〕「未」，原似作「末」，黑水城本作「夫」，據下句「治之其未亂也」句從陳氏排印影本改。

〔二〕「譏」，原作「幾」，據文意從黑水城本改。

已有而後爲之，已亂而後治之，其傷不得不然也。則天下所以脊脊大亂者無它，罪在攖〔一〕人心而已矣。故賢者伏處乎大山嵁巖之下以避忌害之危，萬乘之主憂慄〔二〕乎廟堂之上而不知所以爲之之方，凡以不能無爲以反乎性命之情而已矣。

纂微　呂注：真人恐學者直以堯舜爲未至，故又言黄帝以仁義攖人心，其旨在於絶聖棄知，非其人有間然也。聖知不去，不能無以仁義攖人心，以我有心故也。有心則有迹，不免以身徇天下，以至於有所謂凶德而去之也。自「股無胈」至「規法度」，此以身徇天下者，猶不能勝，以不能絶聖棄知也。施及三王，則下有桀跖之窮凶，上有曾史之過善，儒墨畢起，交相疑欺，未有得天下之至正者。所以性命爛漫，百姓求竭，於是有釿鋸椎鑿之禍，不得不然也。故賢者退伏而避患，萬乘憂慄而不知所以爲之之方，凡以不能無爲，以反其性命之情而已。

今世殊死者相枕也，桁楊者相推也，刑戮者相望也，而儒墨乃始離跂攘臂乎桎梏之間。意，甚矣哉！其無愧而不知耻也甚矣！吾未知聖知之不爲桁楊椄槢也，仁義之不爲桎梏鑿枘也，焉知曾史之不爲桀跖嚆矢也！故曰：『絶聖棄知而天下大治。』」

呂注：此則三代之末，而莊子之時也。殊死相枕，桁楊相推，刑戮相望，則又非特三代初而已

〔一〕「攖」，原作「櫻」，據文意從黑水城本改。
〔二〕「慄」，原作「懔」，黑水城本作「慄」，皆形誤。據文意從陳氏排印影本改。

矣。遁天倍情，人莫不然也。而儒墨乃始離跂攘臂於罪人之閒，而欲與之論議，是爲無愧而不知恥之甚者也。夫世之所以至是者，以失其性命之情而已。今欲救之而不反其性命之情，而重之以有知之聖知仁義，不可及之曾史，則是使遁天之刑增固而不得解，而重利桀跖，使得爲先聲而從之也。桁楊之椄槢，桎梏之鑿枘，則增固而不得解也。兵之有嚆矢，則以爲先聲而從之也，以明今之爲書，掊擊聖人，攘棄仁義，其意蓋若此也。

纂微　呂注：「今世殊死」至「刑戮相望」三語，則又非三代之比，而儒、墨乃離跂攘臂於罪人之間，而欲與之論議，是不知恥之甚也。今欲救之，而不反性命之情，重之以聖知仁義，則是遁天之刑增固而不解，重利桀、跖，使得爲先聲而從之也。

黄帝立爲天子十九年，令行天下，聞廣成子在於空同之上，故往見之曰：「我聞吾子達於至道，敢問至道之精。吾欲取天地之精，以佐五穀，以養民人，吾又欲官陰陽，以遂群生，爲之奈何？」廣成子曰：「而所欲問者，物之質也；而所欲官者，物之殘也。自而治天下，雲氣不待族而雨，草木不待黄而落，日月之光益以荒矣。而佞人之心翦翦者，又奚足以語至道！」

呂注：向言黄帝以仁義攖人之心，而繼之以此者，以明絶聖棄智而天下治。則黄帝其人，而向之所言，皆寓也。天九地十，十九年則數之極也，令行天下則功之成也。方言問道，而曰十九年令行天下者，明數極功成，未有不反其宗而能長久者也。廣則配地，成則終始之全，廣成子則至於道而全也。不曰大而曰廣者，以明雖廣成子至於大，亦有以弘之而至也。空則無物，同則大通，空同之上則無物大通而無以加之之處也。敢問至道之精，則所欲問者物之質也。欲取天地之精，以佐五穀，以養民人，又欲官陰陽，以遂群生。則所欲官者，物之殘也。道爲無名之樸，故爲物之質。天地陰陽則道之散，故爲物之殘也。雲氣不待族而雨，草木不待黄而落，日月之光益以荒矣，則非輔其自然而有以虧之也。翦翦則破碎，而不可以語道之全也。

纂微　呂注：空同之上，無物而大通之處。道爲無名之樸，故曰質；陰陽道之散，故曰殘；「雲氣不待族」至「益以荒矣」，則非輔其自然而有以虧之。

莊子翼　呂注：全同纂微。

黄帝退，捐天下，築特室，席白茅，閒居三月，復往邀之。廣成子南首而卧，黄帝順下風，膝行而進，再拜稽首而問曰：「聞吾子達於至道，敢問，治身奈何而可以長久？」廣成子蹶然而起，曰：「善哉問乎！來！吾語汝至道。至道之精，窈窈冥冥；至道之極，昏昏默默。無視無聽，抱神以靜，形將自正。必靜必清，無勞汝形，無摇汝精，乃可以長生。目無所見，耳無所聞，心無所知，汝神將守形，形乃長生。慎汝内，閉汝外，多知爲敗。我爲汝遂於大明之上矣，至彼至陽之原也；爲汝入于窈冥之门矣，至彼至陰之原也。天地有官，陰陽有藏，慎守汝身，物將自壯。我守其一以處其和，故我修身千二百歲矣，吾形未常衰。」黄帝再拜稽首曰：「廣成子之謂天也！」

呂注：退捐天下，則不累於天下也；築特室，則不累於宫寢之安也；席白茅，閒居三月，則潔齋之至也。如此而後可以有問也。南明而北幽，首末而趾本。南首則北趾，以明其幽至於窈冥昏默者，乃所以爲本也。順下風而進，則循其本以求之者也。治身而可以長久者，唯道爲然，是乃問其質也。神之又神，而能精焉，則窈窈冥冥乃所以爲至道之精也。窈則深窈，冥則玄冥，則其形固不得而見也。言之所不能論，意之所不能致者，不期精粗。而有所謂精者，可知而言，則非其極也。則昏昏默默，乃所以爲至道之極也。昏則無知，默則無言也，此則言道之體也，知道之體而後可與入道也。無視無聽，抱神以靜，形將自正，必靜必清，无勞汝形，無摇汝精，乃可以長生，此則與之入道也。神之爲物也，無思無爲，寂然不動。而人心則神也，唯無視無聽而抱之，則其自靜也。抱神以靜，則凡所謂形者，不期正而自正也。必靜必清，言其不可以擾而濁之也。形不勞而全，精不搖而復，乃可以長生，則所與入道之辭也，可與入道而後可與至於道也。目無所見，耳無所聞，心無所知，神將守形，形乃長生，則至於道也。夫神無形者也，麗於物而已。心不麗於物，而反乎無見無知，則無所麗。不守其形，將安之乎！此養神之要也。已至於道，則保之而已。慎汝内，則塞其兑而勿出也；閉汝外，則閉其門而勿納也；反是則多知而敗矣，乃所以保之也。人未嘗知道，則域於陰陽，而未嘗至其原者也。目無所見，耳無所聞，心無所知，則是爲汝遂於大明之上，而至彼至陽之原；入於窈冥之門，而至彼至陰之原也。夫得是而窮之者，則知天地有官，其官也以此而已矣；陰陽有藏，其藏也在此而已矣。慎守汝身，物將自壯，則奚爲欲取之官，以之佐五穀，養人民，以遂群生爲哉！

纂微　呂注：閒居三月，齋潔之至；順下風而進，循本以求之；治身而可長久者唯道爲然，是乃問其質也。窈冥則無形，言所不能論，意所不能致。而有所謂精者可知言，則非其極也，必至於昏昏默默乃所以爲道之極，此言道之體無視無聽，至乃可長生，則與之入道也。抱神以靜，則形不期正而自正；必靜必清，言其不可撓而濁之；形不勞而全，精不搖而復，乃可長生矣。夫神無形而麗物，不麗於物而反乎無見無知。不守其形，將安知乎！慎内則塞其兑，閉外則閉其門，此養神而保之之道，反是則多知而敗矣。人未知道，則域於陰陽而未嘗至其原，無見無聞無知則遂於大明之上，入於窈冥之門。得是而窮之，則知天地有官，其官也以此；陰陽有藏，其藏也在此。慎守汝身，物將自壯，則奚爲而外求哉！

莊子翼　呂注：同纂微，唯「斎」誤作「齊」，「抱神以靜」作「抱神以正」。

廣成子曰：「來！余語汝。彼其物無窮，而人皆以爲終；彼其物無測，而人皆以爲極。得吾道者，上爲皇而下爲王；失吾道者，上見光而下爲土。今夫百昌皆生於土而反於土，故余將去汝，入無窮之門，以遊無極之野。吾與日月參光，吾與天地爲常。當我，緡乎！遠我，𣈆乎！人其盡死，而我獨存乎！」

呂注：向之所謂無見無聞無知，則道之體而已。至其用則無見乃見之所自而見也，無聞乃聞之所自而聞也，無知乃知之所自而知也。蓋道之爲物無窮无測，而遂止於無見〔一〕無聞、無知而已，則是無窮而以爲終，而無測而以爲極也。得吾道者，上爲皇而下爲王，則以其神明而皇王之所興起也。失吾道者，上見光而下爲土。則以其形不出照臨覆載之間者也。今夫百昌皆生於土而反於土，則以其形而已。故余將去汝，入無窮之門，遊無極之野，則以爲終，爲終以爲極者〔二〕，非知我者也。吾與日月參光，則其明不息；吾與天地爲常，則其久無窮。當我，緍乎！不知其爲當也。遠我，𣈆乎！不知其爲遠也。人其盡死，而我獨存乎！則盍求之吾身，不知何物而可以至於此也。萬物之靈，唯人而已。造化之爲人，不知幾何而一遇也。而人之聰明恂達可以與此者，又不知幾何而一遇也，而不孜孜焉。則彼以慈爲寶者，固不厭數數之言也。

纂微 呂注：黄帝又語以向之所謂無見聞知，道之體而已；至其用，則無見乃其所自見，無聞乃其所自聞，無知乃其所自知也。蓋道之爲物，無窮無測，而遂止於無見聞知，則是無窮而以爲終，無測而以爲極也。得道者爲皇爲王，以其神明而皇王之所興起也；失道者見光爲土，以其形

〔一〕「見」，原作「間」，據前文從黑水城本改。

〔二〕「則以爲終，爲終以爲極者」十字，底本、黑水城本同，然有費解之處，疑後「爲終」兩字當衍。

不出照臨覆載之間也。百昌生土，反土以其形而已。故余將去汝，入無窮，遊無極，則以爲終極者，非知我者也。與日月參光，則其明不息；與天地爲常，則其久無窮。當我，緡乎！不知其爲當也。遠我，昏乎！不知其爲遠也。人盡死，而我獨存！則求之吾身，不知何物而可至於此也。萬物之靈，唯人爲最。造化之爲人，不知幾何而一遇。而人之聰明恂達可以與此者，又幾何而一遇也。而不孜孜焉，則彼以慈爲寶者，固不厭數數之言也。

莊子翼　呂注：同纂微，唯「孜孜」作「孳孳」。

雲將東遊，過扶搖之枝而適遭鴻蒙。鴻蒙方將拊髀爵躍而遊。雲將見之，倘然止，贄然立，曰：「叟何人邪？叟何爲此！」鴻蒙拊髀爵躍不輟，對雲將曰：「遊！」雲將曰：「朕願有問也。」鴻蒙仰而視雲將曰：「吁！」雲將曰：「天氣不和，地氣鬱結，六氣不調，四時不節。今我願合六氣之精，以育群生，爲之奈何？」鴻蒙拊髀爵躍掉頭曰：「吾弗知！吾弗知！」雲將不得問。

呂注：雲將則以澤天下爲己任者也。扶搖之枝，則動之末也；鴻大而蒙被，觀其名則其物可知也。而雲將適遭之於動之末，則拊髀爵躍而遊者，乃其人也。倘〔一〕然止，贄然立，則疑其神，將

〔一〕「倘」，原作「尚」，據文意從黑水城本改。

以觀之也。叟何人也？則不知其誰氏也。叟何爲此？則怪其鴻大蒙被而乃在扶搖之枝，拊髀爵躍以遊也。至遊者物，物皆遊則無不在也。仰而視，則目擊之而存也。吁！則以其無問而問之也。願合六氣之精，以育群生。則以澤天下爲己任者也。曰，吾弗知！吾弗知！則是真知之也。雲將不得問，則道无問，問无應也。

纂微 呂注：雲將以澤天下爲己任者。扶搖之枝，動之末也。鴻大而蒙被，觀其名可知。願合六氣，以育群生，則有意乎澤天下。曰，吾弗知！是真知也。

莊子翼 呂注：吾弗知！是真知也。

又三年，過有宋之野，而適遭鴻蒙。雲將大喜，行趨而進曰：「天忘朕邪？天忘朕邪？」再拜稽首，願聞於鴻蒙。鴻蒙曰：「浮遊，不知所求；猖狂，不知所往；遊者鞅掌，以觀無妄。朕又何知！」

呂注：宋者，木之可芘而居，則根本之深固者也；野則廣莫壙埌之處也；求之於動之末而不得問，則又求之於根本之深固而廣莫壙埌之處也。人莫不知所求，而我則浮遊，不知所求；人莫不知所往，而我則猖狂，不知所往；凡以無知而已矣。鞅也，掌也，皆有所拘係之謂也。雖遊者若有所拘係，而吾則以觀其无妄也。天下之真而无妄者，不過此物而已矣！所謂萬物並作，吾以觀其復是也。復則不妄矣，則朕又何知邪！

纂微　呂注：人莫不有求有往，我則不知所求不知所往，凡以无知而已。鞅掌，拘係，貌雖遊者若有所拘係，而吾觀天下之真，不過此物而已。萬物並作，吾觀其復，復則不妄，朕又何知！

莊子翼　呂注：全同纂微。

雲將曰：「朕也自以爲猖狂，而民隨予所往；朕也不得已於民，今則民之放也。願聞一言。」鴻蒙曰：「亂天下之經，逆物之情，玄天弗成；解獸之群，而鳥皆夜鳴。災及草木，禍及昆蟲。噫，治人之過也！」雲將曰：「然則吾奈何？」鴻蒙曰：「噫，毒哉！僊僊乎歸矣！」

呂注：朕也，自以爲猖狂，而民隨予所往；朕也，不得已於民。則无爲而已矣。今則民之放也。民之放則未能无爲者也，放則流放之放，言係於民而不得釋者也。彼以澤天下爲任，則宜其如此也。天則无爲也，物則无知也，无爲无知此玄天所以成也，有知有爲則亂天之經，逆物之情，而玄天弗成矣。歲有玄天，冬至是也；月有玄天，晦日是也；日有玄天，夜半是也；此天之所以爲玄天也。而人亦有玄天者，乃所以成之也。古之求正氣之所在，而以存其精神，美其本根者，未有不知此者也，而非所以章章然言之也。夫唯玄天弗成，此雌雄之所以不合於前，而知鳥之所以飛而不止，而至於夜鳴也。則災及草木，禍及昆蟲，群生不遂，凡以不知无爲而治之之過也。毒所以治疾也，無爲而治之，猶無疾而毒之也。僊僊乎歸矣！則欲其反本以求之也。僊則人之遷去而之天者也，天則人之本也。

纂微 呂注：自以爲猖狂則無爲已，民之放則未能無爲。天則無爲，物則無知，有知有爲則亂天經，逆物情，而玄天弗成矣。歲有玄天，冬至是也；月有玄天，晦日是也；日有玄天，夜半是也。而人亦有玄天。古之求正氣之所在，而以存其精神，美其根本者，未有不知此，非所以彰彰言之也。夫唯玄天所以弗成，而災及鳥獸昆蟲者，凡以不知無爲而治之之過也。毒所以治疾，無爲而治之，猶無疾而毒之。僊僊乎歸矣！欲其反本以求之。

莊子翼 呂注：全同纂微。

雲將曰：「吾遇天難，願聞一言。」鴻蒙曰：「噫！心養。汝徒處無爲，而物自化。墮爾形體，吐爾聰明，倫與物忘；大同乎涬溟，解心釋神，莫然無魂。萬物云云，各復其根，各復其根而不知；渾渾沌沌，終身不離；若彼知之，乃是離之。無問其名，無闚其情，物故自生。」雲將曰：「天降朕以德，示朕以默；躬身求之，乃今也得。」再拜稽首，起辭而行。

呂注：人莫不有成心，成則免所事養也，心自養而已矣，自養則無所事爲而化物也，徒處无爲而物自化也。墮爾形體，則不知吾有六骸也；吐爾聰明，則不知吾有耳目也；倫則理之在我也，物則在外也。涬溟則氣之虚而待物也，我與物皆忘而大同乎涬溟，則心解神釋，而莫然無魂矣，此所以處无爲之道也。致虛極，守靜篤，至於如此，則萬物云云，各復其根矣，此則物之所以自化也，云云則物之方興之時也。物之爲物，常在於我，我則不知，物雖云云，各歸其根，而不知矣，無所事於毁而外之也。各復其根而不知，則渾渾沌沌，與我旁礴以爲一，而終身不離也。若其介然之知生乎其間，則我與物分而離矣。故方其不知也，乃玄天之所以成也，玄天成則至陰肅肅，至陽赫赫。肅肅出乎天，赫赫發乎地，兩者交通成和，而物之所以生也。則无問其名，无〔一〕闚其情，而物故自生也。方其无知也，則不知其无知也，而曰「此名无知邪？」則是問其名也。此果无知邪？非邪？則是闚其情也。猶物之方生，剔其根而視之，則未有能生之者也。天之所以造物，亦若是而已矣。而鴻蒙知此，是其所以稱之爲天也。

纂微　呂注：人莫不有成心，在乎自養而已，自養則無所事爲而物自化。墮形體則不知有六骸，吐聰明則不知有耳目，倫則理之在我，物在外者也。涬溟氣之虚而待物者，我與物忘而同乎涬溟，則心解神釋而莫然無魂，此所以處無爲之道也。云云物之方與，我則不知；使物歸根，亦不自知；則渾沌旁礴而爲一，以至終身不離，無問無闚而物自生也。方其無知，不知其無知也。而曰此名無知邪？則是問其名；此果無知邪？則是闚其情。猶物之方生，剔其根而視之，未有能生者也。天之所以造物，亦若是而已矣。

莊子翼　呂注：全同纂微。

〔一〕「无」，原作「免」，據文意從黑水城本、纂微、莊子翼改。

世俗之人，皆喜人之同乎己而惡人之異於己也。同於己而欲之，異於己而不欲者，以出乎衆爲心也。夫以出於衆爲心者，曷常出乎衆哉！因衆以寧所聞，不如衆技衆矣。而欲爲人之國者，此攬乎三王之利，而不見其患者也。此以人之國僥倖也，幾何僥倖而不喪人之國乎！其存人之國也，無萬分之一；而喪人之國也，一不成而萬有餘喪矣。

呂注：道之無爲而自然，非特人君體之而已，而以道佐人主者亦當因衆以寧而已，而無事於爲人之國也。所以因衆以寧者，以一人之所聞，固不如衆技之衆。而欲自任以爲人之國，則其不喪人之國者，僥倖而已。三王之興，臣主之相與，故有以是爲利者，而其末世以是爲患者多矣。則欲爲人之國者，此攬其利而不見其患也。觀此言也，則異乎孟子，何也？孟子則以平治天下自任，而莊子則不弊弊然以天下爲事者也。微孟子，則天下之亂無與救者；微莊子，則輕欲爲人之國，而无〔一〕以知其患如此之甚也。

纂微 呂注：道之無爲自然，非特人君體之，而以道佐人主者亦當因衆以寧，無事於爲人之國也。一人所聞，不如衆技之衆，而欲自任以爲人之國，則其不喪者僥倖而已。三王之興，君臣之相與，固有以是爲利者，而末世多以是爲患。欲爲人之國者，攬其利而不見其患也。

〔一〕「无」，原作「免」，據文意從黑水城本、底本前文改。

莊子翼　呂注：全同纂微。

悲夫，有土者之不知也！　夫有土者，有大物也。　有大物者，不可以物；物而不物，故能物物。　明乎物物者之非物也，豈獨治天下百姓而已哉！　出入六合，遊乎九州，獨往獨來，是謂獨有。　獨有之人，是之謂至貴。

呂注：黄帝之問廣成，堯之見四子，凡以大物爲之患，而欲明物物者之非物而已。　吾所體者道，而道外無物，是以謂之獨有也。

纂微　呂注：黄帝問廣成，堯之見四子，皆以大物爲患，欲明物物者之非物而已。　吾所體者道，道外無物，是以爲之獨有。

莊子翼　呂注：同纂微，唯脱「物物者之非物而已」八字。

大人之教，若形之於影，聲之於響。　有問而應之，盡其所懷，爲天下配。　處乎無響，行乎無方，挈汝適復之撓撓，以遊無端；出入無旁，與日無始；頌論形軀，合乎大同，大同而無己。　無己，惡乎得有有！　覩有者，昔之君子；覩無者，天地之友。

呂注：大人之教，若形之於影，聲之於響。　有問而應之，盡其所懷，而不爲天下先，此所以爲之配也。　處乎無響，則寂然不動也；行乎無方，則未始有封也。　故能挈汝適復之撓撓，以遊無端；出入無旁，與日無始也。　撓撓則動也，復則反本也。　挈天下而往，以復之撓撓，而不必靜也。　則所謂萬物並作，吾以觀其復，而藏天下於天下者也。以遊無端，則遊乎物之所終始也；出入無旁，則方之所不能閡也；與日無始，則時之所不能拘也。頌論，言也，言則出於不言；形軀，形也，形則象於無形；則合於大同而無己矣。所以有者，以其有有己也，無己惡乎得有有哉！薰然慈仁，謂之君子，則聖人之所以與人同者也。則覩有者，特可謂之君子而已；至於覩無，則天地之友，而與人同者不足以名之也。

纂微 呂注：夫大人之教，若形聲之於影響，而不爲天下先，此所以爲之配也。處乎無響，則寂然不動；行乎無方，則未始有封，故能挈天天下而往，以復之撓撓，而不必靜。是所謂萬物並作，吾以觀其復，而藏天下於天下也。故能遊乎物之終始，而方之所不能閡，時之所不能拘也。頌論，言也，言則出於不言；形軀，形也，形則象於無形；如是則大同而無己矣，無己烏得有有哉！熏然慈仁，謂之君子，聖人所以與人同也。則覩有者，特可謂之君子而已；至於覩無，則天地之友，與人同者不足以名之也。

莊子翼 呂注：同纂微，唯「是所謂萬物並作」句脱「所」字。

賤而不可不任者，物也；卑而不可不因者，民也；匿而不可不爲者，事也；麤而不可不陳者，法也；遠而不可不居者，義也；親而不可不廣者，仁也；節而不可不積者，禮也；中而不可不高者，德也；一而不可不易者，道也；神而不可不爲者，天也。故聖人觀於天而不助，成於德而不累，出於道而不謀，會於仁而不恃，薄於義而不積，應於禮而不諱，接於事而不辭，齊於法而不亂，恃於民而不輕，因於物而不去。物者莫足爲也，而不可〔一〕爲。

呂注：人爲貴，則物爲賤，賤則宜若可以不任也；而成理之不可易，則陰陽五行之所同，則不可任者也；故聖人因於物而不去，蓋以其賤則莫足爲也；而不可不任，則不可爲者也，不可爲則輔其自然而已。君爲尊則民爲卑，卑則宜若可以不因也；而天之視聽猶且自之，則不可不因也。故聖人恃於民而不輕通變之，謂事而窮必有變，變而後通，非覩未然則不能知，是匿也則不可不爲也。故聖人接於事而不辭，制而用之謂之法，則法非妙道也；是麤也而天下以爲分，則不可不陳也，故聖人齊於法而不亂。仁則君子所體，而義所以行之，則仁近而義遠也；然非義則仁不能以獨行，雖遠而不可不居也，而非所當厚之也，故聖人薄於義而不積；仁本於孝弟，而義以利物，則義疏而仁親也；而親止於父子，則虎狼之所同，而非所以爲至也，則雖親而不可不廣也。仁〔二〕常則不成，故聖人會於仁而不恃禮，以節民心爲事，則節也，而一物不由則不可不積，而非所避也；故聖人應於禮而不諱，不以其節而避之也。德者，性之所同有則中也，而不明於天則不純，則中而不可不高也，故聖人成於德而不累，不累者不以其同而累之也，莫非道也。則道之所以爲一也，然而不

〔一〕「不可」，底本、黑水城本均無「不」字，纂微、莊子翼存。
〔二〕「仁」，原作「而」，或誤，據文意從黑水城本改。

易，則万物之應；不備也，則不可不易也；故聖人出於道而不謀，以其備也。無爲也，則天之所以爲神也；而有不爲，則非爲之全也，則不可不爲也；故聖人觀於天而不助，以其全也。向之所論，絶去聖智，攘棄仁義，與夫符璽斗衡之末，皆焚破而掊折之無遺者，而此則自天道之精微，以至於事法之匿粗〔一〕，皆不可無何也。天之所以神也，一呴而萬物盈，一吹而萬物虚，其所以成物者一而已矣。莊子猶是也，則向之所言，則其一吹而萬物虚之時也；今之所言，則其一呴而萬物盈之時也；亦以成物而已矣。此莊子所以體神而入乎天也歟！

纂微 呂注：人貴物賤則宜若可以不任，而不可不任也；故因於物而不去以其賤，則莫足爲而不可不爲，其爲也輔其自然而已。君尊民卑，卑則宜若可以不因，而天之視聽猶且因之。故恃於民而不輕通變之，謂事非覩未然則不能知其匿也。故接於事而不辭。制而用之之謂法，法非妙道而天下以爲分，故齊於法而不亂。仁則君子所體而行，仁近而義遠；然非義則仁不能獨行，雖遠而不可不居，故薄於義而不積；仁本孝弟，義以利物，義踈而仁親；親止於父子，虎狼之所同，非所以爲至，故會與仁而不恃。禮以節民心爲事，而無一物不由，則不可不積，故應於禮而不諱。德者，性之所同有，不明於天則不純，故成於德而不累，莫非道也。所以爲一，然而不易，則萬物之應，不備，故出於道而不謀。無爲則天之所以爲神，而有不爲則非無爲之全，故觀於天而不助。向

〔一〕「粗」，原作「祖」，據莊文「匿而不可不爲者，事也；麤而不可不陳者，法也」句，當從黑水城本、纂微改。

之所論，絶去聖知，攘棄仁義，與夫符璽斗衡之末，皆欲焚破剖折而無遺，此則自天道之精微至於事法之匿粗，皆不可無何也。夫天之所以神也，一呴而萬物盈，一吹而萬物虚，其所以成物，一而已矣。莊子猶是也。向之所言，則一吹而萬物虚之時也；今之所言，一呴而萬物盈之時也；亦以成物而已。此其所以體神而入天也歟！

不明於天者，不純於德；不通於道者，無自而可；不明於道者，悲夫！何謂道？有天道，有人道。無爲而尊者，天道也；有爲而累者，人道也。主者，天道也；臣者，人道也。天道之與人道也，相去遠矣，不可不察也。

呂注：天，一而已。不明於天，則不能無爲，而不純於一德也；而由仁而下，猶可彊焉者也。道則有天有人，不通之則無爲有爲皆無自而可也。不通且不可，而況於不明乎！無爲者使物，有物者使於物。使物者尊，使於物者卑，天道則無爲而尊者也。有爲者，責於人；無爲者，責人。責於人者累，責人者何所累哉！人道則有爲而累者也。主〔一〕者，天道也；臣者，人道也。天道之於人道相去遠矣，不可不察也。奈何主道可以有爲而累乎？夫莊子非嘗深涉世以有爲者也，而諄諄若此者，蓋觀之天地之理，古今之効，知其得失〔二〕常在此而已矣。

〔一〕「主」，據下文「臣者」句，當爲「王」之形誤。下文「奈何主道可以有爲而累乎」句「主」字亦然。
〔二〕「失」，原作「夫」，據文意從纂微改。

纂微　呂注：夫道一而已。不明於天，則不能無爲而不純於德。由人而下，有可強焉者也。道則有天有人，不通之則無爲有爲皆無自而可。不通且不可，況不明乎！無爲者使物，有爲者使於物，天道則無爲而尊者也。有爲者貴人，无爲者貴於人，人道則有爲而累者也。莊子非深乎涉世而有爲者，而諄諄若此，蓋觀之天地之理，古今之效，知其得失嘗在此而已矣。

莊子義集校卷第五

天地第十二[一]

天地雖大，其化均也；萬物雖多，其治一也；人卒雖衆，其主君也。君原於德而成於天，故曰，玄古之君天下，無爲也，天德而已矣。

呂注：天地之大，萬化而未始有極也。故大小美惡長短高下，萬殊而不齊，則化而非其所以化也。其所以化者均而已，均則無大小美惡長短高下之辨，乃其所以化也。道生一，一生二，二生三，三生萬物，已至於此，則巧歷不能得，則何從而治乎？則其所以治者一而已，一則各復其根，而不知乃其所以治也。天地雖大，其化惟均；萬物雖多，其治惟一；則人卒雖衆，其主惟君。所謂君者，原於德、成於天而已矣。原於德則其化通於天地之均，成於天則其治反乎萬物之一，此二者

〔一〕本篇底本完存。存黑水城本缺第一至二頁，即自首至第四段呂注「萬有不同」之「萬」字及以上部分。陳氏排印影本所見全同今黑水城本，其題下注云：「按此篇呂注第一段『天地之大』暨次篇『天到如此其大』至『有萬不同』句並據纂微本補。其『富之至也』以下及第三段至十七段，均照殘存本。」

未嘗不同，同謂之玄，故德則曰玄德，而天亦曰玄天也。古之君天下，無爲也，天德而已矣。則是以真君君天下者也，萬物孰有不賓而化之者乎！

纂微　呂注：天地之大，萬化而未始有極，雖化而非其所以化。均則無小大美惡長短之辨，乃其所以化也。道生一而至於萬，何從而治哉！一則各復其根，而不知乃其所以治也。人卒雖衆，其主者君。原於德則其化通於天地之均，成於天則其治反乎萬物之一，此二者同謂之玄。古之君天下者，無爲也，天德而已。則是以真君君天下，物其有不化者乎！

莊子翼　呂注：同纂微，唯「小大」作「大小」，又脱末句「則是以真君君天下，物其有不化者乎！」

以道觀言而天下之君正，以道觀分而君臣之義明，以道觀能而天下之官治，以道汎觀而萬物之應備。

呂注：以道觀言，則言者未嘗有言也。言而無言，則爲而無爲矣。知言之所以言者如此，則所謂真君在是矣，而天下之君其有不正乎！以道觀分，則無爲爲君，無爲爲君則有爲爲臣矣，而君臣之義，其有不明者乎！以道觀能，則無能也而無不能也，无能者無所不能則有能者有所不能，而聖人用之以爲官長者也，而天下之官其有不治者乎！以道汎觀，則物無非道，物无非道則萬物之應其有不備者乎！嗚呼！人惟不知道，唯其知道則其所觀者，乃如此也。

纂微 吕注：以道觀言，則未嘗有言。言而無言，天下之君其有不正者乎！以道觀分，則無爲爲君，有爲爲臣，君臣之義其有不明者乎！以道觀能，則無能無不能，天下之官其有不治者乎！以道汎觀，則物無非道，萬物之應其有不備者乎！

莊子翼 吕注：全同纂微。

故通於天地者，德也；行於萬物者，道也；上治人者，事也；能有所藝者，技也。技兼於事，事兼於義，義兼於德，德兼於道，道兼於天。故曰，古之畜天下者，無欲而天下足，無爲而萬物化，淵靜而百姓定。記曰：「通于一而萬事畢，無心得而鬼神服。」

吕注：天之所以爲天者，得是而已矣；地之所以爲地者，得是而已矣。人誠得是而在我則與天地通矣，故曰通於天地者德也，以其得是而在我，故曰德而已。然萬物莫非我也，則我無逝而不可如，是而後謂之道，故曰行於萬物者道也。道之爲物如此其大，而在上〔一〕者用之所治人，則事而已，故曰上治人者事也。莫非事也，而能有所藝，則技而已，故曰能有所藝者技也。則技兼於事，事兼於義，義兼於德，德兼於道，道兼於天，宜矣。誠知其莫不兼於天，則所以畜天下者，豈在於技能事爲之間哉！無欲而天下足，無爲而物化，淵靜而百姓定，在我而已，凡以通於一，而以得

〔一〕「上」，原作「止」，據下文「上治人者事也」句從纂微、莊子翼改。

者無心故也。蓋萬事莫不出於一，鬼神之所以靈，則出乎吾心而已。是以通於一而萬事畢，無心得而鬼神服也。

纂微 呂注：天地之所以爲天地者，得是而已。人而得是，則德與天地通，而萬物莫非我。道之爲物，如此其大，在上者用之以治人則事而已，能有所藝則技而已，技兼於事，事兼於義，義兼於德，德兼於道，道兼於天，宜矣。誠知其莫不兼於天，則所以畜天下者，豈有於技能事爲之間哉！故其天下足，天下化，百姓定者，在我而已。凡以通於一，而所得者無心故也。萬事莫不出於一，鬼神之所以靈，則出於吾心而已。

莊子翼 呂注：天地之所以爲天地者，得是而已。人而得是，則德與天地通，而萬物莫非我。道之爲物，如此其大，在上者用之以治人則事而已，誠能有所藝則技而已。技兼於事，事兼於義，義兼於德，德兼於道，道兼於天，兼於天則所以畜天下者，豈有於技能事爲之間哉！故其天下足，天下化，百姓定者，凡以通於一，而所得者無心故也。

夫子曰：「夫道，覆載萬物者也，洋洋乎大哉！君子不可以不刳心焉。無爲爲之之謂天，無爲言之之謂德，愛人利物之謂仁，不同同之之謂大，行不崖異之謂寬，有萬不同之謂富。故執德之謂紀，德成之謂立，循於道之謂備，不以物挫志之謂完。君子明於此十者，則韜乎其事心之大也，沛乎其爲萬物逝也。若然者，藏金於山，藏珠於淵，不利貨財，不近貴富；不樂壽，不哀夭；不榮通，不醜窮；不拘一世之利以爲己私分，不以王天下爲己處顯。顯則明，萬物一府，死生同狀。」

呂注：道在太極之上而不爲高，在六極之下而不爲深，則萬物固所覆載者也。洋洋乎如此其大，而心不虛則不足以體之，此君子所以不可不刳心也。夫出入無時，莫知其鄉，則亦何事於刳哉！蓋不得其常心，而智識思慮實乎其間，而不知其未始有物，則不得不刳而虛之也。能刳而虛之，則體道而無爲矣。無爲爲之之謂天，天則人貌而天爲之，而無爲則人貌而天之證也。無爲言之之謂德，德則道之在我言之，而無爲則道之在我之證也。以是也而愛人利物，是之謂仁；以是也而不同者，我得其所一而同焉，是之謂大。體性抱神，以遊世俗之間，而不絶乎物，不殊乎俗，則寬之至也；有萬不同，而用之不竭，則富之至也。凡此者皆刳心體道，而爲與言舉出于無爲，則其德之仁與大與寬與富，爲能若此也。故執德之謂紀，紀之在羅網，雖衆而各理。執德之人，通一而萬畢，從容無爲，無所往而不理，亦若紀而已矣。德成之謂立，德未成而有待焉，則有所未樹，非所以爲立也，德成則無待而立矣。道之在我，無應而不備，不俟它求焉，循之而已矣，故循於道之謂備〔一〕。尊吾所聞而強行之，萬物莫足以傾之，則完矣，故不以物挫志之謂完。君子之所以刳心，

〔一〕「備」，原字模糊，從黑水城本補。

凡以此十者而已矣。反而求之有諸已而明，則其心之大，猶乎其事而無不容，則已剞之効也。則非特萬物之備於我也，而我亦沛然其爲萬物逝也，所謂周行而不殆也。若然者，藏金於山，藏珠於淵，以其在彼，猶在我也。不利貨財，不知利之爲可欲也；不近貴富，不知勢之爲可親也；不樂壽，不哀夭，不知有以近也；不榮通，不醜窮，不知有貴賤也。不拘一世之利以爲已私分，藏之天下而已也。不以王天下爲已處顯，物之所利乃非已也。顯則明，明則以德而非以位也。以處上則帝王天子之德，以處下則玄聖素王之道，其實一也。萬物備乎我，則一府而已矣。方生方死，方死方生，則同狀而已矣。

纂微　呂注：夫道如此其大，心不剞不足以體之。體道而無爲，則人貌而天矣。以是而愛利之謂之仁，以是而得所一謂之大。行不殊俗，寬之至也；有萬不同，富之至也。執德之人，通一畢萬，若紀之在綱也。德成則無待而自立，道在我則無應而不備，萬物莫足以傾之則完矣。君子所以剞心，在此十者而已。反求諸已以明其心之大，事無不容則已剞之效，沛乎爲萬物逝，周行而不殆也。若然則藏金珠於山淵，不知貨利之可欲，窮夭之可醜，不私一世之利，藏之天下而已，不以王天下爲已處顯，物之所利非已也。顯則明，明以德而非以位。處上則帝王天子之德，處下則玄聖素王之道也。萬物備於我則一府。方生方死，方死方生，則同狀而已矣。

莊子翼　呂注：全同纂微。

夫子曰：「夫道，淵乎其居也，漻乎其清也。金石不得，無以鳴。故金石有聲，不考不鳴。萬物孰能定之！

呂注：淵乎其居以言其湛而不動也，漻乎其清以言其通而不濁也。水之性不濁則清，莫動則平。鬱閉而不行，亦不能清。道亦若是而已矣。將以爲無邪？則金石不得無以鳴；將以爲有邪？則金石有聲，不考不鳴。則萬物孰能定之哉！蓋不可以爲有，亦不可以爲無也。

纂微 呂注：淵乎其居言湛而不動，漻乎其清言通而不濁，夫道若是而已矣。以爲無邪？金石不得無以鳴；以爲有邪？金石不考則不鳴。萬物孰能定之！

莊子翼 呂注：全同纂微。

夫王德之人，素逝而恥通於事，立於本原而知通於神。故其德廣，其心之出，有物採之。故形非道不生，生非德不明。存形窮生，立德明道，非王德者邪！蕩蕩乎！忽然出，勃然動，而萬物從之乎！此謂王德之人。

呂注：素則無所與雜，逝則無乎不在，而唯事之爲通，則固其所恥也，則所謂物徹疏明者是也。立之本原而知通於神，故其德廣，則周萬物而不遺矣，奚以通於事爲哉！所謂本原則道是也，而事則其末也。立之本原則韜乎其事，而事自通矣。其心之出，有物採之；非物採之，則寂然而已矣；所謂不將不迎，應而不藏是也。故夫耳聞目見，手持足運，口言心思，无非道也，則形非道不生之謂也。然茲道也，百姓日用而不知，非得之在我，不能明也，則生非德不明之謂也。夫惟王德之人，爲能存形窮生，立德明道，則在我得之以日用，執古之道以御今之有矣。存神窮生，言其形不必外而生窮也；立德明道，言其德至於成而道明也；蕩蕩乎則平而無畛域之謂也。忽然出，勃然動，而萬物從之乎？則藏不虞以生心，而未嘗預謀之謂也。雲從龍，風從虎，聖人作，而萬物覩，則其聲氣之所同然也，奚以預謀爲哉！

纂微　呂注：素則無所與雜，逝則無乎不在，通於事則物徹疏明，知通於神則周萬物而不遺，奚以通於事爲哉！本原者道，事其末也，立之本原則韜乎其事，而事自通。心非物採，寂然而已，不將不迎，應而不藏也。夫耳聞目見，口言心思，無非道也，則形非道不生。日用不知，非得之在我不能明也，則生非德不明。惟能存形窮生，立德明道，則在我得之而執古御今矣。忽然出動，而萬物從之，則藏不虞以生心，而未嘗強謀也。

莊子翼　呂注：全同纂微。

視乎冥冥，聽乎無聲。冥冥之中，獨見曉焉；無聲之中，獨聞和焉。故深之又深，而能物焉；神之又神，而能精焉；故其與萬物接也，至無而供其求，時騁而要其宿，大小，長短，脩遠。」

呂注：道之爲物，視之不見，故視乎冥冥；聽之不聞，故聽乎無聲。雖不見也，而見之所自而見也，故冥冥之中獨見撓焉；雖不聞也，而聞之所自而聞也，故無聲之中，獨聞和焉。夫唯如此，故深之又深，而能物焉，則有所謂恍兮惚，其中有物；惚兮恍，其中有象是也；神之又神，而能精焉，則所謂窈兮冥兮，其中有精是也。能物則言其能物物而不物於物也，能精則言其無有遠近幽深而不知也。故其與物接也，至無而供其求，則天府之富無有窮也；時騁而要其宿，大小長短脩遠，則其分也未嘗有不足也。所謂「各正性命，保合大和」是也。非王德之人，孰能與於此！

纂微 呂注：夫道之爲物，雖不可見，乃見之所自見；雖不可聞，乃聞之所自聞。深而能物，其中有物是也；神而能精，其中有精是也。至無而供其求，則天府之富無窮；時騁而要其宿，大小長短修遠，則其分未嘗不足。易所謂「各正性命，保合太和」者是也。

莊子翼 呂注：全同纂微。

黄帝遊乎赤水之北，登乎昆侖之丘而南望，還歸，遺其玄珠。使知索之而不得，使離朱索之而不得，使喫詬索之而不得也。乃使象罔，象罔得之。黄帝曰：「異哉！象罔乃可以得之乎？」

呂注：水，北方也，水而赤則含陽者也。遊乎赤水之北，則將以造乎重玄之極處也。崑崙之丘則形中之最高也，南望則向明而觀之者也。將爲至遊以造乎重玄之極，而未能黜聰明，墮肢體，以出夫形之上，則其極不過形中之最高而已，此所以南望還歸，遺其玄珠也。玄珠之爲物，不可以知知，不可以識識，不可以言求者也，故使知索之而不得，則不可以知知也；使離朱索之而不得，則不可以識識也；使喫詬索之而不得，則不可以言求也；喫則以口契之，詬蓋以言逅之也。乃使象罔，象則非無，罔則非有；非有則不皦，非無則不昧；不皦不昧，此玄珠之所以得也。嗚呼！黄帝猶或異之，則常情之所不信，不亦宜乎？

纂微　呂注：赤水之北，喻玄之極處；崑崙之丘，形中最高也；南望則向明而觀之。珠之爲物，不可以知知識識言求，故皆索之而不得。象則非無，罔則非有，非有非無，不皦不昧，此玄珠之所以得也。

莊子翼　呂注：全同纂微。

堯之師曰許由，許由之師曰齧缺，齧缺之師曰王倪，王倪之師曰被衣。堯問於許由曰：「齧缺可以配天乎？吾藉王倪以要之。」許由曰：「殆哉圾乎天下！齧缺之爲人也，聰明叡知，給數以敏，其性過人，而又乃以人受天。彼審乎禁過，而不知過之所由生。與之配天乎？彼且乘人而無天，方且本身而異形，方且尊知而火馳，方且爲緒使，方且爲物絯，方且四顧而物應，方且應衆宜，方且與物化而未始有恆。夫何足以配天乎？雖然，有族，有祖，可以爲衆父，而不可以爲衆父父。治，亂之率也，北面之禍也，南面之賊也。」

呂注：取天下必以無事，許由則無事者也，故堯之師曰許由；欲無事者必始於日損，齧而缺之則所以損之也，損則德之脩而非道之全也，故許由之師曰齧缺；損之又損，以至於無爲，則王之至於天者也，故齧缺之師曰王倪；王乃天，天乃道，王之倪則天而已，未足以爲道也，道則衣被萬物，無爲而無不爲也，故王倪之師曰被衣。古之君天下者奚爲哉？天德而已矣。天德者乃所以無爲而君天下之道也，而曰齧缺可以配天乎？則是欲以所脩而合于無爲也。吾藉王倪以邀之，則欲以無爲而致其所脩也，夫豈全於天而純於德也哉！使我介然有知，行于大道，唯施是畏，則不全於天，不純於德，而以君天下，此所以殆哉其危，而岌乎其懼也！齧缺之爲人也，聰明睿知，給數以敏，其性過人，則非能黜聰明，棄聖智，躊躇以興事，而動於不得已，日計之而不足，歲計之而有餘者也，蓋損之而未能至於無爲者，宜其如此也。而又乃以人受天，則非全於天者也。彼審乎禁過而不知過之所由生，則懲忿窒慾，欲以禁之，而不知過之所由生乃在於禁之之處也，非所謂不識不知而順帝之則者也。以是爲合于無爲，而與之配天乎？彼且乘人而無天。凡以介然之知萌乎胸次，則應感而動，其能不以人廢天乎？非特〔一〕此也，方且本身而異形，則非無我而與萬物爲一也；方且尊知而火馳〔二〕，則非去智而淵靜也；方且爲緒使，則天下國家之所役也；方且爲物絯，則物有結之而不能自解者也；方且四顧而物應，則非尸居環堵而使民不知所如往者也；方

〔一〕「特」，原作「時」，黑水城本左邊偏旁同「牆」的偏旁，據文意校改。

〔二〕「馳」，原作「地」，據前莊文同句改。

且應衆宜，則非立之本原，而知通於神者也；方且與物化，而未始有恆，則非不化而能化化，而其道不可終者也；夫何足以配天乎？　蓋以其猶有所脩而不足以合於無爲而已。　雖然，無爲之所出，未嘗不始於損之而已，則有族有祖，可以爲衆父；而損之非衆甫之所自出，故不可爲衆父父也。　蓋不能無脩則不能無知，不能無知則堯桀之所以分，而治亂之率也。　不以智治國國之福，以智治國國之賊，則不能無知者，是乃北面之禍，南面之賊也。

纂微　呂注：齧缺之其性過人，則非黜聰棄知而動於不得已者，以人受天則非全於天也。　禁過而不知過之所由乃在禁之之處，以是爲合於無爲而與之配天，其能不以人廢天乎！　本身而異形，則不能無我；尊知而火馳，則不能去知；是以爲天下所役，物有結之而不能自解也。　四顧而物應，非尸居而使民不知所如徃。　方且應衆宜，非立之本原，而知通於神者，故與物化而未始有常，夫何足以配天乎！　雖然，無爲之所出，未嘗不始於損之而已。　則有族有祖，可以爲衆父；而損之者非衆父所由出，故不可爲衆父父也。　蓋謂不能無知，則堯桀之所以分，而治亂之率也。　是知以知治國者，乃北面之禍，南面之賊也。

莊子翼　呂注：其性過人，則非黜聰棄知而動於不得已者，以人受天則非全於天也。　禁過而不知過之所由乃在禁之之處，以是爲合於無爲而與之配天，其能不以人廢天乎！　本身而異形，則不能無我；尊知而火馳，則不能去知；是以爲天下所役，物有結之而不能自解也。　四顧而物應，非尸居而使民不知所如往。方且應衆宜，非立之本原，而知通於神者，故與化而未始有常，夫何足以配天乎！

堯觀乎華。華封人曰：「嘻，聖人！請祝聖人。」「使聖人壽。」堯曰：「辭。」「使聖人富。」堯曰：「辭。」「使聖人多男子。」堯曰：「辭。」封人曰：「壽，富，多男子，人之所欲也。女獨不欲，何邪？」堯曰：「多男子則多懼，富則多事，壽則多辱。是三者，非所以養德也，故辭。」封人曰：「始也我以女爲聖人邪，今然君子也。天生萬民，必授之職。多男子而授之職，則何懼之有！富而使人分之，則何事之有！夫聖人，鶉居而鷇食，鳥行而無彰；天下有道，則與物皆昌；天下無道，則修德就閑；千歲厭世，去而上僊；乘彼白雲，至於帝鄉；三患莫至，身常無殃；則何辱之有！」封人去之，堯隨之，曰：「請問。」封人曰：「退已！」

呂注：聖人盡天道者也，盡天道則體合變化，而物莫之能累；君子盡人道者也，盡人道則吉凶與民同患，而壽，富，多男子，雖人之所欲，而不得不以多事多懼多辱爲辭也。堯非不盡天道，而所以與人同者，盡人道而已。鶉居則居不知所處，鷇食則食不知所由來，鳥行而無彰則其跡不可得而求。神僊之説，隱怪之士，有求之於服食吐納之間，而世俗之儒或狂而不信，二者皆非也。神則人心與天地通者也，僊則人之去而之天者也。生而抱神，則其歿也必亦抱神而不亡矣；生而全天，則其殁也必亦全〔一〕天而不隕矣，則豈可求之於服食吐納之間哉！詩書皆有在天之説，則去而上僊，乘彼白雲，至於帝鄉，奚爲其不信哉！而言此者，以明世儒之知堯者，不足以與此也。

纂微　吕注：聖人盡天道，故體合變化，而物莫能累；君子盡人道，故吉凶與民同患，而壽富多男，雖人所欲，不得不以多事多懼多辱爲辭也。堯非不盡天道，所以與人同者，盡人道而已。鶉居則不知所處，鷇食不知所由來，鳥行而無章，其迹莫覩也。神僊之説，有求之於服食吐納之間，世儒以爲狂而不信，皆非也。蓋生而抱神，其殁也亦必抱神而不忘；生而全天，其殁也亦必全天而不隕。詩、書皆有在天之説，則去而上僊，奚爲而不信！堯非有人，非見有於人，則封人之退已，乃其所體也。

莊子翼　吕注：同纂微，唯「壽」字以上脱「而」字。

堯治天下，伯成子高立爲諸侯。堯授舜，舜授禹，伯成子高辭爲諸侯而耕。禹往見之，則耕在野。禹趨就下風，立而問焉，曰：「昔堯治天下，吾子立爲諸侯。堯授舜，舜授予，而吾子辭爲諸侯而耕，敢問，其故何也？」子高曰：「昔堯治天下，不賞而民勸，不罰而民畏。今子賞罰而民且不仁，德自此衰，刑自此立，後世之亂自此始矣。夫子闔行邪？無落吾事！」俋俋乎耕而不顧。

〔一〕「必亦全」三字，原作「亦之」兩字，黑水城本無「必」字，據上文「必亦抱神而不亡」句從纂微、莊子翼、陳氏排印影本改。

呂注：古之稱禹者以爲神禹，德至於神則其於堯舜宜無間然也。則不賞而民勸，不罰而民畏，與賞罰而民且不仁，亦時而已矣。而言此者，以明君天下者以德而已矣，其於賞罰固非得已也。

纂微 呂注：古之稱禹者以爲神禹，德至於神則其於堯舜宜無間然。則不賞而民勸，不罰而民畏，與賞罰而民且不仁，亦時而已矣。而言此者，以明君天下以德，其於賞罰固非得已也。

泰初有無，無有無名；一之所起，有一而未形。物得以生，謂之德；未形者有分，且然無間，謂之命；留動而生物，物成生理，謂之形；形體保神，各有儀則，謂之性。性脩反德，德至同於初。同乃虛，虛乃大。合喙鳴，喙鳴合，與天地爲合。其合緡緡，若愚若昏，是謂玄德，同乎大順。

呂注：泰初有無無，有無名，無無則一亦不可得，無名則一之所起，有一而未形，則所謂天地之始者是也。既已謂之一矣，且得無名乎！此物得之以生，而謂之德也，則所謂有名萬物之母，而萬物得一以生者是也。未形者有分，雖有分也，且然而已矣。非有間也，而謂之命，命則無間乎未形之初者也。至夫留動而生物，物成生理，而後謂之形，所謂物形之是也。雖有形也，而形體保神，而未嘗失〔一〕也；各有儀則，而未嘗妄也；而謂之性，性則不失乎已形之後也。凡此者無

〔一〕「失」，原作「夫」，據文意從黑水城本改。

它，以夫萬物均之，得一以生，而命則有分而無間，性則保神而不失，而神則妙萬物而充塞乎天地之間而已矣。故性脩反德，則合乎一之未形，德至同於初，則無亦不可得也。同乃虚，則其虚至於未始有物也；虚乃大，則其大至於不同同之也。若是則無爲言之，而合喙鳴矣，喙鳴合則通於天地而與天地爲合矣。天地之間，其猶橐籥乎！虚而不屈，動而愈出。喙鳴合，與天地爲合，若此而已。其合緡緡，緡之相合，非蘄合而合也，非有所知見而合也。若愚則無知，若昏則無見，無知無見，是謂玄德，而同乎大順，則無所於逆也。向之所謂原於德而成於天，故曰玄者，其德如此而已矣。

纂微 吕注：無無則一亦不可得，無名則一之所起，而未形天地之始是也。既已謂之一，且得無名乎？此物得以生而謂之德，是爲萬物之母也。未成者有分，且然而已，而謂之命，命則無間乎未形之初也。至留動而生物，物成生理，而後謂之形；形體保神，而未嘗失；各有儀則，而未嘗妄；謂之性，性則不失乎已形之後者也。凡此無他，萬物均之，得一以生，命則有分而無間，性則保神而不失，神則妙萬物而充塞乎天地之間者也。故性脩反德，則合乎一之未形，德至同於初，則無亦不可得矣。同乃虚，其虚至於未始有物；虚乃大，其大至於不同同之。若是則以無爲言之而合喙鳴，喙鳴合則通於天地而與天地合矣。天地之間，其猶橐籥，喙鳴合，與天地爲合，亦若是而已。其合緡緡，非蘄合而合，非有所知見而合也，是謂玄德。則原於德而成於天，同乎大順，則無所與逆之謂也。

呂注：同纂微，唯「未形之初」句作「未形之物」，「而謂之命」句脫「而」字，「妙萬物而充塞乎天地之間」，句脫「充」字。

夫子問於老聃曰：「有人治道若相放，可不可，然不然。辯者有言曰：『離堅白若縣寓。』若是則可謂聖人乎？」老聃曰：「是胥易技係勞形怵心者也。執狸之狗成思，猨狙之便自山林來。丘，予告若，而所不能聞與而所不能言。凡有首有趾無心無耳者衆，有形者與無形無狀而皆存者盡無。其動止也，其死生也，其廢起也，此又非其所以也。有治在人，忘乎物，忘乎天，其名爲忘己。忘己之人，是之謂入於天。」

呂注：「有人治道若相放，可不可，然不然。」則以齊物爲事者也；「辯者有言曰：『離堅白若縣寓。』」則以辯物爲事者也。是若果是也，則是之異乎不是也，亦無辯；然若果然也，則然之異乎不然也，亦無辯；則可不可，然不然，曷爲其不可哉！然以是爲事，則是知齊而不知所以齊也。「不曰堅乎？磨而不磷；不曰白乎？涅而不緇。」則堅與白雖未嘗離，而離之若縣寓，胡爲其不可哉！然以是爲事，則是知辯而不知所以辯也。夫知齊而不知所以齊，知辯而不知所以辯，則二者雖相反，均之胥易技係勞形怵心而已，夫奚足以爲聖人乎！能有所藝者，技也，則勞形者也；思有所繫者，係也，則怵心者也；執狸之狗成思，則以思而怵心者也；猨狙之便自山林來，則以技而勞形者也。「丘，予告若，而所不能聞與而所不能言。」則凡有首有趾無心無耳者衆，在天則日月星辰，在地則山川草木是也。則雖有首有趾，無心無耳者，不害其爲日月星辰山川草木也，奚獨至於人之無知人之無情而獨疑之哉！苟爲無知與無情，則有形者與無形無狀而皆存者，盡無而已矣。有形則人物是也，無形則鬼神是也，無狀則造化是也。此三者有介然之有，則不得皆存矣。其所以皆存者，盡無而已矣。苟爲盡無，則豈而所能聞與而所能言哉！「其動，止也，其死生也，其廢起也，此又非其所以也。」則其所以者，非可以動止死生廢起言也，則奚以齊而辯之爲事哉！則所謂亂而非治也。有所謂治者，其在人也，「忘乎物，忘乎天，其名爲忘己。忘己之人，是之謂入於天。」入於天則治而不亂也。向之所謂原於天者，其天如此而已矣。

纂微　呂注：可不可，然不然，則以齊物爲事；離堅白若縣寓，則以辯物爲事。是若果是，則是之異乎不是也，亦無辯；然若果然，則然之異乎不然也，亦無辯。則可不可，然不不然，曷爲其不可哉！然以是爲事，則是知齊而不知其所以齊也。「不曰堅乎？磨而不磷；不曰白乎？涅而不緇。」則堅與白雖未嘗離，而離之若縣寓，胡爲而不可哉！然以是爲事則是知辯而不知其所以辯也。此二者雖相反，物之胥易技係勞形怵心而已，奚足以爲聖人乎！能有所技則勞形，累有所係則怵心，猨狙之便則以技而勞形也，執狸之狗則以思而怵心也。告若所不能聞與而有所不能言，則有首有趾無心無耳者，在天則日月星辰，在地則山川草木。凡有首趾無心耳者，不害其爲日月星辰山川草木也，奚獨至於人之無知無情而疑之哉！苟爲無知無情則有形與無形無狀而皆存者，盡無而已。有形者人物，無形者鬼神，無狀則造化是也。此三者有介然之有，則不得皆存。其所以皆存者，盡無而已矣。苟爲盡無，豈而所能聞而所能言哉！則其動止、死生、廢起，此又非其所以也。其所以者，有超於六目，何以齊與辯爲！所謂亂而非治也，有所謂治者，其在人也。忘物忘天，其名忘己，忘己之人，是謂入於天，入於天則治而不亂矣。

蔣閭葂見季徹曰：「魯君謂葂也曰：『請受教。』辭不獲命，既已告矣，未知中否，請嘗薦之。吾謂魯君曰：『必服恭儉，拔出公忠之屬而無阿私，民孰敢不輯！』」季徹局局然笑曰：「若夫子之言，於帝王之德，猶螳螂之怒臂以當車軼，則必不勝任矣。且若是，則其自爲處危，其觀臺多，物將往，投迹者衆。」將閭葂覤覤然驚曰：「葂也汒若於夫子之所言矣。雖然，願先生之言其風也。」季徹曰：「大聖之治天下也，搖盪民心，使之成教易俗，舉滅其賊心而皆進其獨志，若性之自爲，而民不知其所由然。若然者，豈兄堯舜之教民，溟涬然弟之哉？欲同乎德而心居矣。」

呂注：必服恭儉，則所謂忍性以視民，而不知不信者也。則其自爲處危矣。拔出公忠之屬而無阿私，則所謂尚賢者也，則其觀臺多矣，其自爲處危而觀臺多，則所謂杓之人，而非立於不測者也。如是則吾之行不能無迹，而物將往投迹者衆矣，則非正而後行，確乎能其事者也。大聖之治天下也，摇蕩民心，使之成教易俗，則所謂鼓之舞之，以盡神者也。賊莫大乎德有心而心有眼，而禍福無不自己求之者。民不窺觀以投上之迹而自求多福，則是舉滅其賊心而進其獨志，如此則若性之自爲而莫知其爲之者，莫知其爲之者則不知其所由然也。若然者，德遺堯舜而不爲，夫豈兄堯舜之教民，而推先之溟涬然弟之而繼其後哉！欲同乎德而心居矣，心居則無爲而萬物化。

纂微　呂注：必服恭儉，所謂忍性以視民，則其自爲處危矣。拔出公忠，所謂尚賢也，其爲臺觀多矣。如是則吾不能無迹，人投迹者衆。夫大聖之治天下，摇蕩民心，使之成教易俗，所謂鼓之舞之，以盡神也。民不窺觀以投上之迹，則滅賊心而進獨志，若性之自爲，不知其所由然。若然者，德遺堯、舜而不爲，豈兄堯舜之教民，而推先之溟涬然弟之而繼其後哉！欲同乎德而心居，心居則無爲而萬物化矣。

莊子翼　呂注：全同纂微。

子貢南游于楚，反于晉，過漢陰，見一丈人方將爲圃畦，鑿隧而入井，抱甕而出灌，搰搰然用力甚多而見功寡。子貢曰：「有械於此，一日浸百畦，用力甚寡而見功多，夫子不欲乎？」爲圃者仰而視之曰：「奈何？」曰：「鑿木爲機，後重前輕，挈水若抽，數如泆湯，其名爲橰。」爲圃者忿然作色而笑曰：「吾聞之吾師，有機械者必有機事，有機事者必有機心。機心存於胸中，則純白不備；純白不備，則神生不定；神生不定者，道之所不載也。吾非不知，羞而不爲也。」子貢瞞然慚，俯而不對。有閒，爲圃者曰：「子奚爲者邪？」曰：「孔丘之徒也。」爲圃者曰：「子非夫博學以擬聖，於于以蓋衆，獨弦哀歌以賣名聲於天下者乎？汝方將忘汝神氣，墮汝形骸，而庶幾乎！而身之不能治，而何暇治天下乎！子往矣，無乏吾事！」子貢卑陬失色，頊頊然不自得，行三十里而後愈。其弟子曰：「向之人何爲者邪？夫子何故見之變容失色，終日不自反邪？」曰：「始吾以爲天下一人耳，不知复有夫人也。吾聞之夫子，事求可，功求成。用力少，見功多者，聖人之道。今徒不然。執道者德全，德全者形全，形全者神全。神全者，聖人之道也。託生與民並行而不知其所之，汒乎淳備哉！功利機巧必忘夫人之心。若夫人者，非其志不之，非其心不爲。雖以天下譽之，得其所謂，謷然不顧；以天下非之，失其所謂，儻然不受。天下之非譽，無益損焉，是謂全德之人哉！我之謂風波之民。」反于魯，以告孔子。孔子曰：「彼假脩渾沌氏之術者也；識其一，不知其二；治其內，而不治其外。夫明白入素，無爲復樸，體性抱神，以遊世俗之間者，汝將固驚邪？且渾沌氏之術，予與汝何足以識之哉！」

呂注：能執古之道，以御今之有，則凡日用者無非渾沌氏之術也，豈必天地之初哉！而彼以有機械者必有機事，有機事者必有機心，而不知機心之所自生者，未始有物也，則是識其一而不識其二也。知忘神氣，黜形骸，以蘄道德之全，不知其行於萬物者无非道也，顧以之爲累則是治其内而不治其外也。夫明白入素，无爲復樸，體性抱神，以遊世俗之間者，汝將故驚邪？則所謂廢心而用形者是也。彼聞子貢之言，初則忿然作色，而後乃笑，則宜其以機械爲累而不敢爲也。且渾沌氏之術，予與汝何足以識之哉！不識不知，是乃所以爲渾沌也。如其可識，則惡足以爲渾沌氏之術哉！此篇方論天德之无爲，恐不知者以爲无爲如漢陰丈人然者，則不可與經世矣。故論真渾沌氏之術，乃遊乎世俗之間而不爲累也。

纂微　呂注：能執古以御今，則凡日用無非渾沌之術，豈必天地之初哉！彼以有機械者有機事機心，而不知機心之所自生者未始有物，則是識其一，不知其二也。知忘神氣，黜形骸，以蘄道德之全，不知行於萬事者無非道，則是治其内不治其外也。明白入素，至以遊世俗，即所謂廢心而用形者是也。彼聞子貢之言，始忿然而後乃笑，宜其以機械爲累而不肯爲，則不識不知乃所以爲渾沌也。此篇方論天德無爲，恐或者謂必無爲如漢陰丈人然者，則不可與經世矣。故論真渾沌之術，乃遊乎世俗之間，而不爲累也矣。

莊子翼　呂注：同纂微，唯「即所謂廢心而用形者是也」句脱首字「即」，「宜其以機械爲累而不肯爲」句脱「其」字。

諄芒將東之大壑，適遇苑風於東海之濱。苑風曰：「子將奚之？」曰：「將之大壑。」曰：「奚爲焉？」曰：「夫大壑之爲物也，注焉而不滿，酌焉而不竭；吾將遊焉。」苑風曰：「夫子無意于橫目之民乎？願聞聖治。」諄芒曰：「聖治乎？官[一]施而不失其宜，拔舉而不失其能，畢見其情事而行其所爲，行言自爲而天下化，手撓顧指，四方之民莫不俱至，此之謂聖治。」「願聞德人。」曰：「德人者，居無思，行無慮，不藏是非美惡。四海之內共利之之謂悦，共給之之爲安；怊乎若嬰兒之失其母也，儻乎若行而失其道也。財物有餘而不知其所自來，飲食取足而不知其所從，此謂德人之容。」「願聞神人。」曰：「上神乘光，與形滅亡，此謂照曠。致命盡情，天地樂而萬物銷亡，萬物復情，此之謂混冥。」

呂注：諄則諄於誨人者也，芒則亡而不可見者也，諄芒則今之所以言者是已。言而未嘗有言，則諄而芒者也。大壑則溟海之不可窮，而其所出也苑，則非壙埌之處也，苑風則非起於南海，入于北海者也，此所以遇之其濱而已矣。注焉而不滿，酌焉而不竭，則天府之富也，吾將遊焉，則反乎其所出也。苑風不知其至无而供萬物之求，故以爲无意於橫目之民也。官施而不失其宜，拔舉而不失其能，則非無意於尚賢使能也。畢見其情事而行其所爲，則非使人匿情而投迹者也。行言自爲而天下化，則非不行其言而使人爲之者也。手撓顧指而四方之民莫不俱至，則非以賞勸罰沮也，此則聖之見於治而已，非所以爲德也。德人者居無思，行無慮，不藏是非美

[一]「官」，原作「宮」，據文意從黑水城本改。

惡，則其心未嘗不虛也。四海之内共利之之謂悦，共給之之謂安，則天下樂推而不厭，而非求之也。怊乎若嬰兒之失其母，則不知其所依；儻乎若行而失其道，則不知其所往。財用有餘而不知其〔一〕所自來，則四海共利之而已；飲食取足而不知其所從，則四海共給之而已。此謂德人之容，而非其所以爲神也。宇泰定者，發乎天光，光者所以照也，神則乘之以照而非光也，與形滅亡而已矣。惟其照而與形滅亡，乃所以雖照而曠也。致命則去故而復常，盡情則離僞而居實也。天地樂而萬事銷亡，則致虛之極也。萬物復情，則芸芸各歸其根而不知矣，此之謂混冥，混則合而爲一，冥則雖照者亦不可得也。嗚呼！極夫諄芒之體，則德全而窮神，而聖治者抑其緒餘而已矣。

纂微　呂注：注焉不滿，酌焉不竭，則天府之富也。苑風不知其至無而供萬物之求，故以爲無意於橫目之民也。官施拔舉，不失其宜，則非無意於尚賢使能也。畢見情事，行其所爲，則非使人匿情而投迹者也。行言自爲而天下化，手撓顧指而民俱至，則非以賞勸罰沮也。此聖人見於治，而非所以爲德。德人者無思無慮，不藏是非美惡，其心未嘗不虛也。四海共利共給之之爲悦，則天下樂推而不厭也。若嬰兒失母則不知所依，若行而失道則不知所往；財用有餘則四海共利之而已，飲食取足則四海共給之而已；此德人之容，而非所以爲神也。泰宇發光，所以照也。神則乘之

〔一〕「其」，原無，據莊文及黑水城本補。

以照，而非光與形滅亡而已，所以雖照而曠也。致命則去故而復常，盡情則離僞而居實；萬事消亡，致虚之極；萬物復情，芸芸歸根；混則合而爲一，冥則照亦忘矣。

莊子翼　呂注：同纂微，唯「注焉不滿，酌焉不竭」句脱兩「焉」字。

門無鬼與赤張滿稽觀于武王之師。赤張滿稽曰：「不及有虞氏乎！故離此患也。」門無鬼曰：「天下均治而有虞氏治之邪？其亂而後治之與？」赤張滿稽曰：「天下均治之爲願，而何計以有虞氏爲！有虞氏之藥瘍也，禿而施髢，病而求醫。孝子操藥以脩慈父，其色燋然，聖人羞之。至德之世，不尚賢，不使能；上如標〔一〕枝，民如野鹿；端正而不知以爲義，相愛而不知以爲仁，實而不知以爲忠，當而不知以爲信，蠢動而相使，不以爲賜。是故行而無迹，事而無傳。」

呂注：門則開闔在我，而出入之所由也。出而不反，見其鬼滅而有實，鬼之一也。門無鬼則非出而不反，滅而有實者也，是體道者也。赤則陽色，張則不弛，滿則不虚，而稽則考也，赤張滿稽則非知考於玄妙弛虚之處者也，以迹稽之而已矣，故觀武王之師以爲不及有虞氏而離此患也。若有虞氏以乱而後治之，則武王亦以乱而後治之，孰弊弊然以天下爲事而有不及哉！此則以心稽

〔一〕「標」，原字左邊偏旁作「礻」，從黑水城本改。

之，而心則玄妙弛虚之處也。故有虞氏之藥瘍也，禿而施髢，病而求醫，則是乱而後治之也。孝子操藥，以脩慈父，其色憔然，聖人羞之。道不至於兼忘，而六親不和有孝慈，則固聖人之所羞也。則有虞之治亦豈所得已而謂過於武王哉！自其迹觀之，則雖伏羲燧人，猶不得爲至德之世也；自其心觀之，則虞氏武王之妙處，是乃所謂至德之世也。以其無爲故無名，無名故行而無迹，事而無傳，孰能擬議於其間哉！

纂微　呂注：有虞氏以亂而後治之，則武王亦以亂而後治之，孰不以天下爲事而有不及哉？故有虞氏之藥瘍也，禿而施髢，病而求醫，則是亂而後治之也。操藥脩父，其色燋然，道不至於兼忘，而六親不和有孝慈，固聖人之所羞也，則有虞之治亦豈得已而謂過於武王哉！自其迹觀之，雖伏羲燧人，猶不得爲至德之世；自其心觀之，則虞氏武王之妙處，乃所謂至德之世也。以其無爲故無名，無名故行無迹而事無傳，孰得擬議於其間哉！

莊子翼　呂注：同纂微，唯「則是亂而後治之也」句脱「之」字。

孝子不諛其親，忠臣不諂其君，臣子之盛也。親之所言而然，所行而善，則世俗謂之不肖子；君之所言而然，所行而善，則世俗謂之不肖臣。而未知此其必然邪？世俗之所謂然而然之，所謂善而善之，則不謂之導諛之人也。然則俗故嚴於親而尊於君邪？謂己導人，則勃然作色；謂己諛人，則怫然作色。而終身導人也，終身諛人也，合譬飾辭聚眾也，是終始本末不相坐。垂衣裳，設采色，動容貌，以媚一世，而不自謂導諛；與夫人之爲徒，通是非，而不自謂衆人，愚之至也。知其愚者，非大愚也；知其惑者，非大惑也。大惑者，終身不解；大愚者，終身不靈。三人行而一人惑，所適者猶可致也，惑者少也；二人惑則勞而不至，惑者勝也。而今也以天下惑，予雖有祈嚮，不可得也，不亦悲乎！大聲不入於里耳，折楊、皇華，則嗑然而笑。是故高言不止於衆人之心，至言不出，俗言勝也。以二缶踵惑，而所適不得矣。而今也以天下惑，予雖有祈嚮，其庸可得邪！知其不可得也而強之，又一惑也，故莫若釋之而不推。不推，誰其比憂！厲之人夜半生其子，遽取火而視之，汲汲然唯恐其似己也。

呂注：臣子然君親之所然，而善其所善，則世俗以其諂諛而謂之不肖也，而未知其然而善之爲非者，果必然邪？至於然世俗之所然而善其所善，則不以爲導諛人也，則所謂嚴於親而尊於君果安在邪？謂己導人則勃然作色，謂己諛人則怫然作色，惡其名之惡也。而終身導人也，終身諛人也，合譬〔一〕飾辭聚衆也，則不免爲其實也。名則惡之，實則爲之，則終與始，本與末不相當也。導人之惡大，故勃然作色，勃則其氣勃也；諛人之惡小，故怫然作色，怫則其心違而已；合譬則非

〔一〕「譬」，原作「襞」，從黑水城本改。

其理之當也。飾辭則非其情之實也，而以此群於人，則其所以爲導諛也。夫合譬飾辭聚衆，恥爲導諛且不可，則夫不知反性命之情，以侔於天而畸於人，而垂衣裳，設采色，動容貌，以自媚一世，而不自謂導諛；而與夫人之爲徒，通是非而不自謂衆人，是乃愚之至也。知其愚者非大愚也，知其惑者非大惑也，則所謂病者能言其病，其病病者猶未病也，猶可爲者也。大惑者終身不解，大愚者終身不靈，則病不能言其病，無可爲者也。三人行而一人惑，所適者猶可致也，惑者少也，以譬則道興之世也，得道者多，而失道者寡故也；二人惑則勞而不至，惑者勝也，以譬則道微之世也，失道者多，而得道者寡也。而今也以天下惑，予雖有祈嚮，不可得也，則世與道交相喪無可與明此者也。民之迷也，其日已久，則雖有祈嚮，莫之從也。此乃至人之所以深悲也。祈猶祭之有祈，言願其嚮此而不可得也。大聲不入於里耳，折楊皇華則嗑然而笑。高言不止於衆人之心，至言不出，俗言勝也。觀惠子之聰明，每以莊子之言爲無用，則世可知也。以二缶鍾惑，則惑者一人之足而已。而所適者不得，則所謂小惑易方是也。而今也以天下惑，則惑者天下之心也，則所謂大惑易性也。則予雖有祈嚮，其庸可得乎！則我非愛其道，而不以明於天下也，以爲知其不可得而強之，則我亦一惑而已矣。非致命盡情，而兼忘天下者也，故莫若釋之而不推，以與之相忘於道術而已矣，不推則誰其比憂邪！譬之厲之人，夜半生其子，遽取火而視之，汲汲然唯恐其似己也。則道之爲物，人心而已矣。而彼獨不得，則其疾也，豈特厲之比也！身而同乎流俗，合乎汙世，則豈特子之似己之比也！ 則吾雖釋之而不推，彼獨不憂邪！ 則其所以比憂者如此也。

纂微 呂注：臣子然君親之所然，而善其所善，則世俗以其諂諛而謂之不肖，不知其然而善之爲非者，果必然邪？ 至於然世俗之然而善，則不謂之諂諛，所以嚴於君而尊於親，果安在邪？ 謂已導諛則必作色，惡其名之惡也。 而終身導諛，合譬飾辭聚衆，不免爲其實，則終始本末不相當也，合譬飾辭皆非其理之當，而以此羣於人，所以爲導諛也。 夫合譬飾辭聚衆，恥爲導諛且不可，則夫不知反性命之情，而垂衣設采動容貌以媚一世，而不自謂導諛；與夫人爲徒，通是非而不自謂衆人，乃愚之至也。 知其愚者非大愚，則所謂病者能言其病，其病之者猶未病，是猶可爲也；至於終身不解不靈，則病不能言其病，是無可爲者也。 三人行而一人惑，所適猶可至，譬道興之世，得道者多，失道者少。 二人惑則勞而不至，喻道喪之世，失道者多，而得道者少。 今天下惑，予雖有祈嚮，不可得也，則世道交喪，無可與明此者。 民之迷也，其日已久，則雖祈其嚮此，亦莫之從，此乃至人之所深悲也。 大言不入於里耳，至俗言勝也。 以惠子之聰明，猶謂莊子之言爲無用，則世可知矣。 二缶踵惑，則惑者一人之足，而所適不得，小惑易方也。 今天下惑，則所謂大惑易性也，予雖有祈嚮可得乎！ 我非愛其道，而不以明天下也，知其不可而強之，則我亦一惑而已，非致命盡情，而兼忘天下者也。 故莫釋之而不推，與之相忘而已，不推則誰其比憂邪！ 譬之厲人恐子似己，則道之爲物人心而已。 而彼獨不得，則其疾豈特厲之比！ 身而同乎流俗，合乎汙世，豈特子似己之比！ 吾雖釋之而不推，彼獨不憂邪！

百年之木，破爲犧樽，青黄而文之，其斷在溝中。比犧樽於溝中之斷，則美惡有間矣，其於失性一也。跖與曾史，行義有間矣，然其失性均也。且夫失性有五：一曰五色亂目，使目不明；二曰五聲亂耳，使耳不聰；三曰五臭薰鼻，困惾中顙；四曰五味濁口，使口厲爽；五曰趣舍滑心，使性飛揚。此五者，皆生之害也。而楊、墨乃始離跂自以爲得，非吾所謂得也。夫得者困，可以爲得乎？則鳩鴞之在於籠也，亦可以爲得矣。且夫趣舍聲色以柴其内，皮弁鷸冠搢笏紳修以約其外，内支盈於柴柵，外重纆繳，睆睆然在纆繳之中而自以爲得，則是罪人交臂歷指而虎豹在於囊檻，亦可以爲得矣。

呂注：破爲犧樽，青黄而文之，以譬則曾史之脩也。其斷在溝中，以譬則盜跖之汙也。形體保神，各有儀則，謂之性；性脩反德，德至同於初，是乃所以得也，烏取曾史盜跖於其間哉！蓋有色者，有色色者；有聲者，有聲聲者。色者非明，而色色者明，而以五色亂之，乃所以使目不明也；聲者非聰，而聲聲者聰，而以五聲亂之，乃所以使耳不聰也。達乎此，則五臭之薰鼻，五味之噣口，趣舍之滑心，亦若是而已。心則神也，神則無思也，無爲也，寂然不動而已矣。欲神則順心，順心則無趣也，無舍也，順之而已；則亦無思無爲，寂然而不動也；而以趣舍滑之，此性之所以飛揚而不止也。彼楊墨者，固天下之才士也，而不聞道，則所知者不出於五者之間而已。乃始離跂自以爲得，非吾所謂得也。蓋聲色臭味趣舍，固五官之所困也；而楊、墨以是爲得，則鳩鴞在於籠也，亦可以爲得矣。趣舍聲色以柴其内，而使道不得集其虚；皮弁鷸冠搢笏紳脩以約其外，而使心不得解其繆；内支盈於趣舍之柴柵，外重以弁冠笏紳之纆繳；自達者觀之，則其在纆繳之中，睆睆然明矣；而自以爲得，則是罪人交臂歷指，而虎豹在於囊檻，亦可以爲得也。罪人交臂歷指，虎豹在於囊檻，豈特鳩鴞之在於籠之比哉！

纂微 呂注：犧樽青黄以譬曾史之脩，溝中之斷以譬盜跖之汙，性修反德，德至同於初，乃所以爲得，惡取曾史盜跖於其間哉！夫色者非明，而色色者明，以五色亂之，乃所以使目不明也；聲者非聰，而聲聲者聰，以五聲亂之，乃所以使耳不聽也。達乎此，則五臭之薰鼻，五味之噣口，趣舍之滑心，亦若是而已。心無趣舍，以趣舍滑之，所以使性飛揚而不止也。彼楊墨者，固天下之才士而不聞道，所知不出於五者之間，乃始離跂，自以爲得，則鳩鴞之在籠也，亦可以爲得矣。夫柴其内而使道不得集，約其外而使心不得解其繆；内支盈於柴柵，外重纆繳；自達者觀之，在纆繳之中，睆睆然明矣，猶自以爲得，則罪人交臂歷指，虎豹在於囊檻，亦可以爲得矣。

莊子翼 呂注：同纂微，唯「鳩鴞之在籠也」句脱「也」字。

天道第十三[一]

天道運而無所積，故萬物成；帝道運而無所積，故天下歸；聖道運而無所積，故海内服。明於天，通於聖，六通四辟於帝王之德者，其自爲也，昧然無不静者矣。聖人之静也，非曰静也善，故静也；萬物無足以鐃心者，故静也。水静則明，燭鬚眉，平中准，大匠取法焉。水静猶明，而況精神！聖人之心静乎！天地之鑒也，萬物之鏡也。

呂注：天道運而無所積，則環轉而無窮，而未始有物也，故萬物成，萬物成則非物雕而刻之也；帝道運而無所積，則一日萬機，而未始有物也，故天下歸，天下歸則非人悦而求之也；聖道運而無所積，則無乎不在，而未始有物也，故海内服，海内服則非以力服之也，中心悦而誠服也。聖則通乎聖人之在下者也，明於天，通於聖，知其皆運而無所積，則六通四闢於帝王之德者也。六則六合，六合通則不爲方之所塞也；四則四序，四序闢則不爲時之所閉也；六通四闢，則運而無所積，宜矣！運則千轉萬變而未始有窮，無所積則介然之有不留乎胸中也。雖吾之自爲也，猶將外

[一]本篇底本完存。陳任中於題下注云：「按此篇呂注十三段全錄殘存本。」

乎而無不靜者矣，以爲而未嘗爲故也，而況人各爲其爲，而有不靜者乎？聖人之靜也，非曰靜也善，故靜也。若以靜爲善而後靜，則非本自靜也，靜之而後靜也。萬物無足以鐃心者，故靜也，則其本自靜也，非靜之而後靜也。何則？萬物得我以生者也，我則不生，彼萬物孰能鐃之！明乎此者，則於其並作也，乃所以觀其復也。於其芸芸也，乃所以歸其根也，復而歸其根則其自靜也。水靜則明，燭鬚眉，平中准，大匠取法焉。人莫鑑於流水，而鑑于止水，以其靜也。水靜猶明，而況精神四達並流，而無所不極，上際於天，下蟠於地，化育萬物，不可爲象，而藏之聖人之心！則其靜也，非特水之靜明，燭鬚眉，平中准，大將取法而已，蓋天地於此乎觀，則是其鑑也；萬物於此乎形，則是其鏡也。

纂微 呂注：天道運轉無窮，而未始有物，故萬物成，非雕而刻之也；帝道一日萬幾，而未始有物，故天下歸，非悦而求之也；聖道無乎不在，而未始有物，故天下服，非以力服之也。明於天，通於聖，知其皆運而無所積，則六通四辟於帝王之德也。運則轉變無窮，無積則介然之有不留乎胷中也。雖吾之自爲，猶將昧乎無不靜者，以爲而未嘗爲故也。況人各爲其爲，而有不靜者乎？聖人之靜也，非曰靜也，善故靜也，若以靜爲善而後靜，非本靜也。萬物無足以鐃心，則其本自靜，非靜之而後靜也。何則？萬物得我以生，我則不生萬物，孰能鐃之？明乎此，則於其並作也，乃所以觀其復於其芸芸也，乃所以歸其根，復而歸根則其自靜也。水靜猶明，而況精神上際下蟠，無所不極，而藏之聖人之心！　則其靜也，非特水之靜，燭鬚眉，平中准而已。　蓋天地於此乎觀，則是其鑑；萬物於此乎形，則是其鏡也。

莊子翼　呂注：全同纂微。

夫虛靜恬淡寂漠無爲者，天地之平而道德之至，故帝王聖人休焉。休則虛，虛則實，實者倫矣。虛則靜，靜則動，動則得矣。靜則無爲，無爲也則任事者責矣。無爲則俞俞，俞俞者憂患不能處，年壽長矣。夫虛靜恬淡寂漠無爲者，萬物之本也。

呂注：虛則無所於逆，靜則一而不變，恬則安於無知，淡則不與物交，寂則寂然不動，漠則合氣於漠，此六者，聖人之所以無爲也。無爲也者，天地之平而道德之至也，平則無有高下，而至則無以復加之謂也。此帝王聖人之所休焉者也。蓋應萬幾之變，供萬物之求，而無此焉則無所於休，而其神憊於事爲之衆矣。其能虛乎？　故休則虛也，虛者乃所以刳其心也，能刳其心則韜乎其事，而其富至於有萬不同矣。故虛則實雖不同也，而其成理未嘗亂也，故雖實而倫矣，則虛非恃以實而倫，又將以靜而動，動而得也，孰能安以久？　動之徐生，則靜而動也；動之徐生，則動於不得已而當，則動而得者也。致虛之極以至於靜，則萬物莫足以鐃心而無爲矣，無爲則任事者責，而我不勞矣。非特然也，無爲則俞俞，俞俞者無所往而不然之謂也，無所往而不然則憂患於何而處乎？　此年壽之所以長也。明乎虛靜之說，則恬也，淡也，寂也，寞也，皆若是而已，所從言之異耳。則虛靜恬淡寂寞無爲，非特聖人休焉，與天地之平，道德之至而已矣，是乃萬物之本也。萬物職職，皆從無爲植，乃其所以爲本也。

纂微 呂注：虛則無所於逆，靜則一而不變，恬則安於無知，淡則不與物交，寂則寂然不動，漠則合氣於漠，此六者，聖人之所以無爲也。天地之平，則無有高下道德之至，則無以復加，此帝王聖人之所休也。蓋應萬幾之變，供萬物之求而無此焉，則無所於休，而其神憊於事爲之衆矣。其能虛乎？虛者刳其心則韜乎其事，而其富至於有萬不同。故虛則實雖不同，而其理未嘗亂，則虛非特以實而倫，又將以靜而動。動而得也，孰能安以久？動之徐生，則靜而動；動於不得已而當，則動而得者也。致虛而至於靜，則萬物不足以鐃心而無爲，無爲則任事者責，而我不勞矣。俞俞則無往而不然，憂患於何而處？年壽所以長也。明乎虛靜之說，則恬淡寂漠，亦若是而已，所從言之異耳。萬物職職，皆從無爲植，乃其所以爲本也。

莊子翼 呂注：全同纂微。

明此以南鄉，堯之爲君也；明此以北面，舜之爲臣也。以此處上，帝王天子之德也；以此處下，玄聖素王之道也。以此退而閒游江海，山林之士服；以此進爲而撫世，則功大名顯而天下一也。靜而聖，動而王，無爲也而尊，樸素而天下莫能與之爭美。夫明白於天地之德者，此之謂大本大宗，與天和者也；所以均調天下，與人和者也。與人和者，謂之人樂；與天和者，謂之天樂。莊子曰：「吾師乎！吾師乎！鳌萬物而不爲戾，澤及萬世而不爲仁，長於上古而不爲壽，覆載天地刻雕衆形而不爲巧，此之爲天樂。故曰：『知天樂者，其生也天行，其死也物化。靜而與陰同德，動而與陽同波。』故知天樂者，無天怨，無人非，無物累，無鬼責。故曰：『其動也天，其靜也地，一心定而王天下；其鬼不崇〔一〕，其魂不疲，一心定而萬物服。』言以虛靜推於天地，通於萬物，此之謂天樂。天樂者，聖人之心，以畜天下也。」

呂注：古之聖人，或南面而爲堯，或北面而爲舜，或以帝王天子之德處乎上，或以玄聖素王之道處乎下，或退居而間遊，則江海山林之士服；或進爲而撫世，則功大名顯而天下一，其明乎萬物之本，則一而已矣。故靜而聖，聖則自其内而言之也；動而王，王則自其外而言之也。無爲也而尊，則所以臣天下者，無事於才智矣。樸素而天下莫能與之爭美，則所以服天下者，無事於文采矣。凡以明白於天地之德，而知此其大本大宗而已矣，故其南面北面，處上處下，進爲退居，雖有不同，而其大本大宗未始有異也。通乎大本大宗，則無爲而與天和者也；以吾之所以與天和者而均調天下，則與人和者也。與天和者，則遇於天者，無不安也，故謂之天樂也；與人和者，則入乎人者，無不適也，故謂之人樂也。此無他，師於此而已矣。莊子曰：「吾師乎！吾師乎！鳌萬物而

〔一〕「祟」，本段莊文及呂注此字，均原作「崇」，據文意從黑水城本、纂微、莊子翼改。

不爲戾，澤及萬世而不爲仁，長於上古而不爲老，覆載天地刻雕衆形而不爲巧。」則莊子之所師，不過此而已矣。然則隨其成心而師之，誰獨且無師乎！則其爲樂也，非益生而外至也，此所以爲天樂也。故曰知天樂者，其生也天行，而我未嘗生也；其死也物化，而我未嘗死也。靜而與陰同德，則陰之爲德，靜而不知其爲靜也；動而與陽同波，則陽之爲波動而不知其爲動也。故知天樂者，無天怨，無人非，則以其未嘗在彼也；無物累，無鬼責，則以其未嘗在我也。故曰，其動也天，天之動則無爲而動者也；其靜也地，地之靜則無爲而靜者也。凡所以然者，夫其它求哉！一心定而已矣。一心定而王天下，其鬼不祟，我則不傷，彼莫得而祟也；其魂不疲，彼則無物，我莫得而疲也。夫外之其鬼不祟，內之其魂不疲，則凡生乎天地之間者，莫不有服者也。此無它，一心定而已矣。一心之所以定者，以其未嘗不虛未嘗不靜也。而吾能以其虛靜推於天地，通於萬物，而無不然，則其樂也，非益生而外至也，此所以爲天樂也。天樂也者，帝王之心，以畜天下者也。以心畜天下，則畜天下者，不在乎它也，夫豈以天下之大而汨乎吾心哉！

纂微 呂注：古之聖人，或南面而爲堯，或北面而爲舜；或以帝王之德處乎上，或以玄聖之道處乎下；或退居閒遊，或進爲撫世；其明乎萬物之本，則一也。靜而聖，自內而言；動而王，自外而言。無爲也而尊，則所以臣天下者，無事於才知，樸素而莫與爭美。則所以服天下者，無事於文采，凡以明白於天地之德而已，故處上處下進爲閑居雖不同，而其大本大宗未始異也。通乎此，則無爲而與天和，均調天下則與人和。與天和者謂之天樂，與人和者謂之人樂，不過師於此而已。
䪡物不爲戾，澤世不爲仁，以至雕琢衆形而不爲巧，此莊子之所師也。隨其成心而師之，誰獨無師！則其樂非外至，故曰天樂也。知天樂者，其生也天行，而我未嘗生；其死也物化，而我未嘗死。靜與陰同德，不知其爲靜；動與陽同波，不知其爲動也。無天怨，無人非，以其未嘗在彼也；無物累，無鬼責，以其未嘗在我也。其動也天，其靜也地，所以然者，一心定而已。故其王天下也，外則其鬼不祟，內則其魂不疲，萬物安有不服者哉！夫心所以定，以其未嘗不虛，未嘗不靜也。吾能以虛靜推於天地，通於萬物，此所以爲天樂，聖人之心，以畜天下者也。

莊子翼 呂注：同纂微，唯「靜而聖，自內而言；動而王，自外而言」作「靜而聖言內，動而王言外」。又「則所以服天下者」與「則所以臣天下者」兩句均脱「所以」兩字。

夫帝王之德，以天地爲宗，以道德爲主，以無爲爲常。無爲也，則用天下而有餘；有爲也，則爲天下用而不足。故古之人貴夫無爲也。上無爲也，下亦爲無也，是下與上同德，下與上同德則不臣；下有爲也，上亦有爲也，是上與下同道，上與下同道則不主。上必無爲而用天下，下必有爲爲天下用，此不易之道也。故古之王天下者，知雖落天地，不自慮也；辯雖彫萬物，不自説也；能雖窮海內，不自爲也。天不產而萬物化，地不長而萬物育，帝王無爲而天下功。故曰莫神於天，莫富於地，莫大於帝王。故曰帝王之德配天地。此乘天地，馳萬物，而用人群之道也。

呂注：夫無爲者，天地之平，道德之至。而帝王之德以天地爲宗，以道德爲主，則宜其以無爲爲常也。以爲宗則知其莫不繼於此也，以爲主則知其莫不賓於此也，以爲常則知其有爲者非其常也。無爲也，則以一人用天下，而天下爲之用也故有餘；有爲也，則以天下用一人，而一人爲之用也故不足。此古人之所以貴夫無爲也。不明乎天者，不純乎德，德則無爲而已矣。故上無爲也，下亦無爲而與上同，則稱德也。道則有天道有人道，無爲而尊者，天道也；有爲而累者，地道也。故下有爲也，上亦有爲而與下同，則言道也。上必無爲而用天下，下必有爲而爲天下用，此不易之道也，奈何不臣不主而可以爲哉！故古之王天下者，知雖落天地，不自慮也，而天下爲之慮也，落之爲言也，言天地雖大，不出吾智之内也；辯雖彫萬物，不自悦也，而天下爲之悦也，彫之爲言也，言萬物雖衆，而吾辯能物彫而刻之一也；能雖窮海内，不自爲也，而天下爲之爲也，窮之爲言也，言海内雖廣，吾能窮而屈之，使莫我勝也。天不產而萬物化，萬物化則非我產之也；地不長而萬物育，萬物育則非我長之也；帝王無爲而天下功，天下功則非我爲之也。此天之所以神，地之所以富，而帝王之所以大也。使天也不萬物化而自產之，則天其神乎？地不萬物育而自長之，則地其富乎？帝王之德不天下功而自爲之，則帝王其大乎？故曰帝王之德配天地，配天地者無爲也而已矣。無爲也者，是乃道之所以乘天地，馳萬物，而用人羣者也，奈何哉其爲天下用乎！

纂微　呂注：無爲也，則以一人用天下，而天下爲之用故有餘；有爲也，則以天下用一人，而一人爲之用故不足。不明乎天者，不純乎德，德則無爲而已。故上無爲，下亦無爲而與上同，則稱德；道則有天有人，無爲而尊者，天道有爲，而累者人道也。故下有爲，上亦有爲而與下同，則言道。上必無爲而用天下，下必有爲爲天下用，此不易之道也。故古之王天下者，知不自慮而天下爲之慮；辯不自悦，而天下爲之悦；能不自爲，而天下爲之爲。天不産而萬物化，非我産之也；地不長而萬物育，非我長之也；帝王無爲而天下功，非我爲之也。此天之所以神，地之所以富，帝王之所以大也。無爲也者，是乃道之所以乘天地，馳萬物，而用人羣者也。

莊子翼　呂注：同纂微，唯「悦」作「説」。

本在於上，末在於下；要在於主，詳在於臣。三軍五兵之運，德之末也；賞罰利害，五刑之辟，教之末也；禮法度數，形名比詳，治之末也；鐘鼓之音，羽旄之容，樂之末也；哭泣衰經，隆殺之服，哀之末也。五末者，須精神之運，心術之動，然後從之者也。末學者，古人有之，而非所以先也。

呂注：知五末者，須精神之運，心術之動，而後從之，則精神心術乃五者之所以爲本也。則向之所謂虚靜恬淡，寂寞無爲者，是乃所以保精神，明心術，而養其本之道也，養其本則末從之矣。則末學者，古人有之，而非所以先也，則所謂厥脩乃來，與輯熙於光明者，豈末學而已哉！

纂微 呂注：知五末者，須精神心術之運而後從之，則向所謂虛無恬淡寂漠無爲者，又所以保精神，明心術，而養其本之道也，養其本則末從之矣。末學者古人有之，而非所以先也。

莊子翼 呂注：全同纂微。

君先而臣從，父先而子從，兄先而弟從，長先而少從，男先而女從，夫先而婦從。夫尊卑先後，天地之行也，故聖人取象焉。天尊，地卑，神明之位也；春夏先，秋冬後，四時之序也。萬物化作，萌區有狀；盛衰之殺，變化之流也。夫天地至神，而有尊卑先後之序，而況人道乎！宗廟尚親，朝廷尚尊，鄉党尚齒，行事尚賢，大道之序也。語道而非其序者，非其道也；語道而非其道者，安取道！

呂注：君先而臣從，父先而子從，以至兄弟長少男女夫婦莫不然者，此人道尊卑先後之序也。至於天以神而位乎上，地以明而位乎下，春夏以生而先，秋冬以成而後，以至萬物始化而萌，既作而區，自微至著，莫不有狀，則盛衰之殺，變化之流，皆有成理，而不可易者也。天地至神不測〔一〕，而有尊卑先後之序，則凡人道本末之在上下，要詳之在主臣，而可以易乎？故非特君臣父子兄弟長少男女夫婦之尊卑先後，爲出於天地之理也，而宗廟朝廷鄉黨行事一時之所在，猶各有所尚而

〔一〕「測」，原作「則」，據文意從黑水城本、纂微、莊子翼改。

不可亂，皆大道之序而已矣。則夫語道而非其序者，非其道也，語道而非其道，安取道哉！此百家之所以往而不反，而内聖外王之道所以暗而不明，鬱而不發也。

纂微　呂注：「君先而臣從」至「夫先而婦從」，此人道尊卑之序也。至於天以神而位乎上，地以明而處乎下，春夏以生而先，秋冬以成而後，以至萬物始化而萌，既作而區，從微至著，莫不有狀，則盛衰變化，皆有成理，而不可易。天地至神不測，而有尊卑先後之序，則凡人道之本末上下其可易乎！非特君臣父子兄弟夫婦之先後爲出於天地之理也，而宗廟朝廷鄉黨行事一時之所在，猶各有所尚而不可亂，皆大道之序而已。則語道而非其序者，安取道哉！此百家之所以往而不反，聖王之道所以闇鬱而不發也。

莊子翼　呂注：同纂微，唯「其可易乎」句作「豈可易乎」，「兄弟夫婦」作「夫婦兄弟」，又脱末句「此百家之所以往而不反，聖王之道所以闇鬱而不發也。」

是故古之明大道者，先明天而道德次之，道德已明而仁義次之，仁義已明而分守次之，分守已明而形名次之，形名已明而因任次之，因任已明而原省次之，原省已明而是非次之，是非已明而賞罰次之。賞罰已明而愚知處宜，貴賤履位；仁賢不肖襲情，必分其能，必由其名。以此事上，以此畜下，以此治物，以此修身，知謀不用，必歸其天，此之謂大平，治之至也。故書曰：「有形有名。」形名者，古人有之，而非所以先也。古之語大道者，五變而形名可舉，九變而賞罰可言也。驟而語形名，不知其本也；驟而語賞罰，不知其始也。倒道而言，迕道而説者，人之所治也，安能治人！驟而語形名賞罰，此有知治之具，非知治之道；可用於天下，不足以用天下；此之謂辯士，一曲之人也。禮法度數，形名比詳，古人有之，此下之所以事上，非上之所以畜下也。

呂注：盡其心者，知其性也，知其性則知天矣，則天者固性命之極也。欲明大道而不明乎天，則非所謂真知也，知而不真則所謂道者非道，所謂德者非德矣，故先明天，而道德次之；則所謂道德者乃真道德，而仁義之所自出也，故道德已明，而仁義次之。古之人所以通於一而萬事畢，以是而已矣。立天之道，非陰則陽；立地之道，非柔則剛；立人之道，非仁則義。仁者左也，義者右也，有左有右則有分有守也，故仁義已明，而分守次之；有分有守則其形可見，而其名可言也，故分守已明，而形名次之；古之人所以分剛柔，别正直，由三而六，由六而九，如視黑白，如數一二，以是而已矣。有形有名而不可亂，則其能可因，其材可任矣，故形名〔一〕已明，而因任次之；古之人所以灼〔二〕知三，有宅心；灼見三，有俊心；以是而已矣。因之不失其能，任之不失其材，則其心可原，其迹可省也，故因任已明，而原省次之；内之則原其心，外之則省其迹，而所謂是者真是，而非者真非

〔一〕「形名」，底本、黑水城本均作「分守」，據上下文文意，從陳氏排印本改。
〔二〕「灼」，黑水城本作「克」。

也，故原省已明而是非次之；是非已得其真，則賞當於所是，而罰當其所非矣，故是非已明而賞罰次之；賞罰不失於是非之實，則愚智處宜而不敢違也，貴賤履位而不敢易也，仁賢不肖襲情而不敢僞也。必分其能，則官之所施皆確乎能其事者也；必由其名，則名之所加皆齪然當其實者也。凡下之事上，上之畜下，外〔一〕之治物，內〔二〕之修身，莫不以此。而智謀不用，必歸其天，此文王所以不識不知，順帝之則，而周之多士，亦皆秉文之德，對越在天，此其所以爲太平而比隆於唐虞也。驟而語形名，不知其本也，則天與道德爲之本，而形名爲之末也；驟而語賞罰，不知其始也，則天與道德爲之始，而賞罰爲之終也。倒以言其不正，不正則以末爲本之謂也；迕以言其不順，不順則當後而先之謂也。言道而無本末先後之序，則是自亂，自亂則人之所治也。

纂微　呂注：天者性命之極，欲明道而不明乎天，則所謂道者非道，所謂德者非德。唯真道真德，則仁義之所自出也，仁左義右則有分有守，而形可見，名可言。有刑名而不亂，則因任而不失其才能。內原其心，外省其迹，則是非得其真，賞罰當於理，愚知處宜而不敢違，貴賤履位而不敢易，仁賢不肖襲情而不敢僞也。必分其能則官能其事，必由其名則名當其實，凡事上畜下，治物脩身，莫不以此。而知謀不用，必歸其天，此文王所以不識不知，順帝之則，而周之多士，亦皆秉文之

〔一〕「外」，原作「內」，據文意從黑水城本改。
〔二〕「內」，原作「外」，據文意從黑水城本改。

德，對越在天，所以爲太平，而比隆於唐虞也。驟語形名賞罰，不知其本始也，則天與道德其爲本始歟！倒則不正，以末爲本；迕則不順，當後而先。言道而無本末先後之序，則是自亂，自亂則人之所治也。

莊子翼 呂注：全同纂微。

昔者舜問堯曰：「天王之用心何如？」堯曰：「吾不敖無告，不廢窮民，苦死者，嘉孺子而哀婦人。此吾所以用心已。」舜曰：「美則美矣，而未大也。」堯曰：「然則何如？」舜曰：「天德而出寧，日月照而四時行，若晝夜之有經，雲行而雨施矣。」堯曰：「膠膠擾擾乎！子，天之合也；我，人之合也。」夫天地者，古之所大也，而黄帝、堯、舜之所共美也。故古之王天下者，奚爲哉？天地而已矣。

呂注：孟子曰：「充實之謂美。充實而有光輝之謂大」。而易以「朋從爾思，爲未光大」，則所謂光大者，固出乎思爲之外也。誠使堯之用心不出憯怛之愛，雖充之以被四表，是乃美而未大也。若夫天德而出寧，則雖出而未嘗不寧也。日月照而四時行，一往一來，一屈一伸，而莫有爲者也。若晝夜之有經，則相代乎前，而莫知其所萌，雲行而雨施，而天下均平矣。則其視夫不敖無告，不廢困窮苦死者，嘉孺子而哀婦人，而以用心者，豈不膠膠擾擾乎哉！膠膠言其固而不離也，擾擾言其雜而不一也，則舜之所言者，乃天之合也；而堯之所言，乃人之合而已矣。夫堯非有人，非有見於人，而惟天爲大，惟堯則之，則豈以慘怛之愛累其心，唯人之合而未大哉！蓋世儒之所知堯者，以爲不虐無告，不廢困窮，乃真堯之所以爲堯也，故寓之二聖之言，以明所大而共美者爲在於此，與黄帝不異也〔一〕。

纂微　呂注：天德則雖出而未嘗不寧，日月照而四時行，往來屈伸，莫有爲之者也。晝夜有經，則相代乎前，而莫知所萌，雲行雨施，而天下均平矣。則其視不敖無告，不廢窮民者，豈不膠擾乎！舜之所言，乃天之合；堯之所言，人之合也。而世儒之所以知堯者，止此而已，故寓之二聖以明所大而共美者爲在於此，與黄帝不異也。

莊子翼　呂注：全同纂微。

孔子西藏書于周室。子路謀曰：「由聞周之徵藏史有老聃者，免而歸居，夫子欲藏書，則試往因焉。」孔子曰：「善。」往見老聃，而老聃不許，於是繙十二經以説。老聃中其説，曰：「太謾，願聞其要。」孔子曰：「要在仁義。」老聃曰：「請問，仁義，人之性邪？」孔子曰：「然。君子不仁則不成，不義則不生。仁義，真人之性也，又將奚爲矣？」老聃曰：「請問，何謂仁義？」孔子曰：「中心物愷，兼愛無私，此仁義之情也。」老聃曰：「意，幾乎後言！

〔一〕「也」，黑水城本作「乎」。

夫兼愛，不亦迂乎！ 無私焉，乃私也。 夫子若欲使天下無失其牧乎？ 則天地固有常矣，日月固有明矣，星辰固有列矣，禽獸固有群矣，樹木固有立矣。 夫子亦放德而行，循道而趨，已至矣；又何偈偈乎揭仁義，若擊鼓而求亡子焉？ 意，夫子亂人之性也！」

呂注：西藏書于周室，則不用於時而藏其言，以待後之君子之意也。 子路勇於爲義，而老聃免藏史而歸居，則不用於時而藏之以待後之君子者，固宜所往因也。 十二經，則春秋是也。 詩、書、禮、樂、易皆孔子之所傳，而獨繙十二經以說者，以孔子之所以經世爲在於此，而志有所不用故也。 孔子以人道教天下，而老聃則絕學反樸，而示之以真者也。 以人道教天下，則藏其妙用而未之嘗言，則十二經之要，所以經世者，不過仁義而已矣。 絕學反樸而示之以其真，則仁義在所攘棄，宜其以爲不足而非人之性也。 自人道觀之，仁非特成己而已，所以成物也，故不仁則不成；義非特利物而已，所以立我也，故不義則不生。 君子之生成在於仁義，故以爲真人之性也。 自道之真觀之，中心物愷，則非外鑠我者也，物愷則無物而不樂也，則上仁無爲而無以爲者也，故幾之而已，幾則非其至也後言！ 夫兼愛則非天德而出寧，雲行而雨施者也，故以爲迂，迂則非真造之也。 凡名生於不足，則無私者乃所以爲私也。 夫子欲使天下無失其牧乎？ 亦輔萬物之自然而已矣。 天地固有常，日月固有明，星辰固有列，禽獸固有群，樹木固有立，則所謂萬物之自然也。夫子亦放德而行，循道而趨，已至矣，德則無爲，而道法自然故也，又何偈偈乎揭仁義，若擊鼓而求亡子焉！父子之道，天性也。子而亡之，則非擊鼓之所可求也，猶人之失性，非揭仁義之可復也，故以仁義爲非人之性，而夫子乱人之性也。莊子論大道之序，仁義次於道德，而言此者，明世儒之所以知孔子者，不過於此。而絶棄之不盡，則無以反其宗，而道德仁義亦無自而明矣。

纂微　呂注：孔子不用於時，欲藏其言以待後之君子。十二經謂春秋，孔子所以經世者在於此。孔子以人道教天下，藏其妙用而未之嘗言，則十二經之所以經世者，不過仁義而已。老氏絶學反樸，而示之以真，則仁義在所攘棄，宜其以爲非人之性也。自人道觀之，仁非特成已，又所以成物；義非特利物，又所以立我。君子之生成在於仁義，故以爲真人之性也。自道之真觀之，中心物愷，非外鑠我也。無物而不樂，上仁爲之而無以爲者也，幾乎，言近之而未至後言！夫兼愛則非天德而出寧，雲行而雨施者，故以爲迂也。凡名生於不足，則無私焉乃私也。欲使天下無失其牧，輔萬物之自然而已。「天地有常」至「樹木有立」，此所謂物之自然也。德則無爲，道法自然，又何必偈偈乎若擊鼓而求亡子焉！言人之失性，非仁義所可復也。

莊子翼　呂注：同纂微，唯「義非特利物」句作「義非特立物」，又脱「幾乎，言近之而未至後言」句，又「此所謂物之自然也」句脱「所」字。

士成綺見老子而問曰：「吾聞夫子聖人也，吾固不辭遠道而來願見，百舍重趼而不敢息。今吾觀子，非聖人也。鼠壤有餘蔬，而棄妹之者，不仁也，生熟不盡於前，而積斂無崖。」老子漠然不應。士成綺明日復見，曰：「昔者吾有刺於子，今吾心正卻矣，何故也？」老子曰：「夫巧知神聖之人，吾自以爲脱焉。昔者子呼我牛也而謂之牛，呼我馬也而謂之馬。苟有其實，人與之名而弗受，再受其殃。吾服也恒服，吾非以服有服。」士成綺雁行避影，履行遂進而問：「修身若何？」老子曰：「而容崖然，而目沖然，而顙頯然，而口闞然，而狀義然，似繫馬而止也。動而持，發也機，察而審，知巧而睹於泰，凡以爲不信。邊境有人焉，其名爲竊。」

呂注：鼠壤有餘蔬，則可以振季女之斯飢，而棄妹則不仁也，妹少女也；生熟不盡於前，則與者可以無取，而積歛無崖則不義也，言不仁則不義可知也。老子以絶學反樸，示人以其真，而士成綺求之以仁義，則漠然不應，乃所以使其意消而心卻也。巧智神聖之人，自以爲脱，則絶學反樸，而未始有物者也，而子以某事爲不仁，某事爲不義，則是呼我牛而謂之牛，呼我馬而謂之馬也。大丈夫居其實，不居其華，華則前識，實則識知之所不得預也。其〔一〕有其實，人與之名而不受，則吾所以漠然也。開其兑，濟其事，終身不救，不受而受之，則濟其事而不救，而遺身殃者也。吾服也恒服，則其心未始不在道也；吾非以服有服，而人真以爲勤行者也。士成綺知其不足以得至人之

〔一〕「其」，黑水城本、纂微、莊子翼作「苟」。

心者，以其在己者不足故也。此所以進而問修身也。其容崖然則若不與物交，而其目衝然則逐物於外也，其顙頯然則若大樸，而其口闞然則言之欲出諸其口也，其狀義然則若不朋〔一〕，而其心則若繫馬而止也。動而持非能不動也，發也機則不可以制也，審而察則非襲明者也，智巧而覩於泰則非樸素而守約者也。凡以所爲，皆以爲不信而已。邊境有人焉，其名爲竊，邊境則非遊乎道之中，竊則非其有而取之也。

纂微　呂注：鼠壤有餘蔬，則可以賑季女之飢，而棄妹則不仁。生熟不盡於前，則與者可以無取，而積歛無崖則不義。老子絶學反朴，示人以真，而士成綺求之於仁義，則漠然不應，乃所以使其意消而心卻也。知巧神聖，自以爲脱焉，則絶學反朴，未始有物也。而子以某事爲不仁，某事爲不義，則是呼我牛而謂之牛，呼我馬而謂之馬也。苟有其實，人與之名而不受，吾所以漠然也。開兑濟事而受之，終身不救，自遺其殃者也。吾服也常服，則其心未始不在道；吾非以服有服，而人真以爲勤行者也。士成綺知而不足以得至人之心者，以其在已者不足故也。容崖然則若不與物交，目衝然則逐物於外，顙頯然則若大朴，口闞然則其言欲出諸口也，狀義然則若不朋，而其心則若繫馬而止也。動而持非能不動，發也機不可以制也，審而察則非襲明知巧，而覩於泰非素樸守

〔一〕「朋」，黑水城本、纂微、莊子翼作「明」。

約者也。凡此所爲，皆以爲不信而已。邊境非遊於道之中，竊則非其有而取之也。

莊子翼 呂注：同纂微，唯「大朴」作「太朴」。

老子曰：「夫道，於大不終，於小不遺，故萬物備。廣廣乎其無不容也，淵乎其不可測也。形德仁義，神之末也，非至人孰能定之！夫至人有世，不亦大乎！而不足以爲之累。天下奮棅而不與之偕，審乎無假而不與利遷，極物之真，能守其本，故外天地，遺萬物，而神未嘗有所困也。通乎道，合乎德，退仁義，賓禮樂，至人之心有所定矣。」

呂注：於大不終，則天地雖大未離乎內；於小不遺，則秋毫雖小待之成體。則天下之物，有不備者乎？此所以廣廣乎其无不容也，淵乎其不可測也，此道之所以爲神也，則留而爲形，失而爲德，廢而爲仁義，乃所以爲神之末也。則形德仁義非至人其孰能定之乎！夫至人有世，不亦大乎！而不足以爲之累，則能棄世而已矣。天下奮棅而不與之偕，則能忘天下而已矣。凡此無他，審乎無假而不與利遷，則天下奮棅而不與之偕也。極物之真守其本，則有之雖大，而不足以爲之累也，凡神之所以困，以不知此而已矣。故外天地，遺萬物，而神未嘗有所困也。通乎道而不塞，合乎德而不雜，退仁義而不留，賓禮樂而不主，若此而後其心有所定也，則非至人其孰能定之哉！

纂微 呂注：於大不終則天地未離乎內，於小不遺則秋毫待之成體。天下之物，其有不備者乎！　廣無不容，淵不可測，此道之所以爲神也。則流而爲形，失而爲德，廢而爲仁義，乃神之末也，非至人孰能定之！　有世不足爲之累，能棄世也；天下奮棅不與之偕，忘天下者也；忘天下故不與利遷，能棄世故守其本。凡神之所以困，以不知此而已矣。於道不塞，於德不雜，退仁義而不留，賓禮樂而不主，若此而後其心有所定也。

莊子翼　呂注：全同纂微。

世之所貴道者書也，書不過語，語有貴也。語之所貴者意也，意有所隨。意之所隨者，不可以言傳也，而世因貴言傳書。世雖貴之，我猶不足貴也，爲其貴非其貴也。故視而可見者，形與色也；聽而可聞者，名與聲也。悲夫！　世人以形色名聲爲足以得彼之情！　夫形色名聲果不足以得彼之情，則知者不言，言者不知，而世豈識之哉！

呂注：莊子言此，欲學者忘其書，遺其言，而不求於形色名聲之間也。

纂微　呂注：莊子言此，欲學者遺言忘書，而不求於形色名聲之間也。

莊子翼　呂注：全同纂微。

桓公讀書於堂上。輪扁斲輪於堂下，釋椎鑿而上，問桓公曰：「敢問，公之所讀者何言邪？」公曰：「聖人之言也。」曰：「聖人在乎？」公曰：「已死矣。」曰：「然則君之所讀者，古人之糟魄已夫！」桓公曰：「寡人讀書，輪人安得議乎！　有説則可，無説則死。」輪扁曰：

「臣也以臣之事觀之。斲輪，徐則甘而不固，疾則苦而不入。不徐不疾，得之於手而應於心，口不能言，有數存焉於其間。臣不能以喻臣之子，臣之子亦不能受之於臣，是以行年七十而老斲輪。古之人與其不可傳也死矣，然則君之所讀者，古人之糟魄已夫！」

吕注：斲輪，事之粗者也。然徐則甘而不固，疾則苦而不入，不徐不疾，得之於手而應於心者，雖父子猶不能喻而受之，則天道之爲物，其傳之難於斲輪甚矣！誠不能求之於心，而唯書之爲讀，則糟粕之喻非虚言也。

纂微 吕注：夫斲輪，事之粗者。然疾徐甘苦得於手而應於心者，雖父子猶不能喻而受之，則夫道之爲物，其傳之難於斲輪甚矣！不能求之於心，而唯書之讀，則糟粕之喻非虚言也。

莊子翼 吕注：全同纂微。

天運第十四〔一〕

「天其運乎？地其處乎？日月其爭於所乎？孰主張是？孰維綱是？孰居無事而推行是？意者其有機緘而不得已邪？意者其運轉而不能自止邪？雲者爲雨乎？雨者爲雲乎？孰隆施是？孰居無事淫樂而勸是？風起北方，一西一東，有上彷徨，孰噓吸是？孰居無事而披拂是？敢問何故？」巫咸袑曰：「來！吾語女。天有六極五常，帝王順之則治，逆之則凶。九洛之事，治成德備，監照下土，天下載之，此謂上皇。」

呂注：天猶運也，而吾不知其真爲運也；地猶處也，而吾不知其真爲處也；日月猶爭於所也，而吾不知其真爲爭於所也。而求其主張者，維綱者，與夫推而行是者，皆不可得也。意者其有機緘而不得已邪？意者其運轉而不得自止邪？此皆吾不可得而知也。以爲雲者爲雨乎？則水

〔一〕本篇底本完存。黑水城本存首段正文「天其運乎」至「孰居無事淫」處。原第二十九頁、第三十頁的全部、第三十一頁基本完好，第三十二頁殘文。陳任中所獲見者，惟原第二十八頁，即自「樂而勸是」至「以敬孝易以」部分，恰與黑水城本相接。陳氏排印影本於題下並注云：「按此篇呂注惟首『天猶運也』一段録殘存本，以下均輯纂微本。」

之升而爲雲也；以爲雨者爲雲乎？則雲之解而爲雨也。而求其隆施與其居無事淫樂而勸是者，又不可得也。風起北方，一西一東，有上彷徨，未嘗有定也。則其起于他方，一南一北，一上一下，亦若是而已。而求其嘘吸與夫居無事而披拂者，皆不可得也，此乃道之不測而爲神也。不測則無問，無問則無應矣。雖然，知吾所以語汝者，則知神之所爲矣，知神之所爲則夫主張者，維綱者，隆施者，嘘吸者，與夫居無事推而行是者，淫樂而勸是者，披拂是者，皆以此而已，則雖不答，乃所以答之也。天有六極五常，五常則五福，福極皆彝倫而獨，以福爲常者，斂時敷錫，在於五福，而不在於六極，故以福爲常也。嚮用五福，威用六極，則順之而吉也，反〔一〕是則逆之而凶也。九洛之事，則洛之九疇也，九疇之用至於福極，則治成德備，監照下土，而天下載之矣。唯其監照下土，而天下戴之，此所以爲上皇也。上皇則挈天地，馳日月，隆施雲雨，嘘吸風氣，而常居無事之地者也。則求上皇者，豈必於鴻荒之世哉！

纂微 呂注：天運地處，吾不知其真運真處也；日月爭所，吾不知其真爭所也。求其主張綱維與推而行是者皆不可得，意其有機緘而不得已耶？運轉而不能自止耶？吾不可得而知也。水之升而爲雲，雲之解而爲雨，求其隆施與淫樂而勸是者不可得；風起西東，彷徨無定，求其嘘吸

〔一〕「反」，原作「及」，據文意從纂微、莊子翼改。

披拂者不可得；此乃道之不測而爲神者也，知神之所爲則主張綱維，隆施披拂是者，皆以此而已。五常即五福，嚮用五福，威用六極，順之而吉也，反是則逆之而凶。九洛即洛書九疇，九疇之用，至於福極，則治成德備，監照下土，而天下載之，此所以爲上皇，上皇則挈天地，馳日月，隆施雲雨，噓吸風氣，而常居無事之地者是也，豈必求之於鴻荒之世哉！

莊子翼　呂注：同纂微，唯脱「意其有機緘而不得已耶？運轉而不能自止耶？吾不可得而知也」句，又「逆之而凶」句脱「之」字，「而天下載之」句「載」作「戴」。

商太宰蕩問仁於莊子。莊子曰：「虎狼，仁也。」曰：「何謂也？」莊子曰：「父子相親，何爲不仁？」曰：「請問至仁。」莊子曰：「至仁無親。」太宰曰：「蕩聞之，無親則不愛，不愛則不孝。謂至仁不孝，可乎？」莊子曰：「不然。夫至仁尚矣，孝固不足以言之。此非過孝之言也，不及孝之言也。夫南行者至於郢，北面而不見冥山，是何也？則去之遠也。故曰：以敬孝易，以愛孝難；以愛孝易，而忘親難；忘親易，使親忘我難；使親忘我易，兼忘天下難；兼忘天下易，使天下兼忘我難。夫德遺堯、舜而不爲也，利澤施于萬世，天下莫知也，豈直太息而言仁孝乎哉！夫孝悌仁義，忠信貞廉，此皆自勉以役其德者也，不足多也。故曰，至貴，國爵並焉；至富，國財並焉；至願，名譽並焉。是以道不渝。」

呂注：世俗之所謂仁者，苟有愛焉，皆可以謂之仁也，則雖虎狼之暴，而父子相親，則何爲不可以言仁哉！若夫至仁，則天地聖人之仁是也，則必與道合體而無爲，則豈容心於其間哉！此至仁所以無親也。所謂無親〔一〕則不愛，不愛則不孝，則非過孝之言也，不及孝之言也；至仁無親，則過孝之言也。南行者至於郢，北面而不見冥山，則去之遠也。道至於至仁，則孝固不足以言之，則亦去之遠而已矣，乃所以爲過孝之言也。故曰以敬孝易，以愛孝難，敬孝則禮也，愛孝則情也；以愛孝易，而忘親難，愛孝則情也，忘親則道也；忘親易，使親忘我難，忘親則忘之在己者也，使親忘我則忘之在人者也；使親忘我易，兼忘天下難，使親忘我則脩之家而已，兼忘天下則脩之天下者也。兼忘天下易，使天下兼忘我難，兼忘天下則我之能外天下而已，天下兼忘我則天下徃而相忘也。爲仁而至於此，則德遺堯舜而不爲，利澤施於萬世而不知也，是乃所謂與道合體而無爲也，則豈直太息而言仁孝乎哉！所謂至仁不仁者是也。自至仁觀之，則夫孝悌仁義忠信貞廉皆自勉以役其德，豈足多哉！故曰，至貴，國爵并焉；至富，國財并焉；則操天下之富貴，而制其爵與財者是也。至願，名譽并焉；則脩其可願而至於至仁，則孝悌仁義忠信貞廉，雖遺之而不爲，而其名譽固已並於其間矣，是以道不渝，不渝則言其無所徃而不存也。

纂微 呂注：世俗皆以愛爲仁，則虎狼之父子相親，何爲而不可言仁哉！若夫至仁，則天地聖人之仁是也，與道合體而無爲，豈容心於其間哉！此至仁所以無親也。謂無親則不愛，不愛

〔一〕「親」，原作「新」，據文意從黑水城本改。

則不孝，此不及孝之言也；至仁無親，則過孝之言也。南行者不見冥山，去之遠也。至仁則孝不足言，亦去之遠也。敬者禮也，愛孝情也，忘親道也。忘之在己者也，使親忘我，忘之在人也；兼忘天下，我能外天下而已，天下兼忘我，則天下往而相忘也。爲仁而至於此，則德遺堯舜而不爲，利澤萬世而莫知，是謂與道合體而無爲也，豈直太息而言仁孝乎哉！自至仁觀之，則孝弟仁義忠信貞廉皆自勉以役其德，豈足多哉！故至貴，國爵幷焉；至富，國財幷焉；則操天下之富貴，而制其爵與財者也。至願，名譽幷焉；則修其可願而至於至仁。則孝悌八者雖遺之，而其名譽固已並於其間矣。道不渝，言其道無所往而不在也。

莊子翼　呂注：同纂微，唯「愛孝情也」句「孝」作「者」字，「忘之在己者也」句首增「忘親」兩字，「操天下之富貴」句「富貴」兩字互乙，「則修其可願」句脱「則」字。

北門成問于黄帝曰：「帝張咸池之樂於洞庭之野，吾始聞之懼，复聞之怠，卒聞之而惑；蕩蕩默默，乃不自得。」帝曰：「汝殆其然哉！吾奏之以人，徽之以天，行之以禮義，建之以太清。夫至樂者，先應之以人事，順之以天理，行之以五德，應之以自然，然後調理四時，太和萬物。四時迭起，萬物循生；一盛一衰，文武倫經；一清一濁，陰陽調和，流光其聲；蟄蟲始作，吾驚之以雷霆；其卒無尾，其始無首；一死一生，一僨一起；所常無窮，而一不可待。汝故懼也。吾又奏之以陰陽之和，燭之以日月之明；其聲能短能長，能柔能剛；

變化齊一，不主故常；在谷滿谷，在阬滿阬；塗郤守神，以物爲量。其聲揮綽，其名高明。是故鬼神守其幽，日月星辰行其紀。吾止之於有窮，流之於無止。子欲慮之而不能知也，望之而不能見也，逐之而不能及也；儻然立於四虛之道，倚於槁梧而吟。目知窮乎所欲見，力屈乎所欲逐，吾既不及已矣！形充空虛，乃至委蛇。汝委蛇，故怠。吾又奏之以無怠之聲，調之以自然之命，故若混逐叢生，林樂而無形；布揮而不曳，幽昏而無聲。動於無方，居於窈冥；或謂之死，或謂之生；或謂之實，或謂之榮；行流散徙，不主常聲。世疑之，稽於聖人。聖也者，達於情而遂於命也。天機不張而五官皆備，此之謂天樂，無言而心悅。故有焱氏爲之頌曰：『聽之不聞其聲，視之不見其形，充滿天地，苞裹六極。』汝欲聽之而無接焉，而故惑也。樂也者，始於懼，懼故祟〔一〕；吾又次之以怠，怠故遁〔二〕；卒之於惑，惑故愚；愚故道，道可載而與之俱也。」

呂注：「吾師乎！吾師乎！整萬物而不爲戾，澤及萬世而不爲仁，長於上古而不爲老，覆載天地刻彫眾形而不爲巧，比之爲天樂。」天樂則道也，故以咸池況之，咸池備矣，道則萬物莫不備者

〔一〕「祟」，本段原皆作「崇」，據文意從黑水城本改，不復一一注明。

〔二〕「遁」，原作「道」，據文意從黑水城本改。

也；張之於洞庭之野，則示之以廣莫壙垠之處也；蕩蕩默默，乃不自得，則至於忘己而已矣；奏之以人，徽之以天，則奏之雖人，以天理〔一〕而美也，則所謂樂出虛是也；行之以禮義，建之以太清，則行之雖禮義，以太清而建也，則樂著太始是也，太清則以其聲言之也。由乎人爲，以見天理；由乎禮義，以知太清。則四時迭起，萬物循生，莫非樂也。一盛而文也，一衰而武也，而綸經之不可亂也；一清而陰也，一濁而陽也，而調和之未嘗戾也，其聲則流光乎天地之間，而未嘗絶也；蟄蟲始作，吾驚之以雷霆，雖其聲之流光，不感則不發也；吾求之末其卒無尾，吾觀之本其死無首，一死一生，一僨一起，而其所常未嘗有窮也。而一不可待汝，故懼也。此無他，我以人示之，而彼以人入之而已。以人入天則萬變而萬不同矣，而欲得所謂一者豈可待乎！見其萬變而不得，其所謂一者，宜其懼也。吾又奏之以陰陽之和，燭之以日月之明，則非人也，天而已矣。其聲能短能長，能柔能剛，變化齊一，不主故常，而其所以爲聲則一也。在谷滿谷，在阬滿阬，塗郤守神，以物爲量，乃其所以爲聲也，雖以物爲量，其聲揮綽，揮綽則不制於宇宙之間也；其名高明，高明則天之所以爲天也。是故鬼神守其幽而不雜擾也，日月星辰行其紀而不差忒也，吾止之於有窮，流之於無止，唯所示之而已。子欲慮之而不能知也，望之而不能見也，逐之而不能及也。天之所以爲天者，非慮之所能知也，非望之所能見也，非逐之所能及也。唯其如此，故儻然立於四虛之道，倚於枯槁

〔一〕「天理」，原似作「大堙」，據文意從黑水城本改。

而吟，目知窮乎所欲見，力屈乎所欲逐，則不求知之見之及之而形充〔一〕虛，乃至委蛇矣。儻然立於四虛之道，則東西南北無所適而不通矣；倚於槁梧而吟，則憊而求其息也；形充空虛，則墮枝體，黜〔二〕聰明，而不制於有身者也；委蛇則周旋曲折，一以任之，而不加私意於其間也。汝委蛇故怠，此無他，我以天示之，彼以天受之，則宜其周旋曲折，一以任之而無追求之勤也。吾又奏之以無怠之聲，調之以自然之命，則忘乎人，忘乎天者也，忘乎人故無怠，忘乎天故自然而已。故混逐叢生，林樂而無形，萬物芸芸，各歸其根也。布揮而不曳，則混逐叢生，非我曳也。幽昏而無聲，則林樂而無形，不可聞也。不曳也，動于無方而已矣；無聞也，居於窈冥而已矣。或謂之死，則以死爲反者是也；或謂之生，則萬物不得無以生者是也；或謂之實，則自其本觀之也；或謂之榮，則自其末觀之也。行流散徙，不主常聲，則不制於一而已矣。此舉世之所疑，而聖人體之于起居造次之間，而未嘗須臾離者也，此其所以稽之也。聖也者無它，達於情而遂於命也，達于情而遂於命則耳之所以聽，目之所以視，口之所以言，鼻之所以聞，心之所以思，莫非是也，則其天機而已，奚以張爲哉！此所以爲天樂也，知天樂則無言而心悅矣。不知此者，則其五官未有不張而用之者也。故有焱氏之頌曰「聽之不聞其聲，視之不見其形，充滿天地，苞裹六極」。咸池之妙，至於如此，汝

〔一〕「充」，原作「亢」，據文意從黑水城本改。
〔二〕「黜」，原作「無」，據文意從黑水城本改。

欲聽之，宜其無接也。唯其無接則莫知其所之，而吾之聽亦不用矣，故惑也。此無它，忘乎人，忘乎天，以入於天而已矣。樂也者，始於懼，懼故祟，祟則非所宜出而出也，至於樂之聞而加懼焉，此所以爲祟也。吾又次之以怠，怠故遁，唯其追求之勤，則所謂祟者，出而不藏，至其怠也則遁矣。卒之於惑，惑故愚，愚故道，道可載而與之俱也。身之所以不能載道而與之俱者，以其知識之昭昭也。唯其去智而惑，惑故愚，愚則無知，此其所以載道而與之俱，而天樂之所以全也。

纂微　呂注：樂即道也。洞庭之野，廣漠之處奏之，雖人以天理，而美樂出虛也。行以禮義，由太清而建；樂居太始也，四時萬物莫非樂也。盛衰，文武經綸之不可亂；清濁，陰陽調和之未嘗戾。其聲流光乎天地之間，然不感則不發也。求之本末，無首無尾，死生僨起，所常無窮，而一不可待，故懼。此無它，我以人示之，彼以人入之而已，以人入天則萬變不同，所謂一者豈可待！宜其懼也。又奏以陰陽，燭以日月，則天而已矣。其短長不常，滿谷滿阬，塗郤守神，以物爲量，乃其所以爲聲也。揮綽則不制於宇宙，高明則所以爲天，鬼神守幽，日星行紀，止之有窮，流之無止，唯所示而已。欲慮之而不知，逐之不及，目窮力屈，委蛇故怠。此無它，我以天示之，彼以天受之而已。吾又奏以無怠，調以自然，混逐蘩生，萬物芸芸也。林樂無形，各歸其根也；布揮不曳，動無方也；幽昏無聲，居窈冥也。死生實榮，散徙無常，則不制於一矣。此舉世之所疑，而聖人體之於起居造次之間未嘗離也。所謂聖者無它，達於情，遂於命，耳聽目視，莫非是也，則其天機而已，奚以張爲哉！此所以爲天樂，無言而心悅也，故舉有焱氏之頌咸池之妙若此。汝欲聽之，宜其無接，而吾之聰不用，故惑也。此無它，忘乎人，忘乎天而已。始懼故祟，次怠故遁，卒惑故愚。身之所以不能載道者，以其智識昭昭也，唯其去知而愚，所以載道而與之俱也。

莊子翼 呂注：同纂微，唯「所謂聖者無它」和「此無它，忘乎人，忘乎天而已」兩句中「它」作「他」，又脱「奚以張爲哉」句。

孔子西游於衞。顔淵問師金曰：「以夫子之行爲奚如？」師金曰：「惜乎，而夫子其窮哉！」顔淵曰：「何也？」師金曰：「夫芻狗之未陳也，盛以篋衍，巾以文繡，尸祝齋戒以將之。及其已陳也，行者踐其首脊，蘇者取而爨之而已；將復取而盛以篋衍，巾以文繡，游居寢臥其下，彼不得夢，必且數眯焉。今而夫子，亦取先王已陳芻狗，取弟子游居寢臥其下。故伐樹于宋，削迹于衞，窮于商周，是非其夢邪？圍于陳蔡之間，七日不火食，死生相與鄰，是非其眯邪？夫水行莫如用舟，而陸行莫如用車。以舟之可行於水也而求推之於陸，則沒世不行尋常。古今非水陸與？周魯非舟車與？今蘄行周于魯，是猶推舟於陸也，勞而無功，身必有殃。彼未知夫無方之傳，應物而不窮者也。且子獨不見夫桔槔者乎？引之則俯，舍之則仰。彼，人之所引，非引人也，故俯仰而不得罪於人。故夫三皇五帝之禮義法度，不矜於同而矜於治。故譬三皇五帝之禮義法度，其猶柤梨橘柚邪！其味相反而皆可於口。故禮義法度者，應時而變者也。今取猨狙而衣以周公之服，彼必齕齧挽裂，盡去而後慊。觀古今之異，猶猨狙之異乎周公也。故西施病心而矉其里，其里之醜人見而美之，歸亦捧心而矉其里。其里之富人見之，堅閉門而不出；貧人見之，挈妻子而去之走。彼知矉美而不知矉之所以美。惜乎，而夫子其窮哉！」

呂注：聖人不仁，以百姓爲芻狗；而無常心，以百姓心爲心；則其自視亦芻狗而已；則其所以應世之迹者，爲芻狗可知也。凡所謂禮義法度者，皆其應世之迹也。方其應世也，則嚴之飾之用之以至誠，則芻狗之未陳而盛以篋衍，巾以文繡，尸祝齋戒以將之之譬也。及其過也，委而去之而已矣，而心未嘗係焉，則芻狗已陳，而行者踐其首脊，蘇者取而爨之之譬也。今也以其一時應世，過而去之之迹，而與弟子絃誦講習，則是取已陳之芻狗，盛以篋衍，巾以文繡，而游居寢臥其下之譬也。夫取已陳之芻狗，盛以篋衍，巾以文繡，游居寢臥其下，則非過而去之者也，則心不能無所係者也。晝想夜夢，神形所遇，誠不能過而去之，而心有所係，則彼不得夢，必且數眯，固其宜也，眯則嗁藝呷吟而迷之尤者也。取先王一時應世，過而去之之迹，而與弟子絃誦講習，晝夜不息，則伐樹於宋，削迹於衛，窮於商周之夢，圍於陳蔡之間，七日不火食，死生相與鄰之眯，乃其報也。夫唯不能過而去之而心有所係，以經世則舟陸之非宜。而周魯之不行，而未知無方之傳，應物而不窮者也；以治人則非桔槔之俯仰，而不得罪於人者也；以應變則非柤梨橘柚，其味相反，而皆可於口，而衣猨狙以周公之服也；以服海内則非其所以聖，是知美矉而不知矉之所以美也。夫有教立道而無心者，仲尼也，則雖取先王應世之迹，而絃誦講習，晝夜不息，固豈有所係哉！彼視宋之伐樹，衛之削迹，商周之窮，陳蔡之阨，猶鷇雀蚉虻相過乎前也。道之不行，已知之矣，則奚舟陸之必行，周魯之必用，而不知無方之傳，以至俯仰得罪於人，而不知禮義法度，應世而變，與夫矉之所以美哉！　蓋學孔子而不知孔子之所以爲孔子者，則其弊常若此，莊子所以數言之也。

纂微　呂注：聖人之禮義法度，皆應世之迹。方其應世也，嚴之飾之，則芻狗未陳，齋戒以將之譬；及其過也，委而去之，則芻狗已陳，行者踐之之譬也。取已陳芻狗，寢臥其下，則心有所係，不夢必眯；取先王應世之迹，與弟子絃誦講習不息，則伐樹削迹，窮於商周之夢，圍於陳蔡，死生與鄰之眯，乃其報也。唯不能過而去之，而心有所係，則舟陸之非宜，周魯之不行，未知無方之傳，應物而不窮者也。以治人則非桔槔之俯仰而不得罪，以應變則非柤梨味反而皆可口，猶衣猨狙以周公之服，是知美矉而不知矉之所以美也。夫有教立道而無心，仲尼則雖取先王應世之迹而傳誦講習，豈有所係哉！　視伐樹削迹，商周之窮，陳蔡之厄，猶鷇雀蚉虻相過乎前也。道之不行，我知之矣，則奚舟陸之必行，周魯之必用，而不知無方之傳，以至俯仰得罪，而不知禮義法度，應時而變，與夫矉之所以美哉！蓋學孔子而不知所以爲孔子，則其弊常若此，莊子所以數言之。

孔子行年五十有一而不聞道，乃南之沛見老聃。老聃曰：「子來乎？吾聞子，北方之賢者也，子亦得道乎？」孔子曰：「未得也。」老子曰：「子惡乎求之哉？」曰：「吾求之於度數，五年而未得也。」老子曰：「子又惡乎求之哉？」曰：「吾求之於陰陽，十有二年而未得。」老子曰：「然。使道而可獻，則人莫不獻之於其君；使道而可進，則人莫不進之於其親；使道而可以告人，則人莫不告其兄弟；使道而可以與人，則人莫不與其子孫。然而不可者，無他也，中無主而不止，外無正而不行。由中出者，不受于外，聖人不出；由外入者，無主于中，聖人不隱。名，公器也，不可多取。仁義，先王之蘧廬也，止可以一宿而不可久處，覯而多責。古之至人，假道於仁，託宿於義，以遊逍遙之墟，食於苟簡之田，立於不貸之圃。逍遙，無爲也；苟簡，易養也；不貸，無出也。古者謂是采真之遊。以富爲是者，不能讓祿；以顯爲是者，不能讓名；親權者，不能與人柄。操之則慄，舍之則悲，而一無所鑒，以窺其所不休者，是天之戮民也。怨恩取與諫教生殺，八者，正之器也，唯循大變無所湮者爲能用之。故曰，正者，正也。其心以爲不然者，天門弗開矣。」

呂注：道生一，一生二，二生三，而道非一二三也。而求之於度數，則不出乎數之中而已，故五年而未得也，五則數之中也。道分而爲陰陽，而道非陰陽也，而求之於陰陽，則不出乎天宇之大而已，故十有二年而未得也。十有二則周天之大數也，道之所以不可獻之於其君，進之於其親，告之於兄弟與其子孫者，凡以中無主，外無正而已。中無主也，則我雖欲授之，而彼且不止也；外無正也，則彼雖欲受之，而我則不行也。物之有主也，其固有之也。道之在己也，非能有其所無也，有其固有而已矣。莫之有而有之，是中無主而不止也。射之有正也，所以受之也；道之於人也，非能與其所不受也，與其所受而已矣。莫之受而强之，是外無正而不行也。是故由中出者，不受於外，聖人不出，以其無正也；由外入者，無主於中，聖人不隱，以其不止也，不隱則不能推而内之之謂也。然則道非可以求之於度數也，非可以求之於陰陽也，求諸身而已矣；非可以獻之於其君，進之於其親，告之於其兄弟，與之於其子孫，自得而已矣。名者，公器也，不可以多取，多取則德之所蕩也；仁義，先王之蘧廬也，止可以一宿，而不可以久處，久處則覯而多責也，則其過也，去之而已矣。古之至人，假道於仁，託宿於義，假道託宿則非久處也，過而去之之謂也。以游逍遥無爲之墟，則無所往而不適也。食於苟簡易養之田，則其求易富也；立於不貸無出之圃，則不與物交而淡之至也。奚至於覯而多責哉！古者謂是采真之遊，則所遊之墟，所立之圃，凡所采者，莫非真也。以富爲是者，不能讓禄，知有富而已；以顯爲是者，不能讓名，知有名而已；親權者不能與人柄，知有勢而已。而親權者操之則慄，舍之則悲，則喪生害性，尤其甚者也。而不能讓之者，一無所鑒，以闚其不休者而已，一無所鑒則觀於濁水而迷於清淵者也，不休則天刑之不可解者也。怨恩取與諫教生殺，八者正之器也，而非正之道也。唯循大變，無所湮者，乃所以用其器之道也；以其道，用其器，此正之所以爲正也。天門者，無有也，萬物出乎無有，則循大變而無所湮者之所由而出入也。而其心以爲不然，則其天門之不開也可知矣。世之學孔子者，得其迹而不得其心，則其患常在於此也。

纂微 呂注：道生一，一生二，二生三，而道非一二三也。求之於度數，則不出乎數之中，故五年而未得；道分而爲陰陽，而道非陰陽也，求之於陰陽，不出乎天宇之大，故十有二年而未得。道之所以不可獻之親，告之兄弟子孫者，以中無主，外無正也。中無主則我欲授之，而彼不止；外無正則彼欲受，而我不行。物之有主固有之也，道之在已，有其固有而已；莫之有而有之，是中無主而不止。射之有正，所以受之也。道之於人，與其所受而已，莫之受而強之，是外無正而不行。由中出者，不受於外，聖人不出，以其無正也；由外入者，無主於中，聖人不隱，以其不止也，不隱則不能推而納之之謂也。然則道非可求之於度數陰陽，求諸已而已；非可獻之於君親，自得而已。名者不可多取，多取則德之蕩也；仁義不可久處，久處則覯而多責；逍遙則無所不適，苟簡則其求易贍，不貸則不與物交。如是則凡所采者，莫非眞也。不能讓祿，知有富而已；不能讓名，知有顯而已；不能與人柄，知有勢而已。而親權者，操舍之累，害性尤甚。一無所鑒，觀濁水而迷清淵，不休則天刑之不可解。「怨恩」至「生殺」八者，正之器，非正之道，唯循大變而無所湮，乃所以用其器之道也。以其道用其器，此正之所以爲正也。天門者，循大變而無所湮者，所由出入也，以爲不然，則天門弗開可知矣。

莊子翼 呂注：同纂微，唯脱「非可獻之於君親，自得而已」句。

孔子見老聃而語仁義。老聃曰：「夫播糠眯目，則天地四方易位矣；蚊虻噆膚，則通昔不寐矣。夫仁義憯然乃憤吾心，亂莫大焉。吾子使天下無失其朴，吾子亦放風而動，揔德而立矣，又奚傑然若負建鼓而求亡子邪！夫鵠不日浴而白，烏不日黔而黑。黑白之朴，不足以爲辨；名譽之觀，不足以爲廣。泉涸，魚相與處於陸，相呴以濕，相濡以沫，不若相忘於江湖！」孔子見老聃歸，三日不談。弟子問曰：「夫子見老聃，亦將何規哉？」孔子曰：「吾今於是乎見龍！龍，合而成體，散而成章，乘乎雲氣而養乎陰陽。予之口張而不能嗋，予又何規老聃哉！」

呂注：播糠眯目，則天地四方易位，目非糠之所宜加也；蚊虻噆膚，則通昔不寐，膚非蚊虻之所宜集也。至人之心若鏡而已，而仁義潛然亂之，豈非播糠眯目蚊虻噆膚之比哉！天下莫不有無名之朴，而能使之無失，則放風而動，揔德而立矣。風之動則莫之使而自動也，德之立則莫之建而自立也，又奚傑然若負建鼓而求亡子者邪！天下已失其樸，而救之以仁義，則是傑然負建鼓而求亡子之類也，揭然傑然皆用力之意也，負建鼓則以聲聞名譽求之也。夫鵠不日浴而白，烏不日黜而黑，則其樸之自然也，雖有彫萬物之辨，何所加飾於其間哉！則名譽之觀，無以加廣於人之性，亦若是而已矣。泉涸魚相處於陸，相呴以濕，相濡以沫，不若相忘於江湖，則天下已失其樸而相呴濡以仁義之濕沫，不若相忘於道術之江湖也。龍之爲物也，合而成體，散而成章，乘乎雲氣而養乎陰陽，未始累於其身者也。老聃以仁義爲心之播糠蚊虻，則不累於其身可知矣。

纂微　呂注：至人之心若鏡，而仁義憯然亂之，豈非播糠眯目蚊虻噆膚之比哉！天下莫不有無名之朴，而能使之無失，則放風而動，總德而立矣，言其自動自立，又奚傑傑然若建鼓而求亡子耶！天下已失其朴，而救以仁義，無異建鼓求亡，言以聲聞名譽求之也。且鵠白烏黑，朴之自然，何所加飾！則名譽之觀，無所加廣於人之性，亦若是而已。魚處陸而相呴以濕，不若相忘於江湖，則天下失其朴而相呴以仁義之濕沫，不若相忘於道術之江湖也。龍之合而成體，散而成章，則未始累於其身也。老聃以仁義爲播糠蚊虻，則不累於其身可知矣。

莊子翼　呂注：同纂微，唯「眯」作「日」旁，又「耶」作「邪」，「言以聲聞名譽求之也」句脱「聲聞」兩字，「則未始累於其身也」句脱「則」字。

子貢曰：「然則人固有尸居而龍見，雷聲而淵默，發動如天地者乎？賜亦可得而觀乎？」遂以孔子聲見老聃。老聃方將倨堂而應，微曰：「予年運而往矣，子將何以戒我乎？」子貢曰：「夫三王五帝之治天下不同，其係聲名一也。而先生〔一〕獨以爲非聖人，如何哉？」老聃曰：「小子少進！予何以謂不同？」對曰：「堯授舜，舜授禹，禹用力，而湯用兵，文王順紂而不敢逆，武王逆紂而不肯順，故曰不同。」老聃曰：「小子少進！余語汝三皇五帝之治天下。黄帝之治天下，使民心一，民有其親死不哭而民不非也。堯之治天下，使民心親，民有爲其親殺其殺而民不非也。舜之治天下，使民心競，民孕婦十月生子，子生五月而能言，不至乎孩而始誰，則人始有夭矣。禹之治〔二〕天下，使民心變，人有心而兵有順，殺盜非殺，人自爲種而天下耳，是以天下大駭，儒墨皆起。其作始有倫，而今乎婦女，何言哉！余語汝，三皇五帝之治天下，名曰治之，而亂莫甚焉。三皇之知，上悖日月之明，下睽山川之精，中墮四時之施。其知憯於蠣蠆之尾，鮮規之獸，莫得安其性命之情者，而猶自以爲聖人，不可恥乎，其無恥也？」子貢蹴蹴然立不安。

呂注：老子以仁義之憒其心，比〔三〕之播糠之眯目，蚊虻之噆膚，則以五帝三王爲非其所以爲聖

〔一〕「生」，底本、纂微原作「王」。莊子翼作「生」，陳氏排印影本從之，據改。

〔二〕「治」，原作「沿」，據文意從纂微、莊子翼、陳氏排印影本改。

〔三〕「比」，原作「此」，據文意從纂微、莊子翼、陳氏排印影本改。

而非之，宜矣。而子貢又求之於讓爭順逆之間，則其迹之尤粗者也。蓋自其跡言之，則使民心變者固不若競，競不若親，親不若一，然均之不免於治天下，而使民有心而已。則雖名曰治之，而亂天下者自亦自此始也。故苟爲用智，則豈特五帝三王而已哉！雖三皇之知亦將上悖日月之明，下睽山川之精，中墮四時之施，而其知憯於蠣蠆之尾矣。蓋日月之所以明，山川之所以精，四時之所以施，無所事知者也。用知則悖其所以明，睽其所以精，而墮其所以施矣，是知之爲毒，憯於蠣蠆之尾也甚矣！則雖鮮規之獸，亦莫得安其性命之情，而況於人乎！蓋獸之爲物，伏於山林，夜行晝居，雖飢渴隱約，猶且胥疏於江湖之上，則鮮規之甚也。子貢聞其非三皇五帝而不得其所以非者，是以蹵蹵然立不安也。

纂微　呂注：老子以仁義憒心比播糠眯目蚊虻噆膚，則以五帝三王爲非聖，宜矣。子貢又求之於讓爭順逆之間，則其迹之尤粗者。自迹言之，則使民心變固不若親，親不若一，然均不免於治天下，而使民有心而已。名曰治之，而亂天下者自此始。苟爲用知，豈特五帝三王而已！雖三皇之知亦將上悖日月，下睽山川，其知憯於蠣蠆之尾矣。獸之伏於山林，夜行晝居，雖飢渴隱約，猶且胥疏於江湖之上，則鮮規之甚也。子貢聞其非三皇五帝而不得其所以非，故蹵蹵然不安也。

莊子翼　呂注：同纂微，唯末句「不得其所以非，故蹵蹵然不安也」脱「其」「也」兩字。

孔子謂老聃曰：「丘治詩書禮樂易春秋，自以爲久矣，孰知其故矣；以奸者七十二君，論先王之道而明周召之迹，一君無所鉤用。甚矣夫！人之難説也，道之難明邪？」老子曰：「幸矣子之不遇治世之君也！夫六經，先王之陳迹也，豈其所以迹哉！今子之所言，猶迹也。夫迹，履之所出，而迹豈履哉！夫白鶂之相視，眸子不運而風化；蟲，雄鳴於上風，雌應於下風而風化；類自爲雌雄，故風化。性不可易，命不可變，時不可止，道不可壅。苟得於道，無自而不可；失焉者，無自而可。」孔子不出三月，復見曰：「丘得之矣。烏[一]鵲孺，魚傅沫，細腰者化，有弟而兄啼。久矣夫丘不與化爲人！不與化爲人，安能化人！」老子曰：「可。丘得之矣！」

呂注：六經則先王之法，明而在度數，而見之於書者也，非其所以化者也。其所以化者，則其神明而已矣，夫豈法度之所能紀，而書之所能傳哉！則今子之言，猶迹而已。夫迹，履之所出，而迹豈履哉！以是而化天下，宜其不用也。夫白鶂之相視，眸子不運而風化，則其所以相感者，以神而不以聲也。蟲，雄鳴於上風，雌應於下風，則其所以相感者，以聲而不以形也。而類自爲雌雄，故風化若是者，凡以性殊而不可易，命定而不可變，時行而不可止，道通而不可壅故也，夫豈可以言議而意測哉！則所以化天下者，固不在於陳迹之間也。故苟得於道者，無自而不可；失焉者，無自而可。則所以化天下，亦求之道而已。孔子不出，三月復見，曰：「丘得之矣。」則不出户庭而得之齋心服形之閒者也。烏鵲孺，魚傅沫，細腰者化，此三者莫不皆生，而其所以生者未嘗同，

〔一〕「烏」，原作「鳥」，據文意從纂微、莊子翼、陳氏排印影本改。

則知之所不能知也，知之所不能知則化而已矣。有弟而兄啼，則情使之然也，情使之然則情而已矣。故以化則烏鵲孺，魚傅沫，細腰者化，而均可以生，而況於化人乎！以情〔一〕則兄弟之不能均得，而欲人之化，難矣！久矣！夫丘不與化爲人，則爲道而不至於與造物者爲人也。爲道而不至於與造物者爲人則安能化人哉！世之學孔子而不得其所以迹者，其患常在於此也。

纂微　呂注：六經者先王之法，明在度數，而見於書，非其所以化也。其所以化者，神明而已。迹者履之所出，而迹豈履哉！以是而化天下，宜其不用也。白鶂之相視，眸子不運而風化，相感者神而不以聲；蟲，雄鳴上風，雌應下風，相感以聲而不以形。類自爲雌雄，故風化若是者，凡以性殊而不可易，命定而不可變，時行而不可止，道通而不可壅故也，豈可以言議意測！則知所以化天下者，不在陳迹之間，求其道而已矣。孔子不出，三月而得之於齋心服形之際，悟夫烏鵲魚蜂莫不皆生，而其所以生者未嘗同，則知之所不能知也，化而已矣。有弟而兄啼，情使之然。化則均可以生，情則雖兄弟不能均得。欲人之化也，難矣！久矣！夫丘不與化爲人。則爲道而不至於與造物者爲人也，又安能化人哉！世之學孔子而不得其所以迹者，其患常在此。

莊子翼　呂注：全同纂微。

〔一〕「情」，原作「青」，據文意從纂微、莊子翼、陳氏排印影本改。

莊子義集校卷第六

刻意第十五〔一〕

刻意尚行，離世異俗，高論怨誹，爲亢而已矣；此山谷之士，非世之人，枯槁赴淵者之所好也。語仁義忠信，恭儉推讓，爲修而已矣；此平世之士，教誨之人，遊居學者之所好也。語大功，立大名，禮君臣，正上下，爲治而已矣；此朝廷之士，尊主強國之人，致功並兼者之所好也。就藪澤，處閒曠，釣魚閒處，無爲而已矣；此江海之士，避世之人，閒暇者之所好也。吹呴呼吸，吐故納新，熊經鳥申，爲壽而已矣；此導引之士，養形之人，彭祖壽考者之所好也。若夫不刻意而高，無仁義而修，無功名而治，無江海而閒，不道引而壽，無不忘也，無不有也，澹然無極而衆美從之，此天地之道，聖人之德也。故曰，夫恬惔寂寞，虛無無爲，此天地之平道德之質也。

〔一〕本篇底本存。陳氏排印影本於篇題下注云：「本篇呂注全輯纂微本補。」

呂注：刻意以爲高，仁義以爲修，功名以爲治，江海以爲閒，導引以爲壽，則有待於物者也。若有待於物，則不能無不忘，則不能無不有，故或高或脩或治或閒或壽，而不能兼而有之者也。夫不刻意而高，無仁義而脩，無功名而治，無江海而閒，不導引而壽，則無待於物者也，無待於物則無不忘，無不忘則無不有，故澹然無極，而衆美從之。澹然無極，則不爲刻意仁義功名江海導引之所限也；衆美從之，則所謂高脩治閒壽者，不召而自來也。凡天地之道，聖人之德，則如此而已矣，知天地之道聖人之德爲如此則知所謂恬淡寂寞虛無無爲乃天地之平，而道德之質也。平則非其高下之相傾，而質則非其文也。蓋無不忘也，則不累於有；無不有也，則不累於無；不累於有無之閒，此所以爲無爲也。然古之聖人，亦有時乎爲高，則伯夷是已；有時乎爲脩，則孔孟是已；有時乎爲治，則伊尹是已；有時乎爲閒，則許由是已；有時乎爲壽，則黄帝是已；而不累於爲聖人者，凡以雖爲而不累於爲，雖無爲而不累於無爲，此所以俱爲無爲也。

纂微　呂注：自「刻意以爲高」，至「導引以爲壽」，皆有待於物，不能無不忘無不有也。澹然無極，則不爲刻意仁義功名等所役；衆美從之，則所謂高修治閒壽者，不召而自來。凡天地之道，聖人之德，如此而已，則知所謂恬澹寂寞，虛無無爲，乃天地之平，道德之質也。蓋無不忘無不有，則不累於有無，所以爲無爲也。

故曰，聖人休休焉則平易矣，平易則恬惔矣。平易恬惔，則憂患不能入，邪氣不能襲，故其德全而神不虧。

呂注：人之心未始有物。而萬物莫不備也，未始有物則無事於捨之也，萬物莫不備則無事於取之也。聖人者，無不忘也，無不有也，則休休焉不役心於取捨之間而平易矣。平言其不陂，易言其不艱；不陂則是非不得爲之高下也，不艱則隤然而道盡，非以心思而智索也；平易則恬惔矣，恬言其無知，惔言其不與物交，則所謂寂寞虚無無爲者，亦若此而已，所從言之異也。夫憂患邪氣之所以得入而襲之者，以知知物[一]，交而隙生其間故也。則平易恬惔者，固憂患之所不能入，而邪氣之所不能襲也。憂患則疑於自內出，然非生而有，則自外至者也，故曰入邪氣則忽然乘吾之間，以冠吾真，若兵之襲人，而人不知也，故曰襲。憂患不能入，故其德全；邪氣不能襲，故神不虧。古之人所以塞其兑，閉其門，而塗隙守神者，以此而已。

纂微 呂注：聖人休休焉，不役心於取捨之間。平則不陂，易則不艱。恬然無知，惔不交物，所謂寂寞無爲者，亦若是而已。夫憂患邪氣所以得入而襲之者，以知知物，物交而隙生其間故也。

莊子翼 呂注：同纂微，唯「捨」作「舍」。

故曰，聖人之生也天行，其死也物化；靜而與陰同德，動而與陽同波；不爲福先，不爲

[一]「物」，纂微、莊子翼以下增一「物」字，存疑。

禍始；感而後應，迫而後動，不得已而後起。去知與故，循天之理。故無天災，無物累，無人非，無鬼責。其生若浮，其死若休。不思慮，不豫謀。光矣而不耀，信矣而不期。其寢不夢，其覺無憂。其神純粹，其魂不罷。虛無恬淡，乃合天德。

呂注：聖人之生也天行，天行則我未嘗生也，故其出也不忻；其死也物化，物化則我未嘗死也，故其入也不拒。靜而與陰同德，則靜而不知其爲靜也；動而與陽同波，則動而不知其爲動也。不爲福先，則福亦不至；不爲禍始，則禍亦不來。感而後應，不感則不應也；迫而後動，不迫則不動也；不得已而後起，非不得已則不起也。蓋爲福先，爲禍始，非感而應，非迫而動，非不得已而起，則是用知與故者也，知與故者人之所爲也。不爲福先，不爲禍始；感而應，迫而動，不得已而起；則去知與故，循天之理者也，天之理則自然而已矣。夫惟循天理而不違，故無天災；去知故而不用，故無物累。天之所不能災，而物之所以不能累，則無人非，無鬼責，宜矣。故曰天且不違，而況於人乎！況於鬼神乎！其生若浮，若浮則若沉，而浮非有所得也；其死若休，若休則若作，而休非有所喪也。不思慮，則無感而寂也；不豫謀，則物至而應也。光矣而不耀，則發乎天光，而非皦也；信矣而不期，則其中有信，而非約也。其寢不夢，其神凝也；其覺無憂，寤寐同也；其神純粹，純粹則不雜也；其意不罷，不罷則以無所爲也。向之所謂虛無恬惔，寂寞無爲者，其證者若此而已。虛無恬惔乃合天德，天德者，聖人之所以君天下，而非所以爲天下用者也。

纂微 呂注：生也天行，則未嘗生，故出不忻；死也物化，則未嘗死，故入不拒。靜與陰同德，不知其爲靜也；動與陽同波，不知其爲動也。不爲福先，則福亦不至；不爲禍始，則禍亦不來。蓋爲福先禍始，非感而應，非迫而動，非不得已而起，則是用知與故，人之所爲也。循天理之自然，天不能災，物不能累，則無人非鬼責也，宜矣！故生浮死休，無感而寂，物至而應，發乎天光而非皦，其中有信而非約。不夢無憂，寤寐同也。純粹者，不雜不疲無所爲；天德者，聖人所以君天下也。

莊子翼 呂注：同纂微，唯「福亦不至」句「至」作「知」，「非迫而動，非不得已而起」句脱兩「非」字。

故曰，悲樂者，德之邪；喜怒者，道之過；好惡者，德之失。故心不憂樂，德之至也；一而不變，靜之至也；無所於忤，虛之至也；不於物交，淡之至也；無所於逆，粹之至也。

呂注：悲樂之於情，尤其濡滯而難去者也，故爲德之邪，邪則反正者也；喜怒則倏起而易去，故爲道之過，過則不當而已。四者皆生於好惡，好惡則悲樂喜怒之未形於外者也，故爲德之失。蓋德失而後過道，過道而入於邪，邪則反正而害之者也。故心不憂樂，德之至也，以其無好惡之失，喜怒之過，而其積乃至於不憂不樂，是以爲德之至也。人之於其心也，終日萬慮而未嘗止，則惡能頃刻而靜哉！而德人之不憂不樂，而至於一而不變，是以爲靜之至也。唯其如此，則是無己，無己以遊，出則無所於忤，若虚船之觸物，而莫有怒之者，是以爲虚之至也；不能無己者，物來則於之交，未免乎所謂味也，無己而不與物交，則無味矣，是以爲淡之至也。己往而物無與忤，物來而我不與交，物與我無辨矣，物與我無辨則雖入水蹈火，無物而非我，有〔一〕庸有逆乎！是以爲粹之至也。則向之所謂德，所謂静，所謂虚，所謂粹，其義若此而已，則其他可以類推也。

纂微　呂注：悲樂之情難去，故爲德之邪；喜怒倏起滅，故爲道之過。四者皆起於好惡，好惡則悲樂喜怒之未形於外者也。夫人之心，終日萬慮而未嘗止，則惡能頃刻而静哉！德人不憂不樂，至於一而不變，是爲静之至也。無所於忤，若虚船之觸物而不怒，是爲虚之至；不與物交則無味，是爲惔之至。若然則雖入水蹈火，無往而非我，庸有逆乎！是爲粹之至也。

莊子翼　呂注：同纂微，唯「德人」作「圣人」，「無所於忤」句「於」誤作「干」字。

故曰，形勞而不休則弊，精用而不已則勞，勞則竭。水之性，不雜則清，莫動則平；鬱閉而不流，亦不能清；天德之象也。故曰，純粹而不雜，静一而不變，淡而無爲，動而以天行，此養神之道也。夫有干越之劍者，柙而藏之，不敢用也，寶之至也。精神四達並流，無

〔一〕「有」，據文意當爲「其」之形誤。

所不極，上際於天，下蟠於地，化育萬物，不可爲象，其名爲同帝。純素之道，唯神是守；守而勿失，與神爲一；一之精通，合於天倫。野語有之曰：「衆人重利，廉士重名，賢士尚志，聖人貴精。」故素也者，謂其無所與雜也；純也者，謂其不虧其神也。能體純素，謂之真人。

呂注：觀聖人之心，虛無恬淡，如向所言，則雖終日從事而精不勞，精不勞則形不勞。古之人所謂廢心而用形，而視聽不以耳目者，用此道也。今也屬耳目乎聲色，而役心乎取捨，用其形而精隨之，故形勞而不休，精用而不已，以至於弊且竭，宜矣！水之性，不雜則清，莫動則平，則其清平固其自然也，直不雜莫動之而已。知其如此，而以鬱閉而不流爲莫動，則不能清，則所謂天德者，其象亦猶是也。故純粹而不雜，則水之不雜而清之象也；靜一而不變，淡而无爲，則水之莫動而平之象也；動而以天行，則水之不以鬱閉不流爲莫動之象也。而天下之方術，有制於虛靜，而不知觀萬物之復於並作之間，而歸其根於芸芸之際者，不知此者也。此養神之道，而世之人以爲養形足以存生者，又不足以與此也。夫有干越之劍，柙〔一〕而藏之，不敢用者，寶之至也，非以其用之利邪！精神四達並流，而無所不極，上際於天，下蟠於地，化育萬物，不可爲象，其用之利，豈直干越

〔一〕「柙」，原作「神」，據文意從纂微、莊子義、陳氏排印影本改。

之劍哉！其名爲同帝，則其可貴豈直干越之劍之可寶哉！乃不知礪之以純粹，神之以靜一，藏之以無爲，將之以天行，是不明乎貴賤之分也。精出乎至陰，神生乎至陽，兩者交通成和而物生。我身之與天地，其本一也，則上際下蟠，化育萬物，而名之爲同帝，非虛言也。純素之道，唯神是守，守之者以純素而已矣。方其守也，則有所謂守之者焉；及其至也，守而勿失；則守之者與所守者合而爲一矣。一之精通，合於天倫，天倫者天理也，人而合乎天理，則亦天而已矣，此聖人所以皆精也。故素也者，謂其無所與雜也，存乎纖疵則雜矣；純也者，謂其不虧其神也，萌乎微動則虧矣。故體純素者，唯真人能之。

纂微　呂注：觀聖人之心，虛無恬惔，如向所言，則雖終日從事，而精神不勞。古之人所謂廢心而用形，視聽不以耳目者以此。今也，屬耳目乎聲色，而役心乎取舍，形勞而不休，精用而不已，以至於弊且竭，宜矣！水性清平，固自然也；直不雜，莫動之而已。知其如此，而以鬱閉不流爲莫動，則不能清。所謂天德者，其象亦猶是也。故純粹不雜，水清之象；靜一不變，水平之象；動而以天行，水之不以鬱閉不流爲莫動之象也。而天下之方術有制於虛靜，而不知觀復於並作之間。歸根於芸芸之際者，不知此養神之道故也。而世之人以爲養形足以存生，又不足以與此。劍之柙藏，以其用之利也，精神際天蟠地，其用之利豈止干越之劍哉！其名爲同帝，則其貴豈直劍之可寶哉！乃不知礪之以純粹，柙之以靜一，藏之以無爲，將之以天行，是不明乎貴賤之分也。惟神是守，守之以純素而已。方其守也，則有所謂守之者，守而勿失，則守之與所守者合而爲一矣。倫即理也，人而合乎天理，則亦天而已矣，此聖人所以貴精也。素者，無雜；純者，不虧；唯真人能之。

莊子翼 呂注：同纂微，唯「純者，不虧」句作「精者，不虧」。

繕性第十六〔一〕

繕性於俗，俗學以求復其初；滑欲於俗，思以求致其明；謂之蔽蒙之民。古之治道者，以恬養知；生而無以知爲也；謂之以知養恬。知與恬交相養，而和理出其性。夫德，和也；道，理也。德無不容，仁也；道無不理，義也；義明而物親，忠也；中純實而反乎情，樂也；信行容體而順乎文，禮也。禮樂徧行，則天下亂矣。彼正而蒙己德，德則不冒，冒則物必失其性也。

呂注：性脩反德，德至同於初，而繕之於俗，則其患嘗在於益生而失其初，而又俗學以求復之，則滋遠矣；不見可欲，使心不亂，而滑欲於俗，則其患嘗在於趣捨，以雜其明，而又思以求致之，則滋昏矣；性之在人，明之在性，固未嘗亡也，直以繕之於俗而又求復之以俗學，汨之於欲而又求致之以思，是重自障覆，而莫之得見也，則謂之弊蒙之民，豈不宜哉！古之治道者，以恬養知，生而無以知爲也，此之謂以知養恬，蓋所謂恬者，生而安之而不知其然之謂也，安之而不知其然則無

〔一〕本篇底本完存。黑水城本全佚，故陳任中於篇題下注云：「本篇呂注全輯纂微本補。」

知而已矣，故謂之恬。人之常言，謂安爲恬，靜亦爲恬，蓋恬則安之而靜也，以是而養知則非思以求致其明矣。知其生而無以知，爲而不用知，則異乎安之而不知其然矣，故謂之知，以是而養恬，則非俗學以求復其初矣。易謂之陰陽，謂之神明，老氏謂之惚恍，而莊子謂之恬知，其實一也，古之治道者未有不以是交相養而能至者也。蓋恬之失在昧，則無以發乎照曠；知之失在皦，則無以復乎混冥；二者交相養而後和理出，其性也。兒子終日號而嗌，不嗄和之至，出怒不怒，唯同乎天和者爲然，則所謂和者可知矣；萬物有成理而不説，而解牛者依乎天理，則所謂理者可知矣。蓋以知養恬，而和出其性；以恬養知，而理出其性；出其性則非自外至也。通於天地者德也，和故通於天地而無間，故爲德，而德則和也；行於萬物者道也，理故行於萬物而不閡，故爲道，而道則理也；德之體和而其用無不容，則爲仁，故德無不容，仁也；道之體理，而其用無不理，則爲義，故道無不理，義也；行乎萬物而無不理，則義明而物不得不親，而理則出乎性，故義明而物親，忠也；所謂忠，則中純實，而非爲而樂之所由生也，故中純實而反乎情，樂也；信則有諸中，有諸中必行諸外而爲文，故信行容體而順乎文，禮也；禮樂偏行而天下亂矣，則所謂禮者，忠信之薄而亂之首是也。蓋各正性命，保合大和，萬物未有不然者也，則彼名正而自蒙己德矣，則所謂德者，奚以冒彼爲哉！　禮樂偏行而一之於外，則道德之理滋遠，而不能無冒，冒則物必失其性，此天下所以亂也。莊子論禮樂，出於仁義忠信，仁義忠信出於道德，而道德出於性；而孔子以爲聖人作易，順性命之理，和順於道德而理於義，窮理盡性，以至於命；孟子亦謂仁義皆内而出於性，而性則盡其心者爲能知之，而知其性則知天，其指同矣；而韓愈氏以爲博愛之謂仁，行而義之之謂義，由是而之焉之謂道，則道乃出於仁義，而仁義則何自而出也？則與荀子所謂禮義生乎僞，何以異哉！

纂微 呂注：繕性於俗，其患常在益生而失其初，而又俗學以求復之，則滋遠矣；滑欲於俗，其患常在趣舍，以杂其明，而又思以求致之，則滋昏矣；恬者安之而不知其然，以是而養知，非思以求致其明也。知其生而無以知爲而不用，則異乎安之而不知其然，以是而養恬，非俗學以求復其初也。易之神明，老氏之恍惚，莊子之恬知，其實一也。古之治道者，未有不以是交相養而能至者也。恬之失在昧，則無以發其照曠；知之失在皦，則無以復乎混冥；二者交相養，而和理出其性，非自外至也。通於天地者德，德則和也；行於萬物者道，道則理也；德之體和，而其用無不容，則爲仁；道之體理，而其用無不理，則爲義；義明而物不得不親，中也。中純實而非僞樂之所由生，信則有諸中形諸外而爲文，禮也；禮者，忠信之薄，而亂之首也。夫萬物各正性命，則自蒙己德矣。所謂德者，奚以冒彼爲哉！禮樂偏行，則道德滋遠，而不能無冒，冒則物必失其性，天下所以亂也。

莊子翼 呂注：同纂微，唯「知其生而無以知」句脱「知其」兩字，「中也」作「忠也」，又「所謂德者」句脱「者」，「礼乐遍行」句「遍」作「偏」。

古之人，在混芒之中，與一世而得澹漠焉。當是時也，陰陽和靜，鬼神不擾，四時得節，萬物不傷，群生不夭，人雖有知，無所用之，此之謂至一。當是時也，莫之爲而常自然。逮德下衰，及燧人伏戲始爲天下，是故順而不一。德又下衰，及神農黄帝始爲天下，是故安而不順。德又下衰，及唐虞始爲天下，興治化之流，澆淳散樸，離道以善，險德以行，然後去性而從於心。心與心識知而不足以定天下，然後附之以文，益之以博。文滅質，博溺心，然後民始惑亂，無以反其性情而复其初。

呂注：所謂古之人與一世而得澹漠焉者，即燧人伏犧神農黄帝堯舜。至一之妙處也，所謂燧人伏犧神農黄帝堯舜，則混芒之粗迹也，非離三皇五帝而别有所謂古之人也。混言其不分，芒言其无象，澹言其不交，漠言其不亂，身與世若此，則所謂至一也。故由其妙處而觀之，則是以道涖天下，故陰陽和靜，鬼神不擾，四時得節，萬物不傷，群生不夭，固其宜也；道之在天下，常使民無知無欲，使夫知者不敢爲，則人雖有知，無所用之，謂之至一，亦其宜也；道常無爲而法自然，則當四時也，故莫之爲而常自然矣。由其粗迹觀之，則三皇五帝，雖時有厚薄，其應不同，而均之於爲天下，而其德不免於下衰，而不出於至一也。故爲道者，常絶聖棄智，復歸於無物。而是篇之言，必至於如此者，誠以夫至一之際，雖燧人伏犧神農黄帝堯舜，不得容於其間也。而世之學聖人之言與其迹者，不知乎吾身有所謂鼓萬物而不與聖人同憂之處，則聞斯言也，或疑或驚，或笑或駡，固不足異也。燧人伏犧，順而不一；神農黄帝，安而不順；唐虞興治化之流，澆淳散樸；則時有厚薄，其應不同也。興治化之流，則遠其源，而澆淳則不厚，散樸則爲器，則所謂大道廢，有仁義，智慧出，有大偽也。道無善無不善，而有所謂善，則不合而離矣；上德不德，不德則無所行，而有所謂行則不易而險矣。仁義則所謂善與行也，而仁則善之長，而義所以行之也。道德則性而已，仁義則性之發乎心也。離道以善，險德以行，則是去性而從於心也。化而欲作，吾將鎮之以無名之樸，無名之樸亦將不欲，不欲以靜，天下將自正，固不可以知知，而不可以識識也。今以心定天下之心，則心與心識知而不足以定天下矣。夫唯其不足以定天下，故附之以文，益之以博；文滅質，博溺心；文則禮樂，博則學，而質則性也。所謂禮樂偏行而天下亂也，然後民始惑亂，無以反其性情而復其初，則所謂繕性於俗，而俗學以求復其初，汨欲於俗，而思以求致其明，豈可得哉！

纂微　呂注：所謂處混芒而得澹漠者，即燧人羲黄至一之妙處，而諸聖人者，混芒澹然之粗迹也。自其妙處觀之，以道莅天下，而使民無知無欲，謂之至一，亦其宜也。自其粗迹觀之，均於爲天下，而其德不免於下衰，而不出於至一也。故爲道者，常絶聖棄知，復歸於無物。而是篇論至於此者，誠以夫至一之際，雖燧人羲黄，不得容於其間也。而世之學聖人之言與其迹者，不知吾身有所謂鼓萬物而不與聖人同憂之處，則聞此言，而驚疑笑訝，不足怪也。自燧人至唐虞，則治化之流，澆淳散朴，時有厚薄，其應不同，所謂大道廢，有仁義；知慧出，有大僞也。夫道無不善，有所謂善則不合矣；德無所行，有所謂行則不夷矣。仁則善之長，義所以行之也；道德，性而已；仁義則性之發乎心也，離道險德是去性而從心矣。化而欲作，吾將鎮之以無名之樸，今以心定天下之心，則心與心識知而不足以定天下，故附以文而滅質，益以博而溺心，文則禮樂，博則學，質則性也。禮樂行而天下亂，求所以復初致明，何可得哉！

莊子翼 呂注：同纂微，唯脱「而是篇論至於此者，誠以夫至一之際，雖燧人羲黄，不得容於其間也」句。

由是觀之，世喪道矣，道喪世矣。世與道交相喪也，道之人何由興乎世，世亦何由興乎道哉！道無以興乎世，世無以興乎道，雖聖人不在山林之中，其德隱矣。隱，故不自隱。古之所謂隱士者，非伏其身而弗見也，非閉其言而不出也，非藏其知而不發也，時命大謬也。當時命而大行乎天下，則反一無迹；不當時命而大窮乎天下，則深根寧極而待；此存身之道也。

呂注：世以不明而道隱，則是世喪道也；道以不真而世昏，則是道喪世也；世與道交相喪，則真所謂道之人何由興乎世？而世亦何由興乎真所謂道哉！世與道交相興，則聖人作而物覩。道無以興乎世，世無以興乎道，則雖聖人體性抱神以遊乎世俗之間而莫之知，則固已隱矣，奚以自隱於山林之中爲哉！古之所謂隱士者，非伏其身而弗見也，非閉其言而不出也，非藏其智而不發也，時命大謬也，則所謂龍德而隱是也。當時命而大行乎天下，則返一無迹，則華胥之夢、姑射之游是也；不當時命而大窮乎天下，則深根寧極而待，則確乎其不可拔是也；龍蛇之蟄以存身也，如此而已矣。觀莊子之言，豈亦慨然乎時命之不遭邪！夫道以慈爲寶，則世道之交相喪宜在所哀；而聞是道者，有遇於廢興之間，則所以存身者，不可不知，固在所敎也。而莊子神人也，固所謂不與聖人同憂者，亦何慨然於大謬之間哉！

纂微　呂注：世與道交相與，則聖人作而萬物覩；世與道交相喪，則聖人遊乎世俗而莫之知；固已隱矣，奚以自隱於山林间爲哉！反一無迹，華胥之夢，姑射之遊是也；深根寧極，確乎其不可拔者是也；龍蛇之蟄以存身，亦若此而已矣。觀莊子此言，似亦慨然於時命之不遭，蓋世道交喪，宜在所哀也。夫聞道者，有遇於興廢之間，則所以存身者，固不可不知，若莊子則所謂不與聖人同憂，亦何慨然於大謬之間哉！

莊子翼　呂注：同纂微，唯脱末句「夫聞道者，有遇於興廢之間，則所以存身者，固不可不知，若莊子則所謂不與聖人同憂，亦何慨然於大謬之間哉！」

古之行身者，不以辯飾知，不以知窮天下，不以知窮德，危然處其所而反其性已，又何爲哉！道固不小行，德固不小識。小識傷德，小行傷道。故曰，正己而已矣。樂全之謂得志。古之所謂得志者，非軒冕之謂也，謂其無以益其樂而已矣。今之所謂得志者，軒冕之謂也。軒冕在身，非性命也，物之儻來，寄也。寄之，其來不可圉，其去不可止。故不爲軒冕肆志，不爲窮約趨俗，其樂彼與此同，故無憂而已矣。今寄去則不樂，由是觀之，雖樂未嘗不荒也。故曰，喪己於物，失性於俗者，謂之倒置之民。

呂注：存身則靜而已，行身則非可以徙靜也，必應變而不害乎靜也。不以辨飾知則忘言，而智無所不知也；不以智窮天下，不以智窮德，則去知而外之以知天下，內之而德備也；忘言而知無所不知，去知而外之以知天下，內之而德備，則危然處其所而反其性已，又何爲哉！危然處其所，則不待避世離物，而世與物不足以累之，此行身之道也。道固不小行，德固不小識，不可不少損以趨世也。凡以小識傷德，小傷伤道而已矣，故曰，正己而已矣，正己則不少損以趨世者也，孟子所謂「大人者正己而物正」是也。乐全則無以益其乐之謂也，無以益其乐者惟天乐惟然，則道是矣，志於道而求得之，此古之所謂得志也。道則性命，而軒冕則物之寄而非性命也，而謂之得志，則俗而已矣。今以其寄去，而易其无以益之之天乐，則是喪己於物，失性於俗也。己與性在內而重，物與俗在外而輕，今喪失其所重于其所輕，是倒置也，謂之民則治于人者也。言此者，明有道者，雖時命大謬而不小行小識以趨世，而易其無以益之之樂也。

纂微 呂注：存身則靜而已，行身非徒靜，必應變而不害乎靜可也；忘言而知無不知，去知而德無不備，危然處其所，則不待避世離物，而世物無足以累之，此行身之道也。道不小行，德不小識，則不少損以趨世，不少損以趨世，正己之謂也。樂全者無以益其樂，志於道而求得之，此所謂得志也。道則性命，軒冕物之寄耳，今以其寄去，而易其無以益之之樂，則喪己失性，是爲倒置者也。

莊子翼　呂注：全同纂微。

秋水第十七〔一〕

秋水時至，百川灌河，涇流之大，兩涘渚崖之間，不辨牛馬。於是焉河伯欣然自喜，以天下之美爲盡在己。順流而東行，至於北海，東面而視，不見水端，於是焉，河伯始旋其面目，望洋向若而歎曰：「野語有之曰，『聞道百以爲莫己若者』，我之謂也。且夫我嘗聞少仲尼之聞而輕伯夷之義者，始吾弗信；今我睹子之難窮也，吾非至於子之門則殆矣，吾長見笑於大方之家。」

呂注：秋水時至，百川灌河，則學自外至，聞見雜博，而未達乎大道之譬也；涇流之大，兩涘渚崖之間，不辨牛馬，則爲道而下出兩旁中央之方域，而未空乎無所見之譬也；以天下之美爲在己，則以言其以少爲足也；順流而東行，至於北海，則以言其雖未達乎大道，循性而求之不已，則必得其所歸，東則水之性，北則萬物之所歸也；東面而視，不見水端，則以言其初覩道之無窮而不得其朕也；旋其面目，望洋向若，則以言其迴趣大道，而將從無窮之遊也。

〔一〕本篇底本完存。陳氏排印影本於題下注云：「呂注輯纂微本。」

纂微　吕注：秋水時至，百川灌河，則學自外至，而未達乎大道之譬；涇流兩涘，不辨牛馬，則爲道而不出乎兩旁中央，而未至乎無所不見也；順流至於北海，言循理而求，則必得其所歸；旋面望洋向若，回趨大道，從無窮之遊也。

莊子翼　吕注：全同纂微。

北海若曰：「井蛙不可以語於北海者，拘於墟也；夏蟲不可以語於冰者，篤于時也；曲士不可以語於道者，束於教也。今爾出於崖涘，觀于大海，乃知爾醜，爾將可与語大理矣。天下之水，莫大於海，萬川歸之，不知何時止而不盈；尾閭泄之，不知何時已而不虚；春秋不變，水旱不知。此其過江、河之流，不可爲量數。而吾未嘗以此自多者，自以比〔一〕形于天地而受氣於陰陽，吾在天地之間，猶小石小木之在大山也，方存乎見少，又奚以自多！計四海之在天地之間也，不似礨空之在大澤乎？計中國之在海内，不似稊米之在大倉乎？號物之數謂之萬，人處一焉；人卒九州，穀食之所生，舟車之所通，人處一焉；此其比萬物也，不似豪末之在於馬體乎？五帝之所連，三王之所爭，仁人之所憂，任士之所勞，盡此矣。伯夷辭之以爲名，仲尼語之以爲博，比其自多也，不似爾向之自多於水乎？」

〔一〕「比」，原作「此」，據文意從諸本改。

呂注：拘於墟則大小之所限也，篤[一]于時則久進之所專也，束于教則方術之所制也。天下之所以不得逍遥遊者，凡以此而已矣。出於涯涘，而觀于大海，則脱其所拘限，而預於無方之觀，此其所以可與語大理也。萬川歸之，不知何時已而不盈，則益之而不加益也；尾閭洩之，不知何時止而不虚，則損之而不加損也；春秋不變，則非久近之所專也；水旱不知，則非大小之所限也；此水之幾於道也。計四海之在天地之間，中國之在海内，人卒之在萬物，若存若亡，如是其微，而五帝之所連，三王之所爭，仁人之所憂，任士之所勞，不過於此。而伯夷辭之以爲名，仲尼語之以爲博，而自大道之無方觀之，則輕其義而少其聞，豈誕也哉！

纂微 呂注：拘於墟則小大之所限，篤于時則久近之所專，束于教則方術之所制，天下所以不得逍遥者以此。出涯涘而觀大海，則脱其拘限，而與於無方之觀，故可以語大理也。萬川歸之不盈，則益之不加益；尾閭泄之不虚，則損之不加損；非久近所專，非大小所限，此水之幾於道也。計四海在天地間，中國在海内，人卒在萬物，若亡若存，如是其微，而五帝三王、仁人任士之所憂勞，不過於此。而或辭之以爲名，語之以爲博，自大道無方觀之，輕其義而少其聞，豈虚言哉！

莊子翼 呂注：全同纂微，唯「豈虚言哉」句作「豈虚語哉」。

[一]「篤」，原從「艹」頭，從纂微、莊子翼改。

河伯曰：「然則吾大天地而小毫末，可乎？」北海若曰：「否。夫物，量無窮，時無止，分無常，終始無故。是故大知觀於遠近，故小而不寡，大而不多，知量無窮；證曏今故，故遙而不悶，掇而不跂，知時無止；察乎盈虚，故得而不喜，失而不憂，知分之無常也；明乎坦途，故生而不悦，死而不禍，知終始之不可故也。計人之所知，不若其所不知；其生之時，不若未生之時；以其至小求窮其至大之域，是故迷亂而不能自得也。由此觀之，又何以知毫末之足以定至細之倪！又何以知天地之足以窮至大之域！」

呂注：道非小大也，而河伯自多於水，故北海若言天地之大，以救其自多而已；而河伯遂欲大天地而小毫末，以不知物之量無窮，時無止，分無常，終始無故也；誠知其如此，則小大豈有定體哉！何謂量無窮？今夫天地，吾以爲至大之極，吾知之所知，終莫得其盡，則吾所謂大者，豈知其真爲大哉！大吾不知其真爲大，則小吾安知其真爲小也？是之謂量無窮。是故大知觀於遠近，其體如此，故小而不寡，大而不多，以知量無窮也。知効一官，行比一鄉，德合一君而徵一國，而宋榮子猶然笑之，則小而寡之者也；鷽鳩之笑大鵬曰：「奚以之九萬里而南爲？」則大而多之者也。何謂時無止？今我以曏爲曏，而今爲今，心未及言，而所謂今者已遷而爲曏矣，則所謂〔一〕曏

〔一〕「謂」，原作「爲」，據文意從纂微、莊子翼改。

與今者豈有止哉！是之謂時無止。故證乎曏今之皆故也，則遙而不悶，掇而不跂，以知時之無止也，吾安能欝欝待百年之王乎！則遙而悶者也；彭祖乃今以久特聞，衆人匹之，則短而跂者也。何謂分無常？日中則昃，月盈則蝕，天地盈虛，與時消息，則物之分，孰能常而不變哉！是之謂分無常。故察乎盈虛，則得而不喜，失而不憂，知分之無常也。何謂終始無故？有始者，必有終，則始未嘗有故也；有終者，必有始，則終未嘗有故也；原始之所自起，要終之所由歸，而明乎恒〔一〕途，故生而不悦，死而不禍，以知終始之不可故也。則物之所謂量，所謂時，所謂分，所謂終始，豈真知也哉！知而非真知，則所知固不若其所不知也。生而有知，未生則無知也，則其生之時，固不若其未生之時也。蓋知至小也。無窮至大也。以其至小而求窮其至大之域。是以迷亂而不能自得也，則小毫末，大天地，奚足以定至細之倪與窮至大之域哉！

纂微　呂注：道非小大，豈有定體！今夫天地，吾以爲至大極，吾知之所知而莫得其盡，則吾所謂大者豈真大，所謂小者豈真小耶！小不爲寡，大不爲多，以知量之無窮也。我以曏爲曏，今爲今，未及言而今已爲曏，則所謂曏與今者，豈有止哉！證夫曏今之皆故，則遙而不悶，掇而不跂，以知時之無止也，吾安能欝欝待百年之王！則遙而悶者也。彭祖以久特聞，衆人匹之，則掇

〔一〕「恒」，纂微、莊子翼作「坦」，陳氏排印影本從之，存疑。

而跂者也。日中則昃，月滿則虧，察乎盈虚，則得而不喜，失而不憂，知分之無常也。有始必有終，有終必有始，原始要終，而明乎坦途，故生而不悦，死而不禍，以知終始之不可故也，則物之所謂時分終始豈真知也哉！知而非真知，則所知固不若其所不知也。生而有知，未生則無知，則其生之時，固不若其未生之時也。知，至小也；無窮，至大也；以至小而求窮至大之域，是以迷亂而不自得也。

莊子翼　呂注：同纂微，唯「昃」作「昃」。

河伯曰：「世之議者皆曰：『至精無形，至大不可圍。』是信情乎？」北海若曰：「夫自細視大者不盡，自大視細者不明。夫精，小之微也；垺，大之殷也；故異便。此勢之有也。夫精粗者，期於有形者也；無形者，數之所不能分也；不可圍者，數之所不能窮也。可以言論者，物之粗也；可以意致者，物之精也；言之所不能論，意之所不能察致者，不期精粗焉。是故大人之行，不出乎害人，不多仁恩；動不爲利，不賤門隸；貨財弗爭，不多辭讓；事焉不借人，不多食乎力，不賤貪汙；行殊乎俗，不多辟異；爲在從衆，不賤佞諂；世之爵祿不足以爲勸，戮恥不足以爲辱；知是非之不可爲分，細大之不可爲倪。聞曰：『道人不聞，至德不得，大人無己。』約分之至也。」

呂注：自細視大者不盡，則凡目力之所不及者是也，直不盡也，非不可圍也；自大視細者不明，則焦冥之集蛟睫，而離朱當晝拭目視之，而不見者是也，直不明也，非無形也；非精小之微也，埒大之殷也，以爲細大視之各異便，則勢之有也，而以爲無形不可圍則非也。夫精粗者，期於有形者也。無形者數之所不能分也；不可圍者，數之所不能窮也，豈可以名之以精粗小大哉！蓋可以言論者，物之粗也；可以意致者，物之精也。道者，言之所不能論，意之所不能察，致而不期精粗者也，則體道者亦若是而已矣。是故大人之行，不出乎害人，不多仁恩；不出乎害人則其性之自然也，不多仁恩則非有爲而爲之也。動不爲利，不賤門隸，門隸則以利爲事者也；貨財不爭，不多辭讓，辭讓則不爭也；事焉不借人，不多食乎力，不賤貪汙，食乎力則不借[一]，人而貪汙則反是者也；行殊乎俗，不多辟異，辟異則以殊俗爲事者也；爲在從衆，不賤佞諂，佞諂者君親之所然而然之，從君親而非所從衆者也，凡皆出於自然而莫之其然也；世之爵禄不足以爲勸，而戮耻不足以爲辱矣，夫豈知是非之爲分，而細大之爲倪而爲之哉！人之所以不能至於不聞，不得無己者，以不能無所分而已矣。約分之至，至於無所分，此道人之所以不聞，至德之所以不得，而大人之所以無己也。

纂微 呂注：自細視大者，目力所不及，直不盡耳，非不可圍也；自大視細者，蟭螟棲蚊睫，視之而不見，直不明耳，非無形也。夫精粗者期於有形，無形者數不能分，不可圍者數不能窮；可以

[一]「不借」，原作「休借」，據莊文「事焉不借人，不多食乎力」句，從莊子翼、陳氏排印影本改。

言論者物之粗，可以意致者物之精，道則超乎言意，不期精粗焉。故大人之行，不出乎害人，性自然也；不多仁恩，非有爲也。門隸則以利爲事，辭讓則不爭，食乎力則不借；人貪汙則反是，辟異則以殊俗爲事，佞諂則從君親，而非從衆也。凡此，皆出於自然。世之爵祿刑罰不足以爲勸懲矣，夫豈知是非之爲分，細大之爲倪哉！人能約分之至，至於無所分，此道人所以不聞，至德所以不得，而大人所以無己也。

莊子翼　呂注：同纂微，唯「期於有形」誤作「形於有形」。

河伯曰：「若物之外，若物之內，惡而至倪貴賤？惡至而倪小大？」北海若曰：「以道觀之，物無貴賤；以物觀之，自貴而相賤；以俗觀之，貴賤不在己。以差觀之，因其所大而大之，則萬物莫不大；因其所小而小之，則萬物莫不小；知天地之爲稊米也，知毫末之爲丘山也，則差數覩矣。以功觀之，因其所有而有之，則萬物莫不有，因其所無而無之，則萬物莫不無；知東西之相反而不可以相無，則功分定矣。以趣觀之，因其所然而然之，則萬物莫不然；因其所非而非之，則萬物莫不非；知堯、桀之自然而相非，則趣操覩矣。昔者堯舜讓而帝，之、噲讓而絶；湯武爭而王，白公爭而滅。由此觀之，爭讓之禮，堯桀之行，貴賤有時，未可以爲常也。梁麗可以衝城，而不可以窒穴，言殊器也；騏驥驊騮，一日而馳千里，捕鼠不如狸狌，言殊技也；鴟鵂夜撮蚤，察毫末，晝出瞋目而不見丘山，言殊性也。故曰，蓋師是而無非，師治而無亂乎？是未明天地之理，萬物之情者也。是猶師天而無地，師陰而無陽，其不可行明矣。然且語而不舍，非愚則誣也。帝王殊禪，三代殊繼。差其時，逆其俗者，謂之篡夫；當其時，順其俗者，謂之義徒。默默乎河伯！汝惡知貴賤之門，小大之家！」

呂注：河伯聞是非之不可爲分，細大之不可爲倪，而約分之至至於無所分，則疑物之内外將無以至，而倪貴賤大小也。蓋以道觀之，萬物一體，則物安有貴賤邪？以物觀之，自貴而相賤，而道非物也；以俗觀之，貴賤不在己，而道非俗也，道非物與俗，則非貴賤也。以差觀之，因其所大而大之，則毫末之於無形，猶爲丘山也，況其大者乎？如是則萬物莫不大矣；因其所小而小之，則天地之於太虛，猶爲稊米也，況其小者乎？如是則萬物莫不小矣；知天地之差於大虛，而至於爲稊米毫末；差於無形，而至於爲丘山；則所謂差者其數覩矣，而道非差也，則非小大也。以功觀之，因其所有而有之，若有東必有西，以其相待而有也，如是則萬物莫不有矣；因其所無而無之，若無東則無西，以其不得其所待則無也，如是則萬物莫不無矣。知東西之相反而相待，而後有則不可以相無，則所謂功者其分定矣，而道非功也，則非有無也。以趣觀之，因其所然而然之，則物固有所然，而萬物莫不然矣；因其所非而非之，則物固有所非，而萬物莫不非矣；知堯桀之出於自是其所是而交相非，則所謂趣者其操覩矣。而道非趣也，則非是非也，故道非物與俗也，則無貴賤；非差也，則無大小；非功也，則無有無；非趣也，則無是非；則爲道者，亦兩忘而休乎天均而已矣，惡用而倪貴賤大小哉！故以堯舜之讓爲是，則之、噲以絶也；以湯武之爭爲是，則白公以滅也。則爭讓之禮，堯桀之行，貴賤有時，而未可以爲常也，未可以爲常則其時之異也；梁麗可以衝城，而不可以窒穴，言殊器也，器殊則其用之異也；騏驥驊騮，一日而馳千里，捕鼠不如狸狌，言殊技也，技殊則其能之異也；鴟鵂夜撮蚤，察毫末，晝出瞋目不見丘山，言殊性也，性殊則其稟之異也；以夫四者之不同，而欲齊之以所是，則是師是而無非，師治而無亂也，是未明乎天地之理，萬物之情也。而古之君子，固有若是者，彼非不明也，有爲而爲之也；如其不明而爲之，則是師天而無地，師陰而無陽，宜其爲非愚則誣也。帝王殊禪，三代殊繼，差其時，逆其俗，謂之篡夫，篡夫則以言其獨也；當其時，順其俗，謂之義之徒，義之徒則以言其有與也；則貴賤小大，惡可以爲常哉！夫道，則貴賤之所自出，故曰門；而小大之所同歸也，故曰家。

纂微　呂注：以道觀物，安有貴賤？以物觀之，自貴而相賤，而道非物也。以俗觀之，貴賤不在己，而道非俗也，道非物與俗則非貴賤也。因其所大而大之，因其所小而小之，知天地差於太虛，而至於爲稊米毫末；差於無形，而至於爲丘山；則所謂差者其數覩矣，而道非差則非小大也。因其所有而有，若東必有西；因其所無而無，無東則無西；知東西之相反，而不可相無，則所謂功者其分定矣。而道非功，則非有無也，因其所然而然，所非而非，知堯桀之出于自是而交相非，則所謂趣者其操覩矣，而道非趣則非是非也。若然，則爲道者兩忘而休乎天均，惡用而倪貴賤小大哉！以堯舜之讓爲是，則之、噲以絶；以湯武之爭爲是，則白公以滅；爭讓之禮，堯桀之行，貴賤有時，未可以爲常也。梁麗不可窒穴，騏驥不能捕鼠，鴟鵂不能晝視，三者不同，而欲齊之，是未明乎天理物情也。簒夫言其獨，義徒言其衆。

莊子翼 呂注：全同纂微。

河伯曰：「然則我何爲乎？何不爲乎？吾辭受趣舍，吾終奈何？」北海若曰：「以道觀之，何貴何賤，是謂反衍；無拘而志，與大道蹇。何少何多，是謂謝施；無一而行，與道參差。嚴乎若國之有君，其無私德；繇繇乎若祭之有社，其無私福；汎汎乎其若四方之無窮，其無所畛域。兼懷萬物，其孰承翼？是謂無方。萬物一齊，孰短孰長？道無終始，物有死生，不恃其成；一虛一滿，不位乎其形。年不可舉，時不可止；消息盈虛，終則有始。是所以語大義之方，論萬物之理也。物之生也，若驟若馳，無動而不變，無時而不移。何爲乎？何不爲乎？夫固將自化。」

呂注：學者平日係于有物，一聞大道無貴賤小大，則於爲不爲辭受趣舍之際，汒然莫知其所從，固其宜也。以道觀之，道猶無物，則貴賤少多，安可得邪？所謂貴賤者，是物之反衍而已，非道也。言反則有往，反則爲貴，往者〔一〕爲賤也；言衍則有耗，衍則爲貴，耗則爲賤也；則當放志而無拘，拘而志則與道大蹇而不通矣。所謂少多者，物之謝施而已，非道也，言謝則有榮，謝則爲少，榮則爲多也；言施則有斂，施則爲多，斂則爲少也；當兩行而無一，一而行則與道參差而不當矣。嚴乎若國之有君，其無私德，無私德則於所君之人無所獨賴也，則無拘而志之謂也；繇繇乎若祭之有社，其無私福，無私福則於所祭之人無所偏與也，則無一而行之謂也；況汎乎其若四方之無窮，其無所畛域，無所畛域則與道通而不大蹇之謂也。兼懷萬物，其孰承翼？是謂無方，承則戴而承之也，翼則傍而助之也，兼懷萬物而無方則物在我所畜，而我其孰承而翼之也！萬物一齊，孰短孰長？則與道當而不參差之謂也，心無偏係，適與道當，則萬物一齊，孰短孰長哉！道無終始，物有死生，不恃其成，恃其成則悦生〔二〕惡生，而不知終始之不可故也。一虚一滿，不位乎其形，位乎其形，則不察乎虚盈，而不知分之無常也。年不可舉，則雖遙而不悶也；時不可止，則雖掇〔三〕而不企〔四〕也；消息盈虚，終則有始，則天行而已矣，是所以語大義之方，論萬物之理也。言大義之方，則非小道；言萬物之理，則非其事也；奈何係其心於辭受趣舍之際乎？物之生也，

〔一〕「者」，據上下文對稱處，當作「則」。
〔二〕「生」，據文意當作「死」。
〔三〕「掇」，原作「棳」，據纂微、莊子翼改。
〔四〕「企」，纂微、莊子翼作「跂」。

若驟若馳，則變化之密移也；無動而不變，無時而不移，則人莫之知也；亦何係其心於爲不爲之間乎？夫固將自化，則安排而去化而已矣。

纂微 呂注：學者平日係於有物，一聞道無貴賤小大，則於爲不爲辭趣舍之際莫知所從，固其宜也。所謂貴賤者，是物之反衍而已，非道也。反則有往，反爲貴，往爲賤；衍則有耗，衍爲貴，耗爲賤；則當放志而無拘，拘而志則與道大蹇而不通矣。所謂少多者，物之謝施而已，非道也。謝則有榮，謝爲少，榮爲多；施則有斂，施爲多，斂爲少；當兩行而無一，一而行則與道參差而不當矣。無私德，則於所君之人無所獨賴，無拘而志之謂也；無私福則於所祭之人無所獨與，無一而行之謂也；無所畛域，與道通而不大蹇之謂也。其孰承翼？是謂無方，萬物一齊，與道當而不參差也；恃其成，則不知終始之不可，故位乎形，則不察乎盈虛，而不知分之無常也。年不可舉，故遙而不悶；時不可止，故掇而不跂；消息盈虛，終則有始，則天行而已，是所以語大道之方，論萬物之理也，奈何係心於辭受趣舍之際哉！若驟若馳，言變化密移，則何係心於爲不爲之間？固將自化，安排而去化之謂也。

莊子翼 呂注：全同纂微，唯「則於爲不爲辭趣舍之際」句「辭」下補「受」字。

河伯曰：「然則何貴於道邪？」北海若曰：「知道者必達於理，達於理者必明於權，明於權者不以物害己。至德者，火弗能熱，水弗能溺，寒暑弗能害，禽獸弗能賊。非謂其薄之也，言察乎安危，寧於禍福，謹於去就，莫之能害也。故曰，天在內，人在外，德在乎天。知天人之行，本乎天，位乎得；蹢躅而屈伸，反要而語極。」曰：「何謂天？何謂人？」北海若曰：「牛馬四足，是謂天；落馬首，穿牛鼻，是謂人。故曰，無以人滅天，無以故滅命，無以得殉名。謹守而勿失，是謂反其真。」

呂注：無爲而無不爲，而任物之自化者，故〔一〕所謂道也。而河伯不知，乃以爲何貴於道，故北海若告之以知道者必達於理，達於理者必明於權，明於權者不以物害己，凡皆知道者之事而已，而非體道者之極致也；至德者，火弗能熱，水弗能溺，寒暑弗能害，禽獸弗能賊，則體道者固如此也，則大宗師所謂真人而達生，所謂純氣之守者是也。而曰非謂其薄之也，言察乎安危，寧於禍福，謹於去就，莫之能害也，則皆知道者達於理，明於權，不以物害己而已矣，非體道者之極致也。察乎安危，寧於禍福，則知其無可奈何而安之者也，則天在內矣；謹於去就，則人之所畏不可不畏，則人在外矣。以是而入德，則雖未能天而不人，而德在乎天矣。知天人之行本乎天，位乎德，則出天而之人也。蓋德者得也，言得則人而已矣，蹢躅而屈伸，反要而語極，則由人而入天也，蹢躅而屈伸則人也，反要而語極則天也。無以人滅天，無以故滅命，無以得殉名，謹守而勿失，是謂反其真，反

〔一〕「故」，據文意當作「固」。

其真則其於道也，豈特知之已也哉！

纂微 吕注：任物自化，即道也。河伯不悟，乃謂何貴於道，海若告以達理明權，不以物害己，皆知道者之事，而非體道極致；至於水火不害，寒暑不侵，則體道者固如此也。非謂其薄之，言察乎安危，謹乎去就，莫之能害，則知道達理明權而已。寧於禍福，知其不可奈而安之，則天在内矣；察於去就，則人之所畏不可不畏，人在外矣。以是而入德，雖未能天而不人，而德在乎天矣。知天人之行，本乎天，位乎得，則出天而之人，蹢躅而屈伸，反要而語極，則由人而之天也。自「無以人滅天」至「是謂反其真」，則其於道也，豈特知之而已哉！

莊子翼 吕注：全同纂微。

夔憐蚿，蚿憐蛇，蛇憐風，風憐目，目憐心。夔謂蚿曰：「吾以一足趻踔而行，予無如矣。今子之使萬足，獨奈何？」蚿曰：「不然。子不見夫唾者乎？噴則大者如珠，小者如霧，雜而下者不可勝數也。今予動吾天機，而不知其所以然。」蚿謂蛇曰：「吾以衆足行，而不及子之無足，何也？」蛇曰：「夫天機之所動，何可易邪？吾安用足哉？」蛇謂風曰：「予動吾脊脅而行，則有似也。今子蓬蓬然起于北海，蓬蓬然入於南海，而似無有，何也？」風曰：「然。予蓬蓬然起于北海而入於南海也，然而指我則勝我，䲭我亦勝我。雖然，夫折大木，蜚大屋者，唯我能也，故以衆小不勝爲大勝也。爲大勝者，唯聖人能之。」

呂注：夔以一足而憐蚿之多足，蚿以多足而憐蛇之無足，蛇以動其脊脅而憐風之蓬蓬然有聲而無形，而起于北海而入於南海也，則風憐目之繫此而見彼，而目憐心之無所見而無往不至則可知也，憐則以己之所易，而憐彼之所難也。然夔以一足爲易而憐蚿多足之難，而蚿復以多足爲易而憐蛇無足之難，則天機之所動，莫知其然，則其難易豈在於多少有無之間哉！天機則無爲而自然者也。由是以知風與目與心，莫不出於無爲而自然，如河伯之區區計夫貴賤多少之間者，不足以與此者也。夫風以小不勝爲大勝，而人之目與心之用，其神於風也，遠矣！乃不能得所謂無見無知，而能見見知知者，以制萬物之大勝，豈真知也哉！

纂微 呂注：夔以一足憐蚿之多足，蚿以多足憐蛇之無足，蛇以動其脊脅而憐風之蓬蓬然起於北海而入於南海也，則目之繫此見彼，而憐心之無所見而無往不至，可知也。夔以一足爲易憐蚿多足之難，蚿以多足爲易憐蛇無足之難，天機所動，莫知其然，則其難易豈在於多少有無之間哉！由是知風目與心，莫不出於自然，若河伯之區區計夫貴賤少多，何足以與此！夫風以小不勝爲大勝，而人之目與心之用，其神於風也，遠矣！乃不能得所謂無見無知，而能見見知知者，以制萬物之大勝，豈真知也哉！

莊子翼 呂注：全同纂微，唯「蛇以動其脊脅而憐風之蓬蓬然起於北海而入於南海」句脱「之」字，又「莫不出於自然」句「不」作「非」字。

孔子游于匡〔一〕，宋人圍之數帀〔二〕，而弦歌不輟。子路入見，曰：「何夫子之娱也？」孔子曰：「來！吾語汝。我諱窮久矣，而不免，命也；求通久矣，而不得，時也。當堯舜而天下無窮人，非知得也；當桀紂而天下無通人，非知失也；時勢適然。夫水行不避蛟龍者，漁父之勇也；陸行不避兕虎者，獵夫之勇也；白刃交於前，視死若生者，烈士之勇也；知窮之有命，知通之有時，臨大難而不懼者，聖人之勇也。由處也，吾命有所制矣。」無幾何，將甲者進，辭曰：「以爲陽虎也，故圍之。今非也，請辭而退。」

呂注：言孔子之畏匡於死生之際，安於命而不懼，而卒之以匡人之退者，明夫不能去智與故，而以死生爲憂者，非徒無益，亦適足以累其心而已矣。

纂微 呂注：孔子之畏匡，安於死生之際而不懼，卒之以匡人請退者，明夫不能去知與故，而以死生爲憂者，非徒無益，適足以累其心而已。

公孫龍問于魏牟曰：「龍少學先王之道，長而明仁義之行；合同異，離堅白；然不然，可不可；困百家之知，窮衆口之辯；吾自以爲至達已。今吾聞莊子之言，汒焉異之。不知

〔一〕「匡」，底本、纂微「匚」内作「王」，莊子翼作「匡」，陳氏排印影本從之。
〔二〕「帀」，底本、纂微同，莊子翼、陳氏排印影本作「市」。

論之不及與，知之弗若與？今吾無所開吾喙，敢問其方？」公子牟隱机大息，仰天而笑曰：「子獨不聞夫埳井之蛙乎？謂東海之鼈曰：『吾樂與！吾〔一〕跳梁乎井幹之上，入休乎缺甃之崖；赴水則接掖持頤，蹶泥則沒足滅跗；還虷蟹與科斗，莫吾能若也。且夫擅一壑之水，而跨跱埳井之樂，此亦至矣，夫子奚不時來入觀乎！』東海之鼈，左足未入，而右膝已縶矣。於是逡巡而卻，告之海曰：『夫千里之遠，不足以舉其大；千仞之高，不足以極其深。禹之時十年九潦，而水弗爲加益；湯之時八年七旱，而崖不爲加損。夫不爲頃久推移，不以多少進退者，此亦東海之大樂也。』於是埳井之蛙聞之，適適然驚，規規然自失也。且夫知不知是非之境〔二〕，而猶欲觀於莊子之言，是猶使蚊負山，商蚷馳河也，必不勝任矣。且夫知不知論極妙之言，而自適一時之利者，是非埳井之蛙與？且彼方跐黃泉而登大皇，無南無北，奭然四解，淪於不測；無東無西，始于玄冥，反於大通。子乃規規然而求之以察，索之以辯，是直用管闚天，用錐指地也，不亦小乎！子往矣！且子獨不聞夫壽陵餘子之學行於邯鄲與？未得國能，又失其故行矣，直匍匐而歸耳。今子不去，將忘子之

〔一〕「吾」以下陳任中補「出」字，並注云：「下『吾』字，仿宋本作『出』。今從景宋及纂微增『吾』字於『出』上。」

〔二〕「境」，底本、纂微同。莊子翼作「竟」，陳氏排印影本從之，並注云：「據景宋本，『境』改『竟』。」

故，失子之業。」公孫龍口呿而不合，舌舉而不下，乃逸而走。

呂注：所謂是非之境者，是非之所自起也。莊子之言，得於是非之所自起，是以視堯桀爲一，此所以爲至妙而知不知是非之境者，觀之而汒然，無所開其喙〔一〕也。跐黄泉則遊乎六極之天下也，登太皇則出乎太極之上也；無南無北，奭然四解，淪於不測，則忘乎幽明無方，而入於神也；無東無西，始於玄冥，反於大通，則會乎沖和出神，而遂乎明也；要而言之，則所謂六通四闢，形充空虚是也。此意所不能盡，言之所不能論，而規規然而求之以察，索之以辯，則用管闚天，用錐指地之類也。

纂微 呂注：是非之境，言其所自起。得於是非之所自起，是以視堯桀爲一，而知不知此，觀之汒然，無所容其喙也。黄泉六極之下，太皇太極之上；無南無北，奭然四解，淪於不測，忘乎幽明無方，而入於神也；無東無西，始於玄冥，反乎大通，則會乎沖和出神，而遂於明也；要而言之，所謂六通四闢，形充空虚是已。此意之所不能盡，言之所不能論也，而規規然求之以察，索之以辯，是用管闚天、錐画地之類也。

莊子翼 呂注：全同纂微，唯「是非之境」句「境」作「竟」。

〔一〕「喙」，原作「啄」，據莊文、纂微、莊子翼改。

莊子釣于濮水，楚王使大夫二人往先焉，曰：「願以境内累矣！」莊子持竿不顧，曰：「吾聞楚有神龜，死已三千歲矣，王巾笥而藏之廟堂之上。此龜者，寧其死爲留骨而貴乎？寧其生而曳尾於塗中乎？」二大夫曰：「寧生而曳尾塗中。」莊子曰：「往矣！吾將曳尾於塗中。」

呂注：莊子不知有死生者也，而云此者，以救時之趣利而忘生，而二大夫之知爲足以與此而已矣。

纂微　呂注：莊子不知有死者也，而云此者，以救時之趨利而忘生，唯二大夫之知足以與此。

莊子翼　呂注：全同纂微。

惠子相梁，莊子往見之。或謂惠子曰：「莊子來，欲代子相。」於是惠子恐，搜於國中三日三夜。莊子往見之，曰：「南方有鳥，其名曰鵷鶵，子知之乎？夫鵷鶵，發於南海而飛於北海，非梧桐不止，非練實不食，非醴泉不飲。於是鴟得腐鼠，鵷鶵過之，仰而視之曰『嚇！』今子欲以子之梁國而嚇我邪？」

呂注：莊子之所踐，如魏牟之言，則無所與忤者也。則自比〔一〕與神龜鵷鶵，而以惠子爲鴟，梁

〔一〕「比」，原作「此」，據文意從纂微、陳氏排印影本改。

國爲腐鼠，不亦可乎？

纂微　呂注：莊子之所踐，如魏牟之言，則無所忤者也。其自比與神龜鵷鶵，而以惠子爲鴟，梁國爲腐鼠，不亦可乎？

莊子與惠子遊于濠梁之上。莊子曰：「儵魚出游從容，是魚樂也。」惠子曰：「子非魚，安知魚之樂？」莊子曰：「子非我，安知我不知魚之樂？」惠子曰：「我非子，固不知子矣；子固非魚也，子之不知魚之樂，全矣。」莊子曰：「請循其本。子曰『汝安知魚樂』云者，既已知吾知之而問我，我知之濠上也。」

呂注：循其本，則惠子謂「子非魚安知魚之樂」，則是子非我而〔一〕固已知我不知魚之樂矣，非我而知我不知魚之樂則知我非魚而能知魚之樂矣，是既已知吾知之而問我也，而我則知之濠上而已，不待於爲魚而後知也。

纂微　呂注：循其本，則惠子謂「子非魚安知魚之樂」，是子非我而固已知我不知魚之樂，則我非魚而能知魚之樂矣，是既已知吾知之而問我也，我則知之濠上而已，不待爲魚而後知也。

〔一〕「而」，原作「所」，據文意從纂微、莊子翼、陳氏排印影本改。

至樂第十八〔一〕

天下有至樂無有哉？有可以活身者無有哉？今奚爲奚據？奚避奚處？奚就奚去？奚樂奚惡？夫天下之所尊者，富貴壽善也；所樂者，身安厚味美服好色音聲也；所下者，貧賤夭惡也；所苦者，身不得安逸，口不得厚味，形不得美服，目不得好色，耳不得音聲；若不得者，則大憂以懼。其爲形也亦愚哉！夫富者，苦身疾作，多積財而不得盡用，其爲形也亦外矣。夫貴者，夜以繼日，思慮善否，其爲形也亦疏矣。人之生也，與憂俱生，壽者惛惛，久憂不死，何之苦也！其爲形也亦遠矣。列〔二〕士爲天下見善矣，未足以活身。吾未知善之誠善邪，誠不善邪？若以爲善矣，不足活身；以爲不善矣，足以活人。故曰：「忠諫不聽，蹲循勿爭。」故夫子胥爭之以殘其形，不爭，名亦不成。誠有善無有哉？今俗之所爲與其所樂，吾又未知樂之果樂邪，果不樂邪？吾觀夫俗之所樂，

〔一〕本篇呂注，底本完存。陳氏排印影本於題下注云：「呂注輯纂微本」。

〔二〕「列」，底本、纂微同。莊子翼、陳氏排印影本作「烈」。

舉群趣者，誙誙然如將不得已，而皆曰樂者，吾未之樂也，亦未之不樂也。果有樂無有哉？吾以無爲誠樂矣，又俗之所大苦也。故曰：「至樂無樂，至譽無譽。」天下是非果未可定也。雖然，無爲可以定是非。至樂活身，唯無爲幾存。請嘗試言之。天無爲以之清，地無爲以之寧，故兩無爲相合，萬物皆化。芒乎芴乎，而無從出乎！芴乎芒乎，而無有象乎！萬物職職，皆從無爲殖。故曰天地無爲也而無不爲也，人也孰能得無爲哉！

呂注：芒之言亡，物之既亡則非有也；芴之言勿，勿之使不得爲而已，非無也；則芒芴者，疑於有無之辭也，故曰雜乎芒芴之間而有氣是也。

纂微 呂注：呂惠卿注略而不論。

莊子妻死，惠子吊之，莊子則方箕踞鼓盆而歌。惠子曰：「與人居，長子老身，死不哭亦足矣，又鼓盆而歌，不亦甚乎！」莊子曰：「不然。是其始死也，我獨何能無概然！察其始而本無生，非徒無生也而本無形，非徒無形也而本無氣。雜乎芒芴之間，變而有氣，氣變而有形，形變而有生，今又變而之死，是相與爲春秋冬夏四時行也。人且偃然寢於巨室，而我噭噭然隨而哭之，自以爲不通乎命，故止也。」

呂注：莊子之所責〔一〕，則孔子孟孫才顏氏；而其制行，則若子桑子反子琴張之徒。何也？蓋人道之弊，天下沈於哀樂之邪而滅其天理，故所以救之爲若此也。

纂微　呂注：莊子之所貴，則孔子孟孫才顏氏；而其制行，則若子桑子反子琴張之徒。何也？蓋人道之弊，天下沈於哀樂之邪而滅其天理，故救之之道爲若此。

莊子翼　呂注：全同纂微。

支離叔與滑介叔觀於冥伯之丘，崐崘之虚，黄帝之所休。俄而柳生其左肘，其意蹶蹶然惡之。支離叔曰：「子惡之乎？」滑介叔曰：「亡，予何惡！生者，假借也；假之而生生者，塵垢也。死生爲晝夜。且吾與子觀化而化及我，我又何惡焉！」

呂注：支則支分，離則離散，滑則滑雜，介則介間，而叔則末也；析物離形而得其盡者，支離叔之事也；雜間乎群有之間而得其盡者，滑介叔之事也。冥則無所見也，伯者長也，丘則高而中也，崐崘則有形之最高也，虚則壙埌無人之野也。觀乎無所見，至於無以過之，則雖非大通，乃所以爲冥伯之丘，而有形之最高，而壙埌無人之處也。黄帝齊〔二〕心服形，則其所休者，固嘗如此也；俄而柳生其左肘，則心無形廢如土壤，而不覺柳之生其肘也，柳者易生之物也。以滑介爲事，則其

〔一〕「責」，纂微、莊子翼作「貴」，陳氏排印影本從之，存疑。
〔二〕「齊」，当作「齋」。

初不免驚而惡之也，終知其生之爲假借塵垢，而生死之爲晝夜，則又何惡也？古之所謂觀化者，其道蓋如此也。

纂微 呂注：黄帝之所休，則心死形廢如土壤，而不覺柳之生其肘也，柳者易生之物。以滑介爲事，則其初不免驚而惡之，終知其生之爲假借塵垢，而又何惡焉？古之所謂觀化者，其道蓋如此。

莊子翼 呂注：全同纂微。

莊子之楚，見空髑髏，髐然有形，撽以馬捶，因而問之，曰：「夫子貪生失理，而爲此乎？將子有亡國之事，斧鉞之誅，而爲此乎？將子有不善之行，愧遺父母妻子之醜，而爲此乎？將子有凍餒之患，而爲此乎？將子之春秋故及此乎？」於是語卒，援髑髏，枕而臥。夜半，髑髏見夢曰：「子之談者似辯士。諸〔一〕子所言，皆生人之累也，死則無此矣。子欲聞死之説乎？」莊子曰：「然。」髑髏曰：「死，無君於上，無臣於下；亦無四時之事，從然以天地爲春秋，雖南面王樂，不能過也。」莊子不信，曰：「吾使司命復生子形，爲子骨肉肌膚，反子父母妻子閭里知識，子欲之乎？」髑髏深矉蹙頞曰：「吾安能棄南面王樂而復爲

〔一〕「諸」，底本、纂微、莊子翼同。通行本一般作「視」。

人間之勞乎！」

呂注：原始要終，故知死生之説，以其一體而已矣，則世之貪生而惡死，固非是矣。如其樂死而惡生，則豈所以爲一體邪！而言此者，以世人之所病，尤在於貪生惡死也，則南面王之樂，豈無爲而言之乎！

纂微　呂注：原始要終，故知死生之説，以其一體而已，則世之貪生惡死者固非是，樂死而惡生者，亦豈所以爲一體邪！而莊子言此者，以世人所病，尤在於貪生惡死，則南面王樂之説，豈無爲而言之乎！

莊子翼　呂注：全同纂微。

顔淵東之齊，孔子有憂色。子貢下席而問曰：「小子敢問，回東之齊，夫子有憂色，何邪？」孔子曰：「善哉汝問！昔者管子有言，丘甚善之，曰：『褚小者不可以懷大，綆短者不可以汲深。』夫若是者，以爲命有所成而形有所適也，夫不可損益。吾恐回與齊侯言堯、舜、黄帝之道，而重以燧人、神農之言。彼將内求於己而不得，不得則惑，人惑則死。且汝獨不聞邪？昔者海鳥止于魯郊，魯侯御而觴之於廟，奏九韶以爲樂，具太牢以爲膳。鳥乃眩視憂悲，不敢食一臠，不敢飲一杯，三日而死。此以己養養鳥也，非以鳥養養鳥也。夫以鳥養養鳥者，宜栖之深林，遊之壇陸，浮之江湖，食之鰌鰷，隨行列而止，委蛇而處。

彼唯人言之惡聞，奚以夫譊譊乎！咸池九韶之樂，張之洞庭之野，鳥聞之而飛，獸聞之而走，魚聞之而下入，人卒聞之，相與還而觀之。魚處水而生，人處水而死，彼必相與異，其好惡故異也。故先聖不一其能，不同其事。名止於實，義設於適，是之謂條達而福持。」

呂注：知不足知是非之境，而聞莊子之言，則眩視憂悲，固所不免也，故屢及海鳥之説，欲學者之深思，而教者之慎出也。衝城窒穴之殊器，千里捕鼠之殊技，夜明晝昏之殊性，此先聖之所以不一其能，不同其事也。名止於實，則無過實之名；義設於適，則無過施之義；條達則隨其條之短長而不求通，求通則不達矣；福持則因其分之大小而不過與，過與則不持矣。

纂微 呂注：知不知是非之境，而聞莊子之言，則眩視憂悲，固所不免，是以屢及海鳥之説，欲學者之深思而慎出也。衝城窒穴之殊器，千里捕鼠之殊技，夜明晝暗之殊性，此先聖之所以不一其能，不同其事也。名止於實則無過實之名，義設於適則無過施之義。條達則隨其條之短長而不求通，求通則不達矣；福持則因其分之小大而不過與，過與則不持矣。

莊子翼 呂注：海鳥之説，欲學者深思而慎出也。衝城窒穴之殊器，千里捕鼠之殊技，夜明晝出之殊性，此先聖之所以不一其能，不同其事也。名止於實則無過實之名，義設於適則無過施之義。條達則隨其條之短長而不求通，求通則不達矣；福持則因其其分之小大而不過與，過與則不持矣。

列子行食於道從，見百歲髑髏，攓蓬而指之曰：「唯予與汝知而未嘗死，未嘗生也。汝果養乎？予果歡乎？」種有幾，得水則爲𢇍，得水土之際則爲鼃蠙之衣，生於陵屯則爲陵舄，陵舄得鬱棲則爲烏足，烏足之根爲蠐螬，其葉爲胡蝶。胡蝶胥也化而爲蟲，生於竈下，其狀若脱，其名爲鴝掇。鴝掇千日爲鳥，其名爲乾餘骨。乾餘骨之沫爲斯彌，斯彌爲食醯。頤輅生乎食醯，黄軦生乎九猷，瞀芮生乎腐蠸。羊奚比乎不箰，久竹生青寧，青寧生程，程生馬，馬生人，人又反入於機。萬物皆出於機，皆入於機。

呂注：易曰：「精氣爲物，遊魂爲變。」遊魂之變，無所不之，則百歲髑髏何知也？刳心去智，至於無知，則知其未嘗生，未嘗生，與之均矣。知其未嘗死，則汝果養而畏於死乎？知其未嘗生，則予果歡而悦於生乎？夫唯知遊魂之無所不之，而精氣之爲物，則凡其種果有機邪？精氣遊魂而已矣！故𢇍也，鼃蠙之衣也，陵舄也，一種也；或得水，或得水土之際，或得陵屯，而其生名不同也。烏足也，蠐螬也，胡蝶也，其與陵舄亦一種也；或得鬱棲，或以根，或以葉，而其變各不同也。鴝掇也，乾餘骨也，斯彌也，食醯，頤輅也，與胥亦一種也；或以竈下，或以其日之久，或以其沫，而其生各不同也。黄軦之於九猷，瞀芮之於腐蠸，羊奚之於不箰，則不知其種之所自而生也。久竹也，青寧也，程也，亦一種也；而馬與人有自之而生也，則物或以無情而相生，或以有情而相生；或以無情而生有情，或以有情而生無情；或生於非類，則皆精氣遊魂之所爲也。凡列子之所言，則其所嘗聞見而知之也，其所未嘗聞見者可勝道哉！黄帝書曰：「天生人也，人心機也。」萬物皆出於機，皆入於機，而獨人心謂之機。而此亦以人爲反入於機，此其爲天地之貴，而萬物之靈乎？

纂微　呂注：遊魂爲變，無所不之，則百歲髑髏何知也？刳心而至於無知，則知其未嘗生，未嘗死，與之均矣。汝果養而畏於死乎？予果歡而悦於生乎？夫唯知遊魂之無所不之，而精氣之爲物，則其種果有幾邪？故𥹆與蠙衣陵舄一種也，或得水土之際，或得陵屯，而其生各不同。烏足蠐螬胡蝶與陵屯亦一種也，或得欝棲，或以根以葉，而其變各不同。鴝掇乾餘骨斯彌食醯頤輅與胥亦一種也，或以竈下，或以日久，或以其沫，而其生各不同。黄軦之於九猷，瞀芮之於腐蠸，羊奚之於不箰，則不知其種之所自生也。久竹也，青寧也，程也，亦一種也，而馬與人有自而生也。則物或以無情相生，或以有情相生；或以無情生有情，或以有情生無情；皆遊魂精氣之所爲也。凡列子所言，則嘗聞見而知之，其所未聞見者可勝道哉！

莊子翼　呂注：同纂微，唯「羊奚之於不箰」句下增「久竹」兩字，又下文「久竹也」三字脱。

莊子義集校卷第七

達生第十九〔一〕

達生之情者，不務生之所無以爲；達命之情者，不務知之所無奈何。養形必先之物，物有餘而形不養者有之矣；有生必先無離形，形不離而生亡者有之矣。生之來不能却，其去不能止。悲夫！世之人以爲養形足以存生；而養形果不足以存生，則世奚足爲哉！雖不足爲而不可不爲者，其爲不免矣。夫欲免爲形者，莫如棄世。棄世則無累，無累則正平，正平則與彼更生，更生則幾矣。事奚足棄而生奚足遺？棄事則形不勞，遺生則精不虧。夫形全精復，與天爲一。天地者，萬物之父母也，合則成體，散則成始。形精不虧，是謂能移；精而又精，反以相天。

呂注：達生之情者，不務生之所無以爲；生之所無以爲者，非生之所待而生也。達命之情者，

〔一〕本篇底本完存。陳氏排印影本於題下注云：「呂注輯纂微本」。

不務知之所無奈何；知之所無奈何者，知之所不能知也。養形必先之物，物有餘而形不養者有之矣，則凡形不養者以其生生之厚，而不在於物之不足也；有生必先無離形，形不離而生亡者有之矣，則凡生亡者以其動之死地，而不皆在於形之離生也；則達生之情者，安用夫爲形以務乎生之所無以爲哉！生之來不能却，其去不能止，則有命而已矣，則達命之情者，安用夫役智以務乎知之所無奈何哉！悲夫！世之人以爲養形足以存生，而養形果不足以存生，如向所言，則知世之無足爲也，雖不足爲而不可不爲者，其爲不免，則安能免於爲形邪！則欲免爲形者，莫若棄世，棄世則有世而不以爲累之謂也；棄世則無累，無累則合乎天地之平，道德之正，故無累則正平，正平則邪氣不能襲，而天和將至，雖不以爲形爲事，而與彼更生矣；故正平則與彼更生，則養形雖不足以存生，而得所謂更生者，則幾可以存矣。事奚足棄？以事之無事也；生奚足遺？以生之無生也；事雖無事，不能棄事，則累於事而不能無事而形勞，故棄世則形不勞而全矣；生雖無生，不能遺生，則遺於生而精虧，故遺生則精不虧而復矣；形全精復，德同于初，則與天爲一矣。萬物者，稟精於天，成形於地，則天地者萬物之父母也，其合則吾之所以成體也，則所謂天地絪緼，萬物化醇是也；而其散則物之所以成始也，則所謂男女媾精，萬物化生是也。形精不虧則合而成體者，不虧也，是謂能移，則散而成始者，能移也，能移則成始之與成體在我而已矣。不虧固精矣，而能移焉，則又精也，精而又精，則其所稟於天者，反以相天矣，則其所謂存生者，豈不妙矣哉！

奈何其累於世與生，而不果遺且去也。

纂微 呂注：生之所無以爲，非所待而生也；知之所無奈何，知所不能知也。凡形不養者，以其生生之厚，不皆在物之不足；凡生亡者，以其動之死地，不皆在形之離生。由是知養形果不足以存生，則世奚足爲！然不可不爲者，人安能免於爲形邪！欲免爲形者，有世而無累，無累則正平，正平則不以爲形爲事，而與彼更生，得所謂更生者，則幾存矣。事本不足棄，不棄則累於事而形勞；生本不足遺，不遺則役於生而精虧；形全精復，則德同於初矣。萬物者稟精於天，成形於地，其合則吾之所以成體，天地絪緼，萬物化醇是也；其散則物之所以成始，男女搆精，萬物化生是也。合則不虧，散則能移，不虧固精矣，能移則又精，以其所稟於天者反以相天，則所謂存生者，豈不妙哉！

莊子翼 呂注：同纂微，唯「知之所無奈何」句中「所無」作「無所」。

子列子問關尹曰：「至人潛行不窒，蹈火不熱，行乎萬物之上而不慄。請問何以至於此？」關尹曰：「是純氣之守也，非知巧果敢之列。居，予語女！凡有貌象聲色者，皆物也，物與物何以相遠？夫奚足以至乎先？是色而已。則物之造乎不形而止乎無所化，夫得是而窮之者，物焉得而止焉！彼將處乎不淫之度，而藏乎無端之紀，遊乎萬物之所終始，壹其性，養其氣，合其德，以通乎物之所造。夫若是者，其天守全，其神無郤，物奚自入焉！夫醉者之墜車，雖疾不死。骨節與人同而犯害與人異，其神全也，乘亦不知也，墜亦不知也，死生驚懼不入乎其胸中，是故遻物而不慴。彼得全於酒而猶若是，而況得全於天乎？聖人藏于天，故莫之能傷也。

呂注：潛行不窒，則實之所不能礙也；蹈火不熱，則火之所不能焚也；行乎萬物之上而不慄，則高之所不能危也。如此而曰是純氣之守也，非智巧果敢之列，何也？今夫天地之運，萬物之變，意之所不可測者，孰非氣邪！誠能致守乎純氣，則其至於此不足異也，凡以其至虛而已矣，豈知巧果敢之得預邪！何以言之？今夫龍之爲物也，合而成體，則上極下蟠而無不至；散而成章，則入於無有而不可見，亦以氣而已；則至人之守純氣，何以異於此邪！凡有貌象聲色皆物也，唯其皆物則物與物不足以相遠，不足以相遠則奚足以至乎先！以其鈞〔一〕是色而已，先則未有物之初，色則物之已有者也，已有物矣，則奚足以至純氣之守而預至虛之遊乎！則物之造乎不形，造乎不形則未有物之初而非所謂貌象聲色也，無貌象聲色也則止乎無所化而不去矣，夫得是而窮之者，物安得而止焉！此其潛行不窒，蹈火不熱，行乎萬物之上而不慄也。然彼其所以得是而窮之者，抑有道邪？蓋將處乎不淫之度，不淫之度則不皦不昧，適與之當而不過也。藏乎無端之紀，

〔一〕「鈞」，纂微、莊子翼作「均」，陳氏排印影本從之。

無端之紀則始終相反乎此而不可得而窮也，遊乎萬物之所終始，則所謂造乎不形而止乎無所化也。壹其性則不敢以貳也，養其氣則不敢以耗也，合其德以通乎物之所造，則性脩反德，而與造物者同造之於不形也。夫若是者，其天守全，其神無郤，守全而無郤，則物奚自入焉！此窒之所以不能窒，熱之所以不能熱，而慄之所以不能慄也。全於酒者，死生驚懼猶不能入其胷中，以至遌物而不慴，則藏於天而全之者，宜其物莫之能傷也。然者所謂聖人者，莫不全於天矣，則皆可以潛行不窒，蹈火不熱，登高不慄乎？曰：固也。然有得之形者，則魏文侯所見是也；有得之心者，則所謂夫子能之而能不爲者是也。雖然，得之心矣，則孰爲實而窒？孰爲火而熱？孰爲萬物之上而慄乎？則向之所謂存生者，何以加此！

纂微 呂注：天地之運，萬物之變，孰非氣邪？誠能守乎純氣則不窒不熱不危無足異也，凡以至虛而已，豈知巧果敢可得而與哉！譬龍之爲物，合而成體，則上極下蟠而無不至；散而成章，則入於無有而不可見，亦以氣而已。凡有貌象聲色皆物也，物與物何以相遠？則奚足至乎先！均是色而已，先則未有物之初，色則物之已有，奚足以至純氣之守至虛之遊乎！物之造乎不形，則非貌象聲色，故止乎無所化而不去矣。夫得是而窮之者，將處乎不淫之度，則不皦不昧，適與之當而不過也。藏乎無端之紀，則始終相反乎此，不可得而窮也；遊乎萬物之所終始，則所謂造乎不形，而止乎無所化也。壹性則不二，養氣則不耗，合其德以通乎物之所造，則性修反德，而與造物者同之乎不形，若是者守全而無郤，物奚事入焉！ 夫全於酒者，死生驚懼不入其胷中，則藏於天而全之者，宜其物莫能傷也。

莊子翼 呂注：全同纂微。

復讐者不折鏌干，雖有忮心者不怨飄瓦，是以天下平均。 故無攻戰之亂，無殺戮之刑者，由此道也。

呂注：常有司殺者，殺則人之遇之，猶鏌干飄瓦而已矣，此天下所以平均，雖伐國而無物戰之亂，雖殺人而無殺戮之刑也；此亦聖人之所以藏於天，而物莫之傷之道也。

纂微 呂注：常有司殺者，殺則人之遇之，猶干將飄瓦而已，此天下所以均平，雖伐國而無攻戰之亂也。

莊子翼 呂注：同纂微，唯「猶」字作「如」。

不開人之天，而開天之天，開天者德生，開人者賊生。 不厭其天，不忽於人，民幾乎以其真！」

呂注：無知而知其無知，無爲而知其無爲，則人之天也；無知而不知其無知，無爲而不知其無爲，則天之天也；開天者德生，則以其真無知無爲而已；開人者賊生，則以其德有心而心有眼故也。 則向之所謂全於天者，亦天之天而非人之天也，不厭其天，則開之而已；不忽於人，則畏人之所畏也。民而知此，幾乎以其眞矣！此聖人所以不以人滅天也。

纂微 呂注：開天者德生，以其併忘其無知無爲也；開人者賊生，以其德有心而心有眼也。不厭其天，則開之而已；不忽於人，畏人之所畏也。民而知此，幾乎以其眞矣！

莊子翼 呂注：全同纂微。

仲尼適楚，出於林中，見痀僂者承蜩，猶掇之也。仲尼曰：「子巧乎！有道邪？」曰：「我有道也。五六月累丸二而不墜，則失者錙銖；累三而不墜，則失者十一；累五而不墜，猶掇之也。吾處身也，若橛〔一〕株枸〔二〕；吾執臂也，若槁木之枝；雖天地之大，萬物之多，而唯蜩翼之知。吾不反不側，不以萬物易蜩之翼，何爲而不得！」孔子顧謂弟子曰：「用志不分，乃凝於神，其痀僂丈人之謂乎！」

呂注：知承蜩之説，則所謂純氣之守者，其用志不分，亦如是而已。

纂微 呂注：知承蜩之道，則所謂純氣之守者，其用志不分，亦若是而已。

莊子翼 呂注：全同纂微。

〔一〕「橛」，底本、纂微同，陳氏排印影本從之。莊子翼作「厥」，並注云：「一作『橛』。」

〔二〕「枸」，原作「拘」，從纂微改。

顏淵問仲尼曰：「吾嘗濟乎觴深之淵，津人操舟若神。吾問焉，曰：『操舟可學邪？』曰：『可。善遊者數能。若乃夫沒人，則未嘗見舟而便操之也。』吾問焉而不吾告，敢問何謂也？」仲尼曰：「善遊者數能，忘水也。若乃夫沒人之未嘗見舟而便操之，彼視淵若陵，視舟之覆猶其車却也。覆却萬方陳乎前而不得入其舍，惡往而不暇！以瓦注者巧，以鉤注者憚，以黄金注者殙。其巧一也，而有所矜，則重外也。凡外重者内拙。」

呂注：觀操舟金注之説，則形全〔一〕精復者，非棄世遺生，至於其神無郤，物無自入者，不足與此也。

纂微　呂注：觀操舟金注之説，則形全精復者，非棄世遺生，至於其神無郤，不足以與此。

莊子翼　呂注：全同纂微。

田開之見周威公。威公曰：「吾聞祝賢學生，吾子與祝賢游，亦何聞焉？」田開之曰：「開之操拔篲以侍門庭，亦何聞于夫子！」威公曰：「田子無讓，寡人願聞之。」開之曰：「聞之夫子曰：『善養生者，若牧羊然，視其後者而鞭之。』」威公曰：「何謂也？」田開之曰：「魯有單豹者，巖居而水飲，不與民共利，行年七十而猶有嬰兒之色；不幸遇餓虎，餓虎殺而食

〔一〕「全」，原作「金」，據文意從纂微、莊子翼改。

之。有張毅者，高門縣薄，無不走也，行年四十而有内熱之病以死。豹養其内而虎食其外，毅養其外而病攻其内，此二子者，皆不鞭其後者也。」仲尼曰：「無入而藏，無出而陽，柴立其中央。三者若得，其名必極。夫畏途者，十殺一人，則父子兄弟相戒也，必盛卒徒而後敢出焉，不亦知乎！人之所取畏者，衽席之上，飲食之間；而不知爲之戒者，過也。」

呂注：單豹則所謂形不離而生亡者也，張毅則所謂物有餘而形不養者也；入而藏則單豹是也，出而陽則張毅是也；出入則皆有心而爲之也。柴立則木之無心矣，中央則非不鞭其後者也，柴立其中央則不厭其天矣。衽席之上，飲食之間，而知爲之戒，則不忽於人矣。

纂微 呂注：單豹則所謂形不離而生亡者也，張毅則所謂物有餘而形不養者也；豹則入而藏，毅則出而陽；皆有心而爲之。柴立則無心，中央則非其後者也。

莊子翼 呂注：全同纂微。

祝宗人玄端以臨牢筴，説彘曰：「汝奚惡死？吾將三月豢汝，十日戒，三日齊，藉白茅，加汝肩尻乎彫俎之上，則汝爲之乎？」爲彘謀，曰不如食以糠糟而錯之牢筴之中，自爲謀，則苟生有軒冕之尊，死得於豚楯之上、聚僂之中則爲之。爲彘謀則去之，自爲謀則取之，所異彘者何也？

呂注：爲彘謀則去之，自爲謀則取之，豈愛身不若彘哉？以世爲之累而已矣。故唯棄世遺生，爲可以無累。

纂微　呂注：爲彘謀則去之，自爲謀則取之，豈愛身不若彘哉？以世爲之累也。故唯棄世遺生，可以無累。

莊子翼　呂注：全同纂微，唯「爲彘謀則去之」句脱「則」字。

桓公田於澤，管仲御，見鬼焉。公撫管仲之手曰：「仲父何見？」對曰：「臣無所見。」公反，誒詒爲病，數日不出。齊士有皇子告敖者曰：「公則自傷，鬼惡能傷公！夫忿滀之氣，散而不反，則爲不足；上而不下，則使人善怒；下而不上，則使人善忘；不上不下，中身當心，則爲病。」桓公曰：「然則有鬼乎？」曰：「有。沈有履，竈有髻。户内之煩壤，雷霆處之；東北方之下者，倍阿鮭蠪躍之；西北方之下者，則泆陽處之。水有罔象，丘有峷，山有夔，野有彷徨，澤有委蛇。」公曰：「請問，委蛇之狀何如？」皇子曰：「委蛇，其大如轂，其長如轅，紫衣而朱冠。其爲物也，惡聞雷車之聲，則捧其首而立。見之者殆乎霸。」桓公辴然而笑曰：「此寡人之所見者也。」於是正衣冠與之坐，不終日而不知病之去也。

呂注：言此者，以言憂疑則鬼雖無能傷而自傷，憂疑釋則病雖在已而自去，則全於天而物無自入者，宜其莫之傷也。然則皇子告敖何從知鬼之名與其形若此邪？古者，民之精爽不携貳者，在男曰巫，在女曰覡，能猶鬼神祇之居，則知其形與名如此，豈固無傳乎？

纂微 呂注：此言憂疑則鬼雖無能傷而自傷，疑釋則病雖在已而自去，然則全於天而物無自入者，宜其莫之傷也。夫皇子告敖何從知鬼之名與其形若此？蓋古之民之精爽不攜貳者，在男曰巫，在女曰覡，能猶鬼神祇之居，則知其名與形如此，豈無傳乎？

莊子翼 呂注：此言憂疑則鬼雖無能傷而自傷，疑釋則病雖在已而自去，然則全於天而物無自入者，宜其莫之傷也。

紀渻子爲王養鬬雞。十日而問：「雞已乎？」曰：「未也，方虛憍而恃氣。」十日又問，曰：「未也。猶應嚮景。」十日又問，曰：「未也。猶疾視而盛氣。」十日又問，曰：「幾矣。雞雖有鳴者，已無變矣，望之似木雞矣，其德全矣，異雞無敢應者，反走矣。」

呂注：人之養亦如木鷄，不以物之感而有變，則物亦莫之敢敵矣。

纂微 呂注：人之所養，能如木鷄，不爲物感而變，則亦莫之敵矣。

孔子觀於呂梁，縣水三十仞，流沫四十里，黿鼉魚鱉之所不能游也。見一丈夫游之，以爲有苦而欲死也，使弟子並流而拯之。數百步而出，被髮行歌而游於塘下。孔子從而問焉，曰：「吾以子爲鬼，察子則人也。請問，蹈水有道乎？」曰：「亡，吾無道。吾始乎故，長乎性，成乎命。與齊俱入，與汩偕出，從水之道而不爲私焉。此吾所以蹈之也。」孔子曰：「何謂始乎故，長乎性，成乎命？」曰：「吾生於陵而安於陵，故也；長於水而安于水，性也；不知吾所以然而然，命也。」

呂注：由乎性命之理，與齊俱入，與汩偕出，從水之道而不爲私，猶可蹈乎黿鼉魚鱉之所不能游，則合其德以通乎物之所造，宜其無所蹈而不適也；亦有其性之所偏能者，則此丈夫是也。故以生於陵而安於陵爲故，故者非出於其性，而人之所爲也；長於水而安於水爲性，則其性之所偏能也。苟無其性而習之，則雖能之，不至乎人之所不能及也。

纂微 呂注：由乎性命之理，與齊俱入，與汩皆出，從水之道而不爲私，猶可蹈也。至於黿鼉之所不能游，則合其德以通乎物之所造，宜其無所蹈而不適也。生於陵而安於陵爲故，故則非出於性，而人之所爲也；長於水而安於水爲性，性則其所偏能也。苟無其性而習之，則雖能之，不至乎人所不能及也。

莊子翼 呂注：同纂微，唯「不至乎人所不能及也」句脱「乎」字。

梓慶削木爲鐻，鐻成，見者驚猶鬼神。魯侯見而問焉，曰：「子何術以爲焉？」對曰：「臣工人，何術之有！雖然，有一焉。臣將爲鐻，未嘗敢以耗氣也，必齊以靜心。齊三日，而不敢懷慶賞爵祿；齊五日，不敢懷非譽巧拙；齊七日，輒[一]然忘吾有四枝形體也。當是

〔一〕「輒」，底本、纂微同。莊子翼作「輒」，陳氏排印影本從之。

時也，無公朝，其巧專而外滑消；然後入山林，觀天性；形軀至矣，然後成見鐻，然後加手焉；不然則已。則以天合天，器之所以疑神者，其是與！」

呂注：器之所以疑神者猶如此，則外滑未消而欲遊乎物之造，則不可得而至矣。

纂微 呂注：器之所以疑神者猶如此，則外滑未消而欲遊乎物之所造者，不可得至矣。

莊子翼 呂注：全同纂微。

東野稷以御見莊公，進退中繩，左右旋中規，莊公以爲文弗過也，使之鉤百而反。顔闔遇之，入見曰：「稷之馬將敗。」公密而不應。少焉，果敗而反。公曰：「子何以知之？」曰：「其馬力竭矣，而猶求焉，故曰敗。」

呂注：稷之御至善矣，而不能無敗於馬力既竭之後，則爲道而務乎生之所無以爲與知之所无奈何，亦無自而成矣。

纂微 呂注：稷之御至善矣，而不能無敗於馬力既竭之後，則爲道而務乎生之所無以爲知之所無奈何者，亦無自而成矣。

莊子翼 呂注：全同纂微。

工倕旋而蓋規矩，指與物化而不以心稽，故其靈臺一而不桎。忘足，屨之適也；忘要，帶之適也；知忘是非，心之適也；不內變，不外從，事會之適也。始乎適而未嘗不適者，忘適之適也。

呂注：工倕旋而蓋規矩，則以言其任指之旋而蓋乎規矩也，蓋則其畫適與規矩合而不露也；指與物化而不以心稽，言其指物之相得若化之自然，不待心之稽考而後合乎圓方也。夫唯如此，則其靈臺一而不桎，若指不與物化而以心稽之，則心與指與物爲三矣，其能一乎！不一則其靈臺所以桎而不行也。然則壹其性，養其氣，不至乎化，而以心稽之者，則其能有至乎！忘足，屨之適也；忘要，帶之適也；知忘是非，心之適也；不内變，不外從，事會之適也。此其不以心稽之證歟！

纂微　呂注：工倕旋而蓋規矩，言任指之旋而盖乎規矩，盖則其畫與之合而不露也，指物之相得若化之自然，不待心之稽考而後合乎方圓也。夫唯如此，則其靈臺一而不桎，至於忘足忘腰，心忘是非，未嘗不適者，此其不以心稽之證歟？

莊子翼　呂注：全同纂微。

有孫休者，踵門而詫子扁慶子曰：「休居鄉不見謂不脩，臨難不見謂不勇；然而田原不遇歲，事君不遇世，賓於鄉里，逐於州部，則胡罪乎天哉？休惡遇此命也？」扁子曰：「子獨不聞夫至人之自行邪？忘其肝膽，遺其耳目，芒然彷徨乎塵垢之外，逍遙乎無事之業，是謂爲而不恃，長而不宰。今汝飾知以驚愚，脩身以明汙，昭昭乎若揭日月而行也。

汝得全而形軀，具而九竅，無中道夭於聾盲跛蹇而比於人數，亦幸矣，又何暇乎天之怨哉！子往矣！」孫子出。扁子入，坐有間，仰天而歎。弟子問曰：「先生何爲歎乎？」扁子曰：「向者休來，吾告之以至人之德，吾恐其驚而遂至於惑也。」弟子曰：「不然。孫子之所言是邪？先生之所言非邪？非固不能惑是。孫子所言非邪？先生所言是邪？彼固惑而來矣，又奚罪焉！」扁子曰：「不然。昔者有鳥止于魯郊，魯君悦之，爲具太牢以饗之，奏九韶以樂之，鳥乃始憂悲眩視，不敢飲食。此之謂以己養養鳥也。若夫以鳥養養鳥者，宜棲之深林，浮之江湖，食之以委蛇，則平陸而已矣。今休，欵啟寡聞之民也，吾告之以至人之德，譬之若載鼷以車馬，樂鴳以鐘鼓也。彼又惡能無驚乎哉！」

呂注：此篇之指在乎存生，以至形全精復，與天爲一。欲爲此者，當若至人之自行，遺形離物乃可以至。若孫休其所爲，則其反之者也，則其聞斯言也，宜不能無憂驚眩視而不敢飲食也，故終之海鳥之説，以明非爲休之徒而言之也。

纂微 呂注：此篇之旨在乎存生，以至神全精復，與天爲一。若孫休之所爲，則反之者也，其聞斯言也，不能無憂驚眩視，而不敢飲食，故終之以海鳥之説云。

莊子翼 呂注：全同纂微。

山木第二十〔一〕

莊子行於山中，見大木，枝葉盛茂，伐木者止其旁而不取也。問其故，曰：「無所可用。」莊子曰：「此木以不材得終其天年。」夫子出於山，舍於故人之家。故人喜，命豎子殺鴈而烹之。豎子請曰：「其一能鳴，其一不能鳴，請奚殺？」主人曰：「殺不能鳴者。」明日，弟子問於莊子曰：「昨日山中之木，以不材得終其天年；今主人之鴈，以不材死；先生將何處？」莊子笑曰：「周將處乎材與不材之間。材與不材之間，似之而非也，故未免乎累。若夫乘道德而浮游則不然。無譽無訾，一龍一蛇，與時俱化，而無肯專爲；一上一下，以和爲量，浮游乎萬物之祖；物物而不物於物，則胡可得而累邪！此神農黃帝之法則也。若夫萬物之情，人倫之傳，則不然。合則離，成則毀；廉則挫，尊則議，有爲則虧，賢則謀，不肖則欺，胡可得而必乎哉！悲夫！弟子志之，其唯道德之鄉乎！」

呂注：聖賢之不容其累，常在於材，而不在於不材，故莊子之書凡數數言者，尤深戒乎材之爲

〔一〕本篇呂注底本完存。陳任中於題下注云：「呂注輯纂微本」。

患，而貴於不材。凡以聖賢之於身，無所不足，獨是爲可戒，故所以捄之如此耳。若夫愚不肖以不能鳴見殺者多矣，豈以不材遂必可以免邪！則山中之木，主人之雁，其失均也。以材與不材皆非道德之正而已矣，故莊子將擇乎材與不材之間而處之，而材與不材之間似道而非道也。以道之無體，不在乎兩端，而亦不在乎中間，則材不材之間未免乎累也。若夫乘道德而浮游，則如之何？無譽也，故不可得而貴；無毁也，故不可得而賤。一龍也，有時乎而聖；一蛇也，有時乎而庸。消息盈虚，與時俱化，而莫肯專爲。一上也，有時乎而升；一下也，有時乎而潛。以和爲量，而不與道乘，夫豈係與〔一〕材不材與夫材與不材之間邪！凡以浮遊乎萬物之祖而已矣，浮遊則汎汎乎其行而無所沈滯之謂也，萬物之祖則所謂衆父父，衆父父則道之謂也。蓋萬物生乎無有，而無有生乎道，此其所以爲祖也，而德則得之而已，是之謂乘道德而浮遊也。唯其如此，則物物而不物於物矣，非夫無己者，何能與於此！無己則胡可得而累邪！若夫萬物之情，人倫之傳，有合必有離，有成必有毁；廉則見挫，尊則見議；有爲則有虧，賢則見謀，不肖則見欺；則材不材與夫材與不材之間而欲免累，胡可得而必邪！則無累者，唯道德之鄉而已矣。

纂微　吕注：聖賢之不容於世，其累常在材，故莊子數數言之，深戒乎材之爲累也。若夫愚不肖以不能鳴見殺亦多矣，豈以不材必可免邪！則山中之木，主人之雁，其失均耳。故將擇夫

〔一〕「與」，據文意當作「於」。

材與不材之間而處之，然猶似道而非道也。以道之爲體，不涉兩端，亦非中央，則材不材之間，猶未免乎累。若夫乘道德而浮遊，則無譽無訾，不可得而貴賤；一龍一蛇，不可得而聖。凡消息盈虛，與時俱化；或升或潛，和而不乖；豈係乎材不材之間！凡以浮遊乎萬物之祖而已，萬物之祖猶云衆父父也。若是則物物而不物於物，胡可得而累邪！夫萬物之情，人倫之傳，有合必離，有成必毀；廉則見挫，尊則見議；然則材不材之間欲免乎累，何可必得！欲無累者，其惟道德之鄉乎！

莊子翼　呂注：全同纂微。

市南宜僚見魯侯，魯侯有憂色。市南子曰：「君有憂色，何也？」魯侯曰：「吾學先王之道，脩先君之業；吾敬鬼尊賢，親而行之，無須臾離居；然不免於患，吾是以憂。」市南子曰：「君之除患之術淺矣！夫豐狐文豹，棲於山林，伏於巖穴，靜也；夜行晝居，戒也；雖飢渴隱約，猶且胥疏於江湖之上而求食焉，定也；然且不免於網羅機辟之患。是何罪之有哉？其皮爲之災也。今魯國獨非君之皮邪？吾願君刳形去皮，洒心去欲，而遊於無人之野。南越有邑焉，名爲建德之國。其民愚而朴，少私而寡欲；知作而不知藏，與而不求其報；不知義之所適，不知禮之所將；猖狂妄行，乃蹈乎大方；其生可樂，其死可葬。吾願君去國捐俗，與道相輔而行。」君曰：「彼其道遠而險，又有江山，我無舟車，奈何？」市南子曰：「君無形倨，無留居，以爲君車。」君曰：「彼其道幽遠而無人，吾誰與鄰？吾無糧，我無食，安得而至焉？」市南子曰：「少君之費，寡君之欲，雖無糧而乃足。君其涉于江而浮於海，望之而不見其崖，愈往而不知其所窮。送君者皆自崖而反，君自此遠矣！故有人者累，見有於人者憂。故堯非有人，非見有於人也。吾願去君之累，除君之憂，而獨與道游於大莫之國。

呂注：豐狐文豹以皮爲之炎，而魯國爲之皮者，以患之所生由乎不能忘其國故也。蓋形不遺則國得爲之累，故刳形所以去皮；心不白則欲得爲之染，故洗心所以去欲；去人而入於天，此其爲而遊無人之野也。南明而越逾也，明而逾之則不屬乎明，而其德建而道立矣，此其爲南越之邑，而名之以建德之國也。其民愚而朴，少私而寡欲，則非屬於文之不足者也。知作而不知藏，則物至而供其求也；與而不求其報，則仁而不以仁爲恩也。不擇是非故不知義之所適；不尚往來，故不知禮之所將；倡狂妄行，乃蹈乎大方，則無所適而不爲道也；其生可樂，其死可葬，則終始之所不去也。建德之爲國如此，而所以不能遊者，以國與俗縻之而已；棄國與俗，與道相輔而行，則不勞而至矣。夫大道在迩而甚夷，而人視之若遠且險者，凡以形倨而不遜，留居而不進，無資而莫之能至也。以無形倨無留居而爲之車，以少費寡欲而爲之糧，則其患乎不能達哉！君其涉於江而浮於海，涉於江則循其源而求之也，浮於海則得其歸也；望之而不見其崖，愈往而不知其所窮，則預乎無窮之游也；送君者皆自崖而反，則拘其墟而畏其深遠者，莫之敢前也；君自此遠，則獨立無匹，而人莫之能從也；有人者累，見有於人者憂，遊乎此則非有人，亦非見有於人也；堯之爲堯，則如是而已矣。而願君去君之累，除君之憂，而獨與道遊乎大莫之國，大莫之國如是而已矣。然則或謂之無人之野，或謂之建德之國，或謂之大莫之國，何也？無人之野則以其與天爲徒而窅然喪其國也，建德則以其德成而立也，大莫則以其爲道之極至於此而大定也，其實一也，則向所謂浮遊萬物之祖而道德之鄉者也。

纂微 呂注：以魯國爲皮者，患之所生由乎不能忘其國也，蓋形不遺則國得爲之累，刳形所以去皮；心不白則欲得爲之染，洗心所以去欲。離人入天，此爲遊於無人之野；建德之國，所以立道也。其民愚朴寡欲，則非屬於文之不足；作不知藏，物至而供其求；與不求報，仁而不以爲恩也。不知義之所適，則不尚往來；不知禮之所將，妄行而蹈大方；可樂可葬，則終始所不去也。建德之爲國如此，而所以不能遊者，以國與俗縻之而已。棄國捐俗，與道相輔而行，則不勞而至矣。夫道邇甚夷，而人視之若遠且險者，以形倨而不遜，留居而不進耳。以無形倨無畱居而爲車，以少費寡欲而爲糧，其患不能達哉！不見其崖，與乎無窮之遊。送君者自崖而反，則拘於虛而畏其深遠者，莫之敢前，君自此獨立無匹，而人莫之能從也。儻遊乎此，非有於人，非見有於人也。堯之爲堯，如是而已。大莫、建德，即前章所謂萬物之祖，道德之鄉是也。

莊子翼　呂注：全同纂微，唯「患之所生由乎不能忘其國也」句「由」作「出」，「洗心所以去欲」句「洗」作「洒」，「道邇甚夷」句「道邇」以下增「而」字，「如是而已」句末增「矣」字。

方舟而濟於河，有虛船來觸舟，雖有惼心之人不怒；有一人在其上，則呼張歙之；一呼而不聞，再呼而不聞，於是三呼邪，則必以惡聲隨之。向也不怒而今也怒，向也虛而今也實。人能虛己以遊世，其孰能害之！」

呂注：向之乘道德而浮遊者，其於世亦若此而已矣。

纂微　呂注：次論虛船觸舟而不怒，向之乘道德而浮游者，其於世也亦若此而已矣。

莊子翼　呂注：全同纂微。

北宮奢爲衛靈公賦斂以爲鐘，爲壇乎郭門之外，三月而成上下之縣。王子慶忌見而問焉，曰：「子何術之設？」奢曰：「一之間，無敢設也。奢聞之：『既雕既琢，复歸於朴。』侗乎其無識，儻乎其怠疑；萃乎芒乎，其送往而迎來；來者勿禁，往者勿止；從其強梁，隨其曲傳，因其自窮，故朝夕賦斂而毫毛不挫，而況有大塗者乎！」

呂注：一之間無敢設也，有術而設其間，則非所謂爲一也；既彫既琢，復歸於朴，則去華而務實也；侗乎其無識，則不知其誰何也；倘乎其怠疑，則不敢欲速而必成也。萃乎芒乎，其送往而迎來，萃則其聚，芒者其昧也，送往而迎來，則來者勿禁，往者勿止也。從其強梁，隨其曲傳，因其自窮，則彊梁無所抑，曲傳無所遏，而出於彼之不得已也。故朝夕賦斂而毫毛不挫，特以其無所設於一之間而已，而況天下之理有大塗者乎！此庖丁所以恢恢然遊刃於其間而有餘地也。蓋道之在政事，其小者猶如此。

纂微　呂注：有術設其間，則非所謂一也；彫琢復朴，去華務實也；侗乎無識，不知誰何；儻乎怠疑，不敢欲速也；送往迎來，勿禁勿止；彊梁無所抑，曲傳無所遏，而出於彼之不得已，故朝夕賦斂而毫毛不挫，以其無所設於一之間而已，況天下之理有大塗者乎！庖丁所以遊刃於其間而有餘地也。

莊子翼　呂注：全同纂微。

孔子圍于陳、蔡之間，七日不火食。太公任往吊之曰：「子幾死乎？」曰：「然。」「子惡死乎？」曰：「然。」任曰：「予〔一〕嘗言不死之道。東海有鳥焉，名曰意怠。其爲鳥也，翂翂翐翐，而似無能；引援而飛，迫脅而棲；進不敢爲前，退不敢爲後；食不敢先嘗，必取其緒。是故其行列不斥，而外人卒不得害，是以免於患。直木先伐，甘井先竭。子其意者飾知以驚愚，脩身以明汙，昭昭乎如揭日月而行，故不免也。昔吾聞之大成之人曰：『自伐者無

〔一〕「予」，原作「子」，據文意從纂微、莊子翼、陳氏排印影本改。

功，功成者墮〔一〕，名成者虧。』孰能去功與名而還與衆人！道流而不明，居得行而不名處；純純常常，乃比於狂；削迹捐勢，不爲功名；是故無責於人，人亦無責焉。至人不聞，子何喜哉？」孔子曰：「善哉！」辭其交遊，去其弟子，逃於大澤；衣裘褐，食杼栗；入獸不亂群，入鳥不亂行。鳥獸不惡，而況人乎！

呂注：太公則能不私其功名而以與衆人者也，任則能處功名之成而不至於墮且虧者也。意怠則不汲汲以必於外物之譬也，翂之言紛，翐之言秩，翂翂翐翐則雖紛而不亂也，此其所以似無能而非無能也。引援而飛，迫脅而棲，則躊躇不得已於動止之間也；進不敢爲前，退不敢爲後，則不出而陽，不入而藏也；食不敢先嘗，必取其緒，則處乎不爭之地也；是故行列不斥，而外人卒不得害，則羣於人之道也。道之視功名，則其至小也，成其至小以至乎墮且虧，則非所謂大成也。知功名之成至於如此而去之，還與衆人，此固大成之人所之所言也。道流而不明，居則人莫見其功矣；得行而不名處，則人莫聞其名矣，得者德也。純純常常，乃比於狂，則倡狂而妄行者也；削跡捐勢，不爲功名，則還與衆人，此所謂有道者能以有餘奉天下者也。陳蔡之圍所以處之，非不足於此也，亦知之所無奈何也。而學仲尼者，苟不知有所謂行列之不斥，鳥獸之可入，則不至於揭日月而行，

〔一〕「墮」，纂微、莊子翼作「隳」，陳氏排印影本從之，並注云：「依纂微、唐寫本、仿宋本改。」

而爲功名之所累者幾稀矣，其能盡浮遊之理乎！則太公任之言，不得不發也。

纂微　呂注：翂翂翐翐則雖紛而不亂，似無能而非無能；引援而飛，迫脅而棲，則躊躇不得已於動止之間也；進不敢先，退不敢後，無出而陽，無入而藏也；食不先嘗，必取其緒，處乎不爭之地也；行列不斥，人不得害，則羣於人之道也；知功名之成，必有虧而去之，以還與衆人，此大成之人所爲也。道流而不明居，則人莫見其功；得行而不名處，則人莫聞其名，得則德也。純常比狂，倡狂妄行也；不爲功名，還與衆人也；此所謂有道者能以有餘奉天下也。陳蔡之厄，所以處之，非不足於此，亦知之所無奈何耳。學仲尼者，苟不知有所謂行列不斥，與鳥獸之可入，則不至於揭日月而行，而爲功名之所累者幾希。

莊子翼　呂注：同纂微，唯「則不至於揭日月而行」句脱「於」字。

孔子問子桑雽〔一〕曰：「吾再逐於魯，伐樹於宋，削跡於衛，窮於商周，圍於陳蔡之間。吾犯此數患，親交益疏，徒友益散，何與？」子桑雽曰：「子獨不聞假人之亡與？林回棄千金之璧，負赤子而趨。或曰：『爲其布與？赤子之布寡矣；爲其累與？赤子之累多矣；棄千金之璧，負赤子而趨，何也？』林回曰：『彼以利合，此以天屬也。』夫以利合者，迫窮禍

〔一〕「雽」，底本、纂微同。莊子翼作「虖」，陳氏排印影本從之，並注云：「各本皆作『雽』，從唐寫本改『虖』。」

患害相棄也；以天屬者，迫窮禍患害相收也。夫相收之與相棄亦遠矣。且君子之交淡若水，小人之交甘若醴；君子淡以親，小人甘以絶。彼無故以合者，則無故以離。」孔子曰：「敬聞命矣！」徐行翔佯而歸，絶學捐書，弟子無挹於前，其愛益加進。

呂注：桑則深根，雩則祈之以成其所樹。以深根爲體而祈之，足以成其所樹者，其告人固亦如此也。學孔子而不知有所謂天屬之意，而唯學與書之爲務，則所以交於天下，皆人合而已矣。

纂微 呂注：學孔子而不知有所謂天屬，唯學與書之爲務，則所以交於天下者，皆人合而已。

莊子翼 呂注：同纂微，唯「學孔子而不知有所謂天屬」句脱「有」字。

異日，桑雩又曰：「舜之將死，真泠〔一〕禹曰：『汝戒之哉！形莫若緣，情莫若率。緣則不離，率則不勞；不離不勞，則不求文以待形；不求文以待形，固不待物。』」

呂注：形之保神也全矣，故莫若緣，而緣則不離而合矣；情之在性也真矣，故莫若率，而率則不勞而逸矣。若夫形不緣而作聰明，情不率而作好惡，其能不離不勞乎！不離不勞則任其質之自然而性分已足矣，則奚用夫求文以待形哉！不求文以待形則其不待物宜矣，此則絶學捐書之尤至者也。

〔一〕「泠」，纂微、莊子翼作「冷」，陳氏排印影本作「命」，並注云：「纂微作『冷』，從仿宋本改。」

纂微　呂注：形莫若緣，緣則不離而合矣；情莫若率，率則不勞而逸矣；不離不勞，則任其質之自然而性分已足，奚用求文以待形哉！　不求文以待形，則不待物宜矣，此絶學捐書之尤至者也。

莊子翼　呂注：全同纂微。

莊子衣大布而補之，正緳係履而過魏王。魏王曰：「何先生之憊邪？」莊子曰：「貧也，非憊也。士有道德不能行，憊也；衣弊履穿，貧也，非憊也；此所謂非遭時也。王獨不見夫騰猿乎？　其得柟梓豫章也，攬蔓其枝而王長其間，雖羿逢〔一〕蒙不能睥睨也。及其得柘棘枳枸之間也，危行側視，振動悼慄；此筋骨非有加急而不柔也，處勢不便，未足以逞其能也。今處昏上亂相之間，而欲無憊，奚可得邪？　此比干之見剖心徵也夫！」

呂注：明雖放言若此而不見害者，虚已以遊世之證也。

纂微　呂注：明雖放言若此而不見害者，虚已以遊世之證也。

莊子翼　呂注：同纂微，唯脱首句「明」字。

孔子窮於陳蔡之間，七日不火食，左據槁木，右擊槁枝，而歌猋〔二〕氏之風，有其具而無

〔一〕「逢」，原作「逄」，纂微作「蓬」，從莊子翼、陳氏排印影本改。

〔二〕「猋」，底本、莊子翼同，莊子翼於其下注云：「音『標』」。纂微作「猋」，陳氏排印影本從之。

其數，有其聲而無宫角，木聲與人聲，犂〔一〕然有當於人之心。顔回端拱還目而窺之。仲尼恐其廣己而造大也，愛己而造哀也，曰：「回，無受天損易，無受人益難。無始而非卒也，人與天一也。夫今之歌者其誰乎？」回曰：「敢問無受天損易。」仲尼曰：「飢渴寒暑，窮桎不行，天地之行也，運物之泄也，言與之偕逝之謂也。爲〔二〕臣者，不敢去之。執臣之道猶若是，而況乎所以待天乎！」「何謂無受人益難？」仲尼曰：「始用四達，爵禄並至而不窮，物之所利，乃非己也，吾命有在外者也。君子不爲盜，賢人不爲竊。吾若取之，何哉！故曰，鳥莫知於鷾鴯，目之所不宜處，不給視，雖落其實，棄之而走。其畏人也，而襲諸人間，社稷存焉爾。」「何謂無始而非卒？」仲尼曰：「化其萬物而不知其禪之者，焉知其所終？焉知其所始？正而待之而已耳。」「何謂人與天一邪？」仲尼曰：「有人，天也；有天，亦天也。人之不能有天，性也，聖人晏然體逝而終矣！」

呂注：左據槁木，右擊槁枝，則所謂據而擊者，无生之物也；歌猋氏之風，則妙道之體也，而北門成所謂有猋氏爲之頌者是也；有其具而無其數，有其聲而無宫角，則聲之不成文也；木聲與人

〔一〕「犂」，底本、纂微同。莊子翼作「犁」，陳氏排印影本從之。
〔二〕「爲」字以下原無「人」字，纂微、莊子翼、陳氏排印影本增。

聲犁然，犁之於地則聲之不足聞也；有當於人之心，則其心亦槁木槁枝而已矣。顏回端拱還目而窺之，則以其遭患，而其心若此，則不能無以爲廣而大之；見己之憐於死也，則不能無愛而哀之也而已；自無己而廣之，則是造大也；愛之，則是造哀也。無受天損易，無受人益難，今也則無受天損而已，安用廣己以自大也！無始而非卒，則正而待之而已。人與天一也，則晏然體逝而已，安用愛己以造哀也！今之歌者其誰乎？知夫今之歌者，則知所以爲始卒，知所以爲天人者，莫不在此矣，孰將有己而可以廣而愛之乎！飢渴寒暑，窮桎不行，天地之行也，而非人之所得止也；運物之泄也，而非人所能閉也，運物則陰陽五行，物之運動者也。無受天損則與之偕逝之謂也，與之偕逝則不敢受，以爲損而去之也。執臣之道猶不敢去，而況所以待天者？此無受天損所以爲易也。

始用四達，爵祿並至而不窮，則非窮桎而不行，物之所利乃非己也，則非可以爲己私分，吾命有在外者也，則□〔一〕求之在我。君子不爲盜，賢人不爲竊，苟受夫物之所利而非己，而吾命有在外者，而以爲益，則取之非其有也，與盜竊何以異哉！鳥莫知於鷾鴯，目之所不宜處，猶不給視，況敢有集乎？雖落其實，棄之而走，況敢有取乎？其畏人也如此，此所謂襲諸人間也。則君子賢人之於四達並至之際，以爲物之所利而非己，而吾命有在外者，以是不敢受而取之。如鷾鴯之畏人而

〔一〕「則」字以下，方框處原存一殘字「廾」，存疑。

襲諸人間，則天下相與社而稷之而不可去也，此無受人益之所以爲難也。化其萬物而不知其禪之者，禪之者則不化者也，不化則烏知其所終始，直正而待之而已，則死生之際，吾何容心於其間哉！有人，天也；有天，亦天也；爲之與不爲，皆天而已。人之不能有天，性也，此有人之所以爲天，知其爲天則過而不悔，當而不自得也。聖人晏然體逝而終矣，此吾所以死生相與鄰而歌不輟也。

纂微 呂注：猋氏之風猶猋氏之頌，木聲人聲犂然有當於人心，則其心亦槁木槁枝而已。自無己而廣之則是造大，愛之則是造哀也。無受天損易，無受人益難，今則天損而已，安用廣己以造大邪！無始非卒，正以待之；人與天一，晏然體逝而已，安用愛己以造哀邪！知今之歌者，則知所以爲始卒爲天人者，莫不在此矣。天地之行，非人所得止；運物之泄，非人所能閉。無受天損則與之偕逝，不敢以爲損而去之也。執臣之道，猶不敢去，而況所以待天乎！此無受天損所以易也。爵祿並至，命之在外者，苟受物所利以爲益，與盜竊何異哉！君子於四達並至之際，以爲物之所利非己也，吾命有在外者，以是不敢受而取之。如鷾鴯之畏人而襲人間，則天下相與社稷之不可去，此無受人益所以難也。化萬物而不知其禪之者，禪之者即不化者也，又惡知其終始哉！有人有天，皆天而已。人之不能有天，性也，此有人之所以爲天，知其爲天則晏然體逝而終矣。

莊子翼 呂注：同纂微，唯「猋氏之風猶猋氏之頌」句作「猋氏之風猶猋氏之頌已」，又不録「木聲人聲，犂然有當於人心，則其心亦槁木槁枝而已」句，又「禪之者即不化者也」句脱「禪之者」

三字。

莊周遊於雕陵之樊，睹一異鵲自南方來者，翼廣七尺，目大運寸，感周之顙而集于栗林。莊周曰：「此何鳥哉，翼殷不逝，目大不睹？」蹇裳躩步，執彈而留之。睹一蟬，方得美蔭而忘其身；螳螂執翳而搏之，見得而忘其形；異鵲從而利之，見利而忘其真。莊周怵然曰：「噫！物固相累，二類相召也！」捐彈而反走，虞人逐而誶之。莊周反入，三月不庭。藺且從而問之：「夫子何爲頃間甚不庭乎？」莊周曰：「吾守形而忘身，觀于濁水而迷於清淵。且吾聞諸夫子曰：『入其俗，從其令。』今吾游於雕〔一〕陵而忘吾身，異鵲感吾顙，游於栗林而忘真，栗林虞人以吾爲戮，吾所以不庭也。」

呂注：覩異鵲之利而從耳目之好，是守形也；不知有虞人之誶足以爲辱，是忘身也。動與物交則濁水也，静而玄覽則清淵也，至人之於清淵，未嘗頃刻而迷也。而莊子言此，以明虚己以遊世，如與魏王言者，雖足以無害，而畏人之所畏，又不可不如此也。

纂微 呂注：觀異鵲之利而從耳目之好，是守形也；不知有虞人之誶足以爲辱，是忘身也。動與物交即濁水，静而玄覽即清淵，夫至人之於清淵，未嘗頃刻迷也。而莊子言此者，明虚以遊

〔一〕「雕」，原作「彫」，從前文、纂微、莊子翼、陳氏排印影本改。

世，如與魏王言者，雖足以無害，而畏人之所畏，又不可不然也。

莊子翼 呂注：全同纂微。

陽子之宋，宿於逆旅。逆旅人有妾二人，其一人美，其一人惡，惡者貴而美者賤。陽子問其故，逆旅小子對曰：「其美者自美，吾不知其美也；其惡者自惡，吾不知其惡也。」陽子曰：「弟子記之！行賢而去自賢之行，安往而不愛哉！」

呂注：行賢而無自賢之行，固浮遊者之所以無往而不愛也。

纂微 呂注：行賢而去自賢之行，所以無往而不愛也。

田子方第二十一〔一〕

田子方侍〔二〕坐于魏文侯，數稱谿工。文侯曰：「谿工，子之師邪？」子方曰：「非也，無擇之里人也；稱道數當，故無擇稱之。」文侯曰：「然則子無師邪？」子方曰：「有。」曰：「子之師誰邪？」子方曰：「東郭順子。」文侯曰：「然則夫子何故未嘗稱之？」子方曰：「其爲人也真，人貌而天，虛緣而葆真，清而容物。物無道，正容以悟之，使人之意也消。無擇何足以稱之！」子方出，文侯儻然終日不言，召前立臣而語之曰：「遠矣，全德之君子！始吾以聖知之言仁義之行爲至矣，吾聞子方之師，吾形解而不欲動，口鉗而不欲言。吾所學者真土梗耳，夫魏真爲我累耳！」

呂注：天則真而人則僞也。其爲人也真，則固人貌而天矣。凡人之心，未始有須臾不緣物者也，緣生則其喪而，真人則虛緣而葆真也。凡人之清，則患於太察，而真人則清而察物也。物無

〔一〕本篇底本完存。陳氏排印影本題下注云：「呂注輯纂微本。」

〔二〕「侍」，原作「待」，據文意從纂微、莊子翼、陳氏排印影本改。

道，正容以悟之，則所告者不在於諄諄之間也；使人之意也消，則所改者不在於事爲之間也。聖知之言，仁義之行，則言與行而已。如子方之師，則所謂道德也，求諸形而不得，故形解而不欲動；求諸言而不得，故口鉗而不欲言也。非學之所及也，故知其所學爲土梗也，土非所責而梗非所本也。非刳形去皮，洒心去欲者，不足以與此，則魏豈不爲我累哉！

纂微 呂注：其爲人也真，則固人貌而天矣。凡人之心，未始須臾不緣物，真人則虛緣而葆真；凡人之清，則患於太察，真人則清而容物。物無道，正容以悟之，則所告者不在諄諄之間；使人意消，則所改者不在事爲之際。聖知仁義則言與行而已。如子方之師，則所謂道德也，求諸形而不得，故形解而不欲動；求諸言而不得，故口鉗而不欲言。則非學之所及，故知其所學爲土梗耳。夫魏豈不爲我累哉！

莊子翼 呂注：全同纂微，唯「則非學之所及」句「則」作「此」字，又不錄末句「夫魏豈不爲我累哉」。

溫伯雪子適齊，舍于魯。魯人有請見之者，溫伯雪子曰：「不可。吾聞中國之君子，明乎禮義而陋於知人心，吾不欲見也。」至於齊，反舍於魯，是人也又請見。溫伯雪子曰：「往也蘄見我，今也又蘄見我，是必以有以振我也。」出而見客，入而歎。明日見客，又入而歎。其僕曰：「每見之客也，必入而歎，何邪？」曰：「吾固告子矣：『中國之民，明乎禮義而陋乎知人心。』昔之見我者，進退一成規，一成矩，從容一若龍，一若虎，其諫我也似子，其道我也似父，是以歎也。」仲尼見之而不言。子路曰：「吾子欲見溫伯雪子久矣，見之而不言，何邪？」仲尼曰：「若夫人者，目擊而道存矣，亦不可以容聲矣。」

呂注：於進退焉而一成規，一成矩，則威儀詳於折旋之間也；於從容焉一若龍，一若虎，則機變出於晏閒之際也，若龍若虎則似之而非也；其諫我也似子，其道也我似父，則非所以得我於眉睫之間也；此所謂明於禮義，而陋於知人心者也。禮學〔一〕之弊，固嘗如此，而魯人其尤甚者也。蓋東郭順子正容而物悟，溫伯雪子曰目擊而道存，則古〔二〕之聖人所以相與如是其微邪！

纂微　呂注：進退成規成矩，則威儀詳於折旋之間；從容若龍若虎，則機變出於燕閑之際；諫我似子，道我似父，則非得我於眉睫之間；此所謂明於禮義，而陋於知人心者也。禮學之弊如是，魯人則尤甚者。夫東郭順子正容以悟物，溫伯雪子目擊而道存，則古之聖賢所以相與者如是其微邪！

莊子翼　呂注：同纂微，唯「禮學」作「禮義」。

顏淵問於仲尼曰：「夫子步亦步，夫子趨亦趨，夫子馳亦馳；夫子奔逸絶塵，而回瞠若乎後矣！」夫子曰：「回，何謂邪？」曰：「夫子步，亦步也；夫子言，亦言也；夫子趨，亦趨

〔一〕「學」，底本、纂微同，陳氏排印影本從之。莊子翼作「義」，當誤。

〔二〕「古」，原作「占」，據文意從纂微、莊子翼、陳氏排印影本改。

也；夫子辯，亦辯也；夫子馳，亦馳也；夫子言道，回亦言道也；及奔逸絶塵而回瞠若乎後者，夫子不言而信，不比而周，無器而民滔〔一〕乎前，而不知所以然而已矣。」仲尼曰：「惡！可不察與！夫哀莫大於心死，而人死亦次之。日出東方而入於西極，萬物莫不比方，有目有趾者，待是而後成功，是出則存，是入則亡。萬物亦然，有待也而死，有待也而生。吾一受其成形，而不化以待盡，效物而動，日夜無隙，而不知其所終；薰然其成形，知命不能規乎其前，丘以是日徂。吾終身與汝交一臂而失之，可不哀與！汝殆著乎吾所以著也。彼已盡矣，而汝求之以爲有，是求馬於唐肆也。吾服汝也甚忘，汝服吾也亦甚忘。雖然，汝奚患焉！雖忘乎故吾，吾有不忘者存。」

呂注：言者常言而已，故以譬步；辯則與人辯，宜亟於言，故以譬趨；言道則取之，左右逢其源，不容有擇也，故以譬馳步也；趨也，馳也，可追而及也，至於不言而信，不比而周，無器而民滔乎前，而不知其所以然而已矣，故以譬奔逸絶塵，而回瞠若乎後也，奔逸則不可追，絶塵則無迹，瞠若乎後則瞻之在前而不可及。心未嘗死者，不知有死也，則心死而後人死次之，此哀莫大於心死也。日出東方而入於西極，萬物莫不比方，而獨有目有趾者，待是而後成功，是出則存，是入則亡，而日

〔一〕「滔」，纂微作「滔」，莊子翼作「蹈」。陳氏排印影本從「蹈」，並注云：「依仿宋本『滔』改『蹈』。」

未始有存亡也。萬物亦然，有待也而死，有待也而生，而所待者未嘗有死生也。則吾之所以不言而信，不比而周，無器而民滔乎前，而不知其所以然，以是而已矣。使吾一受其成形，不化以待盡，徒効物而動，日夜無隙，而不知其所終，薰然其成形，則與萬物皆有待而死生者也，其能體所待以至於不知其然邪！而知命不能歸乎其前，丘是以日徂，則非一受其成形，不化以待盡者也。以物觀之，終身與汝交，一臂而失之，可不哀歟！此則心死而非心未嘗死也。心未嘗死者，豈以交一臂而失之爲哀乎！此吾之所以著而非吾之所以日徂也。而汝求吾所以奔逸絶塵之處而莫之得，殆著乎吾所以著，而不見乎吾所以不著也。人之心也，操則存，舍則亡；出入無時，莫之其鄉；孰有所以著而可著乎！是彼已盡矣，而汝求之爲有，則與求馬於唐肆何以異哉！唐與肆，馬之所閲，而非馬之所居也。吾服汝也甚忘，則所謂吾者無有也；汝服吾也亦甚忘，所謂汝者無有也。然汝奚以其甚忘爲患哉！雖忘乎故吾，吾有不忘者存，知吾有不忘者存，則所謂奔逸絶塵者可見矣。

纂微　呂注：步也，趨也，馳也，可追而及也。至於不言而信，不比而周，無器而民滔乎前，則不知所以然而已，故以譬奔逸絶塵，而回瞠若乎後矣。心未嘗死者，不知有死也，則心死而後人死次之，此哀莫大者也。日之出東入西，物莫不比方，而獨有目有趾者待是而成功，是出則存，是入則亡，而日未嘗有存亡也；物有待而死生，而所待者未嘗有死生也；則吾之所以不言而信，不比而周，無器而民滔乎前者，終以是而已。使吾一受其成形，不化以待盡，効物而動，日夜無隙，則與萬物皆有待而生，其能體所待以至於不知其然邪！以是日徂，則非不化以待盡，可不哀與！則哀莫大也。汝求吾所以奔逸絶塵之處而莫得，是殆著乎吾所以著，而不見乎吾所以不著也。人心操存舍亡，孰有所以著而可著乎！是彼已盡矣，而汝求之以爲有，與求馬於唐肆何異！唐與肆，馬之所閲，而非馬之所居也。吾服汝也甚忘，則所謂吾者無有；汝服吾也亦甚忘，則所謂汝者無有；然汝奚以甚忘爲患哉！雖忘乎故吾，吾有不忘者存，則所謂奔逸絶塵者可見矣。

莊子翼　呂注：同纂微，唯「滔」作「蹈」字，「唐與肆」句脱「與」字，「其所謂汝者無有」句「無」作「何」字。

孔子見老聃，老聃新沐，方將被髮而乾[一]，慹然似非人。孔子便而待之，少焉見，曰：「丘也眩與，其信然與？向者先生形體掘若槁木，似遺物離人而立於獨也。」老聃曰：「吾游心于物之初。」孔子曰：「何謂邪？」曰：「心困焉而不能知，口辟焉而不能言，嘗爲汝議乎其將。至陰肅肅，至陽赫赫；肅肅出乎天，赫赫發乎地；兩者交通成和而物生焉，或爲之紀而莫見其形。消息滿虚，一晦一明，日改月化，日有所爲，而莫見有功。生有所乎萌，

[一]「乾」，底本、纂微、莊子翼同，陳氏排印影本從之，疑爲「幹」之形誤。

死有所乎歸，始終相反乎無端而莫知乎其所窮。非是也，且孰爲之宗！」孔子曰：「請問遊是。」老聃曰：「夫得是，至美至樂也，得至美而游乎至樂，謂之至人。」孔子曰：「願聞其方。」曰：「草食之獸不疾易藪，水生之蟲不疾易水，行小變而不失其大常也，喜怒哀樂不入於胷次。夫天下也者，萬物之所一也。得其所一而同焉，則四肢百體將爲塵垢，而死生終始將爲晝夜而莫之能滑，而況得喪禍福之所介乎！棄隸者若棄泥塗，知身貴於隸也，貴在於我而不失於變。且萬化而未始有極也，夫孰足以患心！已爲道者解乎此。」

呂注：未始有物也，則起居語默，孰非遊於物之初邪！而老聃有非人之示，孔子有獨〔一〕立之問者，欲以明是而已矣。心困焉而不能知，則非知之所能知也；口辟焉而不能言，則非言之所能言也；爲汝議乎其將而已矣，至則不言，而其將則非其已至也；至陰肅肅之出乎天，至陽赫赫之發乎地，兩者交通成和而生物焉。遠之爲歲，近之爲日；外之萬物，內之一身；莫不有是也，成爲之紀而莫見其形，則以是而已矣。寒暑也，日月也，消息滿虛之相推，一晦一明之相生，日改月化而未嘗停，日有所爲而莫見其功，亦以是而已矣。生有所乎萌，死有所乎歸，始終相反乎無端，而莫知其所窮，亦以是而已矣，故曰非是也孰爲之宗！則向所謂物之初者殆是也。天下皆知美之爲美，

〔一〕「獨」，原作「濁」，據莊文改。

非至美也，而此爲至美也；天下皆知樂之爲樂，非至樂也，而此爲至樂也；以天下之美與樂無以加之也。草食之獸，不疾易藪；水生之蟲，不疾易水；則其行雖有小變，而不失藪水之大常也。得是而遊之者，喜怒哀樂不入於胷次而天下莫不一而同焉，則旁薄萬物以爲一者是也。則四肢百體將爲塵垢，死生終始相爲晝夜，而莫之能滑，而況得喪禍福之所介乎！此所謂大常也。棄隸者若棄塗泥，知身貴於隸也，貴在於我，則雖有小變，豈以所賤而失吾所貴哉！蓋雖萬化而未始有極，則奚足以患吾心哉！凡以爲道者，解乎此故也。

纂微 呂注：未始有物則起居語默，孰非遊於物之初！心困焉則非知所能知，口辟焉則非言所能言，議乎其將非其至也。夫陰陽交通成和而物生焉。遠之爲歲，近之爲日；外而萬物，內而一身，莫不有是也。或爲之紀，莫見其形，消息改化，以是而已；生萌死歸，始終無端，亦以是而已；則向所謂物之初者殆是也。天下之所美所樂，非美樂之至，得此而後爲至美至樂也。獸之易藪，魚之易水，此其小變而不失藪水之大常，得是而遊之者，天下莫不一而同焉，則死生莫之能滑，況得喪禍福之所介乎！知身貴於隸則貴在我，雖有小變，豈以所賤而失吾所貴哉！萬化無極，亦奚足以累吾心！已爲道者，解乎此故也。

莊子翼 呂注：同纂微，唯「隸」作「隷」。

孔子曰：「夫子德配天地，而猶假至言以脩心，古之君子，孰能脱焉？」老聃曰：「不然。夫水之於汋也，無爲而才自然矣。至人之於德也，不脩而物不能離焉。若天之自高，地之自厚，日月之自明，夫何脩焉！」孔子出，以告顏回曰：「丘之於道也，其猶醯雞與！微夫子之發吾覆也，吾不知天地之大全也。」

呂注：由前之説而仲尼之問不再發，則後之治道者，不能不以言而脩之之爲累也。

莊子見魯哀公。哀公曰：「魯多儒士，少爲先生方者。」莊子曰：「魯少儒。」哀公曰：「舉魯國而儒服，何謂少乎？」莊子曰：「周聞之，儒者冠圜冠者，知天時；履句屨者，知地形；緩佩玦者，事至而斷。君子有其道者，未必爲其服也；爲其服者，未必知其道也。公固以爲不然，何不號於國中曰：『無此道而服此服者，其罪死！』」於是哀公號之五日，而魯國無敢儒服者，獨有一丈夫儒服而立乎公門。公即召而問以國事，千轉萬變而不窮。莊子曰：「以魯國而儒者一人耳，可謂多乎？」

呂注：莊子數假孔子問學於老聃之徒，以明所謂聖智者，非至道之盡也。而此言不發，則學者無以知尊孔子之實。

纂微　呂注：莊子數假孔子問學於老聃之徒，以明所謂聖知者，非至道之盡也。此言不發，則學者無以知尊孔子之實。

至者，儃儃然不趨，受揖不立，因之舍。公使人視之，則解衣槃礴贏。君曰：「可矣，是真畫者也。」

於心，故足以動人。宋元君將畫圖，衆史皆至，受揖而立；舐筆和墨，在外者半。有一史後

百里奚爵祿不入於心，故飯牛而牛肥，使秦穆公忘其賤，與之政也。有虞氏死生不入

莊子翼 呂注：全同纂微。

呂注：小則百里奚之得政，大則有虞氏之動人，而以外物入其心而能至是者，未之有也，此槃礴贏所以爲真善畫者也。

纂微 呂注：小則百里奚之得政，大則有虞氏之動人，以外物入其心而能至是者，未之有也，解衣槃礴所以爲真善畫者也。

莊子翼 呂注：同纂微，唯無錄末句「解衣槃礴所以爲真善畫者也」。

文王觀於臧，見一丈夫釣，而其釣莫釣；非持其釣有釣者也，常釣也。文王欲舉而授之政，而恐大臣父兄之弗安也；欲終而釋之，而不忍百姓之無天也。於是旦而屬之大〔一〕夫曰：「昔者寡人夢見良人，黑色而頓，乘駁馬而偏朱蹄，號曰：『寓而政於臧丈人，庶幾乎

〔一〕「大」，原作「夫」，據文意從纂微、莊子翼、陳氏排印影本改。

民有瘳乎！』」諸大夫蹴然曰：「先君王也。」文王曰：「然則卜之。」諸大夫曰：「先君之命，王其無它，又何卜焉！」遂迎臧丈人而授之政。典法無更，偏令無出。三年，文王觀於國，則列士壞植散群，長官者不成德，斔斛不敢入於四境。列士壞植散群，則尚同也；長官者不成德，則同務也；斔斛不敢入於四境，則諸侯無二心也。文王於是焉以爲大師，北面而問曰：「政可以及天下乎？」臧丈人昧然而不應，泛然而辭，朝令而夜遁，終身無聞。顏淵問於仲尼曰：「文王其猶未邪？又何以夢爲乎？」仲尼曰：「默，汝無言！夫文王盡之也，而又何論刺焉！彼直以循斯須也。」

呂注：知臧丈人之足與爲政，雖得之於其釣莫釣之間，而屬之以夢而非夢，期之以卜而不卜者，蓋上恐大臣父兄之不安，下恐百姓之無天。而用之三年，觀於國，其〔一〕效又至於如所言，則言夢而非夢，不爲不信；欲卜而不卜，不爲不敬；直以循斯須而已矣。典法無更，以六典八法所受於天子者也，此其爲一國之道也；偏令無出，則必可以公之諸侯而後出也，此所以可及於天下也；壞植則壞其所樹也，樹則陽貨所謂「吾樹人多矣」之樹也，斔斛則非先王之嘉量也。

纂微　呂注：知臧丈人之足與爲政，得之於其釣莫釣之間，屬之以夢，期之以卜而不卜者，上

〔一〕「其」，原似誤作「莫」，據文意從纂微、陳氏排印影本改。

恐大臣父兄之不安，下恐百姓之無天也。用之三年，觀於國，其效至於如所言，則言而能夢，不爲不信；欲卜不卜，不爲不敬；直以循斯須而已。典法無更，六典八法受於天子者，此其爲一國之道也；偏令無出，則可以公之諸侯而後出，此所以可及於天下也；壞植則壞其所樹之黨，鍈斛則非先王之嘉量也。

莊子翼 呂注：同纂微，唯無録「用之三年，觀於國，其效至於如所言，則言而能夢，不爲不信；欲卜不卜，不爲不敬；直以循斯須而已」句。

列禦寇爲伯昏無人射，引之盈貫，措杯水其肘上，發之，適矢復沓，方矢復寓。當是時也，猶象人也。伯昏無人曰：「是射之射，非不射之射也。嘗與汝登高山，履危石，臨百仞之淵，若能射乎？」於是無人遂登高山，履危石，臨百仞之淵，背逡巡，足二分垂在外，揖禦寇而進之。禦寇伏地，汗流至踵。伯昏無人曰：「夫至人者，上窺青天，下潛黃泉，揮斥八極，神氣不變。今汝怵然有恂目[一]之志，爾於中也殆矣夫！」

呂注：引之盈貫，則其持滿之至也；措杯水其肘上，則其平直之至也；發之，適矢復沓，方矢復寓，則前矢之適，發而復沓；方矢復寓，而在弦也；復沓則矢往而沓還也，方矢則與前矢並也，言

[一]「目」，原作「自」，據文意從纂微、莊子翼、陳氏排印影本改。

其前後相續而不絶也。當是時猶象人也，則其用志之不分也，射之射則如此也；不射之射則所謂純氣之守，非智巧果敢之列也。登高山，履危石，臨百仞之淵，其危若此而不動其心，其發無不中，此所以爲不射之射也。推是以往，則上窺青天，下潛黄泉，揮斥八極，神氣不變，固其理也，揮則發揮，斥則斥大，則所謂至大至剛而充塞乎天地之間者也。

纂微　呂注：引之盈貫，持滿之至；肘措杯水，平直之至。前矢適發而復沓，方矢復寓而在弦，復沓則矢往而沓還，方矢則與前矢並，言其前後相續而不絶。象人謂其用知不分，此射之射也；不射之射則所謂純氣之守，非知巧果敢之列，故登山臨淵而不動其心，發無不中。推是以往，則揮斥八極，神氣不變，固其宜也。

莊子翼　呂注：全同纂微。

肩吾問於孫叔敖曰："子三爲令尹而不榮華，三去之而無憂色〔一〕。吾始也疑子，今視子之鼻間栩栩然，子之用心獨奈何？"孫叔敖曰："吾何以過人哉！吾以其來不可却也，其去不可止也，吾以爲得失之非我也，而無憂色而已矣。我何以過人哉！且不知其在彼乎，其在我乎？其在彼邪？亡乎我；在我邪？亡乎彼。方將躊躇，方將四顧，何暇至乎

〔一〕"色"，原作"也"，據文意從纂微、莊子翼、陳氏排印影本改。

人貴人賤哉！」仲尼聞之曰：「古之真人，知者不得説，美人不得濫，盜人不得刦，伏羲黄帝不得友。死生亦大矣，而無變乎已，況爵禄乎！若然者，其神經乎大山而無介，入乎淵泉而不濡，處卑細而不憊，充滿天地，既以與人，己愈有。」

呂注：真人之息以踵而深深，子之鼻間栩栩然，則其息以踵而深深之意也。吾以其來不可却，其去不可止，而得失之非我，而無憂色而已矣。則以命安之也，不知其在彼在我，在我則亡乎彼，在彼則亡乎我，則以道而忘之也。方將躊躇，方將四顧，則自省之不給，何暇至乎人貴人賤哉！古之真人，智者不得説，美人不得濫，盜人不得刦，伏羲黄帝不得友，則審乎無假而不與物遷者也。死生亦大矣，而無變乎己，況爵禄乎！則三爲令尹而不榮華，三去之而無憂色，非其難也。其神經乎大山而無介，入乎淵泉而不濡，處卑細而不憊，則以其無己而已矣。充滿天地，既以與人，己愈有，則以道之無窮而已矣。

纂微 呂注：鼻間栩栩然，則其息以踵而深深之意。以其得失之非我，知命而安之也；不知其在彼在我，以道而忘之也。躊躇四顧，則自省之不給，何暇至乎人貴人賤哉！古之真人所以不得説不得濫不得刦不得友者，審乎無假而不與物遷故也。若然者，其神可以經山入淵，充滿天地。與人愈有，言道之無窮也。

莊子翼 呂注：全同纂微。

楚王與凡君坐，少焉，楚王左右曰凡亡者三。凡君曰：「凡之亡也，不足以喪吾存。夫『凡之亡不足以喪吾存』，則楚之存不足以存存。由是觀之，則凡未始亡而楚未始存也。」

呂注：天下有常存，則不死不生者是也；得其所常存而存之，則存其存矣，凡楚曷足以係存亡哉！

纂微　呂注：天下有常存，不死不生者是也；得其常存而存之，則存其存矣，凡楚曷足以當存亡哉！

莊子翼　呂注：同纂微，唯「天下有常存」句「常」字作「長」。

知北遊第二十二〔一〕

知北遊于玄水之上，登隱弅之丘，而適遭無爲謂焉。知謂無爲謂曰：「予欲有問乎若：何思何慮則知道？何處何服則安道？何從何道則得道？」三問而無爲謂不答也，非不答，不知答也。知不得問，反於白水之南，登孤闋之上〔二〕，而睹狂屈焉。知以之言也問乎狂屈。狂屈曰：「唉！予知之，將語若。」中欲言而忘其所欲言。知不得問，反于帝宫，見黄帝而問焉。黄帝曰：「無思無慮始知道，無處無服始〔三〕安道，無從無道始得道。」知問黄帝曰：「我與若知之，彼與彼不知也，其孰是邪？」黄帝曰：「彼無爲謂真是也，狂屈似之；我與汝終不近也。夫知者不言，言者不知，故聖人行不言之教。道不可致，德不可至。仁可爲也，義可虧也，禮相僞也。故曰：『失道而後德，失德而後仁，失仁而後義，失義而後禮。禮者，道之華而亂之首也。』故曰：『爲道者日損，損之又損之以至於無爲，無爲而無不

〔一〕本篇底本完存。陳任中於題下注云：「呂注輯纂微本」。

〔二〕「上」，底本、莊子翼同，疑當從底本呂注、纂微、陳氏排印影本作「丘」。

〔三〕「始」，原作「如」，據文意從纂微、莊子翼、陳氏排印影本改。

爲也。』今已爲物也，欲復歸根，不亦難乎！　其易也，其唯大人乎！　生也死之徒，死也生之始，孰知其紀！　人之生，氣之聚也；聚則爲生，散則爲死，若死生爲徒〔一〕，吾又何患！故萬物一也，是其所美者爲神奇，其所惡者爲臭腐；臭腐復化爲神奇，神奇復化爲臭腐。故曰『通天下一氣耳』。聖人故貴一。」知謂黄帝曰：「吾問無爲謂，無爲謂不應我，非不我應，不知應我也。吾問狂屈，狂屈中欲告我而不我告，非不我告，中欲告而亡〔二〕之也。今予問乎若，若知之，奚故不近？」黄帝曰：「彼其真是也，以其不知也；此其似之也，以其忘之也；予與若終不近也，以其知之也。」狂屈聞之，以黄帝爲知言。

呂注：知北遊于玄水之上，則反本而求於其所同而玄之極者也，北則本，而玄水之上則其所同而玄之極也。登隱弅之丘，則又進乎不皦不昧之處也，隱則不皦，弅則不昧。於是而適遭無爲謂焉，不然或過或不及，則與之差而不相值矣，無爲則無事，而無謂則無言也。三問而無爲謂不答，非不答也，不知答也。三則有數，問則有言，不知答則無爲謂之所以爲無爲謂也。知不得問，反於白水之南，則遭之而不契，又趣乎明而求之也，白水之南則趣乎明也。登狐闋之丘，則又升乎

〔一〕「徒」，原作「走」，據文意從底本呂注、纂微、莊子翼、陳氏排印影本改。
〔二〕「亡」，據文意當從下句本字、纂微、莊子翼、陳氏排印影本改。

或不盈之地也，狐則或，而闕則不盈也，或不盈則道之用而已，非體之沖也。於是而睹狂屈，睹則有見而非與之遭也，狂則不知所往，而屈則不伸也；予知之將語，若中欲言而忘其所欲言，則非不知也，屈而不伸而已矣，此其所以爲狂屈也。知不得問，反於帝宮，帝宮則黄帝之所居，而意之所在也。是以知無思無慮則知道，無處無服則安道，無行無服則得道也。夫道不可以知知，而無爲謂則不知，故真是也；狂屈中欲言而忘之，則非不知也，忘之而已，是以似之也；我與汝則知之矣，是以終不近也。道無方則非彼也，故不可致，致則致彼以來，此如善戰者致人，而不致於人之致也；德在我則非外也，故不可至，至則自此以至彼，如「今日適越而昔至」之至也。德則無爲，而仁可爲也；仁則所厚，而義可虧也；禮爲而莫之應，則攘臂而仍之，則相僞而已，此所以爲道之華而亂之首也。老子以禮爲忠信之薄，而前識者爲道之華，而此以禮爲道之華者，蓋前識則禮之所以爲僞也。故爲道者日損，損之又損之，以至於無爲，則仁義禮學不得不絶而滅之也。至夫無爲而無不爲，則孰有仁義禮學而非道邪！今已爲物則已有知矣，而欲歸其根而不知，此其所以爲難也。大人則光輝而物之所不能蔽也，則歸根於芸芸之際，豈不易哉！生也死之徒，死也生之始，始終相反乎無端，則孰知其紀邪！人之生也，氣之聚也；其死也，氣之散也；知其氣之聚散而爲徒，則何患乎？故萬物一也，特其所美者爲神奇，其所惡者爲臭腐，二者無他，交相化而已矣。以是無通天下之爲一氣，而聖人之所以貴一也，則知之分與道遠矣，豈得近邪！

纂微　呂注：知北遊則反本以求其所同而玄之極，隱則不皦，弅則不昧，无爲則无事，无謂則无言，有言不答所以无爲謂也。反於白水之南，又趨明以求之；狐闋之丘，或不盈之地；狂則不知所往，屈則不伸；黄帝之宫，意之所在也。夫道不可以知知，无爲謂則不知，是真知也；狂屈欲言而忘，非不知也，是以似之；我與汝知之，是以終不近也。道无方故不可致，致則招之使來；德在我故不可至，至則自此至彼。德則无爲，而仁可爲也；仁則所厚，而義可虧也；禮則爲而莫之應，攘臂而仍之，是相僞而已，所以爲亂之首也。故爲道者日損，以至於无爲，則仁義禮樂不得不絶滅之；及无爲而无不爲，則仁義禮樂，孰非道耶？今已爲物則已有知，欲歸其根而不知，不亦難乎！生死始終，无端无紀，氣聚則生，氣散則死，知其氣之聚散爲徒，又何患乎？故萬物一也，特其所美者爲神奇，所惡者爲臭腐，二者交相化而已。以是知通天下一氣，聖人所以貴一。

莊子翼　呂注：道無方故不可致，致則招之使來；德在我故不可至，至則自此至彼。德則無爲，而仁可爲也；仁則所厚，而義可虧也；禮則爲而莫之應，攘臂而仍之，是相僞而已，所以爲亂之首也。故爲道者日損，以至於無爲，則仁義禮樂不得不絶滅之；及無爲而無不爲，則仁義禮樂，孰非道邪！今已爲物則已有知，欲歸其根而不知，不亦難乎！大人則光輝而物不能蔽，歸根於芸芸之際，亦易事耳！生死始終，無端無紀，氣聚則生，氣散則死，知其氣之聚散爲徒，又何患乎？

故萬物一也，特其所美者爲神奇，所惡者爲臭腐，二者交相化而已。以是知通天下一氣，聖人所以貴一。

天地有大美而不言，四時有明法而不議，萬物有成理而不説。聖人者，原天地之美而達萬物之理，是故至人無爲，大聖不作，觀於天地之謂也。今彼神明至精，與彼百化，物已死生方圓，莫知其根也，扁然而萬物自古以固存。六合爲巨，未離其内；秋豪爲小，待之成體。天下莫不沉浮，終身不故；陰陽四時運行，各得其序。惛然若亡而存，油然不形而神，萬物畜而不知。此之謂本根，可以觀於天矣。

呂注：天地無爲而無不備於其間，則是有大美也，有大美而不言，則凡言者非大美也；四時變通而始終不忒，則是有明法也，有明法而不議，則凡議者非明法也；萬物雖多而道無往而不在，則是有成理也，有成理而不説，則凡説者非成理也；美則充乎其中而已，法則可效者也，理則無所往而不通也。言約於義，議約於説，天地則無不容而至簡易也，故以美與言言之；四時則變化可見，而言之所難盡也，故以法與議言之；萬物則至衆，又議之所難盡也，故以理與説言之。美言大則非天下之所謂美也，法言明則不待察之於冥冥之間也，理言成則其自然而已矣。大美也，明法也，成理也，皆道之謂也，所從言之異耳，聖人者原天地之美而達萬物之理，知其不爲而自然也。故以至人言之，則雖爲而無爲；以大聖言之，則雖作而不作；凡以觀於天地而已，觀於天地則四時萬物可知也。今也神明至精，與彼百化而不一，則以物觀之也，而物已死生方圓矣，何自而知其根哉！雖然，扁然而萬物，而物莫非彼也；自古以固存，而彼未嘗去也。六合雖巨，未離其内，則彼未始有外也；秋毫爲小，待之成體，則彼無乎不在也。天下莫不一沉一浮，以爲終始，以爲死生，而彼未嘗故也；陰陽四時運行，而各得其序，非彼而誰之所爲哉！其爲物也，惛然若亡而存，則不可求之於無也；油然不形而神，則不可求之於有也；萬物畜然而以是相藴，而不知其然也，則是畜而不知，此之謂本根，本根則自本自根者也，可以觀於天矣，天亦如是而已矣。

纂微　呂注：天地无爲而无不備，有大美也；四時變通始終不惑，有明法也；萬物雖多而道無不在，有成理也；美則充乎其中，法則可效，理者无所往而不通，皆歸乎道而已。聖人原美達理，知其不爲而自然者，觀於天地而已矣。今神明至精，與彼百化，則以物觀之，物已死生方圓矣，何自而知其根哉！雖然，扁然而萬物，物莫非彼也；自古以固存，彼未常去也。陰陽四時，各得其序，非彼而誰爲哉！若亡而存，不形而神，則不可求之於有无之間也；萬物以是相藴而不知其然，此之謂本根。

莊子翼　呂注：同纂微，唯「天地無爲而無不備」句末多「者」字，又「彼未嘗去也」句「嘗」作「常」。

齧缺問道乎被衣，被衣曰：「若正汝形，一汝視，天和將至；攝汝知，一汝度，神將來舍。德將爲汝美，道將爲汝居，汝瞳焉如新生之犢而無求其故！」言未卒，齧缺睡寐。被衣大悅，行歌而去之，曰：「形若槁骸，心若死灰，真其實知，不以故自持。媒媒晦晦，無心而不可與謀，彼何人哉！」

呂注：正汝形則〔一〕坐而隳也，一汝視則毋妄窺也，天和將至則邪氣却而沖氣歸也，攝汝知則歸其根而不知也，一如度則不淫而移也，神將來舍則守形而不離也，德將爲汝美則充而同於初也，道將爲汝居則止而集乎虛也，汝瞳焉如新生之犢而無求其故，則不知其所如也；言未卒齧缺睡寐，則聞其言而隨也；被衣大悅，行歌而去之，則悅其安之易也；形若槁骸，心若死灰，則寂之至也；真其實知則以其無知也，不以故自持則其生之遺也；媒媒晦晦，無心而不可與謀，彼何人哉！則其所自出，吾不知其誰也。

纂微 呂注：正形則坐而鑑，一視則無妄窺，故邪氣却而沖和歸也；攝知則歸根，一度則不淫，神來舍則守形而不離也，德美則充而同於初，道歸則止而集乎虛，新生之犢則不知其所之，言未卒齧缺假寐則聞其言而隳也。被衣行歌而去之，悅其安之易也。形槁心灰，則寂之至；真其實知，以其无知也；不以故自持，則其生之遺也。後三句謂其所自出，吾不知其誰也。

〔一〕「則」，原作「刖」，據文意及下文排比句式從纂微、莊子翼、陳氏排印影本改。

莊子翼　呂注：同纂微，唯「齧缺」兩字作「而」字，「恱其安之易也」句「悦」字作「説」。

舜問乎丞曰：「道可得而有乎？」曰：「汝身非汝有也，汝何得有夫道？」舜曰：「吾身非吾有也，孰有之哉？」曰：「是天地之委形也；生非汝有，是天地之委和也；性命非汝有，是天地之委順也；孫子非汝有，是天地之委蜕也。故行不知所往，處不知所持，食不知所味。天地之強陽氣也，又胡可得而有耶！」

呂注：道本無物，汝身亦虛，虛而非有，道將誰居？故觀天下〔一〕之物，汝得擅者莫若乎汝身。而以天地之委形，汝不得有而親；察汝身之所存者莫若乎汝生，而以天地之委和，汝不得恃〔二〕其成；察汝生之所本莫若乎性命，而以天地之委順，汝不能違其正；察汝身之所親莫若乎孫子，而以天地之委蜕，汝不得留而止。故觀汝之身，知本無知，則行安知所往？處安知所恃？食安知所味？以是皆天地彊陽氣之所爲，則所謂道者，汝安得而有之！

纂微　呂注：觀天下之物，得擅者莫若汝身，而天地之委形，汝不得有而親；汝身之所存者莫若乎生，而天地之委和，汝不得持其成；汝生之所本莫若乎性命，而天地之委順，汝不能違其正。觀汝之身，知本无知，則行安知所往？處安知所持？食安知所味？是皆天地彊陽之氣所爲，

〔一〕「下」，原作「不」，據文意從纂微、莊子翼、陳氏排印影本改。
〔二〕「恃」，纂微、莊子翼作「持」，陳氏排印影本從之。

則所謂道者，汝安得而有之哉！

莊子翼　呂注：同纂微，唯脱首句「觀」字，又「汝身之所存者」作「身之所有者」，又「汝生之所本莫若乎性命」句脱「汝」字。

孔子問於老耼曰：「今日晏閒，敢問至道。」老耼曰：「汝齊戒，疏瀹而心，澡雪而精神，掊擊而知！夫道，窅然難言哉！將爲汝言其崖略。夫昭昭生於冥冥，有倫生於無形，精神生於道，形本生於精，而萬物以形相生，故九竅者胎生，八竅者卵生。其來無迹，其往無崖，無門無房，四達之皇皇也。邀於此者，四肢彊，思慮恂達，耳目聰明。其用心不勞，其應物無方。天不得不高，地不得不廣，日月不得不行，萬物不得不昌，此其道與！且夫博之不必知，辯之不必慧，聖人以斷之矣。若夫益之而不加益，損之而不加損者，聖人之所保也。淵淵乎其若海，魏魏〔一〕乎其終則復始也，運量萬物而不匱。則君子之道，彼其外與！萬物皆往資焉而不匱，此其道與！中國有人焉，非陰非陽，處於天地之間，直且爲人，將反於宗。自本觀之，生者，喑醷物也。雖有壽夭，相去幾何？須臾之説也。奚足以爲堯、桀之是非！果蓏有理，人倫雖難，所以相齒。聖人遭之而不違，過之而不守。調而

〔一〕「魏魏」，底本、莊子翼同，底本呂注及纂微作「巍巍」，陳氏排印影本從之。

應之，德也；偶而應之，道也；帝之所興，王之所起也。人生天地之間，若白駒之過郤，忽然而已。注然勃然，莫不出焉；油然漻然，莫不入焉。已化而生，又化而死，生物哀之，人類悲之。解其天弢，墮其天袠，紛乎宛乎，魂魄將往，乃身從之，乃大歸乎！不形之形，形之不形，是人之所同知也，非將至之所務也，此眾人之所同論也。彼至則不論，論則不至。明見無值，辯不若默。道不可聞，聞不若塞。此之謂大得。」

呂注：齋戒疏瀹而心，則勿求之以思也；澡雪而精神，則滌除而至於無疵也；掊擊而知，則無有介然之遺也。夫道窅然，其難言哉！則非言之所議也；將爲汝言其崖略，則其無涯之不得所窮，汝將自至也。昭昭生於冥冥，而有倫生於無形，故精神生於道，而形本生於精也。蓋精神之於道猶爲昭昭，而至道之極則冥冥也。物成生理則已有倫，而其精甚真，則無形也。而萬物以形相生，故九竅者胎生，八竅者卵生，夫孰知生生之不生也！故其來無迹而不知其所從也，其往無崖而不知其所窮也，無門無皇，四達之皇皇，則奭然而不返於大通也。人而邀於此，則休乎萬物之奧，故四肢彊而思慮恂達，耳目聰明也，其用心不勞而應物無方也。非特人也，天之所以高，地之所以廣，日月之所以明，萬物之所以昌，非是也，亦莫之成也。博之不必知，辨之不必慧，聖人以斷之矣，以斷之則人不得而取也。益之而不加益，損之而不加損，聖人之所保也，所保則人不得而去也。淵淵乎其若海，則莫見其涘也；巍巍乎其終則復始，則莫知其紀也；運量萬物而不匱，則君子之道彼其外與？ 蓋有運有量，則非道之所以爲内也；萬物皆往資焉而不匱，此其道與？則萬物之所資，非資於其外也。 道雖無不在，由是觀之，而可以得其所在也。 中國有人焉，非陰非陽，唯道之從也；處乎天地之間，其體沖也；直且爲人，貌則同也；將返于宗，與天同也。 自本觀之，生者暗醷物也，非所美也；彭殤壽夭，猶等視也；則堯、桀之分，奚足以是其所非，而非其所是也！ 觀乎果蓏〔一〕之有理，則行於萬物，固其所也；人倫雖難，所以相齒，大道之序也。 聖人遭之而不違，過之而不守，非特不去，亦不取也。 調而應之，德也，德則和，而物之所以曲成也；偶而應之，道也，道則寂然，而不考亦不鳴也；帝之所興，王之所起，爲在此也。 人生天地之間，若白駒之過隙，忽然而已，則不足恃也；注然勃然，莫不出焉，則不可遏而已也；油然漻然，莫不入焉，則不可留而止也；已化而生，又化而死，則相爲終始也；生物哀之，人類悲之，則不知其未嘗生未嘗死也；解其天弢，則一弛一張，莫之拘也；墮其天袠，則一卷一舒，與化俱也；紛乎宛乎，則千變萬化，無不如也；魂魄將往，乃身從之，乃大歸乎？ 則不捍乎天地之大爐也。 不形之形，形之不形，衆人之所同知，非務其將至也，至則體之，而知則論之而已也，故至則不論，而論則不至也。 故明見於道則無值，無值則無言，無言則辯不若默也。 真聞於道則無聞，無聞則聞不若塞也。 言者無言，聽者無聞，此之謂大得也。

〔一〕「蓏」，下部原作「狐」，或爲俗寫。 從莊文、纂微、莊子翼、陳氏排印影本改。

纂微　吕注：精神於道猶爲昭昭，至道之極則冥冥。物成生理則有倫，其精甚真則無形也。而萬物以形相生，來往无迹，四達皇皇也。人而邀於此，則休乎萬物之奥，體彊思達，其用无方。天地萬物之生成，莫非是也。夫博非知，而辯非慧，聖人已斷之；益非益，而損非損，聖人之所保也。淵乎巍巍，莫知其紀；有運有量，非道之内；萬物之所資，非資於外也；由是而求道，得其所在矣。非陰非陽，唯道是從；直且爲人，與人同耳；反宗，與天同也。喑醷謂非所美，壽夭等觀，堯桀奚足分哉！果蓏有理，萬物所同，人倫相齒，大道之序，不違不守不去不取之謂。調而應之，德之所以曲成；偶而應之，道亦不考不鳴也。帝王之所興起，不過由此道耳。人生如駒過隙，莫可留止，物哀人悲，不明其未嘗生未嘗死故也。解弢則弛張莫拘，墮袠則卷舒无礙。魂魄往而身從之，言不出乎大冶。不形之形，形之不形，衆人之所同知，非務其所將至也，至則體之，不至則論之而已。明見於道則无值，故辯不若默；真聞於道則无聞，故聞不若塞。言者无言，聽者无聞，此之謂大得也。

莊子翼　吕注：同纂微，唯「淵乎巍巍」句作「淵乎魏魏」，「喑醷謂非所美」句「謂」作「言」字。

東郭子問於莊子曰：「所謂道，惡乎在？」莊子曰：「無所不在。」東郭子曰：「期而後可。」莊子曰：「在螻蟻。」曰：「何其下邪？」曰：「在稊稗。」曰：「何其愈下邪？」曰：「在瓦甓。」曰：「何其愈甚邪？」曰：「在屎溺。」東郭子不應。莊子曰：「夫子之問也，固不及質。

正獲之問於監市履狶也，每下愈況。汝唯莫必，無乎逃物。至道若是，大言亦然。周徧咸三者，異名同實，其指一也。嘗相與遊乎無何有之宮，同合而論，無所終窮乎！嘗相與無爲乎！澹而靜乎！漠而清乎！調而閒乎！寥已吾志，無往焉而不知其所至。去而來而不知其所止，吾已往來焉而不知其所終；彷徨乎馮閎，大知入焉而不知其所窮。物物者與物無際，而物有際者，所謂物際者也；不際之際，際之不際者也。謂盈虛衰殺，彼爲盈虛非盈虛，彼爲衰殺非衰殺，彼爲本末非本末，彼爲積散非積散也。」

呂注：萬物莫非道也，則道無所不在也。螻蟻則有知之微者也，稊稗則無知而有生，瓦甓則無生而有形，屎溺則有形之臭府者也。若是而爲道，則道之無不在可知也。夫道無不在，而東郭子使之期而後可，而吾曰在螻蟻在稊稗在瓦甓在屎溺，乃其質也，乃以爲愈下而復問之，是不及質也。履狶者每下愈況，則道無不在而期之每下，豈不愈非其質邪！而乃必無乎逃物，非所以爲無不在也，必無乎逃物言必欲逃物以爲無也。至道之不可必無乎逃物而無不在，故螻蟻稊稗瓦甓屎溺雖不同，而無不具乎至道之體，猶言之有周徧咸，異名同實，其指一也。嘗相與遊乎無何有之宮，同合而論，無所終窮乎？言物雖異體也，與之遊乎無何有之宮，同合而論，則其體皆無所終窮，與道同也。心之爲物，莫知其鄉，得其所謂莫知其鄉之處而遊之，則所謂無何有之宮也，遊乎此然後得其同，得其同則焉有螻蟻稊稗瓦甓屎溺而非道邪！嘗相與無爲乎！澹而靜乎！漠而清乎！調而閒乎！言萬物雖並作而芸芸，嘗相與無爲，則澹而靜，漠而清，調而閒，莫不復而歸其根也，則安有所謂螻蟻稊稗瓦甓屎溺而非道邪！夫唯物雖異體而相與遊乎無何有之宫，同合而論，則無所終窮，而與道同；物雖並作而芸芸，相與無爲，則靜而清且閒復而歸其根也。於是寥然而已，吾志勿以逐物，則無徃焉而不知其所至矣〔一〕。雖使去而來，亦不知其所止也，吾已往來而又不知其所終也。蓋始不至其所至，中不知其所止，卒不知其所終，此則道之未嘗有物，而物之無非道也。道之爲物，其體如此，故徬徨乎馮閎而莫得其所歸，雖大知入焉而不知其所窮。由是觀之，則物物者與物无際，無際者其大小不得而倪之之謂也；而物有際，所謂物際者也，非所謂物物者也；不際之際，際之不際者也，猶不形之形，形之不形者也；而謂之盈虛衰殺者，彼爲盈虛而非盈虛也，盈虛者物也，爲盈虛者道也；彼爲衰殺非衰殺，彼爲本末非本末，彼爲積散非積散，亦若是而已。然則爲稊稗爲螻蟻爲瓦甓爲屎溺者誰與？嗚呼！非游夫無何有之宫而無爲者，其孰能與於此！

纂微　呂注：螻蟻有知而至微，稊稗无知而有生，瓦甓无生而有形，屎溺有形而臭腐者也。若是而爲道，則道无不在可知。期道在乎四者，乃其質也，以爲愈下而復問，是不及質矣。履豨者每下愈況，則期道愈下，豈不愈非其質邪！而乃必欲逃物，以爲无非，所以爲无不在也。故前

〔一〕「矣」，原作「矢」，纂微、莊子翼作「去」，陳氏排印影本從之，疑皆「矣」字的形誤。

四者雖不同，而无不具道之體，猶言之有周徧咸，其指一也。遊乎无何有之宮，而得其同合者，則焉有四者而非道邪！　萬物雖並作，而嘗相與於无爲，則澹漠調閒者，莫不復歸其根。寥然而已，吾志不逐物，則無往焉而不知其所至；去而來，亦不知其所止，往來而又不知其所終；此則道之未嘗有物，而物之无非道也。故徬徨馮閎，大知入焉，而不知所窮。由是知物物者，與物无際，小大不得而倪之。物有際者，所謂物際，則非物物者也；不際之際，際之不際，猶不形之形，形之不形；盈虚物也，爲盈虚者道也；彼爲衰殺本末積散，亦猶是也。然則爲稊稗螻蟻爲瓦甓屎溺者誰歟？

莊子翼　呂注：全同纂微。

婀荷甘與神農同學於老龍吉。神農隱几闔户晝瞑，婀荷甘日中奓户而入曰：「老龍死矣！」神農隱几[一]擁杖而起，嚗然放杖而笑，曰：「天知予僻陋慢訑，故棄予而死。已矣夫子！無所發予之狂言而死矣夫！」弇堈吊聞之，曰：「夫體道者，天下之君子所系焉。今於道，秋毫之端萬分未得處一焉，而猶知藏其狂言而死，又況夫體道者乎！視之無形，聽之無聲，於人之論者，謂之冥冥，所以論道，而非道也。」於是泰清問乎無窮曰：「子知道乎？」無窮曰：「吾不知。」又問乎無爲。無爲曰：「吾知道。」曰：「子之知道，亦有數乎？」

[一]「几」，原作「凡」，從纂微、莊子翼、陳氏排印影本改。

曰：「有。」曰：「其數若何？」無爲曰：「吾知道之可以貴，可以賤，可以約，可以散，此吾所以知道之數也。」泰清以之言也問乎無始曰：「若是，則無窮之弗知與無爲之知，孰是而孰非乎？」無始曰：「不知深矣，知之淺矣；弗知内矣，知之外矣。」於是泰清中而歎曰：「弗知乃知乎！知乃不知乎！孰知不知之知？」

呂注：婀荷甘則以至柔委順載道爲悦者也，神農則積藥以治人之病者也，老龍吉則窮數極變而不亢於存亡死生之際者也，至柔則道之體，藥人之病則道之用，窮數極變則致一而已，此二人所以同學於老龍吉者也。神農隱几闔户晝瞑，則隤然坐忘，不與物交，而晦其明也；日中奓户而入，則所以示而寤之者，如此而已；神農隱几擁杖而起，嚗然放杖而笑，則所以喻而受之者，如此而已；則其間豈容於聲乎！此老龍吉之所以無所發其狂言而死也。弇堈吊則藏其高之至者也，宜其知此矣。夫體道者，天下君子之所繫焉，則聖有所生，王有所成，莫不繫於此。今於道，秋毫之末，萬分未得處一焉，則其精至於不可分矣，所謂致一者是也。猶知藏其狂言而死，又况乎體道者乎！體道則萬化而未始有極，致一猶不足言之也。觀夫老龍吉之藏其狂言而死，凡以道之爲物，視之無形，聽之無聲，於人之論者，誰謂之冥冥？而道非言之所論，所以論道而非道也。泰清則通而見物之察者也，聞夫論道而非道，是以求之於無窮也；無窮則體本無窮也，是以不知也；無爲則非本無爲也，知其無足爲而無爲也；是以知之也，不知則玄同矣。知道之可以貴，可以賤，可以約，可以散，則不免乎數也。無始則極乎始之所自者也，是以知不知之爲深，而知之爲淺；不知之爲內，而知之爲外也。於是泰清中而嘆曰「弗知乃知乎？」則無窮是也；「知乃不知乎？」則無爲是也；「孰知不知之知？」夫知不知之知，則無始而已矣。

纂微 呂注：夫體道者，天下君子之所繫，則聖生王成，莫不繫於此。今於道，秋毫萬分未得一，則其精至於不可分，所謂致一也。而猶知藏其狂言而死，又況體道而萬化未始有極者乎！夫老龍吉之藏其狂言而死，凡以道之爲物，非視聽所及，人之論者謂之冥冥，而非言可論，所以論道而非道也。泰清聞論道而非道，以爲足以求之於无窮，而无窮不知也。无爲非本无爲，知其无足爲而无爲，是以知之也，不然則玄同矣。知道之可貴可賤可約可散，則不免乎數也。无始則極乎始之所自，是以知不知爲深，知之爲淺；不知爲內，知之爲外也。泰清中而嘆曰：「弗知乃知」，无窮是也；「知乃不知」，无爲是也；「孰知不知之知？」則无始而已。

莊子翼 呂注：全同纂微。

無始曰：「道不可聞，聞而非也；道不可見，見而非也；道不可言，言而非也。知形形之不形乎！道不當名。」無始曰：「有問道而應之者，不知道也。雖問道者，亦未聞道。道無問，問無應。無問問之，是問窮也；無應應之，是無內也。以無內待問窮，若是者，外不觀乎宇宙，內不知乎太初，是以不過乎崑崙，不遊乎太虛。」

呂注：道不可聞，聞而非也，而聞聞者誰也？道不可見，見而非也，而見見者誰也？道不可言，言而非也，而言言者誰也？知形形之不形乎？道不當名，名者有形而後有者也，而形形者不形，此道之所以不當名也。則聞聞者不聞，見見者不見，言言者不言可知已。無始曰：「有問而應之者，不知道也。」以問之無應也；「雖問道者，亦未聞道。」以道之無問也；道之所以無問者，以問者不可得也；所以無應者，以應者亦不可得也；凡以其未始有物而已矣。無問而問之，是問窮也，問窮則不知其無窮而無以問爲也；無應應之是知內也，無內則不得其所謂未治，有物於內，是以無應而應之也；以無內待問窮，若是乎不觀乎宇宙，宇宙則時與方之所自起也。不知乎太初，太初則有無無之處也；不觀乎宇宙，故不過乎崑崙，崑崙則有形之最高也；不知乎太虛，太虛則未始有物，而天地萬物莫不畜乎其中矣。夫知物之莫非道，則聞而未始聞，見而未嘗見，言而未嘗言；言而未嘗言則終日問而未嘗問，終日對而未嘗對。而其言如此者，此爲無始之言而已，無始者，始之所自起也。

纂微　呂注：夫道不可聞見言，則聞聞見見言言者誰邪？有形而後有名，知形形者不形，此道所以不當名也。則聞聞者不聞，見見者不見，言言者不言可知。有問而應，不知道也；雖問道者亦未聞道，道无問，以問者不可得也；問无應，以應者不可得也；凡以其未始有物而已。无問問之是問窮，則不知其无窮而无以問爲也；无應應之是无內，則未得其未始有物於內也。以无內待問窮，若是者不觀乎宇宙，不知乎泰初，則非時與方之所攝也。不過乎崐崘，不遊乎太虛，則不知形之高，而天地萬物畜乎其中矣。

莊子翼 呂注：同纂微，唯「不知乎泰初」句「泰」作「大」，「不遊乎太虛」句「太」亦作「大」字。

光曜問乎無有曰：「夫子有乎？其無有乎？」光曜不得問，而孰視其狀貌，窅然空然，終日視之而不見，聽之而不聞，搏之而不得也。光曜曰：「至矣！其孰能至此乎！予能有無矣，而未能無無也；及爲無有矣，何從至此哉！」

呂注：光曜則宇之泰定，發乎天光而能照者也，無有則無照矣，此光曜之所以不知其爲有爲無，問之而不得問也。孰視其狀，窅然空然，窅然則其深也，空然則其無也。終日視之而不見，聽之而不聞，搏之而不得，此其所以爲无有也。光曜曰「至矣，其孰能至此乎？予能有無矣，而未能無無也。」唯其有無也，所以爲光曜也；唯其不能無無也，是以不免爲有，而未能爲無有也。及爲無有矣，無有則無所至，無所至則何從至此哉！嗚呼！非盡心而至於道者，何足以言此！

纂微 呂注：光曜者，泰宇發光而能照，无有則无照矣，此光曜所以不知其爲有爲无，問之而不得問也。窈然空然，視聽搏之所不及，此所以爲无有也；唯其有无，所以爲光曜；不能无无，是以未能无有也。及其无有，則无所至，何從至此哉？

莊子翼 呂注：同纂微，唯「窈然空然」句「窈」作「窅」字。

大馬之捶鉤者，年八年矣，而不失豪芒。大馬曰：「子巧與？有道與？」曰：「臣有守也。臣之年二十而好捶鉤，於物無視也，非鉤無察也。是用之者，假不用者也以長得其用，而況乎無不用者乎！物孰不資焉！」

呂注：無用無不用，唯道爲然。

纂微　呂注：无用无不用，唯道爲然。

莊子翼　呂注：全同纂微。

冉求問於仲尼曰：「未有天地可知邪？」仲尼曰：「可。古猶今也。」冉求失〔一〕問而退，明日復見，曰：「昔者吾問『未有天地可知乎？』夫子曰：『可。古猶今也。』昔日吾昭然，今日吾昧然，敢問何謂也？」仲尼曰：「昔之昭然也，神者先受之；今之昧然也，且又爲不神者求邪？無古無今，無始無終。未有子孫而有子孫，可乎？」冉求未對。仲尼曰：「已矣，未應矣！不以生生死，不以死死生。死生有待邪？皆有所一體。有先天地生者物邪？物物者非物。物出不得先物也，猶其有物也。猶其有物也，無已，聖人之愛人也終無已者，亦乃取於是者也。」

〔一〕「失」，原作「夫」，據文意從纂微、莊子翼、陳氏排印影本改。

呂注：所謂天地者，孰從而名之乎？知所以名天地者，則知所以生天地者矣；知所以生天地者，則未有天地猶今而已矣。昔之昭然，神者先受之，則不思而得者也；今之昧然，且又爲不神者求邪？求之則所以爲不神而昧然也。無古無今，無始無終，古今終始相待而後有者也，無待則皆無矣，知此則知所謂未有天地矣，夫將誰知之邪？未有天地而可知，則未有子孫而有子孫也。冉求未對，仲尼曰：「已矣，未應矣！」未對而使之勿應，欲以其不以有心求之也。不以生生死，不以死死生，則不以有心求之也。蓋心有所謂生，而後能生其死；心有所謂死，而後能死其生；此則以有心求之之過也。死生有待邪？體本無待也，而人以爲有待也，無待則皆有所一體矣。知死生之爲一體，則安有先天地生者物邪？先天地生則物物者也，物物者非物也，則物出不得先物也；則所謂有物混成，先天地生者，猶其有物而已，猶其有物無而已矣，未始有物也。聖人之愛人終無已者，亦乃取之於是也，此乾元之所以統天，而君子體之以長人者也。

纂微　呂注：天地孰名之？知所以名天地者，則知所以生天地者；知所以生天地者，則未有天地猶今而已。神者先受之，不思而得也；又且爲不神者求，所以爲不神也。古今終始相待而有，无待則皆无矣。儻明此，則知所謂未有天地矣，未有天地而可知，則未有子孫而有孫子也。使之勿應，欲其不以有心求之，蓋心有所謂生，而後能生其死；心有所謂死，而後能死其生；此以有心求之之過也。死生有待邪？體本无待也。有待无待，皆有所一體。知死生爲一體，則安有先天地生者物邪！　先天地生，則物物者也，物物者非物，則物出不得先物也。所謂有物混成，先天地生者，猶其有物而已，猶其有物，无而已矣，言其未始有物也。聖人之愛人終無已者，亦乃取於是也。此乾元所以統天，君子體之以長人者也。

莊子翼　呂注：全同纂微。

顏淵問乎〔一〕仲尼曰：「回嘗聞諸夫子曰：『無有所將，無有所迎。』回敢問其遊。」仲尼曰：「古之人，外化而內不化，今之人，內化而外不化。與物化者，一不化者也。安化安不化，安與之相靡，必與之莫多。稀〔二〕韋氏之囿，黄帝之圃，有虞氏之宫，湯武之室。君子之人，若儒墨者師，故以是非相整也，而況今之人乎！　聖人處物不傷物。不傷物者，物亦不能傷也。唯無所傷者，爲能與人相將迎。山林與！皋壤與！使我欣欣然而樂與！樂未畢也，哀又繼之。哀樂之來，吾不能禦，其去弗能止。悲夫，世人直爲物逆旅耳！夫知遇而不知所不遇，知能能而不能所不能。無知無能者，固人之所不免也。夫務免乎人之所不免者，豈不亦悲哉！　至言去言，至爲去爲。齊知之所知，則淺矣。」

〔一〕「乎」，原作「平」，據文意從纂微、莊子翼、陳氏排印影本改。
〔二〕「稀」，纂微、莊子翼作「豨」，陳氏排印影本從之。

呂注：已遇而勿追，則無有所將也；未至而勿逆，則無有所迎也。至人之用心若鏡，如此而已，然人之所以不能遊是者，以不能無思無慮而已，此回之所以問其遊也。古之人外化而内不化，外化則與之偕逝之謂也，内不化則雖忘乎故吾，而吾有不忘者存是也；今之人内化而外不化，内化則其形化其心與之然是也，外不化則規乎其前而不日徂是也。與物化者，一不化則安有所化，安有所不化哉？有化有不化，則非所以爲不化也，則安可以與物相靡，其行盡如馳，而莫之能止哉！必與之莫多而已，與之莫多則不將不迎，應而不藏而已，有所將近則多矣。稀韋氏之囿，黄帝之圃，有虞氏之宫，湯武之室，世益衰而天下之遊者益少，故其居彌狹也。君子之人若儒墨者師，故以是非相整也，相整則傷之甚也。所謂君子猶如此，而況今之人乎！則其能不與之相靡也，難矣！聖人處物不傷物，則是非兩行而休乎天均者也，物其能與之相傷乎！唯其無所傷，雖與人相將迎，而獨遊於無所將迎也。而世之人常爲外物之所役，而哀樂得以入其舍，其樂則不知山林與，皐壤與，使我欣欣而樂與！樂未畢也，哀又繼之，二者相爲往來而未嘗息也。其來不知其所從，故不能禦；其去不知其所至，故不能止；則其身直爲物之逆旅，而物得以往還寄寓於其間而已。蓋知遇而不知所不遇也，遇則物之所遇〔一〕，所不遇則離物者也。知能能而不能所

〔一〕「遇」，纂微、莊子翼作「偶」，陳氏排印影本從之。

不能也，能則物之所役，所不能則役物者也。無知無能者，固人之所不免也，人之所不免則人之所同有，而皆可以求之也。而反務免乎人之所不免者，則失其性甚矣，豈不悲哉！至言去言，至爲去爲，而齊其知之所知，以務免乎人之所不免者，雖知之亦淺矣。

纂微　呂注：古之人外化則與之偕逝，内不化則有不忘者存；今之人内化則其心與之然，外不化則規乎前而不日徂也。與物化者一不化，則安有化不化，有化有不化？則非所以爲不化，安可與物相靡，其行如馳，而莫之能止哉！與之莫多則不將不迎，應而不藏而已。曰囿曰圃曰宫曰室，言世益衰而遊之者益少，其居益狹矣。君子若儒墨者師，猶以是非相整，整則傷之甚，况今之人不與之相靡也，難矣！聖人處物不傷物，則是非兩行而休乎天均，物其能傷乎！故雖與人相將迎，而獨遊於无所將迎也。世人爲外物所役，哀樂得以入其舍。山林皋壤使我欣欣，樂未畢也，哀又繼之，二者相爲往來，而未嘗息也。其來莫禦，其去莫止，則其身直爲物所寄如逆旅耳。蓋知遇而不知所不遇，遇則偶物，不遇則離物也。能能而不知所不能，能則爲物役，不能則役物也。无知无能，人所不免，言其固有，皆可求之，而反務免乎人之所不免，則失性甚矣，豈不悲哉！至言去言，至爲去爲，而齊其知之所知，以務免乎人之所不免者，雖知之亦淺矣。

莊子翼　呂注：全同纂微。

莊子義集校卷第八

庚桑楚第二十三〔一〕

老聃之役有庚桑楚者，偏得老聃之道，以北居畏壘之山，其臣之畫然知者去之，其妾之挈然仁者遠之；擁腫之與居，鞅掌之爲使。居三年，畏壘大穰。

呂注：老聃之道，棄知絶仁而不尚賢，非以明民而以愚民者也，故楚之臣妾有畫然智挈然仁者皆去而遠之，而唯擁種之與居，鞅掌之爲使也。知者分畫，畫然則知之小者也；仁者援挈，挈然則仁之小者也；擁腫則遲鈍〔二〕，鞅掌則拘執，則非有〔三〕智與仁者也。民之難治，以其知多。畏壘之民，化楚之道，無所事知，而致力於衣食之間，此其所以大壤〔四〕也。

〔一〕本篇呂注底本完存。陳氏排印影本於題下注云：「按本篇呂注全輯纂微本。」

〔二〕「鈍」，原作「鈍」，據文意從纂微、莊子翼改。陳氏排印影本作「純」，形誤。

〔三〕「有」，纂微、莊子翼作「任」，陳氏排印影本從之。

〔四〕「壤」，原作「穰」，纂微、莊子翼同，陳氏排印影本正之。

纂微　呂注：老聃之道，絶仁棄知而不尚賢，非以明民而愚之，故其臣妾之仁知者，皆去而遠之，唯擁腫鞅掌是與。畫然絜然，仁知之小者；擁腫遲鈍，鞅掌拘執，則非任知與仁者也。畏壘之民，化楚之道，无所事知而致力於衣食之間，所以大穰。

莊子翼　呂注：全同纂微。

畏壘之民相與言曰：「庚桑子之始來，吾洒然異之。今吾日計之而不足，歲計之而有餘，庶幾其聖人乎！子胡不相與尸而祝之，社而稷之乎？」

呂注：仁智人之所尚，而楚獨遠而去之，其所爲實新其耳目，是以洒然異之也。楚之道無爲而成者也，無爲也故日計之而不足，而成也故歲計之而有餘。尸祝社稷皆爲君宗者之所有事也，畏壘之民，欲君宗之，故欲相與尸祝社稷之也。

纂微　呂注：楚之所爲，足以新人耳目，故灑然異之。其道無爲而成，故日計不足，歲計有餘也。尸祝社稷皆爲君宗者所從事，言民欲推尊之意。

莊子翼　呂注：全同纂微。

庚桑子聞之，南面而不釋然。弟子異之。庚桑子曰：「弟子何異於予？夫春氣發而百草生，正得秋而萬寶成。夫春與秋，豈無得而然哉？天〔一〕道已行矣。吾聞至人，尸居

〔一〕「天」，底本、纂微同。莊子翼作「大」。陳氏排印影本從「天」，並注云：「依纂微及仿宋本『大』改『天』」。

環堵之室，而百姓猖狂不知所如往。今以畏壘之細民而竊竊焉欲俎豆予于賢人之間，我其杓之人邪！吾是以不釋於老聃之言。」

呂注：春與秋皆天之所爲，而萬物莫知天之所爲也，比至人之所以尸居環堵之室，而百姓猖狂而不知所如往也。今以畏壘之細民而竊竊然欲俎豆予于賢人之〔一〕間，則所謂不能使人無保汝者也，我其何以不辭而爲之人之的〔二〕乎？

纂微 呂注：夫春秋皆天之所爲，萬物莫知也，聖人所以尸居，而天下之百姓不知所如往。今畏壘細民，欲俎豆予於賢人之間，所謂不能使人無保也，我其可以不辭而爲人之標杓乎？

莊子翼 呂注：全同纂微。

弟子曰：「不然。夫尋常之溝，巨魚無所還其體，而鯢鰌爲之制；步仞之丘陵，巨獸無所隱其軀，而孽狐爲之祥。且夫尊賢授能，先善與利，自古堯舜以然，而況畏壘之民乎！夫子亦聽矣！」

庚桑子曰：「小子來！夫函車之獸，介而離山，則不免於網罟之患；吞舟之魚，碭而

呂注：巨魚巨獸以譬楚，鯢鰌孽孤以譬常，民言楚辭而不就，則畏壘爲常民有之也。

〔一〕「人之」，原互乙爲「之人」，據文意從纂微、莊子翼、陳氏排印影本改。

〔二〕「之的」，纂微作「標杓」，陳氏排印影本從之。莊子翼脱後一字。

失水，則蟻能苦之。故鳥獸不厭高，魚鱉不厭深。夫全其形生之人，藏其身也，不厭深眇而已矣。且夫二子者，又何足以稱揚哉！是其於辯也，將妄鑿垣牆而殖蓬蒿也。簡髮而櫛，數米而炊，竊竊乎又何足以濟世哉！舉賢則民相軋，任知則民相盜。之數物者，不足以厚民。民之於利甚勤，子有殺父，臣有殺君，正晝爲盜，日中穴阫。吾語汝：大亂之本，必生於堯舜之間，其末存乎千世之後。千世之後，其必有人與人相食者也！」

呂注：老聃以本爲精，以物爲粗，以有積爲不足，澹然獨與神明居。楚得聃之道，故藏其身，不厭深眇，而德遺堯舜而不爲也。夫於未始有物之間而分辨堯舜，奚以異妄鑿垣牆而殖蓬蒿哉！非所宜人且無用也。夫唯輔萬物之自然而不敢爲，則簡易而有功，不然則猶簡髮而櫛，數米而炊，日亦不給矣，曷足以濟世哉！聖人之治，常使民無知無欲，使夫智者不敢爲也。由堯舜之迹觀之，未免舉賢任智而已，舉賢則民相軋，任智則民相盜，則是有知有欲〔一〕之大，而民之所以遷於物也，曷足以厚之哉！此大亂之本所由而生也。

纂微　呂注：老聃以本爲精，以物爲粗，以有積爲不足，淡然獨與神明居。楚得聃之道，故藏其身，不厭深眇，德遺堯舜而不爲也。夫以未始有物之間而分辨堯舜，何異鑿垣植蒿？既非宜

〔一〕「有欲」，纂微作「爲欲」，莊子翼作「有爲」，陳氏排印影本作「與欲」。

而又無用。唯能輔物自然而不敢爲，則簡易而有功，不然則猶簡髮數米，曷足以濟世哉！聖人之治，使民無知無欲。以堯舜之迹觀之，不免舉賢任知，卒至相軋相盜，則有知爲欲之大，民性爲其所遷，亂之所由生也。

莊子翼 呂注：同纂微，唯「則有知爲欲之大」句作「則有知有爲之大」。

南榮趎蹵然正坐曰：「若趎之年者已長矣，將惡乎託業以及此言邪？」

呂注：德遺堯舜而不爲，則其爲無積也，至矣！而人之思慮未嘗有閒，則惡乎託業而可以反此言！此趎之所以問也，言蹵然正坐者，聞楚之言，知其心之無物，乃能如此，是以蹵然正坐而求諸其心也。

纂微 呂注：德遺堯舜而不爲，其无積也，至矣！然則惡乎託業而可以及此言耶！

莊子翼 呂注：全同纂微，惟「積」作「迹」。

庚桑子曰：「全汝形，抱汝生，無使汝思慮營營。若此三年，則可以及此言矣。」

呂注：人之形常保神，而其得以生者，一而已矣，則豈以有物爲患哉！及夫耳目屬乎聲色，鼻口屬乎臭味，而心爲物之所役，則形虧而不全，生離而不抱，思慮營營而不止，是以不能無物也。唯其全形抱生，無使思慮之營營，則其常心得矣，安有所謂聖知仁義而得存其間哉！

纂微 呂注：答以人之形常保神，得以生者一也，豈以有物爲患哉！及其耳目屬乎聲色，鼻口屬乎臭味，心爲物之所役，則形虧而不全，生離而不抱，思慮營營而不止，是以不能无物也。唯其全形抱生而无思慮，則常心得矣，安有所謂聖知仁義得存其間哉！

莊子翼　呂注：全同纂微。

南榮[一]趎曰：「目之與形，吾不知其異也，而盲者不能自見；耳之與形，吾不知其異也，而聾者不能自聞；心之與形，吾不知其異也，而狂者不能自得。形之與形亦辟矣，而物或間之邪，欲相求而不能相得？今謂趎曰：『全汝形，抱汝生，勿使汝思慮營營。』趎勉聞道達耳矣！」庚桑子曰：「辭盡矣。曰奔蜂不能化藿蠋，越雞不能伏鵠卵，魯雞固能矣。雞之與雞，其德非不同也，有能與不能者，其才固有巨小也。今吾才小，不足以化子。子胡不南見老子？」

呂注：目不與文章之觀，耳不與鐘鼓之聲，心不與是非之辨，世之所謂聾瞽與狂也；爲道者則以不自見爲盲，不自聞爲聾，不自得爲狂，言吾之耳目心之與形，與楚之形無以異，而我不能自聞自見自得也。心之睿爲聖，則其不自得爲狂，狂與聖，念與罔念之閒而已矣。夫我形之與彼形，故皆保神，而神則無方也，安有閒而不辟哉！則其所以相求而不能相得者，以物閒之而已矣，則

[一]「榮」，原作「營」，從纂微、莊子翼、陳氏排印影本改。

趎雖未聞道，而其所知者已異乎常人矣。夫唯相求而不能相得，是以雖勉聞道，達耳而已矣，而不能以楚之言而契之於心也。

纂微 呂注：夫耳目不别聲色，心知不辯是非，世所謂聾瞽與狂也。爲道者則以不自見爲盲，不自聞爲聾，不自得爲狂，狂與聖在念與不念之間耳。我形之與彼形固皆保神，神則无方也，安有閉而不闢者！其所以相求而不能相得，有物間之而已。趎雖云未聞道，其所知已異乎常人，但未能以楚之言契之於心也。

莊子翼 呂注：全同纂微。

南榮趎贏糧，七日七夜至老子之所。老子曰：「子自楚之所來乎？」南榮趎曰：「唯。」老子曰：「子何與人偕來之衆也？」南榮趎懼然顧其後。老子曰：「子不知吾所謂乎？」南榮趎俯而慙，仰而歎曰：「今者吾忘吾答，因失吾問。」老子曰：「何謂也？」南榮趎曰：「不知乎？人謂我朱愚。知乎？反愁我軀。不仁則害人，仁則反愁我身；不義則傷彼，義則反愁我己。我安逃此而可？此三言者，趎之所患也，願因楚而問之。」老子曰：「向吾見若眉睫之間，吾因以得汝矣，今汝又言而信之。若規規然若喪父母，揭竿而求諸海也。汝亡人哉，惘惘乎！汝欲反汝情性而無由入，可憐哉！」

呂注：易曰：「三人行則損一人，一人行則得其友。」言致一也。趎欲爲道，其心不能致一，而挾三言，則謂之汝何與人偕來之衆，宜矣！　以道與世抗，則其心莫得而隱，此老子所以得之於眉睫之間也。　夫道者物之所自生也，唯致一者爲能得之，今趎規規然欲以知不知，仁不仁，義不義，趣舍不一之心，而索之於無窮之間，而不得其際，則奚以異喪父母揭竿而求諸海哉！　若喪父母揭竿而求諸海，則以譬失其所自生，而以其心索之於無窮之間而不得其際也。　夫道萬物之所歸也，趎不知其所自生，又不知其所歸，則奚以異於亡人惘惘乎然哉！　亡人惘惘乎則以譬失其所歸，迷而不知所之也。　失其所自生而不知所歸，故欲反其情性而無由入，此乃至人所以憐之也。

纂微　呂注：趎欲爲道，其心不能致一而挾三言，則謂與人偕來之衆，亦宜矣！　以道與世亢，其心莫得而藏，此老子所以得之於眉睫之間也。　道者物之所生，唯致一能得之。　今趎規規然以趨舍不一之心，索之於无窮之間，若喪父母而揭竿求之於海，罔罔然哉！　欲反其性情而无由入，此至人之所憐也。

莊子翼　呂注：全同纂微。

南榮趎請入就舍，召其所好，去其所惡，十日自愁，复見老子。　老子曰：「汝自灑濯，孰哉鬱鬱乎！　然而其中津津乎猶有惡也。　夫外韄者不可繁而捉，將內揵〔一〕；內韄者不可

〔一〕「揵」，原作「捷」，據下文及呂注從纂微、莊子翼、陳氏排印影本改。

繆而捉，將外揵。外內韄者，道德不能持，而況放道而行者乎！」

呂注：趎知趣舍之滑其心而惡之，欲洗濯以復以虛靜，是謂召其所好而去其所惡，然而未能也，是以自愁。其洗濯熟故有所謂鬱鬱然者！鬱鬱然蓋其氣之充也。唯其未能，是以津津乎猶有惡也，津津乎則物之所得漏而入也。夫其神無郤者，豈有所謂津津然者乎！韄者，物之所以粘著確固而難去也。外之耳目，屬乎聲色；內心之術，役乎事爲，猶韄而已矣，是以謂之外內韄也。今惡耳目之韄於聲色，而欲物物以持之，則繁而捉者也；繁言不得其持之之要也，則莫若內揵而已矣；內揵則內心不出，內心不出則外不韄矣；則道德經所謂「鑿其兊，挫〔一〕其銳」之謂也。心術之韄於事爲，而欲事事以止之，則是繆而捉也，繆言不得其止之之正也；則莫若外揵而已矣，外揵則外物不入，外物不入則內不韄矣，此道德經所謂「閉其門，解其紛」之謂也。故寂然不動，而萬物莫足以鐃，以不若是則雖有道德者不能持，而況放道而行者乎！放道者，未能有道而法之者也。

纂微 呂注：知趣舍滑心而惡之，欲洗濯而復於虛靜，是爲召好去惡，然猶未之能行，所以自愁。鬱鬱之氣充，津津有所漏，韄則物之粘著而難去者。今惡耳目之韄於聲色，而欲物物以持

〔一〕「挫」，原左旁從「木」。

之，是繫而捉也；則莫若內揵，內揵則心不出而外不韄矣，老子云「塞其兑，閉其門」是也。心術韄於事爲，而欲事事以止之，是繆而捉也；則莫若外揵，外揵則物不入而内不韄矣，老子云「開其門，解其紛」是也。故寂然不動，萬物不足以撓其心。不然，則雖有道德者猶不能持，況倣效而行者乎！

莊子翼　呂注：同纂微，唯「召好去惡」以下增「也」字。

南榮趎曰：「里人有病，里人問之，病者能言其病，然其病，病者猶未病也。若趎之聞大道，譬猶飲藥以加病也，趎願聞衛生之經而已矣。」

呂注：所謂之〔一〕道者，知其未始有物，廓然而悟，則萬物無足以鐃〔二〕其心而無所事衛矣。趎自知其病未足以勝大道之藥，是以願聞衛生之經而已。蓋大道體常而盡變，則無爲而無不爲，衛生則以無爲爲經而已。

纂微　呂注：所謂聞道者，知其未始有物而无所事爲也。趎自知其病未足以勝大道之藥，但願聞衛生之經而已，衛生以无爲爲經。

莊子翼　呂注：全同纂微。

〔一〕「之」，纂微、莊子翼作「聞」，陳氏排印影本從之。

〔二〕「鐃」，據意當作「擾」。

老子曰：「衛生之經，能抱一乎？能勿失乎？能無卜筮而知吉凶乎？能止乎？能已乎？能舍諸人而求諸己乎？能翛然乎？能侗然乎？能兒子乎？兒子終日嗥而嗌不嗄，和之至也；終日握而手不掜，共其德也；終日視而目不瞚，偏不在外也。行不知所之，居不知所爲，與物委蛇，而同其波。是衛生之經已。」

呂注：一者，生之所自而生者也，欲衛生則莫若抱一而無離也。誠能抱一而勿失，則吉祥之所止也，否則妄作而凶也。吉凶在我，無事於卜筮也，故曰能抱一乎？能勿失乎？能無卜筮而知吉凶乎？人之所以不能抱一而無失者，以其未嘗止其心之思爲而已之也；能止而已之者，求諸己而已矣，人其如我何哉！故曰能止乎？能已乎？能舍諸人而求諸己乎？翛然者言其無所係也，侗然者言其無所闔也，猶兒子而已。故曰能翛然乎？能侗然乎？能兒子乎？兒子終日號而嗌，不嗄和之至也；使其號出於哀，慍而不和，則其能不嗄乎？終日握而手不視，共其德也；使不共其德而共其僞，則其能不視乎？德則生之所自出，而僞則人爲之者也。終日視而目不瞚，偏不在外也，偏不在外雖視而不知所視也；使其偏而在外，其能不瞚乎？夫唯含德之厚，至於如此，故行不知所之，居不知所爲，而其行且居者，與物委蛇宛轉，以同其波而已，非有意於作止也。

纂微　呂注：一者道之所自生，吉祥所止，何事卜筮哉！此皆能止其思爲而求諸己故也。

翛然无係，侗然无硋，則如兒子矣，使其嗥出於哀怒而不和，其能不嗄乎！以至握而不知其爲握，視而不知其爲視，其行止一出於無心，與物宛轉，同其波流，此衛生之經也。

莊子翼　呂注：全同纂微。

南榮趎曰：「然則是至人之德已乎？」曰：「非也。是乃所謂冰凍解釋者。夫至人者，相與交食乎地而交樂乎天，不以人物利害相櫻〔一〕，不相與爲怪，不相與爲謀，不相與爲事，翛然而往，侗然而來。是謂衛生之經已。」曰：「然則是至乎？」曰：「未也。吾固告汝曰：『能兒子乎？』兒子動不知所爲，行不知所之，身〔二〕槁木之枝而心若死灰。若是者，禍亦不至，福亦不來。禍福無有，惡有人災也！」

呂注：人之心湛然猶水而已矣，至其爲知識之所迷，則結閡而不能虛，猶水之凍而爲冰也，知衛生之經，則冰解而凍釋矣。若夫至人之於德不脩，而物不能離焉，故相與交食乎地而交樂乎天，而不以人物利害相櫻也。交食乎地，交樂乎天，則不相與爲怪，則世俗之所不可得而異；不以人物利害相櫻則不相爲謀，不相與爲事而世俗之所不可得而同。以其不可得而同也，故其性翛然而無

〔一〕本段莊文及呂注中「櫻」字，纂微、莊子翼作「攖」，陳氏排印影本從之。

〔二〕「身」字以下，纂微、莊子翼有「若」字，陳氏排印影本從之。

所係；以其不可得而異也，故其來侗然而無所閡；又何能抱一能勿失能翛然能侗然之足問乎！雖然，此至人之所以爲衛生之經而已，而非其至也；至人之所以爲至者，亦止於所不知而已。兒子動不知所所爲，行不知所之，身槁木之枝而心若死灰，則止於所不知者也。禍福生於有身，有身生於有心者也。身槁木之枝而心若死灰，則孰有受之者邪！福禍，天地鬼神之所爲也，猶且無有，況人災乎！然則衛生之經亦終於兒子而未爲至者，何也？蓋冰解凍釋，雖止於爲水，而至人之所以爲水者久矣，未嘗由冰解而凍釋，此其所以異也。

纂微 呂注：人心湛然如水，知識結硋而不能虛，猶水凍而爲冰，知衛生之經，冰解而凍釋矣。至人心常如水，故德不脩而物不能離，交食交樂而不以利害相攖也。不與爲怪，故世俗所不能異；不與爲謀，故世俗所不能同。无係无硋，又何能抱一能勿失翛然侗然之足問乎！此至人所以爲衛生之常而非其至，所謂至者，亦止於所不知耳。兒子之不知所之所爲，而若槁木死灰者是也。禍福生於有身有心，天地鬼神之所司也，人能身槁心灰，安得而累之哉！

莊子翼 呂注：全同纂微。

宇泰定者，發乎天光。發乎天光者，人見其人。人有脩者，乃今有恆；有恆者，人舍之，天助之。人之所舍，謂之天民；天之所助，謂之天子。

呂注：身者神之宇也，泰而不否，定而不亂，則發乎天光，天光者，不識不知而明白四達者也。

發乎天光，人見其爲人，而莫知其爲天也，是人貌而天也。人有脩者，乃今有恆也，蓋爲道不至於天而可以久者，未之有也；故有恆者，人舍之，天助之，人舍之者以其羣於人也，天助之者以其獨成其天也。若夫睢睢盱盱而誰與居者，則非人舍之者也，人之所舍謂之天民，天民者言其非人之所得而民也；天之所助謂之天子，天子言其繼天而生也。故曰以此處上，則帝王天子之德；以此處下，則玄聖素王之道也。

纂微　呂注：身者人之宇，不否不亂，則發天光，天光者，不識不知，明白洞達。人見其人，而莫知其天，是人貌而天者也。人有脩者，乃今有恆，爲道必至於天，而後可久也。人舍謂羣於人，天助獨成其天也。天民非人所得而民，天子以其繼天而生也。

莊子翼　呂注：全同纂微。

學者，學其所不能學也；行者，行其所不能行也；辯者，辯其所不能辯也。知止乎其所不能知，至矣；若有不即是者，天鈞敗之。

呂注：天下之物可以智知者，則學之所能學，行之所能行，辯之所能辯也，唯道爲不可以智知，則學之所不能學，則學者學此而已矣，所謂學不學是也；行之所不能行，則行者行此而已矣，所謂不道之道是也；辯之所不能辯，則辯者辯此而已矣，所謂不言之辯是也；凡此無它，以其不可以智知故也。唯其不可以智知，此知止乎其所不能知之，所以爲至也；若有不即是者，則或學或行，或辯或知，天鈞敗之而已矣，以其皆不免有爲故也。道者無爲而成，唯其爲之，是以敗而不成也。

纂微 呂注：天下之物，可以知知，則學之所能學，行之所能行，辯之所能辯；唯道不可以知知，故學所不能學，經云「學不學」是也；行所不能行，不道之道是也；辯所不能辯，不言之辯是也。或反此而不免有爲，則敗之而已矣。

莊子翼 呂注：同纂微，唯末句「敗之而已矣」脱「之」字。

備物以將形，藏不虞以生心，敬中以達彼，若是而萬惡至者，皆天也，而非人也，不足以滑成，不可内於靈臺。靈臺者有持，而不知其所持，而不可持者也。不見其誠己而發，每發而不當，業入而不舍，每更爲失。

呂注：萬物與我爲一，則備物將形矣，將者言無徃而萬物不從者也。其心之出，有物採之，則藏不虞以生心矣。物採之而出，非生於虞者也，於是而敬生焉，則敬中以達彼矣，非有待於外者也。所謂敬，以直内是也，若是而萬惡至，皆天也，非人也，以其無以取之而已矣，非所謂爲而敗之者也，故不足以滑成，不可内於靈臺，靈臺靈府皆心也。自其無所不觀而言之，謂之靈臺；自其無所不備而言之，謂之靈府。靈臺者不動則有持者也，而持之者莫知其鄉也，則孰知其所持而持之哉！則以不持持之而已矣。誠能知此，則所謂誠己者也，有所不發，發必中節矣；不見其誠己而發，則安作凶者也，安能當哉！業自外入而無主於中，亦將不舍，每更爲失而已矣。入而不舍，則所謂去之必速之謂也；每更爲失，則俗學以求復其初，適足以爲蔽蒙之民而已。

纂微　呂注：萬物與我爲一，備物也將形，謂无往而物不從。物來而心出，非生於虞也，於是而敬生，因之以達彼，非有持於外。敬以直内也，若是而萬惡至者，天也，以其非爲而敗之，故不足以滑成。靈臺不動則有持，而持之者莫知其鄉，蓋以不持持之耳。知此則所謂誠已發，而必中節矣，否則妄作凶，又惡能當哉！業自外入而無主於中，亦將不舍，不舍謂去之之速，每更爲失者。俗學以求復其初，不免爲蒙蔽之民。

莊子翼　呂注：同纂微，唯「備物也將形」句「也」字作「以」。

爲不善乎顯明之中者，人得而誅之；爲不善乎幽間之中者，鬼得而誅之。明乎人，明乎鬼者，然後能獨行。券内者，行乎無名；券外者，志乎期費。行乎無名者，唯庸有光；志乎期費者，唯賈人也，人見其跂，猶之魁然。

呂注：券者，所以主物而有之者也，故有諸己而行之謂之券内，則誠己而獨行者也；無諸己而爲之謂之券外，則不見其誠己而發而幽顯不能一者也；券内者行乎無名，無名者道也，故信矣而不期，與焉〔一〕而不費；券外者期而後能信，費而後能與，志于期費者也。行乎無名，唯庸有光，不用

〔一〕「焉」，原作「鳥」，據文意從纂微、莊子翼、陳氏排印影本改。

則復歸其明而已矣；志乎期費者，唯賈人也，可以市而已矣，非所以行於冥冥者也，跂者不足而強慕之者也，人見其跂矣，猶之魁然，斗之魁大而杓小，魁然則自大之意也。

纂微 呂注：券所以主物而有之，有諸己而行之爲券內，誠己而獨行也；無諸己而行之爲券外，不見其誠己而幽顯不能一也。無名者道，故信矣而不期，與焉而不費；券外者期而後能信，費而後能與。唯庸有光，不用則復歸其明。唯賈人也，可以市而已。人見其不足而跂慕，猶魁然自大也。

莊子翼 呂注：全同纂微。

與物窮者，物入焉；與物且者，其身之不能容，焉能容人！不能容人者無親，無親者盡人。

呂注：見其未始有物者，與物窮者也；與物窮者，無我者也，無我則物入焉而不閡矣，所謂知常容是也；否則與物且而已，而不能無我者也；則其身之不能容，所謂汝之片體，將氣所不受；汝之一節，將地所不載；安能容人哉！夫唯物人者，則物無非我也，則不能容人者無親，無親者盡人可知矣。

纂微 呂注：人能見其未始有物，則與物窮而无我，无我則物入而不硋，是謂知常容，否則與物且而已。其身不能容，所謂汝之片體，將爲氣所不受；汝之一節，將爲地所不載，又安能容人！

不能容人者无親，无親則盡人可知矣。

莊子翼　呂注：全同纂微。

兵莫憯於志，鏌鋣爲下；寇莫大於陰陽，無所逃於天地之間。非陰陽賊之，心則使之也。

呂注：志之爲兵，能傷人之心者也，鏌鋣則能傷形而已，故兵莫憯於志，而鏌鋣爲下矣。盜之爲寇，可逃而去也；陰陽之爲寇，無所逃於天地之間，故寇莫大於陰陽也。夫豈陰陽賊之哉！使之賊者，心也，故曰賊莫大乎德有心而心有眼也。夫唯聖人弱其志而不必，故無兵；藏於非陰非陽而無心，故萬物不能盜。

纂微　呂注：志之爲兵，傷人之心，鏌鋣則傷人之形而已。盜之爲寇，可逃而免；陰陽之寇，莫逃於天地之間。唯至人弱其志而不必，故無兵；藏於非陰非陽而無心，故萬物不得而盜也。

莊子翼　呂注：全同纂微。

道通，其分也，其成也毁也。所惡乎分者，其分也以備；所以惡乎備者，其有以備。故出而不反，見其鬼；出而得，是謂得死。滅而有實，鬼之一也。以有形者象無形者而定矣。出無本，入無竅，有實而無乎處，有長而無乎本剽，有所出而無竅者有實。有實而無乎處者，宇也。有長而無本剽者，宙也。有乎生，有乎死，有乎出，有乎入，入出而無見其形，是謂天門。天門者，無有也，萬物出乎無有，有不能以有爲有，必出乎無有，而無有一無有。聖人藏乎是。

呂注：道之爲物，無乎不在，無乎不在則無物而不足乎道也，無物不足乎道則無成與毁矣。則其分也，乃其所以爲通，而分無異於通也；其成也，乃其所以爲毁，而備無異於分也。分之無異於通，則無惡於分矣，而惡於分者，以其有備而分之也；備無異於分，則無惡於備矣，而惡於備者，以其分也以備，則對備而有分，對備而有分則分有異乎通矣。其以有備，則非無爲而自備也，則成有異乎毁也，此道之所以散也。夫惟分而不知有備，備而不知有以備，則何適而不通哉！夫道，未嘗死，未嘗生也。出而有生也，而必反乎所未嘗生，則生全矣；出而不知反，則雖生而見其鬼，鬼則不能反其所未嘗生者也。出而反，則雖生而無得；出而不反，則有得其謂之得死也宜矣，所謂生有爲死也是已。蓋鬼之所以爲鬼，以其雖滅而有實，不能反乎無物，所以爲鬼也。若出而不反，出而得，則奚以異於滅而有實哉！故其爲鬼一也，唯夫以有形者象無形者而定矣，定則不爲死生之所亂也。老子曰「谷神不死」，蓋有形之身，可使虚而如谷；無形之心，能使寂而如神；此則以有形者象無形而定者也。夫物之出者必有本，而出於道則未始有本也；物之入者必有竅，而入於道未始有竅也；物之有實也必有處，而出無本者則雖有實而無乎處也；物之有長者必有本剽，而入無竅者則雖有長而無乎本剽也。既無本與竅矣，而有實與長，何也？蓋自道觀之，則未始有出入也；自物觀之，則有所出有所入矣。有所出而無乎本者，則有長而已，而不見其始卒，則無乎本剽者也；有所入而无竅者，則有實而已，而不得其邊際，則無乎處者也。則文宜曰：「有所出而無本者有長，有所入而无竅者有實。」今但曰「有所出而無竅者有實」，蓋脱簡也。有實而無乎處者宇也，四方上下則有實矣。然我以我之上者爲上，而我之上之上者，以我之上〔一〕爲下矣；我以我之下爲下，而我之丅之下者，以我之下爲上矣。四方亦然，則四方上下命之在我而已，豈有乎處哉！有長而無本剽者，宙也。古往今來則有長矣，然則今以前爲古，而後復以今爲古；向以今爲後，而今復以後爲後；則古今前後亦在我而已，豈有乎本剽哉！知宇之有實而無乎處，則宇之所不能制而莫知其鄉矣；知宙之有長而無乎本剽，則宙之所不能制而出入無時矣；宇宙之所不能制則六通四闢而無乎不在，是以雖有乎生，有乎死；有乎出，有乎入，而出入莫見其形，是謂天門也。其心以爲不如是者，天門不開矣。天門者，無有也，萬物出乎無有；萬物以形相生，所以出乎無有者，蓋有不能以有爲有，而形非道不生，是以必出乎無有也；則所謂天下之物生於有，有生於無是也，而有所謂無有者，則非無有也；而所謂無有，一皆無有，乃所以爲無有也。聖人藏於是，是之謂藏於天，而遊於物之所不得遯，而皆存者也。

〔一〕「上」，纂微、莊子翼作「上」，陳氏排印影本從之。

纂微 呂注：物皆具道，故無成毀。則其分也，乃所以爲通；其成也，乃所以爲毀。而惡乎分者，以其有備而分之也；惡乎備者，以其分也以備。其分也以備，則對備而有分，分有異乎通矣；其有以備，非无爲而自備，則成有異乎毀矣。此道之所以散也。夫唯分而不知有備，備而不知有以備，則何適而不通哉！道无死生，出而有生，必反乎所未嘗生，則生全矣；出而不知反，雖生而見其鬼，出而有得，生有爲故也，其得死宜矣。滅而有實，不能反乎无物也，出而不反與出而得，奚以異乎！故其爲鬼一也，唯能以有形象无形者而定矣，定則不爲死生所亂也。夫物之出必有本，出於道者則未始有本也；物之入必有竅，入於道者則未始有竅也；物之有實者必有處，而出无本者有實而无處；物之有長者必有本剽，而入无竅者有長而无本剽。然則經文宜曰：「有所出而无本者有長，有所入而无竅者有實。」文義方全。宇有四方上下，則有實矣。我以上爲上，居我上之上者，則以我上爲下；以至下與四方亦然，是豈有乎處哉！宙者古往今來固有長矣，今以古爲古，後以今爲古，亦豈有本剽哉！悟此則宇宙所不能制，六通四辟无乎不在也。雖有死生出入而莫見其形，是之謂天門。天門者，无有也。有不能爲有，必出於无有；天下之物生於有，有生於無是也。有所謂无有則非无有，而无有一皆无之，乃所謂无有也。聖人藏乎是，遊於物之所不得遯，而皆存者也。

莊子翼 呂注：全同纂微，唯「則成有異乎毀矣」句「有」下增「一」字，「出而有生」句脱「出」

字，又「亦豈有本剽哉」句「本剽」互乙作「剽本」。

古之人，其知有所至矣。惡乎至？有以爲未始有物者，至矣，盡矣，弗可以加矣。其次以爲有物矣，將以生爲喪也，以死爲反也，是以分已。其次曰始無有，既而有生，俄而死；以無有爲首，以生爲體，以死爲尻；孰知有無死生之一守者，吾與之爲友。是三者雖異，公族也，昭景也，著戴也，甲氏也，著封也，非一也。有生，黬也，披然曰移是。嘗言移是，非所言也。雖然，不可知者也。臘者之有膍胲，可散而不可散也；觀室者周於寢廟，又適其偃焉，爲是舉移是。請常言移是。是以生爲本，以知爲師，因以乘是非；果有名實，因以己爲質；使人以爲己節，因以死償節。若然者，以用爲知，以不用爲愚，以徹爲名，以窮爲辱。移是，今之人也，是蜩與鷽鳩[一]同[二]於同也。

呂注：三者雖異，然皆歸於道。雖歸於道，然唯以爲未始有物，至矣，盡矣，弗可以加矣，則二者固有未至未盡而有以加也。猶之同爲公族，而昭景著[三]戴，甲氏著封，其親疏非一也。夫於未

〔一〕「鳩」，原作「鴻」，據文意從纂微、莊子翼、陳氏排印影本改。
〔二〕「同」，原作「因」，據文意從纂微、莊子翼、陳氏排印影本改。
〔三〕「著」，原作「者」，據莊文及文意從纂微、莊子翼、陳氏排印影本改。

始有物之間，而曰爲主焉，猶膚之有黬，非其體也。而二家之説，披然分辯，一以爲有物矣，而以生爲喪；一以爲始於無有，俄而有生；是以夫未始有物之全體，而移於是有生之點也。則言移是者，嘗言之可也，而非所言也。雖然，道之體無乎不在，而謂有生之黬爲不足乎道，則亦不可也，故謂之移是亦不可知也。譬如臘之見〔一〕百物，而有具胲焉則膍，膍非不可謂之百物，而不可散，而不可散者以其體之下而已矣。譬之觀室者，既周於寢廟〔二〕，又適其偃焉。偃非不可謂之室，而不可觀，而不可觀者以其處之賤而已。道之體無乎不在，則非不可以言移是，而非所言者，亦若此而已矣。而二家之説，爲是之故，而謂之舉移是，此所以未至未盡也。夫移是之説，始於有生，是以生爲本也；有生出於有知，是以知爲師也；有生有知，有是有彼，則因之以乘是非，乘言如數之相乘而滋多也。是非彰則果有名實，果言名實之所以成也。有是有非，有名有實，則因以己爲正，而是其所是，而非其所非也。言因移是，其説遂至於如此也。至其弊也，使人以己之所是，以爲己節而守之，因以死償節，而不知所謂己者，未始有物也。夫唯不知性命之情，而用與不用，徹與窮之非我也，故以用爲智，以不用爲愚；以徹爲名，以窮爲辱。移是之弊，至於如此，是今之人也，是蜩與鷽鳩同於同，而不知有天地之大也。二家之説雖同於道，而其弊有至於此，則移是非所言也。

〔一〕「之見」，纂微、莊子翼作「祭具」，陳氏排印影本從之。

〔二〕「廟」，原作「朝」，據文意從纂微、莊子翼、陳氏排印影本改

纂微　呂注：三者雖異，皆歸於道。猶同爲公族，而昭景著戴，甲氏著封，其親疎非一也。夫於未始有物之間，而有生焉，猶膚之有黬，非其體也。而二家之談，披然分辯，一以爲有物矣，而以生爲喪；一以爲始無有，俄而有生；是以未始有物之全體，移而爲有生之黬，亦不可知者也。譬臘祭具百物，而有膍胲，非不可謂之百物，而不可散，不可散者，以其體之下而已；觀室周寢廟，又適其偃焉，偃非不可謂之室，而不可觀，不可觀者，以其處之賤而已。道无不在，則不可以言移是。非所言者，亦若是而已。二家之説，爲是之故，而曰舉移是，所以爲未至未盡也。夫移是之説，始於有生，是以生爲本；生出於有知，是以知爲師。因以相乘，而是非滋多，是非移則果有名實；而因以己爲正，至其弊也，以己所是爲己節而守之，至於以死償節。不知所謂己者，亦未始有物。用舍窮通，皆非我也，而安有知愚名辱之分，此今人移是之弊，猶鷽鳩之同於同，又安知有天池之大耶！

莊子翼　呂注：全同纂微，唯「而不可觀。不可觀者」句作「而不可以言大觀者」。

蹍市人之足，則辭以放驁，兄則以嫗，大親則已矣。故曰，至禮有不人，至義不物，至知不謀，至仁無親，至信辟金。

呂注：它人開弓而射我，則談笑而道之，以其無恩於我，我不以恩望之也。唯其無恩，則蹍其足，不得不辭以放驁也；兄弟開弓而射我，則涕泣而道之，以其有恩於我，我則以恩望之也。惟其有恩，則雖蹍之不嫌於不愛，以嫗而已〔一〕，而無所事辭也；至於大親則勿嫗可也，又思〔二〕之至也。由是言之，所謂至者，無所待於外也；則至禮之有不人，至義不物，至知不謀，至仁無親，至信辟金，皆無所待於外而已。 知禮之意，而不爲世俗之禮，以觀衆人之耳目者，不人之禮也；行之而宜，而非以宜物者，不物之義也；事至而應，無所預謀者，不謀之知也；以百姓爲芻狗，使天下兼忘我者，無親之仁也；信矣而不期者，辟金之信也；於道至，則五者無不至矣。

纂微 呂注：他人闕弓而射我，則談笑而道之。 以其無恩於我，不以恩望之，則蹍足不得不辭以放驁；兄弟闕弓而射我，則涕泣而道之，以其恩於我，則以恩望之，故雖蹍足不嫌於不愛，以傴而已，無所事辭；大親則恩之至，勿傴可也。 由是言之，禮義仁知之至者，皆無所待於外。 知禮意而不爲俗禮，以觀衆人不人之禮也；行之而宜，不求宜物，不物之義也；事至而應，無所預謀，不謀之知也；以百姓爲芻狗，而使天下兼忘，無親之仁也；信矣而不期，辟金之信也；苟至於道，則五者無不至矣。

莊子翼 呂注：同纂微，唯「以傴而已」句與「勿傴可也」句中「傴」字皆作「嫗」。

徹志之勃，解心之謬，去德之累，達道之塞。 貴富顯嚴名利六者，勃志也。 容動色理

〔一〕「已」，原作「亡」，據文意從纂微、莊子翼、陳氏排印影本改。
〔二〕「恩」，原作「思」，據文意從纂微、莊子翼、陳氏排印影本改。

氣意六者，謬心也。惡欲喜怒哀樂六者，累德也。去就取與知能六者，塞道也。此四六者不蕩胸中則正，正則靜，靜則明，明則虛，虛則無爲而無不爲也。

呂注：志總於心，心總於德，德總於道，道則無爲而無不爲者也。志者心之之也，故總於心；心者德之知也，故總於德；德者道之在我者也，故總於道。是以徹志之勃，而後解心〔一〕之謬；解心之謬，而後去德之累；去德之累，而後達道之塞也。志以弱而強行，則以貴富顯嚴名利爲志者，非弱也，勃而已矣，勃之言浡，浡則不可不徹；心以虛而無係，則以容動色理氣意爲心者，非虛也，謬而已矣，謬之言繆，繆則不可不解；德以同於初爲至，惡欲喜怒、哀樂非同于初也，故德之累也，累則不可不去；道以通於一爲達，則去就取與智能非通乎一也，非通乎一，固道之塞也，塞則不可不達。徹勃解謬去〔二〕累達塞此四六者不盪胷中，則正〔三〕靜虛明而道集矣，道則無爲而無不爲也。

纂微　呂注：志者心所之，心者德之和，德則道之在我者。是以徹志而後解心，去累而後達塞。養志貴弱，以富貴等爲志，非弱也，悖而已矣，故不可不徹；養心貴虛，以容動等爲心，非虛

〔一〕「心」，原作「以」，據下文「解心之謬，而後去德之累」等排比句式當爲「心」之形誤，故改。

〔二〕「去」，原作「夫」，據文意和前莊文「去德之累」及呂注「故德之累也，累則不可不去」等文意改。

〔三〕「正」，原少第四筆劃。

也，謬而已矣，故不可不解。德以同於初爲至，則欲惡等爲德之累，不可不去也；道以通于一爲達，則去與等爲道之塞，不可不達也。凡此諸累不蕩於胷中，則道集矣。

莊子翼 呂注：全同纂微。

道者，德之欽也；生者，德之光也；性者，生之質也。性之動，謂之爲；爲之僞，謂之失。知者，接也；知者，謨也；知者之所不知，猶睨〔一〕也。動以不得已之謂德，動無非我之謂治，名相反而實相順也。

呂注：道之尊，德之貴，貴固不若尊，故道者德之欽〔二〕也。物得以生之謂德，不生無以見德，則生者故德之光也；流動而生物，物生成理謂之形，形體保神，各有儀則之謂性，則性者固生之質也。不動則無爲，性之動則謂之爲矣。爲之於性之動，猶之可也；爲之爲僞，則謂之失矣。生而無以智爲也，謀而後用智也；生而無以智爲也，則智者接也，非與生俱生也；謀而後用知也，則知者謀也，不謀惡用智也。知者之所不知，不知則知之所自而知也，猶睨者之所以不睨，乃其所以睨也。故動以不得已，則性之動，而非爲之僞也，是以謂之德；動無非我，則萬物與我爲一，莫足以亂，是以謂之治。誠能如此，則天下之名，彼我是非，雖或相反，而其實未嘗有不相順者也，以其無

〔一〕「睨」，本段莊文和呂注左旁從「耳」旁，從纂微、莊子翼、陳氏排印影本改。

〔二〕「欽」，原作「斂」，據莊文從纂微、莊子翼、陳氏排印影本改。

非我故也。

纂微　呂注：不尊無以爲道，故道者德之欽；不生無以見德，故生者德之光。性者生之質，性動而有爲，爲僞而失矣。生而無以知爲，則知者接也，非與生俱生者也；謀而後用知，則知者謨也，知者之所不知，則知之所自知，猶睨者之所不睨，乃其所以睨也。故動以不得已，則性之爲，非爲之僞，是以謂之道也。動無非我，則物與我一，何得以動亂之！誠能如是，則天下彼我是非，雖名或相反，而實未嘗不相順者，以道無非我故也。

莊子翼　呂注：全同纂微。

羿工乎中微而拙乎使人無己譽。聖人工乎天而拙乎人。夫工乎天而佷乎人者，唯全人能之。唯蟲能蟲，唯蟲能天。全人惡天？惡人之天？而況吾天乎人乎！

呂注：不離於宗，謂之天人；不離於精，謂之神人；不離於其真，謂之至人；而聖人則兼此三人而兆於變化者也，兆於變化而人化之則雖工於天而已拙乎人矣。全人蓋至人以上，至人以上則不離於宗，與精與真，而人之所不可知者也。故工乎天而佷乎人者，唯全人能之。彼跂行喙息，羣分類聚，此唯蟲之所以能蟲也；不知其所以然而然，此唯蟲之所以能天也。故知其所以然而然，非能天矣，全人之惡天也；非惡天之天，而惡人之天也。人之天也，知其不知所以然而然也；天之天也，則不知其不知所以然而然也。知其不知所以然而猶且惡之，而況天乎人乎而擬議之有邪！

纂微　呂注：經中有天人神人至人聖人，此又有全人焉。聖人者逃變化，雖工乎天，而拙乎人；全人則又出其上，故工乎天，又俍乎人也。彼跂行喙息，羣分類聚者，蟲能蟲也；不知其所以然而然，蟲能天也。全人之所惡，惡人之天也，人之天則知其不知所以然，天之天則忘其不知所以然。夫不知其所以然猶且惡之，況天乎人乎而擬議之耶！

莊子翼　呂注：同纂微，唯「夫不知其所以然猶且惡之」句脱「不」字。

一雀適羿，羿必得之，威也；以天下爲之籠，則雀無所逃。是故湯以庖人籠伊尹，秦穆公以五羊之皮籠百里奚。是故非以其所好籠之而可得者，無有也。

呂注：一雀適羿，羿必得之，威也，則彼不適者，非威之所必得也；以天下爲之籠，則萬物畢羅而無所逃矣，而況於雀乎！夫唯深之又深而通天下之志者，則能以天下爲之籠者也。故湯以庖〔一〕人籠伊尹，秦穆公以五羊之皮籠百里奚，非以其所好籠之而可得者，無有也。非夫極深而通天下之志，安能得其所好哉！夫唯澹然無欲者，雖以天下爲之籠，而莫足以歸矣。

纂微　呂注：雀適羿必得之，威也，彼不適者則非威所得；以天下爲籠，則萬物畢羅而無所

〔一〕「庖」，原從「疒」旁，據莊文改。

逃，況於雀乎！唯深之又深，而能通天下之志者，斯能以天下爲籠，是故有若伊尹百里奚者，皆莫逃焉，以其所好籠之也。

莊子翼　呂注：全同纂微。

介者拸畫〔一〕，外非譽也；胥靡登高而不懼，遺死生也。夫复謵不餽而忘人，忘人，因以爲天人矣。故敬之而不喜，侮之而不怒者，唯同乎天和者爲然。出怒不怒，則怒出於不怒矣；出爲無爲，則爲出於無爲矣。欲靜則平氣，欲神則順心，有爲也。欲當則緣於不得已，不得已之類，聖人之道。

呂注：介者以外非譽之故，猶能移畫而弗循；胥靡以遺死生之故，猶能登高而不慄；況夫真能忘人，則宜其復謵而不餽也，復謵者言其玩謵至于再三而不能忘，人者之所不能不愧也。忘人因以爲天人矣，言所謂天人者，有不止於忘人，而忘人爲之因而已矣。此則同乎天和者，宜其敬之而不喜，侮之而不怒也。怒之出常於不怒，知怒之出於不怒，則出怒不怒矣；爲之出常出於無爲，知爲之出於無爲，則出爲無爲矣。怒出於不怒，爲出於無爲，則未始有物，而物之自出之處也。欲靜則平氣，氣也者虚而待物者也。人唯不能平而暴之故不靜，誠能平氣，則未有不靜者也。欲神

〔一〕「畫」，原莊文及呂注同。纂微、莊子翼作「畫」，陳氏排印影本從之。

則順心，人心則神也，人唯不能順而滑之，故不神；誠能順心，則未有不神者也。有爲也欲當，則緣於不得已；不緣於不得已，則爲之僞而非誠己者也，每發不當矣。聖人躊躕興事，以每成功，故豫若冬涉川，猶若畏四鄰，則不得已之類，聖人之道也。

纂微 呂注：介者以外非譽，猶能移畫而弗循；胥靡以遺死生，猶能登高而不懼；況夫能忘人宜其復謵而不餽也。玩習至於再三而不能忘，人之所不能不愧。忘人因以爲天人，明所謂天人者，不止於忘人，忘人爲之因而已。此則同乎天知者，宜其敬之而不喜，侮之而不怒也。夫怒常出於不怒，爲常出於無爲。不怒無爲，則未始有物，而物所自出也。氣者，虚而待物，人不能平而暴之故不靜；誠能平其氣，未有不靜者。心於人則神也，人不能順而滑之，故不神；誠能順其心，未有不神者。有爲欲當，誠己者也。躊躕以興事，豫若冬涉川，皆不得已之義。

莊子翼 呂注：同纂微，唯「況夫能忘人」句下有「者」字。

徐無鬼第二十四〔一〕

徐無鬼因女商見魏武侯，武侯勞之曰：「先生病矣！苦於山林之勞，故乃肯見於寡人。」徐無鬼曰：「我則勞於君，君有何勞於我！君將盈耆欲，長好惡，則性命之情病矣；君將黜耆欲，掔好惡，則耳目病矣。我將勞君，君有何勞於我！」武侯超然不對。少焉，徐無鬼曰：「嘗語君，吾相狗也。下之質執飽而止，是狸德也；中之質若視日，上之質若亡其一。吾相狗，又不若吾相馬也。吾相馬，直者中繩，曲者中鉤，方者中矩，圓者中規，是國馬也，而未若天下馬也。天下馬有成材，若恤若失，若喪其一，若是者，超軼絶塵，不知其所。」武侯大悦而笑。

呂注：徐無鬼忘武侯之勢而箴其病，而武侯以其不下己也，故超然不對。無鬼託之相狗馬以諭己所以無求之意，狗與馬以況人才有大小也。狗之爲物也，下之質執飽而止，是狸德也。猶之人也，飢則爲用，而有求者也；中之質若視日，猶之人也，若趣高遠而未能忘己也；上之質若亡其

〔一〕本篇底本完存。陳氏排印影本於題下注云：「呂注輯纂微本。」

一，猶之人也，能忘己者也，一猶亡之，則忘己可知矣。雞之德全有如木雞者，則狗固有如此者也。馬之爲物也，曲直中繩，鉤方圓，中規矩，是國馬也，以況則國士之遊乎方之內者也。天下馬有成材，則不習之而自然者也，若恤則無與樂也，若失則無與匹也，若喪其一則喪我之至也，非特亡而已。若是者，超軼絶塵，不知其所以，況則天下之士遊乎方之外而不可知者也。其意以爲狗之上質，與夫天下之馬猶如此，則吾安知君之勢而下之！而君安得不相之乎！武侯悟其微言，所以悦也。

纂微 呂注：无鬼忘武侯之勢而箴其病，武侯以其不下己，故超然不對。无鬼託相狗馬以喻己无求之意。狗之下質，執飽而止，猶人飢則爲用，而有求者；中質若視日，猶人所視高遠，未能忘己者；一猶忘之，則忘己可知。馬之中規矩鉤繩，是國馬也，以況國士之遊乎方內者。天下馬有成材，不習而自然，若恤則无與樂，若失則无與匹，若喪其一則喪我之至，非特亡之而已，超軼絶塵，不知其所以，況天下之士遊乎方外而不可知者也！意謂狗之上質，與天下之馬猶若此，則吾安知君之勢而下之！君安得不相之乎！武侯悟其意，所以大悦。

莊子翼 呂注：全同纂微。

徐無鬼出，女商曰：「先生獨何以説吾君乎？吾所以説吾君者，横説之則以詩書禮樂，縱説之以金板六弢，奉事而大有功者不可爲數，而吾君未嘗啟齒。今先生何以説吾君,使吾君説若此乎?」徐無鬼曰:「吾直告之吾相狗馬耳。」女商曰:「若是乎?」曰:「子不聞夫越之流人乎?去國數日,見其所知而喜;去國旬月,見所嘗見於國中者喜;及期年也,見似人者而喜矣;不亦去人滋久,思人滋深乎?夫逃虚空者,藜藋柱乎鼪鼬之徑,踉位其空,聞人足音跫然而喜矣,又〔一〕況乎昆弟親戚之謦欬其側者乎?久矣夫莫以真人之言謦欬吾君之側乎!」

呂注:言以道接者也,言而不當道,雖詩書禮樂金板六弢不足以動;言而當道,雖相狗馬猶足以悦也。人失其性命之情,而沈於人僞,正猶去其鄉黨親戚而流於遠方,與逃虚空以羣鼪鼬之間者也,所謂真則其性之固有,猶其鄉黨親戚之舊也。非至狂惑者,其有聞真人之謦欬而不悦者乎!

纂微　呂注:夫言以道接者也,言不當道,雖詩書禮樂不足以動;言而當道,雖相狗馬猶足以悦。夫人失其性命之情,而耽於人僞,猶去其鄉黨親戚而流於遠方,與逃虚空以羣鼪鼬之間者也。所謂真則其性之固有,猶其鄉黨親戚之舊也,非至狂惑,其有聞真人之謦欬而不悦者乎!

莊子翼　呂注:全同纂微,唯「所謂真」一下增「者」字。

〔一〕「又」,原作「有」,據文意從纂微、莊子翼作「而」。

徐無鬼見武侯，武侯曰：「先生居山林，食芧栗，厭葱韭，以賓寡人，久矣夫！今老邪？其欲幹酒肉之味邪？其寡人亦有社稷之福邪？」徐無鬼曰：「無鬼生於貧賤，未嘗敢飲食君之酒肉，將來勞君也。」君曰：「何哉，奚勞寡人？」曰：「勞君之神與形。」武侯曰：「何謂也邪？」徐無鬼曰：「天地之養也一，登高不可以爲長，居下不可以爲短。君獨爲萬乘之主，以苦一國之民，以養耳目鼻口，夫神者不自許也。夫神者，好和而惡奸；夫奸，病也，故勞之。唯君所病之，何也？」

呂注：人心之神與天地之神一也，人雖私於己而自許，而神者則不自許也，此至人之所以明乎人鬼而獨行也。萬物負陰而抱陽，而沖氣以爲和，是以王侯自稱孤寡不轂，務以損其貴高而爲和，則和固神之所好也。若苦一國之民而養其耳目鼻口，則所謂姦，而神之所惡而病之也，姦則不正之謂也。向所謂君將盈嗜欲，長好惡，則性命之情病，性命之情病則神惡而病之也。

武侯曰：「欲見先生久矣。吾欲愛民而爲義偃兵，其可乎？」徐無鬼曰：「不可。愛民，害民之始也；爲義偃兵，造兵之本也；君自此爲之，則殆不成。凡成美，惡器也；君雖爲仁義，幾且僞哉！形固造形，成固有伐，變固外戰。君亦必無盛鶴列於麗譙之間，無徒驥於錙壇之宮，無藏逆於得，無以巧勝人，無以謀勝人，無以戰勝人。夫殺人之士民，兼人之土地，以養吾私與吾神者，其戰不知孰善？勝之惡乎在？君若勿已矣，脩胸中之誠，以應天地之情而勿攖〔一〕夫民死已脱矣，君將惡乎用夫偃兵哉！」

呂注：以智治國國之賊，不以智治國國之福。苟爲以智則愛民，固害民之始；而爲義偃兵，固造兵之本也。自此爲之，則殆不成矣，以其以智而不以道故也，則日中始之言是也。天下皆知美之爲美，斯惡已，則成美者固惡器也，謂之器則非道也。苟爲非道，則雖有愛民之仁，偃兵之義，亦僞而已，豈所謂誠己而發哉！夫唯無形則無所造，苟爲有刑〔二〕，則固造形矣。愛民偃兵，作於其心，見於其事，皆不免於有形者也；愛民之形，成固有伐，有伐則害民之始也；偃兵之形變固外戰，外戰則造兵之本也；害民造兵亦形也，是形之所以造形也。蓋愛民之成則天下疑我之強，故至於有伐；偃兵之變則天下窺我之虚，故至於外戰；此必至之理也。盛鶴列於麗譙之間，則佳而觀之也；徒驥於錙壇之宫，則玩而覿之也；則非不得已而用之之意也。得而不順乎天，則是藏逆於其間也；以巧勝人，以謀勝人，則所恃者智巧而不恃道術也；以戰勝人，則是以兵強天下，而不以德也。由是而殺人之士民，兼人之土地，以養吾私與吾神，私則自許，而神者則惡而病之也。夫養其一體而失其肩背，則爲狼疾人也。今以養其私之故，至於神者惡而病之，則是不知志之爲兵，憯於

〔一〕「攖」，本段莊文、呂注皆如此，纂微、莊子翼作「攖」，陳氏排印影本從之。

〔二〕「刑」，據文意當爲「形」。

鏌鋣，而有自勝之強也。則謂之善戰而勝人，其戰不知孰善？而勝之惡乎在邪？君若不得已而欲爲之，則脩胷中之誠，以應天地之情，而勿攖而已。所謂脩胷中之誠者，使四六不盪於胷中，而正靜虛明之謂也。天地之情亦不過正靜虛明而已，脩則應之矣夫！然則可以却走馬以糞，奚民死之不脱哉！

纂微 呂注：以知治國國之賊，不以知治國國之福，則愛民固害民之始，偃兵固造兵之本，以知而不以道故也。天下皆知美之爲美，斯惡已，則成美固惡器也；器則已遠乎道，雖有愛民之仁，偃兵之義，亦僞而已。愛民之形成固有伐，則害民之始；偃兵之形變固外戰，則造兵之本。惟无形則无所造矣。鶴列於麗譙，則佳而觀之；徒驥於錙壇，則玩而覿之。非不得已而用之也，凡得而不順天理，則是藏逆於其間。以巧謀勝人，則恃知而不以道；以戰勝人，則以兵強而不以德。殺人兼地，以養吾私與吾神，私則自許，神者則惡而病之，謂之善戰而勝人，不知孰善？而勝惡乎在？君若不得已而欲爲之，脩誠以應天地之情，而物无不應，奚患民死不脱哉！

莊子翼 呂注：全同纂微，唯「偃兵固造兵之本」句「兵」下增「者」字。

黄帝將見大隗乎具茨之山，方明爲御，昌寓驂乘，張若、謵朋前馬，昆閽、滑稽後車；至於襄城之野，七聖皆迷，無所問途。適遇牧馬童子，問途焉，曰：「若知具茨之山乎？」曰：「然。」「若知大隗之所存乎？」曰：「然。」黄帝曰：「異哉小童！非徒知具茨之山，又知大隗之所存。請問爲天下。」小童曰：「夫爲天下者，亦若此而已矣，又奚事焉！予少而自游於六合之内，予適有瞀病，有長者教予曰：『若乘日之車而遊於襄城之野。』今予病少痊，予又且復遊於六合之外，夫爲天下亦若此而已。予又奚事焉！」黄帝曰：「夫爲天下者，則誠非吾子之事。雖然，請問爲天下。」小童辭。黄帝又問。小童曰：「夫爲天下者，亦奚以異乎牧馬者哉！亦去其害馬者而已矣！」黄帝再拜稽首，稱天師而退。

呂注：形而上者之謂道，而道之名曰大，則大而高者，亦無如道也；隗之爲言高也，覆育萬物而衣被之，則具茨之義也，是以黄帝將見大隗，必於具茨之山也；七〔一〕竅鑿而混沌死，欲見大隗而七聖之與偕，此其所以至於襄城之野，皆迷而無所問塗也；襄之爲言上也，欲見大隗而聖智之不絶，宜其至於上達迷而不悟也。馬之辰午也，南方心火〔二〕也，童子則無知者也，以童子牧馬，則宜知具茨之山而大隗之所存也。予少而自游於六合之内，予適有瞀病。人心其神，神則無方，而遊不出乎六合之内，非有瞀病不若是也，欲已之則莫若以明而上達。有長者教予乘日之車，而遊於襄城之野。則以明而上達者也，雖然，少痊而已矣，以其猶乘日之車也；置日之車而弗乘，而游乎

〔一〕「七」，原作「士」，據文意從纂微、莊子翼、陳氏排印影本改。
〔二〕「心火」，原作「火心」，據文意當從纂微改。

六合之外，其猶有病邪？爲天下者，猶養心而已矣，而養心者亦豈有他哉！去其害者而已矣。夫隨其成心而師之，誰獨且無師乎？既聞之矣，知其在我，此所以稱天師，再拜而退也。

纂微 呂注：隗高也，大而高者無如道；覆被萬物，即具茨之義；欲見大隗，而七聖與偕，所以至襄城之野，皆迷而無所問塗，亦猶七竅鑿而渾沌死。夫欲見大道，而聖知不絶，宜其至於上達，迷而不悟也。馬之辰午，南方心火也，童子則無知者，以童子牧馬，則宜知具茨之山，大隗所存也。人心具神，神則無方，而遊不出乎六合之内，非有瞀病不若是；欲已之則莫若以明而上達，乘日車而遊襄城是也。雖然，少痊而已，以其猶乘日之車也。弗乘而遊乎六合之外，其猶有患耶！爲天下者，亦猶養心，豈有他哉！去其爲害者而已。夫隨成心而師，誰獨無師？既知其在我，所以稱天師而退。

莊子翼 呂注：欲見大隗，而七聖與偕，所以皆迷，亦猶七竅鑿而渾沌死。夫欲見大道，而聖知不絶，宜其至于上達，迷而不悟也。人心具神，神則無方，而遊不出乎六合之内，非有瞀病不若是；欲已之則莫若以明而上達，乘日車而遊襄城是也。雖然，少痊而已，以其猶乘日之車也。弗乘而遊乎六合之外，其猶有患乎！爲天下者，猶養心，去其爲害者而已。

知士無思慮之變則不樂，辯士無談説之序則不樂，察士無淩誶之事則不樂，皆囿於物者也。招世之士興朝，中民之士榮官，筋力之士矜難，勇敢之士奮患，兵革之士樂戰，枯槁之士宿名，法律之士廣治，禮教之士敬容，仁義之士貴際。農夫無草萊之事則不比，商賈無市井之事則不比。庶人有旦暮之業則勸，百工有器械之巧則壯。錢財不積則貪者憂，權勢不尤則夸者悲。勢物之徒樂變，遭時有所用，不能無爲也。此皆順比於歲，不物於易者也。馳其形性，潛之萬物，終身不反，悲夫！

呂注：人莫不有至樂之處，得是而游之，則其爲囿也大矣。而三士者獨樂，其性之所偏，則囿於物而不能囿物者也。自夫「招世之士興朝」以至「勢物之徒樂變」，雖趣尚不同，而遭時有所用，不能無爲，則一也，不能無爲以不知真君之所在也。夫時有所用而爲之，非性命也。時有今昔，猶歲有寒暑，今以一遭之故，遂守而不捨，不能無爲，則皆順比於歲，寒而不知有暑，暑而不知有寒，以所遭爲常，而不物於易者也。人莫不有真君存焉，而乃馳其形性，潛於萬物之間，終身不能反其本，此乃至人之所以悲也。夫唯能無爲，而物于易者，消息盈虛，唯變所適，豈固順比於歲，一遭而遂守之哉！

纂微　呂注：人莫不有至樂之處，得是而遊之，其爲囿也大矣。而諸士者獨樂，其性之所偏，則囿於物而不能囿物者也。自「招世之士」至「勢物之徒」，雖趨向不同，而遭時有用不能無爲則一，以不知真君所在也。夫時有所用而爲之，非性命也。時有今昔，猶歲有寒暑，今一遭之，遂守而不舍，不能無爲，此皆順比於歲，寒而不知有暑，暑而不知有寒，以所遭爲常，而不物於易者也。

人莫不有真君存焉，而乃馳其形性，逐物而不知反，此至人之所悲也。

莊子翼 呂注：全同纂微。

莊子曰：「射者非前期而中，謂之善射，天下皆羿也，可乎？」惠子曰：「可。」莊子曰：「天下非有公是也，而各是其所是，天下皆堯也，可乎？」惠子曰：「可。」莊子曰：「然則儒墨楊秉四，與夫子爲五，果孰是邪？或者若魯遽者邪？其弟子曰：『我得夫子之道矣，吾能冬爨鼎而夏造冰〔一〕矣。』魯遽曰：『是直以陽召陽，以陰召陰，非吾所謂道也。吾示子乎吾道。』於是爲之調瑟，廢一於堂，廢一於室，鼓宮宮動，鼓角角動，音律同矣。夫或改調一弦，於五音無當也，鼓之，二十五弦皆動，未始異於聲，而音之君已，且若是者邪？」

呂注：天下皆堯羿固不可也，而惠子知莊子之言爲己而發，故以爲可，其意以謂中則爲羿不必前期，是則爲堯不必公是，此所謂以反人爲實，而欲以勝人爲名者也。雖然，儒墨楊秉與施爲五，不皆是也，則皆堯之説不立矣。不然，則若魯遽之謂其弟子爲以陽召陽，以陰召陰，而其調瑟亦不免以聲律相召而已矣。施之自謂賢於四子，而實與四子不異也。

纂微 呂注：天下皆羿固不可，惠子知莊子言爲已發，故以爲可，言中則爲羿不必前期，是則

〔一〕「冰」，原作「水」，據文意從纂微、莊子翼、陳氏排印影本改。

爲堯不必公是，此所謂以反人爲實，以勝人爲名者也。雖然，五子不皆是，則皆堯之説不立矣。不然，則若魯遽之調瑟，不免以聲律相召而已。施自謂賢於四子，而實無以異。

莊子翼　呂注：全同纂微。

惠子曰：「今夫儒墨楊秉，且方與我以辯，相拂以辭，相鎮以聲，而未始吾非也，則奚若矣？」莊子曰：「齊人蹢子於宋者，其命閽也不以完，其求鈃鐘也以束縛，其求唐子也而未始出域，有遺類矣！夫楚人寄而蹢閽者，夜半於無人之時而與舟人鬭，未始離於岑而足以造於怨也。」

呂注：施以爲我固無異於四子，而四子與我以辯，相拂以辭，相鎮以聲，而皆未始以我爲非也，則奚若？言此者，欲以成其皆堯之説也。莊子以微言感動之。父子之道，天性也，而齊人蹢子於宋者，其命閽不以完，以譬則施之輕其性命之情而不知愛之之甚也；其求鈃鐘以束縛，其求唐子也未始出域，有遺類者矣，以譬則施之於辭辯〔一〕名聲之外物，則愛之恐其傷，至於受之於天者則失之而不知深求，爲可惜也；楚人寄而蹢閽者，夜半於無人之時而與舟人鬭，未始離於岑而足以造於怨，以譬施之亡其真宅之歸，而於是非芒昧之際以與人爭勝，不足以有濟，徒以與衆不適而已

〔一〕「辯」，原作「辭」，據文意從纂微、莊子翼、陳氏排印影本改。

矣，非所謂智也。

纂微 呂注：施以爲我固無異於四子，然與我以辯，未始吾非，則奚若？言此者，欲以成皆堯之説。莊子以微言感動之。父子之道，天性也，而齊人蹢子於宋，其命閽也不以完，以喻施輕其性命之情而不知愛，其求鈃鐘以束縛，其求唐子未始出域，譬施於辭辯名聲之外物，則愛之而恐其傷，至於受之於天者則失之而不知求，爲可惜也。楚人寄而蹢閽者，譬施亡其真宅之歸，而於是非芒昧之際與人爭勝，不足以有濟，徒與物不適而已，非所謂知也。

莊子翼 呂注：同纂微，唯「徒與物不適而已」句「徒」作「使」字。

莊子送葬，過惠子之墓，顧謂從者曰：「郢人堊漫其鼻端若蠅翼，使匠石斲之。匠石運斤成風，聽而斲之，盡堊而鼻不傷，郢人立不失容。宋元君聞之，召匠石曰：『嘗試爲寡人爲之。』匠石曰：『臣則嘗能斲之。雖然，臣之質死久矣。』自夫子之死也，吾無以爲質矣，吾無與言之矣。」

呂注：唯其如此，莊子所以每與之反覆，而深惜其不至也。

纂微 呂注：唯其如此，莊子所以每與之反覆，而深惜其不至也。

莊子翼 呂注：全同纂微。

管仲有病，桓公問之，曰：「仲父之病病矣，可不謂云，至於大病，則寡人惡乎屬國而可？」管仲曰：「公誰欲與？」公曰：「鮑叔牙。」曰：「不可。其爲人潔廉善士也，其於不己若者不比之，又一聞人之過，終身不忘。使之治國，上且鉤乎君，下且逆乎民。其得罪於君也，將弗久矣！」公曰：「然則孰可？」對曰：「勿已，則隰朋可。其爲人也，上忘而下畔，愧不若黄帝而哀不己若者。以德分人謂之聖，以財分人謂之賢。以賢臨人，未有得人者也；以賢下人，未有不得人者也。其於國有不聞也，其於家有不見也。勿已，則隰朋可。」

呂注：容乃公，公乃王，王乃天，天乃道，容公王天道皆其所體者也。公故可以爲公，王故可以爲王，公王之名，蓋生於此也。若隰朋之德，可謂容乃公者乎！

纂微　呂注：容乃公，公乃王，王乃天，天乃道，五者皆其所體者也。公故可以爲公，王故可以爲王，王公之名，蓋由於此。若隰朋之德，可謂容乃公者乎！

莊子翼　呂注：全同纂微。

吴王浮於江，登乎狙之山。衆狙見之，恂然棄而走，逃於深蓁。有一狙焉，委蛇攫抓，見巧于王。王射之，敏給搏捷矢。王命相者趨射之，狙執死。王顧謂其友顔不疑曰：「之狙也，伐其巧恃其便以敖予，以至此殛也！戒之哉！嗟乎，無以汝色驕人哉！」顔不疑歸而師董梧以鋤其色，去樂辭顯，三年而國人稱之。

呂注：吴王以千乘之國，而友顔不疑者也，謂之友則有責善，故告之如此。以色驕人者，其心之驕人者見於色也；鋤其色者，去其心而已矣。所謂容動色理辭氣六者，謬心是也。

纂微　呂注：以色驕人者，心驕人而見于色；鋤色者，去其心而已。所謂容動色理辭氣六者，謬心是也。

莊子翼　呂注：全同纂微。

南伯子綦隱几而坐，仰天而嘘。顔成子入見曰：「夫子，物之尤也。形固可使若槁骸，心固可使若死灰乎？」曰：「吾嘗居山穴之中〔一〕矣。當是時也，田禾一睹我，而齊國之衆三賀之。我必先之，彼固知之；我必賣之，彼故鬻之。若我而不有之，彼惡得而知之？若我而不賣之，彼惡得而鬻之？嗟乎！我悲人之自喪者，吾又悲夫悲人者，吾又悲夫悲人之悲者，其後而日遠矣。」

呂注：所以能使形若槁骸，而心若死灰者，非一日也，故其答與齊物不同也。夫田禾一覩見我，而齊國衆三賀之者，由我有所先而賣之，故彼得以知而鬻之。若我不有而賣之，彼惡知而鬻之乎？自謂心之未盡於内，而有迹於外，而爲田禾之所知而鬻之也。夫道未始有物者也，而有介然

〔一〕「中」，原作「口」，據文意從纂微、莊子翼、陳氏排印影本改。

之知存於其心，則未免爲自喪也，喪者，失其常心之謂也。子綦以人之自喪者爲在於此而悲之，欲以復之也，然知其自喪而悲之，猶爲喪而未復也。吾又悲夫悲人之悲，則其自喪與夫悲之者，皆莫知其所矣，此其所以日遠而不爲物之所累也，則形其有不若槁骸，心其有不若死灰者乎！

纂微　呂注：田禾一覩，齊國三賀，爲我先而賣之，彼故知而鬻之，心未盡於內，而有迹於外，故爲人所知也。夫天道未始有物也，有介然之知存於心，則爲自喪，喪謂失其本心。子綦以人之自喪者在此而悲之，欲其復也。然知其喪而悲之，猶爲喪而未復，吾又悲夫悲人之悲，則其爲喪與夫悲之者，皆莫知其所矣，此所以日遠而不爲物所累，則形其有不槁，心其有不灰者乎！

莊子翼　呂注：全同纂微。

仲尼之楚，楚王觴之，孫叔敖執爵而立，市南宜僚受酒而祭曰：「古之人乎！於此言已。」曰：「丘也，聞不言之言矣，未之嘗言，於此乎言之。市南宜僚弄丸而兩家之難解，孫叔敖甘寢秉羽而郢人投兵，丘願有喙三尺。」彼之謂不道之道，此之謂不言之辯，故德總乎道之所一。而言休乎知之所不知，至矣。道之所一者，德不能同也；知之所不能知者，辯不能舉也；名若儒墨而凶矣。故海不辭東流，大之至也；聖人并包天地，澤及天下，而不知其誰氏。是故生無爵，死無謚，實不聚，名不立，此之謂大人。狗不以善吠爲良，人不以善言爲賢，而況爲大乎！夫爲大不足以爲大，而況爲德乎！夫大備矣，莫若天地；然奚求焉，而大備矣。知大備者，無求，無失，無棄，不以物易己也。反己而不窮，循古而不摩，大人之誠。

呂注：仲尼孫叔敖宜僚不同時，而言此者，以明其爲寓故也。丘也聞[一]不言之言矣，未之嘗言也，而所謂不言之言，非無喙也，誠如二子者之所爲，則雖有喙三尺，猶爲不言也；彼二子者之所爲，是之謂不道之道，此仲尼之不言，是之謂不言之辯也。蓋世之所謂不言，未嘗知其如此也。德之所不能同，辯之所不能舉者，固無名也。止乎無名，則吉祥之所止也，否則名雖若儒墨，不免妄作而凶矣。道之在天下，猶百川之於海，百川莫不東也，而海受之不辭，以其大也。聖人并包天地而無所殊，澤及天下而無所外，則猶海之不辭東流也。而不知其誰氏，則所謂聖人無名者也，是以生無爵，死無謚，實不聚，名不正，此聖人之所以爲大也。蓋雖有爵謚實名，而非其所以爲大也，則猶爲無名而已矣。狗不以善吠爲良，人不以善言爲賢，爲賢且不可，而況爲大者其在於言乎！則智之所不知者，辯固不能舉，而有不言之辯也。聖人終不爲大，故能成其大，則爲大不足以爲大，而況爲德乎！則道之所以一者，德固不能同，而有不道之道也。夫大備莫若天地，天地之所以大備，固無求而大備者也。人亦莫不有所謂大備者，誠而已矣，誠知之則無求，非唯無求而亦無失無

〔一〕「聞」，原作「間」，據莊文改。

棄，以其足於己而不以物易之故也。是故大人者，知夫在我者，萬物莫無不備也，故反之而不窮；知其長於上古而不蔽也，故循之而不摩；此之謂大人之誠，誠者不勉而中，不思而得，不爲而成者也。

纂微　呂注：三人不同時，亦是寓言，所謂不言之言，非無喙也。誠如二子所爲，則雖有喙三尺，猶爲不言。彼二子所爲，是謂不道之道，此仲尼之不言，是謂不言之辯，世豈知之哉！德所不能同，辯所不能舉者，固無名也。止乎無名，則吉祥之所止，否則名雖若儒墨，不免妄作凶矣。道之在天下，猶百川之於海，受之而不辭。聖人并包澤物亦如之。不知誰氏，無爵無謚，此聖人無名所以爲大也。夫以善言爲賢且不可，而況爲大豈在於言乎！則知之所不能知者，辯固不能舉，而有不言之辯也。聖人不爲大，爲則不足以爲大，而況爲德乎！道之所一，德不能同，而有不道之道也。天下所以大備者，固無求而大備也；人亦莫不有所謂大備者，誠而已矣，誠則無求，無求故無失無棄，以其足於己，不以物易之也。大人者，知在我之萬物無不備，故反之而不窮；長於上古而不弊，故循之而不摩。誠者不勉而中，不思而得，不爲而成者也。

莊子翼　呂注：全同纂微，唯「天下所以大備者」句「下」作「地」字。

子綦有八子，陳諸前，召九方歅曰：「爲我相吾子，孰爲祥？」九方歅曰：「梱也爲祥。」子綦瞿然喜曰：「奚若？」曰：「梱也將與國君同食，以終其身。」子綦索然出涕曰：「吾子何爲以至於是極也！」九方歅曰：「夫與國君同食，澤及三族，而況父母乎！今夫子聞之而泣，是禦福也。子則祥矣，父則不祥。」子綦曰：「歎，汝何足以識之，而梱祥邪？盡於酒肉，入於鼻口矣，而何足以知其所自來？吾未嘗爲牧而牂生於奥，未嘗好田而鶉生於宎，若勿怪，何邪？吾所與吾子游者，游於天地。吾與之邀樂於天，吾與之邀食於地；吾不與之爲事，不與之爲謀，不與之爲怪；吾與之乘天地之誠而不以物與之相攖，吾與之一委蛇而不與之爲事所宜。今也然有世俗之償焉！凡有怪徵者，必有怪行，殆乎，非我與吾子之罪，幾天與之也！吾是以泣也。」無幾何而使梱之於燕，盜得之於道，全而鬻之則難，不若刖之則易，於是乎刖而鬻之於齊，適當渠公之街，然身食肉而終。

呂注：言此者，明九方歅以相知之，不若子綦以道揆之。凡子綦與其子遊於天地者，皆至人衛生之經。而有怪徵焉，知其天與，而非有以取之也。

纂微 呂注：言此者，明九方以相知之，不若子綦以道揆之。子綦與其子遊於天地者，皆至人衛生之經；而有怪徵焉，知其天與，非有以取之也。

莊子翼 呂注：全同纂微。

齧缺遇許由，曰：「子將奚之？」曰：「將逃堯。」曰：「奚謂邪？」曰：「夫堯，畜畜然仁，吾恐其爲天下笑。後世其人與人相食與！夫民，不難聚也；愛之則親，利之則至，譽之則勸，致其所惡則散。愛利出乎仁義，捐仁義者寡，利仁義者衆。夫仁義之行，唯且無誠，且假乎禽貪者器。是以一人之斷制利天下，譬之猶一覕也。夫堯知賢人之利天下也，而不知其賊天下也，夫〔一〕唯外乎賢者知之矣。」

呂注：舜禹之事吾知之矣，則是假夫禽貪者器也，謂之仁義則不免於有知而已，有知則隔於形智而非天下之所同也；以非天下之所同而爲之，則是以一人之斷制利天下，猶一覕而已矣，非輔萬物之自然曲成而不遺者也。此則庚桑楚所謂「大亂之本，必生於堯舜之間，而其末存乎千世之後」是也，于此申言許由逃堯之説者，明所謂暖姝濡需卷婁之徒不知有所謂許由之義故也。

纂微　呂注：舜禹之事吾知之矣，則是假夫禽貪者器也，謂之仁義不免於有知，有知則隔於形器，非天下所同；是以一人之斷制利天下，猶一覕而已，非輔物之自然曲成而不遺者也。所謂「大亂之本，必生於堯舜之間，而其末存乎千世之後」是已。

莊子翼　呂注：全同纂微。

有暖姝〔二〕者，有濡需者，有卷婁者。所謂暖姝者，學一先生之言，則暖暖姝姝而私自

〔一〕「夫」，原作「天」，據文意從纂微、莊子翼、陳氏排印影本改。
〔二〕「姝」，原作「妹」，據下文從纂微、莊子翼、陳氏排印影本改。

悦也，自以爲足矣，而未知未始有物也，是以謂暖姝者也。濡需者，豕蝨是也，擇疏鬣自以爲廣宫大囿，奎蹄曲隈，乳間股脚，自以爲安室利處，不知屠者之一旦鼓臂布草操煙火，而己與豕俱焦也。此以域進，此以域退，此其所謂濡需者也。卷婁者，舜也。羊肉不慕蟻，蟻慕羊肉，羊肉羶也。舜有羶行，百姓悦之，故三徙成都，至鄧之墟而十有萬家。堯聞舜之賢，舉之童土之地，曰冀得其來之澤。舜舉乎童土之地，年齒長矣，聰明衰矣，而不得休歸，所謂卷婁者也。是以神人惡衆至，衆至則不比，不比則不利也。故無所甚親，無所甚踈，抱德煬和以順天下，此謂真人。

呂注：以暖爲是則不知〔一〕天下有自足也，以姝爲是則不知天下有至美也，故以學一先生之言則自以爲足，而不知未始有物者名之也；濡〔二〕則不去，需則有待，安於卑汙而不知禍者也，故以豕蝨名之也；卷則收卷，婁則婁攬，不藏其羶，使天下慕而歸己，則卷婁者也，故以舜名之也。由夫學一先生之言而不知未始有物也，故爲利則有濡需，爲善則有卷婁也。夫舜有天下而不與焉，豈卷婁也哉！然以舜之迹言之，天下於我無加焉，適足以勞其形而已矣，故以卷婁言之也。故衆至而

〔一〕「知」，原作「足」，據下文從纂微、莊子翼、陳氏排印影本改。
〔二〕「濡」，原作「需」，據下文從纂微、莊子翼、陳氏排印影本改。

歸之，雖如舜乃神人之所惡也；故衆至則不與之比，不與之比則彼不利而不至矣，此真人之所以無所甚親，無所甚疎，抱德煬和，以順天下而已矣。然則舜之德爲不神且真乎？曰天下悅而歸之，人之所悅而舜亦悅之，則所以順人也。舜之視棄天下猶棄弊蹤，而其所以爲舜者，視舜猶塵垢粃糠而已，非神與真而何！

纂微　呂注：以暖爲是，不知天下有至足；以姝爲是，不知天下有至美；故學一先生之言自以爲足，而不知未始有物者名之也。濡則不去，需則有待，安於卑汚而不知禍，故以豕蝨名之。收卷婁攬，不藏其羶，使天下慕而歸己，故以舜名之。由夫學一先生之言而不知未始有物，故爲利則濡需，爲害則卷婁。以舜之迹言之，天下於我何加？適足勞形而已；故以卷婁言之，衆至而歸之，雖如堯舜，乃神人之所惡，故不與之比，則彼不利而至矣。此真人之所以無甚親疎，抱德煬和，以順天下而已。天下悅而歸之，舜亦悅而順之，舜視天下猶弊屣，而其所以爲舜者，視舜猶塵垢粃糠耳，非神與真而何！

莊子翼　呂注：同纂微，唯「舜視天下猶弊屣」句「弊」作「敝」字。

於蟻棄知，於魚得計，於羊棄意。以目視目，以耳聽耳，以心復心。若然者，其平也繩，其變也循。古之真人，以天待之，不以人入天。古之真人，得之也生，失之也死；得之也死，失之也生。藥也其實，堇也，桔梗也，雞壅也，豕零也，是時爲帝者也，何可勝言！

呂注：蟻以知而多事，魚以深而全生，羊以意而多狠，故於蟻棄知，於魚得計，於羊棄意也。以目視目，則見見者得矣；以耳聽耳，則聞聞者得矣；以心復心，則知知者得矣。棄智與意，而藏其身於深渺之間，以得所謂見見聞聞知知者，則其平也。繩繩之爲平，屈伸無常，無所往而不平者也；其變也，循循之爲變，輔萬物之自然而無不爲者也，此所以復其真之道也。真人則真之全者也，真全則無所事于於棄取矣。古之真人，以天待之，則無爲也，以應應而已；不以人入天，則雖爲而未嘗爲也。古之真人，不知有死生也，而有時而曰得之也生，失之也死，所以萬物不得無以生是也，爲輕生者而言之也；有時而曰得之也死，失之也生，所謂以生爲喪，以死爲反是也，此爲惡死者而言之也。猶之藥也，不一而已矣，其實堇也，桔梗也，雞壅也，豕零也，或甘或毒，或美或惡，是時爲帝而不常者。方其爲帝也，則其餘爲臣爲佐爲使而已矣，則以生爲得，以死爲失，則輕生者之藥也；以生爲喪，以死爲反，則惡死者之藥也。凡以視彼之病而投之，其變胡可勝言也！

纂微 呂注：蟻以知而多事，魚以深而全生，羊以意而多狠。以目視目，則見見者得矣；以耳聽耳，則聞聞者得矣；以心復心，則知知者得矣。去知與意，則藏身於深渺之間，而得所謂見見聞聞知知者，則無所往而不平，輔物自然而無爲矣，此所以復其真之道也。以天待之，則無爲而應感；不以人入天，雖爲而未嘗爲。真人不知有死生，有時曰得之也生，失之也死，萬物不得無以生是也，此爲輕生者而言；有時曰得之也死，失之也生，以生爲喪，以死爲反是也，此爲惡死者而言。猶藥之或甘或毒，時爲帝而不常，其餘臣佐而已。以生爲得，死爲失，則輕生者之藥也；以生爲喪，死爲反，則惡死者之藥也。視彼病而投之，其變何可勝言！

莊子翼 呂注：全同纂微。

句踐也以甲楯三千棲於會稽。唯種也能知亡之所以存，唯種也不知其身之所以愁。故曰，鴟目有所適，鶴脛有所節，解之也悲。故曰，風之過河也有損焉，日之過河也有損焉。請只風與日相與守河，而河以爲未始其攖也，恃源而往者也。

呂注：種知亡之所以有，而不知身之所以愁；猶鴟目能夜不能晝，有所適而不可移；鶴脛能長而不能短，有所節而不可解，解之也悲，以其係於有形，而不知其源也。若夫風日之於河，其過之非不損也，然雖相與守之，而河以爲未始其攖，以其恃源而往，則不竭也。通於道者，之與物也，無所適而不可，則亦有源而已矣。唯種也不通於道，是以工乎存國而拙於謀身，而有鴟鶴之不足也。

纂微 呂注：大夫種知亡越之可以存，而不知身之所以愁，猶鴟目能夜不能晝，所適不可移；鶴脛能長不能短，有節不可解，解之也，係於有形，而不知其源也。風日之過河非不損，而河以爲未始攖，恃源而不竭也。通道者與物無不適，亦有源而已。

莊子翼 呂注：全同纂微，唯「所適不可移」句「移」作「遺」，又「風日之過河非不損」句脱「之」字。

故水之守土也審，影之守人也審，物之守物也審。故目之於明也殆，耳之於聰也殆，心之於殉也殆。凡能其於府也殆，殆之成也不給改。禍之長也茲萃，其反也緣功，其果也待久。而人以爲己寶，不亦悲乎！故有亡國戮民無已，不知問是也。

呂注：水之於土也，穿穴罅隙無不至也；影之於人，其坐起行止無不從也，則守之審者也。耳之於聽，目之於視，心之於思，未嘗須臾而不在也，則物之守物而審者也。孟子以爲耳目之官不思而蔽於物，物交物則引之矣，苟非道也，則雖耳目心皆物而已矣。唯其守之審，而未嘗須臾而不在也，故目之於明，耳之於聽，心之於殉，非若水與影之無情也，則不能不殆矣。故凡能其於府也殆，府則五官之謂也，殆則馳於外物而安其所不安，則其成雖欲改之，豈暇給哉！殆成而不給改，則禍之長也，滋萃矣。夫惟迷之來非一日，則其反也緣功，其果也待久，故上士之所以損之又損者，以殆之不可成也。而人不知殆之爲禍如此，乃以爲己寶，此至人之所以悲也。故國之所以亡，民之所以戮而無已者，以不知問是，逐於所殆而不知反故也。

纂微 呂注：水之於土蟲穴蟻，隙無不至；影之於人，坐起行止無不從，則無情而守之審者。耳之於聽，目之於視，心之於思，未嘗須臾不在，則物守物而審者。其聰明心志，非若水與影之無情，故不能不殆。凡能其於府也殆，府五藏，殆謂安其所不安，不給改則禍滋萃。夫惟迷非一日，故其反也緣功，其果也待久，上士所以損之又損者，以殆之不可成也。而世人以爲已寶，不亦悲乎！

莊子翼　呂注：全同纂微。

故足之於地也踐，雖踐，恃其所不蹍而後善博也；人之於知也少，雖少，恃其所不知而後知天之所謂也。知大〔一〕一，知大陰，知大目，知大鈞，知大方，知大信，知大定，至矣。大一通之，大陰解之，大目視之，大均緣之，大方體之，大信稽之，大定持之。盡有天，循有照，冥有樞，始有彼。則其解之也似不解之者，其知之也似不知之也〔二〕，不知而後知之。其問之也，不可以有崖，而不可以無崖。頡滑有實，古今不代，而不可以虧，則可不謂有大揚搉乎！闔不亦問是已，奚惑然爲！以不惑解惑，復於不惑，是尚大不惑。

呂注：足之於地，其踐也少，而其所不蹍者多，然雖踐也，恃其所不蹍者而後善摶也，則所謂知無用，而後可與言用是也；人之知也少，而其不知也多，雖知而恃其所不知，而後知天之所謂也，

〔一〕「大」，原作「六」，形誤。從纂微、莊子翼、陳氏排印影本改。
〔二〕「也」，底本、莊子翼同。纂微作「者」，陳氏排印影本從之。

知天之所謂則向之所謂殆，安得成而不給改哉！　知大一，知大陰，知大目，知大均，知大方，知大信，知大定，至矣，凡知天之所謂而知之者也。　爲道者主之以大一，大而一則無外矣，無外則無不通矣，故曰大一通之；爲汝入於窈冥之門矣，至彼至陰之原也，至彼至陰之原，固亦至於至陽之原矣，而萬物負陰而抱陽，則所以係而不能解，尤在於向陽而不知有至陰之原也，故曰大陰解之；以目視則止於目力之所及，不以目視則無不見也，故曰大目視之；緣其一，未有能均也，和之以是非，而兩行之，則緣之以大均者也；無南無北，奭然四解，淪於不則，無東無西，始于玄冥，反於大通，則體之以大方者也；信不足有不信，其精甚真，其中有信，自古及今，其名不去，則稽之以大信者也；其所恃者，特未定也，故不足以有恃。　大澤焚而不能熱，河漢沍而不能寒，疾雷破山風震海而不能驚，則持以大定者也。　其盡也有天，則止乎知之所不知也；其循也有照，則雖不知而無不知也；其冥也有樞，樞者彼是而莫得其偶者也；而其始也有彼，則所以應彼是者固無窮也；凡以其如此，故其解之也，似不解之者，以本無所繫，故亦無解而後解之也；其知之也，似不知之，以其本無知，故不知而後知之也；此至人所以遊乎世俗之間，而若愚若昏也。　則學者之欲問是，不可以有崖，以有崖則係乎有也；亦不可以無崖，以無崖則係乎無也。　崖者，自其邊徼而求之之謂也。　雖然，亦不可求之有崖無崖之間也；僨然委之，則脗合而已矣。　頡而不可係，滑而不可持，則若無物也，然而有實也。　其徃也，人謂之古；其來也，人謂之今。　若曰化也，然而不代也，而不可以虧也。　問者誠能以是問之，則可不謂有大楊推〔一〕者乎〔二〕？楊則發其幽也，推則核〔三〕其實也。得其大者則小者從之矣，則學者何不問是而以惑然爲哉！此至人之所以悲也。然而彼不知問是，則我不能以是告之也。夫唯見其未始有物，則不惑者也，而猶有物焉，是惑也。以夫未始有物之不惑，而解有物之惑，而猶存所謂未始有物者，則亦惑而已矣，非復於不惑者也。夫唯解之而復於不惑者，是庶幾大不惑者也。

纂微 呂注：足所踐者少，恃其所不踐而後善摶，所謂知無用，而後可以言用；人之知也少，恃其所不知而後知天之所謂。則大一太陰，以至大定從可知矣。爲道者主之以大一，則無所不通；入窈冥之門，至至陰之原，則亦至於至陽之原矣；物負陰而抱陽，所以係而不能解，不知有至陰之原故也。目視有限，不視以目則無不見；緣其一，未有能均，和以是非，任其兩行，緣以大均也；無南無北，無東無西，體以大方也；其精甚真，其中有信，稽以大信也；澤焚不熱，河沍不寒，雷破山風震海而不驚，持以大定也。盡有天則止乎知之所不知，循有照則雖不知而無所不知，冥有樞則彼是莫得其偶，始有彼則所以應彼是者，固無窮也。其解似不解，言本無係，故不解而後解；

〔一〕「楊推」，原作「陽推」，據下文「楊則發其幽也」，知當作「楊推」。底本、纂微、莊子翼莊文則作「揚推」。又纂微呂注仍作「揚」字，而「推」字作「榷」，莊子翼、陳氏排印影本呂注均作「揚推」。

〔二〕「乎」，原湮滅不辨，從莊文、纂微及莊子翼呂注補。

〔三〕「核」，底本、莊子翼同。纂微作「劾」，陳氏排印影本從之。

其知似不知，以其本無知，故不知而後知；此至人所以遊乎世俗之間，若愚若拙也。問以有崖無崖，皆爲有係，崖謂自邊徼而求之，然亦不可求之於有無之間也。頡不可係，滑不可持，若無物而有實也。徃古來今，若不相代，而不可虧也。能以是問之，可不謂有大揚榷乎？揚謂發其幽，榷謂劾其實。彼不問是，則我不能以是告之。唯能見其未始有物則不惑，以是解其有物之惑，而猶存未始有物者，亦惑而已。唯解之而復於不惑，庶幾大不惑也。

莊子翼 呂注：全同纂微，唯「大一太陰」句「太」作「大」字，「可不謂有大揚榷乎」句脱「有」字，又「榷」皆作「搉」。「劾」作「核」字。

則陽第二十五〔一〕

則陽游於楚，夷節言之於王，王未之見，夷節歸。彭陽見王果曰：「夫子何不譚我于王？」王果曰：「我不若公閱休。」彭陽曰：「公閱休奚爲者邪？」曰：「冬則擉鱉于江，夏則休乎山樊。有過而問者，曰：『此予宅也。』夫夷節已不能，而況我乎！吾又不若夷節。夫夷節之爲人也，無德而有知，不自許，以之神其交固，顛冥乎富貴之地，非相助以德，相助消也。夫凍者假衣於春，暍者反冬乎冷風。夫楚王之爲人也，形尊而嚴；其於罪也，無赦如虎；非夫佞人正德，其孰能橈〔二〕焉！故聖人，其窮也使家人忘其貧，其達也使王公忘爵祿而化卑。其於物也，與之爲娱矣；其于人也，樂物之通而保己焉；故或不言而飲人以和，與人並立而使人化。父子之宜，彼其乎歸居，而一閒其所施。其於人心者若是其遠也。故曰待公閱休。」

〔一〕本篇底本完存。陳氏排印影本題下注云：「呂注全輯纂微本補。」

〔二〕「橈」，本段原作「撓」，纂微、莊子翼、陳氏排印影本同。

呂注：言我之言之於王，以德則不若公閱休之信，以交則不若夷節之昵也，蓋公閱休無求如此，宜其爲王公之所信也。神者人之心，固可以窮而入之也。而夷節無德有智，而自謂不能入，則不自許以之神也，而其所與交固已顛冥乎富貴之地而不知反，顛言其化而不起，冥言其暗而不悟也。其於君也，非相助以德，相助消也，消言其德之不長而日消也。夫凍者必於冬而假衣於春，暍者必無夏而反冬乎泠風，雖求之無得矣。楚王之爲人也，尊嚴而暴，非佞人正德，莫之能撓，而欲我言之，非所能也。蓋唯佞人爲能撓君之正，而正德能撓君之邪也，佞人則夷節，正德則公閱休也。故聖人其窮也，使家人忘其貧，我樂而不知有貧，則家人忘其貧矣；其達也，使王公忘爵祿而化卑，道之尊，德之貴，而爵祿不足以爲高，則王公忘爵祿而化卑矣。其與物也，與之爲娱矣，則未嘗弊弊焉以物爲事者也；其於人也，樂物之通而保己焉，則非樂通物而失己者也。故或不言而飲人以和，其德之和足以沃人之心，則無所事於言矣；與人並立而使人化，其見之也，使人之意也消，則無所事於勢矣。父子之宜，彼其乎歸居，亦非廢乎人倫也，而一間其所施，則無嗃嗃之悔矣；其於人心者若是其遠也，則所謂心之謬者，無有也。公閱休之爲人如此，則可以言之於王而必信，而子可以子之志於公閱休乎？則果之所以消彭陽之意者，可知已。

纂微　呂注：公閱休無求如此，宜其爲王所信。神者人心之同，可以窮而入之，夷節自謂不能入，而其所與交固已顛冥於富貴之地。相助以消，言其德不長而日消。凍在冬而假衣於春，暍在夏而反風乎冬，言求之無得也。楚王嚴暴，非佞人正德，莫之能撓，欲我言之，非所能也。唯佞人能撓君之正，唯正德能撓君之邪，佞人夷節，正德閲休也。我樂而忘貧，則家人亦忘貧；道尊德貴，爵祿不足以爲高，則王公化卑矣；飲人以和，其德足以沃人心，無所事於言矣；並立使人化，無所事於勢矣；父子歸居，不廢人倫也，一間所施，無嗃嗃之悔；人心若是其遠，則解其繆矣。閲休之爲人如此，可以言之於王而必信，故曰待公閲休。

莊子翼　呂注：全同纂微。

聖人達綢繆，周盡一體矣，而不知其然，性也。復命搖作而以天爲師，人則從而命之也。憂乎知而所行恒無幾時，其有止也若之何！生而美者，人與之鑒，不告則不知其美於人也。若知之，若不知之，若聞之，若不聞之，其可喜也終無已，人之好之亦無已，性也。聖人之愛人也，人與之名，不告則不知其愛人也。若知之，若不知之，若聞之，若不聞之，其愛人也終無已，人之安之亦無已，性也。舊國舊都，望之暢然；雖使丘陵草木之緡，入之者十九，猶之暢然。況見見聞聞者也，以十仞之臺縣衆間者也！冉相氏得其環中以隨成，與物無終無始，無幾無時。日與物化者，一不化者也，闔嘗舍之！夫師天而不得師天，與物皆殉，其以爲事也若之何？夫聖人未始有天，未始有人，未始有始，未始有物，與世偕行而不替，所行之備而不洫，其合之也若之何？湯得其司御門尹登恒爲之傅之，從師而不囿；得其隨成，爲之司其名；之名嬴法，得其兩見。仲尼之盡慮，爲之傳之。容成氏曰：「除日無歲，無內無外。」

呂注：人之心綢繆於事物，而不知有所謂一體者，唯聖人爲能達綢繆，故內不見有我，外不見有物，而萬物與我爲一，其所體固周盡矣；然而不知其然者止於性，而非外得故也。故復命搖作而以天爲師，復命則歸根而靜之謂也，搖作者萬物並作而芸芸之謂也，言雖靜而復命，不害乎搖作也。是以終日言而未嘗言，終日爲而未嘗爲也，凡以天爲師而已矣。天則知之所不知者也，則我何以自知其爲聖哉！人則從而命之爲聖也，此其所以爲聖也。夫唯絕學而無知則無憂，有知則有憂矣，故衆人憂乎知而所行如馳，恒無幾時而有止也，若之何其可以至於此乎！憂乎知，言其爲知之所憂也。生而美者，人與之鑒而告之，而後知其美於人也，不告則不知也。雖然，之人也，若知之，若不知之，若聞之，若不聞之，其可喜也終無已，而人之好之亦無已，以其出於性而已，不以知不知聞不聞而有所加損也。聖人之愛人也，人與之名而告之，而後知其爲愛人也，不告則不知也。若知之，若不知之，若聞之，若不聞之，其愛人也終無已，而人之安之也亦無已，亦以其出於性而已矣，不以知不知聞不聞而有所加損焉，此所謂安之者也。舊國舊都，而望之暢然，固人之情也，蓋雖使丘陵草木之緡，其蕪廢久矣，而入之者十九，猶之暢然，亦不忘其本而已。況吾之所以見聞者，與天地並，則其爲吾舊國舊都又久矣，而見之聞之，猶之以十仞之臺縣衆間，則無所不觀者也，其爲暢然可勝道哉！ 衆間則其无人之處也。 彼是莫得其偶，謂之道樞，樞始得其環中，環轉而不已，環中則未始有物者也。 冉相氏得其環中，以隨成而無所爲也，是以與物无終无始，无幾無時也，無幾者言數之所不能計也。 日與物化者，一不化者也，所調〔一〕化化者，不化是也，則胡爲而不舍之！ 而其行恒無幾時而有止也。 夫欲師天而不得師天者，則與物皆殉其以爲事而已，如之何其師天也？ 夫聖人者，未始有天，未〔二〕始有人，未始有物，與世偕行而不替，所行之備而不益；所謂復命搖作，則是莫師天者也，則彼不得師天者，如之何其合之也？ 湯之所以爲聖者，得其司御門伊登恒爲傅之，司御則主典調御者也，門伊則正其所由入者也，登恒則成其有恒之脩者也，人能得其所謂典主調御，而正其所由入者，乃今有恆矣；典主調御者心也，其所由入者道也，恒者道之久也，凡此皆以天爲師也。 唯師之從，而不囿於物，又得其隨成爲之司其名，則之名嬴法，得其兩見矣，隨成則隨其成心而師者也，得其隨成而司其名則所謂司御門尹登恒，其名皆隨吾之成心，而非有以爲之者也。 之名也，其精爲道，其嬴爲法，見其名之所由生，則見其法之所成，則之名嬴法，得其兩見也。 雖然，有所見而不知天下未始有思慮也，猶爲未盡也，故仲尼之盡慮，爲之傅之，然後盡也。 仲尼非傅，湯也隨成則冉相氏之所得者也，以是知司御門

〔一〕「調」，原文如此，疑當爲「謂」字。
〔二〕「未」，原作「我」，據文意從纂微、莊子翼改。

尹登恒之爲寓也。湯武反之者也，蓋其所以爲聖者，有自而入矣，故言所以爲聖人者，以湯兩言之也。容成氏曰：「除日無歲，無内無外。」除日無歲則不知有宙矣，無内無外則不知有宇矣。唯盡慮者，爲足以與於此。

纂微 呂注：人心綢繆於事物，不知有所謂一體者，唯聖人能達之，故内不見我，外不見物，物我爲一，其所體固周盡矣，而不知其然者止於性，而非外得也。復命則歸根，搖作芸芸也，雖靜而復命，不害乎搖作，是以終日言未嘗言，終日爲未嘗爲，凡以天爲師而已。天則知之所不知也，我何以自知爲聖哉！人從而命之耳。無知則無憂，衆人憂乎知而所行如馳，無幾時而有止也，若之何而可以至於此乎？生而美者，人與之鑒而告之，而後知其美於人。若知若不知，若聞若不聞，其可喜終無已，人好之亦無已，以其出於性也。聖人之愛人也，人與之名告之，而後知其爲愛人也。若知與不知，聞與不聞，其愛人終無已，人安之亦無已，其出於性也，不以知不知聞不聞而有所加損焉。望舊國而暢然，人之情也，雖陵木緡合，猶之暢然，亦不忘其本而已。況吾之所以見聞者與天地並，則爲吾之國都又久矣，而見之聞之猶以十仞之臺縣衆間，則無所不覩，其暢然可勝道哉！衆間謂無人之處。環中運轉無已，而未始有物，隨成而無所爲，是以無終始無幾時也，幾謂計數。與物化者一不化，則胡爲而不舍之！其行恒無幾時而有止也。夫欲師天而不得，則與物皆殉其以爲事而已。聖人者未始有天人始物也，偕行不替，備而不洫，所謂復命搖作，是真師天者，所以合之也。湯得司御主調御，門尹正所入，登恒成有恆之脩，主調御者心，正所入者道，恒則道之久，此皆以天爲師也。唯師之從，而不囿於物，又得隨成爲之司其名，則之名嬴法，得其兩見。隨成則司御等名，皆隨吾之成心，非有爲之者。之名也，其精爲道，其嬴爲法，見其名之所由生，則知法之所由成，是爲兩見。雖有所見而不知天下未始有思慮，猶爲未盡也，故仲尼盡慮爲之傅。仲尼非傅，湯也隨成，則冉相氏之所得者，以是知司御等名爲寓言。除日無歲，則不知有宙；無内無外，則不知有宇。唯盡慮者，足以與此。

莊子翼 呂注：全同纂微，唯「不知有所謂一體者」句脱「所謂」兩字。

魏瑩與田侯牟約，田侯牟背之。魏瑩怒，將使人刺之。犀首聞而恥之曰：「君爲萬乘之君也，而以匹夫從讎！衍請受甲二十萬，爲君攻之，虜其人民，係其牛馬，使其君内熱發於背，然後拔其國。忌也出走，然後抶其背，折其脊。」季子聞而恥之曰：「築十仞之城，城者既十仞矣，則又壞之，此胥靡之所苦也。今兵不起七年矣，此王之基也。衍亂人，不可聽也。」華子聞而醜之曰：「善言伐齊者，亂人也；善言勿伐者，亦亂人也；謂伐之與不伐亂人也者，又亂人也。」君曰：「然則若何？」曰：「君求其道而已矣！」惠子聞之而見戴晉人。戴晉人曰：「有所謂蝸者，君知之乎？」曰：「然。」「有國於蝸之左角者曰觸氏，有國於蝸之右角曰蠻氏，時相與爭地而戰，伏屍數萬，逐北旬有五日而後反。」君曰：「噫！其虛言與？」曰：「臣請爲君實之。君以意在四方上下有窮乎？」君曰：「無窮。」曰：「知游心於無窮，而反在通達之國，若存若亡乎？」君曰：「然。」曰：「通達之中有魏，於魏中有梁，於梁中有王。王與蠻氏，有辨乎？」君曰：「無辨。」客出，而君惝然若有亡也。客出，惠子見。君曰：「客，大人也，聖人不足以當之。」惠子曰：「夫吹管也，猶有嗃也；吹劍首者，吷而已矣。堯舜，人之所譽也；道堯舜於戴晉人之前，譬猶一吷也。」

呂注：罪莫大於可欲，可欲而見之，則亂之所由生也。善言伐齊，則見利之可欲，則固亂人也；善以勿伐，則見善之可欲，則亦亂人也；謂之伐與不伐亂人也者，猶不免於有見而已，是以又亂人也。唯夫求其道，則所謂三者皆不可得而見，不可得而易，則亂之所由生者息矣。國於蝸之左角曰觸氏，以譬則齊，齊先背伯以召兵，是以爲左而謂之觸，觸言其獨而發之也。齊爲左則魏爲右矣，曰蠻氏，蠻言其小而無知也。彼觸而吾與之校，則亦小而無知矣。縣蠻黃爲則蠻之爲小也，如蠻如髦則蠻之爲無知也，旬有五日，陰陽之盛衰也。苟爲有物矣，無小無大，未有不麗陰陽之數也。人唯不知遊心於無窮，知游心於無窮則所謂四方上下與夫通達之國，若魏若梁王，皆我心之所自起也。知其心之所自起，則非唯王與蠻氏無辨也，若梁若魏，若通達之國，若四方上下與蠻氏亦無辨也，知此説則天下莫大於秋毫之末，而太山爲小矣。王知其爭之所自起，而其所自起者本無有也，是以惝〔一〕然若有亡也。神人也，聖人也，大人也，非優〔二〕劣也，所從言之異也。方其游心於無窮而不爲形器之所制，是以謂之大而聖人不足以當之也。夫吹管者，猶有嗃者，以其有所受也；吹劍首者，吷而已矣，以其無所受也。堯舜之所譽也道，堯舜於戴晉人之前，譬猶一吷也，以其無我則無所受而已矣。

纂微　呂注：罪莫大於可欲，善言伐齊，則見利之可欲，固亂人也；善言勿伐，則見善之可欲，亦亂人也；謂伐與不伐亂人也者，不免於有見，又亂人也。唯求其道則不滯一偏之見，亂之所由息也。人能遊心於無窮，則四方上下相通達之國，若魏若梁，皆我心之所自起，非唯王與觸、蠻無辯，通達之國魏、梁、觸、蠻亦無辯也。知此説則莫大於秋毫，太山爲小矣。王悟夫爭之所自起者本無有也，是以惝然若亡。神人聖人大人本無優劣，所從言之異耳。吹管者嗃，有所受也；吹劍者吷，無所受也。

莊子翼　呂注：全同纂微。

孔子之楚，舍於蟻丘之漿。其鄰有夫妻臣妾登極者，子路曰：「是稯稯何爲者邪？」仲尼曰：「是聖人僕也。是自埋於民，自藏於畔。其聲銷，其志無窮，其口雖言，其心未嘗言，

〔一〕「惝」，原字左旁從「米」，據文意從纂微、莊子翼、陳氏排印影本改。
〔二〕「優」，原作「慢」，據文意從纂微、莊子翼、陳氏排印影本改。

方且與世違而心不屑與之俱。是陸沈者也，是其市南宜僚邪？」子路請往召之。孔子曰：「已矣！彼知丘之著於己也，知丘之適楚也，以丘爲必使楚王之召己也，彼且以丘爲佞人也。夫若然者，其於佞人也，羞聞其言，而況親見其身乎！而何以爲存？」子路往視之，其室虛矣。

呂注：見孔子之來而登極者，示不與之接，且將徙而登高也。是聖人僕也者，聖德而僕者也，自埋於民則不爲可見之行者也，自藏於畔則寓於一曲，不爲中正之德者也。其聲銷，其志無窮，則退藏於密而遊乎方之外者也。其口雖言，其心未嘗言，則言無言，終日言而未嘗言者也。方且與世違而心不屑與之俱，則將遁世而去者也，以聖德而遊乎人間之世而人莫之知，猶陸而沈者也。自孔子之迹言之，栖栖然以天下爲事，則似佞也。然而人皆爲宜僚，則擴〔一〕目之民誰與爲救？而聖人之道墜地而不傳也。此微生畝嘗以孔子爲佞，孔子曰非敢爲佞，疾固也。而於宜僚則自謂爲佞人而不非之，以明所責〔二〕者在此，而栖栖者非得已也。

纂微　呂注：見孔子來而登極者，示不與之接，將徙而之高。聖人僕，聖德而僕者，埋於民則不爲可見之行，藏於畔則不居中正之德，聲消志無窮退藏於密而遊方之外。口雖言而未嘗言，欲

〔一〕「擴」，纂微、莊子翼作「横」，陳氏排印影本從之。

〔二〕「責」，纂微、莊子翼作「貴」，陳氏排印影本從之。

無言而不能無言，與世違而不屑與俱，將欲遁世而去也。以聖德遊人間而人莫知，猶處陸而沈者。以孔子之迹言之，棲棲然以天下爲事，則似佞也。然而人皆爲宜僚，則橫目之民誰與救？聖人之道將墜地而不傳也。昔微生畝嘗以孔子爲佞，孔子答以非敢。今於宜僚則自謂爲佞人，以明所貴者在此，而棲棲者非得已也。

莊子翼　呂注：全同纂微，唯「將從而之高」句下增「也」字，「棲棲」均作「栖栖」。

長梧封人問子牢曰：「君爲政焉勿鹵莽，治民焉勿滅裂。昔予爲禾，耕而鹵莽之，則其實亦鹵莽而報予；芸而滅裂之，其實亦滅裂而報予。予來年變齊，深其耕而熟耰之，其禾蘩以滋，予終年厭飧。」莊子聞之曰：「今人之治其形，理其心，多有似封人之所謂，遁其天，離其性，滅其情，亡其神，以眾爲。故鹵莽其性者，欲惡之孽，爲情〔一〕萑葦蒹葭，始萌以扶吾形，尋擢〔二〕吾性；並潰漏發，不擇〔三〕所出，漂疽疥癰，內熱溲膏是也。」

呂注：鹵則爲澙，鹵莽則草莽，耕貴乎深，而鹵莽之則非深耕者也；滅則撲滅，裂則分裂，芸務乎盡而滅裂之，則非熟耰者也；故凡用心粗略而不精至者，以鹵莽滅裂言之也。爲道者日損，損之

〔一〕「情」，底本呂注、纂微、莊子翼作「性」，陳氏排印影本從之。
〔二〕「擢」，原作「濯」，據文意從底本呂注、纂微、莊子翼、陳氏排印影本改。
〔三〕「擇」，原作「澤」，據文意從底本呂注、纂微、莊子翼、陳氏排印影本改。

又損之，以至於無爲，是乃所以治其形，理其心者也。而遁其天，離其性，滅其情，忘其神，以衆爲而不知止，則鹵莽之甚者也。其安易持，其未兆易謀，内之欲惡之孽，爲性萑葦，外之蒹葭，始萌以挾吾形，尋擢吾性，天理滅矣，於是之時而欲治之其可及乎！凡人之形至於「並潰漏發，不擇所出，漂疽疥癰，内熱溲膏」者，皆欲惡之孽，奪其真之所爲也。

纂微　呂注：爲道日損，以至無爲，是所以治形理心者也。而乃遁天離性，滅神亡情，以衆爲而不知止，則鹵莽之甚矣。其安易持，其未兆易謀，内之欲惡爲萑葦，外之蒹葭扶吾形，尋擢吾性，天理滅矣，於是時而欲治之，可得乎！「並潰漏發」已下，皆欲惡爲孽，奪其真之所爲也。

莊子翼　呂注：全同纂微。

柏矩學於老聃，曰：「請之天下遊。」老聃曰：「已矣！天下猶是也。」又請之，老聃曰：「汝將何始？」曰：「始于齊。」至齊，見辜人焉，推而強之，解朝服而幕之，號天而哭之曰：「子乎子乎！天下有大菑，子獨先離之，曰莫爲盜！莫爲殺人！榮辱立，然後睹所病；貨財聚，然後睹所爭。今立人之所病，聚人之所爭，窮困人之身使無休時，欲無至此，得乎！古之君人者，以得爲在民，以失爲在己；以正爲在民，以枉爲在己；故一形有失其形者，退而自責。今則不然。匿爲物而愚不識，大爲難而罪不敢，重爲任而罰不勝，遠其途而誅不至。民知力竭，則以僞繼之，日出多僞，士民安取不僞！夫力不足則僞，知不足則欺，財不足則盜。盜竊之行，於誰責而可乎？」

呂注：矩蓋嘗有位者也，解其朝服而幕之，致其哀矜之意。明至此者，己固嘗有罪焉耳，故不嫌於訕也。在上者不能忘榮辱，則榮辱立而民覩所病矣；不能不貴貨財，則貨財聚而民覩所爭矣。立人之所病而使之病，聚人之所爭而使之爭，又窮困人之身使不得休息，欲其不爲盜，不殺人，而不抵於死，豈可得也！湯武以萬方有罪，在予一人。予一人有罪，無以爾萬方，則是以得爲在民，以失爲在己；以正爲在民，以枉爲在己也。伊尹以一夫不獲，則曰時予之辜，則是一形有失，其形退而自責也。蓋受國之垢，是謂社稷主；受國不祥〔一〕，是謂天下王；此古之爲天下國家者之所同也。今則不然。匿爲物而愚不識，則異乎先王三令五申而宥不識者矣；大爲難而罪不敢，重爲任而罰不勝，遠其塗而誅不至，則異乎先王量人之力，而使之矜不能者矣。民知力竭，則不得不以僞繼之也。上奸信則民莫敢不用情，上之人日出多僞，而欲士民之不不僞，不可得也。民其飢以其上食稅之多，是以飢民之難治，以其智多，是以難治；民之輕死，以其生生之厚，是以輕死，則其死多出於在上者之所爲也。則欺僞盜竊，生於智力，財用之不足者，於誰責而可乎？此古之君人者，所以以失與枉爲在己也。

〔一〕「祥」，原作「詳」，據文意當作「祥」。

纂微 呂注：矩蓋嘗有位者，解朝服而幕之，致其哀矜之意。明至此者，已固嘗有罪焉，故不嫌於詘。在上者不能忘榮辱，則民覩所病；不能輕貨財，則民覩所爭。今立人所病，而使之病；聚人所爭，而使之爭；欲其不爲盜殺，不抵於死，豈可得也！湯武以萬方有罪，在予一人，以得爲在民，失爲在己也。伊尹以一夫不獲，曰時予之辜，一形有失，其形退而自責也。今則愚不識，罪不敢，罰不勝，誅不至，異乎先王之宥不識，量人力，而矜不能者矣。民知力竭，不得不以僞繼之；上出多僞，而欲下不僞，不可得也。

莊子翼 呂注：全同纂微。

蘧伯玉行年六十而六十化，未嘗不始於是之而卒詘之以非也，未知今之所謂是之非五十九非也。萬物有乎生而莫見其根，有乎出而莫見其門。人皆尊其知之所知而莫知恃其知之所不知而後知，可不謂大疑乎！已乎已乎！且無所逃。此所謂然與？然乎？

呂注：蘧伯玉之使，以爲夫子欲寡其過而未能者也。蓋其進不已，故行年六十而六十化，未嘗不始於是而卒詘之以非，與孔子同也。然知止乎其所不知，至矣！苟未至乎所不知，則所謂是非者，固未定也。苟爲未定，則安知今之所謂是之非五十九非也？萬物有乎生而莫見其根，有乎出而莫見其門，則知之所不知者，乃萬物之所由生而出者也。人之爲道，皆尊其知之所知；至其知之所不知，則常恐其虛而莫之知恃也。則每至於望涯而反，其爲疑也，豈不大矣哉！已乎已乎！且無所逃，言若此者，終不可與有至，而其身之不能容也。雖然，今之言所謂然矣，而未知其果然耶？欲令學者忘言以契之也。

纂微　呂注：伯玉行年六十而六十化，未嘗不始是而卒詘之以非，與孔子同然。知或未止乎其所不知，則所謂是者固未定，又安知今之所是五十九非也？夫物生而莫見其根，出而莫見其門，則知之所不知者，乃萬物之所由生出也。而人皆尊其知之所知，至其知之所不知則常恐其虛而莫之恃，每至望崖而反，其爲疑也，豈不大哉！已乎已乎！且無所逃，言若此者，終不可與有至，而其身之不能容也。雖今所言爲然，未知其果然耶？使人忘言以契之。

莊子翼　呂注：全同纂微，唯「五十九非也」句作「非五十九年非也」。

仲尼問于大史大弢、伯常騫、狶韋曰：「夫衛靈公飲酒湛樂，不聽國家之政；田獵畢弋，不應諸侯之際；其所以爲靈公者何邪？」大弢曰：「是因是也。」伯常騫曰：「夫靈公有妻三人，同濫而浴。史鰌奉御而進所，搏幣而扶〔一〕翼。其慢若彼之甚也，見賢人若此其肅也，是其所以爲靈公也。」狶韋曰：「夫靈公也死，卜葬於故墓不吉，卜葬於沙丘而吉。掘之數仞，得石槨焉，洗而視之，有銘焉，曰：『不憑其子，靈公奪而里之。』夫靈公之爲靈也久

〔一〕「扶」，原作「抶」，據文意從纂微、莊子翼、陳氏排印影本改。

矣，之二人何足以識之！」

呂注：大弢伯常騫則以人論之，狶韋則以天論之，以天論之則雖名諡，固非人之所能爲也。

纂微 呂注：大弢伯常騫則以人論之，狶韋則以天論之，以天論之則雖名諡，固非人之所能爲也。

莊子翼 呂注：全同纂微。

少知問於大公調曰：「何謂丘里之言？」大公調曰：「丘里者，合十姓百名而以爲風俗也，合異以爲同，散同以爲異。今指馬之百體而不得馬，而馬係於前者，立其百體而謂之馬也。是故丘山積卑而爲高，江河合水而爲大，大人合并而爲公。是以自外入者，有主而不執；由中出者，有正而不距。四時殊氣，天不賜，故歲成；五官殊職，君不私，故國治；文武大人不賜，故德備；萬物殊理，道不私，故無名。無名故無爲，無爲而無不爲。時有終始，世有變化。禍福淳淳，至有所拂者而有所宜；自殉殊面，有所正者有所差。比於大澤，百材皆度；觀於大山，木石同壇。此之謂丘里之言。」

呂注：丘里之言，合十姓百名以爲丘里，則合異以爲同；散丘里以爲十姓百名，則散同以爲異。非如一家之言，能異而不能合，能同而不能散者也。百體莫非馬也，而指馬之百體而不得馬；而馬係於前者，立其百體而謂之馬也。猶之大人也，不以其大全觀之，其所以爲大者，亦不可得也。是故丘山積卑而爲高，江河合流而爲大，而大人合併以爲公，則乃其所以爲大全也。故自物觀之，萬物莫不備於我也，萬物莫不備於〔一〕我，則自外入者，有主於中而不執，不執則有萬而無所不容矣；自我觀之，汎乎其爲萬物逝，則由中出者，有正於外而不距，不距則周行而無不徧矣。四時殊氣，天不賜，故歲成，賜也者，不因其固有而我予之謂也。使天之於四時也，不因其固有而我與之，財力有所不給而歲不成矣。五官殊職，君不私，故國治，私也者，不付之而我有之之謂也。使君之於五官也，不什之衆爲而我有之，則智有所不周而國不治矣。文武殊才，大人不賜，故德備。萬物殊理，道不私，故無名。其爲不私不賜，亦若是而已矣。而道之所以不私者，蓋知常容，容乃公。所謂常者，萬物各歸其根，而不知静而復命之謂也。唯其如此，然復萬物莫不備而容，容而後公，公則不私。苟有介然之知存乎其間，則制於有身矣，其能容萬物而不私哉！夫唯不私則無我，無我則莫有名之者也，故無名。無名故無爲，有爲則有不爲，無爲則無不爲也。時有終始，世有變化，未嘗停也。禍福淳淳而未始有分，至有所拂者，而有所宜，則所謂善者有睹乎而爲妖也。萬物之情，自殉殊面，未嘗一也。有所正者有所差，則所謂正者有時乎而爲奇也。夫唯禍福善惡奇正之不常如此，之爲道者，所以公之，而未始容心趣舍於其間也。比於大澤百材，皆叟而無不備；覩乎大山木石，同壇而無所分。此之謂丘里之言。

〔一〕「於」，原作「公」，據文意從纂微、莊子翼、陳氏排印影本改。

纂微 呂注：合姓名爲丘里，異爲同也；散丘里爲姓名，同爲異也。非如一家之言，異不能合，同不能散也。百體莫非馬，指之不得馬，立百體而謂之馬，譬大人不以其大全觀之，則所謂大者亦不可得。比以丘山江河，所以爲大之至也。故自物觀之，萬物莫不備於我；則自外入者，有主於中而不執，有萬而無不容也。自我觀之，汎乎其爲萬物逝，則由中出者，有正而不距，周行而無不徧也。天之於四時，不因其固有而賜與之，則功有所不備，而歲不成矣。君之於五官，不付之衆爲，而我有之，則知有所不周，而國不治矣。文武殊才，萬物殊理，其爲不賜不私，亦若是而已。無私故無我，無我則莫有名之者；無名故無爲，無爲則無不爲矣。時變無停，禍福無常，有拂有宜，善或爲妖也；物情各殉，殊面不一，有正有差，正或爲奇也。物理不齊如此，道者所以公之，未始容心趨舍於其間。比於大澤大林無不備，觀乎大山木石無所分，此之謂丘里之言。

莊子翼 呂注：全同纂微，唯不錄「未始容心趨舍於其間。比於大澤大林無不備，觀乎大山木石無所分，此之謂丘里之言」等句。

少知曰：「然則謂之道，足乎？」大公調曰：「不然。今計物之數，不止於萬，而期曰萬物者，以數之多者號而讀之也。是故天地者，形之大者也；陰陽者，氣之大者也；道者爲之公。因其大以號而讀之則可也，已有之矣，乃將得比哉！則若以斯辯，譬猶狗馬，其不及遠矣。」

呂注：老氏曰：「有物渾成，先天地生。寂兮寥兮，獨立而不改，周行而不殆，可以爲天下母。吾不知其名，字之曰道，強名之爲大道。」無名名之爲道，則非道也，字之以訓其義則可也，是以不知其名也，強名之爲大而已矣，則謂之道不可以爲足也。蓋物無窮也，則萬不足以盡物之數，而期曰萬物者，以數之多者號而讀之也。天地形之大者也，陰陽氣之大者也，道者爲公，則非形非氣，故無名也；則名不足以盡道之體，而名曰道者，因其大以號而讀之則可也；則老子所謂不知其名，字之曰道，強名之爲大也。夫唯無名，而我以其名號而讀之，則已有之矣，乃將得與所謂無名者比哉！若以謂之道者爲道，是猶以狗爲馬也，其去之豈不遠乎！

纂微　呂注：道本強名，則謂之道不可以爲足也。凡物無窮，萬不足以盡其數，而期以萬者，以數之多者稱之。天地形之大，陰陽氣之大，道者爲之公，則非形非氣，故無名也。名不足以盡道，而名之曰道，亦以其大者稱之。本無名而以名稱之，則已有矣，乃將得於無名者比哉！若以謂之道者爲道，是猶認狗以爲馬也。

莊子翼　呂注：道本強名，則謂之道不可以爲足也。本無名而以名稱之，則已有矣，乃將得與無名者比哉！

少知曰：「四方之內，六合之裏，萬物之所生惡起？」大公調曰：「陰陽相照相蓋相治，四時相代相生相殺，欲惡去就於是橋起，雌雄片合於是庸有。安危相易，禍福相生，緩急相摩，聚散以成。此名實之可紀，精之可志也。隨序之相理，橋運之相使，窮則反，終則始。此物之所有，言之所盡，知之所至，極物而已。覩道之人，不隨其所廢，不原其所起，此議之所止。」

呂注：少知聞謂之道，則爲己有而不得與真所謂道，此則疑於無物；而四方之内，六合之裏，萬物之所生，無從而起，此則所謂制乎爲虛者也。陰陽相蓋，相照相治，日月往來，是謂相照；下與上騰，是謂相蓋，時消時長，是謂相治，四時相代，相生相殺，寒暑屈伸，是謂相代，以相繼王，是謂相生，以王尅勝，是謂相殺。萬物生乎天地之間，則受陰陽之氣，而隨四時之運者也，是以欲惡去就，於是橋起；雌雄片合，於是庸有矣；橋之爲物，物乘之以有行者也；庸之爲言，常也，用也。陰陽四時，其剛柔有體，其動靜有常者也。唯其有體，則欲惡去就，乘之以有行而起也；唯其有常，則雄雌片合，用之而有也。夫唯如此，故安危相易，禍福相生，緩急相摩，聚散以成，此易所謂方以類聚，物以群分，而吉凶生者也。此則名實之可紀，而精之可志也，非不可致詰者也。先後相尋之謂隨，先後有倫之謂序，或隨或序，相理而未嘗亂也。橋則不動而物乘之，以有行也；運則不止而物乘之，以有濟也；或橋或運，相使而未嘗定也。窮則反，終則始，陰陽爾，四時爾，此物之所有而非道之無物也。言之所盡，知之所止，不過極物而已，此則四方之内，六合之裏，萬物之所生而起，而非其所以生而起也；所謂有名萬物之母是也。若夫覩道之人，未嘗無物也，故不隨其所廢；未嘗有物也，故不原其所起。泊然無名，出於六合之外，以遊乎天地之未造，則議之所止也，豈言知之所及哉！

纂微　呂注：少知聞謂之道，則已有而不得與道比，故疑於無物；問萬物所生惡起，所謂制乎虛者也。日月往來，升降消長，相照相蓋相治也；寒暑屈伸，王相生尅，相代相生相殺也。物生天地間，隨陰陽四時而運，是以欲惡去就，乘之以行；雄雌片合，動靜有常；故有安危禍福聚散等事，此名實之可紀，而精之可志，非不可致詰者也。先後相隨之謂序，相理而未嘗亂也；橋則乘之以行，運則因之以濟，相使而未嘗定也。窮則反，終則始，陰陽爾，四時爾，是物之所有，非道之無也，言知之所止，極此而已，此則萬物之所生起，非所以生而起，有名萬物之母是也。若夫覩道之人，未嘗無物，故不隨所廢；未嘗有物，故不原所起。泊然無名，出乎六合之外，豈言知之所及哉！

莊子翼　呂注：全同纂微。

少知曰：「季真之莫爲，接子之或使，二家之議，孰正於其情，孰偏於其理？」大公調曰：「雞鳴狗吠，是人之所知；雖有大知，不能以言讀其所自化，又不能以意其所將爲。斯而析之，精至於無倫，大至於不可圍，或之使，莫之爲，未免於物而終以爲過。或使則實，莫爲則虛。有名有實，是物之居；無名無實，在物之虛。可言可意，言而愈疏。未生不可忌，已死不可阻。死生非遠也，理不可睹。或之使，莫之爲，疑之所假。吾觀之本，其往無窮；吾求之末，其來無止。無窮無止，言之無也，與物同理；或使莫爲，言之本也，與物終始。道不可有，有不可無。道之爲名，所假而行。或使莫爲，在物一曲，夫胡爲於大方？言而足，則終日言而盡道；言而不足，則終日言而盡物。道物之極，言默不足以載；非言非默，議有所極。」

呂注：道未嘗無物，而季真之莫爲，則隨其所廢也；道未嘗有物，而接子之或使，則原其所起也。鷄鳴狗吠，是人知其雞鳴狗吠，至於所以鳴吠者，則雖有大知，不能以言讀而意知也。其鳴吠，則其所化與其所已爲而已；其所以鳴吠，則其所化與其所將爲也。斯而析之，其精至於無倫，則無内矣；大至於不可圍，則無外矣；内外不可得，則所謂或之使，莫之爲，果安在耶！則季真、接子未免於物，而終以爲過，以其不麗於虛則麗於實也。或使則實，而有名有實者也；莫爲則虛，而無名無實者也。有名有實，是物之居，而不知其未嘗有也；無名無實，在物之虛，而不知其未嘗無也。何則？以其可言可意故也，可言可意則言而愈疏矣。未生不可忌，則生之來不可卻也；已死〔一〕不可阻，則其去不可止也；不可忌，不可阻，則不可以言意也。知其説者之於死生，可知而非遠也，而其理不可覩者，以意求之，則不可見故也。或之使，莫之爲，疑之所假，而非理之真也。吾

〔一〕「死」，原作「无」，據文意從纂微、莊子翼改。

觀之本，其往無窮，則迎之不見其首也；吾求之末，其來無止，則隨之不見其後也。其來無止，其往無窮，則意之所不可意，意之所不可意則言之所不可及也，此物之理而非物之形也。或使莫爲，則意之可意也，意之可意則言之所由而生，而不能無言也，則不免與物終始而已，惡覩所謂無止無窮哉！道不可有，以其非有也；有不可無，以其自無而非我無之也；有與無，吾無所容心於其間，則道之爲名，所假而行可也，安得以名爲道哉！則或使莫爲，在物一曲而已，夫胡爲於大方以合所謂丘里之言哉！言而足，則終日言而盡道，則希言自然者也；言而不足，則終日言而盡物，則多言數窮者也。言而足則言出於無言者也，言出於無言則希而自然，固所以盡道也。聽之不聞名曰希，而道之法自然故也。言而不足，則言不能出於無言，言不能出於無言則多言而數窮，多則反乎希，而物非所以爲道也，是以盡物而已。雖然，自物觀之，則道非物也；自道觀之，則無物而非道也，無物而非道則道之與物其極也，言默皆不足以載之也。蓋言無言，終身言未嘗言，則非言也；終身不言未嘗不言，則非默也；議不至於非言非默，則非議之所極也。

纂微　呂注：季真莫爲，隨所廢也；接子或使，原所起也。鷄狗之鳴吠，其所化所已爲也；其所以鳴吠，所自化所將爲也。精至無倫則無内，大不可圍則無外。或使莫爲，果安在耶？此所以未免於物，以其不麗於實，則麗於虛故也。以有名實爲物之居，不知其未嘗有；以無名實爲物之虛，不知其未嘗無；所以言而愈疏也。生死之不可却止，則超乎言意，雖近在身，而不可覩也。或使莫爲，皆疑之所假，而非理之真，往無窮則迎不見首，來無止則隨不見後，是物之理，非物之形也；或使莫爲，則可言可意，不免與物終始而已，惡覩所謂無止無窮哉！道不可有，以其無有也；有不可無，以其自無，非我無之也。然則道者假名，安可以名爲道？莫爲或使，皆在物一曲，何足以合乎大道？言而盡道，希言自然也；言而盡物，多言數窮也。自物觀之，則道非物；自道觀之，無物非道。道物之極，言默不足以載。終身言，未嘗言，則非言也；終身不言，未嘗不言，則非默也；議至於此，然後爲極。

莊子翼 呂注：全同纂微。

莊子義集校卷第九

外物第二十六〔一〕

外物不可必，故龍逢誅，比干戮，箕子狂，惡來死，桀紂亡。人主莫不欲其臣之忠，而忠未必信，故伍員流于江，萇弘死于蜀，藏其血三年而化爲碧。人親莫不欲其子之孝，而孝未必愛，故孝己憂而曾參悲。木與木相摩則然，金與火相守則流。陰陽錯行，則天地大絯，於是乎有雷有霆，水中有火，乃焚大槐。有甚憂兩陷而無所逃，螴蜳不得成，心若縣於天地之間，慰暋沈屯，利害相摩，生火甚多，衆人焚和，月固不勝火，於是乎有僓然而道盡。

呂注：凡非性命之情〔二〕，皆外物也，外物不可必，而龍逢比干箕子以仁爲可恃而必之者也，惡

〔一〕本篇底本完存。陳氏排印影本於題下注云：「按本篇呂義全輯纂微注補。」

〔二〕「情」底本、莊子翼同，陳氏排印影本從之。纂微作「精」。

來桀紂以不仁爲可恃而必之者也，皆至於不免，則不可必之效也。爲善無近名，爲惡而無近刑，緣督以爲經，則何必之有哉？夫外物之不可必，不獨不可必於人，亦不可必於己。人主莫不欲其臣之忠，而忠未必信；人親莫不欲其子之孝，而孝未必愛。夫欲其臣子之忠孝，則在己者也。蓋道不至於僨然而盡，雖在己所欲者，猶爲外物而不可必，而況在人者乎！伍員萇弘曾參孝己必其在人者，是以有至於死亡憂悲也，伍員流於江，萇弘死於蜀，藏其血三年化而爲碧，忠精之至，至於如此，而不能必於所欲忠之人，則不可必之尤者也，豈不哀哉！夫毋固毋必毋意毋我而不罹此患者，所謂其唯道德之鄉乎？木與木相摩則然，則係於同類，而不能無相害者也；金與火相守則流，則係於異類，而不能無相害者也。陰陽錯行，則天地大絯，於是乎有雷有霆；水中有火，乃焚大槐；寇莫大於陰陽，無所逃於天地之間，至於錯行而大絯，則震而爲聲，發而爲光，或出於所異，或害於所同也。有雷有霆，則震而爲聲，發而爲光也；水中有火，則出於所異也；乃焚大槐，則害於所同也。世之人有甚憂，兩陷而無所逃，以至於生火焚和，而其月不足以勝火者，固如此也。蓋吾所以有大患者，爲吾有身，夫苟有身則有大患，有大患則安能無甚憂哉！或係於所同，則木與木相摩而不止；或係於所異，則金於火相守而不去，此其所以兩陷而無所逃也。雖然，螴蜳不得成其所欲爲，心若縣於天地之間，未始知其出入無時，莫知其鄉也，慰暋沈屯而不得解，譬之則陰陽錯行，天地大絯之時也；利害相摩，生火甚多，凡衆人之所以焚和，以此而已，譬之則有雷有霆，水中有火，則焚大槐之時也；雖有清明之性猶月也，而不足以勝焚和之火也，譬之水中之所以生火，而水有不能勝也。夫唯如此，皆出於有身，有身生於有心，於是乎僓然而道盡，僓然縱其心而至於無心者也，夫道盡於無心而已矣。

纂微 呂注：凡非性命之精皆外物也，故不可必，龍逢比干以仁爲可恃而必之，惡來桀紂以不仁爲可恃而必之，皆至於不免。爲善惡而不近刑名，則何必之有？夫外物非獨不可必於人，亦不可必於己。君親莫不欲臣子之忠孝，而忠未必信，孝未必愛。欲臣子之忠孝在己者也，蓋道未至於僓然而盡，雖在己所欲，猶爲外物而不可必，況在人者乎！伍員萇弘諸人，必其在人者，是以至於死亡憂悲，血化爲碧，忠誠之至，而猶不能必於欲忠之人，豈不哀哉！木相摩則然，同類不能無相害；金守火則流，異類不能無相害。「陰陽錯行」已下，言其大寇無所逃於天地之間，則震而爲霆，發而爲光，或出於所異，或害於所同，以至生火焚和，而月不足以勝之也。蓋大患有身，安能無憂！或係於所同，或係於所異，是爲兩陷螴蜳不得成其所欲爲，心若縣於天地之間，慰暋沈屯，而不得解，猶陰陽錯行，天地大絯之時；利害相摩，生火甚多，猶有雷有霆，水火焚槐之時；雖清明之性如月，不足以勝焚和之火，此皆出於有心，僓然則縱心而至於無心，道盡於此矣。

莊子翼 呂注：全同纂微，唯「性命之精」句「精」作「情」字，「言其大寇無所逃於天地之間」句脫「其」字，且「無」作「莫」字。

莊周家貧，故往貸粟於監河侯。監河侯曰：「諾。我將得邑金，將貸子三百金，可乎？」莊周忿然作色曰：「周昨來，有中道而呼者。周顧視車轍中，有鮒魚焉。周問之曰：『鮒魚來！子何爲者邪？』對曰：『我，東海之波臣也。君豈有斗升之水而活我哉？』周曰：『諾。我且南游吴越之王，激西江之水而迎子，可乎？』鮒魚忿然作色曰：『吾失我常與，我無所處。吾得斗升之水然活耳，君乃言此，曾不如早索我於枯魚之肆！』」任公子爲大鉤巨緇〔一〕，五十犗以爲餌，蹲乎會稽，投竿東海，旦旦而釣，期年不得魚。已而大魚食之，牽巨鉤，錎沒而下，騖揚而奮鬐，白波若山，海水震盪，聲侔鬼神，憚赫千里。任公子得若魚，離而腊之，自制〔二〕河以東，蒼梧已〔三〕北，莫不厭若魚者。已而後世輇才諷說之徒，皆驚而相告也。夫揭竿累，趣灌瀆，守鯢鮒，其於得大魚難矣，飾小說以干縣令，其于大達

〔一〕「緇」，纂微、莊子翼作「緢」，陳氏排印影本從之，形誤。

〔二〕「制」，莊子翼注云：「浙。」纂微作「淛」，陳氏排印影本從之。君按，當依底本。「制」，本古邑名，即西周時的東虢，春秋時爲鄭邑，後入晉，故址在今河南省鄭州市北。左傳隱西元年云：「制，巖邑也。」又襄公十年云：「諸侯之師城虎牢而戍之，晉師城梧及制。」皆指此地。本文任公子釣大魚於會稽，至於「制河以東，蒼梧以北」，疑與此地有關。「淛」，集韻祭韻云：「江名，或作浙。」所指含糊。

〔三〕「已」，纂微、莊子翼作「以」，陳氏排印影本從之。

亦遠矣！是以未嘗聞任氏之風俗，其不可與經於世亦遠矣。

呂注：莊子之貸粟，以明養生者，所得止於活身，而不務有餘；任氏〔一〕之釣魚，以明經世者，所志在於大成，而不期近效。

纂微　呂注：莊子貸粟，明養生者，止於活身，而不務有餘；任氏釣魚，明經世者，志於大成，而不期近效。

莊子翼　呂注：全同纂微。

儒以詩禮發冢。大儒臚傳曰：「東方作矣，事之何若？」小儒曰：「未解裙襦，口中有珠。詩固有之曰：『青青之麥，生於陵陂。生不布施，死何含珠爲！』接其鬢，壓其顪，儒以金椎控其頤，徐別其頰，無傷口中珠！」

呂注：小人之儒資〔二〕先王之言，濟其不義，何以異此！

纂微　呂注：小人之儒資先王之言，以濟其不義，何以異此！

莊子翼　呂注：全同纂微。

老萊子之弟子出薪，遇仲尼，反以告，曰：「有人於彼，脩上而趨下，末僂而後耳，視若

〔一〕「氏」，原作「世」，據文意從纂微、莊子翼、陳氏排印影本改。
〔二〕「資」，原作「知」，據文意從纂微、莊子翼、陳氏排印影本改。

營四海，不知其誰氏之子？」老萊子曰：「是丘也，召而來。」仲尼至。曰：「丘！去汝躬矜與汝容知，斯爲君子矣。」仲尼揖而退，蹙然改容而問曰：「業可得進乎？」老萊子曰：「夫不可忍一世之傷而鶩〔一〕萬世之患，抑固窶邪，亡其略弗及邪？惠以歡爲鷔，終身之醜，中民之行進焉耳，相引以名，相結以隱。與其譽堯而非桀，不如兩忘而閉其所譽。反無非傷也，動無非邪也。聖人躊躇以興事，以每成功。奈何哉其載焉終矜爾！」

呂注：聖人之迹雖有不同，而其所以爲聖人者未嘗不同，則老萊子之於孔子，豈有間〔二〕然哉！蓋世之學孔子者，不能得其心而得其迹，故寓之老萊子，以明其迹之爲患至於無窮，則詩禮竊塚者是也。有〔三〕人於彼，脩上而趨下，末僂而後耳，視若營四海，不知其誰氏之子？則以貌爲聖人者也。夫苟以貌爲聖人而不得其心，所謂子張子夏氏之賤儒也，則躬矜容知之不去，其得爲君子乎？躬矜則躬行而矜之之謂也，容知則非盛德容貌若愚者也。夫大亂必生於堯舜之間，而其末存乎千世之後，以仁則不仁之本，義則不義之始也。今不忍一世之傷而有爲以救之，是鷔萬世之患而不顧，夫豈富有之業固窶也，將無其略而不及邪？言皆不在是也。夫惠非大智也，然以

〔一〕「鶩」，底本莊文、纂微莊文及呂注同。莊子翼、陳氏排印影本從之。底本呂注皆用「鷔」，兩字可通。
〔二〕「間」，原作「聞」，據文意從纂微、莊子翼、陳氏排印影本改。
〔三〕「有」，原作「者」，據文意從纂微、莊子翼、陳氏排印影本改。

歡樂爲鶩，終身之醜，猶且有所不爲；至有相引以名，相結以隱者，此中民之行進焉耳；而況體道之君子，其可以不忍一世之傷而鶩萬世之患乎？蓋不能絶棄聖智巧利，兩忘善惡而爲之者，皆鶩萬世之患者也，是故與其譽堯而非桀，不如兩忘而閉其所譽也。夫道無爲而無不爲也，無不爲也而反焉，則無非傷也；無爲也而動焉，則無非邪也；安有可貴而譽之者哉！聖人者，感而後應，迫而後動，不得已而後起者也，故有爲而莫不當，是其躊躇以興事以每成功也。豫若冬涉川，猶若畏四隣，則躊躇之謂也。聖人未嘗有物也，奈何哉其載焉而有之乎！以爲非矜終不可得也。

纂微 呂注：老子孔子初無間，然世之學孔子者，泥迹而不得其心，故莊子有是論。自「脩上促下」至「誰氏之子」，以貌求聖人者也；躬矜躬行，而矜之容知，則非盛德若愚者。夫大亂生於堯舜之間，今不忍一世之傷而有爲以救之，是鶩萬世之患也，豈富有之業固窶耶？將亡其謀而有不及耶？言皆不在是也。夫惠非大知，然以歡樂爲鶩，終身之醜，猶且有所不爲；至有相引以名，相結以隱者，此中民之行進焉耳，況體道君子其可若是乎！蓋不能絶棄聖知，兩忘善惡，皆鶩萬世之患者也。道無不爲而反焉，則無非傷；無爲而動焉，則無非邪；安有可貴而譽之哉！豫若冬涉川，猶若畏四隣，躊躇之謂也，奈何載而有之！以爲非矜不可得也。

莊子翼 呂注：全同纂微，唯脱「老子孔子初無間然」八字，「況體道君子其可若是乎」句脱「況」字，「皆鶩萬世之患者也」句「鶩」作「鶩」字，「道無不爲而反焉」句脱「不」字。

宋元君夜半而夢人被發窺阿門，曰：「予自宰路之淵，予爲清江使河伯之所，漁者余且得予。」元君覺，使人占之，曰：「此神龜也。」君曰：「漁者有余且乎？」左右曰：「有。」君曰：「令余且會朝。」明日，余且朝，君曰：「漁何得？」對曰：「且之網得白龜焉，其圓五尺。」君曰：「獻若之龜。」龜至，君再欲殺之，再欲活之，心疑，卜之，曰：「殺龜以卜吉。」乃刳龜，七十二鑽而無遺筴。仲尼曰：「神龜能見夢於元君，而不能避余且之網；知能七十二鑽而無遺筴，不能避刳腸之患。如是，則知有所困，神有所不及也。雖有至知，萬人謀之。魚不畏網而畏鵜鶘。去小知而大知明，去善而自善矣。嬰兒生無石師而能言，與能言者處也。」

呂注：所謂智者，宜無所不知者也；所謂神者，亦無所不及者也；神龜之智，不能避刳腸之患，其神而不能避余且之網，則有所困有所不及也。此爲道者所以絶聖而弃智也，雖有至知，而謀之者萬人，則寡不能勝衆，而其情得矣。故魚不畏網，而畏鵜鶘，以鵜鶘之有知，而網之無知也。鳥高飛以避矰弋之患，鼷鼠深穴乎神丘之下以避薰鑿之害，其意亦如此也。是故去小知而大知明，去善而自善，則治國者何以知爲哉！嬰兒生無石師而能言，與能言者處故也。夫苟以知而與天下之民處，其能使之無知乎！

纂微　呂注：龜有知而不得免患，有神而不能避網，是爲有所困有所不及，爲道者所以絶聖棄知也。雖有至知，萬人謀之，寡不勝衆，其情得矣。魚不畏網而畏鵜鶘，鵜鶘有知，網無知也。故去小知而大知明，去善而自善，則治國者何以知爲哉！嬰兒無石師而能言，苟以知而與天下之民處，其能使之不知乎！

莊子翼　呂注：全同纂微。

惠子謂莊子曰：「子言無用。」莊子曰：「知無用而始可與言用矣。夫地非不廣且大也，人之所用容足耳。然則廁足而墊之致黃泉，人尚有用乎？」惠子曰：「無用。」莊子曰：「然則無用之爲用也亦明矣。」

呂注：人之情以有知有能者爲有用，而以無知無能者爲無用，而不知無用者，乃有用之所自而出也。莊子之言者道也，惠子不知道，是以以莊子之言爲無用也。自道之大觀之，則世之所謂智能有用者，其小曷翅〔一〕容足之於地乎！

纂微　呂注：世情以有知有能者爲有用，無知無能者爲無用，而不知無用者，乃爲有用之所自出也。自道觀之，則世所謂知能有用者，其小曷啻容足之於地耶！

莊子翼　呂注：全同纂微。

〔一〕「翅」，據纂微、莊子翼、陳氏排印影本改。

莊子曰：「人有能遊，且得不遊乎？人而不能遊，且得遊乎？夫流遁之志，決絶之行，噫，其非至知厚德之任與！覆墜而不反，火馳而不顧，雖相與爲君臣，時也，易世而無以相賤，故曰至人不留行焉。夫尊古而卑今，學者之流也。且以狶韋氏之流觀今之世，夫孰能不波？唯至人乃能游於世而不僻，順人而不失己。彼教不學，承意不彼。

呂注：列子稱壺丘子曰：「遊其至乎？至遊者不知所適，至觀者不知所視。物物皆遊矣，物物皆觀矣，是我之所謂遊，我之所謂觀也。」莊子之所謂遊，亦若是而已矣。得道者，物無非道也，物無非道則物物皆遊，物物皆觀矣。唯得道者爲能遊，人而得道，雖欲不遊不可得也；人而不得道，雖欲遊之不可得也；此下士之所以聞而大笑也。夫流遁之志，因俗而爲卑；決絶之行，離世而謂高；自道觀之，殆皆非至知厚德之任也。蓋蔽於一偏，以至於覆墜而不反，火馳而不顧，則雖相爲君臣，時有異尚而已，易世而無以相賤，以不當於道則一也。彼有至知厚德之任者，卑不爲流遁之志，而高不爲決絶之行，唯道之從而已，唯道之從乃其所以真貴也。故曰至人不留〔一〕，行一爲言，其善行而無轍跡之留也。夫尊古而卑今，學者之流也，未可以語道也。若尊古而卑今，則以狶韋氏之流至朴厚矣，而觀今之世之澆薄，其心孰能平而不波乎！夫唯至人不係有古今之爲尊卑

〔一〕「留」，底本、莊子翼同。纂微作「流」，陳氏排印影本從之。

也，乃能遊於世而不僻，不僻者不爲僻異之行也，外雖順人，而内不失己。因於彼而教之，而非學也；達其意而承之，而不彼也；所教者彼所有也，非教之以其所無也，是以彼教而不學也。彼出於是，是亦因彼，不能通天下之志，則彼是生焉，達其意而承之，故不彼也。此至人之所以遊也。

纂微 呂注：列子云：「至遊者不知所適，至觀者不知所視。物物皆遊，物物皆觀，此我之所謂遊，我之所謂觀也。」莊子之遊，亦若是而已。得道者物無非道，則物物皆遊，物物皆觀，雖欲不遊，不可得也；人而不得道，雖欲遊之，不可得也。流遁之志，因俗而爲卑；決絶之行，離世而爲高；皆非至知厚德之任。蓋蔽於一曲，以至覆墜火馳而不顧，則雖相與爲君臣，亦時而已。易世無以相賤，其不當於道則一也。有至知厚德者，卑不爲流遁，高不爲決絶，唯道之從而已。故至人不流，行無轍迹也。若尊古而卑今，則以豨韋氏之流，觀今世澆薄，其心孰能平而不波乎！唯至人乃能遊世而不爲僻異之行，外順人而内不失己。因於彼而教之，非學也；達其意而承之，不彼也；所教者彼之所有，非教以所無也。不能通天下之意，則彼是生矣，達其意而承之，何彼之有？此至人之所遊也。

莊子翼 呂注：同纂微，唯「列子云」句中「云」作「曰」字，「故至人不流」句中「流」作「留」字，「唯至人乃能遊世而不爲僻異之行，外順人而内不失己」句脱「之行外」三字。

目徹爲明，耳徹爲聰，鼻徹爲顫，口徹爲甘，心徹爲知，知徹爲德。凡道不欲壅，壅則哽，哽而不止則跈，跈則衆害生。物之有知者恃息，其不殷，非天之罪。天之穿之，日夜無降，人則顧塞其竇。胞有重閬，心有天遊。室無空虛，則婦姑勃谿；心無天遊，則六鑿相攘。大林丘山之善於人也，亦神者不勝。德溢乎名，名溢乎暴，謀稽乎誸，知出乎爭，柴生乎守，官事果乎衆宜。春雨日時，草木怒生，銚鎒於是乎始脩，草木之到植者過半而不知其然。靜然可以補病，眥㨹可以休老，寧可以止遽。雖然，若是，勞者之務也，非佚者之所未嘗過而問焉。聖人之所以駴天下，神人未嘗過而問焉；賢人之所以駴世，聖人未嘗過而問焉；君子所以駴國，賢人未嘗過而問焉；小人所以合時，君子未嘗過而問焉。

呂注：所謂徹者，不爲物之所壅之謂也。目不爲色之所壅爲明，耳不爲聲之所壅爲聰，鼻之於臭，口之於味，心之於思，知之於知，不爲其所壅，則爲顫爲甘爲知爲德也。唯道集虛，氣也者，虛而待物者也，故不欲壅，壅則哽，哽言其不通也。哽而不止則跈，跈言積不通之至，則至於相蹂踐也。蓋聲色臭味之哽其外，思爲之哽其內，其未得之也，患得之；既得之也，患失之；得失之患交戰於胷中，幾何而不至於跈也！此陰陽之患所以作，而衆害所以生也。物之有知者，息存則生，息去則死，此其所以恃息也。息則氣也，氣之所以耗而不殷者，非天之罪也。息之出入，隨子午以消長，循陰陽以左右，與元氣交通，無日不然者也，則是天之穿而通之，日夜平均而未始有降也。人顧以聲色臭味思爲嗜慾以塞其竇而不使之通，此其所以日夜降耗而不殷也。黃帝書曰：「古之真人，淫邪不能惑其志，嗜慾不能亂其心，恬淡虛無，真氣從之。」被一曰：「若正汝刑，一汝視，天和將至。」若然，則安有塞其竇而不殷者乎？夫唯真氣從之而天和至，則胞有重閬而心有天遊矣，胞有重閬則周固生白，而邪穢之所不能侵也；心有天遊，則逍遙無爲，而事物之所不能擾也。室必有空虚，以異乎尊卑，而無空虚則婦姑濆而勃磎矣；心必有天遊以出乎塵垢，心而無天遊則六鑿蹍而相攘矣。六鑿者則所謂耳目鼻口心智之謂也，謂之鑿者，以其所受者，猶其衲而已矣；相攘則哽而不止，則蹍之謂也。人誠知有所謂天遊者，雖遊乎人間之世，萬物莫足鐃其心也。以其神者，足以勝之也，則奚以大林丘山之善爲哉！而大林丘山之善於人者，亦神者不勝而已矣，是以賴之而善也。上德不德，不德則孰能名之？而有能名焉，則德之所以爲溢也；有能名焉，猶之可也，而暴之則名之所爲溢也，暴言其不藏也。夫唯德不溢乎名，而名不溢乎暴，則無事於智謀。德則不守而溢乎名暴，以至於相軋而爭，則謀不得不稽乎誸，而智不得不出乎爭，柴不得不生乎守，此耳目鼻口心五官之事所以成實乎衆宜，而不能以相通而遊心乎德之和也。柴者，聲色臭味之柴其外，而思慮之柴其内也，其安易持，其未兆易謀，其脆易破，其微易散，此爲道者之所以治其心也。於是之時而後治之，譬之春雨而曰時，草木怒生，銚鎒於是乎始脩，而草木之到植者過半而不知，則所調欲惡之孽爲性，萑葦蒹葭始萌，以扶吾形者是也。此所以貴乎爲之其未有，治之其未亂也。靜然可以補病，眥㨋可以休老，寧可以止遽，蓋古之道術有在於是也。雖然，動而後有靜，繁而後有簡，熾而後有滅，擾而後有寧，爲勞者言之，則乃所以息其勞而已矣；至於佚者，則未嘗動也，安用靜？未嘗繁且熾也，安用簡〔一〕滅？未嘗擾也，安用寧？此其所以未嘗過勞者之所而問焉。世唯有德而後可以佚，佚者蓋神聖之所兼也。非特然也，聖人之所以驌天下，神人過而未嘗問焉。蓋孔氏與老氏同生於衰周，莊子與孟子俱遊乎梁惠，其書之言未嘗相及，以此而已矣。賢人所以戒世，聖人未嘗過而問焉；君子所以驌國，賢人未嘗過而問焉；小人所以合時，君子未嘗過而問焉；亦若是而已矣。所謂道不同不相爲謀，豈其然乎！蓋神人聖人之所以不同者，則其迹而已，其心未嘗不同也。聖人賢人君子之所以不同者，則其才之大小不同也；君子小人之所以不同者，則其爲利義不同也。

纂微　呂注：人之耳目鼻口不爲聲色臭味所壅，則爲聰明，爲顫甘，爲知德壅，則哽而不通，不通之甚則相蹂踐。得失交戰於胷中，幾何而不至於跈？此陰陽之患所以作，衆害之所以生也。凡物之有知者，息存則生，息去則死。息之出入，隨子午以消長，循陰陽而左右，與元氣交通，無日不然，則是天之穿而通之，日夜均平，未始有降。人顧以聲色臭味塞其竇而不使之通，所以降而不殷也。人能恬淡虛無，則真氣從之。正形一視，則天和將至。是以胞有重閬，周固生白，而邪穢不能侵；心有天遊，逍遙無爲，而事物不能撓。室必有空虛，以異乎尊卑，否則婦姑瀆

〔一〕「簡」，纂微、莊子翼作「揃」，陳氏排印影本從之，當誤。君按：從底本的膠卷初辨時，校者亦以爲作「揃」，及核對底本真本時，方正之。

而勃谿矣。心必有天遊，以出乎塵垢，否則六鑿跈而相攘矣，六鑿即耳目鼻口心知也。人誠知所謂天遊，則雖遊乎人間世，萬物無足撓心，其神足以勝之也，奚以大林丘山爲善哉！上德不德故無名，有名則德之溢，暴之而不藏，又名之溢也。則謀不得不稽乎謚，知不得不出乎爭，柴不得不生乎守，此所以成實乎衆宜，聲色臭味柴其外，思慮知謀柴其內，而不能相通也。夫爲道者之治心，治之於未亂，無若草木怒生，而銚鎒始脩也。「靜然」至「止遽」，古之道術，有在於是。雖然，動而後有靜，繁而後有揃，熾而後有滅，擾而後有寧。爲勞者言之，所以息其勞；佚者則未嘗動，安用靜？未嘗繁，安用揃？未嘗熾，安用滅？未嘗擾，安用寧？此所以不問也。唯有德而後有佚，佚者神聖之所兼也。孔老同生於周，莊孟俱遊於梁，而其言未嘗相及者，道不同，不相爲謀也。神人聖人，不同者迹；賢人君子，不同者才；君子小人，則有義利之分矣。

莊子翼 呂注：同纂微，唯「不通之甚則相蹍踐」句「蹍」作「蹑」字，「則天和將至」句脫「則」字，「是以胞有重閬，周固生白，而邪穢不能侵；心有天遊，逍遙無爲，而事物不能撓」句脫「周固生白而」及「逍遙無爲而」十字，又脫「孔老同生於周，莊孟俱遊於梁，而其言未嘗相及者，道不同，不相爲謀也」句。

演門有親死者，以善毁爵爲官師，其黨人毁而死者半。堯與許由天下，許由逃之；湯與務光，務光怒之，紀它聞之，帥弟子而踆於窾水，諸侯吊之，三年，申徒狄因以踣河。荃者所以在魚，得魚而忘荃；蹄者所以在兔，得兔而忘蹄；言者所以在意，得意而忘言。吾安得夫忘言之人而與之言哉！」

呂注：官師之勸其黨，至於毀死；許由之選其流，至於踣河；則言行之弊，其未嘗至於如此也。莊子恐後世得其言而不得其所以言者，故引此二者，卒之以筌蹄之喻，欲令學者忘言以求其意，庶幾不滯於其言而爲弊也。

纂微　呂注：官師之勸其黨，至於毀死；許由之逃其徒，至於踣河；殉迹之弊至此。莊子恐後世得其言而昧其所以言，故引此二者，卒之以筌蹄之喻，俾學者忘言以求其意也。

莊子翼　呂注：全同纂微，唯「故引此二者」句脱「引此二者」四字，又「俾學者忘言以求其意也」句「求」作「究」字。

寓言第二十七〔一〕

寓言十九，重言十七，巵〔二〕言日出，和以天倪。寓言十九，藉外論之。親父不爲其子媒。親父譽之，不若非其父者也；非吾罪也，人之罪也。與己同則應，不與己同則反；同於己爲是之，異於己爲非之。重言十七，所以已言也，是爲耆艾。年先矣，而無經緯本末以期年者者，是非先也。人而無以先人，無人道也；人而無人道，是之謂陳人。巵言日出，和以天倪，因以曼衍，所以窮年。不言則齊，齊與言不齊，言與齊不齊也，故曰無言。言無言，終身言，未嘗言；終身不言，未嘗不言。有自也而可，有自也而不可；有自也而然，有自也而不然。惡乎然？然於然。惡乎不然？不然於不然。惡乎可？可於可。惡乎不可？不可於不可。物固有所然，物固有所可，無物不然，無物不可。非巵言日出，和以天倪，孰得其久！萬物皆種也，以不同形相禪，始卒若環，莫得其倫，是謂天均。天均者天倪也。

〔一〕本篇底本完存。陳氏排印影本題下注云：「呂義輯纂微注。」

〔二〕「巵」，本篇皆作「巵」而缺「巳」上一横。纂微、莊子翼作「巵」，陳氏排印影本從之。

呂注：寓言十九，則非寓而直言之者十一而已；重言十七，則非重而直言之者十三而已；至於卮言日出，和以天倪，則寓與非寓，重與非重，皆卮言而已矣。故周之自敘曰：「以卮言爲曼衍，以重言爲真，以寓言爲廣。」蓋周之立言，不過此三者而已。何謂寓言十九？以藉外論之也。夫道至近，在吾心而已。苟直以吾心論之，彼則疑而不信，猶親父之不爲其子媒，以親父譽之，不若非其父者也，是以必藉外論之而不直言之也。凡周之書寓之它人或事物以見其意者，皆是也。夫不直言而必寓之者，非吾不欲直言於人，而人實不可與直言故也，是則非吾之罪而人之罪也。何謂重言十七？與已同則應，不與已同則反，蓋同於己爲是之，異於己爲非之。是之所以應，非之所以反，此人之常情也，今吾之所以言於人者，固欲其應，不欲其反也，而吾言固不能與之同，而彼以爲非之也。若之，何使之應而不反也？故因其心之所重耆艾之人而言之，則言之雖非己，而出於己之所重者，猶己而已矣。故曰重言十七，所以已言也，是爲耆艾，凡周書中稱引古昔者，皆是也。夫人之情以耆艾爲重，一其所聞先於我也。夫人之所以先人者，非以年也，以有經緯本末足以先人，則人從之也，而年先矣而無經緯本末，獨以待年期，非所謂先也。人而無以先人，無人道也，人而無人道，是之謂陳人，則曷足以爲重哉！此人情之弊，而莊子之所以不得已也。何謂卮言日出，和以天倪？言之出未始有言也，未始有言而言之，則其日出也，猶卮而已矣。卮之爲物也，酌於樽罍而時出之，其中虛而無積者也；天倪者，無爲之至而聖人之所休也；知卮言之日出，則和之以是非，而休乎天均矣。觸類而長之，則出處語默，無所往而不爲天倪也，則死生爲晝夜而已矣，此其因以曼衍，而所以窮年也，曼衍則觸類而長之之謂也。夫唯無我而不言則齊矣，有言則有我，有我則物物不同，夫安能齊哉！是故齊之與言，言之與齊，未始齊也，則不言雖齊，猶與言不齊，則未足以爲大齊也。唯言無言，而後爲大齊，則卮言是也。言無言，終身言，未嘗言；終身不言，未嘗不言。何則？言與不言，皆我之所分辨，苟爲無我，則孰爲言，孰爲不言哉？此所以爲大齊也。故所謂可與不可，然與不然，皆有自也。何謂有自？惡乎然，然於然；惡乎不然，不然於不然；惡乎可，可於可；惡乎不可，不可於不可；所謂於可於不可，於然於不然，其所於者乃其所自也。物莫不有所自者，則物固有所然，固有所可，而無物不然，無物不可可知矣。夫唯道爲能久，非道則早已而而已矣，則言而非卮言日出，和以天倪，非道而已矣，孰能得其久邪！此老子以希言爲自然，而有飄風不終朝，暴雨不終日之喻也。萬物皆種也，以不同形相禪而已，其出未始不同也。知其所以同出之處，則其始卒若環，未始有窮，而莫得其倫，是之謂天均。天均者，聖人所休，而是非於此而和者也，此萬物之所以齊而無爲之至，故曰天均者，天倪也。

纂微 呂注：寓言十九，則非寓而言者十一；重言十七，則非重而言者十三而已；卮言日出，和以天倪，則寓與不寓，重與不重，皆卮言也。何謂寓言十九？夫道近在吾心，以吾心論之，彼則疑而不信，猶父不爲子媒，必藉外論之，非吾不欲直言，人不可與直言故也。何謂重言十七？同己則應而爲是，異己則反而爲非。吾所以言於人者，欲其應，不欲其反也，故因其心之所重者艾之人而言之，以己所重，猶己言也。凡此書中稱引古昔者，皆是以耆艾爲重者，所聞先於我，非以年也，有經緯本末足以先人，則人從之。人而無以先人，是謂陳久之人，曷足重哉！言出未始有言，則其日出猶巵而已。巵之爲物，酌於罇罍，而時出之，中虛而無積也；天倪則無爲之至，聖人所休，和以是非，休乎天均，則出處語默，無非天均；因以曼衍，即是理而推之，所以窮年也。唯無我而不言則齊，有言則有我有物，安得而齊？故齊與言，言與齊，未始齊也；不言雖齊，猶與言不齊，未足爲大齊。唯言無言，而後大齊，巵言是也。故終身言，未嘗言；終身不言，未嘗不言。所謂可與不可，然與不然，皆有自也。固有所然所可，則無不然無不可可知矣。萬物之種，其出未始不同，知其同則知始卒若環，是謂天均。天均者，是非於此而和，萬物所齊，無爲之至，故曰天倪也。

莊子翼　呂注：同纂微，唯「彼則疑而不信」句誤作「彼而疑則不信」，又脱「以己所重，猶己言也」句，又「凡此書中稱引古昔者，皆是以耆艾爲重者」句脱「此」、「昔」、「是」三字。

莊子謂惠子曰：「孔子行年六十而六十化，始時所是，卒而非之，未知今之所謂是之非五十九非也。」惠子曰：「孔子勤志服知也。」莊子曰：「孔子謝之矣，而其未之嘗言。孔子云：『夫受才乎大本，復靈以生。鳴而當律，言而當法，利義陳乎前，而好惡是非直服人之口而已矣。使人乃以心服，而不敢蘁立，定天下之定。』已乎已乎！吾且不得及彼乎！」

呂注：傳稱孔子曰：「吾十有五有志於學，三十而立，四十而不惑，五十而知天命，六十而耳順，七十而從心所欲不踰矩。」擴〔一〕心之所念，更無是非，擴口之所言，更無利害，則所謂從心也，道未至於從心，則不免於化而已矣，此莊子所以稱其六十而六十化也。夫唯不化則已，苟有化也，而始時所是，卒而非之，則六十之所謂是，安知其非五十九非也？惠子不知孔子之所以如此者，與人同而已；至其與天同者，則至始及今，未始有化也，而真以孔子爲勤行而服而後知故也。莊子以孔子固以謝之，獨未之嘗言耳。謝之者，言其絕學棄智，而非勤志服知者也。孔子云：「夫受才乎大本，復靈以生。」太初有無，無有無名，一之所起，有一而未有形。物得以生之謂德，則所謂受才乎大本，復靈以生也。蓋其未生也，非獨無知而又無形，非特無形而又無氣也，安有所謂靈哉！及生也，有氣有形有知，形體保神，而後復其靈也。人莫不如此，賢者能勿喪耳。夫唯如此，故鳴而當律，而無事於聲音之調；言而當法，而無事於義理之擇。及夫利義陳乎前，我則從而好惡是非之。雖然，此直服人之口而已矣，以其所謂好惡是非者，其所待特未定也，非無爲而使之自化者

〔一〕「擴」，纂微、莊子翼作「横」，陳氏排印影本從之。下文「擴口之所言」句本字同。

也。若夫使人乃以心服而不敢蘁立，然後定天下之定，是乃使之自化者也，非以好惡是非服人之口而已矣。已乎已乎！吾其不得及彼乎！夫孔子固能使人心服而不敢蘁立，而定天下之定者也，而曰吾且不得及彼者，是其謝之矣，未之嘗言也。

纂微　呂注：傳稱孔子六十而耳順，七十而從心，從心則横心所念，更無是非；横口所言，更無利害是也。道未至於從心，則不免於化，化則必始是而卒非。六十之所謂是，安知非五十九非也？惠子不知此乃孔子之與人同者，至其與天同者，則自古及今，未始有化，而真以爲勤志而行，服知而知也。謝謂絶去之，物得以生之謂德，所謂受才乎大本，復靈以生也。未生則無氣無形，安有所謂靈生而有氣有形而復其靈也！鳴而當律，無事於聲音之調；言而當法，無事於義理之釋。若及夫義利陳乎前，我則從而好惡是非之，此直服人之口而已，以其所待未定，非無爲而自化者。若夫使人心服而不敢蘁立，然後定天下之定，是乃使之自化，非直服人之口而已。吾且不得及彼者，是其謝之，而未之嘗言也。

莊子翼　呂注：同纂微，唯「從心則横心所念」句作「從心所欲不踰矩，則横心所念」，又「此直服人之口而已」句脱「此」字。

曾子再仕而心再化，曰：「吾及親仕，三釜而心樂；後仕，三千鍾而不洎，吾心悲。」弟子問於仲尼曰：「若參者，可謂無所懸其罪乎？」曰：「既已懸矣。夫無所縣者，可以有哀乎？彼視三釜三千鐘，如觀雀蚊虻相過乎前也。」

呂注：適來夫子時也，適去夫子順也，安時處順，哀樂不能入也，古者謂是帝之縣解，則無所縣者，固不可以有哀也。夫死生亦大矣，而其哀樂不能入，則視三釜三千鐘，如觀雀蚊虻過乎前，大小多少，不足較也明矣。

纂微 呂注：安時處順，哀樂不能入，古者謂是帝之縣解，則無所縣者，固不可以有哀也。死生亦大矣，而哀樂不能入，則視三釜三千鐘，如觀雀蚊虻過乎前，其小大多少，不足較也明矣。

莊子翼 呂注：全同纂微。

顏成子游謂東郭子綦曰：「自吾聞子之言，一年而野，二年而從，三年而通，四年而物，五年而來，六年而鬼入，七年而天成，八年而不知死，不知生，九年而大妙。」

呂注：道未始有物也，既已爲物矣，而欲復於無物，則其致虛極，守靜篤，非一朝之積也。一年而野，則所謂忘仁義，賓禮樂之謂也；二年而從，言其心之莫逆也；三年而通，言其心智之徹也；四年而物，則所謂物物皆遊，物物皆觀之謂也；五年而來，則所謂唯道集之謂也；六年而鬼入，則所謂鬼神將來舍之謂也；七年而天成，與天合德也〔一〕；八年而不知死，不知生，智止於不知至矣；

〔一〕「七年而天成，則與天合德也」，此句失錄，據纂微、莊子翼補。纂微此句只存「天成」兩字，並注云：「云云，諸本皆缺。」陳氏排印影本從之。莊子翼存「天成則與天合德」七字。

九年而大妙，神也者，妙萬物而爲言者也。言至於此，而後體神也。

纂微　呂注：道未始有物也，既已爲物，而欲復於無物，則其致虛守靜，非一朝之積也。野謂忘仁義，賓禮樂，從言心之莫逆，通言心之徹物，即物物皆遊，物物皆觀矣。來則道集之謂，鬼入即鬼神來舍，天成（云云，諸本皆缺。）。不知死，不知生，則知止乎其所不知。大妙則神矣，妙萬物而爲言，然後能體神也。

莊子翼　呂注：同纂微，唯「天成」以下有「與天合德」四字。

生有爲，死也。勸公，以其死也，有自也；而生陽也，無自也。而果然乎？惡乎其所適？惡乎其所不適？天有歷數，地有人據，吾惡乎求之？莫知其所終，若之何其無命也？莫知其所始，若之何其有命也？有以相應也，若之何其無鬼邪？無以相應也，若之何其有鬼邪？

呂注：生而體乎無爲，則不知其有生也，不知其有生則不知其有死也；生而有爲，而後有死也，故爲道者勸之以公而無私，則不知有死矣；凡以所謂死者有自故也。蓋生而有爲，則死之所自也。聖人外其身而身存，非以其無私邪？故能成其私。若老子之言，則所謂勸公者也。夫原始要終，故知死生之説，始卒若環，則生陽而已，安有所自？則以有爲爲自者，亦以物之情而言之耳，其果然乎？夫體道窮神者，固不知有死生也，則惡乎其所適？惡乎其所不適邪？蓋萬化未始有極，所適與所不適，吾無所容心也。苟以求之，則天有歷數，地有人據，未始同也，吾惡乎求之乎歷數？則脩短禍福之默定乎前者也，人據則人事之實可據而驗者也。以爲無命邪？則其所終者不可得而知也，若有所制也。若之何？其無命也。以爲有命邪？則求其所自始者不可得也。若之何？其有命也。以爲無鬼邪？則有以相應也；以爲有鬼也，則無以相應也；是以智止於所不知，而皆無所容心，則得之矣。

纂微 呂注：生而無爲，則不知有生，不知有死；生而有爲，而後有死；勸之以公而無私，則不知有死矣。生而有爲，死之所自，故聖人外其身而身存，以其無私而能成其私，所以勸公也。原始要終，故知死生之說，始卒若環，則生陽而已，安有所自？以有爲爲自，亦以物情言之，其果然乎？故體道窮神者，不知有死生，惡有所適所不適？欲求之歷數人據，未始同也，又惡乎求之禍福人事之間哉！以爲無命邪？終若有所制也；以爲有命邪？求其始不可得也；以爲無鬼邪？而有以相應；以爲有鬼邪？而無以相應；是以止於所不知而無所容心，斯得之矣。

莊子翼 呂注：同纂微，唯「故知死生之說」句「死生」互乙爲「生死」。

眾罔兩問於景曰：「若向也俯而今也仰，向也括撮而今也被髮，向也坐而今也起，向也行而今也止，何也？」景曰：「叟叟也，奚稍問也！予有而不知其所以。予，蜩甲也，蛇蜕也，似之而非也。火與日，吾屯也；陰與夜，吾代也。彼吾所以有待邪？而況乎以無有待者乎！彼來則我與之來，彼往則我與之往，彼强陽則我與之强陽。强陽者又何以有問乎！」

呂注：衆罔兩者，生於影者也。影之生微陰，展轉非一，故曰衆。叟叟也，目其衆之辭也，原其始則其生也久矣，是以謂之叟也。夫影之俯仰括髮坐起行止，隨形而已矣，豈知其所以哉！形之有影，猶蜩之甲，蛇之蜕也，而非蜩甲蛇蜕也。影之爲物，得火與日則屯而顯，得陰與夜則代而隱，則火與日，陰與夜，乃影之所待而爲影也。然影之無情，豈知有所待邪！夫影之待而爲影者，必有火日陰夜者也，而不可謂之有待，而況乎以有待者乎！師能左右之曰以，以者能左右之者也。以有待者，則影之所自出者也，而形是也。以罔兩之無待，知影之無待；以影之無待，知影之所自出者亦無待，則不爲形之所累矣。彼來則我與之來，彼往則我與之往，强陽則我與之强陽，則往也，來也，强陽也，則皆非我而已矣。而謂之强陽則無情也，無情則何以有問乎！通於此説，則萬物芸芸，各復歸其根。而古之得道者，以空虚不毁，萬物爲實者，此也。

纂微　呂注：罔兩生於影，影外微陰非一，故曰叟叟。影之俯仰行止，隨人而已，豈知所以哉！形之有影，猶蜩之甲，蛇之蜕，而非蜩甲蛇蜕也。影得日火則屯而顯，遇陰夜則代而隱，此乃影之所待而爲影，然而無情豈知有待耶！影之所待者日火陰夜，而不可謂之有待，況以有待者乎！以有待者，影之所自出，即形是也。以罔兩無待，知影之無待；以影無待，知影之所出者亦無待，則不爲形所累矣。彼來往則我與之來往，彼強陽則我與之強陽，皆非我也，又何以有問乎！

莊子翼 呂注：全同纂微。

陽子居南之沛，老聃西游於秦，邀於郊，至於梁而遇老子。老子中道仰天而歎曰：「始以汝爲可教，今不可也。」陽子居不答。至舍，進盥漱巾櫛，脱屨户外，膝行而前曰：「向者弟子欲請夫子，夫子行不閒，是以不敢。今閒矣，請問其過。」老子曰：「而睢睢盱盱，而誰與居？大白若辱，盛德若不足。」陽子居蹵然變容曰：「敬聞命矣！」其往也，舍者迎將，其家公執席，妻執巾櫛，舍者避席，煬者避竈。其反也，舍者與之爭席矣。

呂注：睢盱自異，則舍者迎將之召也；老子所以歎子居，形諜成光，則户外屨滿之乃也；伯昏所以去禦寇，其趣一也。

纂微 呂注：睢盱自異，則舍者將迎之召也；老子所以歎子居，形諜成光，則户外屨滿之召也；伯昏所以去禦寇，其趣一也。

莊子翼 呂注：全同纂微，唯「御」作「禦」。

讓王第二十八〔一〕

堯以天下讓許由，許由不受。又讓於子州支父，子州支父曰：「以我爲天子，猶之可也。雖然，我適有幽憂之病，方且治之，未暇治天下也。」夫天下至重也，而不以害其生，又況他物乎！唯無以天下爲者，可以託天下也。舜讓天下於子州支伯。子州支伯曰：「予適有幽憂之病，方且治之，未暇治天下也。」故天下大器也，而不以易生，此有道者之所以異乎俗者也。舜以天下讓善卷，善卷曰：「余立於宇宙之中，冬日衣皮毛，夏日衣葛絺；春耕種，形足以勞動；秋收斂，身足以休食；日出而作，日入而息，逍遥於天地之間而心意自得。吾何以天下爲哉！悲夫，子之不知余也！」遂不受。於是去而入深山，莫知其處。

舜以天下讓其友石户之農，石户之農曰：「捲捲乎後之爲人，葆力之士也！」以舜之德爲未至也，於是夫負妻戴，攜子入於海，終身不反也。

呂注：方三代之季，父子兄弟爭天下國家，更相殘害，而所謂士者，則危身輕生以干澤，此讓

〔一〕本篇底本完存。陳氏排印影本題下注云：「呂義全輯纂微注論」。

王所以作也。許由支父支伯善卷之農，皆不以天下易生者也，而揚雄以爲允哲。堯禪舜之重，則不輕於由也，雄所謂重者，得不以其歷試而後授之以天下乎！彼不知堯之所以得舜者，不在於歷試，而歷試者與人同而已矣，所謂暴之於人是也。使由無避堯之意，則安知其試之不如舜乎？

纂微 呂注：三代之季，父子兄弟爭有天下，更相殘害，所謂士者，危身輕生以干澤，此讓王之篇所以作也。許由支父之徒，皆不以天下易其生者，揚雄以爲先哲。堯禪舜之重，則不輕於由也，所謂重者，得不以其歷試而後授之以天下乎！殊不知堯之所以得舜者，不在於歷試，歷試者與人同而已，所謂暴之於人是也。使由無避堯之意，安知其試之不如舜乎！

莊子翼 呂注：全同纂微。

大王亶父居邠，狄人攻之；事之以皮帛而不受，事之以犬馬而不受，事之以珠玉而不受，狄人之所求者土地也。大王亶父曰：「與人之兄居而殺其弟，與人之父居而殺其子，吾不忍也。子皆勉居矣！爲吾臣與爲狄人臣奚以異！且吾聞之，不以所用養害所養。」因杖筴而去之。民相連而從之，遂成國於岐山之下。夫大王亶父，可謂能尊生矣。能尊生者，雖貴富不以養傷身，雖貧賤不以利累形。今世之人居高官尊爵者，皆重失之，見利輕亡其身，豈不惑哉！越人三世弒其君，王子搜患之，逃乎丹穴。而越國無君，求王子搜不得，從之丹穴。王子搜不肯出，越人薰之以艾，乘以王輿。王子搜援綏登車，仰天而呼曰：

「君乎君乎！獨不可以舍我乎！」王子搜非惡爲君也，惡爲君之患也。若王子搜者，可謂不以國傷生矣，此固越人之所欲得爲君也。韓、魏相與爭侵地。子華子見昭僖侯，昭僖侯有憂色。子華子曰：「今使天下書銘於君之前，書之言曰：『左手攫之則右手廢，右手攫之則左手廢，然而攫之者必有天下。』君能攫之乎？」昭僖侯曰：「寡人不攫也。」子華子曰：「甚善！自是觀之，兩臂重於天下也，身亦重於兩臂。韓之輕於天下亦遠矣，今之所爭者，其輕於韓又遠。君固愁身傷生以憂戚不得也！」僖侯曰：「善哉！教寡人者衆矣，未嘗得聞此言也。」子華子可謂知輕重矣。

呂注：大王王子搜皆不以國傷身，而昭僖侯亦能用子華子之言，以輕其所爭，則於不以天下易生者，又其次也。

纂微　呂注：昭僖侯能用子華之言，而輕其所爭，則於不以天下易生者，又其次也。

莊子翼　呂注：全同纂微。

魯君聞顏闔得道之人也，使人以幣先焉。顏闔守陋閭，苴布之衣而自飯牛。魯君之使者至，顏闔自對之。使者曰：「此顏闔之家與？」顏闔對曰：「此闔之家也。」使者致幣，顏闔對曰：「恐聽者謬而遺使者罪，不若審之。」使者還，反審之，復來求之，則不得已。故若顏闔者，真惡富貴也。故曰，道之真以治身，其緒餘以爲國家，其土苴以治天下。由此觀之，帝王之功〔一〕，聖人之餘事也，非所以完身養生也。今世俗之君子，多危身棄生以殉物，豈不悲哉！凡聖人之動作也，必察其所以之與其所以爲。今且有人於此，以隋侯之珠彈千仞之雀，世必笑之。是何也？則其所用者重而所要者輕也。夫生者，豈特隋侯之重哉！

子列子窮，容貌有飢色。客有言之於鄭子陽者曰："列禦寇，蓋有道之士也，居君之國而窮，君無乃爲不好士乎？"鄭子陽即令官遺之粟。子列子見使者，再拜而辭。使者去，子列子入，其妻望之而拊心曰："妾聞爲有道者之妻子，皆得佚樂，今有飢色。君過而遺先生食，先生不受，豈不命邪！"子列子笑謂之曰："君非自知我也。以人之言而遺我粟，至其罪我也又且以人之言，此吾所以不受也。"其卒，民果作難而殺子陽。

楚昭王失國，屠羊說走而從於昭王。昭王反國，將賞從者，及屠羊說。屠羊說曰："大王失國，說失屠羊；大王反國，說亦反屠羊。臣之爵祿已復矣，又何賞之有〔二〕！"王曰："強之！"屠羊說曰："大王失國，非臣之罪，故不敢伏其誅；大王反國，非臣之功，故不敢當其賞。"王曰：

〔一〕"物"，纂微、莊子翼作"功"，陳氏排印影本從之。
〔二〕"有"，底本、纂微同。莊子翼作"言"，陳氏排印影本從之。

「見之！」屠羊説曰：「楚國之法，必有重賞大功而後得見，今臣之知不足以存國而勇不足以死寇。吳軍入郢，説畏難而避寇，非故隨大王也。今大王欲廢法毀約而見説，此非臣之所以聞於天下也。」王謂司馬子綦曰：「屠羊説處卑賤而陳義甚高，子綦爲我延之以三旌之位。」屠羊説曰：「夫三旌之位，吾知其貴於屠羊之肆也；萬鐘之祿，吾知其富於屠羊之利也；然豈可以貪爵祿而使吾君有妄施之名乎！説不敢當，願復反吾屠羊之肆。」遂不受也。原憲居魯，環堵之室，茨以生草；蓬户不完，桑以爲樞；而甕牖二室，褐以爲塞；上漏下濕，匡坐而弦。子貢乘大馬，中紺而表素，軒車不容巷，往見原憲。原憲華冠縰履，杖藜而應門。子貢曰：「嘻！先生何病？」原憲應之曰：「憲聞之，無財謂之貧，學而不能行謂之病。今憲，貧也，非病也。」子貢逡巡而有愧色。原憲笑曰：「夫希世而行，比周而友，學以爲人，教以爲己，仁義之慝，輿馬之飾，憲不忍爲也。」曾子居衛，緼袍無表，顔色腫噲，手足胼胝。三日不舉火，十年不制衣，正冠而纓絶，捉衿而肘見，納屨而踵決。曳縰而歌商頌，聲滿天地，若出金石。天子不得臣，諸侯不得友。故養志者忘形，養形者忘利，致道者忘心矣。孔子謂顔回曰：「回，來！家貧居卑，胡不仕乎？」顔回對曰：「不願仕。回有郭外之田五十畝，足以給飦粥；郭内之田十畝，足以爲絲麻；鼓琴足以自娱，所學夫子之道者足以自樂也。回不願仕。」孔子愀然變容曰：「善哉回之意！丘聞之：『知足者不以利自累也，審自得者失之而不懼，行修於內者無位而不怍。』丘誦之久矣，今於回而後見之，是丘之得也。」中山公子牟謂瞻子曰：「身在江海之上，心居乎魏闕之下，奈何？」瞻子曰：「重生，重生則利輕。」中山公子牟曰：「雖知之，未能自勝也。」瞻子曰：「不能自勝則從，神無惡乎？不能自勝而強不從者，此之謂重傷。重傷之人，無壽類矣。」魏牟，萬乘之公子也，其隱巖穴也，難爲於布衣之士；雖未至乎道，可謂有其意矣。孔子窮於陳蔡之間，七日不火食，藜羹不糝，顏色甚憊，而弦歌於室。顏回擇菜，子路子貢相與言曰：「夫子再逐於魯，削迹於衛，伐樹於宋，窮於商周，圍於陳蔡，殺夫子者無罪，藉夫子者無禁。弦歌鼓琴，未嘗絶音，君子之無恥也，若此乎？」顏回無以應，入告孔子。孔子推琴喟然而歎曰：「由與賜，細人也。召而來，吾語之。」子路子貢入。子路曰：「如此者可謂窮矣！」孔子曰：「是何言也！君子通於道之謂通，窮於道之謂窮。今丘抱仁義之道以遭亂世之患，其何窮之爲！故內省而不窮於道，臨難而不失其德，天寒既至，霜雪既降，吾是以知松柏之茂也。陳蔡之隘，於丘其幸乎！」孔子削然反琴而弦歌，子路扢然執干而舞。子貢曰：「吾不知天之高也，地之下也。」古之得道者，窮亦樂，通亦樂。所樂非窮通也，道德於此，則窮通爲寒暑風雨之序矣。故許由娱於潁〔一〕陽，而共伯得乎共首。

呂注：顏闔列御寇屠羊説原憲曾參顏回以至孔子，皆不妄受人之爵祿施予，以至貧賤凍餒，雖瀕於死，而不改其所樂者也。其次公子牟，雖未至乎道，可謂有其意矣。世俗之情，沈於人僞者，聞許由善卷之風狂而不信，故歷敘聖賢人莫不樂道以忘其生，明樂道以忘其生爲難，猶且爲之，則不以天下國家傷其生爲易，其信可知矣。

纂微　呂注：自顏闔御寇至孔子，皆不妄受人之爵祿施予，以至貧賤凍餒而不改其樂者也。其次公子牟，雖未至乎道，而有其意者也。世俗之人湛於人僞者，聞許由善卷之風狂而不信，故歷敘聖賢莫不樂道以忘生，忘生爲難，猶且爲之，則不以天下國家傷其生爲易，可知矣。

莊子翼　呂注：全同纂微，唯「御寇」作「禦寇」。

舜以天下讓其友北人無擇，北人無擇曰：「異哉后之爲人也，居於畎畝之中而遊堯之門！不若是而已，又欲以其辱行漫我，吾羞見之。」因自投清泠〔二〕之淵。湯將伐桀，因卞隨而謀，卞隨曰：「非吾事也。」湯曰：「孰可？」曰：「吾不知也。」湯又因務光而謀，務光曰：

〔一〕「潁」，底本、莊子翼同。纂微作「穎」，陳氏排印影本從之。

〔二〕「泠」，底本、莊子翼同。纂微作「冷」，陳氏排印影本從之。

「非吾事也。」湯曰：「孰可？」曰：「吾不知也。」湯曰：「伊尹何如？」曰：「強力忍垢，吾不知其他也。」湯遂與伊尹謀伐桀，剋之，以讓卞隨。卞隨辭曰：「后之伐桀也謀乎我，必以我爲賊也；勝桀而讓我，必以我爲貪也。吾生乎亂世，而無道之人再來漫我以其辱行，吾不忍數聞也。」乃自投椆水而死。湯又讓務光曰：「知者謀之，武者遂之，仁者居之，古之道也。吾子胡不立乎？」務光辭曰：「廢上，非義也；殺民，非仁也；人犯其難，我享其利，非廉也。吾聞之曰，非其義者，不受其祿，無道之世，不踐其土。況尊我乎！吾不忍久見也。」乃負石而自沈於廬〔一〕水。昔周之興，有士二人處於孤竹，曰伯夷叔齊。二人相謂曰：「吾聞西方有人，似有道者，試往觀焉。」至於岐陽，武王聞之，使叔旦往見之，與盟曰：「加富二等，就官一列。」血牲而理〔二〕之。二人相視而笑，曰：「嘻，異哉！此非吾所謂道也。昔者神農之有天下也，時祀盡敬而不祈喜；其於人也，忠信盡治而無求焉。樂與政爲政，樂與治爲治，不以人之壞自成也，不以人之卑自高也，不以遭時自利也。今周見殷之亂而遽爲政，上謀而下行貨，阻兵而保威，割牲而盟以爲信，揚行以悅眾，殺伐以要利，是推亂以易

〔一〕「廬」，莊子翼注云：「一作『盧』。」纂微作「瀘」，陳氏排印影本從之。

〔二〕「理」，纂微、莊子翼作「埋」，陳氏排印影本從之。

暴也。吾聞古之士，遭治世不避其任，遇亂世不爲苟存。今天下闇，殷德衰，其並乎周以塗吾身也，不如避之以絜〔一〕吾行。」二子北至於首陽之山，遂餓而死焉。若伯夷叔齊者，其於富貴也，苟可得已，則必不賴。高節戾行，獨樂其志，不事於世，此二士之節也。

呂注：北人無擇卞隨務光伯夷叔齊者，非特不受人之天下與其爵祿，又以聞其言處其世爲汙，至溺餓而死，此其於樂道以忘其生者益爲難，而世俗之情尤所不信者也。夫數子固皆聖賢人也，謂之聖賢人則其於死生固達矣。而死有重於大〔二〕山，有輕於鴻毛，而舜禹之讓，其流爲之噲；湯武之事，其末有贖輒；則聞無擇隨光夷齊之風者，其於天下後世豈小補哉！則死非所愛也，而韓非乃云：「湯恐天下以己爲貪，乃讓務光。恐光受之，乃使説光謂：『湯欲傳惡聲於子。』光因投於河。」而司馬遷亦不信有所謂隨光者。非乃以智殺其身者，則所以量湯光者，宜其如此。而數百年之虞夏之事，遷欲皆見於數篇之典謨而後爲信，此遷之俗學也。蓋許由支父支伯不以天下易生，使天下尊生而輕利者也。無擇隨光夷齊之徒，則棄生以礪天下，使天下知忘生而重義者也，其爲仁則一而已矣。而莊子方論至道，以兩遺名利之累，則隨光夷齊皆在所斥；方論讓王，以悟危身殉物之俗則在所貴。讀周之書而知此，則言忘而意得矣。

〔一〕「絜」，纂微、莊子翼作「潔」，陳氏排印影本從之。
〔二〕「大」，纂微、莊子翼作「太」，陳氏排印影本改。

纂微　呂注：若無擇隨光夷齊者，非特不受人之天下與其爵禄，又以聞其言處其世爲污辱，至於溺餓而死，此其於樂道以忘生者益爲難，世俗之情所不信也。數子皆聖賢，則於死生之義固達矣。夫死有重於太山，有輕於鴻毛，而舜禹之讓，其流爲之噲；殷武之事，其末爲聵輒。聞無擇隨光夷齊之風者，於天下後世豈小補哉！　則死非所愛也，而韓非乃云：「湯恐天下以己爲貪，乃讓務光。恐光受之，乃使説光：『湯欲傳惡聲於子。』光遂投河。」司馬遷亦不信有所謂隨光者。韓非以知殺身，則其量湯與光，宜若此。蓋許由支父支伯不以天下易其生，使後世尊生而輕利也。無擇隨光夷齊之徒，則棄生以礪天下，使後世忘生而重義也，其爲仁則一而已矣。莊子方論至道以遺名利，則夷齊隨光皆在所斥；及論讓王，以悟危身殉物之俗則皆在所貴。觀者知此，則言忘而意得矣。

莊子翼　呂注：全同纂微，唯「夫死有重於太山」句「太」作「泰」，「則棄生以礪天下」句「礪」作「利」字。

盜跖第二十九〔一〕

孔子與柳下季爲友，柳下季之弟，名曰盜跖。盜跖從卒九千人，橫行天下，侵暴諸侯，穴室樞户，驅人牛馬，取人婦女，貪得忘親，不顧父母兄弟，不祭先祖。所過之邑，大國守城，小國入保，萬民苦之。孔子謂柳下季曰：「夫爲人父者，必能詔其子；爲人兄者，必能教其弟。若父不能詔其子，兄不能教其弟，則無貴父子兄弟之親矣。今先生，世之才士也，弟爲盜跖，爲天下害，而弗能教也，丘竊爲先生羞之，丘請爲先生説之。」柳下季曰：「先生言爲人父者必能詔其子，爲人兄者必能教其弟，若子不聽父之詔，弟不受兄之教，雖今先生之辯，將奈之何哉！且跖之爲人也，心如湧泉，意如飄風，強足以距敵，辯足以飾非，順其心則喜，逆其心則怒，易辱人以言。先生必無往。」孔子不聽，顔回爲馭，子貢爲右，往見盜跖。盜跖乃方休卒徒太山之陽，膾人肝而餔之。孔子下車而前，見謁者曰：「魯人孔丘，聞將軍高義，敬再拜謁者。」謁者入通，盜跖聞之大怒，目如明星，發上指冠，曰：「此夫

〔一〕本篇底本完存。陳氏排印影本於題下注云：「呂義輯纂微注。」

魯國之巧僞人孔丘非邪？爲我告之：『爾作言造語，妄稱文武，冠枝木之冠，帶死牛之脅，多辭繆説，不耕而食，不織而衣，搖脣鼓舌，擅生是非，以迷天下之主，使天下學士不返其本，妄作悌弟而儌〔一〕幸於封侯富貴者也。子之罪大極重，疾走歸！不然，我將以子肝益晝餔之膳！』」孔子復通曰：「丘得幸於季，願望履幕下。」謁者復通，盜跖曰：「使來前！」孔子趨而進，避席反走，再拜盜跖。盜跖大怒，兩展其足，案劍瞋目，聲如乳虎，曰：「丘來前！若所言，順吾意則生，逆吾心則死。」孔子曰：「丘聞之，凡天下有三德：生而長大，美好無雙，少長貴賤見而皆悦之，此上德也；知維天地，能辯諸物，此中德也；勇悍果敢，聚衆率兵，此下德也。凡人有此一德者，足以南面稱孤矣。今將軍兼此三者，身長八尺二寸，面目有光，脣如激丹，齒如齊貝，音中黄鐘，而名曰盜跖，丘竊爲將軍恥不取焉。將軍有意聽臣，臣請南使吴越，北使齊魯，東使宋衛，西使晉楚，使爲將軍造大城數百里，立十數〔二〕萬户之邑，尊將軍爲諸侯，與天下更始，罷兵休卒，收養昆弟，共祭先祖。此聖人才士之行，而天下之願也。」盜跖大怒曰：「丘來前！夫可規以利而可諫以言者，皆愚陋恒民之

〔一〕「儌」，纂微、莊子翼作「徼」，陳氏排印影本從之。
〔二〕「十數」，纂微、莊子翼互乙爲「數十」，陳氏排印影本從之。

謂耳。今長大美好，人見而悦之者，此吾父母之遺德也。丘雖不吾譽，吾獨不自知邪？且吾聞之，好面譽人者，亦好背而毁之。今丘告我以大城衆民，是欲規我以利而恒民畜我也，安可長久也！城之大者，莫大乎天下矣。堯舜有天下，子孫無置錐之地；湯武立爲天子，而後世絶滅；非以其利大故邪？且吾聞之，古者禽獸多而人民少，於是民皆巢居以避之，晝拾橡栗，暮栖木上，故命曰有巢氏之民。古者民不知衣服，夏多積薪，冬則煬之，故命之曰知生之民。神農之世，卧則居居，起則于于，民知其母，不知其父，與麋鹿共處，耕而食，織而衣，無有相害之心，此至德之隆也。然而黄帝不能致德，與蚩尤戰於涿〔一〕鹿之野，流血百里。堯舜作，立群臣，湯放其主，武王殺〔二〕紂。自是之後，以强陵〔三〕弱，以衆暴寡。湯武以來，皆亂人之徒也。今子脩文武之道，掌天下之辯，以教後世，縫衣淺帶，矯言僞行，以迷惑天下之主，而欲求富貴焉，盜莫大於子。天下何故不謂子爲盜丘，而乃謂我爲盜跖？子以甘辭説子路而使從之，使子路去其危冠，解其長劍，而受教於子，天下皆曰

〔一〕「涿」，底本、莊子翼右旁皆缺倒數第三筆。從纂微、陳氏排印影本改。
〔二〕「殺」，莊子翼同，纂微作「伐」，陳氏排印影本從之。
〔三〕「陵」，纂微、莊子翼作「淩」，陳氏排印影本從之。

孔丘能止暴禁非。其卒之也，子路欲殺衛君而事不成，身菹於衛東門之上，是子教之不至也。子自謂才士聖人邪？則再逐於魯，削跡於衛，窮於齊，圍於陳蔡，不容身於天下。子教子路菹此患，上無以爲身，下無以爲人，子之道豈足貴邪？世之所高，莫若黃帝，黃帝尚不能全德，而戰涿鹿之野，流血百里。堯不慈，舜不孝，禹偏枯，湯放其主，武王伐紂，文王拘羑里。此六子者，世之所高也，孰論之，皆以利惑其真而強反其情性，其行乃甚可羞也。世之所謂賢士，伯夷、叔齊。伯夷、叔齊辭孤竹之君，而餓死於首陽之山，骨肉不葬。鮑焦飾行非世，抱木而死。申徒狄諫而不聽，負石自投於河，爲魚鼈所食。介子推至忠也，自割其股以食文公，文公後背之，子推怒而去，抱木而燔死。尾生與女子期於梁下，女子不來，水至不去，抱梁柱而死。此六〔一〕子者，無異於磔犬流豕操瓢而乞者，皆離名輕死，不念本養壽命者也。世之所謂忠臣者，莫若王子比干、伍子胥。子胥沈江，比干剖心，此二子者，世謂忠臣也，然卒爲天下笑。自上觀之，至於子胥、比干，皆不足貴也。丘之所以說我者，若告我以鬼事，則我不能知也；若告我以人事者，不過此矣，皆吾所聞知也。今吾

〔一〕「六」，原作「四」，纂微作「六」，陳氏排印影本從之，並注云：「崇文本作『四』字，誤。依仿宋本、纂微改『六』字。」君案：「伯夷」以下實共六子，陳任中校語爲是，此據纂微改。

告子以人之情：目欲視色，耳欲聽聲，口欲察味，志氣欲盈。人上壽百歲，中壽八十，下壽六十，除病瘦死喪憂患，其中開口而笑者，一月之中不過四五日而已矣。天與地無窮，人死者有時，操有時之具而託於無窮之間，忽然無異騏驥之馳過隙也。不能悦其志意，養其壽命者，皆非通道者也。丘之所言，皆吾之所棄也，亟去走歸，無復言之！子之道，狂狂伋伋〔一〕，詐巧虛僞事也，非可以全真也，奚足論哉！」孔子再拜趨走，出門上車，執轡三失，目芒然無所見，色若死灰，據軾低頭，不能出氣。歸到魯東門外，適遇柳下季。柳下季曰：「今者闕然數日不見，車馬有行色，得微往見跖邪？」孔子仰天而歎曰：「然。」柳下季曰：「跖得無逆汝意若前乎？」孔子曰：「然。丘所謂無病而自灸也，疾走料虎頭，編虎須，幾不免虎口哉！」

呂注：孔子天下之至善也，盜跖天下之至惡也；天下之至善以惡爲非而不爲，而至惡亦不以善爲是而爲之也，則善與惡相與爲對而已矣。吉凶者，貞勝者也。天下之動，貞夫一者也，唯其對而不一，則不足以相勝也。觀盜跖之所以拒孔子者，則天下之不仁而爲利者，其説皆如此也，則惡可與言哉！則凡治其心者，苟不能絶弃聖智仁義，亦不免爲巧利之對而已，豈足以爲道哉！是

〔一〕「伋伋」，底本、纂微同。莊子翼作「汲汲」，陳氏排印影本從之。

以至人知善與惡相去何若，故不譽堯非桀，兩忘而化其道而已矣。夫善惡兩忘而未始有物者，此人心之盡而道之體也。今不直言而必見之孔跖，何也？此所謂寓言也。夫直言人之心以爲未始有物，而善惡不足以相勝，則人之所難諭也。寓之二人，以見其情之實，或有得之者矣。而寓言若皆出於並世之人，則嫌於有實，故假百年之孔跖以同時而論，明其如此者，雖並世皆寓而已。

纂微 呂注：夫子與盜跖，善惡相對，吉凶貞勝者也。天下之動，貞夫一，唯其對而不一，則不足以相勝也。觀跖之所以拒夫子者，則天下之不仁而爲利者，其説皆如是，又惡可與言哉！凡治其心者，苟不能絶棄聖知仁義，則亦不免爲巧利之對而已。是以至人知善之與惡，相去何若？故不譽堯非桀，兩忘而化其道，以復乎未始有物，此人心之盡而道之體也。今不直言，寓之孔跖者，直言則人所難喻，故反覆辯難，以見其情之實。

莊子翼 呂注：全同纂微。

子張問於滿苟得曰：「盍不爲行？無行則不信，不信則不任，不任則不利。故觀之名，計之利，而義真是也。若棄名利，反之於心，則夫士之爲行，不可一日不爲乎！」滿苟得曰：「無恥者富，多信者顯。夫名利之大者，幾在無恥而信。故觀之名，計之利，而信真是也。若棄名利，反之於心，則夫士之爲行，抱其天乎！」子張曰：「昔者桀紂貴爲天子，富有天下，今謂臧聚曰，汝行如桀紂，則有怍色，有不服之心者，小人所賤也。仲尼墨翟，窮爲匹夫，今謂宰相曰，子行如仲尼墨翟，則變容易色稱不足者，士誠貴也。故勢爲天子，未必貴也；窮爲匹夫，未必賤也；貴賤之分，在行之美惡。」滿苟得曰：「小盜者拘，大盜者爲諸侯，諸侯之門，義士存焉。昔者桓公小白殺兄入嫂而管仲爲臣，田成子常殺〔一〕君竊國而孔子受幣。論則賤之，行則下之，則是言行之情悖戰於胷中也，不亦拂乎！故書曰：『孰惡孰美？成者爲首，不成者爲尾。』」子張曰：「子不爲行，即將疏戚無倫，貴賤無義，長幼無序；五紀六位，將何以爲別乎？」滿苟得曰：「堯殺長子，舜流母弟，疏戚有倫乎？湯放桀，武王殺紂，貴賤有義乎？王季爲適，周公殺兄，長幼有序乎？儒者僞辭，墨者兼愛，五紀六位將有別乎？且子正爲名，我正爲利。名利之實，不順於理，不監於道。吾日與子訟於無約曰：『小人殉財，君子殉名。其所以變其情，易其性，則異矣；乃至於棄其所爲而殉其所不爲，則一也。』

呂注：善與惡對，故孔子不能化盜跖；名與利對，故子張不能服苟得，而苟得之所以訟於無約也。子張爲聖人之容而不免以干祿爲學，則知有名者也；滿苟得則知有利而已，無約則體道而信者也。

〔一〕「殺」，底本、莊子翼同。纂微作「弑」，陳氏排印影本從之。下文「武王殺紂」句亦然。

纂微　呂注：善與惡對，故孔子不能化盜跖；名與利對，故子張不能服苟得，苟得所以訟於無約也。子張以干祿爲學則知有名，苟得則知有利，無約體道而信者也。

莊子翼　呂注：全同纂微。

故曰，無爲小人，反殉而天；無爲君子，從天之理。若枉若直，相而天極；面觀四方，與時消息。若是若非，執而圓機；獨成而意，與道徘徊。無轉而行，無成而義，將失而所爲。無赴而富，無殉而成，將棄其天。比干剖心，子胥抉眼，忠之禍也；直躬證父，尾生溺死，信之患也；鮑子立乾，申子不自理，廉之害也；孔子不見母，匡子不見父，義之失也。此上世之所傳，下世之所語，以爲士者正其言，必其行，故服其殃，離其患也。」

呂注：爲惡與利者，世之所謂之小人也；爲善與名者，世之所謂之君子也。故由人道言之，則有君子有小人；由天道言之，人之君子，天之小人，天之小人，人之君子；狥天而從其理，則君子小人不可得而分矣。若枉若直，相而天極。極，中也，枉直視乎天之中，則無枉直矣，所謂彼視莫得其偶，謂之道樞，樞始得其環中是也。雖中也，而未嘗執以爲中也。面觀四方，與時消息。則不執以爲中矣。此道之所以六通四辟，而無乎不在也。若是若非，執而圓機。機而圓則無所不應也，所謂是亦一無窮，非亦一無窮是也，與夫同是非，而其發若機栝者異矣。獨成而意，與道徘徊。則所謂躊躇以興事，以每成功者也。蓋枉直相乎天極，而是非執乎圓機，則與物無對，而其動常在於不得已，是以獨成其意，而與道徘徊也。凡若此者，所以之天而已矣。無轉而行，無成而義，將失而所爲；無赴而富，無殉而成，將棄而天，此則已之天矣，而不以人廢天之謂也。忠信廉義，皆世之所謂名與善也，然皆有所不免，則名與善非所以爲不殆也。而人之情但疑利惡之爲累，而不知名與善亦非道也，是以無約之論重及之也。

纂微　呂注：夫爲惡與利，世謂之小人；爲善與名，世謂之君子。此以人道言也，以天道言，則人之君子，天之小人；若狥天而從其理，則君子小人不可得而分矣。枉直視乎天之中，則無枉直。面觀四方，與時消息，則雖中而不執以爲中，此道之所以六通四辟，無乎不在也。是非皆一無窮，執圓機而無不應；獨成而意，與道徘徊，則躊躇興事，以每成功。凡若此者，所以之天。「無轉而行」至「將棄而天」，此則已之天，不以人廢天之謂也。忠信廉義，世所謂名與善也，而皆不免乎患。世人但知利惡之爲累，而不悟名與善亦非道也，是以無約之論重及之。

莊子翼　呂注：全同纂微，唯「則躊躇興事」句「躊」作「疇」字。

無足問於知和曰：「人卒未有不興名就利者。彼富則人歸之，歸則下之，下則貴之。夫見下貴者，所以長生安體樂意之道也。今子獨無意焉，知不足邪？意知而力不能行邪？故推正不忘邪？」知和曰：「今夫此人以爲與己同時而生，同鄉而處者，以爲夫絶俗過世之士焉；是專無主正，所以覽古今之時，是非之分也，與俗化。世去至重，棄至尊，以爲其所爲也；此所以論長生安體樂意之道，不亦遠乎！慘怛之疾，恬愉之安，不監於體；怵惕之恐，欣歡之喜，不監於心；知爲爲而不知所以爲，是以貴爲天子，富有天下，而不免於患也。」

呂注：無足以富而見下貴，乃所以爲長生安體樂意之道；知和以爲富者與己同時而生，同鄉而處，而世輒下而貴之，是以絶俗過世之士遇之也；則其中無主，正足以覽古今之時，是非之分可知也。而無足遂以爲是而爲之，則是與俗俱化。於世弃去其所謂至重至尊者，以爲世俗之所爲也，至重至尊，則所謂良貴者是也。夫弃去其良貴，則失其性命之情，失其性命之情而謂之長生安體樂意，亦疏矣。夫論長生安體樂意之道，則慘怛之疾，恬愉之安，必監於體；怵惕之恐，欣懽之喜，必監於心而後可論。今則不然，知爲爲而不知所以爲，則向所謂以隋〔一〕侯之珠，彈千仞之雀，是以雖至貴至富而不免於患，而況足於財者乎！

纂微 呂注：無足以富爲見下貴，是爲安體樂意之道；知和以爲富者同生同鄉，而世輒下貴之，則其中無主可知，是與俗化。於世棄其至重至尊者，以爲世俗之所爲，失其性命之性，謂之安體樂意亦疏矣。慘怛恬愉，不監於體；怵惕忻懽，不監於心；則知爲爲而不知所以爲，向所謂以隋

〔一〕「隋」，原作「隨」，據文意從纂微、莊子翼、陳氏排印影本改。

侯之珠，彈千仞之雀是也，雖至貴至富者，猶不免於患，況足於財者乎！

莊子翼 呂注：同纂微，唯「而世輒下貴之」句「輒」作「輒」字。

無足曰：「夫富之於人，無所不利，窮美究埶，至人之所不得逮，賢人之所不得及，俠人之勇力而以爲威強，秉人之知謀以爲明察，因人之德以爲賢良，非享國而嚴若君父。且夫聲色滋味權勢之於人，心不待學而樂之，體不待象而安之。夫欲惡避就，固不待師，此人之性也。天下雖非我，孰能辭之！」知和曰：「知者之爲，故動以百姓，不違其度，是以足而不爭，無以爲故不求。不足故求之，爭四處而不自以爲貪；有餘故辭之，弃天下而不自以爲廉。廉貪之實，非以迫外也，反監之度。勢爲天子而不以貴驕人，富有天下而不以財戲人。計其患，慮其反，以爲害於性，故辭而不受也，非以要名譽也。堯舜爲帝而雍，非仁天下也，不以美害生也；善卷許由得帝而不受，非虛辭讓也，不以事害己。此皆就其利，辭其害，而天下稱賢焉，則可以有之，彼非以興名譽也。」

呂注：無足以富爲是，而謂人之性皆然也，故曰，天下雖非我，孰能辭之？知和以爲不知足而不足者，不能讓其彊畔，故爭四處而不自以爲貪；知足而足者，無以天下爲，故弃天下而不自以爲廉；廉貪之實，非以迫外也，反監之度而已，度則其器之大小有不同也，而謂人性皆然，則非也。

纂微　呂注：無足以富爲是，謂人性皆然，孰能辭之？知和以爲不知足者不能讓畔，故爭四處而不以爲貪；知足以無以天下爲，故棄天下而不以爲廉；廉貪之實，反監之度而已，度謂器之小大不同，謂人性皆然，不可也。

莊子翼　呂注：全同纂微。

無足曰：「必持其名，苦體絶甘，約養以持生，則亦久病長阨而不死者也。」知和曰：「平爲福，有餘爲害者，物莫不然，而財其甚者也。今富人，耳營鐘鼓管〔一〕籥之聲，口嗛芻豢醪醴之味，以感其意，遺忘其業，可謂亂矣；侅溺於馮氣，若負重行而上也，可謂苦矣；貪財而取慰，貪權而取竭，靜居則溺，體澤則馮，可謂疾矣；爲欲富就利，故滿若堵耳而不知避，且馮而不舍，可謂辱矣；財積而無用，服膺而不舍，滿心戚醮，求益而不止，可謂憂矣；內則疑刦請之賊，外則畏寇盜之害，內周樓疏，外不敢獨行，可謂畏矣。此六者，天下之至害也，皆遺忘而不知察，及其患至，求盡性竭財，單以反一日之無故而不可得也。故觀之名則不見，求之利則不得，繚意絶體而爭此，不亦惑乎！」

呂注：馮與憑同，侅溺於馮氣，若負重行而上者，謂馮恃其資其氣，驕滿如此也；體澤則馮，謂

〔一〕「管」，底本、纂微同。莊子翼作「筦」，陳氏排印影本從之。

形體潤澤，則恃而不知衛生也；極言富之爲害如此其甚，而卒之曰觀之名則不見，求之利則不得，繚意絶體而爭之，不亦惑乎！　此則向所謂知爲爲而不知所以爲也。孔子不能化盜跖，子張不能服苟得，而苟得取直於無約，無足見屈於知和，則善惡名利不足以相勝，唯道德足以勝之也。禍莫大於不知足，則無足是也；信不足有不信，而道之爲信，則不約而信者也；則無約者，體道而信者也。道以復命爲常，德以知和爲常，則知和者，德之至者也。

纂微　呂注：倰溺於馮氣，言馮恃多資其氣驕滿；體澤則馮，謂形體潤澤，則恃而不知衛生；極言富之爲害如此，其終也觀之名則不見，求之利則不得，人乃繚意絶體而爭之，此則向所謂知爲爲而不知所以爲也。夫孔子不能化盜跖，子張不能服苟得，苟得取直於無約，無足見屈於知和，則知善惡名利不足以相勝，唯道德足以勝之也。

莊子翼　呂注：同纂微，唯「孔子不能」以上無「夫」字。

莊子義集校卷第十

説劍第三十〔一〕

昔趙文王喜劍，劍士夾門，而客三千餘人，日夜相擊於前，死傷者歲百餘人，好之不厭。如是三年，國衰，諸侯謀之。太子悝患之，募左右曰：「孰能説王之意，止劍士者，賜之千金。」左右曰：「莊子當能。」

呂注：莊子之制行，願曳尾於塗中，而不爲太廟犧〔二〕牲〔三〕，以悟危身殉物之俗，則説劍之實所未知也。而所以言此者，以明道之所用，無往而不可，此亦人間世之一也。

纂微　呂注：莊子之制行，願曳尾於塗中，而不爲太廟犧牲，以悟危身殉物之俗，則説劍實所未聞。蓋借此以明道之所用，無往而不可耳。

〔一〕本篇底本完存，黑水城本全佚。陳氏排印影本於題下注云：「本篇呂義全輯纂微注。」

〔二〕「犧」，原從「木」旁，據文意從纂微、莊子翼、陳氏排印影本改。

〔三〕「牲」，無錄，從纂微、莊子翼、陳氏排印影本補。

莊子翼 呂注：全同纂微。

太子乃使人以千金奉莊子。莊子弗受，與使者俱，往見太子曰：「太子何以教周，賜周千金？」太子曰：「聞夫子聖明，謹奉千金以幣從者。夫子弗受，悝尚何敢言！」莊子曰：「聞太子所欲用周者，欲絶王之喜好也。使臣上說大王而逆王意，下不當太子，則身刑而死，周尚安所事金乎？使臣上說大王，下當太子，趙國何求而不得也？」

呂注：止其君之喜好，而安其國之危，則其澤之所及，亦豈小哉！此有道者有時而爲之也。然許其事，而辭其幣，明君子之不可以貨取也。辭受之義，固當如此。

纂微 呂注：能止其君之喜好，而安其國之危，則其澤之所及，亦豈小哉！故有道者，有時而爲之許其事，而辭其幣，明君子之不可以貨取。

莊子翼 呂注：能止其君之喜好，而安其國之危，則其澤之及，亦豈小哉！

太子曰：「然。吾王所見，唯劍士也。」莊子曰：「諾。周善爲劍。」太子曰：「然吾王所見劍士，皆蓬頭突鬢垂冠；曼胡之纓，短後之衣，瞋目而語難，王乃悦之。今夫子必儒服而見王，事必大逆。」莊子曰：「請治劍服。」治劍服三日，乃見太子。太子乃與見王，王脱白刃待之。莊子入殿門不趨，見王不拜。

呂注：服其服，用其禮，所以同其事，同其事然後言可入。

纂微 呂注：服其服，用其禮，所以同其事，然後言可入也。

王曰：「子欲何以教寡人，使太子先？」曰：「臣聞大王喜劍，故以劍見王。」王曰：「子之劍何能禁制？」曰：「臣之劍十步一人，千里不留行。」王大悦之，曰：「天下無敵矣！」莊子曰：「夫爲劍者，示之以虚，開之以利，後之以發，先之以至。願得試之。」

呂注：天下無敵者，唯天子之劍爲然，天子之劍以天下爲之。天下神器，不可爲也。示之以虚，開之以利，後之以發，先之以至，此所以用神器之道也。無之以爲用，故示之以虚；有之以爲利，故開之以利；感而後應，迫而後動，故後之以發；不疾而速，不行而至，故先之以至；此以其不可爲而爲之者也。

纂微 呂注：夫天子之劒，以天下爲之。所以言天下神器，不可爲也。示之以虚，開之以利，後之以發，先之以至，此所以用神器之道，以其不可爲而爲之者也。莊子之所以爲劍者，如此而已。

莊子翼 呂注：全同纂微。

王曰：「夫子休就舍，待命令設戲請夫子。」王乃校劍士七日，死傷者六十餘人，得五六人，使奉劍於殿下，乃召莊子。王曰：「今日試使士敦劍。」莊子曰：「望之久矣。」王曰：「夫子所御杖，長短何如？」曰：「臣之所奉皆可。然臣有三劍，唯王所用，請先言而後試。」王曰：「願聞三劍。」曰：「有天子劍，有諸侯劍，有庶人劍。」王曰：「天子之劍何如？」曰：「天子之劍，以燕谿石城〔一〕爲鋒，齊岱爲鍔，晉魏爲脊，周宋爲鐔，韓魏爲鋏；包以四夷，裹以四時；繞以渤海，帶以常山；制以五行，論以刑德；開以陰陽，持以春夏，行以秋冬。此劍，直之無前，舉之無上，案之無下，運之無旁，上決浮雲，下絶地紀。此劍一用，匡諸侯，天下服矣。此天子之劍也。」文王芒然自失。

呂注：天子之劍以天下爲之，能知其本末輕重之所在，與其所以論制之法，持行之時，則能用之而天下服矣。鋒者劍之所以爲鋭者也，燕谿石城天下之至鋭也，故爲鋒鐔者，劍之所以爲利者也；齊岱天下之至利也，故爲鍔脊者，劍之所以爲幹也；晉魏至堅且厚，故爲脊鐔者，劍之所以爲本也；周宋所都也，故爲鐔鋏者，附鐔者也；韓魏近周宋者也，故爲鋏。四夷者，天下守焉，而不越乎其外者也，故包以四夷；四時者，天下在焉，而莫能出乎其内者也，故裹以四時；繞以渤海，繞所以圍之也，四方之外莫非海也；帶以恒山，帶所以繫之也，恒山太行天下之所繫也。一水二火三木四金五土，大法之所自出也，故制以五行；德生之，刑殺之，或生或殺，其用不常，故論以刑德；天下藏於非陰非陽，藏則閉之，或静而陰，或動而陽，乃其所以開也，故開以陰陽；春夏生之，秋冬成之，天下之舉，必在於成之之際，其未成也則持之而已，故持以春夏，行以秋冬。此劍，神器也，惟

〔一〕「城」，原作「域」，據文意從呂注、纂微、莊子翼、陳氏排印影本改。

神道爲可以御神器。直之無前，舉之無上，案之無下，運之無旁，乃其所以爲神也，神則無時無方者也，無時無方則無前旁上下之可得也，言前則有後，言旁則有中可知也。無不照也，故上決浮雲而不爲其所蔽；無不通也，故下絶地紀而不爲其所限。此劍一用，匡諸侯，天下服矣，此唐虞三代已試之効也。文王聞莊子之言，則知其〔一〕所好者，非真劍也，是以芒然自失也。

纂微 呂注：能知其本末輕重之所在，與其所以論制之法，持行之時，則用之而天下服矣。自「燕溪」「齊岱」至「渤海」「恒山」，喻天子之劍，以天下爲之；自「五行」「刑德」至「下絶地紀」，喻神之無時無方也。唯神人可以御神器，故匡諸侯而天下服，此唐虞三代已試之效也。莊子之所以爲劍者如此，文王聞之，芒然自失，乃知己所好者，非真劍也。

莊子翼 呂注：唯脱「此唐虞三代已試之效也」句。

曰：「諸侯之劍何如？」曰：「諸侯之劍，以知勇士爲鋒，以清廉士爲鍔，以賢良士爲脊，以忠聖士爲鐔，以豪桀士爲鋏。此劍，直之亦無前，舉之亦無上，案之亦無下，運之亦無旁；上法圓天以順三光，下法方地以順四時，中知民意以安四鄉。此劍一用，如雷霆之震也，四封之内，無不賓服而聽從君命者矣。此諸侯之劍也。」

〔一〕「其」，纂微、莊子翼作「己」，陳氏排印影本從之，當誤。

呂注：天子以天下爲劍者也，諸侯以一國爲劍者也。所謂天下一國者，非有其地也，非有其民也，有其民之望也，士者乃其民之望也。言其地，則其民與士在其中也；言得其士，則得其民與地可知矣。而天子則言地，諸侯則言士，何也？天子之地有天下，則其盛也，故以其地言之；諸侯之地有一國，則非其盛也，故以其士言之也。蓋無智勇士，則無與先者，故以爲鋒；無清廉士，則無與割者，故以爲鍔；賢良士，吾所以倚以爲幹者也，故以爲脊；忠聖士，吾所植以爲本者也，故以爲鐔；而豪傑士，則吾所持而行之者也，故以爲鋏。爲國者，亦觀吾之所以恃，以爲鋒鍔脊鐔鋏者合與否，則器之利不利，國之殆不殆可見也。故天下一國，大小雖殊，其所以用之者，在精神之運，則一而已，故亦無前旁上下之可得也。唯天子與天地合其德，則五行四時，在我所用，和同天人之際，而使之無間者也；諸侯則法天地以知民意而已，故曰上法圓天以順三光，下法方地以順四時，中知民意以安四鄉也。

纂微　呂注：諸侯以一國爲劒，故以士言，士者民之望也。知勇居先，故以爲鋒；清廉居次，故以爲鍔；賢良，倚以爲幹者，故爲脊；忠聖，植以爲本者，故爲鐔；豪傑，則吾所持而行者，故以爲鋏。爲國者，觀其所以爲鋒鍔鐔鋏者合與否，則器之利不利國之安危可知也。天下一國，大小雖殊，其所以用之者，在精神之運，則一而已。

莊子翼　呂注：全同纂微。

王曰：「庶人之劍何如？」曰：「庶人之劍，蓬頭突鬢垂冠，曼胡之纓，短後之衣，瞋目而語難。相擊於前，上斬頸領，下決肝肺。此庶人之劍，無異於鬬雞，一旦命已絶矣，無所用於國事。今大王有天子之位，而好庶人之劍，臣竊爲大王薄之。」王乃牽而上殿，宰人上食，王三環之。

呂注：及問庶人之劍，則正指王之所好，以救其失〔一〕。孟子所謂「撫劍疾視曰：『彼惡敢當我哉？』」此匹〔二〕夫之勇，亦猶是也。

纂微 呂注：及問庶人之劍，則正指王之所好，以救其失。

莊子翼 呂注：全同纂微。

莊子曰：「大王安坐定氣，劍事已畢奏矣！」於是文王不出宮三月，劍士皆服斃其處也。

呂注：莊子未嘗用庶人之劍，而云劍士皆服斃其處者，明所以勝剛強者，如此而已。

纂微 呂注：劍士皆服斃其處，明所以勝剛強者，如此而已矣。

〔一〕「及問庶人之劍，則正指王之所好，以救其失」十七字，無錄，或爲呂惠卿注之佚文，亦或爲纂微增語，此暫據纂微、莊子翼補。

〔二〕「匹」，原作「四」，據文意從纂微、莊子翼改。

漁父第三十一〔一〕

孔子游乎緇帷之林，休坐乎杏壇之上。弟子讀書，孔子弦歌鼓琴，奏曲未半。有漁父者，下船而來，鬚眉交白，被髮揄袂，行原以上，距陸而止，左手據膝，右手持頤以聽。曲終而招子貢子路，二人俱對。客指孔子曰：「彼何爲者也？」子路對曰：「魯之君子也。」客問其族。子路對曰：「族孔氏。」客曰：「孔氏者何治也？」子路未應，子貢對曰：「孔氏者，性服忠信，身行仁義，飾禮樂，選人倫，上以忠於世主，下以化於齊民，將以利天下。此孔氏之所治也。」

呂注：孔子體性抱神，以遊乎世俗之間者也，則安有漁父之譏者！而所以言此者，蓋世儒之學孔子者，不過其迹而已，故寓之漁父，以明孔子之所貴者，非世儒之可知也。子貢〔二〕之告漁父者，乃世儒之知孔子者也。天下雖大，亦物而已，孔子之所以爲孔子者，孰肯以物爲事也！

〔一〕本篇底本完存。陳氏排印影本於題下注云：「呂義輯纂微注。」「漁」，底本、纂微、莊子翼同，陳氏排印影本作「魚」。

〔二〕「子貢」以上，原有「孔」字，疑當作「子路」，或「故」、「則」等，然今據纂微、莊子翼，作衍文処理。

纂微 呂注：孔子體性抱神，以遊世俗，則豈有漁父之譏哉！所以言此者，蓋世之學孔子者，不過其迹，故寓言於漁父，以明孔子之所貴者非世俗所知，子貢之告漁父者，乃世儒所知孔子者也。夫天下雖大，亦物而已，孔子之所以爲孔子者，孰肯以物爲事！

莊子翼 呂注：全同纂微。

又問曰：「有土之君與？」子貢曰：「非也。」「侯王之佐與？」子貢曰：「非也。」客乃笑而還，行言曰：「仁則仁矣，恐不免其身；苦心勞形以危其真。嗚呼，遠哉其分於道也！」

呂注：道之真，以爲身；其緒餘土苴，以治國家天下。誠如子貢所言，非其任而爲其事，則其分於道也，豈不遠乎！

纂微 呂注：故道之真，以治身；緒餘土苴，以治國家天下。誠如子貢所言，非其任而爲其事，則其分於道也，豈不遠哉！

莊子翼 呂注：全同纂微。

子貢還，報孔子。孔子推琴而起曰：「其聖人與！」乃下求之，至於澤畔，方將杖拏而引其船，顧見孔子，還鄉而立。孔子反走，再拜而進。客曰：「子將何求？」孔子曰：「曩者先生有緒言而去，丘不肖，未知所謂，竊待於下風，幸聞咳唾之音以卒相丘也！」客曰：「嘻！甚矣夫子之好學也！」孔子再拜而起曰：「丘少而修學，以至於今，六十九歲矣，無所得聞至教，敢不虚心！」

呂注：失道而後德，失德而後仁，聖人則體道德者也，仁不足以言之。今客以仁爲不足而分於道，是以知其爲聖者也。

客曰：「同類相從，同聲相應，固天之理也。吾請釋吾之所有而經子之所以。子之所以者，人事也。天子諸侯大夫庶人，此四者自正，治之美也，四者離位而亂莫大焉。官治其職，人憂其事，乃無所陵。故田荒室露，衣食不足，征賦不屬，妻妾不和，長少無序，庶人之憂也；能不勝任，官事不治，行不清白，群下荒怠，功美不有，爵祿不持，大夫之憂也；廷無忠臣，國家昏亂，工技不巧，貢職不美，春秋後倫，不順天子，諸侯之憂也；陰陽不和，寒暑不時，以傷庶物，諸侯暴亂，擅相攘伐，以殘民人，禮樂不節，財用窮匱，人倫不飭，百姓淫亂，天子有司之憂也。今子既上無君侯有司之勢而下無大臣職事之官，而擅飾禮樂，選人倫，以化齊民，不泰多事乎！且人有八疵，事有四患，不可不察也。非其事而事之，謂之揔〔一〕；莫之顧而進之，謂之佞；希意道言，謂之諂；不擇是非而言，謂之諛；好言人之惡，謂之讒；析交離親，謂之賊；稱譽詐僞以敗惡人，謂之慝；不擇善否，兩容頰適，偷拔其

〔一〕「揔」，纂微、莊子翼作「總」，陳氏排印影本從之。

所欲，謂之險。此八疵者，外以亂人，内以傷身，君子不友，明君不臣。所謂四患者：好經大事，變更易常，以掛功名，謂之叨；專知擅事，侵人自用，謂之貪；見過不更，聞諫愈甚，謂之狠〔一〕；人同於己則可，不同於己，雖善不善，謂之矜。此四患也。能去八疵，無行四患，而始可教已。」

呂注：孔子以玄聖素王之道，所過者化，所存者神，非有意於化齊民，利天子者也，何疵患之有哉！若世儒所以知孔子者，無君侯有司之勢，大臣職事之官而爲其事，是有意爲之也，有意爲之則八疵四病豈所免邪！觀後世得孔子之迹者，而考其所爲，則莊周之言，雖千載之下，猶親見之也。嗚呼！是豈可不謂神人乎！

纂微 呂注：八疵四病，宜其不免也。觀後世得孔子之迹者，而考其所爲，則莊子之言，千載之下，猶親見之，得不謂之神人乎！

莊子翼 呂注：全同纂微。

孔子愀然而歎，再拜而起曰：「丘再逐於魯，削迹於衛，伐樹於宋，圍於陳蔡。丘不知所失，而離此四謗者何也？」客淒然變容曰：「甚矣子之難悟也！人有畏影惡迹而去之走

〔一〕「狠」，原作「很」，據文意從纂微、莊子翼、陳氏排印影本改。

者，舉足愈數而迹愈多，走愈疾而影不離身，自以爲尚遲，疾走不休，絶力而死。不知處陰以休影，處靜以息迹，愚亦甚矣！子審仁義之間，察同異之際，觀動靜之變，適受與之度，理好惡之情，和喜怒之節，而幾於不免矣。謹修而身，慎守其真，還以物與人，則無所累矣。今不脩之身而求之人，不亦外乎！」

呂注：審仁義之間，察同異之際，觀動靜之變，適受與之度，理好惡之情，和喜怒之節，世儒得孔子之察者，不過此六者而已矣。此六者，孔子之所以應世，而非其所以爲孔子者也，蓋六者雖異，不過以物爲事而已矣。夫苟以物爲事，而欲離四謗，何以異於舉足愈數而迹愈多，走愈疾而影不離其身哉！夫唯慎守其真，還以物與人，則無所累，此孔子所謂再逐於魯，削迹於衛，伐樹於宋，圍於陳蔡，而終不失其聖也。

孔子愀然曰：「請問何謂真？」客曰：「真者，精誠之至也。不精不誠，不能動人。故强哭者雖悲不哀，强怒者雖嚴不威，强親者雖笑不和。真悲無聲而哀，真怒未發而威，真親未笑而和。真在内者，神動於外，是所以貴真也。其用於人理也，事親則慈孝，事君則忠貞，飲酒則歡樂，處喪則悲哀。忠貞以功爲主，飲酒以樂爲主，處喪以哀爲主，事親以適爲主，功成之美，無一其迹矣。事親以適，不論所以矣；飲酒以樂，不選其具矣；處喪以哀，無問其禮矣。禮者，世俗之所爲也；真者，所以受於天也，自然不可易也。故聖人法天貴真，不拘於俗。愚者反此，不能法天而恤於人，不知貴真，祿祿而受變於俗，故不足。惜哉，子之早湛於人僞而晚聞大道也！」孔子又再拜而起曰：「今者，丘得遇也，若天幸然。先生不羞而比之服役，而身教之。敢問舍所在，請因受業而卒學大道。」客曰：「吾聞之，可與往者與之，至於妙道；不可與往者，不知其道，慎勿與之，身乃無咎。子勉之！吾去子矣，吾去子矣！」乃刺船而去，延緣葦間。顏淵還車，子路授綏，孔子不顧，待水波定，不聞拏音而後敢乘。子路旁車而問曰：「由得爲役久矣，未嘗見夫子遇人如此其威也。萬乘之主，千乘之君，見夫子未嘗不分庭伉禮，夫子猶有倨敖〔一〕之容。今漁父杖拏逆立，而夫子曲要磬折，再拜而應，得無太甚乎！門人皆怪夫子矣，漁父何以得此乎？」孔子伏軾而歎曰：「甚矣由之難化也！湛於禮儀有間矣，而樸鄙之心至今未去。進，吾語汝！夫遇長不敬，失禮也；見賢不尊，不仁也。彼非至人，不能下人，下人不精，不得其真，故長傷身。惜哉！不仁之於人也，禍莫大焉，而由獨擅〔二〕之。且道者，萬物之所由也，庶物失之者

〔一〕「敖」，纂微、莊子翼作「傲」，陳氏排印影本從之。

〔二〕「擅」，原作「壇」，據文意從纂微、莊子翼、陳氏排印影本改。

死，得之者生，爲事逆之則敗，順之則成。故道之所在，聖人尊之。今漁父之於道，可謂有矣，吾敢不敬乎！」

呂注：漁父之言，乃孔子之所蹈而敬之如此者，以明孔子之所貴，乃在於真，而世儒之所以知孔子者，真其土苴而已。

列禦寇第三十二〔一〕

列禦寇之齊，中道而反，遇伯昏瞀人。伯昏瞀人曰：「奚方而反？」曰：「吾驚焉。」曰：「惡乎驚？」曰：「吾嘗食於十漿，而五漿先饋。」伯昏瞀人曰：「若是，則汝何爲驚已？」曰：「夫內誠不解，形諜成光，以外鎮人心，使人輕乎貴老，而整其所患。夫漿人特爲食羹之貨，無多餘之贏，其爲利也薄，其爲權也輕，而猶若是，而況於萬乘之主乎！身勞于國而知盡於事，彼將任我以事而效我以功，吾是以驚。」

呂注：聖人被褐懷玉，而全其形生之人，藏其身也，不厭深眇而已。內誠不解，形諜成光，以外鎮人心，使人輕乎貴老，而整其所患，非所以被褐懷玉，而藏其身之道也。致道者忘心，內誠不解，則非忘心之至也。形諜成光，言其誠之發於形而成光，可諜而知也。食於十漿，而其半先饋，則是有以外鎮人心，而使之輕乎貴老而重己也。至人尸居環堵之室，而百姓倡狂，不知所如往。今有以使人輕乎貴老而重己，則整其所患而自貽也。整與齎同。

〔一〕本篇底本完存，黑水城本全佚。陳氏排印影本題下注云：「呂注輯纂微補。」

纂微　呂注：聖人被褐懷玉，全其形生，其藏身也，不厭深眇。内誠不解，則未能忘心。誠發於形而成光，可諜而知，非藏身之道也。食於十漿，其半先饋，是有以外鎮人心，使之輕乎貴老而重己，則螫其患而自貽也。螫同齎。

莊子翼　呂注：同纂微，唯「誠發於形而成光」句作「形光」兩字，又「使之輕乎貴老而重己」句脱「乎」字，「則螫其患而自貽也」句「螫」作「蜇」，「螫同齎」句「螫」作「蜇」。

伯昏瞀人曰：「善哉觀乎！汝處己，人將保汝矣！」無幾何而往，則户外之屨滿矣。伯昏瞀人北面而立，敦杖蹙之乎頤，立有間，不言而出。賓者以告列子，列子提屨，跣而走，暨乎門，曰：「先生既來，曾不發藥乎？」曰：「已矣！吾固告汝曰人將保汝，果保汝矣。非汝能使人保汝，而汝不能使人無保汝也，而焉用之感豫出異也！必且有感，搖而本性，又無謂也。與汝游者又莫汝告也，彼所小言，盡人毒也。莫覺莫悟，何相孰也！巧者勞而知者憂，無能者無所求，飽食而遨遊，汎若不繫之舟，虚而遨遊者也。」

呂注：感而後應，體性抱神，以遊世俗之間，則乃所以能使人無保汝之道也。感豫則非感而後應者也，出異則非遊乎世俗之間者也，是乃所以不能使人無保汝者也。雖然，出異則藏用不密而已矣，而感豫則摇而本性，養心存神者之所大患也，故以莫告而小言者爲毒，而莫覺莫悟者不可謂之相孰也，孰言其相與薫蒸至於成也。爲學者日益，日益故食無求飽，居無求安；爲道者日損，日損則去其智巧以復於無能，飽食而遨遊，汎兮若不繫之舟，虚而遨遊者也。列禦寇之於伯昏瞀人，則爲道者也。

纂微 吕注：唯感而後應，體性抱神，以遊世俗，乃能使人無保也。出異則藏用不窋，感豫則摇而本性，養心存神之大患，故以莫告而小言者爲毒，而莫覺莫悟者不可謂之相孰也，孰言其薰蒸而至於成。爲學者日益，故食無求飽，居無求安；爲道者日損，去知巧而復無能，故泛若不繫之舟，虚而遨遊者也。

莊子翼 吕注：同纂微，「唯故食無求飽，居無求安」句作「故勞且憂」。

鄭人緩也呻吟裘氏之地，祇三年而緩爲儒，潤河九里，澤及三族，使其弟墨。儒墨相與辯，其父助翟。十年而緩自殺。其父夢之曰：「使而子爲墨者，予也。闔胡嘗視其良，既爲秋柏之實矣？」夫造物者之報人也，不報其人而報其人之天。彼故使彼。夫人以己爲有以異於人以賤其親，齊人之井飲者相捽也。故曰今之世皆緩也。自是，有德者以不知也，而況有道者乎！古者謂之遁天之刑。聖人安其所安，不安其所不安；衆人安其所不安，不安其所安。

吕注：緩自爲儒〔一〕，而使弟爲墨，以至相與辨〔二〕。其父助翟，而緩自殺，皆其人而已矣。至

〔一〕「儒」，原作「懦」，據文意從纂微、莊子翼、陳氏排印影本改。
〔二〕「辨」，纂微、莊子翼作「辯」，陳氏排印影本從之。

緩之所以爲儒，與其弟之〔一〕所以爲墨，則其人之天也，其人則父子兄弟不一其身，儒墨不同其業，至其人之天則爲父子兄弟儒墨者一而已。而其父之所夢者，乃緩之天也，緩之天則其弟之天，而緩不自緩矣。故曰：「使而子爲墨者，予也。」言彼之爲墨，其天實使之也。「闔胡視其良，既爲秋柏之實矣？」良者所受於性而非學之所能者也，是亦天而已矣；其者指其人之辭也。緩謂其弟爲而子，而自謂己之天爲其良，則緩不自緩，而忘其父子兄弟之辭也。學儒而儒，學墨而墨，與緩之爲柏實，乃其所以報也。造物之報人，不報其人，而報其人之天，則緩與其弟之所以爲儒墨，與其死而爲柏實者，皆其天使之也，非人之所能爲也。而人不知所以使人己與〔二〕人者，未嘗異也，乃以己爲有以異於人，而至於賤其親，如緩之所爲者，豈不悲哉！此與齊人以井爲己有，而至於相捽者，何以異也！則凡今之世，不知其天而賤彼貴我者，皆緩而已矣。由緩觀之，則所以失性如彼者無他，以其有知而已矣。自是有德者以不知，不知者所以全其天也，而況有道乎！蓋有知則遁天，遁天倍情則不免於傷〔三〕也，是以古者謂之遁天之刑也。聖人安其所安，不安其所不安；衆人安其所不安，不安其所安。所安者，天也；所不安者，人也。

〔一〕「之」，原作「子」，據文意從纂微、莊子翼、陳氏排印影本改。
〔二〕「與」，纂微、莊子翼作「助」，陳氏排印影本從之。
〔三〕「傷」，纂微、莊子翼作「復」，陳氏排印影本從之。

纂微　呂注：緩自爲儒，而使弟爲墨，以至相與辯，其父助翟，而緩自殺，皆其人而已；若緩之所以爲儒，翟之所以爲墨，則其人之天也。論其人則父子兄弟不一其身，儒墨不同其業；論其人之天，則一而已。其父之所夢者，乃緩之天，緩之天即其弟之天，而緩不自緩矣，言彼之爲墨，天實使之；良者受之於性，非學所能，亦天而已。謂其弟爲而子，自謂己之天爲良，則忘其父子兄弟之辭。學儒而儒，學墨而墨，與緩之爲柏實，乃其所以報，皆天使之也。而人不知所以使己助人者未嘗異也，乃以己爲有以異於人，至於賤其親如緩之所爲，可不悲哉！此與齊人以井爲己有，而至於相捽者無異。世之不知其天，而賤彼貴我者，皆緩也，原其所以失性如彼者，以其有知而已。有德者以不知，所以全其天也，況有道者乎！有知則遁天，遁天倍情則不免於復，是以古者謂之遁天之刑。聖人安其所安，衆人安其所不安，所安者天也，所不安者人也。

莊子翼　呂注：同纂微，唯脱「聖人安其所安，衆人安其所不安」句。

莊子曰：「知道易，勿言難。知而不言，所以之天也；知而言之，所以之人也；古之人，天而不人。」

呂注：之天之人之分〔一〕，此無爲謂所以真是，狂屈似之，知與黄帝終不近也。

〔一〕「之天之人之分」六字，原無，或爲佚文，據纂微、莊子翼補。

纂微　吕注：之天之人之分，此無爲謂所以云狂屈似之，知與黄帝終不近也。

莊子翼　吕注：全同纂微。

朱泙漫學屠〔一〕龍於支離益，單千金之家，三年技成而無所用其巧。

吕注：龍之爲物，其變化有似乎聖智，屠龍則絶聖棄智之喻也；單千金之家，則空其所有也；三年技成，無所用其巧，則真能絶棄者，無所復事於絶棄矣，此則之於天之至者也。朱南方色之明也，泙蓋水之平，而漫則水之大也，支分而離散也，爲道者日損，故以分散爲益也。道至於絶棄聖智，唯明而平且大者，爲足以語此；而以分散爲益者，爲足以知之也。

纂微　吕注：龍之爲物，其變化有似乎聖知；屠則絶棄之謂；單千金之家，空其所有也；無所用其巧，則亦無所事於絶棄矣，此之天之全者也。

莊子翼　吕注：全同纂微。

聖人以必不必，故無兵；衆人以不必必之，故多兵；順於兵，故行有求。兵，恃之則亡。

吕注：兵莫憯乎志，而鏌鋣爲下。聖人之才，立之斯立，道之斯行，則其爲可必也，然而未嘗

〔一〕「屠」，原作「者」，據文意從纂微、莊子翼、陳氏排印影本改。

有必也，歸之天而已矣，是以必不必也，以必不必，則不爲不得志之所傷，故無兵；衆人反此，故多兵〔一〕。唯其如此，則順於兵而行有求，其甚則有恃之而亡者。夫唯弱其志而無必者，何恃而亡之有哉？

纂微 呂注：兵莫憯乎志，鏌鋣爲下。聖人之才，立之斯立，道之斯行，則可必也，然而未嘗必，歸之天而已，是以必不必，則不爲不得志之所傷，故無兵；衆人反此，故多兵，順於兵而行有求，有恃之而亡者矣。

莊子翼 呂注：全同纂微。

小夫之知，不離苞苴竿牘，敝精神乎蹇淺，而欲兼濟導物，太一形虚。若是者，迷惑于宇宙，形累不知太初。彼至人者，歸精神乎無始而甘冥乎無何有之鄉。水流乎無形，發泄乎大〔二〕清。悲哉乎！汝爲知在毫毛，而不知大寧！

呂注：小夫之知，不離於問遺之閒，則是敝精神乎蹇〔三〕淺者也。而欲兼濟導物，太一形虚，則非其任也。其所以迷惑於宇宙形累，不知太初，則不能太一形虚矣。夫唯至人歸精神乎無始，而甘瞑乎

〔一〕「兵」，原作「丘」，據文意從纂微、莊子翼、陳氏排印影本改。
〔二〕「大」，莊文及呂注均作是，纂微、莊子翼均作「太」，陳氏排印影本從之。
〔三〕「蹇」，原作「褰」，據文意從莊文、纂微、莊子翼、陳氏排印影本改。

無何有之鄉，至其動也，水流乎無形，而發泄[一]乎大清，乃所以兼濟導物，太一形虚者也。夫心之爲物，莫[二]知其向，其體亦大矣，而其智不離於苞苴竿牘之間，此其在毫毛而不知大寧，爲可悲者也。

纂微　呂注：小夫之知，不離問遺之間，則是敝精神乎蹇淺，而欲兼濟導物。太一形虚，非其任也，此所以迷惑於宇宙，形累不知太初，則不能太一形虚矣。唯聖人歸精神乎無始，而甘暝乎無何有之鄉，至其動也，水流乎無形，發泄乎太清，乃所以兼濟導物，太一形虚者也。夫心之爲物，莫知其鄉，亦大矣。而其知不離乎苞苴竿牘之間，此其知在毫毛而不知大寧，爲可悲也。

莊子翼　呂注：全同纂微。

宋人有曹商者，爲宋王使秦。其往也，得車數乘；王悦之，益車百乘。反於宋，見莊子曰：「夫處窮閭阨巷，困窘織屨，槁項黄馘者，商之所短也；一悟萬乘之主而從車百乘者，商之所長也。」莊子曰：「秦王有病召醫，破癰潰痤者得車一乘；舐痔者，得車五乘，所治愈下，得車愈多。子豈治其痔邪，何得車之多也？子行矣！」

呂注：凡賤其身以干澤者，皆舐痔之類也。

纂微　呂注：凡賤其身以干澤者，皆舐痔之徒也。

[一]「泄」，原作「世」，據文意從莊文、纂微、莊子翼、陳氏排印影本改。
[二]「莫」，原作「其」，據文意從莊文、纂微、莊子翼、陳氏排印影本改。

魯哀公問乎顔闔曰：「吾以仲尼爲貞幹，國其有瘳乎？」曰：「殆哉圾乎仲尼！方且飾羽而畫，從事華辭，以支爲旨，忍性以視民而不知不信，受乎心，宰乎神，夫何足以上民！彼宜汝與？予頤與？誤而可矣。今使民離實學僞，非所以視民也，爲後世慮，不若休之。難治也。」

呂注：易以貞爲事之幹，而天下之動，貞夫一者也，蓋唯忘心者爲可以致一，致一所以爲貞幹。若爲天下國家者，不出於此，而徒以聖人爲貞幹，則是不能絶學棄智，而其弊必至於如所言也，故託之哀公顔闔之辭焉。蓋貞固足以幹事，若所謂貞者，不出於致一，則安能固而爲事之幹哉！亦不免乎自危而已矣。而其所以危者，正由於不能掊擊聖人，而放於無心故也，故曰，殆哉圾乎仲尼！道法自然，猶鵠之不日浴而白，而有聖智之累焉，則是飾羽而畫也。羽之自然，非待於飾而畫之者也，失天質之大全，而飾以人爲之小巧，則是從事華辭，以支爲旨也。支與肢同，旨與指同，以肢爲指，則以大爲小，名實淆亂，而非其自然之體也。有諸己之謂信，信不足，有不信。事不出於自然，則皆強而已矣，安能信哉！則是忍性以視民，而不知不信也。若然者，不能忘心而受乎心，不能體神而宰乎神，受乎心，宰乎神者，此乃民之所以爲民也，夫何足以上民哉！道之所以不可與人者，以其中無主而不止也，則彼仲尼者，能宜汝與？抑予自頤養歟？蓋唯絶學而養心者，乃所以致一者也。苟不能絶學而心養，而以聖人爲貞幹，則誤而可矣，非所以爲正也。

夫爲國者出於非實而僞，則是使民離實學僞，而非所以視民也。爲後世慮，不若休之。難治也，休之則不若心養而已矣。

纂微　呂注：易以貞爲事之幹，天下之動，正夫一者也，唯忘心可以致一，致一所以爲貞幹。爲天下國家者，倘不知此，而徒欲任聖知以爲治，其弊必至於如所言也。夫道法自然，猶鵠之不日浴而白，有聖知爲之累，則是飾羽而畫也。羽者天質自然，畫者人爲之巧，猶從事華辭，以大爲小，名實淆亂，事不出乎自然，則皆强爲，忍性以視民，而不知不信。若然者，不能忘心而受乎心，不能體神而宰乎神，此所以爲民也，何足以上民哉！道之所以不可與人者，以其中無主，而不正也，則彼仲尼能宜汝與？抑予自頤養與？唯絶學而心養者，乃所以致一也。徒欲以聖人爲貞幹，誤而可矣，非所以爲正；離實學僞，非所以視民。

莊子翼　呂注：同纂微，唯「正夫一者也」句「正」作「貞」字，「猶鵠之不日浴而白」句「猶」作「如」字，「猶從事華辭」句「辭」作「詞」字。

施於人而不忘，非天布也。

呂注：聖〔一〕行而雨施，何不忘之有哉！

〔一〕「聖」，纂微、莊子翼作「雲」，陳氏排印影本從之。

纂微　呂注：若雲行雨施，則何不忘之有！

莊子翼　呂注：全同纂微。

商賈不齒，雖以事齒之，神者弗齒。

呂注：商賈不與士齒，蓋古之禮也；以事齒之，禮之變也；神者不齒，人之性也。言人之生，貴義而賤利，禮實出於人之性；至於好利而忘義者，失其本心故也。

纂微　呂注：商賈不與士齒，古禮也；以事齒之，禮之變也；神者不齒，人之性也。貴義而賤利，禮實出於人之性；至於好利而忘義者，失其本心故也。

莊子翼　呂注：全同纂微。

爲外刑者，金與木也；爲內刑者，動與過也。宵人之離外刑者，金木訊之；離內刑者，陰陽食之。夫免乎外內之刑者，唯真人能之。

呂注：金與木刑，人之體者也；動與過刑，人之心者也。寂然不動者，心之正也，而動無非邪也。有爲而欲當，則緣於不得已；爲而不緣於不得已者，過而已矣，皆害乎人之心，是以謂之刑也。楊子以爲：「晝人之禍少，夜人之禍多。」宵人則夜人之謂也，宵人之離外刑者，金木訊之；離內刑者，陰陽食之。夫其道未至乎光大，外雖免金木之訊，而內不免陰陽之食者，則猶爲宵人焉耳。夫唯真人寂然不動，而有爲也緣於不得已，則內外之刑安能累哉！

纂微　呂注：金與木刑，人之體；動與過刑，人之心；寂然不動者，心之正。動無非邪也，有爲而欲當，則緣於不得已，否則皆過而已。楊子云：「晝人之過少，夜人之過多。」宵即夜之謂。爲道未至乎光大，而不免内外刑者，猶爲宵人耳。唯眞人寂然，而爲緣於不得已，内外之刑安能累哉！

莊子翼　呂注：全同纂微。

孔子曰：「凡人心險於山川，難於知天；天猶有春秋冬夏旦暮之期，人者厚貌深情。故有貌愿而益，有長若不肖，有順懁而達，有堅而縵，有緩而釬。故其就義若渴者，其去義若熱。故君子遠使之而觀其忠，近使之而觀其敬，煩使之而觀其能，卒然問焉而觀其知，急與之期而觀其信，委之以財而觀其仁，告之以危而觀其節，醉之以酒而觀其則，雜之以處而觀其色。九徵至，不肖人得矣。」

呂注：愿者少立，故與益反；長與不肖反，順懁與達反。達者質直而好義，則非順懁也。堅與縵，緩與釬，皆相反者也。唯其如此，故察之不可以一塗。知人則哲，唯帝其難之。而唯畏巧言，遠佞人，此古人之所同也。

纂微　呂注：愿者少立，故與益反，長與不肖反，順懁與達反。達者質直而好義，則非順懁也。堅與縵，緩與釬，皆相反者，故察之不可以一塗也。

莊子翼 呂注：同纂微，唯「順慣與達反」句和「則非順慣也」句中，「慣」皆作「猨」字。

正考父一命而傴〔一〕，再命而僂，三命而俯，循牆而走，孰敢不軌！如而夫者，一命而呂鉅，再命而於車〔二〕上儛，三命而名諸父，孰協唐許！

呂注：言器度大小相反，有如此者。

纂微 呂注：「正考父」至「孰協唐許」〔三〕，言器度大小，有如此者。

莊子翼 呂注：全同纂微。

賊莫大乎德有心而心有眼，及其有眼也而內視，內視而敗矣。凶德有五，中德爲首。何謂中德？中德也者，有以自好也，而吡其所不爲者也。

呂注：不識不知，順帝之則者也，毀則爲賊，德有心而心有眼，則知識具而敗其則矣，則所謂賊者，孰大於是邪！內視則所謂識〔四〕也；五官之動，迷而不反，莫非凶也，而中德爲之首，則所謂德有心者也。有心則有我，有我則自是而非彼，故有以自好，而吡其所不爲也。

〔一〕「傴」，原作「區」，據文意從纂微、莊子翼、陳氏排印影本改。
〔二〕「車」，原作「東」，據文意從纂微、莊子翼、陳氏排印影本改。
〔三〕「正考父」、「孰協唐許」八字，底本無錄，纂微、莊子翼存，陳氏排印影本從錄；爲褚伯秀語羼入者。
〔四〕「識」，纂微、莊子翼作「賊」，陳氏排印影本從之。

纂微　呂注：不識不知，順帝之則，毁則爲賊矣，德有心而心有眼，知識具而敗其則，賊莫大於是，内視則所謂賊也；五官之動，迷而不反，莫非凶也，中德爲首，謂德有心。有心則有我，自是而非彼，故有以自好，而呲其所不爲也。

莊子翼　呂注：全同纂微。

窮有八極，達有三必，形有六府。美髯長大壯麗勇敢，八者俱過人也，因以是窮。緣循，偃佒，困畏不若人，三者俱通達。智慧外通，勇動多怨，仁義多責。

呂注：窮於道之謂窮，達於道之謂達，物之所聚之謂府。美髯長大壯麗勇敢，八者俱過人也，過人則自裕，自裕則故因是以窮。緣循，偃佒，困畏不若人，不若人則自強，自強故俱通達。孟子所謂「人之有德慧術知者，常存乎疢疾。獨孤臣孽子，其操心也危，其慮患也深，故達」，亦謂此也。知慧外通，外通則物至；勇動多怨，仁義多責，物至而怨責多，則物之所聚也，故謂之府。言此者，以明世俗之所謂美者，非美而不足恃；而惡者，非惡而不足病。智慧勇動仁義，雖善而不離乎形，要在强行有志，以遺其形而已矣。

纂微　呂注：八者俱過人則自裕，故以是窮；三者不若人，則自強，故通達。孟子論孤臣孽子操心慮患，義同。知慧外通則物至，勇動多怨，仁義多責，此明世俗之所美者非美，所惡者非惡，要在强行者有志，以遺其形而已。

莊子翼 呂注：同纂微，唯脱「孟子論孤臣孽子操心慮患，義同」句。

達生之情者傀，達於知者肖；達大命者隨，達小命者遭。

呂注：達生之情者，於生之情而達之者也，於生之情而達之則所謂天而生也，而無以知爲者也，無以知爲則傀然而已矣，傀然者無以知爲者也；達於知者，於知而達之者也，於知而達之者知吾之所知出於無知，而未能無知者也，則肖之而已矣，肖則似之而非也。命者，造物者之所爲，而吾即與造物者爲人者也，此達大命者也，故隨而已矣，隨則從之而不去也。知窮達在天而不在我，此達小命者也，故遭而已矣，遭則遇之而不辭也。

纂微 呂注：人能於生而達之，則所謂天而生者，無以知爲也，傀然而已。於知而達之者，知吾之所知出於無知而未能無知，肖之而已。命者，造物所爲，吾與造物爲人，故達大命者，隨之而不去；知窮達在天而不在我，故達小命者，遭之而不辭也。

莊子翼 呂注：全同纂微。

人有見宋王者，錫車十乘，以其十乘驕穉莊子。莊子曰：「河上有家貧恃緯蕭而食者，其子沒於淵，得千金之珠。其父謂其子曰：『取石來鍛之！夫千金之珠，必在九重之淵而驪龍頷下，子能得珠者，必遭其睡也。使驪龍而寤，子尚奚微之有哉！』今宋國之深，非直九重之淵也；宋王之猛，非直驪龍也；子能得車者，必遭其睡也。使宋王而寤，子爲韲粉夫」〔一〕！

呂注：世之冒險深〔二〕嘗以徼寵名幸而不痞者，皆探珠之類也，此乃至人之所危而哀之，而彼乃以驕穉人，不亦悲乎！驕穉者，言其駃而不知禍也。

纂微 呂注：世之冒險探嘗以徼寵名幸而不痞者，皆探珠之類也，此乃至人之所危而哀之，彼用以驕穉人，不亦謬乎！

莊子翼 呂注：全同纂微。

或聘於莊子。莊子應其使曰：「子見夫犧牛乎？衣以文繡，食以芻菽，及其牽而入於太廟，雖欲爲孤犢，其可得乎！」

呂注：莊子入於不死不生，而嘗以死爲南面王樂，則太廟犧〔牲〕，非所畏也。而俗方危身傷生以蹈利，故其制行如此。

纂微 呂注：莊子入於不死不生，嘗以死爲南面王樂，則太廟犧牲，非所畏也。而俗方危身傷生以蹈利，故其制行如此。

莊子翼 呂注：全同纂微。

〔一〕「夫」，底本、纂微同，莊子翼作「矣」，陳氏排印影本從之。

〔二〕「深」，纂微、莊子翼作「探」，陳氏排印影本從之。

莊子將死，弟子欲厚葬之。莊子曰：「吾以天地爲棺槨，以日月爲連璧，星辰爲珠璣，萬物爲齎送。吾葬具豈不備邪？何以加此！」弟子曰：「吾恐烏鳶之食夫子也。」莊子曰：「在上爲烏鳶食，在下爲螻蟻食，奪彼與此，何其偏也！」以不平平，其平也不平；以不徵徵，其徵也不徵。明者唯爲之使，神者徵之。夫明之不勝神也久矣，而愚者恃其所見入於人，其功外也，不亦悲乎！

呂注：得天地萬物之所一而同焉以爲體，則其生也，偹物以將形；其死也，以之爲齎送葬具；非虛言也。彼恐烏鳶之食於上，而不知螻蟻之食於下，則與奪之偏也。夫唯無心，則無所與奪，於以平之，則平之至也；於以徵之，則徵之至也。苟爲有心，則不能無取捨之偏，不能無取捨之偏則非得其常心者也。心而不得其常心，則至不平也；而欲以平之，則其平也不平矣。至不徵也，而欲以徵之，則其徵也不徵矣。猶之水也，莫動則平，大匠取則焉。唯其平也，故以平則平；唯其徵也，故以徵之則徵也；凡今之知所以與奪者，明而已矣。至其不知者，乃所以爲神也，明者唯爲之使而已，而神者則徵之，此明之所以不勝神也。而愚者莫知其所謂神，而獨恃其所見以入於人，則其用功外而已，安能反其性命之情哉！此乃真人所以悲之也。蓋恃其所見入於人，則非反己而自見者也。

纂微 呂注：得天地萬物之所一而同焉以爲體，則其生也，偹物以將形；其死也，以之爲齎送；非虚言也。彼患烏鳶螻蟻之食，則不免予奪之偏。唯無心則無所予奪，于以平之，則平之至；于以徵之，則徵之至。苟有心，則不無取舍，失其常心，是爲至不徵至不平也。欲以平之，則其平也不平；欲以徵之，則其徵也不徵。猶之水也，莫動則平，大匠取法。唯其平也，故以平之則平；唯其徵也，故以徵之則徵。凡今知所以予奪者明而已，其不知者乃所以爲神也，明者唯爲之使，而神則徵之，此明之所以不勝神也。而愚者莫知所謂神，獨恃其所見以入於人，則用功於外，安能反其性命之情哉！

莊子翼　呂注：全同纂微。

天下第三十三〔一〕

天下之治方術者多矣，皆以其有爲不可加矣。古之所謂道術者，果惡乎在？曰：「無乎不在。」

呂注：天下百家之學，莫不自以其所治方術施之有爲，爲不可加，而其方術各不同，則古之所謂道術果何在邪？曰「無乎不在」，言古之道術於天下方術無不在也，顧天下之方術，不得其全盡耳。

纂微 呂注：天下百家之學，莫不自以所治方術施之有爲，爲不可加，方術各不同，則古之道術果何在？曰「無乎不在」，但不得其全耳。

莊子翼 呂注：全同纂微。

曰：「神何由降？明何由出？」「聖有所生，王有所成，皆原於一。」

呂注：夫古之道術，無乎不在，則然矣。然天下之方術，既不得其全盡，則所謂神者何由降？

〔一〕本篇底本完存，黑水城本全佚。陳氏排印影本題下注云：「本篇呂注凡七段，並輯纂微本補。」底本實分爲二十二段。

而所謂明者何由出邪？蓋神之降則聖之所生也，明之出則王之所成也。聖有所生，王有所成，皆原於一，一者乃神之所由降，明之所由出也。

纂微　呂注：既不得其全，則神明何由降出？神降則聖之所生，明出則王之所成。一者，神明之主。

莊子翼　呂注：全同纂微。

不離於宗，謂之天人。不離於精，謂之神人。不離於真，謂之至人。以天爲宗，以德爲本，以道爲門，兆於變化，謂之聖人。以仁爲恩，以義爲理，以禮爲行，以樂爲和，薰然慈仁，謂之君子。以法爲分，以名爲表，以操爲驗，以稽爲決，其數一二三四是也，百官以此相齒，以事爲常，以衣食爲主，蕃息畜藏，老弱孤寡爲意，皆有以養，民之理也。古之人其備乎！配神明，醇天地，育萬物，和天下，澤及百姓，明於本數，係於未〔一〕度，六通四闢，小大精粗，其運無乎不在。

呂注：夫神降明出，聖生王成，皆原於一，則古之所謂天人神人至人聖人君子，其名不同，何也？以其所從言之異耳。古之語大道者，先明天而道德次之，則天者所宗也，故不離於宗，謂之

〔一〕「未」，本段莊文和呂注同，纂微、莊子翼皆作「末」，陳氏排印影本從之。

天人；純素之道，惟神是守，守而勿失，與神爲一，一之精通，合於天倫，則精所以入神也，故不離於精，謂之神人；唯真知爲能登假於道，不眞則不至也，故不離於真，謂之至人。聖人者，以天爲宗，則天人也；以德爲本，則神人也；以道爲門，則至人也。兼此三者，而兆於變化，是爲聖人而已，此神之降而爲聖也。至其以仁爲恩，以義爲理，以禮爲行，以樂爲和，薰然慈仁，謂之君子，此則明之出而爲王也。由聖人而上，與天同者也；由聖人而下，與人同者也。夫唯與人同，故以法爲分而不可犯，以名爲表而不可亂，以操爲驗而不可欺，以稽爲決而不可惑，凡以其有數存焉耳，則一二三四是也。分之以法，表之以名，驗之以操，決之以稽，其數多者位高而用大，其數少者居下而治小，百官之所以相齒者，以此而已。夫唯與天同，則歸根复命，以無事爲常；而與人同，則以事爲常也。以衣食爲主，蕃息畜藏，老弱孤寡爲意，皆有以養民之理也，是皆事而已矣。古之人，其皆備乎！言上則聖之所生，下則王之所成，無不備者也。唯其無不備，故能配神明，醇天地，蓋聖之所生，則配神而醇天；王之所成，則配明而醇地。唯其配神明，醇天地，故能育萬物，和天下，而澤及百姓也。天下之法，皆出於聖生而王成，惟其生之，故明於本數而不疑；惟其成之，故係於未度而不失，而其通〔一〕則不爲六合之所拘，其闢則不爲四序之所制，以至大小精粗，其運無乎不在，則古之所

〔一〕「通」，纂微、莊子翼作「道」，陳氏排印影本從之。

謂道術者，其體固如此也。

纂微　呂注：所謂天人神人至人聖人君子，其體大同，所從言之異耳。語道先明天，天者所宗也，故不離於宗，謂之天人；精所以入神，不眞則不至，聖人則全天體神之至者，故統道德而兆變化，此即神降而爲聖也。及其見於仁義禮樂，薰然慈仁，謂之君子，則明出而爲王也，由聖人而上與天同，由聖人而下與人同者也。以法爲分而不可犯，以名爲表而不可亂，以操爲驗而不可欺，以稽爲決而不可惑，此皆有數存焉。數多者位高而用大，數少者居下而治小，百官相齒，以此而已。上則聖之所生，下則王之所成，無不備者，故能配神明，醇天地，育萬物，和天下，明本數而不疑，係末度而不失，其道不爲六合所拘，其運無乎不在。古之道術，其大體如此。

莊子翼　呂注：全同纂微。

其明而在數度者，舊法世傳之史尚多有之。其在於詩書禮樂者，鄒魯之士搢紳先生多能明之。詩以導志，書以導事，禮以導行，樂以導和，易以導陰陽，春秋以導名分。其數散於天下而設於中國者，百家之學時或稱而道之。天下大亂，賢聖不明，道德不一，天下多得一察焉以自好。譬如耳目鼻口，皆有所明，不能相通。猶百家衆技也，皆有所長，時有所用。雖然，不該不徧，一曲之士也。判天地之美，析萬物之理，察古人之全，寡能備於天地之美，稱神明之容。是故內聖外王之道，闇而不明，鬱而不發，天下之人各爲其所欲焉以自爲方。悲夫，百家往而不反，必不合矣！後世之學者，不幸不見天地之純，古人之大體，道術將爲天下裂。

呂注：古之道術所謂神，而數所不能計，度所不能度者，固不可以書言傳。而其明在數度者，有司出其法，國史記其迹；其在詩書禮樂者，鄒魯之士搢紳先生多能明之，則所謂詩以導志，書以導事，禮以導行，樂以導和，易以導陰陽，春秋以導名分，皆古之道術明而在數度者也。而易與春秋，辭微旨遠，又非搢紳先生之所能明者也。先王以其數施於有政，散於天下，而設於中國，故百家之學，時得稱而道之，則天下之治方術者，固不出於古之道術之外也。天下有道，賢聖明而道德一，故學者得見其全，不爲殊方異術之所蔽，及其亂也反此。故天下多得一察焉以自好，得一察焉而已，而不察其餘，則非見其全者也。譬如耳目鼻口，皆有所明，不能相通，猶百家衆技，皆有所長，時有可用，而不可廢者也。雖然，不該不徧，一曲之士而已，蓋天地有大美而判之，萬物有成理而析之，是乃所以爲一曲也。自古人之全而察之，彼百家者，寡能備天地之美，稱神明之容，如向所謂古之人其備乎者也；是故內聖外王之道，闇而不明，鬱而不發，則所謂賢聖不明者也；天下之人各爲其所欲爲，以自爲方，則所謂道德不一，而天下皆得一察焉以自好者也。悲夫，百家往而不反，必不合矣！後世之學者，不幸不見天地之全，古人之大體，道術將爲天下裂，凡以此而已矣。言天地之全，則非判天地之美者也；言古人之大體，則非如耳目鼻口之不能相通也。莊周乃得古人之全者，而立言制行，以救一時之弊，則不免有偏，故爲此言，以自列於百家之間，以明其出於不得已也。

纂微　呂注：而所謂神者，數不能計，度不能度，不可以書言傳也。明在數度者，有司出其法，國史記其迹；其在詩書禮樂者，鄒魯之士多能明之。自詩以道志，至春秋以導名分，皆古之道術明而在數度者。先王以其數施於有政，散於天下，故百家時稱道之，亦不出於古道術之外。天下有道，聖賢明而道德一，學者得見其全，不爲奇方異術所蔽；及其亂也，天下多得其一端察焉以自好，雖各有所長，而不該不遍，一曲之士而已。天地有大美而判之，萬物有成理而析之，以古人之全而察之，彼百家者，寡能備天地之美，稱神明之容，是故聖王之道闇而不明，人各爲其所欲焉，道術爲天下裂矣。

莊子翼　呂注：同纂微，惟末句「道術爲天下裂矣」脱「爲天下」三字。

不侈於後世，不靡於萬物，不暉於數度，以繩墨自矯而備世之急，古之道術有在於是者。墨翟禽滑厘聞其風而悦之，爲之太過，已之大循。作爲非樂，命之曰節用；生不歌，死無服。墨子汜愛兼利而非鬭，其道不怒；又好學而博，不異，不與先王同，毁古之禮樂。黄帝有咸池，堯有大章，舜有大韶，禹有大夏，湯有大濩，文王有辟雍之樂，武王周公作武。古之喪禮，貴賤有儀，上下有等，天子棺槨七重，諸侯五重，大夫三重，士再重。今墨子獨生不歌，死不服，桐棺三寸而無椁，以爲法式。以此教人，恐不愛人；以此自行，固不愛己。未〔一〕敗墨子道，雖然，歌而非歌，哭而非哭，樂而非樂，是果類乎？其生也勤，其死也薄，其道大觳；使人憂，使人悲，其行難爲也，恐其不可以爲聖人之道，反天下之心，天下不堪。墨子獨能任，奈天下何！離於天下，其去王也遠矣。

呂注：先王之治，至於聲名文物之大備，則不侈於後世，不靡於萬物，不暉於度數，非其常然也。以繩墨自矯，乃所以備世之急而已，此古之道術有在於是也。夫道所以體常而盡變，而墨翟禽滑釐特見其備世之急以爲常，所謂得一而察焉自好者也，而又爲之太過，以爲已之大循，而非可與人同之者也。「作爲非樂，命之曰節用，生不歌，死不服，墨子汜愛兼利而非鬭，其道不怒，又好學而博，不異」，凡此皆所謂爲之太過，而已之大循也。至其甚者，則不與先王同，毀古之禮樂，非特太過而已。黄帝堯舜禹湯文武周公莫不作樂也，而古之喪禮，貴賤有儀，上下有等，至於棺槨之重，數各不同，今墨子獨生不歌，死不服，桐棺三寸而無椁，以爲法式，此則不與先王同，而毀古之禮樂也。先王之爲喪葬之禮，蓋推其有泚之心而達之人，今墨子爲之如此其薄，非獨不愛人，固不愛己也。蓋墨子之爲此，本以汜愛兼利，特不察人之不堪，而失至於此，而

〔一〕「未」，底本、纂微莊文作「末」，據底本、纂微呂注、莊子翼莊文、呂注改。

故不愛人，則曰恐於己實堪其苦以爲之也，故其不愛己則曰固也。夫以約失之者鮮矣，則未敗墨子道也。雖然，哀哭之與樂，皆人情之所不能免也，先王爲之節文而已矣。墨子使之歌而非歌，哭而非哭，樂而非樂，是果與人之情類乎！其生也勤，其死也薄，其道大觳，使人憂，使人悲。則古之道術雖有在於是，而墨子爲之太過，雖有出於聖人之道，恐其不可以爲聖人之道也。反天下之心，天下不堪，墨子雖獨任，奈天下何？所謂王者，以天下心服而憂樂與之同而已矣，則離於天下，其去王也，豈不遠矣乎！

纂微　呂注：先王之治，至於聲名文物之大備，則不侈於後世，不靡於萬物，不暉於數度。非其常然也，以繩墨自矯，所以備世急，古之道術，有在於是。夫道所以體常而盡變，墨子特見其備世之急，遂以爲常，所謂得一而察焉自好，非可與人同也。自「作爲非樂」，至「博不異」，皆爲之太過，已之太循者也。先聖禮樂有節，喪葬有儀，今乃生不歌，死不服，不同先王，毁古禮樂，其儉薄如此，非特不愛人，亦不愛己矣。墨子本以汎愛兼利爲心，而不察人之不堪甘其苦而爲之，以約失之者鮮，則未敗墨子道也。哀樂人所不免，先聖爲之節文。墨子使之歌而非歌，哭而非哭，是果人情乎？生勤死薄，使人憂悲，古之道術，雖有在於是，而墨子爲之太過，不可謂聖人之道，已雖能任，奈天下不堪何？其去王道遠矣。

莊子翼　呂注：同纂微，唯「所謂得一而察焉自好」句「焉」字以下增「以」字，又「皆爲之太過，已之太循者也」句「太」均作「大」字。

墨子稱道曰：「昔者，禹之湮洪水，決江河〔一〕而通四夷九州也，名山三百，支川三千，小者無數。禹親自操橐耜而九雜天下之川；腓無胈，脛無毛，沐甚雨，櫛疾風，置萬國。禹大聖也而形勞天下也如此。」使後世之墨者，多以裘褐爲衣，以跂蹻爲服，日夜不休，以自苦爲極，曰：「不能如此，非禹之道也，不足謂墨。」

呂注：禹遭洪水之患，故其勞有至於如此，則所謂循世之急，而古之道術有在於是者也。而墨子欲以爲常然，則非也。

纂微 呂注：昔禹遭洪水，其勞至於此，所謂備世之急者。墨子以爲常然，則非也。

莊子翼 呂注：同纂微，唯「其勞至於此」句「於」下增「如」字。

相里勤之弟子五侯之徒，南方之墨者苦獲已齒鄧陵子之屬，俱誦墨經，而倍譎不同，相謂別墨；以堅白同異之辯相訾，以觭偶不仵之辭相應；以巨子爲聖人，皆願爲之尸，冀得爲其後世，至今不決。墨翟禽滑釐之意則是，其行則非也。將使後世之墨者，必自苦以腓無胈脛無毛，相進而已矣。亂之上也，治之下也。雖然，墨子真天下之好也，將求之不

〔一〕「河」，原作「何」，據文意從纂微、莊子翼、陳氏排印影本改。

得也，雖枯槁不舍也。才士也夫！

呂注：夫致勤儉以備世之急，此二子之意則是也，而爲之太過，以至天下不堪，是其行則非也。將使後世之墨者，必自苦以腓無胈，脛无毛，相進而已矣。在亂則所貴，在治則所賤，故曰亂之上，治之下也。雖然，勤儉者，人情之難爲者，而墨子優爲之，雖枯槁不舍，非性好之者不能也，則是真天下之好也，將求之而不得也，然不可以爲聖人之道，則才士而已矣！

纂微　呂注：夫勤勞備世之意，則是爲之太過，天下不堪，其行即非，將使後世學者自苦，以相進而已。勤儉固難爲，而墨子優爲之，真天下之好，求之不可得，可謂才士也夫！

莊子翼　呂注：同纂微，唯「其行即非」句「即」作「則」字，又「勤儉固難爲」句句首增「夫」字。

不累於俗，不飾於物，不苟於人，不忮於衆，願天下之安寧以活民命，人我之養畢足而止，以此白心，古之道術有在於是者。宋鈃尹文聞其風而悦之。

呂注：不累於俗，不爲俗之所累也；不飾於物，謂不願人之文繡也；不苟於人，其遇猶己誠之而不苟也；不忮於衆，在醜而不爭也；願天下之安寧以活民命，人我之養畢足而止，不願餘也；其必[一]有不然，則以爲垢而洗之，是以此白心也。古之道術有在於是者，二子聞其風而悦之。

[一]「必」，纂微、莊子翼作「心」，陳氏排印影本從之，亦通。

纂微　呂注：不爲俗所累，不求飾於物，推誠以及人，在醜而不爭，願人安養而不求餘，其心有不然，則以爲垢而洗之，是以此白心也。

莊子翼　呂注：全同纂微。

作爲華山之冠以自表，接萬物以別宥爲始；語心之容，命之曰心之行，以聏合驩，以調海內，請欲置之以爲主。見侮不辱，救民之鬬，禁攻寢兵，救世之戰。以此周行天下，上説下教，雖天下不取，強聒而不舍者也，故曰上下見厭而強見也。

呂注：萬物之紛爭，長生於交侵而苛急，別之使不交侵，宥之使不苛急，乃所以息其紛爭，而願真安寧之道也。心之爲物，無所不容，則宜無所爭也。二子語其容而行之，命之曰心之行，以聏合驩，以調海內，是乃所謂心之行也，請欲置之以爲主，言若此者，己願惟[一]而宗之也。「見侮不辱，以救民之鬬，禁攻寢兵，以救世之戰。以此周行天下，上説下教，雖天下不取，強聒而不舍」，此其爲驩調[二]之道也。

纂微　呂注：夫物之紛爭，由於交侵而苛急，別而宥之，乃所以息紛爭，而願安寧之道。心之爲物，無所不容，則宜無所爭也。二子語其容而行之，以聏合歡，以調海內，是謂心之行。欲置之

〔一〕「惟」，纂微、莊子翼作「推」，陳氏排印影本從之。

〔二〕「驩調」，「驩」字右旁原作「翟」，據莊文改。纂微、莊子翼作「調聏」，陳氏排印影本從之。

爲主，推而宗之，自「見侮不辱」至「強聒不舍」，此所謂調胹之道。

莊子翼　呂注：同纂微，唯末句「此所謂調胹之道」尾增「也」字。

雖然，其爲人太多，其自爲太少，曰：「請欲固置五升之飯足矣。」先生恐不得飽，弟子雖飢，不忘天下，日夜不休，曰：「我必得活哉！」圖傲乎救世之士哉！

呂注：古之道術雖有在於是，而其爲人也太多，而爲己也太少，此二子之所以不合於道也。「先生恐不得飽，弟子雖飢，不忘天下」，是其爲人太多，而爲己太少也。「日夜不休，曰：『我必得活哉！』圖傲乎救世之士哉！」言人之情必不至於圖傲乎救世之士，而不我顧，則我必得活，而不以飢死爲憂也。

纂微　呂注：古之道術雖有在於是，然爲人太多，爲己太少，此二子所以不合於是。言我日夜不休以救世人，人必不至於圖傲乎救世之士，而不我顧，則我必得活，不以饑死爲憂。

莊子翼　呂注：全同纂微。

曰：「君子不爲苛察，不以身假物。」以爲無益於天下者，明之不如已也，以禁攻寢兵爲外，以情欲寡淺爲內，其小大精粗，其行適至是而止。

呂注：其行適至是而止，言過此則非二子之所知，謂其不聞道也。

纂微　呂注：其行適至是而止，過此則非二子所知，謂其不聞道也。

莊子翼　吕注：全同纂微。

公而不黨，易而無私，決然無主，趣物而不兩，不顧於慮，不謀於知，於物無擇，與之俱往，古之道術有在於是者。彭蒙田駢慎到聞其風而悦之。

吕注：公而不黨，易而無私，則其中空虚而決然無主，決然無主則與物爲一，故趣物而不兩。夫唯如此，故不顧於慮，不謀於智，於物無擇，與之俱往矣。古之道術者，其寂然不動之時，三子聞其風而悦之；至其感而遂通天下之故，則三子者之所不知也。

纂微　吕注：不黨無私，則中虚而無主，故與物爲一。不顧不謀，與物俱往。古之道術者，寂然不動之時，三子聞風而悦，感而遂通天下之故，則三子者之所不知也。

莊子翼　吕注：不黨無私，則中虚而無主，故與物爲一。不顧不謀，與物俱往。古之道術，其寂然不動者，三子所悦也。感而遂通天下之故，則三子者之所不知也。

齊萬物以爲首，曰：「天能覆之而不能載之，地能載之而不能覆之，大道能包之而不能辯之，知萬物皆有所可，有所不可，故曰選則不徧，教則不至，道則無遺者矣。」是故慎到棄知去己而緣不得已，泠汰於物以爲道理。

吕注：天大，地大，道大，而皆有所能，有所不能，則知萬物皆有所可，皆有所不可。皆有所可也，而選之則不徧；皆有所不可也，而教之則不至；唯無可無不可，而齊之以道，則無遺者矣。是故慎到棄知去己而緣不得已，泠汰於物以爲道理，以爲如是則可以無遺者也，泠者所以清〔一〕其濁也，汰者所以去其擾也，彼以爲物濁且擾而慁於我，故泠汰之也。古之治道者，固以棄智去己緣不得已，泠汰於物矣，然由是以入道，而非以是爲道也。二子以道理爲止於此，蓋不知智與己未始有物，而萬物並作乃其所以復，而其芸芸乃其所以歸根，不足以鐃吾心也。

纂微　呂注：天大，地大，道大，而有所不能，則知萬物有所可，有所不可。選則不遍，教則不至，唯齊之以道，則無遺矣。是故慎到棄知去故，而緣於不得已，泠者清其濁，汰者去其擾，古之人由是以入道，非以是爲道。二子以道爲止於此，蓋不知智與己未始有物也。夫萬物並作乃其所以復，而其芸芸乃其所以歸根，不足以撓吾心也。

莊子翼　呂注：全同纂微。

曰知不知，將薄知而後鄰傷之者也，謑髁無任而笑天下之尚賢也，縱脱無行而非天下之大聖，椎拍輐斷，與物宛轉，舍是與非，苟可以免，不師知慮，不知前後，魏然而已矣。推而後行，曳而後往，若飄風之還，若羽之旋，若磨石之隧，全而無非，動靜無過，未嘗有罪。是何〔二〕故？夫無知之物，無建己之患，無用知之累，動靜不離於理，是以終身無譽。故曰

〔一〕「清」，原作「積」，據文意從纂微、莊子翼、陳氏排印影本改。
〔二〕「何」，原作「可」，據文意從纂微、莊子翼、陳氏排印影本改。

至於若無知之物而已，無用賢聖，夫塊不失道。豪傑相與笑之曰：「慎到之道，非生人之行而至死人之理，適得怪焉。」

呂注：慎到之所以棄智去己，泠汰於物以爲道理者，以爲知不知而已，將薄之而後隣傷之者也，言唯無知乃所以全也。夫知乃不知也，不知乃知也，慎到徒知夫知之不知，而不知夫不知之乃知也。謑髁無任而笑天下之尚賢，縱脱無行而非天下之大聖，則所以棄知去己也。謑髁不定而無任，則無所事於尚賢也；縱脱不拘而無形，則無所事於大聖也。椎拍輐斷，與物宛轉，舍是與非，苟可以免，則泠汰於物之謂也，椎拍者練而治之也，輐斷者破而絶之也，於物宛轉則所謂與之俱往者也。唯其如此，故能不師知慮，不知前後，魏然而已矣。推而後行，曳而後往，若飄風之還，則莫知所以使之者，若羽之旋，若磨石之隧，則其動非我也，是皆無知之物而已。夫無知之物，無建己之患，無用知之累，動靜不離於理，是以終身無譽，唯其無譽是以動靜無過，而未嘗有罪。慎到以是爲道理，故其言曰，至於若無知之物而已，無用聖賢，夫唯塊然而不失道。蓋知絶聖棄知之説，然不知其絶棄聖智者，乃所以爲聖知也，則奚以異於死人之理哉！此豪傑〔一〕之士所以笑之而得怪於天下也。彼觀萬物之復於並作，而歸其根於芸芸者，豈所以見怪哉！

〔一〕「傑」，原作「桀」，據文意從莊文、纂微、莊子翼、陳氏排印影本改。

纂微　呂注：慎到之所以爲道理者，以爲知不知而已，將薄之而後隣傷之，唯無知乃所以全也。慎到徒知夫知之不知，而不知夫不知之乃知也。謑髁不定，縱脱無行，而非天下之賢聖所以棄知去已也。「椎拍魭斷」連下三句，則泠汰於物之謂，椎拍鍊治之，魭斷破絶之，宛轉則與之俱往，故忘知慮前後，魏然而已。推曳而後動，若風羽之旋，磨石之隧，則其動非我也，若無知之物而已。故無建己用知之患，動靜不離於理，是以無譽無過。慎到以是爲道理，夫唯塊不失道，蓋知絶聖棄知之説，而絶棄之者乃所以爲聖知也，則奚以異於死人之理！豪傑所以笑之而得怪於天下。

莊子翼　呂注：同纂微，唯「慎到之所以爲道理者」句脱「者」字。

田駢亦然，學於彭蒙，得不教焉。彭蒙之師曰：「古之道人，至於莫之是莫之非而已矣。其風窢然，惡可而言？」常反人，不聚觀，而不免於魭斷。其所謂道非道，而所言之韙不免於非，彭蒙田駢慎到不知道。雖然，槩乎皆嘗有聞者也。

呂注：田駢亦然，學於彭蒙，得不教焉，以其教則不至故也。而於彭蒙之師，其言：「古之道人，至於莫之是莫之非而已矣。其風窢然，惡可而言？」此亦幾乎未始有是非，而知者不言之説也。至於所爲常與人反，而欲以不聚人觀，則不免於輐斷而已矣。夫道未始有物也，故以空虛不毁萬物爲實，奚以常反人而以椎拍輐斷爲哉！則其所謂道非道，而所言之韙，不免於非，以其滯於無知之域而已矣。是三子者，世固謂之知道，而非知道者也。雖然，槩乎皆嘗有聞者也。若墨翟禽滑釐宋鈃尹文，非唯不知道，而亦未嘗有聞也。蓋道本出於性命之情，而其眞以爲身，今墨翟禽滑釐立言制行，舉離於天下，至於人己俱不愛，則喪本失眞爲最甚者，故論道術爲天下裂，而先及之；其次宋鈃尹文，則爲人太多，爲己太少，故以次之；而彭蒙田駢慎到雖不知道，而不可謂不近之者也，故又次之；而後及於關尹老聃之真人焉。蓋從粗至精，從末至本，其序如此。

纂微　呂注：田駢學於彭蒙，得不教焉，以其教則不至也。言古人至於莫之是非而已，其風窢然，惡可而言？亦幾乎未始有是非，而知者不言之説。至於所爲與人反，而欲以不聚人觀，則不免於魭斷而已。夫道未始有物也，故以虛空不毀萬物爲實，奚以常反人而以椎拍魭斷爲哉！其所謂道非道，而所是不免於非，以其滯於無知之域。三子雖非知道，槩嘗有聞者；若墨翟滑釐宋鈃尹文，非唯不知道，又未嘗有聞也。道本出於性命之情，而其眞以治身，今墨翟滑釐制行，舉離於天下，至於人己不愛，則喪本失眞爲甚，故論道術爲天下裂而先及之；次以宋尹，則爲知道；田慎則知而近之，由粗以及精也。

莊子翼　呂注：同纂微，唯「而所是不免於非，以其滯於無知之域」句「不」作「未」字，「域」下有「耳」字，又「非唯不如道」句「如」正爲「知」字。

以本爲精，以物爲粗，以有積爲不足，澹然獨與神明居，古之道術有在於是者。關尹老聃聞其風而悦之。

呂注：道生之，德畜之，物形之，勢成之。言本則知物之爲末，言物則知道德之爲本也，以本爲精則以末爲粗，以物爲粗則以無物爲精。道未始有物者也，未始有物故以有積爲不足，則致虛之極必至於無積而後止，則澹然獨與神明居而已矣。道之爲物，唯恍唯惚，惚所以神，而恍所以明也。古之道術，本末精粗無乎不在，而關尹老聃以本爲精，趣時而已矣。

纂微　呂注：以道爲精則以物爲粗，以物爲粗則以無物爲精矣。道未始有物，故以有積爲不足，致虛極則必至於無積而後止，澹然獨與神明居而已。古之道術，本末精粗無乎不在，此云以本爲精，趣時而已。

莊子翼　呂注：全同纂微。

建之以常無有，主之以太一，以濡弱謙下爲表，以空虛不毁萬物爲實。關尹曰：「在己無居，形物自著。其動若水，其靜若鏡，其應若響。芴乎若亡，寂乎若清。同焉者和，得焉者失。未嘗先人而常隨人。」老聃曰：「知其雄，守其雌，爲天下谿；知其白，守其辱，爲天下谷。」人皆取先，己獨取後，曰受天下之垢；人皆取實，己獨取虛，無藏也故有餘，巋然而有餘。其行身也，徐而不費，無爲也而笑巧。人皆求福，己獨曲全，曰苟免於咎。以深爲根，以約爲紀，曰堅則毁矣，鋭則挫矣。常寬容於物，不削於人，可謂至極。關尹老聃乎！古之博大真人哉！

呂注：道未始有物，而時有焉，則猶有未樹者也，建之以常無有，則物不能拔矣。一與言爲二，二爲一爲三，有所謂一，則非太一也，太一則所謂一者，亦不可得矣，主之以太一，則萬物歸焉而不知主矣。道之體，無形而不爭者也，故以濡弱謙下爲表，觀其表則其中之所體可知矣。萬物芸芸，各復歸其根，則其體自空虛也，故以空虛不毀萬物爲實，則異乎椎拍輐斷而以爲道者也。關尹曰：「在己無居，形物自著。其動若水，其靜若鏡，其應若響。芴乎若亡，寂乎若清。同焉者和，得焉者失，未嘗先人而嘗隨人。」水鏡之動靜，響之應聲，皆在己無居，而形物自著之効也。老聃曰：「知其雄，守其雌，爲天下谿；知其榮，守其辱，爲天下谷。」雖應而不倡，辱謝而歸根，谿輸而不積，谷應而不藏，而江海之原所自出也，所謂建之以常無有，主之以太一之證也。「人皆取先，己獨處後，曰受天下之垢」，所謂以濡弱謙下爲表也。「人皆取實，己獨取虛，無藏也故有餘，巋然而有餘」，唯其虛而無藏，故不毀萬物，而萬物爲之用而有餘矣。雖爲之用，而未嘗有之也，則其有餘也，巋然而已矣，則所謂以空虛不毀萬物爲實者也。夫唯如此，故其行身也徐而不費，無爲也而笑巧。未嘗先人而嘗隨人，所以徐而不費也，不費則異乎墨翟慎到，勞形損已以爲之道者也。因物之自虛而不毀之，則雖無爲也，而笑巧矣。夫今之所以能笑巧者其誰乎？無爲而笑巧，則異乎慎到之若無知之物而已矣。人皆求福，己獨曲全，曰苟免於咎，蓋免於咎則福之至者也。「以深爲根，以約爲紀，曰堅則毀矣，銳則挫矣。」萬物之生也柔弱，其死也枯槁，以深爲根則無事於堅矣。泰者，進而鋭之者也，以約爲紀則無事於鋭矣。至虚也，至大也，故常寬容於物而不削於人，蓋以本爲精，而澹然獨與神明居，則其所體者道之眞而無以加矣。不離於真，謂之至人，則至極乃所以爲真人也，故曰，關尹老聃乎！古之博大眞人哉！

纂微　呂注：道本無物，而時有焉，則猶有未樹也，建之以常無有，則物不能拔矣。一與言爲二，有所謂一，則非太一，太一則一亦不可得，故萬物歸焉而不知主。道無形則不爭，故以濡弱謙下爲表，觀其表則中之所體可知。物各歸根，體自空虚，以空虚不毁萬物爲實，異乎椎拍輐斷以爲道者也。「關尹子曰」十一句，皆在己無居，形物自著之功。老子曰：「知雄守雌，知白守辱。」雌靜而不唱，辱謝而歸根，溪輸而不積，谷應而不藏，而江海之源所自出，則建以常無有，主以太一之謂也。處後而受垢，以濡弱謙下爲表也；處虚而無藏，故不毁萬物而物爲之用；此其所以有餘。不先人而隨人，所以徐而不費，異乎勞形苦已以爲道者矣；因物之自虚而不毁之，則異乎若無知之物矣。曲全免咎，是所謂福；以深爲根，則無事於堅；以約爲紀，則無事於鋭；至虚至大，故常容物，不削於人。蓋以本爲精，而澹然獨與神明居，則所體者道之眞，可謂至極，故歎曰，古之博大眞人哉！

莊子翼　呂注：全同纂微，唯「則物不能拔矣」句「不」作「莫」字，「關尹子曰」句脱「曰」字，「溪輸而不積」句「溪」作「谿」字。

寂漠無形，變化無常，死與生與，天地並與，神明往與！芒乎何之，忽乎何適，萬物畢羅，莫足以歸，古之道術有在於是者。莊周聞其風而悦之，以謬悠之説，荒唐之言，無端崖之辭，時恣縱而不儻，不以觭見之也。以天下爲沈濁，不可與莊語，以卮言爲曼衍，以重言爲真，以寓言爲廣。獨與天地精神往來而不敖倪於萬物，不譴是非，以與世俗處。其書雖瓌瑋而連犿無傷也。其辭雖參差而諔詭可觀。彼其充實不可以已，上與造物者遊，而下與外死生無終〔一〕始者爲友。其於本也，弘大而闢，深閎而肆，其於宗也，可謂稠適而上遂矣。雖然，其應於化而解於物也，其理不竭，其來不蛻，芒乎昧乎，未之盡者。

呂注：寂寞無形而不可見，變化無形而不可測，以爲死歟則未嘗有生也，以爲生歟則未嘗有死也，以爲天地並與則未始有古今也，以爲神明往與則未始有彼是也。非死非生，非古非今，非彼非是，則芒乎何之，忽乎何適哉！無思也，無爲也，寂然不動而已矣。萬物畢羅，而無不在也，而莫足以歸者，其唯神之所爲乎？此莊周之所悦而粹之者也。以謬悠無實之説，荒唐不經之言，無端崖不可窮之辭，以時放焉而不苟，蓋皆有對而不以觭見之也。夫唯有對，則雖無實不經，不可窮而無害於信言也。方天下之清也，聖賢明而道德一，人可與莊語，莊語則法言而已矣。以天下爲

〔一〕「終」，原作「絡」，據文意從纂微、莊子翼、陳氏排印影本改。

沈濁而不可與莊語，則唯道之從，以趣時而已矣。巵言，道也，道之應，日用而無窮。重言與寓言，所以趨時，時不知吾言之信，故稱古昔以爲重，重言則有其實者也，故以重言爲真。以重言不足以論，而後有寓言，故以寓言爲廣。夫唯周之所體者，獨與天地精神往來，而不敖睨於萬物者也，故其言亦然。不敖者不絶而疏之也，不倪者不際而親之也。不譴是非，以與世俗處，言其無是非之責，所以群於世俗之道也。瓌瑋之物則衆之所異也，不欲琭琭如玉則瓌瑋非所尚也。然其書雖瓌瑋而連犿無傷也，連則莫見其罅隙，犿則其定體不可得而求也，則非俗之可得而貴也。其辭雖參差，而諔詭可觀，諔蓋言之淑，而詭則言之異，又非世俗之可得而賤也。非特其辭然也，唯其有諸中而充實，則不可以已也，故上與造物者遊，下與外死生無終始者爲友，而莫之禦也。以本爲精，以德爲本，則所謂本者，德也，其於本也，宏大而闢，深閎而肆，不離於精，則神人之事也。以天爲宗，其於宗也，可謂調適而上遂矣，不離於宗，則天人之事也。以關尹老聃爲博大真人，真人則至人之謂也。而自謂於本宗如此，則其神人天人之事乎！雖然，其出神天而化於物也，其理不竭，不竭者，既以爲人己愈有，既以與人己愈多也。其入神天而解於物也，其來不蜕，不蜕者，即人之形而解之，非待蜕而後解之者也，所謂人皃而天者也。芒乎昧乎，未知盡者，此神之所以不可知者也。

纂微 吕注：無形故不可見，無常故不可測。以爲死與，則未嘗有生；以爲生與，則未嘗有死；以爲天地並與，則未嘗有古今；以爲神明往與，未嘗有彼是；然則芒芴無爲，寂然不動而已。萬物畢羅，無不任也，莫足以歸，其唯神之所爲乎？以謬悠荒唐不可窮之辭，時恣縱而不苟，蓋皆有對不以觭見之，則雖無實不經，不害其爲信言也。莊語猶法言，唯道之從而已。卮言喻道之日用無窮，重言寓言，所以趨時也。人不吾言之信，故稱古昔以爲重，重言不能喻，而後有寓言。夫莊子之所體者，獨與天地精神往來，而不傲倪於萬物，故其言亦然，傲倪猶踈親也。不譴是非，所以羣於世俗，著書雖瑰瑋，而連犿無傷也，連謂無間隙，犿則有定體，然不可得而求，非世俗所可貴也。諔詭言之異，非世俗所可賤也。唯其有諸中而充實不可以已，故上與造物者遊，下與外死生無終始者友，則入於神矣。其本宏大，以天爲宗，可謂調適上遂，不離於宗者也。故應化也，其理不竭；解物也，其來不蛻；謂形不待蛻而後解，芒昧無盡，此神之不可知者也。

莊子翼 呂注：全同纂微，唯脱「唯道之從而已」句，「而不傲倪於萬物，故其言亦然，傲倪猶踈親也」句「傲」均作「敖」字，「著書雖瑰瑋」句「瑰」作「瓌」字。

惠施多方，其書五車，其道舛駁，其言也不中。

呂注：自墨子而下，雖老聃莊周於古人之全，或本或末，獨處其一而已。故皆曰古之道術有在於是者也。至乎惠施之所治，以爲本邪，則不免弱於德而強於物而已矣；以爲末邪，而其所言蓋有妙理存乎其間者也，是以謂之多方，而不曰古之道術有在於是者也。其書五車，其道舛駁，言其書之多，而其道舛而不合，駁而不純；而其言也，過而不中；此其所以爲多方也。

歷物之意，曰：「至大無外，謂之大一；至小無內，謂之小一。無厚，不可積也，其大千里。天與地卑，山與澤平。日方中方睨，物方生方死。大同而與小同異，此之謂小同異；萬物畢同畢異，此之謂大同異。南方無窮而有窮，今日適越而昔來。連環可解也。我知天下之中央，燕之北越之南是也。氾愛萬物，天地一體也。」惠施以此爲大，觀於天下而曉辯者。

呂注：聖人之於物，不行而知，不見而名，故能智周萬物而不遺，以知其本而已矣。今施乃歷其意而求之，則其言雖高，猶爲無用也。謂之至大而有外焉，則有大於此者矣，而非至大也，則至大固無外矣，無外則此大者一而已矣；而無與對者，故謂之大一。至大無外謂之大一，則至小無內，謂之小一可知矣。有物於此，不知其大也，有曉之日，其大千里，則論之矣。其論之也，非目力之所能視，足力之所能步也，以意在之，則千里之大，皎然在前矣，然則其大千里者，固無厚而不可積也。天常環轉乎地之外，而地居其中，故自地之上觀之，則天高而地卑，此人之所常見也；自地之下觀之，則地高而無卑；以相折除，則天與地皆卑矣，知天與地卑則山與澤平可知矣。天一晝夜，其轉三百六十五度有奇，而日隨之，則日之爲物須臾未嘗停也，是其方中也，乃所以方睨也，知日之方中方睨則物之方生方死可知矣。六藏皆陰也，是之謂大同。雖皆陰也，而心與肺獨爲藏之陽，而肺又爲陽中之陰，是之謂大同而與小同異。自是觀之，百骸九竅以至萬物，莫不然也，故曰大同與小同異，此之謂小同異。自其同者視之，則天地萬物之體也，是其所以畢同也；自其異者視之，肝脆〔一〕楚越也，是其所以畢異也；故曰萬物畢同畢異，此之謂大同異。以意在南方之南，則無有窮也，而無窮者乃其所以窮也，故曰南方無窮而有窮。知南方之然，則東西北方與上下皆可知也。以今視昔則有今，以來視今則今亦昔矣，而所謂今者固未嘗止也，則今日適越非昔來乎？連環之所以不可解者，閡於有環而已矣，而環之相貫未嘗有環，未嘗有環則無閡而可解矣。人之情，固以燕之南越之北爲天下之中央矣，而燕之北，越之南無窮也。自燕之北而南視燕，自越之北而北視越，庸非天下之中央乎！惠施知其如此，故汎愛萬物，而以天下爲一體，其所以爲大觀於天下而曉辯者，以此而已矣。夫物之有大小內外厚薄崇卑平陂中具生死同異南北古今，皆心之所爲也，無心則無此矣。知皆吾心之所爲，則詼詭譎怪，道通爲一矣。周之齊物，亦嘗舉莛與楹，厲與西施，及方生方死之説，而稱容成氏曰「除日無歲，無內無外」。而施之所言，亦嘗有稱道於周者，而以施之言爲不中，何也？蓋周知其如此，而以卮言出之，則其言出於不得已，所謂不以觭見之者也。而施之智雖足以及此，不免歷物之意以得之，而以曉辯者，以反人爲實，而欲以勝人爲名，則其言雖同，而周之所不取也。

〔一〕「脆」，據文意當爲「肺」。

天下之辯者相與樂之。卵有毛，雞三足，郢有天下，犬可以爲羊，馬有卵，丁子有尾，火不熱，山出口，輪不蹍地，目不見，指不至，至不絶，龜長於蛇，矩不方，規不可以爲圓，鑿不圍枘，飛鳥之景未嘗動也，鏃矢之疾而有不行不止之時，狗非犬，黄馬驪牛三，白狗黑，孤駒未嘗有母，一尺之捶，日取其半，萬世不竭。辯者以此與惠施相應，終身無窮。桓團公孫龍辯者之徒，飾人之心，易人之意，能勝人之口，不能服人之心，辯者之囿也。惠施日以其知與人之辯，特與天下之辯者爲怪，此其柢也。

呂注：施之所以曉辯者，歷物之意而求其所自出，而其所自出者，未嘗有常形，未嘗有常形則未嘗有常名也，故高可以爲卑，而陂可以爲平，以至中具同異今昔中央四旁在我而已，故其説常足以反人之所見。知施之所以曉辯者，如向之所言，則天下辯者之所以應施者可知矣。公子牟亦以公孫龍之言爲至言，而列子稱之，而周獨以爲飾人之心，易人之意，能勝人之口，不能服人之心而非之，何也？蓋其言之至，則列子之所稱，而欲以飾人之心，易人之意。而惠施又日以其知與人之辯，特與天下之辯者爲怪，則周之所非也。

然惠施之口談，自以爲最賢，曰天地其壯乎！施存雄而無術。南方有倚人焉曰黄繚，問天地所以不墜不陷，風雨雷霆之故。惠施不辭而應，不慮而對，徧爲萬物説，説而不休，多而無已，猶以爲寡，益之以怪。以反人爲實而欲以勝人爲名，是以與衆不適也。弱於德，強於物，其塗隩矣。由天地之道觀惠施之能，其猶一蚉一虻之勞者也。其於物也何庸！夫充一尚可，曰愈貴道，幾矣！惠施不能以此自寧，散於萬物而不厭，卒以善辯爲名。惜乎！惠施之才，駘蕩而不得，逐萬物而不反，是窮響以聲，形與影競走也。悲夫！

呂注：老子以爲天地之間，其猶橐籥，虛而不屈，動而愈出，故以多〔一〕言爲數窮，而希言爲自然，則言之不得已也如此。而施之口談乃自以爲最賢，不知天地之虛，則有我之甚，而不能守雌者也，宜其以天地爲壯，而謂之存雄而無術者也。天地有大美而不言，四時有明法而不議，萬物有成理而不說，故聖人以無爲言之，此所以爲德也。今施恃其辯之故，不辭而應，不慮而對，徧爲萬物說，說而不休，多而無已，猶以爲寡，益之以怪。以反人爲實，而欲以勝人爲名，至於與衆不適，則不知有所謂不言者也。夫不知有所謂不言者，而卒爲其言之所役而不能自勝，則弱於德者也；而徒以勝人爲名，則強於物者也；弱於德，強於物，其塗隩矣，則非六通四闢之道也。夫天地之道所以爲人者，以其無爲而已矣，是以如彼其大也。今施之能，雖爲多方，不免於有我而已，有我而由天地之道以觀之，則雖自謂辯且博，猶一蚉一虻之勞而已矣，則其於物何庸哉！大一與多皆道，一爲本，多爲末，則充一雖不足以爲本末之備，然比於忘本而逐末者，尚可曰愈貴，而於道則幾

〔一〕「多」，原作「名」，據文意從纂微、莊子翼、陳氏排印影本改。

矣！而施不知反本以自寧，以至散於萬物而不厭，卒以善辯爲名，是放蕩而無所得，逐萬物而不反者也。夫無聲則響絶，處陰則影滅，猶之無我而天下莫能與之爭矣。今施之才爲至高矣，然不知出此，而徒事言辭之末，以與萬物競，奚以異於窮響以聲，而形與影競走邪！其失性也，甚矣！此乃莊子之所惜而深悲之者也。

纂微　呂注：老子曰：「多言數窮。」又曰：「希言自然。」則有言者不得已也。而施之口談，自以爲賢，不知天地之虚曠，而有我之甚，不能守雌者也，宜其以天地爲壯，存雄而無術也。夫聖人以無言爲言，所以爲德，今施恃其辯以反人爲實，以勝人爲名，則不知無言者也。爲言所役，不能自勝，則弱於德；以勝人爲名，則强於物。其塗隩，謂非六通四闢之道也。天地之道所以大者，以其無爲，今施之能不免於有我，由天地之道觀之，雖辯且博，猶一蚉一虻之勞而已，於物何庸哉！一與多皆道也，一爲本，多爲末，則一雖不足爲本末之備，然比之忘本逐末者，尚可曰愈貴於道，亦幾矣！施不知反本以自寧，散於萬物而不厭，卒以善辯爲名，逐物而不反也。夫無聲則響絶，處陰則影滅，已無我則天下莫與之爭，施雖有才而不知出此，徒事言辭之末，以與物競，奚異於窮響以聲，而形與影競走也！其失性甚矣！所以深惜而悲之。

莊子翼　呂注：全同纂微，唯「逐物而不反也」句「物」作「末」字。

附　錄

一　前人關於呂惠卿文集及莊子義的序跋、著錄

宋孫覿撰鴻慶居士集卷三十東平集序

觀文殿學士東平呂公，以文學政事被遇神宗皇帝，於熙寧、元豐間，進居從官大臣之列，魁壘碩大，世顯三朝，十直殿廬，四易旌節，奇麗福艾，獨殿諸臣。老享壽八十，薨於賜第，終始大節，具載國史。而平生所爲賦、頌、名、碑、制、誥、册、命、書、奏、議語之文數十萬言，藏於家凡若干卷，號東平公集。方是時也，海内乂安，二三大臣，或操法令以斷天下事，而稽古不至秦漢以上。天子慨然，振千歲積壞之蠱，以追迹二帝三皇之始。尊經崇儒，崇王賤霸，張王大中，不雜他道，一代彌文，炳炳煌煌，皆詩、書、禮、樂仁義之實。而左右前後之臣，通經學古，鴻文大手，筆足以潤色太平者，皆不能稱其位。公自遠方召見，擢侍講帷，掌内外制，由三司吏遂躋丞輔，魁名碩實，爲世大儒。一時學士大夫慕其風聲，奔走談説，以不及爲恐。余讀其書，然後知公遭遇之盛，所謂百世一君，千載一時，殆非偶然者也。自六經之道熄，而百子各自爲宗，怪奇可喜之論雜出於其間，而六代弦匏之器、雅頌之音，已不接於世俗之耳

目。如張釋之固無甚高論，文帝猶曰：「卑之。」秦孝公聞帝王之道，三日而無所見焉。士中有所挾者，莫不欲夸見所長，馳騁一世，以就功名，而流落不遇，伏巖穴以死，無足怪者。惟公親逢聖主，明道術於絶學之後，續微言於將墜之餘，志合言行，應期而出，不數年遂參大政。謀謨諷議，勸講論思，典冊施之朝廷，樂歌薦之郊廟。扶衰救敝，尊主庇民之言；豐財裕國，治兵禦戎之策。彌縫政事之體，不謬于古；推原道德之旨，不悖於今。聲氣相交，風動雲興，如龍吟虎嘯，如鳳鳴高岡之上也；辭麗義密，追古作者，如彈有虞氏之琴，如鼓清廟之瑟，一唱而三歎也；太音希聲，振越渾鍠，如鈞天之奏，撞千石之鐘，振萬石之簴也。公之文章用於世，傳於今，覺於後，迺如此，非所謂百世一君，千載一時者乎！雖然，以公大臣，踐歷中外四十年，嘗一斥建安，再貶宜城（君按：當作「宣城」。），而辭氣浩然，百折不衰，至一觴而一詠，戲語弄翰，率然而作，未嘗少貶以就俗。根極理要，一本於今經義，非元志于文辭以循人年日觀美而已。神宗稱公「性與道契，文爲嗣宗」，賜禮一傳，天下頌之，豈不信矣乎！公之曾孫右通宜郎靖，遭建炎兵火焚廬之禍，徙家晉陵，始從余游。一日出公遺稿，請余序而識之。某爲書生時，詞習公文，知敬慕公，至於今老矣。倘得以姓名託於公文之次，豈非區區之願也哉！公所著書，又有孝經論語注解、周易大傳、尚書周禮義、毛詩集傳、注老子道德經、莊子内篇凡若干卷，皆不列於此，而注莊子方盛行於世。公諱惠卿，字吉甫，爵東平郡公云。

宋史卷二百二藝文志一

呂惠卿孝經傳一卷

呂惠卿論語義十卷

呂惠卿集五十卷

呂惠卿新史吏部式二卷

呂惠卿莊子解十卷

呂惠卿建安茶用記二卷

呂惠卿弓試一部（卷亡）

呂惠卿文集一百卷　又奏議一百七十卷

宋陳振孫撰直齋書録解題卷九

莊子義十卷，參政清源呂惠卿吉父撰，元豐七年先表進内篇，其餘蓋續成之。

宋趙希弁撰郡齋讀書後志卷二

呂吉甫注莊子十卷，右皇朝呂惠卿撰，吉甫，惠卿字也。元豐七年先表進内篇，餘續成之。

元馬端臨撰文獻通考卷二百十一

呂吉甫注莊子十卷，鼂氏曰：皇朝呂惠卿撰。吉甫，惠卿字也，元豐七年先表進内篇，餘續成之。

文淵閣書目卷二宇字號第一厨書目

莊子呂惠卿解，一部五册。

二　宋人關於呂惠卿的傳記

宋王偁撰東都事略卷八十三呂惠卿傳

呂惠卿，字吉甫，泉州晉江人也。舉進士，爲真州推官。曾公亮薦爲集賢校勘。熙寧二年，王安石領制置三司條例司，以惠卿爲檢詳，遷集賢校理，崇政殿説書。方是時，建青苗、助役、水利、均輸之政，置提舉官，行其法於天下，謂之新法。一時奏請，皆惠卿發之。時議學校貢舉，惠卿乞選通經術、曉政事之人，主判太學，令侍從舉有學術行藝者爲教授。自京師至諸州皆建學，取以經義，策以時務，殿試專以策問，而學校貢舉法俱以次推行。於是王安石乞罷制舉，馮京曰：「漢唐以來，豪傑多此塗出，不可廢。」惠卿謂「制科止於記誦，非義理之學，一應此科，或爲終身之累」。制科遂罷。兼判司農寺。父喪服除，授天章閣侍講，修起居注，知制誥。七年，爲翰林學士。時王安石因久旱去位，以執政薦惠卿，遂拜右諫議大夫、參知政事。惠卿既執政，恐安石復用，遂起王安國李士寧之獄，苟可以陷安石者無所不爲。八年，神宗復召安石爲相，惠卿不自安。會惠卿弟升卿考試國子監，而惠卿妻弟方通在高等，爲御史蔡承禧所奏。既而中丞鄧綰言惠卿崇立私黨，阿蔽所親，強借富民錢置田産，遂罷政事，知陳州。惠卿訟安石用綰誣辭而見黜，因謂：「安石盡棄舊學，而隆尚從衡之末數，以至譖愬脅持，蔽賢姦黨，移怒行很，方命矯令，罔上要君，凡此數惡，莫不備具，平日聞望，掃地盡矣。謀身如此，以之謀國，豈有遠圖！陛下平時以何如人遇安石，而安石亦以何等人自任？而乃失志，倒行而逆施，一至是哉！」十年，除資政殿學士，知延州，加資政殿大學士，知太原府。神宗諭惠卿令總四路守備，惠卿上疏言：「陝西之師，非惟不可以攻，亦不可以守，爲今之計，要在大爲形勢。」神宗曰：「如惠卿之言，陝西可棄也，豈宜委以邊事！」遂落職，知單州。元豐六年，復資政殿學士，知定州，移太原。哲宗即位，復資政殿大學士，移知揚州，引疾提舉崇福宮。時諫官蘇轍疏其姦，以爲：「惠卿辨詐姦凶，見利忘義，王安石初任執政，用之心腹，惠卿指摘教導，以濟其惡。青苗、助役，議出其手。又建手實簿法，尺椽寸土，撿括無遺；雞豚狗彘，抄劄殆遍。小民怨苦甚於苗役。又因保甲正長，給散青苗，結甲赴官，不遺一户，上下騷動，不安其生。旋又興起大獄，以脅士人，力陳邊事，以中上意。永樂之敗，大將徐禧本惠卿自布衣保薦擢任，終始協議，遂付邊政。敗聲始聞，震動宸極，循致不豫，初實由此。安石之於惠卿有卵翼之恩，有父師之義，方其求進則膠固爲一，更相汲引，以欺朝廷；及其權位既均，勢力相軋，反眼相噬，化爲讎敵。惠卿發安石私書，有『無使齊年知』。齊年者，馮京也。先帝猶薄其罪，惠卿復發其一，曰『無使上知』。先帝由是不悦安石。夫惠卿與安石出肺肝，託妻子，平居相結，惟恐不深，故雖欺君之言，見於尺牘，不復疑間。惠卿方其無事，已一一收録，以備緩急之用。一旦爭利，遂相抉摘，不遺餘力，此犬彘之所不爲，而惠卿爲之。伏乞陛下斷自聖意，將惠卿追削官職，投畀四裔，以禦魑魅。」初，哲宗立，首發安邊之詔。惠卿時帥太原，乃違命遣將，出兵西界。至是，御史中丞劉摯亦論其罪，以爲：「惠卿勞師動衆，以造釁夷狄，其罪猶未足論。而其公違詔敕，擅發師旅，實無人臣之禮，則其罪不可以不治。謹按，惠卿遭遇暴起，初不以道。幸嘗備位執政，不深惟大義報國，乃欲徼非常之功，圖再進用。且邊竟本自無事，又陛下新即寶位，未遑用武，故上循祖宗故事，加惠邊垂，所以休息軍民，慰安夷夏，至恩盛德，孰不忻戴！而惠卿以前兩府居帥守之任，所宜將順上意，以安人情，乃敢以貪功幸進之志，爲此亂階！夫違廢詔敕，虧臣子之道，其罪一也；當陛下諒陰之中，謀動干戈，其罪二也；受神宗遺詔未逾月，而忘哀戚之情，冀幸功賞，其罪三也；致新天子命令失信於四夷，其罪四也；開邊方之隙，至今儆備，未得安靜，其罪五也。夫惠卿，天下知其爲姦人也，方命擅兵，天下之大惡也。以天下之姦人，行天下之大惡，臣恐防微杜漸，朝廷不當涵養而不問也。請以臣章付外施行，以爲姦臣叛命之戒。」責授光祿卿，分司南京，蘇州居住。尋又責建寧軍節度副使，建州安置，移宣州，復中散大夫，提舉崇福宮。紹聖初，以資政殿學士知大名府，尋復大學士，知延安府。夏人舉國犯塞，惠卿修築米脂等砦，會破夏羌於大沙堆，拜保寧軍節度使。惠卿與章惇外相善，惇以兄事惠卿，而心實忌之，故惇作相，惠卿不得入朝。帥延安累年，止於建節。惇既貶謫元祐臣僚，惠卿聞之，笑曰：「章子厚得合死罪人輒放之。」其凶險如此。徙鎮武勝，移知杭州，復爲觀文殿學士。崇寧初，拜武昌軍節度使，知太原府，以右銀青光祿大夫、觀文殿學士致仕。起知揚青杭三州。妖人張懷素謀不軌，惠卿子淵見懷素道妖言，不以告，懷素既誅，淵配沙門島。惠卿坐責祁州團練副使，宣州安置，移鄂州、廬州。復資政殿學士，提舉明道宫，又復觀文殿學士，爲醴泉觀使。未幾，致仕。卒年八十，贈開府儀同三司。有文集一百卷、莊子解十卷。

宋杜大珪編名臣碑傳琬琰之集下卷十四呂参政惠卿傳（實録）

政和元年十二月癸巳，贈觀文殿學士、光禄大夫致仕呂惠卿爲開府儀同三司。惠卿字吉甫，泉州晉原人。中嘉祐二年進士甲科，調真州推官、永興軍節度掌書記，改祕書省著作佐郎。韓絳辟爲三司檢法官，宰相曾公亮薦爲編校集賢院書籍，遷校勘。熙寧二年，王安石辟爲制置三司條例司檢詳看詳，編修中書條例，遷集賢校理、崇政殿説書。時方建青苗、助役、水利、均輸之政，置提舉官，行其法於天下，謂之新法，一時奏請，皆惠卿發之。時議學校貢舉，惠卿乞選通經術曉政事之人，主判太學，令侍從舉有學術行藝者爲教授，自京師至諸州，皆建學，取以經義，策以時務，殿試專以策問，而學校貢舉法俱以次推行。兼判司農事，請以見管常平封樁米斛，賤糴貴糶，如淳化之制。又請人户以等第出免役錢，募人充役。父喪服除，爲天章閣侍講，修起居注，管句國子監，校正中書五房公事，兼看詳編條中書修例。除知制誥，判國子監，同王雱修撰經義，兼判軍器監。七年，爲河北東路青、曹、鄆、齊、濮、淄州察訪使，兼判司農寺。召爲翰林學士。時王安石以久旱請去位，神宗久不許，令惠卿諭安石。安石堅求去，出知江寧府，惠卿遂以右諫議大夫參知政事。八年，安石復相，惠卿因對屢乞出。會御史蔡承禧言惠卿弟升卿爲國子考試官，而惠卿弟方通在高等事，凡數十條，有旨令升卿分析，惠卿乃三上表丐外，詔留之。雖復就職，而與安石議論不合矣。於是御史交章論惠卿崇立私黨，阿蔽所親，强借富民錢買田等事，遂罷政事，知陳州。十年，除資政殿學士，知延州，鄜延路經略安撫使，築四堡以捍虜。母喪服除，以資政殿大學士知太原府、河東路經略安撫使。陛對，請輔臣王珪同巡邊。時議欲復除惠卿鄜延不果，移知蔡州，落職知單州。元豐六年，復資政殿學士，知定州，移太原。哲宗即位，復資政殿大學士。元祐元年，移知揚州，引疾，提舉西京嵩山崇福宮。時諫官蘇轍論惠卿姦惡，及知太原，自違命出兵西界。落職爲光祿卿，分司南京，蘇州居住。尋責授建寧軍節度副使，本州安置。三年，宣州居住。八年，復中散大夫，提舉崇福宮。紹聖元年，知蘇州，改江寧，以資政殿學士知大名。二年，復資政殿大學士，以觀文殿學士知延安府。夏人猖獗，舉國犯塞，詔惠卿措畫邊防。四年，虜復侵軼，惠卿復陳事，宜條築米脂等寨。會破夏羌於大沙堆，俘獲甚衆，制授保寧軍節度使。元符二年，徙節武勝軍，加檢校司空，移知杭州。建中靖國元年，罷節，以觀文殿學士提舉杭州洞霄宮。崇寧初，復知杭州，改太原，以武昌軍節度使知大名。四年，復罷節，提舉崇福宮。言者論其七罪，以右銀青光祿大夫致仕。復觀文殿學士。五年，知揚州，移青州、杭州。大觀元年，責授祁州團練副使，宣州安置，移鄂州、廬州。三年，復宣奉大夫，提舉亳州明道宮。四年，復資政殿學士，尋復觀文殿學士，知大名。政和元年，過闕，留爲醴泉觀使，未幾致仕。卒年八十，贈開府儀同三司。初，熙寧新法之行也，邇英進讀，至蕭何、曹參事，司馬光因言法不可變。後數日，惠卿進講，乃言：「法有一年一變、五年一變、三十年一變者，前日光言非是，其意以諷朝廷，且譏臣爲條例司。」神宗以問光，光力詆之，且言不可使兩府侵三司職事，宰相以道佐人主，安用條例？惠卿不能對。其後光遺安石書，言惠卿不可信。後果背安石。嘗爲手實法，天下病之，神宗感悟，尋亦罷去。先是中書條例司乞罷制舉，馮京謂漢唐以來，豪傑多此途出，不可廢。惠卿謂制科止於記誦，非義理之學，一應此科，或爲終身之累，制科遂罷。有文集一百卷、奏議一百七十卷、莊子解十卷。子淵、濰、洵、沆。

宋史卷四百七十一呂惠卿傳

呂惠卿字吉甫，泉州晉江人。父璹習吏事，爲漳浦令。縣處山林蔽翳間，民病瘴霧蛇虎之害，璹教民焚燎而耕，害爲衰止。通判宜州，儂智高入寇，轉運使檄璹與兵會，或勸勿行，不聽。將二千人躡賊後以往，得首虜爲多。爲開封府司錄，鞫中人史志聰役衛卒伐木事，吏多爲之地，璹窮治之，志聰以讁去。終光祿卿。

惠卿起進士，爲真州推官。秩滿入都，見王安石，論經義，意多合，遂定交。熙寧初，安石爲政，惠卿方編校集賢書籍，安石言於帝曰：「惠卿之賢，豈特今人，雖前世儒者未易比也。學先王之道而能用者，獨惠卿而已。」及設制置三司條例司，以爲檢詳文字，事無大小必謀之，凡所建請章奏皆其筆。擢太子中允、崇政殿説書、集賢校理，判司農寺。

司馬光諫帝曰：「惠卿憸巧非佳士，使安石負謗於中外者皆其所爲。安石賢而愎，不閑世務，惠卿爲之謀主，而安石力行之，故天下並指爲姦邪。近者進擢不次，大不厭衆心。」帝曰：「惠卿進對明辨，亦似美才。」光曰：「惠卿誠文學辨慧，然用心不正，願陛下徐察之。江充、李訓若無才，何以能動人主？」帝默然。光又貽書安石曰：「諂諛之士，於公今日誠有順適之快，一旦失勢，將必賣公自售矣。」安石不悦。

會惠卿以父喪去，服除，召爲天章閣侍講，同修起居注，進知制誥，判國子監，與王雱同修三經新義。又知諫院，爲翰林學士。安石求去，惠卿使其黨變姓名，日投匭上書留之。安石力薦惠卿爲參知政事，惠卿懼安石去，新法必搖，作書遍遺監司、郡守，使陳利害。又從容白帝下詔，言終不以吏違法之故，爲之廢法。故安石之政，守之益堅。議罷制科，馮京爭之不得。

弟升卿無學術，引爲侍講。又用弟和卿計，制五等丁産簿，使民自供首實，尺椽寸土，檢括無遺，至雞豚亦遍抄之。隱匿者許告，而以貲三之一充賞，民不勝其困。又因保甲正長給散青苗，使結甲赴官，不遺一人，上下騷動。

鄭俠疏惠卿朋姦壅蔽，惠卿怒，又惡馮京異己，而安石弟安國惡惠卿姦諂，面辱之。於是乘勢並陷三人，皆獲罪。安石以安國之故，始有隙。惠卿既叛安石，凡可以害王氏者無不爲。韓絳爲相不能制，請復用安石。安石至，猶與共事。御史蔡承禧論其惡，鄧綰又言其兄弟強借秀州富民錢買田，出知陳州。久之，以資政殿學士知延州。

始，陝西緣邊漢蕃兵各自爲軍，每戰則以蕃部爲先鋒，而漢兵城守，伺便乃出戰。惠卿始合之爲一，先搜補守兵而出其選以戰，隨屯置將，具條約上之，邊人及議者多言不可。路都監高永亨，老將也，爭之力，奏斥之。蕃部屈全乜將入寇，惠卿以近世帥臣多養威持重，乃將牙兵按邊，啟師於東郊，遂趨綏德，抵無定河，歷十有八日而還。

俄丁母憂，詔於本奉外特給五萬，惠卿更請添支萬五千，御史劾之，將下揚州取奉曆，帝曰：「惠卿固貪冒，然嘗爲執政，治之傷體，姑責以義可也。」但削其誤奉，惠卿猶自辨，御史又論其方居喪，不應有言，詔勿問。

元豐五年，加大學士、知太原府。入見，將使仍鎮鄜延。惠卿云：「陝西之師，非唯不可以攻，亦不可以守，要在大爲形勢而已。」帝曰：「如惠卿言，是爲陝西可棄也，豈宜委以邊事？」數其輕躁矯誣之罪，斥知單州，明年復知太原。哲宗即位，敕疆吏勿侵擾外界。惠卿遣步騎二萬襲夏人於聚星泊，斬首六百級，夏人遂寇鄜延。

惠卿見正人匯進，知不容於時，懇求散地。於是右司諫蘇轍條奏其姦曰：「惠卿懷張湯之辨詐，有盧杞之姦邪，詭變多端，敢行非度。王安石強佷傲誕，於吏事宜無所知，惠卿指擿教導，以濟其惡。又興起大獄，欲株連蔓引，塗汙公卿。賴先帝仁聖，每事裁抑，不然，安常守道之士無噍類矣。安石於惠卿有卵翼之恩，父師之義。方其求進則膠固爲一，及勢力相軋，化爲敵仇，發其私書，不遺餘力。犬彘之所不爲，而惠卿爲之。昔呂布事丁原則殺丁原，事董卓則殺董卓；劉事王恭則反王恭，事司馬元顯則反元顯，故曹操、桓玄終畏而誅之。如惠卿之惡，縱未正典刑，猶當投畀四裔，以禦魑魅。」中丞劉摯數其五罪，以爲大惡。乃貶爲光祿卿，分司南京。再責建寧軍節度副使，建州安置。中書舍人蘇軾當制，備載其罪於訓詞，天下傳誦稱快焉。

紹聖中，復資政殿學士、知大名府，加觀文殿學士、知延州。夏人復入寇，將以全師圍延安，惠卿修米脂諸砦以備。寇至，欲攻則城不可近，欲掠則野無所得，欲戰則諸將按兵不動，欲南則懼腹背受敵，留二日即拔柵去，遂陷金明。惠卿求詣闕，不許。以築威戎、威羌城，加銀青光祿大夫，拜保寧、武勝兩軍節度使。

徽宗立，易節鎮南。因曾布有宿憾，徙爲杭州，而用范純粹帥延，治其上功罔冒事，奪節度。布去位，復武昌節度使、知大名。數歲，又以上表引喻失當，還爲銀青光祿大夫，令致仕。崇寧五年，起爲觀文殿學士、知杭州。坐其子淵聞妖人張懷素言不告，淵配沙門島，惠卿責祁州團練副使，安置宣州，再移廬州。復觀文殿學士，爲醴泉觀使，致仕。卒，贈開府儀同三司。

始，惠卿逢合安石，驟致執政，安石去位，遂極力排之，至發其私書於上。安石退處金陵，往往寫「福建子」三字，蓋深悔爲惠卿所誤也。雖章惇、曾布、蔡京當國，咸畏惡其人，不敢引入朝。以是轉徙外服，訖於死云。

三　近代呂惠卿莊子義相關序跋、題詞

輯本呂氏莊子義序

莊子觀世混濁，不可以莊語，故爲詭怪謬悠之詞以自放，後世讀者多以庸常之見測莊，自不知其所謂反，以違聖判道少之，注釋繁尨，鮮揆其要。太史公稱莊子多寓言，似深知莊子矣，然謂其詆毁孔子，務明老子之術，猶貌論也。吾嘗竊窺夫莊子之書，率詭譎奇憤，正言若反。凡極口詆訾聖人，皆所以爲聖人鳴不平憤。後之假名棄實害天下者，豈真以治天下之道，在縱舍盜賊，掊擊聖人哉！爲汪洋恣肆，不可方物之文，以寄其悲天憫人，憤世嫉世之旨，而其揮斥古今之概，經緯天地之量，咸出之以詼諧偏宕，不著迹象之讆言。嗚呼！揚子雲得後世之子雲，莊子獨不期後世之復有周？此周之所以絶殊倫等，亘天地萬世，放浪以自喜也。夫古之作者，皆獨有千古，翹然特立，豈常爲前人之緒餘！是莊生固不必務明老子之術，亦豈即必爲吾儒聖人之説哉！道家援之以入道，儒家絜之以合儒，釋家又引之以證釋，千岐百出，淆亂是非，豪奪巧偷，莫知所可。夫正言痛其不入，乃反言以見意，旁引側擊以動聽，羣遂沉淪迷惑於其所反，以爲其正不外是也。嗟乎！嗟乎！難乎其爲莊子矣！宋呂惠卿進莊子義，不爲膚淺一偏之見，多窺見其治世精義，爲其它諸家所不及，顧其説僅雜見於宋褚伯秀、明焦竑各家所採輯，而專書傳世絶少。贛縣陳君仲騫治莊子有年，自謂能契莊生深處，且唯乎呂氏之說，因殘存本裒録遺注，輯成完書，蓋欲以彰呂氏者闡莊，以闡莊者救世。書成問序於余，余謂莊生爲書，固不期後世之能有知者。呂氏之說，近似矣！其真知莊子之精蘊矣乎？吾未敢斷言也。彼善於此則有之，彼呂氏能善於它家，呂書獨不傳，庸常之不足語於高遠也如此！今陳君闡舉世不解之說，治舉世莫爲之學，於舉世不知文之時，惟欲發揮莊子道德之學說以救世，其卓識毅力爲何如哉！予日望之矣！

民國二十三年五月黄郛序。

新刊呂吉甫莊子義贅言

古者道儒未嘗分，故孔子問禮於老聃，而莊周出於子夏之門。後之學者，乃斤斤斥黄老爲異端，抑何謬哉！夫道家宗旨，大備於莊子南華内編，一淑身善世之完書也。逍遙遊之無己，論語之克己也；齊物論之因是以明，大學之格物致知也；養生主之緣督爲經，人間世之形就不入，心和不出，中庸之致曲誠身，道中庸也；德充符之才全德不形，易乾文言之不易，世不成名也；大宗師之假於異，託於同，反覆終始，不知端倪，論語之「下學上達」，易繫傳之「變動不居，周流六虚，上下無常，剛柔相易，不可爲典要，唯變所適」也；應帝王之功蓋天下而似不自己，化貸萬物而民弗恃，有莫舉名使物自喜，堯民歌之「帝力何有於我」，孔子贊堯之民無能名，贊舜禹之有天下而不與，詩之「不識不知，順帝之則」也。斯其於修己安人之道與儒弗異，固甚章且顯，而陋學之徒猶往往疑焉，則亦弗思耳矣！是故注南華者多家，而有會於茲旨者，獨宋呂吉甫耳！然其原書既不可得見，褚焦二氏所輯復不完備，故於斯旨終莫能著，余嘗引以爲憾矣！癸酉冬，吾鄉陳仲騫先生以其校輯將刊示學者之呂氏莊子義見示，且徵說於余，則於褚焦二輯所略者，多已補輯完善。余讀竟甚喜，呂氏及南華義旨得由以明，而道家之說得由以行於世也。爰敬爲贅言曰：救今天下之方，莫若昌明道家說矣。道家之要義，在本同體同類之原則，而發明無我不二之諦，以蘄人之内除己私，外同人善，而致天下於大順，其於斯義發揮最詳者，無逾南華。而能準南華斯義以爲釋者，則莫呂氏若也。夫今天下百工競進，宜足以爲治矣，而乃益棼者，獨闕大順之道焉爾。蓋今人之岌岌不可終日者，爲其昧乎與人不二之義也。故凡道德仁義之名，共同公和之辭，莫不假以爲便私之具，而不信世間之果有相應互助、同心合德之事。不二之則既違，乖戾之氣彌甚，卒之公且不存，私其焉傳！全體既亂，何有乎小己哉！則雖百工競進奚益？嗟乎！及此不圖，生民將無噍類已。仲騫先生之輯此編，適當斯際，則所謂撥亂世而反之正者，此其爲嚆矢歟！至若呂氏大義所在，及夫此編校輯之劬，仲騫先生二序以詳言之。而於呂氏被誣之辨雪，則其讀呂惠卿傳一編，尤爲正確不刊之論也。余於是唯有歡喜贊歎，而不復爲之辭。癸酉冬月臨川李翊灼敬識。

題詞二則

漆園深識在矯時，半山尚論首發之。此書經進出呂尉，意有所本人未知。古來著述限風氣，向郭之世清談宜。君生北宋理學盛，流弊頗惜雒蜀岐。是非彼我即心賊，瘢瘕直抉神哉醫。手箋駢拇語深切，上揭君道宗無爲。老墨自列故有激，君發其覆如引蠡。祁宣屢厄坐新法，謀國功罪臣敢私。平生荆舒終靡負，無我不二義在茲。海源閣本久殘佚，陳侯拾補蟫食遺。炎崑烈烈六籍燼，璧完或者神呵持。孫吳相斫禍至此，高語仁義智者嗤。人心所溺爲巨浸，逆挽豈若培其基。願書萬本偏户誦，撥亂反掌理不疑。辯誣餘論匪曲筆，千載閩士爲嗟咨。天荒喝破一浮白，筐篋中物明廷資（用崔浩論莊子語）。

仲騫同年校輯呂注莊子義成屬題奉　正。　蟄雲郭則澐。

書錄留名始直齋，原非志怪等齊諧。來禽館本傳鈔遍，未許秦灰一例埋。崇政編書備甲籤，觀文再任學尤淹。姓名列入姦臣傳，却怪當時史筆嚴。護法時人號善神，青苗何竟病斯民？荆公曾有同心語，豈似三經義太新？道德真詮獨闡幽，立身坦蕩羨陳侯。晉人祇作清談解，郭象徒從向秀偷。

仲騫仁兄屬題新輯莊子義，即希　正可。　彤士陸增煒。

校輯呂注莊子義序（二則）

宋呂惠卿莊子義十卷，著錄直齋書錄解題及宋史藝文志、通志藝文略、焦氏國史經籍志。元明以來，是書傳世甚稀，故清代四庫未收，惟宋末褚伯秀纂微所引十三家注、明焦竑莊子翼所引二十二家注，均首郭注，而次列呂注。時褚氏所引，較焦書爲詳，足資考究，而完本迄未可得。聊城楊氏海源閣藏有宋呂太尉經進莊子全解十卷，據楹書隅録定爲南宋刊本，云附藏有來禽館抄本。又傳聞瑞安孫氏、嘉興沈氏、滿洲盛昱氏、萍鄉文氏尚各有轉抄之本。並訪求累年，未獲一見。往歲俄國博物院始以呂義殘本，貽我國北平圖書館，計卷存德充符篇第二十五、六兩頁、卷三存大宗師篇第一頁、卷四存駢拇馬蹄胠篋在宥四篇二十二頁、卷五存天地天道天運各篇二十六頁，凡殘存五十一頁。各篇前後多有殘誤，殊難卒讀。嗣經藏園傅氏考訂，以書名呂觀文進莊子義與解題同，而惠卿於元豐七年表進内篇，其成書付雕，必在紹聖中加觀文殿大學士之後。又刊工古拙，不避宋諱桓慎字，定爲北宋蜀本，歎爲秘笈，其論篤矣。壬申夏季，余在館編纂有暇，輒就此殘本，先録一編，以與四庫及道藏本義海纂微詳互參校，始覺褚氏所删節者，僅爲原注復述加證之文約十之一二。其中精義要旨，多已採録，實較焦書爲佳。更參考景印唐寫卷子本，及北宋本莊子原文，與殘本暨通行本互校，詳加修正若干條，裒輯一年，遂將殘缺之内篇二卷，全缺之内篇五卷，雜篇三卷，半缺之外篇各卷，一一校輯完竣，不揣陋拙，勉付印行。盖願以此參校補輯之書爲嚆矢，俾南宋刊本或諸家鈔本完書一出，以資吾補證也。　癸酉秋日贛縣陳任中識於國立北平圖書館。

又

余校輯呂氏莊子義竟，因悟莊子一書，不僅爲哲學之精言，實深合吾國政治學之要旨。而呂義則明揭其旨，以責難於君，其即近世責任政治之權輿歟！余蓋竊歎呂氏之博學卓識，匪特成疏以下，若唐宋明清歷代之注莊老，徒囿於道家者流一偏之言，爲不可比數，即晉代司馬向郭諸家之襲清談以釋莊書者，又烏識南華之真諦哉！大抵莊子之書，其言道德與老子同；而廣設寓言，以推闡至理，則較老子之言益爲明達。誠以老莊之學，多出於易，易爲吾儒最高之哲學，要皆以天下爲量者也。其言性道，與中庸「天命謂性，率性謂道」之説無異也；其言德化，與論語「爲政以德」、「道之以德」之説無異也；其言上古無爲以治天下，與孔子稱堯之巍蕩無名、舜之無爲而治更無以異也。後世儒者不察，斥老莊爲異端，因孟子距楊墨，而遂欲闢佛老，謂同爲無父無君。夫佛或爲國外之學，而老豈倫比哉！嗚呼，何其傎也！庸詎知老莊之以道德治天下，即孔子之志道據德欲爲東周之微恉乎！故孔與老同時，而未嘗闢老；孟與莊同時，而未嘗闢莊。奈之何世儒竟欲駕孔孟而上之哉！觀於漢書藝文志之言道家出於史官，記歷代成敗存亡禍福古今之道，然後知秉要執本，清虚以自守，卑弱以自持，此君人南面之術也，合於堯之克攘，易之嗛嗛，此則明言道德爲治天下之本，而非異端曲學也。呂氏著義，以此爲進獻之資，得其要矣。嗚呼！中國一天下也，數千年來，有道則治，無道則亂，考之歷史彰彰已。乃近數十年，儒生俗吏不識時務，謏聞動衆，竟欲用他國治國之法律政治，以治中國之天下，不惜舉孔孟老莊仁義道德之學説而悉屏棄之，以爲不足道。其卒也，既墜綱維，必患崩解，載胥及溺，其何能淑！吾甚歎乎前數千年之中國，一治一亂，如循環也。吾尤甚痛乎近數十年之中國，有亂無治，如逝水也。故於呂義所陳莊子道德治天下之説，以責難於君者，尤深契之。綜厥内篇之義，則發揮心身性命之學，以充其量，而爲内聖外王之道，即吾儒格致誠正修齊治平之道，大都以學術爲體，而治術爲用。其他各篇之義，則凡詮釋治術者益詳哉其言之！而此本殘存之駢拇在宥天地天道諸篇爲尤勝。蓋莊書以明達釋老，既與吾儒尊德性道問學、致廣大盡精微之旨若合符節，而吕義則以通經致用爲質，彌洽乎莊書道德之真詮，洵足爲撥亂反正之本。余之校輯是書也，則欲世之讀莊子者，人人能通天下之故，各循其分，以道德治天下，以仁義法制治國，莫不超然於名利之外，庶幾天下平，而國亦以治，豈非生民之大幸哉！則謂此編爲太平經國之書也亦宜。贛陳任中再識。

讀吕惠卿傳（陳任中）

甚矣哉，宋史之誣也！其列惠卿及曾布章惇於姦臣傳，則純襲門户之見，祇知有私黨派，不知有公是非矣。而惠卿與布爲尤冤，若惇則功罪參半，要皆萬萬不能與蔡確蔡京輩相提並論者也。遍觀曾吕兩傳，迄不明其姦之所在。然布在紹聖及建中靖國間，猶有力倡紹述，供人指摘之嫌，而惠卿則並此而無之。若謂助行新法即爲姦臣，則荆公暨陳升之王珪韓絳諸人之主行新法者，又何獨不然！考荆公之知惠卿，實歐陽文中公介之，其書見歐集可證。嘉祐六年，歐公又有舉惠卿充館職劄子。其文曰，吕惠卿「材識明敏，文藝優通，好古飭躬，可謂端雅之士」。夫以歐公素稱知人，其所薦舉，皆一時佳士，而於惠卿稱之曰「飭躬」，曰「端雅」，則其人諒不止才學之優美而已。又據傳中所記事實，則惠卿自起進士爲真州推官，至熙寧初安石執政，惠卿方編校集賢書籍。及設制置三司條例司，則爲檢詳文字，擢中允、崇政殿説書、集賢校理，判司農寺。父喪服除，召爲天章閣侍讀，同修起居注，進知制誥，判國子監，同修三經精義。又知諫院，爲翰林學士。迨安石求去，力薦惠卿，始爲參知政事。因懼安石去位，新法必搖，作書遍遺監司郡守，使陳利害。又從容白帝下詔言：「終不以吏違法之故，爲之廢法。」故安石之政，守之益堅。外任則初知陳州，繼知延州，改定漢蕃合軍，互任戰守之法。元豐五年，加大學士，知太原府。哲宗朝，經蘇轍劉摯劾奏被讁。紹聖中，復知延州，夏人入寇，仍著戰功。崇寧五年，復起知杭州，坐事責祁州團練副使，安置宣州，復觀文殿學士，終醴泉觀使致仕，卒贈開府儀同三司。惠卿之歷事四朝，歇歷中外，本末如是，不特無蔡京蔡確輩所爲之凶狠矯詐，即如曾布章惇之力主紹述，以爲報復之資者，亦有所不爲，則惠卿之非姦臣也，不尤大彰明較著哉！惟傳中所採他人訐責之詞則有之，始則司馬光謂惠卿「憸巧非佳士」，又謂其「用心不正」，又贈書安石謂「諂諛之士，於公今日誠有順適之快。一旦失勢，將必賣公而自售」。厥後，蘇轍劾奏之詞則曰：「惠卿懷張湯之辯詐，有盧杞之姦邪。」又謂王安石「強狠傲誕，於吏事宜無所知。惠卿指擿教導，以濟其惡」。又謂「安石於惠卿有卵翼之恩，父師之義。方其求進，則膠固如一；及勢相軋，化爲仇讎，發其私書，不遺餘力，犬彘之所不爲，而惠卿爲之」。又以呂布殺丁原董卓、劉牢之反王恭元顯比惠卿，而欲哲宗爲曹操、桓玄。又云「惠卿建州安置，蘇軾當制，備載其罪於訓詞，天下傳誦稱快」云云。綜觀各論，純屬讏言。按之行事，羌無故實。既比荆公爲父師，又視荆公爲童騃，先後訛誤，矛盾滋多。史臣乃蒐集一切莫須有之言，以爲善善惡惡之據，豈非千秋冤獄哉！至惠卿之果爲姦邪與否，尤可於曾否背叛荆公一事決之。誠觀傳中詳述惠卿維護新法之實事爲惠卿罪者，即可證明其非叛，特黨人輩附會司馬氏蘇氏之言，爲此矯誣之説耳。觀於元豐三年，荆公答惠卿書，有「與公同心，以至異意，皆緣國事，豈有他哉！同朝紛紛，公獨助我，則我何憾於公？人或言公，我無與焉，則公何尤於我？趣時便事，吾不知其説焉；考實論情，公宜昭其如此」。公書語意坦白至此，則亦何叛之有！惟惠卿主張之手實法及鬻祠法，行或過當，非荆公意。而竄逐鄭俠一事，亦爲惠卿招尤之端。設荆公當國，必不爾也。若排斥馮京、王安國之舉，則緣於執政時代意氣之爭，予人口實，亦有無庸諱言者。後此則學養深純，蓋其得力於老莊之學者深矣。吾故以爲傳中「惠卿與荆公論經義意多合，遂定交」之説爲得其實，而所引司馬氏、蘇氏之言則誣也，乃據此而斥爲姦也，不益誣哉！

（右附録三均採自一九七二年由臺北藝文印書館影印在無求備齋莊子集成初編中的一九三四年北平大北書局出版的陳任中集校的莊子義排印本。）

四　北宋呂惠卿莊子義版本源流考（湯君）

北宋呂惠卿（一〇三二——一一一一）一生著有文集、奏議、縣法、莊子義、論語義、目錄、老子道德經傳、新史吏部氏、建安茶用記、弓式、三略素書解、孝經傳等共約四百餘卷。但是，這些著作卻一一散佚。至今我們所能見到的唯有老子道德經傳四卷存於道藏；莊子義十卷有金刻本和黑水城殘本；孝經傳一卷有西夏文譯本，以及建寧軍節度使謝表、答彭原詩等零星作品散存。而莊子義是其生平也是其現存最大最爲重要的一部學術著作。考呂惠卿元豐七年（一〇七八）進莊子内篇義七卷以後，次年即元祐元年（一〇八六）再貶爲建寧軍副節度使建州安置，以後的八年皆居閑職，當爲作莊子外、雜篇義的最好時期。元祐八年（一〇九三）十二月，惠卿復爲中大夫，知蘇州，一直到元符二年（一〇九九）特授檢校司空的六年間，雖仕途起伏不定，但總的説來是上升趨勢，漸得哲宗倚重，此當是將莊子義付雕的最好時機。莊子義付雕以來，其實有諸多版本。宋史藝文志載：「呂惠卿莊子解十卷。」陳振孫直齋書録解題載：「莊子義十卷，參政清源呂惠卿吉父撰，元豐七年先表進内篇，其餘蓋續成之。」趙希弁郡齋讀書後志、馬端臨文獻通考載：「呂吉甫注莊子十卷。」南宋孫覿鴻慶居士集卷三十東平集序稱：「注莊子方盛行於世。」明代楊士奇編文淵閣書目卷二字字號第一廚書目作莊子呂惠卿解，並注明是「一部五冊」。

呂惠卿莊子義的版本，目前只有三種：黑水城本、金刻本、陳任中輯本。茲不揣簡陋，嘗試按版本的時間先後對相关版本的源流作一考索。

一

俄羅斯科學院東方研究所聖彼德堡分所所藏的黑水城出土文獻，是一九〇八年至一九〇九年間兩次被俄國探險家彼·庫·科兹洛夫（一八六三——一九三五）率隊從我國今内蒙古自治區額濟納旗政府所在地達蘭庫布鎮東南二十五公里的黑水城遺址中發掘出來，並運回彼得堡的。這批文獻卷帙浩繁，内容珍貴，極富學術價值，莊子義即爲其中的一種。黑水城出土的莊子義殘本，原題爲呂觀文進莊子内（外）篇義。此本爲刻本，宋體。半頁十行，每行十八字，注雙行二十五字；白口，左右雙欄，上下單邊；單魚尾或無魚尾，花口；魚尾下記書名莊子及卷數數目；卷末間一行，題大名「莊子内（外）篇義卷第某」；大名頂格標記於單魚尾下；每卷卷尾有大字型大小體的「茂承」二字，並旁邊時或雜書「茂」或草頭的「戊」字等，當爲閲者所爲；卷眉時有手寫體反切音注，如「跂」字下方小字左右注「立氏」様、「嗃」字下方小字左右注「許支」兩字等，與卷尾「茂承」筆迹爲同一人；各卷卷首頂格書寫大名，次行下沉兩格半書題篇名第某，次頂格書正文。

關於黑水城出土的這部莊子義，較早而且是目擊原卷後加以介紹的當屬法國漢學家伯希和。伯希和一九一四年在俄國首次確認了這本書，並寫道：

> 呂觀文進莊子外篇義的小開善本。幾近完本。每葉十行，行十八字。本書爲我們提供了一部已經亡佚的莊子注本……科兹洛夫收集品歸還給了我們一部刊行於十三世紀的莊子部分篇章的注釋，這部注釋撰寫於十一世紀末，在中原不到十四世紀就再也得不到它了。〔一〕

俄國的漢學家孟列夫也是較早對莊子義進行關注的一位。他在其黑城出土漢文遺書叙録一書曾經對這部莊子義作了相當專業的描述，包括作者、刻印時間推測、版本外貌、各卷存逸、墨迹、眉批、頁邊手批等情况。其中不少部分是我們今天通過其他影印版本所無法深知的，如云：

> 木刻本，蝴蝶裝，109個雙頁，白口上有書名（莊子）、卷號和本卷頁數。面十行，行十七——二十字。小字雙行注釋，行25字。頁面24.5×20釐米，文面22.5×17釐米。紙色灰，厚0.05毫米，行間用豎線分開，宋體字，宋代皇室刻本（十一世紀末的）。現存五卷正文。〔二〕

此段對刻本的判斷、對頁面、文面、紙色、紙厚等的描寫，均爲難得。但也有不少可疑的地方，如對於卷

〔一〕Paul Pelliot, "*Les documents chinois trouvés par la mission Kozlov*", *Journal Asiatique*, Mai–Juin 1914, pp.503–518. 作者按，此段資料線索、原文及相應注釋，均由聶鴻音先生惠賜。所用漢譯文，也由聶先生翻譯，並沒有正式發表。承蒙先生惠允，得於此處先行使用。另外，本文其他地方如呂惠卿孝經傳的西夏文譯稿時間等，得於先生指教之處尚多，不復一一注明。惟對前輩的耐心賜教和溫厚提攜，永存誠篤的感激和由衷的欽敬。

〔二〕俄孟列夫著、王克孝譯黑城出土漢文遺書叙録第二〇九頁，寧夏人民出版社一九九四年版。

一，他說，「四頁（第二十四——二十八頁）」、「第二十四頁的頁邊上有個手書的『鬼』字，有尾題」、「卷數『一』用紅墨改寫爲『臺』，文中印錯的字被改寫過來並標上紅墨記號」〔一〕。此云四頁，於今上海古籍本同，但第二十四——二十八頁應該是五頁。今上海古籍本並無第二十四頁，所以所謂「手書的『鬼』字，有尾題」云云，亦無法考證。而所謂「一」改爲「臺」則純屬誤會。今上海古籍本清晰地表明，那是一個大寫的「壹」字而已。至於所述「文中印錯的字被改寫過來並標上紅墨記號」，今上海古籍本亦無明顯墨蹟標注，無法核對。但考其對卷二的描述：「文內和頁邊上有許多用紅墨和黑墨作的修改和眉批。」〔二〕而查今上海古籍本，則推測所謂文內的紅墨修改實際上是當時閱者對刻本出現的諱字之類進行的圈記，如缺筆的「敬」、「筐」、「徵」字，增筆的「崩」、「敬」字等。所謂頁邊上黑墨作的眉批亦即反切注音，如上文所述。則孟列夫所謂「印錯的字」，應該也是此類對避諱字的圈點。但這種圈點於今上海古籍本已經不見，則只可能是存在於孟列夫可能見到的卷一第二十四頁上，而今天我們已經再無緣見到這一頁了。他如孟氏對卷二的二十七頁（第一——二十五頁、第二十七——二十八頁）的描述也不確，參下文對今上海古籍本的描述可知。

黑水城殘本的背面还抄寫着一首詞。孟列夫在他的敘錄中注意到了這一首詞：

〔一〕俄孟列夫著、王克孝譯黑城出土漢文遺書敘錄第二一〇頁。

〔二〕同上。

（卷一）第二十八頁的背面有手書的描寫風景的詞，主題同莊子所講的蝴蝶有關，這首詞可能未完。五行，行十——十六字，楷書，筆劃潦草，不清楚。從「粉翼香鬢輕強儘是天付弄情攜等閒」到「隨得賣花人去」。〔一〕

作爲海外漢學家，孟列夫從「描寫風景的詞」中準確判斷出此詞的主題與莊子夢蝶有關，很不容易。但可能是因爲麤心，所以他推測此作可能未完。其實，此詞原無詞牌，經上海古籍出版社的考訂已經正確的定爲粉蝶兒。詞共五行七十二字：

粉翼香須，輕強儘是天付。弄情攜，等閒飛舞。向名園花徑裏，紱緬庭户。愛雙雙，爭飛入，亂紅深處。莊周夢中，當初是誰無蘧？更那堪，牡丹嬌嫣，正芳菲。栩栩戲，沾風惹露。小橋邊，隨趕賣花人去。

這裏需要指出的是，「須」字，原本作「鬚」，可能是孟列夫誤作「鬢」；「趕」字，原卷作此，可能是孟列夫誤作「得」。據詞義，則此當是這本莊子義的主人在閱讀時候，乘興創作的，也可能是記誦的哲理詞作。考其詞是莊子義殘本背面的唯一內容，又其筆迹與正面莊子義之眉批一致，故疑殘本各卷卷尾題寫的「茂承」兩字，或是莊子義殘本的主人的名字。當然，這位「茂承」也極有可能就是這首粉蝶

〔一〕俄孟列夫著、王克孝譯黑城出土漢文遺書敘錄第二一〇頁。

兒詞的作者。這無疑也爲我們進一步的深入研究提供了模糊的線索，雖然暫時我們對此人的情況尚無其他信息。

黑水城本的莊子義現在國內可見的只有影印本，爲簡便起見，我們暫時稱其三種狀態爲國圖初本、國圖北海本、上海古籍本。

國圖初本。中國國家圖書館所存影印莊子內外篇義（凡一册），編號爲哲 131/545，三十二開精裝本，共五十頁，無出版社及出版日期，亦無編印説明。書脊處有「莊子內外篇義（凡一册） 宋呂惠卿 哲131/545」字樣。其存佚情況早在一九三〇年傅增湘先生的專文就有大致描繪：

> 呂氏莊子義宋刊本，半葉十行，每行十七字，注雙行二十五字；白口；左右雙欄。卷二存第二十五、六兩葉，爲德充符篇；卷三存第一葉，爲大宗師篇；卷四存第一至二十六葉，爲駢拇、馬蹄、胠篋、在宥各篇；卷五存第三至二十八葉，爲天地、天道、天運各篇；凡五十五葉。表題爲呂觀文進莊子內篇義或外篇義。玄匡字缺末筆，桓慎字不缺。原本藏俄國亞細亞博物院，新寄影片，貽北平圖書館，余因得見之，略爲考於左。〔一〕

傅先生所見共五十五頁，實際上僅距此文發表的三年後，陳任中在整理、輯校莊子義時，其情形就

〔一〕傅增湘跋宋本呂惠卿莊子義殘卷，國立北平圖書館館刊第五卷，第二號，一九三〇年三、四月。需要指出的是，此處「每行十七字」的説法不確，當是「十八字」，此查影印本易知。

已經有很大區別：

往歲俄國博物院始以呂義殘本貽我國北平圖書館，計卷二存德充符篇第二十五、六兩頁，卷三存駢拇、馬蹄、胠篋、在宥四篇二十二頁，卷五存天地、天道、天運各篇二十六頁；凡殘存五十一頁。各篇前後，多有殘誤，殊難卒讀。〔一〕

據此段文字，則一九三三年陳任中先生着手輯校以黑水城殘本爲底本的莊子義時，這部底本已經少去四頁。考陳任中莊子義的各篇篇題輯錄説明，知所缺係卷四第一頁，亦即駢拇首頁、卷四第七、八頁，亦即馬蹄第二至三頁、卷四第十六頁，亦即在宥第二頁。今國圖初本存佚情況基本同陳氏所述，只是卷四第五頁駢拇篇被混編入在宥篇内而已。幸運的是，此四頁今完存於上海古籍影印本中。其書首頁右下角及尾頁左下角有「北京圖書館藏」印鑒，則此本雖最爲接近陳任中整理時所據者，但當爲建國後收藏品。

國圖北海本。即中國國家圖書館北海分館所存影印莊子内外篇義（凡一册），編號爲哲 131/545，一五〇四五號，部二，三十二開精裝本，共五十一頁，無出版社及出版日期，亦無編印説明。書脊處有「莊子内外篇義（凡一册）　宋呂惠卿哲 131/545　部二　國立北平圖書館」字樣。其存佚大同於國圖初本，但存駢拇首頁及卷五第二十八頁天運殘篇。此頁天運殘篇而今爲上海古籍本所失

〔一〕陳任中校輯呂注莊子義序（一）前序，國立北平圖書館館刊第七卷第六號，一九三三年十一、十二月。

錄。其書首頁右下角及尾頁左下角有「國立北平圖書館」印鑒，則必爲昔時俄國亞細亞博物院所贈者無疑。

上海古籍本。此本已由上海古籍出版社一九九六年列入俄藏黑水城文獻第一册出版，編號爲俄TK6，題爲呂觀文進莊子義。此本存卷一存第二十五至二十八頁，共四頁，爲逍遥遊；卷二存第一至二十一頁、第二十三頁至二十八頁，共二十七頁，爲養生主、人間世、德充符等篇〔一〕；卷三存第一、二頁、第四至二十一頁、第二十三至二十五頁，共二十三頁，爲大宗師、應帝王等篇；卷四存第一至二十六頁，共二十六頁，爲駢拇、馬蹄、胠篋、在宥等篇；卷五存第三至二十七頁、第二十九至三十二頁，共二十九頁，爲天地、天道、天運等篇；全本共存一百零九頁。這是目前最爲通行的黑水城本，它收錄了陳任中所未曾見的卷四第一頁，亦即駢拇首頁、卷四第七、八頁，亦即馬蹄第二至三頁、卷四第十六頁，亦即在宥第二頁，但卻漏收傅、陳所同見的卷五第二十八頁天運殘篇。

據考證，黑水城本的莊子義是目前發現的莊子義最早翻刻版本。

黑水城本的莊子義殘本，一般被斷爲北宋蜀本。傅增湘云：「又書名上冠『呂觀文進』四字，考陳氏言惠卿於元豐七年表進内篇，其餘概續成之。按元豐七年惠卿爲河東經略使，知太原府。至紹聖中知大名府，乃加觀文殿大學士。知此書雖進於元豐，其成書付雕必在紹聖時，故追題此銜耳。其刊工古

〔一〕陳任中校輯呂注莊子義序（一）前序，國立北平圖書館館刊第七卷第六號。

拙，於宋諱不避『桓』字，則北宋開板，殆無疑義。褚氏南華真經義海纂微採呂氏書，其目下注云傳本。以余所見冊府元龜、李太白集、二百家名賢文粹諸本參之，皆字畫疏古，風氣樸厚，正與此類。則茲本爲蜀刻，或不妄也。」〔一〕陳任中先生完全贊同此論，以爲「其論篤矣」〔二〕。傅、陳二氏皆版本專家，所論或屬可信。然考呂惠卿一生並不曾與蜀地有何直接關係，也似乎沒有什麼好友在此任職，幫助雕刻，所以我們推測，這應該是根據初刻本翻刻的。由於是翻刻本，所以相對於其他版本來說，其失誤率也是最高的。本人昔日曾斷其爲初刻本，但現在看來，有些武斷。呂惠卿莊子義的初刻本，當在惠卿第三次經營西北的任上。宋陳振孫直齋書録解題卷十三云：

> 孫氏傳家秘寶方，三卷，尚藥奉御、太醫令孫用和集。其子殿中丞兆，父子皆以醫名。自昭陵時迄於熙、豐，無能出其右者。元豐八年，兆弟宰爲河東漕，屬呂惠卿帥。並從宰得其書，序而刻之。兆自言爲思邈之後。晁氏讀書志作孫尚秘寶方，凡十卷。〔三〕

據此材料，尚藥奉御、太醫令孫用和與其子孫兆並爲熙、豐時期的名醫，故而呂惠卿因孫兆之弟而得到此書書稿，並於元豐八年序而刻之。此事南宋理宗淳祐十年（一二五〇），趙希弁撰郡齋讀書後志卷二

〔一〕傅增湘跋宋本呂惠卿莊子義殘卷，國立北平圖書館館刊第五卷第二號。
〔二〕此影印本卷四原裝有誤：原卷四第二十六頁被誤認爲第二十二頁，而被録於第二十一頁後。
〔三〕宋陳振孫撰直齋書録解題，欽定四庫全書醫書類。

亦有略記：「孫尚秘寶十卷，右皇朝孫尚撰。呂惠卿帥邊日，尚之子在屬部，因取此書刻板傳於世。」〔一〕則孫用和又名尚。呂惠卿帥邊之時，多所刻書，當是無疑。

關於此版本的具體雕刻時間，孟列夫曾經作出過判斷：「注者在一〇九四——一〇九七年間獲『觀文殿學士』稱號，此刊本大概是這幾年間刻印的。」「我們藏卷中的是年代定爲十一世紀末的原刻本。」「可見TK—6版本的刻印時間應在作者獲得『觀文殿學士』稱號的時候，即一〇九四——一〇九七年之間。」〔二〕今細考此黑水城殘本之避諱處，除了傳、陳二人所提到的「玄」、「匡」之外，其於「敬」、「殷」、「恒」、「貞」等字，亦例缺末筆，而「煦」字亦一律作「呴」，則所斷北宋紹聖間刻本，當不爲妄言。則黑水城本莊子義或當翻刻在紹聖二年（一〇九五）呂惠卿加封觀文殿大學士之後至元符二年（一〇九九）特授檢校司空之間。據趙希弁昭德先生郡齋讀書後志序言，其所集書目，多爲蜀中刻本，其時西蜀相對安定，雕版業興盛，故而翻刻於這裏是完全可能的。

黑水城本莊子義既然被定爲蜀刻本，那麼它又是如何流傳到西夏的呢？西蜀自唐末以來，即已盛行雕版印刷業。宋王應麟玉海卷四十三引國史志云：「唐末益州始有墨版。」「西川印本」、「西川過家真印本」聞名全國，並一度在唐末五代時期向河西一帶流通〔三〕。宋代以來，西蜀相對安定，

〔一〕宋趙希弁撰郡齋讀書後志，欽定四庫全書史部目錄類經濟之屬。
〔二〕俄孟列夫著，王克孝譯黑城出土漢文遺書敘錄第二〇九頁、第十七頁、第二十六頁。
〔三〕龍晦敦煌與五代兩蜀文化，前後蜀歷史與文化學術討論會論文集，巴蜀書社一九九三年版。

印書業也更加繁盛。蜀本的品質在當時僅次於杭本，與杭本、建本共爲天下之最。蜀地廣都費氏進修堂、眉山程舍人宅、崔氏書肆最負盛名。蜀人私家藏書也頗爲興盛，北宋末、南宋初年的井度、晁公武即極具代表性。西川轉運使井度平昔常以俸祿之半傳錄異書。時巴蜀不被兵，往往多異書，井度歷二十餘年，所藏甚豐。靖康末年，晁公武避難入蜀，至紹興中舉進士第，爲井度的屬官。井度既罷，舟載居於廬山下，後全部轉贈晁公武。公武亦有舊藏，合共二萬四千五百卷有奇〔一〕。此足見出宋代西蜀書肆之盛。宋朝對西夏的經籍交流控制雖頗嚴密，但由於西夏統治者有意識的高價求購，加之「楚、蜀、南粤之地與蠻獠溪峒相接者，以及西州沿邊羌戎，皆聽與民通市。熙寧三年（一〇七〇），王韶置市易司於秦鳳路古渭砦。六年，增置市易於蘭州。自後，於熙、河、蘭、湟、慶、渭、延等州又各置折博務。湖北路及沅、錦、黔江口、蜀之黎、雅州皆置博易場」〔二〕。西蜀之經籍流通至西夏邊境實在有太大的空間。呂惠卿久駐西夏邊境，且在與夏兵的交鋒中多採主動，並屢獲勝利。其在北宋的改革又極具爭議，所以必然爲西夏統治者所留意。黑水城文獻之中發現其被翻譯成西夏文的孝經傳，足以證明西夏統治者的高度重視。如此，莊子義出現在黑水城文獻中則就不難理解了。

〔一〕楊立誠、高步瀛合編，俞連之校補中國藏書家考略第一六九頁，上海古籍出版社一九八七年版。

〔二〕宋史食貨志下。

莊子義版本，最早著録於陳振孫直齋書録解題，現又有很早翻刻的黑水城本的實物爲證，則説明其最接近初刻本。

二

莊子義版本在宋史藝文志和文淵閣書目的著録中稱爲莊子解，爲較晚出的版本。明楊士奇編文淵閣書目四卷，編前有正統六年（一四四一）題本一通，稱各書自永樂十九年（一四二一）南京取來，則此書至永樂十九年時尚存於南京，後至少在正統時尚存。此後再沒有著録。今國家圖書館所藏金刻本莊子解，全名爲壬辰重考證呂太尉經進莊子全解十卷。此本全六册，線裝：第一册有元豐七年進莊子義表、卷一、卷二；第二册有卷三、卷四；第三册有卷五、卷六；第四册有卷七、第五册有卷八、第六册含卷九、卷十。全書摺頁裝，半頁十二行，行大字二十至二十七字不等，小字二十七至二十九字不等。白口，左右双边，框高 16.1 厘米，寬 11 厘米。版心上半部中分處有單燕尾，其下有「呂莊表」、「呂莊一」、「呂莊二」等等字様，標明作者、書名、卷數。版心下半部上方標明該卷頁數。全書合計一百九十二頁，除卷二略殘缺數十字且第十二頁和十三頁相互錯簡外，餘皆幾乎完存。

此刻本被國家圖書館鑒定爲金刻本。考金代之「壬辰」年有兩個：金世宗完顏雍的大定十二年（一一七二）和金哀宗完顏守緒開興元年（一二三二）。前者正值南宋孝宗乾道八年（一一七二），後者正當南宋理宗紹定五年（一二三二）。此大約即楊紹和之所以定爲南宋刻本之故。按，此本亦避宋諱「匡」、「恒」、「敬」、「玄」、「煦」字，而不諱「吉」、「桓」、「鉤」、「慎」諸字，故疑據宋哲宗紹聖、元符年間本翻刻而成。以其「吉」字以下皆不諱，則同爲壬辰年的宋徽宗政和二年（一一一二）、宋孝宗乾道八年、宋理宗的紹定五年皆無翻刻的可能。故而，此「壬辰」可能是金世宗的大定十二年〔一〕。我們這種推測還可以從黑水城文獻中的西夏文呂惠卿孝經傳〔二〕的譯成年代得到旁證。呂惠卿的孝經傳成書於宋哲宗紹聖二年（一〇九五），而據聶鴻音先生的考證，其西夏文譯稿則應該成於夏仁宗在位期間（一一四九——一一九三）〔三〕。孝經傳的成書時間與莊子義的完書時間故已一致，而金刻本的莊子義出現的時間又與西夏文的孝經傳完全一致。如此現象，應該不僅僅是臆測的偶合。當然，金哀宗的開興元年距金亡僅僅三年，乍看似乎亦不大可能有精力翻刻。但考宋末、元初杭州道士褚伯秀的南華真經義海纂微成書於咸淳元年（一二六五），距宋亡僅六年。則亂世之際，識者欲以之爲救世之藥方，一如陳任

〔一〕此金刻本中國版刻圖錄定爲一一七二年刻本，北京文物出版社，一九六一年第二五六號。

〔二〕俄羅斯科學院東方研究所聖彼德堡分所、中國社會科學院民族研究所、上海古籍出版社俄藏黑水城文獻第十一冊，上海古籍出版社，一九九九年，第二——四十六頁。

〔三〕聶鴻音呂注孝經考，未刊稿。按，此稿是筆者二〇〇五年八月於銀川召開的「第二屆西夏學國際研討會」上，請教黑水城本呂惠卿莊子義的版本問題後，旋獲惠贈的。讀後服膺其論，故特請爲引，一併深謝！

中先生校輯莊子義的初衷，亦未可知。

金刻本的莊子解，還有諸多抄本傳世，如明邢氏來禽館、瑞安孫氏、嘉興沈氏、滿州盛昱氏、萍鄉文氏抄本等。一九三〇年，傅增湘先生專門詳細介紹了當時民間流傳的莊子解的情況：

> 呂氏所注，尚有老子四卷，爲元豐元年知定州時所進，列入道藏必字號，故世多傳之。莊子義獨不見收。元明以來，又無傳刻。遍檢各家書目，惟季氏延令書目有宋刻本，題呂太尉經進莊子全解十卷，明文彭、吳元恭識尾。此本今藏楊氏海源閣。考其目錄所記行格，爲半頁十二行，每行大字二十四至二十七，小字二十八、九不等。其結銜及書名，與此本迥異。楊紹和跋謂是南宋初刻本，則視此已遜一籌矣。鈔本可考者有明邢氏來禽館本，見楊紹和楹書隅目。又昆山徐健庵藏本，見王蓮涇孝慈堂書目（凡三百二十五番），亦不知流傳何所。〔一〕

傅文所記實共三種版本：題爲呂太尉經筵進莊子全解十卷的南宋刻本、明邢氏來禽館鈔本、昆山徐健庵藏本。一九三三年之後，陳任中記載：「又傳聞瑞安孫氏、嘉興沈氏、滿州盛昱氏、萍鄉文氏尚各有轉抄之本，並訪求累年，未獲一見。」〔二〕舉凡這些抄本，虽今日均亦尚不能獲見。但今國家圖書館所藏之金刻本，不惟題爲「壬辰重考證呂太尉經進莊子全解十卷」，与所謂「呂太尉經筵進莊子全解十卷」十分

〔一〕傅增湘跋宋本呂惠卿莊子義殘卷，國立北平圖書館館刊第五卷第二號。

〔二〕陳任中校辑呂注莊子義序（一）前序，國立北平圖書館館刊第七卷第六號。

接近，且其中恰存海源閣楊氏、徐健庵等人印章，則正是傳文所記之「南宋刻本」、「昆山徐健庵藏本」。傳文所記題目之「筵」字，當係衍字。又，「明邢氏來禽館本」，指明代刑侗的抄本；「嘉興沈氏」當指沈曾植；「萍鄉文氏」即文廷式。

金刻本是現在發現的最爲精良的翻刻本，既然有諸多抄本傳世，我們相信，它的其他版本仍然有在日後面世的可能。

三

現存呂惠卿莊子義版本中，還有陳任中的輯本莊子義，這裏簡稱陳任中輯本。陳任中輯本實際由三個部分組成：黑水城殘本、宋褚伯秀南華真經義海纂微本和明代焦竑的莊子翼本。

宋末、元初，杭州道士褚伯秀的南華真經義海纂微一百六卷，成書於咸淳元年，距宋亡僅六年。其書纂郭象、呂惠卿、林疑獨、陳祥道、陳景元、王雱、劉槩、吳儔、趙以夫、林希逸、李士表、王旦、范應元十三家說，而斷以己意，謂之管見。蓋宋以前解莊子者，梗概畧具於是其間。其中，呂注僅次於郭注之後。觀褚氏所錄，既非盡如傅增湘所云：「字句删落太半，多失本旨。」〔一〕亦非盡如陳任中所云：「所删

〔一〕傅增湘跋宋本呂惠卿莊子義殘卷，國立北平圖書館館刊第五卷第二號。

節者僅爲原注復述加證之文，約十之一二。」〔一〕褚氏所刪節者，約有原注的三分之二強，並且不止於復述加證之文。但凡所錄部分，則誠如陳氏所云：「其中精義要旨，多已採錄。」〔二〕當然由於畢竟所刪甚多，所以遺珠之處亦比比皆是。今道藏和四庫全書均有收錄。明代焦竑莊子翼八卷，四庫全書收錄，書成於萬曆戊子，體例同於褚氏。所載書目，自郭象注以下，凡二十二家；旁引他説互相發明者，自支遁以下，凡十六家；又章句音義，自郭象以下，凡十一家。核其所引，惟郭象、呂惠卿、褚伯秀、羅勉學、陸西星五家之説爲多，其餘特間出數條，畧備家數而已。而其且所采呂注，或照錄，或壓縮，或減棄褚氏所采，虽时有校勘，但内容既然更少褚氏所摘之二分之一強，則所存其價值自然減半。焦竑是否得見莊子義全本，尚不能遽定。

考莊子義被著錄爲「注莊子」或者「莊子注」，出現在南宋趙希弁郡齋讀書後志、馬端臨文獻通考以及孫覿鴻慶居士集卷三十東平集序，則顯然它應該是莊子義在南宋時最爲通行的狀態。杭州道士褚伯秀的南華真經義海纂微成書於咸淳元年，焦竑莊子翼或照錄，或壓縮，或減棄褚氏所採，雖時有校勘，至少與褚氏同源；二書採引呂惠卿説時皆云「呂注」或「呂惠卿注」、「呂注」。這裏要介紹的陳任中輯本是將黑水城版本與其他版本合成的產物。

〔一〕〔二〕 陳任中校輯呂注莊子義序（一）前序，國立北平圖書館館刊第七卷第六號。

前文介紹黑水城本處我們提到，一九三〇年傅增湘先生所見到的黑水城本共五十五頁，而一九三三年，陳任中先生着手整理、集校時僅殘存五十一頁了。故陳任中主要利用了褚伯秀的南華真經義海纂微和焦竑的莊子翼進行補輯，並在一九三四年由北平大北書局排印出版，題爲莊子義。這是第一部呂惠卿莊子義的輯校本。但由於時處亂世，且爲輯本，故其出版後並沒有引起太多重視。

但一九七二年五月，此本由臺北藝文印書館據以影印在嚴靈峰主編的無求備齋莊子集成初編中。今據莊子集成初編本，則可以準確考察初版陳任中本的原始狀態：此一九三四年之版本首列黄郛輯本呂氏莊子義序、李翊灼新刊呂吉甫莊子義贅言、郭則澐題詞、陸增煒題詞、陳任中校輯呂注莊子義序、陳任中又序、莊子義目録，次爲莊子義正文，次列陳任中讀呂惠卿傳，最後附以宋呂氏莊子義勘誤表。鉛印本，宋體，半頁十二行，每行二十八字，注雙行二十八字；白口，左右雙欄，上下雙邊；版心有單魚尾，魚尾上根據對應内容記書名莊子義、題詞、莊子義序、莊子義目録、莊子内（或外、雜）篇義、附録等，魚尾下相應的記序、李序、序、目録、卷數數目等；版心中部爲頁碼，各卷重新編頁；各卷卷首依次題宋呂觀文進莊子内（外、雜）篇義卷某某，次行下方題贛縣陳任中校輯；次低兩格爲篇題如逍遥遊第一等，篇題之下有雙行題記，注明該篇原注的來源是源自黑水城殘本或者是來自南華真經義海纂微、莊子翼等；次頂格列莊子原文，下雙行列呂注，篇尾低兩格出校記，亦單行列莊文，雙行列校語。卷内各篇之間不隔行，卷末换頁。其卷一爲逍遥遊、齊物論篇，卷二爲養生主、人間世、德充符篇，卷三爲大宗師、應帝王篇，卷四爲騈拇、馬蹄、胠篋、在宥篇，卷五爲天地、天道、天運篇，卷六爲刻意、繕性、秋水、至樂篇，卷八爲庚桑楚、徐無鬼、則陽篇，卷九爲外物、寓言、讓王篇，卷十爲説劍、漁父、列禦寇、天下篇；全部共三百三十二頁。

陳任中此種一九三四年之版本的最通行版也正是一九七二年五月的無求備齋莊子集成初編版。這個版本在内容如上所述以外，其題目作「莊子義　呂惠卿撰」字樣，扉頁注有「藝文印書館據民國廿三年陳任中輯校排印本影印」的説明。

事實上，根據今中國國家圖書館藏書調查，陳任中輯本至少還有如下三種狀態：

其一函匣線裝，匣脊印題「宋呂觀文進莊子義，哲 131/545.4，部二」字樣，一〇五四八號，鉛印本，實殘本一冊。內有便條一枚，注明：「呂注莊子義　贈字第五〇七六號，一冊」。書殘，所存內容依次爲：陳任中校輯呂注莊子義序、李翊灼新刊呂吉甫莊子義贅言、宋呂觀文進莊子內篇義卷一逍遥遊第一首頁、宋呂觀文進莊子內篇義卷三大宗師第六二頁、宋呂觀文進莊子外篇義卷四駢姆第八一頁、宋呂觀文進莊子雜篇義卷八庚桑楚第二十三一頁、陳任中讀呂惠卿傳等，共十一頁。此當爲一九三四年之鉛印本的翻印本。其序言部分已無黄郛輯本呂氏莊子義序、郭則澐題詞及陸增煒題解，又將陳氏二序置於李序之前。又其正文則每篇題目下刪去陳任中解題文字，如「按此篇呂注全據南華義海纂微本補輯」之類。其正文文字乍視似乎與一九三四年版全同，但據其中陳氏再序之尾句中倒數第二行「罰」字下所漏「制」字、正文庚桑楚第二十三篇首行夾注中所漏「偏」、「徧」二字，知必爲重新排印之本。此本後襯頁處有手寫「袁同禮」三字，後有印章，刻有「先生贈送　廿六年四月廿三日　贈 5076」字樣，則此版本的印行當在一九三四年之後，一九三七年四月之前。此本正文首頁之右下角及全文最後一頁左下角均有「國立北平圖書館珍藏」之印鑒一枚。

其二亦函匣線裝，匣脊印題「宋呂觀文進莊子義國圖哲 131/545.4，部二」字樣，一〇五四六號，鉛印本，線裝，上下兩冊。上冊爲一至五卷，下冊爲六至十卷。其書封面題目則無「宋」字，又題下題寫「三立」字樣，並附「三立」印章一枚。內有便條一枚，注明：「第一五三六五號，鉛印本　共二冊」。扉頁正面手題「宋呂氏莊子義」、「耐廬較輯本」、「甲戌三月長洲章鈺題」字樣及「霜根七十強文翰」之印鑒一戳；背面手書「民國廿三年四月印行」字樣。此版本之內容、格式全同莊子集成初編影印本，唯前少郭則澐題詞及陸增煒題解，書後勘誤表單紙印出。此本上下冊之正文首頁及全書尾頁左下分別有印鑒一枚：「國立北平圖書館」、「一九四九年武強賀孔才捐贈北平圖書館之圖書」。下冊後面襯頁有紅色印刷宋體「定價貳元　北平大北印書局印」字樣，上下兩行排列。

其三爲硬包背裝，正面以泛黃紙條貼書「莊子義」字樣，脊題「宋呂觀文進莊子義(二)　部三」字樣，國圖第一九六二七號，鉛印本，線裝。上下兩冊，便條一枚，題有「宋呂觀文進莊子內篇義」字樣。此本版本、印刷內容全同於上部，唯印鑒略異：目錄右下角存「北平圖書館藏」一枚，上下冊正文首頁右下角、尾頁左下角均各有「國立北平圖書館珍藏」一枚。其勘誤表裝訂入下冊尾部，其左上方將上下兩行排列之「定價貳元　北平大北印書局印」字樣以小紙片貼上。此本書根上均有「上　莊子義　內篇　外篇」及「下　莊子義　外篇　雜篇」字樣，微異於前本。疑爲國家圖書館原本。

陳任中輯本是最早的呂惠卿莊子義的完整校對本，自然有着不容忽視的歷史意義。雖然其所依據的黑水城底本只有五十一頁，但由於陳任中本人亦是國學根底深厚者，所以即使是許多意校之處亦往往精彩迭現。如天地第十二篇「夫明白入素，無爲複樸，體性抱神，以遊世俗之間者，汝將固驚邪？且渾沌氏之術，予與汝何足以識之哉」句，呂惠卿的注文是：「夫明白入素，無爲複樸，體性抱神，以遊世俗之間者，汝將故驚邪？則所謂廢心而用形者是也。彼聞子貢之言，初忿然作色而後乃笑，則宜其以機械爲累而不敢爲也。且渾沌氏之術，予與汝何足以識之哉？不識不知，是乃所以爲渾沌也。如其可識，則惡足以爲渾沌氏之術哉？」其中句首之「夫」字，黑水城本作「天」，南華真經義海纂微和莊子翼本不錄。陳任中輯本校爲「夫」，今對以金刻本，果然。又本段末尾的「術」，黑水城本作「矧」，南華真經義海纂微和莊子翼本不錄。陳任中輯本校爲「術」，今對以金刻本，果然。再如天道第十三篇「吾服也恒服，吾非以服有服」句，黑水城本、南華真經義海纂微和莊子翼本均不錄「吾服也恒服」五字，陳任中輯本補出。今對以金刻本，果存。再如天運第十四篇「風起北方，一西一東，有上彷徨，孰噓吸是？孰居無事而披拂是」句，呂惠卿的注文是：「風起北方，一西一東，有上彷徨，未嘗有定也。則其起於他方，一南一北，一上一下，亦若是而已。而求其噓吸與夫居無事而披拂者，皆不可得也，此乃道之不測而爲神也。不測則無間，無間則無應矣。」其中「此乃道之不測」句之「測」字，黑水城本作「則」，陳任中輯本據南華真經義海纂微和莊子翼本正爲「測」。今對以金刻本，果然。

但畢竟校書如同掃葉，又加之陳任中所據底本和採注本本身的問題，所以此第一種完整校本也難免出現了諸多問題，諸如斷語錯誤，依據版本來源模糊，底本存而用採注本、任意雜糅南華真經義海纂微和莊子翼而不説明等等。此處略作舉例。駢拇第八篇，陳任中篇題注云：「按此篇呂注第一頁『太初有無無』一段，據纂微補。其二、三、四、五、六、七各段注，全錄殘存原本。」但莊子「且夫屬其性乎仁義者，雖通如曾史，非吾所謂臧也；屬其性於五味，雖通如俞兒，非吾所謂臧也；屬其性乎五聲，雖通如師曠，非吾所謂聰也；屬其性乎五色，雖通如離朱，非吾所謂明也。吾所謂臧者，非仁義之謂也，臧於其德而已矣。吾所謂臧者，非所謂仁義之謂也，任其性命之情而已矣；吾所謂聰者，非謂其聞彼也，自聞而已矣；吾所謂明者，非謂其見彼也，自見而已矣。夫不自見而見彼，不自得而得彼者，是得人之得而不自得其得者也，適人之適而不自適其適者也。夫適人之適而不自適其適，雖盜跖與伯夷，是同爲淫僻也。余愧乎道德，是以上不敢爲仁義之操，而下不敢爲淫僻之行也」一段，呂惠卿注文是：「爲道者，以爲文爲不足，故令有所屬。見素抱樸，少私寡欲，乃其所以屬也，則性是也。性則物之所屬，而非屬於物者也。而曾史屬乎仁義，與夫俞兒屬於五味，師曠屬乎五聲，離朱屬乎五色，其以性屬乎物，則一也。則非吾所謂臧與聰明也。吾所謂臧，則言臧之體也。臧之體，非仁義之謂也，臧於其德乃臧之體也。

吾所謂臧者，臧之者也，臧之也者非所謂仁義之謂能臧之也，任其性命之情乃其能臧之者也。蓋所謂仁義之謂，則已有謂矣。其所臧之者，特未定也。任其性命之情，則無謂而不可名者也。則其藏之者，乃真所謂臧也。吾所謂聰者，非謂其聞彼也，自聞而已矣。吾所謂明者，非謂其見彼也，自見而已矣。凡非在我者，皆彼也。見我之所見，則自見者也；聞我之所聞，則自聞者也；則所謂見見聞者是也。夫不自見而見彼，則是不自得而得彼也。言見則知得之爲聞，言得則知見亦爲得矣。夫人莫不有所謂性命之情，苟其所見聞者，在彼而不在我，則是得人之得，適人之適，而未嘗自得其性命之情而適之者也。若然，則盜跖與伯夷豈有間哉！同爲淫僻而已，以皆非道德之正也。上不敢爲仁義之操，下不敢爲淫僻之行，則兩忘之者也。夫伯夷聖人也，安有不自得而得人之得，適人之適而不自適，而可以爲聖人哉！蓋其制行，方且使頑夫廉，懦夫有立志，則其跡不免於爲名而已。故莊子方言性命之情以兩忘名利，則以伯夷盜跖同爲淫僻也。及其論高節戾行，足以矯世，則伯夷叔齊二士之節，與許由善卷孔子顏闔同列於讓王也。」然其中自「而曾史屬乎仁義」至「非仁義之謂也」以及自「任其性命之情」至「乃真所謂藏也」兩段，陳任中輯均本摘取南華真經義海纂微和莊子翼本相應部分而未作任何交待。又其中「則伯夷叔齊二士之節」句，黑水城本存，然陳任中輯本卻據南華真經義海纂微本作「則夷齊之節」五字，也未作交待。今一一核對金刻本，陳任中輯本皆誤。這一類明顯錯誤還頻頻出現在馬蹄、胠篋、在宥等篇中，令人難以理解。再如天地第十二篇「留動而生物，物成生理，謂之形；形體保神，各有儀則，謂之性」句，呂惠卿的注文是：「至夫留動而生物，物成生理，而後謂之形，所謂物形之是也。雖有形也，而形體保神，而未嘗失也。各有儀則，而未嘗妄也，而謂之性，性則不失乎已形之後也。凡此者無它，以夫萬物均之，得一以生。而命則有分而無間，性則保神而不失，而神則妙萬物而充塞乎天地之間而已矣。」其中「而謂之性」句之「而」字，黑水城本不誤，南華真經義海纂微和莊子翼本不錄，陳任中輯本作「則」；「以夫萬物均之」句之「以」字，黑水城本不誤，陳任中輯本作「也」，今核對以金刻本，則這些改動均誤。再如天地第十二篇「有治在人，忘乎物，忘乎天，其名爲忘己。忘己之人，是之謂入於天」句，呂惠卿注文是：「有所謂治者，其在人也。忘乎物，忘乎天，其名爲忘己。忘己之人，是之謂入於天，入於天則治而不亂也。向之所謂原於天者，其天如此而已矣。」其中句首的「有」字，黑水城本、南華真經義海纂微本存，然陳任中輯本脱錄；「向之所謂原於天者」句之「者」字，黑水城本存，陳任中輯本亦脱錄。今核對以金刻本，則這些脱錄均誤。又如同篇「上神乘光，與形滅亡，此謂照曠」句，呂惠卿注文是：「宇泰定者，發乎天光，光者所以照也，神則乘之以照而非光也，與形滅亡而已矣。惟其照而與形滅亡，乃所以雖照而曠也。」其中「惟其照而與形滅亡」句之「亡」字，黑水城本作「也」，形誤，南華真經義海纂微和莊子翼本則不誤，然陳任中輯本則從黑水城本。今核對以金刻本，陳任中輯本誤。又「乃所以雖照而曠也」句之「而」字，黑水城本、南華真經義海纂微和莊子翼本均不誤，然陳任中輯本作「則」，誤。陳任中輯本的其他種種不足之處還有很多，此亦不贅例。

總之，作爲呂惠卿莊子義的第一部完整的輯本和校本，陳任中輯本的成績和失誤應該説是各具其半的。這主要是由於當時校對時具體條件的限制，當然也有一些人爲失誤。但不管怎麽説，陳任中完成這項工作時所身處的惡劣時代環境，讓我們對他的滿腔激情和學術識見不能不産生由衷的敬意。他的工作，必然給呂惠卿莊子義進步的整理工作，提供了强有力的指引和鋪墊。

宋神宗元豐六年（一〇八三）冬，當神宗陛對惠卿，諮詢其對西北軍事的戰略構想時，呂惠卿對以「西北之事，非惟不可攻，亦不可守，要在大爲形勢」。這個對話似乎令神宗失望，加之惠卿積極申請與朝廷樞密院執政坐在一起商討對付西夏的對策，故觸犯宋室邊臣不得過問朝政的忌諱，更兼王安禮讒言惠卿冒進，故惠卿遂匆匆落職。而莊子義的成書，恰好就源於這次呂惠卿與神宗的陛對，談及「性命之理」，而神宗則表示出對莊子的首肯。因當時言及他事，不得盡理，所以惠卿回去後即用一年的時間於定州路安撫使任上完成了莊子内篇義七卷的纂寫工作，並於元豐七年冬十一月十一日進上。因此，莊子義的成書可以説是作者對人生、國家、社會的一次全面思考和總結，更是其在經受了政治風雨歷練後的社會、人生哲學的全面體認。呂惠卿在其進莊子義表中曾經傷感地表示：「冀其不以人廢也。」南宋孫覿東平集序則稱：「注莊子方盛行於世。」〔一〕其中不可湮沒之價值，可見一斑。宋人馬廷鸞撰碧

〔一〕宋孫覿鴻慶居士集卷三十。

梧玩芳集卷十二讀莊筆記序歷評林希逸、呂惠卿、湯東潤、成玄英、褚伯秀諸家，而惟於呂惠卿稱譽非常：「呂（原作「只」，形誤）令莊老爲一宗，自能成章。」朱熹曾表示：「舊看郭象解莊子，有不可曉處。後得呂吉甫解看，卻有説得文義的當者。」〔一〕范成大、周必大的好友李彦平稱：「其老莊二解，獨冠諸家。」呂惠卿之前，解注莊子之皇皇大著，僅推郭象一家。及至宋代，又有呂惠卿莊子義、王雱南華真經新傳及林希逸莊子口義三家，其後鮮有名著。四庫全書總目提要於郭注唯數別流異，不加確評；於王注則云往往得其微旨；於呂注無錄故不專評。然觀其於林氏則云：「（林）序又謂郭象之注，未能分章析句；王雱、呂惠卿之説，大旨不明，愈使人有疑於莊子云云。今案郭象之注，標意旨於町畦之外。希逸乃以章句求之，所見頗陋。即王、呂二注，亦非希逸之所及。遽相詆斥，殊不自量。」〔二〕則其所包含的對呂注的高度評價，可見一斑。隨着黑水城本和金刻本的面世，我們有理由相信，呂惠卿莊子義的版本會有越來越多的發現，其相關的整理和研究，也必然將在新的歷史際遇裏重現其厚重深沉的學術生命力。

〔一〕宋朱熹朱子語類卷七十八。
〔二〕四庫全書總目提要卷一百四十六郭象莊子注、王雱南華真經新傳及林希逸莊子口義等解。

後記

我對莊子的真正興趣，建立在一九九八年攻讀中國古代文學專業碩士研究生期間所上的萬光治師有關莊子的精彩授課上。業師雖從未在他的學術道路上專門涉及莊子的研究，但就我有限的見聞而言，他是將莊子深厚的文化底藴與西方傳統哲學和近代科技、文化思想的發展結合得最爲精彩而活潑的一位了。直至今天，我雖然已經無法清晰地回憶出他那妙語連珠的講解內容來，但那種一如莊子本身所帶來的對人世間悲天憫人的人文關懷和對世間人大智大慧的深刻洞察，卻永遠迴旋在我的腦海中，而那種牽繞不斷的莊子情結，也從此深深地銘刻在我的生命裏。

二〇〇三年的五月，我暫時結束了爲期三年的博士論文寫作。我對能在業師項楚先生門下從事敦煌曲子詞的研究充滿了感激和慶幸，因爲這一段時期的學習生涯證明了，當年報考博士時所預感的自己偏於新史料的興趣是對的。項先生在這方面的學術識見和其睿智洞達的風範，不僅給與了我在博士課題上的大力扶植，而且也在後來本課題的選擇上給與了充分的肯定和支持。當時，在等待博士學位答辯的日子裏，我再次走進圖書館，隨手翻閲早已注意的黑水城文獻，漸漸地，更爲神秘的西夏學在我面前又顯示出它那不可抵擋的魅力。我那時的本意，是想收羅一下黑水城出土文獻中的曲子詞的情況，由此將自己的研究範圍自然延伸到西夏的曲子詞上來。很幸運的是，還真找到了不少。當然，研究這些因爲要涉及我當時還完全陌生的西夏史以及比較陌生的宋史研究，故而困難重重。果然，時隔三年我纔草成了一篇黑水城出土的十一首全真教佚詞考，近期已於宗教學研究上發表。但是，我的更大的收穫竟然是今天所呈獻的這部莊子義集校。那時，當我考察了莊子義版本存佚的基本狀況的時候，一種重新輯校莊子義的迫切願望油然而生，遂決心要把陳任中先生當年的事業進行下去。上海古籍出版社出版的一百零九頁殘本，無疑是促使我完善陳任中先生工作的原始動力。但在我的考慮中，還是應該力所能及地謹慎收集現存世間的莊子義的版本。我決定首先到陳任中先生工作過的中國國家圖書館（當年叫北平圖書館）去檢索，所以二〇〇三年的八月，我趕赴北京，先後檢索了國家圖書館、北京大學圖書館、北京師範大學圖書館的藏書情況。除了黑水城文獻的個別殘頁外，我於國家圖書館北海分館裏面的書店裏，發現了一本載有金刻本壬辰重考證呂太尉經進莊子全解的國家圖書館藏精品書目的工具書。我返回國家圖書館特藏書庫，找到了其全部的膠卷。此後的日子裏，我先後兩次到北京抄錄，並於二〇〇四年暑期完成。之後，爲了確保自己的整理儘可能的精審，最後我申請迅速地流覽一下原卷，以便於核實膠片裏少數模糊的文字，同時查看上面的諸多收藏者的款識。說到這裏，我忍不住要感謝國家圖書館的那些工作人員，他們自始至終對我這個來自於偏僻的西南地區的學人相當照顧，態度文雅友好，以至於我甚至不止一次的想要有機會追隨她們的生活方式，甘心終老於是鄉。

二〇〇四年春，隨着呂惠卿研究的深入，我越來越感覺到需要系統地學習宋史。在查閲了宋史學界的學術情況之後，我決定就近選取四川大學歷史系劉復生先生作爲博士後導師，因爲他的諸多的論文讓我感覺到一種很多學術文章所沒有的清晰思想和明慎見解。我要將誠篤的感謝付與劉復生先生，他無疑是我在川求學中諸多值得終身感懷的恩師之一，其溫文爾雅的謙和、淡泊從容的淳厚及一絲不苟的學風給了我良好的影響。無論是在課題的最終選定上，還是在整個論文的整體構思上，先生的點化都讓我受益匪淺。

這裏，我不能不特別感念賜予本書序言的我的碩士生導師萬光治先生。早在最初接觸這個題目的時候，先生的厚愛就是我最大的前進動力。先生性情疏朗，胸襟闊大，開明而溫厚，略過而惜善。我從先生遊十年，不曾見其愠色厲語苛責過我所認識的任何學生。然於此課題，先生卻每每溫和敦促。先生每於我人生困厄之際的巨大幫助，每於我自感彷徨時從不遲疑的信任，讓我以怎樣的言筌纔能表達出那種永遠的感恩呢？

此外，我應該特別感謝我工作單位的諸多領導、同事。文學院李誠院長在我的工作、科研乃至個人生活難題上從未有過細微的忽略，分管科研的唐小玲副院長、人事處的柏處長和蕭師兄、科研處的庾光蓉副處長在本書的出版上給與了諸多溫暖而無私的支持。文學院其他諸多師長、前輩、我的學界同仁、好友以及我的親人和學生也在學業或生活上給與了我巨大的包容和安慰，雖不能一一列舉他們的名字，但無妨永懷感念。

中華書局劉尚榮前輩、責編朱立峰先生雖從未謀面，卻如此熱情提攜和幫助我這個初涉點校的嘗試者，讓我切身體味到中華書局的嚴謹公正、學品人品，並深感榮幸！　自踏上學術研究這條神聖而寂寞的道路以來，我一直在古典文學領域裏艱難地跋涉。　幸賴諸多前賢时彦的提攜，我始終都算一个幸運的學徒。　值此書稿面世之際，再次衷心地感謝這些給予我無聲關愛的同路人。

湯君

二〇〇八年十二月八日於東籬居